**Schwerpunkte** Degenhart · Klausurenkurs im Staatsrecht II

# Klausurenkurs im Staatsrecht II

## Staatsorganisationsrecht, Grundrechte, Bezüge zum Europarecht

Ein Fall- und Repetitionsbuch für Examenskandidaten

von

Dr. Christoph Degenhart

em. o. Professor an der Universität Leipzig
Richter am Sächsischen Verfassungsgerichtshof a.D,

9., neu bearbeitete Auflage

CFM C.F. Müller

Bibliografische Information der Deutschen Nationalbibliothek
Die Deutsche Nationalbibliothek verzeichnet diese Publikation in der Deutschen Nationalbibliografie; detaillierte bibliografische Daten sind im Internet über http://dnb.d-nb.de abrufbar.

ISBN 978-3-8114-5321-0

E-Mail: kundenservice@cfmueller.de
Telefon: +49 6221 1859 599
Telefax: +49 6221 1859 598

www.cfmueller.de
www.cfmueller-campus.de



Satz: Gottemeyer, Rot
Druck: CPI Books GmbH, Leck

# Vorwort

Schon seit der 5. Auflage 2010 ist der „Klausurenkurs im Staatsrecht II – Mit Bezügen zum Europarecht“ konsequent auf die Anforderungen im Staatsexamen bzw in der staatlichen Pflichtfachprüfung ausgerichtet. Für den „Kleinen Schein“ und die Zwischenprüfung steht seither der speziell hierauf ausgerichtete „Klausurenkurs im Staatsrecht I“, derzeit in 5. Auflage 2019, zur Verfügung. Diese Aufteilung des Stoffs entsprach einem vielfach geäußerten Wunsch der Leser. Die bewährte, mittlerweile auch vielfach kopierte Konzeption des Klausurenkurses wurde beibehalten. Fälle – im vorliegenden Band ausschließlich auf Examensniveau – werden exemplarisch und realitätsnah gelöst, mit dem Ziel der Einarbeitung in die Technik der Fallbearbeitung und der Einübung typischer Argumentationsmuster, wie sie gerade im Staatsrecht so wichtig sind. Die Entstehung der Lösung kann dabei Schritt für Schritt nachvollzogen werden. Jeder Musterlösung folgt ein Abschnitt „Repetitorium“, in dem das Wichtigste zu besonders klausurrelevanten Problemen zusammengefasst wird.

Für die vorliegende 9. Auflage wurden die **Fälle 6** und **9** aus der Vorauflage durch neue, aktuellere Fälle ersetzt und die Fälle 7 und 8 aktualisiert und teilweise neu gefasst. Dabei hat auch die Corona-Pandemie ihre Spuren hinterlassen. Die Repetitoriumsabschnitte wurden ebenfalls durchweg aktualisiert und teilweise neu strukturiert. Hier wurde besonderes Gewicht auf aktuelle Entwicklungen gelegt, um so – entsprechend dem Anliegen des Fall- und Repetitionsbuches – dem Nutzer auch weiterhin eine verlässliche Hilfe für die Vorbereitung auf das Staatsexamen an die Hand zu geben.

Der Verfasser dankt für die zahlreichen Rückmeldungen, die ihn aus der Leserschaft erreicht haben und die ihn in diesem Konzept bestärken. Er bittet um Verständnis, wenn er nicht in jedem Fall persönlich antworten kann. Hinweise, Anregungen und Kritik sind stets willkommen (dres.degenhart@t-online.de).

Leipzig, im Oktober 2020 *Christoph Degenhart*

# Vorwort zur 1. Auflage

Klausurenbände im öffentlichen Recht gibt es etliche. Meist handelt es sich um Lehrbücher, die den Stoff in Klausurfälle packen oder um Entscheidungssammlungen in Klausurenform. Der hier vorgelegte, auf die Schwerpunkte-Bände *Staatsrecht I* und *Grundrechte. Staatsrecht II* abgestimmte Klausurenkurs mit Repetitorium verfolgt ein anderes Konzept: typische Musterklausuren werden exemplarisch und realitätsnah gelöst, mit dem Ziel der Einarbeitung in die Technik der Fallbearbeitung und der Einübung typischer Argumentationsmuster, wie sie gerade im Staatsrecht so wichtig sind. Die Entstehung der Lösung kann dabei Schritt für Schritt nachvollzogen werden. Jeder Musterlösung folgt ein Abschnitt „Repetitorium", in dem das Wichtigste zu besonders klausurrelevanten Problemen zusammengefasst wird.

Aufbauend auf den bewährten Schwerpunkte-Lehrbüchern, will der vorliegende Band dem Leser einen verlässlichen Leitfaden für die Vorbereitung auf die staatsrechtlichen Klausuren in der Zwischenprüfung und im Examen an die Hand geben: zunächst und vor allem durch die klausurmäßige Einübung des Stoffes der Schwerpunktebände in 16 Fällen; des Weiteren durch die Möglichkeit der vertiefenden Wiederholung unter Zugrundelegung der Staatsrechtsbände im Repetitoriumsteil zu den einzelnen Klausuren; unabhängig davon erhält schließlich der Leser die Chance, sich „in letzter Minute" noch der wichtigsten staatsrechtlichen Problemschwerpunkte zu vergewissern.

Die in diesem Band enthaltenen 16 Fälle und die ihnen zugeordneten Repetitorien vermitteln einen Kernbestand des Wissens und decken damit prüfungsrelevante Fragenkreise zu einem erheblichen Teil ab. Dies gilt für Zwischen- und Staatsprüfung, für die der staatsrechtliche Pflichtstoff ja im Wesentlichen der gleiche ist – mit dem Unterschied allerdings, dass bei Letzterer staatsrechtliche Probleme häufig in verwaltungsrechtlicher Einkleidung auftreten. Auch hierauf will dieser Band vorbereiten.

Meinen Mitarbeitern Frau *Nannette Ruß* und Herrn *Dr. Stefan Haack* danke ich für ihre Hilfe beim Lesen der Korrekturen und manches anregende Gespräch. Wie stets freue ich mich über Rückmeldungen aus dem Leserkreis (e-mail: degen@rz.uni-leipzig.de).

Leipzig, im August 2002 *Christoph Degenhart*

# Inhaltsverzeichnis

# Abkürzungsverzeichnis und Verzeichnis der abgekürzt zitierten Literatur

Im Folgenden werden neben der abgekürzt zitierten Literatur einige häufig gebrauchte Abkürzungen wiedergegeben; iÜ werden die üblichen Abkürzungen gebraucht.

*Gesetzesbestimmungen* werden in abgekürzter Schreibweise zitiert, wie sie aus Zeitgründen auch in der Klausur gebraucht werden kann, also: Art. 5 Abs. 1 S. 2 = Art. 5 I 2.

| | |
|---|---|
| aA | andere(r) Auffassung |
| aaO | am angegebenen Orte |
| AEUV | Vertrag über die Arbeitsweise der Europäischen Union |
| aF | alter Fassung |
| AöR | Archiv des öffentlichen Rechts |
| APR | Allgemeines Persönlichkeitsrecht |
| | |
| *Baldus/Grzeszick/ Wienhues* | Staatshaftungsrecht, 5. Aufl., Heidelberg 2018 |
| Bay | Bayern |
| BayVerfGH | Bayerischer Verfassungsgerichtshof |
| BbgVerfG | Verfassungsgericht des Landes Brandenburg |
| *Benda/Klein* | Verfassungsprozessrecht, 3. Aufl., Heidelberg 2012 |
| BerlVerfGH | Berliner Verfassungsgerichtshof |
| BGBl. | Bundesgesetzblatt |
| BGH | Bundesgerichtshof |
| BonnK | Kommentar zum Bonner Grundgesetz, Hamburg/Heidelberg 1950 ff., zit. nach Bearbeitern |
| BremStGH | Bremer Staatsgerichtshof |
| BVerfG | Bundesverfassungsgericht |
| BVerfGG | Bundesverfassungsgerichtsgesetz (Textbuch Nr. 20) |
| BVerwG | Bundesverwaltungsgericht |
| BWahlG | Bundeswahlgesetz (Textbuch Nr. 30) |
| | |
| *Degenhart* | Staatsrecht I – Staatsorganisationsrecht, 36. Aufl., Heidelberg 2020 |
| DÖV | Die öffentliche Verwaltung |
| Dreier I, II, III | Grundgesetz, Bd. I, 3. Aufl. 2013, Bd. II, 3. Aufl. 2015, Bd. III, 3. Aufl. 2018 |
| DVBl | Deutsches Verwaltungsblatt |
| | |
| e.A. | einstweilige Anordnung |
| EGMR | Europäischer Gerichtshof für Menschenrechte |
| EJS | Erste Juristische Staatsprüfung |
| EMRK | Europäische Menschenrechtskonvention |
| *Erbguth/Mann/Schubert* | Besonderes Verwaltungsrecht, 13. Aufl., Heidelberg 2020 |
| EU | Europäische Union |
| EuGH | Europäischer Gerichtshof |
| EuGRZ | Europäische Grundrechte-Zeitschrift |
| EUV | Vertrag über die Europäische Union |
| | |
| FAG | Finanzausgleichsgesetz |

| | |
|---|---|
| FBA | Folgenbeseitigungsanspruch |
| Fn | Fußnote |
| GRCh | Grundrechtecharta |
| *Grote/Kraus* | Fälle zu den Grundrechten, 2. Aufl., München 2001 |
| *HdBStR* | Isensee/Kirchhof (Hrsg.), Handbuch des Staatsrechts der Bundesrepublik Deutschland, 2./3. Aufl., zitiert nach Band und Auflage, Heidelberg |
| *HdBVfR* | Benda (Hrsg.), Handbuch des Verfassungsrechts der Bundesrepublik Deutschland, 2. Aufl., Bd. I und II, Berlin/New York 1994 |
| *Hesse* | Grundzüge des Verfassungsrechts der Bundesrepublik Deutschland, 20. Aufl., Heidelberg 1995, Neudruck 1999 |
| HessStGH | Hessischer Staatsgerichtshof |
| *Hillgruber/Goos* | Verfassungsprozessrecht, 5. Aufl., Heidelberg 2020 |
| hM | herrschende Meinung |
| *Hufen* | Staatsrecht II – Grundrechte, 5. Aufl., München 2016 |
| idF | in der Fassung |
| idR | in der Regel |
| iE | im Ergebnis |
| i.e.S. | im engeren Sinn |
| iFd | im Falle des |
| *Ipsen II* | Staatsrecht II, 19. Aufl., München 2016 |
| iW | im Wesentlichen |
| JA | Juristische Arbeitsblätter |
| *Jarass/Pieroth* | Grundgesetz, Kommentar, 15. Aufl., München 2018 |
| Jura | Juristische Ausbildung (Zeitschrift) |
| JuS | Juristische Schulung (Zeitschrift) |
| JZ | Juristenzeitung |
| K&R | Kommunikation & Recht |
| *Kingreen/Poscher* | Grundrechte Staatsrecht II, 36. Aufl., Heidelberg 2020 |
| Klausurenband I | *Degenhart*, Klausurenkurs im Staatsrecht I, 5. Aufl., Heidelberg 2019 |
| *Kloepfer* | Verfassungsrecht I, München 2011 |
| *Kopp/Schenke* | VwGO, Kommentar, 21. Aufl., München 2015 |
| *Lenz/Hansel* | BVerfGG, Kommentar, 3. Aufl., Baden-Baden 2020 |
| LKV | Landes- und Kommunalverwaltung (Zeitschrift) |
| lt SV | laut Sachverhalt |
| LVerfGMV | Landesverfassungsgericht Mecklenburg-Vorpommern |
| LVersG | Versammlungsgesetz (Textbuch Nr. 80) |
| *Maunz/Dürig* | Grundgesetz, Kommentar, München 1958 ff., zit. nach Bearbeitern |
| mE | meines Erachtens |
| MMR | Multimedia und Recht (Zeitschrift) |
| nF | neue(r) Fassung |
| NJW | Neue Juristische Wochenschrift |
| NK | Normenkontrolle |
| NVwZ | Neue Zeitschrift für Verwaltungsrecht |

| | |
|---|---|
| NWVBl | Nordrhein-Westfälische Verwaltungsblätter |
| PartG | Parteiengesetz (Textbuch Nr. 35) |
| *Peine* | Klausurenkurs im Verwaltungsrecht, 6. Aufl., Heidelberg 2016 |
| PUAG | Untersuchungsausschussgesetz (Textbuch Nr. 17) |
| RhPfVerfGH | Verfassungsgerichtshof Rheinland-Pfalz |
| Rn | Randnummer |
| Rspr | Rechtsprechung |
| *Sachs* | Grundgesetz, Kommentar, 8. Aufl., München 2018, zit. nach Bearbeitern |
| SächsVBl | Sächsische Verwaltungsblätter |
| SächsVerfGH | Sächsischer Verfassungsgerichtshof |
| *Schenke* | Verwaltungsprozessrecht, 16. Aufl., Heidelberg 2019 |
| *Schlaich/Korioth* | Das Bundesverfassungsgericht, 9. Aufl., München 2012 |
| *Schweitzer/Dederer* | Staatsrecht III, 12. Aufl., Heidelberg 2020 |
| *Stern I, II* | Das Staatsrecht der Bundesrepublik Deutschland, Band I, 2. Aufl., München 1984, zit.: *Stern* I – Bd. II, München 1980, zit.: *Stern* II |
| *Streinz* | Europarecht, 11. Aufl., Heidelberg 2019 |
| SV | Sachverhalt |
| Textbuch | Textbuch Deutsches Recht – Staats- und Verwaltungsrecht Bundesrepublik Deutschland, 59. Aufl., Heidelberg 2019 |
| ThürVBl | Thüringer Verwaltungsblätter |
| ThürVerfGH | Thüringer Verfassungsgerichtshof |
| uU | unter Umständen |
| VA | Vorauflage/Verwaltungsakt |
| VB | Verfassungsbeschwerde |
| *v. Münch/Kunig I-II* | (Hrsg.), Grundgesetz-Kommentar, Bd. 1, 6. Aufl., München 2011, Bd. 2, 6. Aufl., München 2012, zit. nach Bearbeitern |
| VerwArch | Verwaltungsarchiv |
| *vMKS* | von Mangoldt/Klein/Starck, Grundgesetz, Kommentar, 7. Aufl., Bd. 1-III, München 2018, zitiert nach Bearbeitern |
| VO | Verordnung |
| ZRP | Zeitschrift für Rechtspolitik |
| zw | zweifelhaft |

1. Teil

# Allgemeiner Teil

1. Abschnitt

## Zur Arbeit mit diesem Buch

Mit den nachstehenden 19 Klausurfällen sollen die für Staatsexamen bzw staatliche Pflichtfachprüfung wichtigsten Themenbereiche des Staatsrechts, also des Staatsorganisationsrechts und der Grundrechte abgedeckt werden, unter Einbeziehung europarechtlicher Bezüge. Dabei sollen auch die wichtigsten Fallkonstellationen durchgespielt werden, in denen diese Themenbereiche typischerweise zu behandeln sind. Deshalb werden in den Fällen Verfassungsbeschwerden gegen Einzelakte, gegen Gesetze und Urteilsverfassungsbeschwerden ebenso behandelt, wie Organstreitverfahren und Verfassungskonflikte im Bund-Länder-Verhältnis. Sehr häufig wird der Kandidat im Examen auch materiell verfassungsrechtlichen Fragestellungen in verwaltungsrechtlicher Einkleidung begegnen, sei es, dass Verwaltungsakte in Grundrechte eingreifen, sei es, dass ein Anspruch auf behördliches Einschreiten aus grundrechtlichen Schutzpflichten abgeleitet wird. Auch diese Fallgestaltungen werden hinreichend berücksichtigt. Mit Fall 18 wird ein im engeren Sinn europarechtlicher Fall behandelt, doch bleiben auch iÜ unionsrechtliche Bezüge innerhalb staatsrechtlicher Fragestellungen selbstverständlich nicht ausgeklammert. Dies betrifft etwa Fragen der Gesetzgebung zur Umsetzung von Richtlinien ebenso wie verfassungsrechtliche Grenzen einer europäischen Integration, Fragen des Grundrechtsschutzes in grenzüberschreitenden Sachverhalten und die Grundfreiheiten des Vertrags. 1

Selbstverständlich können die 19 vorliegenden Fälle nicht den gesamten examensrelevanten Stoff abdecken. Der Klausurenband musste sich insoweit auf das absolut Notwendige beschränken, kann also nicht die in den Schwerpunktebänden selbst angesprochenen Probleme umfassend behandeln. Dies ist auch nicht Sinn und Zweck dieses Buches. Es soll entsprechend der Konzeption der Reihe Schwerpunkte Klausurenkurs einen Kernbestand des Wissens enthalten. Doch dürften die in den Klausuren behandelten Probleme und die dort entwickelten, typischen Fallgestaltungen nach Einschätzung des Verf. auf der Grundlage langjähriger Erfahrung als Prüfer und als Mitglied des Prüfungsausschusses im Sächsischen Landesjustizprüfungsamt ein ausreichendes Grundwissen vermitteln und examensrelevante Fragenkreise zu einem erheblichen Teil abdecken. Zu praktisch besonders wichtigen Themenbereichen, im Grundrechtsbereich sind dies die Grundrechte aus Art. 1, 2, 3, 4, 5, 8, 12, 13 und 14, findet sich deshalb auch im Anhang zu den Falllösungen ein Abschnitt „Repetitorium". Hier sollen verallgemeinernd die wichtigsten Probleme stichwortartig angedeutet und vor allem jene Fragen behandelt werden, mit denen nach den Erfahrungen des Verf. sich die Kandidaten in der Fallbearbeitung meist besonders schwer tun. Hier sollen auch die gerade für das Staatsrecht so wichtigen Argumentationsmuster aufgezeigt werden, deren Kenntnis für eine rechtlich strukturierte Fallbearbeitung erforderlich ist. 2

3 Den Einzelklausuren vorangestellt ist der allgemeine Teil, der neben Hinweisen auf typische Fallkonstellationen im folgenden 2. Abschnitt insbesondere im 3. Abschnitt die Prüfungsreihenfolgen (Aufbauschemata) für staatsrechtliche Fälle enthält, auch hier entsprechend dem Anliegen dieses Buchs, die typischen Fallkonstellationen zu erfassen. Der 4. Abschnitt bringt einen tabellarischen Überblick über die wichtigsten Problembereiche, von denen jedenfalls der Examenskandidat zumindest Grundkenntnisse haben sollte. In dieser tabellarischen Übersicht wird auf die Klausurlösungen verwiesen, in denen diese Probleme behandelt werden. Soweit sie in den Klausuren nicht enthalten sind, werden Hinweise auf die entsprechenden Fundstellen in den Schwerpunktebänden gegeben. Ferner werden die Fundstellen im vorliegenden Klausurenbuch wie auch in den Schwerpunktebänden genannt, in denen zu den hier behandelten Fragen weiter nachgelesen werden kann. Damit soll dem Leser auch ein praktikabler Arbeitsplan für die Vorbereitung auf Zwischenprüfung und Staatsexamen an die Hand gegeben werden.

4 Im **Schwierigkeitsgrad** und im Umfang sind die Aufgaben auf das erste juristische Staatsexamen bzw die staatliche Pflichtfachprüfung abgestimmt. Allerdings unterscheiden sich zumindest anspruchsvollere Zwischenprüfungsklausuren und einfachere Examensklausuren mitunter nur durch ihre Länge. So könnten von einigen der hier wiedergegebenen Examensklausuren, soweit sie in mehrere Teilfragen unterteilt sind, einzelne dieser Teilfragen auch in einer Zwischenprüfungsklausur oder in der Vorgerücktenübung auftauchen.

5 Die Darstellung der einzelnen Fälle erfolgt jeweils nach dem gleichen Muster. Dem Aufgabentext schließen sich Vorüberlegungen an, die der idealtypische Bearbeiter anstellen würde, ehe er in den Entwurf einer Arbeitsgliederung und in die schriftliche Ausarbeitung eintritt. Es folgt eine Gliederung, in der stichwortartig auch wesentliche Probleme benannt werden und die Lösung durch Symbole oder Kürzel angedeutet wird. Eine derartige Arbeitsgliederung sollte auch in der Prüfung angefertigt werden. Vorüberlegungen und Erstellung der Arbeitsgliederung sollten etwa ein Drittel, die schriftliche Ausarbeitung sollte dann etwa zwei Drittel der Arbeitszeit in Anspruch nehmen. Es folgt die eigentliche Klausurlösung, als Musterlösung nicht deshalb bezeichnet, weil sie die allein richtige Lösung darstellen soll, sondern weil sie beispielhaft das wiedergeben soll, was in der Bearbeitung erwartet würde. Die Lösung entspricht dem, was von einem guten bis sehr guten Kandidaten erwartet würde, geht aber anders als die Musterlösungen in den meisten Fallsammlungen nicht darüber hinaus. Der vorliegende Klausurenkurs soll eben gerade kein Lehrbuch in Klausurenform sein. Während die Vorüberlegungen auch Hinweise zum Aufbau enthalten, enthält der Text der Musterlösung selbst nur das, was auch in die Klausur gehört. Hinweise zum Aufbau, wie auch vertiefende und weiterführende Hinweise sind ausschließlich in den Fußnoten enthalten. Es schließt sich dann das schon erwähnte Repetitorium zu den wichtigsten in der Klausur behandelten Themenbereichen an. Es enthält abschließend die Rubrik „Zur Wiederholung – Aus der Ausbildungsliteratur – Aktuelle Rechtsprechung – Weitere Fälle im thematischen Zusammenhang".

6 Zwei unterschiedliche Vorgehensweisen bieten sich an, das Buch durchzuarbeiten. Zur Vorbereitung auf Zwischenprüfung und Examen kann etwa die Stofftabelle am Ende des einführenden Teils durchgegangen werden, um gezielt die Themenbereiche einzuüben

bzw zu wiederholen, in denen Lücken gesehen werden. Oder aber die Klausuren werden der Reihe nach abgearbeitet. Bei der Durcharbeitung der einzelnen Klausuren ist es natürlich ideal, wenn zunächst in der angegebenen Zeit die Klausur bearbeitet und dann mit der Musterlösung verglichen wird, um schließlich Lücken gezielt zu schließen. Fehlt hierfür die Zeit, sollte doch zumindest für jeden Fall ohne weitere Hilfsmittel außer den Gesetzestexten eine Arbeitsskizze entsprechend der vorangestellten Gliederung erarbeitet werden.

Für die Fallbearbeitung werden nur die in den zugelassenen Textsammlungen enthaltenen Gesetze benötigt, etwa weitere erforderliche Vorschriften werden wiedergegeben. **7** Es wird dringend empfohlen, beim Durcharbeiten der Lösungen die angegebenen Vorschriften nachzulesen. Man wird feststellen, dass auch sehr vertraute Vorschriften mitunter überraschende Details enthalten, und man wird auf Vorschriften stoßen, die man noch nie bewusst aufgenommen hat. Wer aber in der Examenssituation zB mit einer Vorschrift wie der des Art. 87 GG konfrontiert ist und den Text der Vorschrift noch nie bewusst in sich aufgenommen hat, wird unwiederbringliche Arbeitszeit verlieren, ehe er überhaupt zu einem Textverständnis der Vorschrift gelangt; ebenso der Bearbeiter, der bei der Gesetzesprüfung erstmals staunend den Kompetenzkatalog des Art. 74 GG zu erfassen sucht.

2. Abschnitt

# Staatsrecht in der Fallbearbeitung – typische Fallkonstellationen

Staatsrechtliche Klausuren lösen im Referendarexamen mitunter ein gewisses Unbehagen aus: Staatsrechtsvorlesungen und Anfängerübung bzw Zwischenprüfung liegen **8** schon länger zurück, in der Folgezeit standen verwaltungsrechtliches Klagesystem, polizeiliche Eingriffsnormen und Ermessensfehler im Vordergrund des Interesses – der Kandidat sieht sich staatsrechtlichen Fällen dann nicht sonderlich gut vorbereitet gegenüber. Dass es grob fahrlässig ist, das Staatsrecht aus der Examensvorbereitung auszuklammern, sollte sich mittlerweile herumgesprochen haben – annähernd jede zweite Klausur im Referendarexamen dürfte zumindest einen staatsrechtlichen Schwerpunkt aufweisen. Dabei begegnen dem Bearbeiter staatsrechtliche Fragestellungen einerseits in rein staatsrechtlichen Fällen, andererseits aber auch in verwaltungsrechtlichen Zusammenhängen.

## I. Grundrechtsprüfung – Verfassungsbeschwerde

Rein staatsrechtliche Klausuren werden häufig in prozessualer Einkleidung gestellt. Die **9** Beteiligten suchen um Rechtsschutz nach, wenden sich an das Gericht – in verfassungsrechtlichen Streitigkeiten ist dies das Bundesverfassungsgericht, seltener das Verfassungsgericht eines Landes. Bei den Beteiligten kann es sich zum einen um Verfassungsorgane wie den Bundestag, die Bundesregierung oder auch die Regierung eines Landes handeln, um Teile dieser Verfassungsorgane wie zB eine Fraktion im Bundestag oder auch einzelne ihrer Mitglieder, einen einzelnen Abgeordneten, einen Bundesminister, den Bundeskanzler. Beteiligt kann aber auch ein Bürger sein, der sich in seinen verfassungsmäßigen Rechten beeinträchtigt sieht und dagegen das Verfassungsgericht anrufen will.

10 In letzterem Fall kommt iw nur der Rechtsbehelf der **Verfassungsbeschwerde** in Betracht. Verfassungsbeschwerde kann nach Art. 93 I Nr. 4a GG „jedermann" mit der Begründung erheben, durch einen Akt öffentlicher Gewalt in einem seiner Grundrechte bzw grundrechtsgleichen Rechte verletzt zu sein. „Jedermann" bedeutet: jeder, der Träger von Grundrechten sein kann, also natürliche Personen und – wegen Art. 19 III GG – auch juristische Personen, wenn auch unter bestimmten, etwa in **Fall 10, 14** näher ausgeführten Voraussetzungen, nicht aber: der Staat und seine Organe. Bei der Verfassungsbeschwerde geht es um Grundrechte – genauer: um die Beeinträchtigung von Grundrechten durch den Staat, durch Gesetze, Verwaltungsakte und gerichtliche Entscheidungen. Der materielle Schwerpunkt des Falles liegt also bei der Grundrechtsprüfung, hieran orientiert sich der Aufbau. Typische und wohl häufigste Fallgestaltung bei staatsrechtlichen Klausuren ist die Verfahrenskonstellation der Verfassungsbeschwerde. Sie ist immer dann einschlägig, wenn der Einzelne sich durch die hoheitliche Gewalt des Staates – Gesetzgebung, Rechtsprechung, Verwaltung – in seinen Grundrechten verletzt sieht, Art. 93 I Nr. 4a GG. Mit der Verfassungsbeschwerde wird die unmittelbare Bindung aller staatlichen Teilgewalten an die Grundrechte des Grundgesetzes als positiv geltendes Recht entsprechend Art. 1 III GG aktualisiert und zur Wirksamkeit gebracht. Demgemäß kann sich die Verfassungsbeschwerde gegen Akte aller staatlichen Teilgewalten richten.

11 Sie kann sich **unmittelbar gegen ein Gesetz** richten; dann ist im Rahmen der Begründetheit das Gesetz auf seine Grundrechtskonformität und hierbei generell auf seine Verfassungsmäßigkeit zu prüfen, s dazu die Aufbauhinweise nachstehend Rn 24 ff.

12 Die Verfassungsbeschwerde kann sich auch gegen einen **Verwaltungsakt** richten, gegen den dann allerdings wegen § 90 II 1 BVerfGG der Rechtsweg beschritten werden muss. In der Sache kann hierbei entweder die Verfassungsmäßigkeit des Gesetzes in Frage stehen, auf dem der Verwaltungsakt beruht, oder aber eine selbstständige Grundrechtsverletzung bei Erlass des Verwaltungsaktes selbst. So könnte zB das Verbot einer Versammlung deshalb verfassungswidrig sein, weil das LVersG, auf das es sich stützt, verfassungswidrig ist (etwa weil es bestimmte politische Meinungen diskriminiert). Ist das Gesetz aber verfassungsmäßig, kann es immer noch in verfassungswidriger Weise angewandt worden sein (wenn etwa die Behörde eine Versammlung zu Unrecht als unfriedlich eingestuft und sie deshalb verboten hat, wenn die Polizei die Versammlung wegen einer Störung durch Dritte aufgelöst und dabei ihr Ermessen fehlerhaft gebraucht, wenn die Behörde einem muslimischen Metzger die Schächtgenehmigung verweigert hat, ohne dessen Grundrechte zu beachten).

13 Schließlich kann die Verfassungsbeschwerde sich **unmittelbar gegen eine gerichtliche Entscheidung** richten. Auch hier kann es in der Sache um die Verfassungsmäßigkeit des Gesetzes gehen, auf dem die Entscheidung beruht. Ein Grundrechtsverstoß kann aber

auch in Anwendung des Gesetzes erfolgt sein. Ein derartiger Grundrechtsverstoß kann insbesondere auch darin liegen, dass das Gericht in einem Rechtsstreit zwischen Privaten die Grundrechte in ihrer objektiven, wertsetzenden Funktion (im Sinn mittelbarer Drittwirkung) verkannt hat. Bei der sog. Urteilsverfassungsbeschwerde ist stets zu vergegenwärtigen, dass das BVerfG nur Verstöße gegen spezifisches Verfassungsrecht prüft, nicht aber die fehlerhafte Anwendung des einfachen Rechts.

## II. Staatsorganisationsrechtlicher Schwerpunkt

In **staatsorganisatorischen Fällen** sind die möglichen Ausgangslagen noch vielgestaltiger. Wohl häufigste Fallgestaltung ist die, dass die Beteiligten sich um gegenseitige Rechte und Pflichten streiten – Rechte und Pflichten aus dem Grundgesetz, aber auch aus einfachgesetzlichen Normen des Staatsrechts, wie dem Gesetz über die parlamentarischen Untersuchungsausschüsse (PUAG – **Fall 7**) oder dem Gesetz über die Zusammenarbeit von Bund und Ländern in Angelegenheiten der Europäischen Union (EuZBLG). In einer derartigen Fallkonstellation ist in erster Linie das Organstreitverfahren nach Art. 93 I Nr. 1 GG einschlägig. In diesem Verfahren geht es um Rechte und Pflichten aus dem Grundgesetz. Der Verfahrensgegenstand bestimmt auch hier den Aufbau: bei der Begründetheit geht es um die Frage, ob der Antragsgegner gegen das Grundgesetz verstoßen und hierdurch Rechte des Antragstellers verletzt hat. Dabei muss es sich stets um Rechte und Pflichten aus dem Grundgesetz handeln. Während im Organstreitverfahren nach Art. 93 I Nr. 1 GG über wechselseitige Rechte und Pflichten von Organen des Bundes zu entscheiden ist, sind entsprechende Streitigkeiten zwischen Bund und Ländern im Bund-Länder-Streit nach Art. 93 I Nr. 3 GG zu klären. Das Verfahren ist dem Organstreitverfahren nachgebildet. Für etwaige Verfassungskonflikte zwischen den Verfassungsorganen eines Landes sind die Organstreitverfahren nach der jeweiligen Landesverfassung einschlägig. 14

Eine Sonderstellung nehmen die **Normenkontrollverfahren** ein, also die abstrakte Normenkontrolle nach Art. 93 I Nr. 2 GG und die konkrete Normenkontrolle nach Art. 100 I GG. Das Verfahren der abstrakten Normenkontrolle ist ein „objektives“ Verfahren – es gibt einen Antragsteller, aber keinen Antragsgegner. Die Begründetheitsprüfung erfolgt als Normprüfung; hieran orientiert sich der Aufbau. Dies gilt auch für die konkrete Normenkontrolle – auch hier steht dem Antragsteller, also dem vorlegenden Gericht, kein Antragsgegner gegenüber. Letztere ist allerdings wohl eher seltener Gegenstand staatsrechtlicher Arbeiten. 15

Insgesamt kann festgehalten werden, dass für Aufgaben mit Schwerpunkt im **staatsorganisatorischen** Bereich die häufigste prozessuale Einkleidung die des **Organstreitverfahrens** ist, seltener die des Bund-Länder-Streits und die der Normenkontrollverfahren. Mittelbar können hier auch grundrechtliche Fragen eine Rolle spielen, wenn hiervon das Verhalten eines Staatsorgans abhängt. So kann die Verpflichtung des Bundespräsidenten zur Ausfertigung eines Gesetzes dann entfallen, wenn dieses gegen Grundrechte verstößt. Die Verpflichtung der Bundesregierung, einem Untersuchungsausschuss des Bundestags Akten zugänglich zu machen, kann dann entfallen, wenn hierdurch schutzwürdige Grundrechtspositionen Privater, von denen in den fraglichen Akten die Rede 16 ist, verletzt würden. Will der Bürger seine verfassungsmäßigen Rechte geltend machen, ist die prozessuale Einkleidung regelmäßig die der Verfassungsbeschwerde. Hier können wiederum in der Begründetheit Fragen des Staatsorganisationsrechts, etwa der Gesetzgebungskompetenzen oder des Gesetzgebungsverfahrens und allgemeine Verfassungsprinzipien wie das Rechtsstaatsprinzip eine Rolle spielen. Denn typische Fragestellung im Rahmen der Verfassungsbeschwerde ist die nach der Rechtfertigung eines Grundrechtseingriffs durch oder auf Grund eines Gesetzes. Hierzu muss das Gesetz in jeder Hinsicht verfassungsmäßig sein.

17 **Abgrenzungsprobleme** können sich dann ergeben, wenn der potentielle Antragsteller bzw Beschwerdeführer, der seine verfassungsmäßigen Rechte beeinträchtigt sieht, einerseits als Person **Grundrechtsträger**, andererseits auch **Beteiligter am Verfassungsleben** ist. Dies ist der Fall beim einzelnen Bundestagsabgeordneten. Er ist dann, wenn der Bundespräsident den Bundestag vorzeitig auflöst, im Bestand seines Mandats und damit als Beteiligter des Verfassungslebens betroffen. Demgegenüber ist er als Träger des grundrechtsgleichen passiven Wahlrechts aus Art. 38 II GG betroffen, wenn die Bundesregierung unzulässig in den Wahlkampf eingreift.[1] In ersterem Fall ist das Organstreitverfahren einschlägig, im letzteren die Verfassungsbeschwerde. Die **Verfassungsbeschwerde** konnte auch von jenen Bundestagsabgeordneten erhoben werden, die sich durch den **Vertrag von Lissabon** in ihren Rechten als Staatsbürger, insbesondere auch in Art. 38 I 1 GG verletzt sahen.[2] Die Abgrenzung dieser beiden Verfahren ist von besonderer Bedeutung, wenn die rechtliche Stellung der politischen Parteien in Frage steht. Denn diese sind einerseits Grundrechtsträger, andererseits Beteiligte am Verfassungsleben.

### III. Verwaltungsrechtliche Fallkonstellationen

18 Der Sache nach im Schwerpunkt staatsrechtliche, insbesondere grundrechtliche Fälle können schließlich dem Bearbeiter in verwaltungsrechtlicher, insbesondere auch verwaltungsprozessualer Konstellation begegnen.[3] Aufgabenstellungen, in deren Mittelpunkt die Versammlungsfreiheit des Art. 8 GG steht, knüpfen sehr häufig an verwaltungsrechtliche Versammlungsverbote an, gegen die Anfechtungsklage oder, wegen prozessualer Überholung, Fortsetzungsfeststellungsklage erhoben wird, die aber auch Gegenstand einstweiligen Rechtsschutzes sein können – tatsächlich scheint das Eilverfahren nahezu ebenso häufig in Aufgabenstellungen aufzutauchen wie das Regelverfahren.[4] Dies ist auch die Ausgangssituation im aktuellen Fall des Ausschaltens der Rathausbeleuchtung als Protest „gegen Rechts" (**Fall 11**). Sowohl in prozessualer als auch in materiell-rechtlicher Hinsicht ist hier die verwaltungsrechtliche Fragestellung grundrechtlich determiniert. Bestimmungen der VwGO sind im Blick auf die Rechtsschutzgarantie des

1 Vgl zur Öffentlichkeitsarbeit der Regierung BVerfGE 44, 125; 63, 230.

2 Vgl BVerfGE 123, 267 (337).

3 Beispielhaft die Examensklausuren bei *Ipsen/Epping*, NWVBl 1995, 196; *Schnellenbach*, NWVBl 1995, 236; *Rüfner*, NWVBl 1996, 35; *Tettinger/Ennuschat*, NWVBl 1997, 276; *Dederer*, NWVBl 2000, 31.

4 S etwa EJS Sachsen 2002/1, Aufgabe 6.

Art. 19 IV GG anzuwenden – dies betrifft in den Fällen des erledigten Grundrechtseingriffs das berechtigte Interesse an der Feststellung der Rechtswidrigkeit nach § 113 I 4 VwGO; neben Versammlungsverboten bei termingebundenen Veranstaltungen sind es erledigte Durchsuchungsaktionen oder auch Eingriffe in das Grundrecht aus Art. 10 GG durch Überwachungsmaßnahmen.[5] Grundrechtlich abgeleitet sind Unterlassungs- und Folgenbeseitigungsansprüche,[6] ebenso wie Abwehrklagen gegen wirtschaftliche Aktivitäten von Gemeinden[7] oder Ansprüche auf polizeiliches oder anderweitiges behördliches Einschreiten,[8] wie im **Fall 4**. Dass ein im Schwerpunkt verfassungsrechtlicher Fall auch in strafprozessualer Einkleidung gestellt werden kann, belegt eine Fortgeschrittenenhausarbeit im öffentlichen Recht zum Thema „Der Staatsanwalt im Zeitungsverlag".[9]

## IV. Fälle ohne prozessualen Einschlag

Selbstverständlich ist auch zu rechnen mit Aufgaben ohne jeden prozessualen Einschlag. **19**
Hier geht es dann schlicht darum, ob ein Gesetz verfassungsmäßig ist oder ob der eine oder andere Beteiligte an einem verfassungsrechtlichen Konflikt gegen verfassungsrechtliche Pflichten verstoßen hat oder aber in seinen Rechten aus dem Grundgesetz verletzt wurde. – Erfahrungsgemäß hindert dies den einen oder anderen Bearbeiter nicht, die Bearbeitung gleichwohl mit der Prüfung der Zulässigkeit einer Verfassungsbeschwerde zu beginnen,[10]– ebenso, wie auf die Frage nach der Rechtmäßigkeit eines Verwaltungshandelns erst einmal die verschiedenen Theorien zur Rechtswegfrage ausgebreitet werden. Deshalb gilt für jede Klausur: der Bearbeitervermerk ist genau zu lesen. Wenn auf die Frage nach der Verfassungsmäßigkeit eines Gesetzes die Zulässigkeit einer Verfassungsbeschwerde geprüft wird, die einer der Beteiligten erheben könnte, ist dies nicht nur überflüssig, sondern falsch, davon abgesehen, dass der Bearbeiter die erfahrungsgemäß selten zu reichlich bemessene Bearbeitungszeit vergeudet.

*Dies ist ein generelles Problem. Erfahrungsgemäß wird oft ein zu großer Anteil der Bearbeitungszeit auf die Zulässigkeitsprüfung verwandt. Tatsächlich jedoch liegt hier in aller Regel nicht der Schwerpunkt der Arbeit; in den seltensten Fällen wird der Zulässigkeitsteil mehr als ein Drittel des Umfangs der Klausurbearbeitung in Anspruch nehmen – wenn überhaupt.*

---

5 Vgl BVerfGK 4, 287 = NJW 2005, 1855; dazu *Sachs*, JuS 2005, 646.

6 Vgl die Examensfälle EJS Sachsen 1996/1, Aufgabe 6 und EJSBay 1996/1; EJS NRW Juli 2002, veröffentlicht von *Sachs/Blasche*, NWVBl 2005, 78.

7 Vgl den Examensfall EJS Sachsen 2001/1, Aufgabe 7, SächsVBl 2004, 170 und 193.

8 Vgl die Examensfälle EJS Sachsen 1995/2, Aufgabe 6 und 2000/2, Aufgabe 6.

9 Fall bei *Lecheler/Germelmann*, Jura 2001, 781.

10 *Kondring* und *Zilkens* berichten von einer Klausur im nordrhein-westfälischen Examen, in der eine gewisse A „um die rechtliche Begutachtung der Frage, ob das Gesetz sie in ihren Grundrechten verletzt" bittet: 20 von 160 Verfassern brachten hier teils seitenlange Ausführungen zur Zulässigkeit einer Verfassungsbeschwerde – dies deckt sich mit Erfahrungen des *Verf.*

3. Abschnitt

# Allgemeine Hinweise zu Aufbau und Inhalt

## I. Zur Prüfungsreihenfolge: Zulässigkeit und Begründetheit

20 Wenn bereits ein Rechtsbehelf eingelegt wurde und nun nach dessen Erfolgsaussichten gefragt wird, ist der Aufbau klar: Der Rechtsbehelf – sei es nun Verfassungsbeschwerde, Antrag im Organstreitverfahren oder Normenkontrollantrag – muss, um Erfolg zu haben, zulässig und begründet sein. In dieser Reihenfolge prüft das Gericht, in dieser Reihenfolge ist die Aufgabe zu bearbeiten. Sollte der Antrag unzulässig sein, ist die Begründetheit hilfsgutachtlich zu prüfen.

*Dies ist im Übrigen der einzige Fall, in dem ein Hilfsgutachten erforderlich ist. Wenn demgegenüber sich zB in der Begründetheitsprüfung herausstellt, dass das Gesetz, das den Gegenstand der Verfassungsbeschwerde oder des Normenkontrollantrags bildet, schon aus formellen Gründen nichtig ist, wird die materielle Verfassungsmäßigkeit nicht etwa in einem Hilfsgutachten geprüft, sondern unverändert im eigentlichen Gutachten. Der Bearbeiter hat alle zur Begründetheit des Rechtsbehelfs führenden Verfassungsverstöße zu untersuchen. Er ist auch nicht so frei wie das Gericht, das ggf. die eine oder andere Frage, auf die es nicht mehr ankommt, offenlassen kann.*

21 In der Reihenfolge Zulässigkeit – Begründetheit ist regelmäßig auch zu prüfen, wenn gefragt wird, ob ein Beteiligter *sich mit Aussicht auf Erfolg an das Bundesverfassungsgericht wenden* kann; hier muss zunächst untersucht werden, welcher Rechtsbehelf in Betracht kommt. Wenn allerdings ein Beteiligter verfassungsrechtliche Bedenken – zB gegen ein Gesetz, gegen das Verhalten eines anderen Beteiligten – äußert und nun wissen will, ob seine Bedenken zu Recht bestehen und ob er ggf. das Verfassungsgericht anrufen kann, sollte erst die materielle Rechtslage geprüft werden – entscheidend ist also immer der Bearbeitervermerk. Hier kann es auch geboten sein, die Zulässigkeit unterschiedlicher verfassungsgerichtlicher Verfahren zu erörtern. Insbesondere dann, wenn nur ganz allgemein davon die Rede ist, dass ein Beteiligter „das Bundesverfassungsgericht anrufen" will, ist vor Eintritt in die Zulässigkeitsprüfung in einem eigenen Prüfungspunkt die **statthafte Verfahrensart** zu erörtern; vgl Rn 257 zu den Rechten des Abgeordneten, wo Organstreitverfahren und Verfassungsbeschwerde abzugrenzen sind: geht es um Statusrechte des Abgeordneten aus dem Grundgesetz, ist Ersteres einschlägig.

## II. Grundrechtsprüfung – Verfassungsbeschwerden

22 Die häufigste Fallgestaltung in staatsrechtlichen Klausuren ist sicher die der Verfassungsbeschwerde zum Bundesverfassungsgericht. Das Aufbauschema hierfür sollte der Bearbeiter also parat haben, um insbesondere die Zulässigkeit der Verfassungsbeschwerde ohne unnötigen Zeitverlust abarbeiten zu können – der Schwerpunkt der Problematik liegt im Verfassungsbeschwerdeverfahren in aller Regel im Begründetheitsteil; die sich bei der Zulässigkeitsprüfung möglicherweise ergebenden Probleme sind überschaubar – auf die wichtigsten wird nachstehend hingewiesen.

Für die Zulässigkeitsprüfung kann dieses Schema zugrundegelegt werden:

Zulässigkeit 23

**I. Beschwerdeführer:**

1. Beschwerdefähigkeit (= Grundrechtsfähigkeit)
2. Prozessfähigkeit

**II. Beschwerdegegenstand:** Akt öffentlicher Gewalt

Gesetzgebung: sowohl Bundes- als auch Landesgesetze sind zulässiger Beschwerdegegenstand: Bundes- wie Landesstaatsgewalt sind an das Grundgesetz gebunden;

Kein zulässiger Beschwerdegegenstand sind Normen des (sekundären) Gemeinschaftsrechts (Richtlinien/Verordnungen), jedenfalls solange auf europäischer Ebene adäquater Grundrechtsschutz gewährleistet ist (*Degenhart* Rn 266 f.);

Akte der Exekutive (insbesondere Verwaltungsakte);

Akte der Rechtsprechung.

**III. Beschwerdebefugnis:**

1. Möglichkeit der Grundrechtsverletzung;
2. Bf. muss selbst, gegenwärtig und unmittelbar betroffen sein; bei Verfassungsbeschwerde unmittelbar gegen Gesetz ist insbesondere Letzteres sorgfältig zu prüfen.

**IV. Rechtswegerschöpfung/Subsidiarität:**

Akte der Exekutive: Rechtswegerschöpfung;

Akte der Judikative: Ausschöpfung aller Rechtsmittel;

gegen Gesetze ist an sich kein Rechtsweg eröffnet; gleichwohl verlangt das BVerfG – hierin nur schwer berechenbar – mitunter vom Bf., zunächst den Vollzug des Gesetzes abzuwarten und durch die Fachgerichte eine Vorabklärung und „Aufbereitung“ des Verfahrensstoffs zu erreichen.[11]

**V. Form und Frist:** Schriftform, § 23 I BVerfGG; Monatsfrist des § 93 I BVerfGG bzw Jahresfrist des § 93 III BVerfGG.

(VI. Rechtskraft – nur ausnahmsweise zu prüfen, Rn 47.)

Ist bereits Verfassungsbeschwerde eingelegt oder ist nach den Erfolgsaussichten einer Verfassungsbeschwerde gefragt, so wird wie üblich in der Reihenfolge Zulässigkeit – Begründetheit geprüft. Ehe in die Prüfung der einzelnen Zulässigkeitsvoraussetzungen eingetreten wird, sollte zunächst kurz ausgeführt werden, warum gerade dieser Rechtsbehelf erörtert wird: Wenn ein Bürger sich durch einen Hoheitsakt in seinen Grundrechten verletzt sieht, ist die Verfassungsbeschwerde nach Art. 93 I Nr. 4a GG geeigneter Rechtsbehelf. 24

*Diese Überlegung kann auch als erster Gliederungspunkt in der Zulässigkeitsprüfung unter „Zuständigkeit des Bundesverfassungsgerichts“ gebracht werden, die nachfolgend angegebenen Gliederungspunkte verschieben sich dann in der Zählung entsprechend.*

11 Beispielhaft: BVerfGE 74, 69 (74 f.); Fallbeispiel bei *Jean d'Heur/Jorczyk*, Jura 1999, 538.

Wird allgemein nach den Erfolgsaussichten eines Rechtsbehelfs gefragt, so könnte etwa wie folgt formuliert werden:

*„Da A sich hier durch ein staatliches Handeln in einem seiner Grundrechte verletzt sieht, könnte er Verfassungsbeschwerde nach Art. 93 I Nr. 4a GG einlegen. Diese hat Erfolg, wenn sie zulässig und begründet ist."*

## A. Zulässigkeit der Verfassungsbeschwerde

25 *An erster Stelle sollten die Zulässigkeitsvoraussetzungen geprüft werden, die sich auf den Beschwerdeführer beziehen, also Beschwerdefähigkeit und Prozessfähigkeit.*

### I. Beschwerde- und Prozessfähigkeit

#### 1. Beschwerdefähigkeit

26 Beschwerdefähig ist, wer **grundrechtsfähig** ist.

Dies festzustellen, bereitet keine Schwierigkeiten bei natürlichen Personen – hier genügt also die Feststellung „*A ist als natürliche Person grundrechtsfähig und damit beschwerdefähig.*"

*Derartige eindeutige Feststellungen können mE im Urteilsstil getroffen werden. Im Gutachtensstil würde man formulieren:*

*„A müsste zunächst beschwerdefähig sein. Beschwerdefähig ist gemäß Art. 93 I Nr. 4a GG jeder, der Träger von Grundrechten sein kann. A als natürliche Person ist grundrechtsfähig. Er ist also beschwerdefähig."*

Besitzt der Beschwerdeführer nicht die deutsche Staatsangehörigkeit und beruft er sich auf Grundrechte, die nur Deutschen zustehen, wie vor allem Art. 12 I GG, so sollte ergänzt werden, dass er als Nichtdeutscher sich zwar nicht auf die Berufsfreiheit des Art. 12 I GG, aber doch jedenfalls auf die Handlungsfreiheit des Art. 2 I GG berufen kann. Bei EU-Ausländern dürfte das Diskriminierungsverbot des Art. 18 EUV jedoch Geltung auch der Deutschengrundrechte erfordern.[12]

27 Handelt es sich beim Beschwerdeführer um eine **juristische Person**, so muss die Grundrechtsfähigkeit eigens begründet werden; sie ergibt sich aus Art. 19 III GG. Es muss sich dann bei der Beschwerdeführerin um eine inländische juristische Person handeln (effektiver Sitz ist entscheidend) BVerfGE 129, 78 erweitert den Grundrechtsschutz bei Sitz in der EU. Die geltend gemachten Grundrechte müssen auch ihrem Wesen nach auf sie anwendbar sein. Dies kann begründet werden für solche Grundrechte, die im „arbeitsteiligen Verbund" einer juristischen Person verwirklicht, die von einer juristischen Person ausgeübt werden können: eine juristische Person kann einem Gewerbe, also einem „Beruf" nachgehen, sie kann Eigentum haben, sie kann auch mit Meinungsäußerungen an die Öffentlichkeit gehen, besitzt aber keine Menschenwürde.

28 Der Wortlaut des Art. 19 III GG ist insofern zu weit, als juristische Personen des öffentlichen Rechts nicht grundrechtsfähig sind – die Grundrechte sind Rechte des Bürgers gegen den Staat, nicht des Staates. Dies betrifft auch juristische Personen des Privatrechts, die sich ausschließlich oder mehrheitlich in öffentlicher Hand befinden.[13]

12 *Lenz/Hansel*, § 90 Rn 84.

13 Für Mischunternehmen BVerfGE 128, 226 (246); 143, 246 Rn 119; *Lenz/Hansel*, § 90 Rn 115; *Goldhammer*, JuS 2014, 891.

Hiervon gelten Ausnahmen: Die öffentlich-rechtlichen Rundfunkanstalten sind gerade zur Wahrnehmung der Rundfunkfreiheit geschaffen worden und deshalb Träger dieses Grundrechts – nicht aber zB des Art. 12 GG, wenn sie sich gewerblich betätigen. BVerfGE 107, 299 gestattet ihnen darüber hinaus auch die Berufung auf das Fernmeldegeheimnis des Art. 10 GG, wenn es um den Informantenschutz und das Redaktionsgeheimnis geht, so beim Zugriff auf Telekommunikationsverbindungsdaten. Ebenso sind die öffentlich-rechtlichen Religionsgemeinschaften grundrechtsfähig.

### 2. Prozessfähigkeit (Verfahrensfähigkeit)

Darunter versteht man die Fähigkeit, selbstständig, also selbst oder durch einen selbst bestimmten Vertreter, Verfassungsbeschwerde zu erheben und Prozesshandlungen vornehmen zu können. Sie ist nur dann näher zu prüfen, wenn sich hierfür besondere Anhaltspunkte aus dem Sachverhalt ergeben – andernfalls genügt die Feststellung, dass mangels solcher Anhaltspunkte von der Prozessfähigkeit auszugehen ist; bei juristischen Personen genügt der Hinweis, dass die Verfassungsbeschwerde durch ihren gesetzlichen Vertreter einzulegen ist. 29

Besondere Anhaltspunkte können sein: Minderjährigkeit; hier wird Verfahrensfähigkeit des Minderjährigen für die Grundrechte aus Art. 4 I, II GG deshalb angenommen, weil der Gesetzgeber im Gesetz über religiöse Kindererziehung Minderjährigen eigene Rechte unabhängig von ihren gesetzlichen Vertretern einräumt *(die entsprechenden gesetzlichen Vorschriften müssten dann im Sachverhalt genannt sein).* Man spricht hier von „Grundrechtsmündigkeit". 30

## II. Beschwerdegegenstand

*Die sorgfältige Herausarbeitung des Beschwerdegegenstandes ist die entscheidende Weichenstellung – hiernach bestimmt sich die Begründetheitsprüfung, hiervon hängen aber bereits weitere Zulässigkeitsprobleme ab.* 31

Als Beschwerdegegenstand kommt in Betracht: jeder Akt der öffentlichen Gewalt in allen ihren Teilgewalten, also Gesetzgebung, Verwaltung, Rechtsprechung.

Der Beschwerdeführer kann sich unmittelbar durch ein **Gesetz** in seinen Grundrechten beeinträchtigt sehen – hier ist dann bei der Zulässigkeitsprüfung näher auf das unmittelbare Betroffensein (nachstehend III.2) und auf die Subsidiarität (IV.) der Verfassungsbeschwerde einzugehen. 32

Der Beschwerdeführer kann sich durch eine Entscheidung der **Verwaltung** in seinen Grundrechten beeinträchtigt sehen. In diesem Fall muss er zunächst den Rechtsweg beschreiten, § 90 II BVerfGG. Wenn Verfassungsbeschwerde eingelegt wird, wird also bereits die Entscheidung eines Gerichts vorliegen. Gegenstand der Verfassungsbeschwerde sind dann die Maßnahmen der Verwaltung und die sie bestätigenden Gerichtsentscheidungen; es liegt aber nur eine Verfassungsbeschwerde vor.

Gegenstand der Verfassungsbeschwerde kann auch unmittelbar die Entscheidung eines **Gerichts** sein, sei es die Verurteilung im Strafprozess, sei es die Entscheidung in einem Rechtsstreit zwischen Privaten. Dass die Verurteilung zu einer Strafe einen hoheitlichen Eingriff darstellt, ist evident – beim Urteil im Rechtsstreit zwischen Privaten könnte fraglich sein, ob hier überhaupt Grundrechte gelten und ob es um die Ausübung hoheitlicher Gewalt geht. Die damit aufgeworfene Frage einer Drittwirkung der Grundrechte, also ihrer Geltung zwischen Privaten, stellt sich mE aber erst dann, wenn es um die Möglichkeit einer Grundrechtsverletzung geht (III.1) – dass eine gerichtliche Entscheidung einen Akt öffentlicher Gewalt darstellt, ist ohne weiteres vorauszusetzen. 33

*In diesem Fall sollte also nur darauf verwiesen werden, dass die Entscheidung etwa des BGH und die vorgehenden Entscheidungen des OLG und des LG als Akte der Rechtsprechung Akte öffentlicher Gewalt und damit geeigneter Gegenstand einer Verfassungsbeschwerde sind. Als Merkposten für die Begründetheitsprüfung sollte beachtet werden, dass im Fall der Urteilsverfassungsbeschwerde das BVerfG nur spezifische Verfassungsverstöße prüft.*

34 Liegt die Beschwer darin, dass eine Behörde oder ein Gericht sich auf ein nach Auffassung des Beschwerdeführers verfassungswidriges Gesetz gestützt haben, so sind unmittelbar deren Entscheidungen im Wege der Verfassungsbeschwerde anzugreifen; mittelbar richtet sie sich dann auch gegen das Gesetz.

### III. Beschwerdebefugnis

*Unter diesem Punkt sind zu prüfen: die Möglichkeit einer Grundrechtsverletzung und das eigene, gegenwärtige und unmittelbare Betroffensein des Beschwerdeführers.*

#### 1. Geltendmachung einer Grundrechtsverletzung

35 Hier ist zu prüfen, ob die vom Bf. gerügten Grundrechte verletzt sein können; wenn keine bestimmten Grundrechtsartikel genannt werden, ist der Antrag auszulegen. Sonstige Verfassungsverstöße wie zB unzulässige Rückwirkung oder fehlende Kompetenz können hier ebenfalls geltend gemacht werden: ist der Schutzbereich eines Grundrechts eröffnet, so müssen Grundrechtseingriffe in jeder Hinsicht verfassungsmäßig sein. Der Beschwerdeführer kann also geltend machen, in einem seiner Grundrechte deshalb verletzt zu sein, weil der Eingriff auf einem Gesetz beruht, das unter Verstoß gegen die Kompetenzordnung des Grundgesetzes oder verfahrensfehlerhaft zustandegekommen ist oder das gegen das Rückwirkungsverbot verstößt; jedenfalls unter Art. 2 I GG führt dies dann zur Beschwerdebefugnis.

36 Wie stets, muss im Rahmen der Zulässigkeit der Verfassungsverstoß nur plausibel geltend gemacht werden – ob er vorliegt, ist dann eine Frage der Begründetheit. Grundrechte, die ersichtlich nicht einschlägig sind, können bereits auf dieser Stufe aus der weiteren Prüfung ausgeschieden werden.

Bei Verfassungsbeschwerden gegen Akte der Judikative in Rechtsstreitigkeiten zwischen Privaten ist hier der geeignete Ort, *die Frage der Drittwirkung anzusprechen.*[14]

#### 2. Eigene, gegenwärtige und unmittelbare Beschwer

37 Der Beschwerdeführer muss durch den angegriffenen Hoheitsakt selbst, gegenwärtig und unmittelbar betroffen sein.

a) **Eigenes** Betroffensein ist in aller Regel unproblematisch – der Adressat einer Maßnahme jedenfalls ist selbst betroffen.[15] UU kann auch ein Dritter von einem Urteil oder einer Verwaltungsentscheidung betroffen sein.

38 b) **Gegenwärtiges** Betroffensein: der angegriffene Hoheitsakt muss bereits Rechtswirkungen entfalten, und er darf sich grundsätzlich auch noch nicht erledigt haben, zB durch Zeitablauf. Bestimmte Maßnahmen der Exekutive erledigen sich typischerweise, ehe Verfassungsbeschwerde eingelegt werden kann.

**Erledigung** durch Zeitablauf kann zB gegeben sein, wenn eine Versammlung verboten wurde und der Tag, an den sie stattfinden sollte, verstrichen ist, wenn nach einer kurzzeitigen Freiheitsentziehung der Beschwerdeführer sich wieder in Freiheit befindet, wenn eine Durchsuchung ergebnislos durchgeführt worden ist.

Würde man in all diesen Fällen die Verfassungsbeschwerde als unzulässig betrachten, so kämen sie nie zu verfassungsgerichtlicher Prüfung – damit wäre kein umfassender Grundrechtsschutz mehr gewährleistet. Das BVerfG stellt deshalb zu Recht fest:

---

14 Dies kann aber auch als Einstieg in die Begründetheitsprüfung geschehen, s den Aufbau *bei Stock/Achelpöhler*, JuS 1998, 245; wie hier demgegenüber im Fall einer Urteilsverfassungsbeschwerde in äußerungsrechtlichem Zusammenhang *Schulz*, Jura 2000, 528 sowie die Examensklausur Aufgabe 7 EJSBay 2000/2, BayVBl 2002, 416, 444.

15 BVerfGE 102, 197 (206 f.).

*„Effektiver Grundrechtsschutz gebietet es in diesen Fällen, dass der Betroffene Gelegenheit erhält, die Berechtigung des schwerwiegenden – wenn auch tatsächlich nicht mehr fortwirkenden – Grundrechtseingriffs gerichtlich klären zu lassen“.*[16]

Dies kann als Frage des (noch) gegenwärtigen Betroffenseins erörtert werden. Das BVerfG sieht **39**
hierin in seiner neueren Rspr eine Frage des Rechtsschutzbedürfnisses und bejaht dieses dann, wenn entweder die Frage von grundsätzlicher Bedeutung ist oder die Maßnahme besonders belastend wirkt oder Wiederholungsgefahr besteht.[17]– s dazu **Fall 15** Rn 895.

c) **Unmittelbares** Betroffensein bedeutet: es ist kein weiterer Hoheitsakt mehr erforderlich, die **40**
Grundrechtsbeeinträchtigung wirkt unmittelbar. Wird eine Verfassungsbeschwerde unmittelbar gegen ein Gesetz eingelegt, so darf kein weiterer Vollzugsakt mehr erforderlich sein. Ein Abgabengesetz wirkt erst dann unmittelbar, wenn die Behörde auf Grund des Gesetzes einen Abgabenbescheid erlassen hat.

Bei **Verbotsgesetzen**, die einen Verstoß mit Strafe bedrohen, braucht der Adressat des Gesetzes allerdings nicht eine Bestrafung abzuwarten; dies wäre unzumutbar. Er ist also schon durch das Gesetz unmittelbar betroffen.

Wenn aber im Gesetz vorgesehen ist, dass der Betroffene keine Kenntnis von der Maßnahme erlan- **41**
gen soll, so kann sich die Verfassungsbeschwerde ausnahmsweise unmittelbar gegen ein vollziehungsbedürftiges Gesetz richten[18]. Bei Abhörmaßnahmen und ähnlichen Eingriffen, wie zB auch der automatisierten Kennzeichenkontrolle[19] ist dies typischerweise der Fall. Für die eigene und gegenwärtige Betroffenheit reicht es dann aus, dass der Bf. darlegt, dass er mit einiger Wahrscheinlichkeit durch die auf den angegriffenen Rechtsnormen beruhenden Maßnahmen in seinen Grundrechten berührt wird.

### IV. Rechtswegerschöpfung/Subsidiarität

Verfassungsbeschwerde kann grundsätzlich erst dann erhoben werden, wenn alle anderen Rechts- **42**
behelfe ausgeschöpft wurden, um die Grundrechtsbeeinträchtigung zu beheben. Sie ist subsidiär. Ausdruck dieser Subsidiarität ist das Erfordernis der Rechtswegerschöpfung in § 90 II BVerfGG.

(1) Verfassungsbeschwerde unmittelbar gegen Gesetz:

Richtet sich die Verfassungsbeschwerde unmittelbar gegen ein **Gesetz**, so genügt in der Fallbear- **43**
beitung in aller Regel die Feststellung, dass unmittelbar gegen Gesetze kein Rechtsweg eröffnet ist. Bei Rechtsvorschriften mit untergesetzlichem Rang (Rechtsverordnungen, Satzungen) wird jedoch neuerdings gefordert, diese im Weg der verwaltungsgerichtlichen Klage auf ihre Gültigkeit hin zu überprüfen.[20]

Allerdings verlangt das BVerfG – hierin nur schwer berechenbar – mitunter vom Bf., zunächst den Vollzug des Gesetzes abzuwarten und durch die Fachgerichte eine Vorabklärung und „Aufbereitung“ des Verfahrensstoffs zu erreichen; darauf ist nur einzugehen, wenn sich konkrete Anhaltspunkte dafür im Sachverhalt ergeben – demgegenüber ist das Erfordernis der Rechtswegerschöpfung stets zu erwähnen.

16 BVerfGE 96, 27 (40).
17 BVerfG NJW 2002, 3691 – Rechtsschutz bei Vergabe von Standplätzen auf Jahrmärkten.
18 BVerfGE 100, 313 (354); 109, 279 (306) sowie zuletzt BVerfGE 113, 348 (362).
19 BVerfGE 150, 309 Rn 39; *Hillgruber/Goos* Rn 281 ff, 284.
20 *Hillgruber/Goos* Rn 303 f.

(2) Verfassungsbeschwerde gegen Akt der Exekutive:

44 Der Bf. muss alle Rechtsmittel ausschöpfen (näher *Kingreen/Poscher* Rn 1318 ff.), die gegen die angegriffene Maßnahme der Verwaltung eröffnet sind. Wird der Sofortvollzug einer Maßnahme nach § 80 II 1 Nr. 4 VwGO angeordnet, so stellt das verwaltungsgerichtliche Eilverfahren an sich einen selbstständigen Rechtsweg dar. Liegt hier die letztinstanzliche Entscheidung vor (Beschwerdeentscheidung des OVG), so ist an sich der Rechtsweg erschöpft. Der Grundsatz der Subsidiarität der Verfassungsbeschwerde verlangt hier jedoch die Beschreitung des Rechtswegs in der Hauptsache, wenn auf diesem Wege Abhilfe erreicht werden kann. Dies muss allerdings zumutbar sein – wenn also bei Versagen des vorläufigen Rechtsschutzes ein unwiederbringlicher Rechtsverlust droht, kann die Verfassungsbeschwerde gegen die abschließende Entscheidung im Eilverfahren eingelegt werden.[21] Ausnahmsweise kann nach § 90 II 2 BVerfGG eine Vorabentscheidung getroffen werden (*Kingreen/Poscher* Rn 1325 ff.).

*Beachte:* Ehe der Bearbeiter auf einen schweren und unabwendbaren Nachteil iSv § 90 II 2 BVerfGG eingeht, muss festgestellt werden, dass der Rechtsweg noch offen steht oder der Bf. ihn bereits beschreitet, aber nicht abwarten will oder kann. Wenn also der Bf. den VA hat bestandskräftig werden lassen, kann nicht mehr unter Berufung auf § 90 II 2 BVerfGG vom Erfordernis der Rechtswegerschöpfung abgesehen werden – häufiger Fehler!

### V. Form und Frist

#### 1. Form

45 Es gilt das Formerfordernis des § 23 BVerfGG.

#### 2. Beschwerdefrist

46 Die Verfassungsbeschwerde ist innerhalb eines Monats zu erheben, § 93 I 1 BVerfGG; maßgeblich hierfür ist die Zustellung oder Bekanntgabe „der Entscheidung“, § 93 I 2, 3 BVerfGG. Entscheidend ist diejenige Entscheidung des Gerichts, mit der der Rechtsweg erschöpft wurde.

Unmittelbar gegen Gesetze ist kein Rechtsweg eröffnet – hier gilt die Jahresfrist nach § 93 III BVerfGG ab Inkrafttreten des Gesetzes.

*Diese Jahresfrist gilt nur, wenn unmittelbar gegen das Gesetz Verfassungsbeschwerde erhoben wird. Richtet sich die Verfassungsbeschwerde gegen einen sonstigen Hoheitsakt und dabei mittelbar gegen das Gesetz, das diesem zugrunde lag, dann kann Verfassungsbeschwerde mittelbar gegen das Gesetz auch nach Ablauf dieser Jahresfrist erhoben werden; es gilt dann § 93 I BVerfGG.*

### VI. Rechtskraft/Gesetzeskraft

47 *Dieser Punkt ist nur zu prüfen, wenn sich hierfür besondere Anhaltspunkte ergeben.*

Bei Verfassungsbeschwerde gegen Gesetz: hat das BVerfG das Gesetz in einem anderen Verfahren (zB Normenkontrollverfahren) bereits im Tenor für verfassungskonform erklärt, ist dies zwar keine Frage der Rechtskraft (die nur inter partes wirkt), doch ist wegen der Gesetzeskraft der Entscheidung nach § 31 II BVerfGG die Verfassungsbeschwerde in diesem Fall unzulässig.[22]

---

21 Vgl dazu den Klausurfall „Das religiöse Passbild“ bei *Demel/Lochen*, JA 2002, 878.

22 *Benda/Klein* Rn 1442.

## B. Begründetheit der Verfassungsbeschwerde

Die Begründetheitsprüfung beginnt mit dem Obersatz: 48

*„Die Verfassungsbeschwerde ist begründet, wenn der Beschwerdeführer durch den angegriffenen Hoheitsakt in seinen Grundrechten verletzt ist".*

Mit diesem Obersatz steht das Prüfprogramm für die Begründetheitsprüfung fest.

Im Fall der **Urteilsverfassungsbeschwerde** sollte dieser Obersatz ergänzt werden mit einer einlei- 49
tenden Bemerkung über den Prüfungsmaßstab etwa des Inhalts:

*„Dabei prüft das Bundesverfassungsgericht nur die Verletzung spezifischen Verfassungsrechts. Die Verfassungsbeschwerde ist also dann begründet, wenn das Gericht Grundrechte des Bf. generell verkannt hat, wenn es falsche Bewertungsmaßstäbe zugrundegelegt hat, von unzutreffenden Voraussetzungen ausgegangen ist, wie auch dann, wenn es die Bedeutung der Grundrechte des Bf. im Verhältnis zu den Belangen der Gegenseite falsch gewichtet hat."*[23]

Nunmehr werden die vom Beschwerdeführer gerügten Grundrechte in der Sache geprüft. Ob auch 50
Grundrechte, die nicht ausdrücklich gerügt wurden, in die Prüfung einbezogen werden, dazu ist die Rechtsprechung des BVerfG nicht ganz einheitlich.[24]

Hier ist in der Bearbeitung der grundrechtliche Aufbau zugrundezulegen – also grundsätzlich für jedes der Grundrechte Schutzbereich – Eingriff – Rechtfertigung zu prüfen.

Dabei sind Freiheitsgrundrechte vor Gleichheitsgrundrechten zu prüfen, im Rahmen der Freiheitsgrundrechte diejenigen Grundrechte zuerst, auf denen der Schwerpunkt der Problematik liegt, regelmäßig also die den Sachverhalt speziell erfassenden Grundrechte – wenn es also um ein Gesetz geht, das die Tätigkeit der Presse beschränkt, Art. 5 I 2 GG vor Art. 12 GG.

## 1. Grundrechtsprüfung – Verfassungsbeschwerde unmittelbar gegen Gesetz

### I. Freiheitsgrundrechte

#### 1. Schutzbereich des Grundrechts

Zunächst muss das gerügte Grundrecht überhaupt in seinem Schutzbereich berührt sein. Hier ist zu 51
unterscheiden zwischen personalem und sachlichem Schutzbereich.

Der personale Schutzbereich ist eröffnet, wenn der Beschwerdeführer Träger des gerügten Grundrechts ist – darauf ist einzugehen bei den sog. Deutschengrundrechten wie Art. 12 I GG; ferner dann, wenn der Personenkreis, der das Grundrecht verwirklichen kann, näher einzugrenzen ist, wie zB im Fall der Pressefreiheit, wenn es darum geht, ob Angehörige der Pressehilfsberufe (zB der Zeitungsgrossist) sich auf das Grundrecht der Pressefreiheit berufen können.

Stets zu prüfen ist der sachliche Schutzbereich: Das Grundrecht muss thematisch einschlägig sein 52
und das Verhalten, um das es geht, muss vom Grundrechtstatbestand erfasst sein, also vom Grundrecht geschützt werden. Dies bedeutet zB bei Art. 12 I GG: es muss sich um einen Beruf handeln, und das Verhalten des Beschwerdeführers muss in Ausübung des Berufs erfolgt sein **(Fälle 3, 10)**.

23 Vgl BVerfGE 7, 198 (204 ff.) – Lüth; BVerfGE 61, 1 (6) – Wahlkampf; BVerfGE 54, 208 (217) – Heinrich Böll.
24 Vgl *Hillgruber/Goos* Rn 353.

Wenn also zB ein Gesetz Freizeitbetätigungen einschränkt, weil es das „Reiten im Walde“ verbietet oder nur unter bestimmten Voraussetzungen zulässt, wäre etwa wie folgt vorzugehen:

*„Der Schutzbereich des Art. 2 I GG müsste berührt sein. Dann müssten auch Freizeitbeschäftigungen unter die freie Entfaltung der Persönlichkeit fallen. Freie Entfaltung der Persönlichkeit kann bedeuten: allgemeine Handlungsfreiheit oder aber nur Schutz bestimmter, für die Persönlichkeitsentwicklung wertvoller Tätigkeiten. Das Grundgesetz will aber umfassenden Freiheitsschutz gewährleisten. Der Einzelne soll selbst frei entscheiden können, was er als relevant für seine Persönlichkeit ansieht. Es ist also der Auffassung zu folgen, die in Art. 2 I GG die allgemeine Handlungsfreiheit geschützt sieht. Auch Freizeitbeschäftigungen, mögen sie auch belanglos sein, fallen darunter. Daher ist hier der Schutzbereich des Art. 2 I GG eröffnet.“*

Es ist also auszuführen, ob das Gesetz Verhaltensweisen insbesondere des Beschwerdeführers (tatsächliche oder beabsichtigte) regelt, die in den Schutzbereich des in Frage stehenden Grundrechts fallen.

### 2. Eingriff

53 In den Schutzbereich des Grundrechts muss eingegriffen worden sein. Ein Eingriff liegt dann vor, wenn ein grundrechtlich geschütztes Verhalten untersagt, unmöglich gemacht oder erschwert wird, ein Eingriff unmittelbar durch Gesetz insbesondere dann, wenn dessen Regelung das Verhalten (s 1. Schutzbereich) ganz oder teilweise untersagt oder mit Sanktionen belegt.

*Da bei Verfassungsbeschwerden unmittelbar gegen Gesetze bereits im Zusammenhang mit der Zulässigkeitsvoraussetzung des unmittelbaren Betroffenseins das Vorliegen eines Eingriffs unmittelbar gegenüber dem Bf. bedeutsam war, wird sich im Rahmen der Begründetheitsprüfung ein Eingriff idR unproblematisch feststellen lassen. Es ist auch nicht erforderlich, auf den Unterschied zwischen „klassischem“ und „modernem“ Eingriffsbegriff näher einzugehen, wenn hierfür keine besonderen Anhaltspunkte bestehen. Bei einem Eingriff unmittelbar durch Gesetz wird in der Regel von einem Eingriff iSd klassischen Eingriffsbegriffs auszugehen sein.*

54 Bei einzelnen Grundrechten können sich Besonderheiten ergeben. Bei Eingriffen in die Grundrechte des Art. 5 I GG in Gestalt einer nachträglichen Sanktion wäre etwa darauf hinzuweisen, dass gerade nachträgliche Sanktionen die freie Meinungsbildung gefährden; bei Art. 12 I GG ist das Merkmal der Berufsbezogenheit bzw der berufsregelnden Tendenz zu prüfen.

Ein „Eingriff“ kann auch in einem **Unterlassen** bestehen: dann, wenn der Gesetzgeber seinen grundrechtlichen **Schutzpflichten** nicht nachgekommen ist. Allerdings kann hier ein Verfassungsverstoß erst dann festgestellt werden, wenn ein „Untermaß“ an Schutz unterschritten ist, der Gesetzgeber also evident gegen eine sich aufdrängende Handlungspflicht verstoßen hat; in diesem Fall gehen Eingriffsprüfung und Rechtfertigung ineinander über: eine Verpflichtung zu einer bestimmten Handlung besteht nur ausnahmsweise – besteht eine solche Verpflichtung, ist das Unterlassen jedoch grundrechtswidrig.

### 3. Verfassungsrechtliche Rechtfertigung

#### a) Einschränkbarkeit des Grundrechts

55 Zunächst ist festzustellen, dass das Grundrecht überhaupt einschränkbar ist – dies sind tatsächlich alle Grundrechte, auch die ihrem Wortlaut nach schrankenlos gewährleisteten Grundrechte etwa aus Art. 4 I, II oder Art. 5 III GG, jedoch unter unterschiedlichen Voraussetzungen.

Ebenso, wie das Bundesverfassungsgericht, wenn es einen Eingriff bejaht hat, die Feststellung trifft, dass das Grundrecht nicht schrankenlos gewährleistet ist, um dann die Grundrechtsschranken zu benennen, sollte in der Fallbearbeitung ausgeführt werden, dass zB die allgemeine Handlungsfreiheit in den Grenzen der verfassungsmäßigen Ordnung, die Meinungsfreiheit in den Grenzen der allgemeinen Gesetze iSv Art. 5 II GG besteht, die Kunstfreiheit des Art. 5 III GG verfassungsimmanenten Schranken unterliegt. Bei Art. 12 I GG wäre am besten an dieser Stelle darauf einzugehen, dass Berufswahl und Berufsausübung ein einheitliches Grundrecht der Berufsfreiheit darstellen und einem einheitlichen Schrankenvorbehalt unterliegen.

**b) Verfassungsmäßigkeit des Schrankengesetzes**

Das einschränkende Gesetz muss in formeller und materieller Hinsicht verfassungskonform sein. 56
Nur dann kann es wirksam das Grundrecht einschränken. Dieser ursprünglich im „Elfes-Urteil" zu Art. 2 I GG entwickelte Ansatz gilt für alle Grundrechte.

**aa) Formelle Verfassungsmäßigkeit**

(1) Das Gesetz muss vom zuständigen Gesetzgeber erlassen worden sein.

Hier ist die übliche Kompetenzprüfung vorzunehmen, vgl das Prüfungsschema in *Degenhart* Rn 202 f.

(2) Das Gesetz muss verfahrensfehlerfrei erlassen worden sein; s näher *Degenhart* Rn 212 ff. 57

Hierauf ist nur dann näher einzugehen, wenn sich aus dem Sachverhalt Anhaltspunkte für Verfahrensverstöße ergeben – andernfalls kann der Bearbeiter sich mit der Feststellung begnügen, dass mangels entgegenstehender Anhaltspunkte vom verfahrensfehlerfreien Zustandekommen des Gesetzes ausgegangen werden kann.

Zu beachten ist, dass sich das Gesetzgebungsverfahren für Gesetze eines Landes nach der jeweiligen Landesverfassung richtet. Diese aber ist nicht Prüfungsmaßstab für das Bundesverfassungsgericht.

(3) Soweit von den betroffenen Grundrechten her veranlasst, ist auf das Zitiergebot des Art. 19 I 2 58
GG einzugehen. Es gilt nur für die ausdrücklichen Einschränkungsvorbehalte wie Art. 2 II 3, Art. 6 III, Art. 8 II, Art. 10 II, Art. 11 II, Art, 12 II und III (nicht aber Art. 12 I 2), Art. 13 II–VII und Art. 16 I 2 GG[25] und soll nach dem U. des BVerfG vom 27.07.2005 künftig auch für die Änderung grundrechtsbeschränkender Gesetze gelten.[26]

**bb) Materielle Verfassungsmäßigkeit**

(1) Das Gesetz muss den materiellen Anforderungen an einen Grundrechtseingriff genügen. Es 59
muss insbesondere als Grundrechtsschranke für das jeweilige Grundrecht in Betracht kommen.

Dies bedeutet für Grundrechte mit qualifiziertem Gesetzesvorbehalt, dass es den Qualifikationsmerkmalen entsprechen muss. Im Fall des Art. 5 I GG muss es sich um ein allgemeines Gesetz handeln, im Fall des Art. 12 I GG sind unterschiedliche Anforderungen entsprechend der Stufentheorie zu beachten (etwa Notwendigkeit eines überragend wichtigen Gemeinschaftsgutes bei Berufszulassungsregeln). Bei den vorbehaltlos gewährleisteten Grundrechten (Art. 4 I und II GG, Art. 5 III GG) muss das Gesetz dem Schutz eines Rechtsguts mit Verfassungsrang dienen.[27] Es handelt sich praktisch also um einen qualifizierten Gesetzesvorbehalt. Verfassungsimmanenten Schranken unterliegen auch die übrigen Grundrechte, zB die Meinungsfreiheit des Art. 5 I 1 GG, die deshalb auch durch Gesetze eingeschränkt werden kann, die dem Schutz kollidierender Verfassungsgüter dienen.[28]

(2) Verhältnismäßigkeit der Grundrechtseinschränkung (*Degenhart* Rn 417 f.): Verhältnismäßig- 60
keit setzt zunächst voraus, dass mit dem Gesetz ein legitimer Zweck verfolgt wird; bei qualifizierten Gesetzesvorbehalten oder bei der Beschränkung der vorbehaltlos gewährleisteten Grundrechte wird die dahingehende Bewertung regelmäßig schon auf der vorgehenden Stufe getroffen worden sein. Die Regelung muss auch geeignet und erforderlich sein, ferner „angemessen", also verhältnismäßig i.e.S.

25 *Jarass*, in: Jarass/Pieroth, Art. 19 Rn 3 ff.; für weiteren Anwendungsbereich *Sachs*, in: Sachs, Art. 19 Rn 27 ff.
26 BVerfGE 113, 348 (366 f.).
27 Vgl zB BVerfGE 108, 282 (297, 302, 311); BVerfGE 111, 147 (156).
28 BVerfGE 111, 147 (157 f.).

*Beachte: Es geht um die rechtliche Bewertung der Gesetzeszwecke. Daher sollte die Bewertung möglichst in rechtlicher bzw verfassungsrechtlicher Anknüpfung erfolgen, sich also nicht auf allgemeine Ausführungen zur Sinnhaftigkeit des Gesetzes erstrecken. Wenn zB ein Gesetz einem Unternehmer Beschränkungen zum Schutz der Umwelt auferlegt, ist auf die entsprechenden Staatszielbestimmungen in Art. 20a GG und in den Landesverfassungen zurückzugreifen; für ein Gesetz, das Erwerb und Besitz von Schusswaffen beschränkt, ist zurückzugreifen auf die Schutzpflicht des Staates für die Grundrechte aus Art. 2 II GG. Eine gesetzliche Regelung, die die Berichterstattung der Medien gewissen Beschränkungen unterwirft, kann dem Schutz von Persönlichkeitsrechten dienen, aber etwa im Fall der Gerichtsberichterstattung auch dem rechtsstaatlichen Interesse an störungsfreier Rechtspflege (während dann umgekehrt das Demokratieprinzip für Gerichtsöffentlichkeit sprechen kann).*

61 (3) Weitere verfassungsrechtliche Erfordernisse, insbesondere hinreichende Bestimmtheit, ggf. Rückwirkungsverbot.

**II. Prüfung von Gleichheitsgrundrechten**

62 Soweit ein Gleichheitsverstoß, Art. 3 I GG, gerügt wird, sind nur zwei Prüfungsschritte zu vollziehen:

**1. Feststellung der Ungleichbehandlung**

Dies bedeutet:

a) Es sind zunächst die Vergleichspaare festzustellen; dies können sein:
- Personen (natürliche oder juristische) oder
- Personengruppen, Beispiel: **Fall 1** – Kandidat einer Partei, Kandidat einer anderen Partei;

b) Es ist die Ungleichbehandlung festzustellen, also der Eintritt bzw die Anordnung unterschiedlicher Rechtsfolgen; also im **Fall 1**: Kandidat 1 darf auftreten, Kandidat 2 nicht;

c) Diese Ungleichbehandlung muss sich beziehen auf ein dem Vergleichspaar gemeinsames Merkmal (tertium comparationis) – im **Fall 1** Kandidateneigenschaft.

**2. Rechtfertigung der Ungleichbehandlung**

a) Bei Ungleichbehandlung von Personen oder Personengruppen: Wird mit der Ungleichbehandlung ein **legitimer Zweck** verfolgt? – ist die Ungleichbehandlung geeignet, erforderlich und angemessen?

b) bei Ungleichbehandlung von Sachverhalten: es genügt ein sachlicher Differenzierungsgrund, die Differenzierung darf nicht **willkürlich** sein.

## 2. Grundrechtsprüfung – Verfassungsbeschwerde gegen Akte der Exekutive

63 Richtet sich die Verfassungsbeschwerde gegen einen Exekutivakt – und wegen der notwendigen Rechtswegerschöpfung gegen die ihn bestätigenden Entscheidungen – so ist in der Begründetheitsstation zusätzlich auf diese Punkte zu achten:

**1. Schutzbereich:** Hier ergeben sich keine Besonderheiten.

**2. Eingriff:** Hier sollte herausgearbeitet werden, worin genau der Eingriff liegt, also in welcher Maßnahme der Verwaltung.

64 **3. Rechtfertigung:** *Auf der Rechtfertigungsebene ist zu beachten, dass sowohl das Gesetz, auf dem der Eingriff beruht, als auch die Anwendung des Gesetzes im konkreten Fall verfassungsmäßig sein müssen – folgende Punkte sind also besonders zu prüfen:*

a) Einschränkbarkeit des Grundrechts
b) Verfassungsmäßigkeit des Schrankengesetzes
c) Verfassungsmäßigkeit der Gesetzesanwendung

Zu a): Hier ergeben sich insofern keine Besonderheiten, als gleichfalls zunächst darauf hinzuweisen ist, dass das Grundrecht bestimmten Schranken unterliegt. Da es um einen Eingriff durch die Verwaltung geht, sollte ergänzend ausgeführt werden, dass das Grundrecht durch Gesetz oder auf Grund eines Gesetzes einschränkbar ist, der Eingriff also auf einem Gesetz beruhen muss. Dies gilt auch im Fall der sog. verfassungsimmanenten Schranken: wegen des Vorbehalts des Gesetzes muss auch der Eingriff auf einem Gesetz beruhen – mit der Besonderheit, dass das Gesetz dem Schutz eines Rechtsguts mit Verfassungsrang dienen muss. Eben deshalb kann hier von einem „qualifizierten Gesetzesvorbehalt" gesprochen werden. 65

Zu b): Das Gesetz, auf dem der Eingriff beruht, muss formell und materiell verfassungsmäßig sein. Dies wird wie auch sonst bei der Verfassungsbeschwerde geprüft. 66

*Wenn auch insoweit nur ein verfassungskonformes Gesetz als taugliche Ermächtigungsgrundlage in Betracht kommt, bedeutet dies doch nicht, dass jedes Gesetz ohne konkrete Anhaltspunkte umfassend auf seine Verfassungsmäßigkeit geprüft, etwa eine eingehende Kompetenzprüfung vorgenommen werden müsste: für Gesetze, die seit Langem unbestritten zur Anwendung kommen, wie zB im* ***Fall 16*** *das LVersG, kann kompetenzgerechtes und verfahrensfehlerfreies Zustandekommen mangels entgegenstehender Anhaltspunkte vorausgesetzt werden; die Prüfung der materiellen Verfassungskonformität kann dann auf die Punkte beschränkt werden, die Probleme aufwerfen könnten – etwa im Fall des LVersG auf die Verfassungskonformität der Anmeldepflicht.*

Zu c): Wenn das Gesetz unbestimmte Rechtsbegriffe enthält oder der Verwaltung Ermessensspielräume einräumt, kann ein selbstständiger Verfassungsverstoß in der Anwendung des Gesetzes liegen. 67

**Beispiele:** Das Schächtverbot im Tierschutzgesetz bedeutet einen Eingriff in die Berufsfreiheit muslimischer Metzger. Das Gesetz sieht jedoch die Möglichkeit vor, Ausnahmegenehmigungen zu erteilen. Für die Verfassungsmäßigkeit des Gesetzes genügt es, dass es generell legitime Ziele (Tierschutz) verfolgt, es geeignet und erforderlich ist und in seinen Auswirkungen im Regelfall keine übermäßigen Belastungen mit sich bringt. Damit genügt es dem Erfordernis der Verhältnismäßigkeit im Rahmen des Art. 12 I GG; soweit im Einzelfall die Auswirkungen des Gesetzes nicht mehr angemessen sind, muss die Verwaltung dann bei der Entscheidung über die Ausnahmegenehmigung die konkrete Abwägung vornehmen. Sähe das Gesetz demgegenüber keinerlei Ausnahmeregelung vor, müsste es als unverhältnismäßig gelten.
Ein Gesetz, das Eigentümer von denkmalwürdigen Gebäuden zu deren Erhaltung verpflichtet, muss Ausnahmeregelungen für den Fall der Unzumutbarkeit vorsehen; ein Gesetz, das insoweit die Eigentümerinteressen für unbeachtlich erklärte, wäre verfassungswidrig.

Zu b) und c): Es findet hier also eine zweistufige Grundrechtsprüfung statt: sowohl im Gesetz selbst als auch in der Anwendung des Gesetzes können Grundrechtsverstöße liegen.[29] Wo der Schwerpunkt der Grundrechtsprüfung liegt, hängt von der konkreten Gesetzesfassung ab: wenn ein Gesetz der Verwaltung keine Handlungsalternativen belässt, kann in der Anwendung des Gesetzes auch kein selbstständiger Grundrechtsverstoß liegen, der Fehler liegt dann ggf. beim Gesetzgeber. Wenn das Gesetz demgegenüber der Verwaltung Ermessen einräumt, kann der Fehler sowohl beim Gesetz als auch in der Verwaltungsentscheidung liegen. Doch kann ein Gesetz in der Grundrechts- 68

29 Beispielhaft etwa die Fallbearbeitung bei *Unkroth*, Jura 2004, 703: Datenschutzgesetz und Datenerhebung im Einzelfall.

prüfung idR dann gehalten werden, wenn es der Verwaltung Entscheidungsspielräume belässt, um übermäßige Eingriffe zu vermeiden, wie zB Härteregelungen, Übergangsbestimmungen uÄ.

69 Wenn es um das Gesetz als solches geht, spielen die konkreten Umstände des Einzelfalls keine Rolle und muss die Abwägung nach generellen Kriterien erfolgen. Erst für die Anwendung des Gesetzes kommt es dann auf die konkreten Umstände des Einzelfalls an. *Häufiger Fehler: die Bearbeiter vermengen diese Ebenen und führen bereits zur Verfassungsmäßigkeit des Gesetzes aus, dass der Beschwerdeführer durch das behördliche Verbot schwer betroffen ist.*

### 3. Grundrechtsprüfung – Verfassungsbeschwerde gegen Akte der Judikative

70 *Ein Grundrechtsverstoß unmittelbar durch eine gerichtliche Entscheidung, die mit der Verfassungsbeschwerde angegriffen werden kann, kann zum einen darin liegen, dass das Gericht in einem Rechtsstreit zwischen Privaten deren Grundrechte iSd mittelbaren Drittwirkung nicht hinreichend beachtet hat (I.); des Weiteren darin, dass im Fall einer strafgerichtlichen Verurteilung die Verurteilung als solche in Grundrechte eingreift, also zB die Verurteilung wegen Beleidigung in das Grundrecht der Meinungsfreiheit oder die Verurteilung zu einer Freiheitsstrafe in das Grundrecht aus Art. 2 II 2 iVm Art. 104 GG; schließlich können Grundrechtsverstöße eines Gerichts darin liegen, dass Prozessgrundrechte wie das Recht auf Gehör verletzt sind. – Zur Klarstellung des Prüfungsmaßstabs zu Beginn der Begründetheitsprüfung s Rn 49.*

**I. Freiheitsgrundrechte zwischen Privaten**

**1. Schutzbereich**

**2. Eingriff**

71 Bei Entscheidungen in einem Rechtsstreit zwischen Privaten liegt der hoheitliche Eingriff darin, dass dem Bf. durch das Gericht ein grundrechtlich geschütztes Verhalten (s 1. – Schutzbereich) verboten oder mit Sanktionen belegt wird.

**3. Verfassungsrechtliche Rechtfertigung**

72 a) Der Eingriff – also die Entscheidung nach 2. – muss auf einem verfassungskonformen Gesetz beruhen; insoweit bestehen keine Besonderheiten.

*Sehr häufig geht es in den Drittwirkungsfällen um Grundrechte des Art. 5 I GG und deren Beschränkung durch Urteile auf der Grundlage des Deliktsrechts des BGB. In diesem Fall sollte die Frage, ob die Bestimmungen des BGB allgemeine Gesetze iSv Art. 5 II GG sind, nicht allzu breit ausgeführt werden; insbesondere die Verfassungsmäßigkeit der §§ 823 ff. BGB steht nicht ernsthaft in Frage.*

73 b) Durch die gerichtliche Entscheidung selbst dürfen Grundrechte nicht verletzt sein. Dies ist nur dann der Fall, wenn spezifisches Verfassungsrecht verletzt wurde, vgl vorstehend Rn 49 f. Dies hindert das BVerfG allerdings nicht, etwa bei Art. 5 I 1 GG mitunter tief in die Tatsachenfeststellung durch die Instanzgerichte einzusteigen. Denn wenn die Gerichte einer Äußerung eine Bedeutung beigelegt haben, in der sie unzulässig ist, aber eine andere Deutungsmöglichkeit übersehen haben, ist spezifisches Verfassungsrecht verletzt.

74 *Die Frage des Prüfungsmaßstabs kann im Rahmen der Prüfung der Entscheidung gestellt, kann aber auch der Begründetheitsprüfung insgesamt vorangestellt werden.*[30]

30 Vgl die Klausurlösung bei *Mückl*, Jura 1998, 152 (155).

Die Verfassungsbeschwerde ist also dann begründet, wenn das Gericht Grundrechte des Bf. generell verkannt hat, wenn es falsche Bewertungsmaßstäbe zugrunde gelegt hat, von unzutreffenden Voraussetzungen ausgegangen ist, wie auch dann, wenn es die Bedeutung der Grundrechte des Bf. im Verhältnis zu den Belangen der Gegenseite falsch gewichtet hat.

Letzteres läuft auf eine Abwägung hinaus: zwischen Meinungsfreiheit und Ehre bzw Schutz der Privatsphäre, zwischen dem Grundrecht der Berufsfreiheit und der grundrechtlichen Vertragsfreiheit bei der arbeitsvertraglichen Karenzklausel, zwischen dem Eigentumsrecht des Vermieters und der Informationsfreiheit des Mieters im „Antennen-Fall“.[31] **75**

*An dieser Stelle ist vor einem zu schematischen Vorgehen zu warnen, wie es sehr häufig bei Fällen grundrechtlicher Drittwirkung zu beobachten ist: die Bearbeiter prüfen das Urteil wie einen unmittelbaren Grundrechtseingriff durch Verwaltungsakt auf seine „verfassungsrechtliche Rechtfertigung“ und fragen hierbei nach Geeignetheit, Erforderlichkeit und Verhältnismäßigkeit im engeren Sinn (Angemessenheit). Dabei wird jedoch verkannt, dass bei einem Rechtsstreit zwischen Privaten sich nicht Staat und Grundrechtsträger im Über-/Unterordnungsverhältnis gegenüberstehen, sondern gleichgeordnete Grundrechtsträger. Das Verhältnismäßigkeitsprinzip ist jedoch auf das Eingriffsverhältnis von Staat und Bürger zugeschnitten. Es passt nicht für Rechtsstreitigkeiten zwischen Privaten. Hier sind gleichgeordnete Grundrechtspositionen zueinander in Abwägung zu bringen.*

### II. Freiheitsgrundrechte und Strafrechtspflege

Die strafgerichtliche Verurteilung ist der denkbar intensivste Freiheitseingriff. Hinsichtlich der tatbestandlich einschlägigen Grundrechte ist hier zu unterscheiden: zum einen werden durch die strafrechtliche Sanktion im Fall der Freiheitsstrafe das Grundrecht aus Art. 2 II 2 GG (Freiheit der Person), sonst jedenfalls die allgemeine Handlungsfreiheit des Art. 2 I GG unmittelbar berührt. Zum anderen kann die strafgerichtliche Verurteilung den Schutzbereich desjenigen Grundrechts berühren, in dessen Ausübung das sanktionierte Verhalten erfolgte: die Verurteilung nach § 185 StGB wegen einer Meinungsäußerung bedeutet einen Eingriff in den Schutzbereich des Art. 5 I 1 GG.[32] Auch die Kunstfreiheit des Art. 5 III 1 GG kann hier typischerweise berührt sein – wenn etwa Satire beleidigenden Charakter hat oder als Verstoß gegen § 90a StGB geahndet werden soll, muss der Tatrichter sich mit dem Kunstbegriff des Grundgesetzes auseinandergesetzt haben. Schließlich können die Grundsätze des nulla poena sine lege und des ne bis in idem als spezifische „Grundrechte des Angeklagten“ betroffen sein. In all diesen Fällen ist die strafrechtliche Verurteilung dann verfassungsrechtlich nicht gerechtfertigt, wenn entweder das zugrundeliegende Gesetz verfassungswidrig ist oder aber das Gericht die verfassungsrechtlichen Garantien verkannt hat. Die Verfassungsmäßigkeit einer Bestimmung des StGB zu prüfen, ist nur dann veranlasst, wenn hierfür besondere Anhaltspunkte gegeben sind; so hat das BVerfG sich näher mit der Frage auseinandergesetzt, ob der Beleidigungstatbestand des § 185 StGB wegen mangelnder Bestimmtheit verfassungswidrig ist.[33] Das Strafgesetz wird in verfassungswidriger Weise angewandt, wenn ihm eine Auslegung gegeben wird, in der es nicht mehr ausreichend bestimmt ist (vgl für den Nötigungstatbestand *Kingreen/Poscher* Rn 1260). **76**

### III. Prozessgrundrechte

Mit Akten der rechtsprechenden Gewalt wird unmittelbar Hoheitsgewalt ausgeübt. Die Gerichte sind hierbei an die sog. Justizgrundrechte des Art. 101 I 2 GG (gesetzlicher Richter) und des Art. 103 I GG (Recht auf Gehör) gebunden (näher *Degenhart* Rn 451 ff. und 458 ff.). Aus Art. 2 I GG iVm dem Rechtsstaatsprinzip wird ein Grundrecht auf ein faires Verfahren abgeleitet – s **Repetitorium nach Fall 3**. – Zur Notwendigkeit der Gehörsrüge s Rn 824, 834, 882. **77**

31 BVerfGE 90, 27; **Klausurenkurs I, Fall 16**.

32 Vgl beispielhaft die Prüfung bei BVerfGE 93, 266 (291 f.) – Tucholsky-Zitat.

33 BVerfG aaO.

## C. Entscheidung des Bundesverfassungsgerichts

78 Wie stets, ist abschließend auf die Entscheidung des Bundesverfassungsgerichts einzugehen.

Ist die Verfassungsbeschwerde **unzulässig**, so wird sie **verworfen**.

Ist die Verfassungsbeschwerde **unbegründet**, so wird sie **zurückgewiesen**.

Ist die Verfassungsbeschwerde **begründet**, so ergibt sich die **Entscheidung aus § 95 BVerfG**:

Feststellung des Grundrechtsverstoßes durch die angegriffene Handlung, § 95 I 1 BVerfG; bei Verfassungsbeschwerden unmittelbar gegen Gesetz: Nichtigerklärung des Gesetzes, § 95 III 1 BVerfGG (sofern nicht ausnahmsweise bloße Feststellung der Verfassungswidrigkeit); bei Verfassungsbeschwerden gegen „eine Entscheidung" (der Verwaltung bzw eines Gerichts) hebt das BVerfG nach § 95 II BVerfGG diese auf. Da bei Verfassungsbeschwerden gegen Maßnahmen der Exekutive regelmäßig wegen § 90 II BVerfGG der Rechtsweg ausgeschöpft werden muss, hat das BVerfG gem. § 95 II 2. Alt. BVerfGG die bestätigende Entscheidung aufzuheben und zurückzuverweisen, wenn die Verfassungsbeschwerde zulässig und begründet ist. Ist das Gesetz, auf dem die Entscheidung beruht, verfassungswidrig, so ist es für nichtig zu erklären, § 95 III 2 BVerfGG.

### Exkurs: Landesverfassungsbeschwerde

79 Soweit nach Landesverfassungsrecht die Verfassungsbeschwerde zum jeweiligen Landesverfassungsgericht eröffnet ist, ergeben sich Besonderheiten im Aufbau auf Grund seiner beschränkten Prüfungskompetenz (**Fall 1**).

(1) Dies betrifft in der **Zulässigkeit** den Beschwerdegegenstand: nur Akte der Landesstaatsgewalt können mit der Verfassungsbeschwerde zum Landesverfassungsgericht angegriffen werden (*Degenhart* Rn 916). Dies sind Landesgesetze und untergesetzliches Landesrecht, Verwaltungsakte von Landesbehörden, Entscheidungen der Gerichte des Landes,[34] jedoch nicht, wenn sie von Bundesgerichten bestätigt worden sind. Im Rahmen der Beschwerdebefugnis muss die Verletzung von Grundrechten der Landesverfassung plausibel geltend gemacht werden. An dieser Stelle könnte bei Verfassungsbeschwerden gegen gerichtliche Entscheidungen das Problem der Beachtlichkeit von Landesgrundrechten in bundesgesetzlich geregelten Verfahren (*Degenhart* Rn 945 f.) abgehandelt werden. Soweit nach Landesverfassungsrecht die Verfassungsbeschwerde zum Landesverfassungsgericht subsidiär gegenüber der Verfassungsbeschwerde zum Bundesverfassungsgericht ist (*Degenhart* Rn 942), ist hierauf in der Zulässigkeit (systematisch korrekt beim Gliederungspunkt „Subsidiarität") einzugehen.

80 (2) **Begründetheit:** Soweit die Heranziehung von Landesgrundrechten in bundesrechtlich geregelten Verfahren nicht schon in der Zulässigkeit geklärt wurde, ist sie unter dem Aspekt der dem Landesverfassungsgericht zur Verfügung stehenden Prüfungsmaßstäbe der Begründetheitsprüfung voranzustellen.

– **Urteilsverfassungsbeschwerde:** Das Landesverfassungsgericht prüft, ob bei der Entscheidung Grundrechte der Landesverfassung verletzt wurden, auch dann, wenn die Entscheidung in Anwendung von Bundesrecht erging; das setzt voraus, dass es sich

34 Nicht aber Entscheidungen von Landesgerichten über Verwaltungsakte, die von einer Bundesbehörde erlassen wurden, SächsVerfGH NJW 1999, 51; *Degenhart* Rn 924.

um mit Bundesrechten gleichlautende Grundrechte handelt.[35] Es kann allerdings nur die Anwendung der bundesgesetzlichen Bestimmungen prüfen, nicht deren Verfassungsmäßigkeit selbst, da Bundesrecht nur am Maßstab des Grundgesetzes gemessen werden kann.

- **Verfassungsbeschwerde gegen Gesetz:** Während das Gesetzgebungsverfahren an den diesbezüglichen Bestimmungen der Landesverfassung, die materielle Verfassungsmäßigkeit an deren Grundrechten und allgemeinen Verfassungsgrundsätzen überprüft werden kann, bestimmt sich die Gesetzgebungskompetenz nach dem Grundgesetz, das kein Prüfungsmaßstab ist (vgl BVerfGE 103, 322). Die Landesverfassung kann jedoch die Einhaltung der Kompetenzvorschriften auch zum Gebot der Landesverfassung erklären, zB durch eine Verfassungsbestimmung des Inhalts, dass das jeweilige Land Gliedstaat der Bundesrepublik ist (so zB RhPfVerfGH NVwZ 1993, 57), vgl *Degenhart* Rn 941.

### III. Normenkontrollverfahren

Wenn im Sachverhalt davon die Rede ist, dass ein Beteiligter gegen eine Norm vorgehen **81**
will und es sich hierbei um eine Regierung oder um Abgeordnete handelt, so ist in erster Linie das Verfahren der abstrakten Normenkontrolle in Betracht zu ziehen. Dies gilt auch dann, wenn sich ein Land durch den Erlass eines Bundesgesetzes in seinen Kompetenzen verletzt sieht (vgl Rn 125).

### 1. Abstrakte Normenkontrolle, Art. 93 I Nr. 2 GG, §§ 13 Nr. 6, 76 ff. BVerfGG

A. Zulässigkeit **82**

**I. Antragsberechtigung**

Wer im Verfahren der abstrakten Normenkontrolle den Antrag stellen kann, ist in Art. 93 I Nr. 2 GG abschließend benannt. § 76 I BVerfGG nimmt hierauf Bezug. Für die dritte Alternative – ein Viertel der Mitglieder des Bundestags – ist klarstellend anzumerken, dass der Antrag *von den Abgeordneten* zu stellen ist, also *nicht* etwa von einer *Fraktion*. Das Quorum von einem Viertel der Mitglieder des Bundestags gilt auch dann, wenn „die die Regierung nicht tragenden Fraktionen", also die Oppositionsfraktionen, wie im 18. Deutschen Bundestag über weniger als ein Viertel der Sitze verfügen.[36] Angesichts des klaren Wortlauts der Verfassungsnorm ist eine abweichende Auslegung im Sinn effektiver Opposition nicht möglich; es liegt, wie BVerfGE 142, 25 näher ausführt, auch keine planwidrige Regelungslücke vor (s dort Rn 115 ff.).

Hier genügt in der Fallbearbeitung in aller Regel die knappe Feststellung, dass der Antragsteller gemäß Art. 93 I Nr. 2 GG zum Kreis der Antragsberechtigten zählt.

**II. Prüfungsgegenstand (Verfahrensgegenstand)**

Prüfungsgegenstand ist jede Rechtsnorm, Bundesrecht wie Landesrecht, auch untergesetzliches **83**
Recht sowie Verfassungsrecht. Hierfür ist es iÜ unerheblich, wer den Antrag gestellt hat – so kann die Landesregierung A einen Normenkontrollantrag auch gegen ein Gesetz des Landes B stellen.

35 Der HessStGH verspürt hierzu allerdings nur geringe Neigung, vgl DÖV 1999, 388 und *Degenhart* Rn 946.

36 BVerfGE 142, 25 Rn 109 ff.

84 Es muss sich um eine „fertige“, ausgefertigte und verkündete Norm handeln. Eine Ausnahme sollte jedoch bekannt sein: Zustimmungsgesetze zu völkerrechtlichen Verträgen können bereits vor ihrer Ausfertigung und Verkündung überprüft werden; ist das Zustimmungsgesetz wirksam geworden, der Vertrag – durch Austausch der Ratifikationsurkunden – in Kraft getreten, ändert die nachträgliche Nichtigerklärung des Zustimmungsgesetzes bei *völkerrechtlichen Verträgen* nichts an der vertraglichen Bindung.

### III. „Meinungsverschiedenheiten und Zweifel“

85 In § 76 BVerfGG werden die Zulässigkeitsvoraussetzungen enger formuliert, als in Art. 93 I Nr. 2 GG: es genügt nicht, dass der Antragsteller „zweifelt“ – er muss von der Nichtigkeit der Norm überzeugt sein. In der Praxis spielt dies keine Rolle: der Antragsteller wird eben in der Antragsbegründung seine Überzeugung von der Nichtigkeit darlegen (s aber **Fall 6**).

Wenn im Sachverhalt der Antragsteller die Norm für verfassungswidrig hält, wenn sie nach seiner Auffassung verfassungswidrig ist, dann reicht dies aus – in der Bearbeitung könnte dann wie folgt formuliert werden:

*„Während nach Art. 93 I Nr. 2 GG der Antragsteller an der Gültigkeit der Norm zweifeln müsste, fordert § 76 BVerfGG, dass er sie für nichtig hält. Ob der einfache Gesetzgeber hier die Zulässigkeitsvoraussetzungen gegenüber der Verfassungsnorm verschärfen durfte, kann hier dahingestellt bleiben. Denn der Antragsteller hat seine Überzeugung von der Nichtigkeit der Norm zum Ausdruck gebracht. Auch die strengeren Voraussetzungen des § 76 BVerfGG sind damit erfüllt.“*

### IV. Klarstellungsinteresse

86 Das abstrakte Normenkontrollverfahren ist ein objektives Beanstandungsverfahren – es setzt nicht voraus, dass der Antragsteller in seinen Rechen verletzt ist.

### V. Form und Frist

87 Das Schriftformerfordernis ergibt sich wie stets aus § 23 BVerfGG.

Der Antrag ist nicht fristgebunden.

## B. Begründetheit

88 Im Normenkontrollverfahren geht es allein um die Gültigkeit der verfahrensgegenständlichen Norm. **Prüfungsmaßstab** ist für Bundesgesetze das Grundgesetz; für Landesgesetze das Grundgesetz und sonstiges Bundesrecht; für untergesetzliches Recht generell höherrangiges Bundesrecht – nie aber Landesrecht. Darauf ist im Obersatz abzustellen; er wäre also zB wie folgt zu formulieren:

*„Der Normenkontrollantrag gegen das Bundesgesetz vom … ist begründet, wenn es nicht mit dem Grundgesetz vereinbar ist“ bzw „Der Normenkontrollantrag gegen das Gesetz des Landes A vom … ist begründet, wenn es nicht mit dem Grundgesetz oder sonstigem Bundesrecht vereinbar ist.“*

89 Der Aufbau der Begründetheitsprüfung ist der der Normprüfung: Zuständigkeit – Gesetzgebungsverfahren – materielle Verfassungsmäßigkeit.

*Zuständigkeit und Gesetzgebungsverfahren können unter dem Oberbegriff der formellen Verfassungsmäßigkeit in Abgrenzung zur materiellen Verfassungsmäßigkeit zusammengefasst werden. Wenn hier in der Fallbearbeitung häufig die Begriffe der formellen und materiellen Rechtmäßigkeit genannt werden, ist dies zumindest ungenau: Maßstab für das Gesetz ist die Verfassung, nicht generell das „Recht“ – das Gesetz selbst ist ja Bestandteil der Rechtsordnung.*

*Es handelt sich bei der abstrakten Normenkontrolle um kein spezifisches Instrument des Grundrechtsschutzes. Deshalb sind Verstöße gegen sonstiges Verfassungsrecht nicht als Frage der verfassungsrechtlichen Rechtfertigung von Grundrechtseingriffen zu behandeln, sondern als selbstständige Prüfungspunkte.*

Damit ergibt sich diese Prüfungsreihenfolge für die Begründetheit:

**I. Zuständigkeit**

Der Bundes- (Landes-)gesetzgeber muss für den Erlass des Gesetzes zuständig gewesen sein. **90**

Ausgangspunkt für die Zuständigkeitsprüfung ist stets die Grundregel des Art. 70 GG, die auch erwähnt werden sollte; im Folgenden ergeben sich gewisse Unterschiede in der Prüfung, je nachdem, ob es sich um ein Bundes- oder ein Landesgesetz handelt.

**(1) Bundesgesetze**

Um die Frage nach der Zuständigkeit für den Erlass eines bestimmten Bundesgesetzes zu beantworten – und darum geht es bei der Kompetenzprüfung –, sind also diese Schritte zu vollziehen: **91**

- Am Anfang steht die Grundregel des Art. 70 GG: der Bund ist nur zuständig, wenn ihm eine Zuständigkeit positiv verliehen ist; sonst bleibt es bei der Zuständigkeit der Länder;
- daher muss zunächst nach einem positiven Kompetenztitel für den Bund gefragt werden, dieser ist aus den Art. 73 und 74 GG, ggf. aus den weiteren im Grundgesetz enthaltenen Kompetenznormen und, wenn hierfür konkrete Anhaltspunkte bestehen, aus den Grundsätzen über ungeschriebene Bundeszuständigkeiten zu entnehmen;
- in einem weiteren Prüfungsschritt sind dann die allgemeinen Voraussetzungen zu prüfen, unter denen für den fraglichen Kompetenztitel auch konkret Gebrauch gemacht werden darf. Diese Voraussetzungen sind in Art. 71 und 72 GG festgelegt.
- Besteht hiernach keine Bundeszuständigkeit, so verbleibt es bei der Grundregel des Art. 70 I GG und damit bei der Gesetzgebungszuständigkeit der Länder; der Bund ist dann nicht zuständig.

**(2) Landesgesetze**

- Auch hier steht am Anfang des Art. 70 GG: das Land ist zuständig, wenn nicht dem Bund eine positive Zuständigkeit verliehen ist; **92**
- daher muss zunächst nach einem positiven Kompetenztitel für den Bund gefragt werden, dieser ist aus den Art. 73 und 74 GG, ggf. aus den weiteren im Grundgesetz enthaltenen Kompetenznormen und, wenn hierfür konkrete Anhaltspunkte bestehen, aus den Grundsätzen über ungeschriebene Bundeszuständigkeiten zu entnehmen;
- ergibt sich für den Bund keine Zuständigkeit, dann bleibt es bei der der Länder. Ist der Bund jedoch nach Art. 71, 73 bzw Art. 72, 74 GG für ein bestimmtes Gebiet ausschließlich oder konkurrierend zuständig, so können die Länder nur unter bestimmten Voraussetzungen tätig werden; diese sind in einem weiteren Prüfungsschritt zu untersuchen: bei ausschließlicher Bundeszuständigkeit müssten die Länder ausdrücklich vom Bund ermächtigt sein – dies ist praktisch irrelevant. Bei konkurrierender Gesetzgebung kommt es darauf an, ob der Bund die Materie bereits erschöpfend geregelt hat: dann sind die Länder ausgeschlossen.
- Allerdings haben die Länder seit der Föderalismusreform 2006 die Möglichkeit, für die in Art. 72 III GG genannten Gebiete unter bestimmten, dort näher geregelten Voraussetzungen abweichende Landesgesetze zu erlassen. Sie können auch nach Art. 72 IV GG Bundesgesetze, die nicht mehr nach Art. 72 II GG erforderlich sind, durch eigene Gesetze ersetzen, müssen hierzu aber durch den Bund ermächtigt sein (vgl *Degenhart* Rn 197). Diese Ermächtigung kann durch eine Entscheidung des Bundesverfassungsgerichts ersetzt werden. **93**

**II. Gesetzgebungsverfahren**

94 Bei Bundesgesetzen ist zu prüfen, ob es entsprechend den Bestimmungen der Art. 76 ff. GG ordnungsgemäß zustandegekommen ist; der Verfahrensfehler muss jedoch in Verstößen gegen das Grundgesetz liegen; Verstöße gegen Geschäftsordnungsbestimmungen reichen nicht aus. Bei Landesgesetzen ist zu beachten, dass das Gesetzgebungsverfahren für sie in der jeweiligen Landesverfassung enthalten ist. Diese steht jedoch dem BVerfG nicht als Prüfungsmaßstab zur Verfügung.

*Verfahrensfehler sind nur dann zu prüfen, wenn der Sachverhalt hierfür etwas hergibt – andernfalls kann die Bearbeitung sich mit dem stereotypen Satz begnügen:*

*„Mangels entgegenstehender Anhaltspunkte im Sachverhalt ist vom formell ordnungsgemäßen Zustandekommen des Gesetzes auszugehen.“*

95 **III. Materielle Verfassungsmäßigkeit** bzw – bei Landesgesetzen – Vereinbarkeit mit dem Grundgesetz und sonstigem Bundesrecht, bei untergesetzlichen Vorschriften mit höherrangigem Recht.

## C. Entscheidung des Bundesverfassungsgerichts

96 Das BVerfG erklärt nach § 78 S. 1 BVerfGG das verfassungswidrige Gesetz für nichtig.

Mitunter allerdings beschränkt es sich darauf, die Verfassungswidrigkeit **festzustellen** und verbindet damit die Aufforderung an den Gesetzgeber, den Verfassungsverstoß zu beheben, ggf. unter Setzung einer bestimmten Frist. Dies ist zum einen dann der Fall, wenn bei einem Gleichheitsverstoß Gleichheit auf unterschiedliche Weise hergestellt werden kann, im Fall einer gleichheitswidrigen Belastung die Belastung entweder ganz abgeschafft oder aber auf alle erstreckt wird. Aus Gründen der Gewaltenteilung muss es dann dem Gesetzgeber überlassen bleiben, wie er sich entscheiden will. Auch aus Gründen der Rechtssicherheit kann das BVerfG sich auf die bloße Feststellung der Verfassungswidrigkeit beschränken, dann, wenn die Nichtigerklärung zu einem rechtlich ungeregelten Zustand führen würde. Es kann dann anordnen, dass das Gesetz für einen Übergangszeitraum weiter anwendbar bleibt.

### 2. Konkrete Normenkontrolle (Richtervorlage), Art. 100 I GG, §§ 13 Nr. 11, 80 ff. BVerfGG

97 Die Frage nach der Einleitung eines Verfahrens nach Art. 100 I GG stellt sich nur im Rahmen eines bereits anhängigen Gerichtsverfahrens. Ergeben sich hier Zweifel an der Verfassungsmäßigkeit eines für die Entscheidung erheblichen Gesetzes, so hat das Gericht diesen Zweifeln nachzugehen, denn es hat sich zu vergewissern, dass es auf Grund verfassungsmäßiger Normen entscheidet. Die Bindung an Gesetz und Recht, Art. 20 III GG, bedeutet Bindung auch an das Verfassungsrecht. Gelangt das Gericht jedoch zu der Überzeugung, das Gesetz sei verfassungswidrig, darf es dieses Gesetz gleichwohl nicht unberücksichtigt lassen – es hat keine **„Verwerfungskompetenz“**. Diese hat bei formellen, also vom Parlament beschlossenen Gesetzen – soweit es um die Vereinbarkeit mit dem Grundgesetz geht – nur das Bundesverfassungsgericht, Art. 100 I 1 2. Alt. GG. Soweit es um die Vereinbarkeit mit Landesverfassungsrecht geht, ist jedoch nach Art. 100 I 1 1. Alt. GG dem Landesverfassungsgericht vorzulegen. Dies kommt nur bei Landesgesetzen in Betracht: Bundesgesetze sind nur am Maßstab des Grundgesetzes zu messen. Bei Landesgesetzen ist im Übrigen zu unterscheiden: geht es um die Vereinbarkeit mit dem Grundgesetz, ist nach Art. 100 I 1 2. Alt., I 2 GG dem Bundesverfassungs-

gericht vorzulegen, und ebenso nach Art. 100 I 2 GG dann, wenn es darum geht, ob ein Landesgesetz mit einfachem Bundesrecht vereinbar ist, oder aber wegen Art. 31 GG „gebrochen", also außer Kraft gesetzt wird (*Degenhart* Rn 200 f.).

Die Gründe hierfür liegen im Gebot der Rechtssicherheit und im Grundsatz der Gewaltenteilung. Ob ein Gesetz verfassungswidrig ist, soll durch das Verfassungsgericht allgemein verbindlich geklärt werden. Und nur das Verfassungsgericht soll mit der Nichtigerklärung eines formellen Gesetzes die Entscheidung des demokratisch legitimierten, parlamentarischen Gesetzgebers aufheben. **98**

Hat ein Prozessbeteiligter eine entsprechende Vorlage beantragt, konnte er aber das Gericht nicht von der Nichtigkeit des Gesetzes überzeugen und hat dieses also in Anwendung des Gesetzes entschieden, so bleibt nach Ausschöpfung aller Rechtsmittel nur die Verfassungsbeschwerde. Sie kann einerseits darauf gestützt werden, dass das Gericht durch Anwendung des verfassungswidrigen Gesetzes Grundrechte verletzt hat, zum anderen darauf, dass es seine Vorlagepflicht verkannt und deshalb das Recht auf den gesetzlichen Richter aus Art. 101 I 2 GG verletzt hat. **99**

## A. Zulässigkeit

### I. Antragsberechtigung (Vorlageberechtigung)

Antragsberechtigt sind nur Gerichte. Dies festzustellen, sollte in aller Regel keine Schwierigkeiten bereiten. Amtsgericht, Landgericht, OLG, Verwaltungsgericht und OVG, Finanzgericht oder Sozialgericht sind ebenso ohne weiteres „Gerichte", wie dies für die obersten Bundesgerichte gilt. **100**

### II. Gegenstand der Vorlage

Nur formelle Gesetze sind vorzulegen. Bei Rechtsvorschriften im Rang unterhalb des formellen Gesetzes (Rechtsverordnungen, Satzungen) ist die Vorlage aus den eingangs genannten Gründen unzulässig. Der Zweck der Vorlagepflicht greift auch dann nicht ein, wenn das zu überprüfende Gesetz „älter" ist, als die Maßstabsnorm: **101**

Sog. „vorkonstitutionelle" Gesetze, also Gesetze, die vor Inkrafttreten des Grundgesetzes erlassen wurden, konnten das Grundgesetz noch nicht beachten – wenn ein Gericht sie als verfassungswidrig behandelt, liegt darin noch keine Missachtung des demokratisch legitimierten Gesetzgebers nach dem Grundgesetz. Derartige Gesetze dürften allerdings selten zur Prüfung anstehen: auch Gesetze aus der Zeit vor 1949 sind dann nachkonstitutionell, wenn der Gesetzgeber sie nach 1949 novelliert und dabei auch unverändert bleibende Bestimmungen „in seinen Willen aufgenommen" hat – so die maßgebliche Formulierung. Geht es um die Vereinbarkeit eines Landesgesetzes mit Bundesrecht, so gilt die gleiche Einschränkung.

### III. Überzeugung von der Nichtigkeit der Norm

Wie in allen verfassungsgerichtlichen Verfahren, muss auch im Verfahren nach Art. 100 I GG ein Verfassungsverstoß geltend gemacht werden – dabei muss das vorlegende Gericht jedoch darlegen, dass es von der Nichtigkeit überzeugt ist; bloße Zweifel oder Bedenken reichen nicht. Das Bundesverfassungsgericht stellt in diesem Zusammenhang hohe Anforderungen an die Begründung durch das vorlegende Gericht – dieses muss sich etwa auch mit unterschiedlichen in der Literatur vertretenen Auffassungen auseinandersetzen und auch die Möglichkeit einer verfassungskonformen Auslegung prüfen.[37] **102**

37 Vgl *Hillgruber/Goos* Rn 785.

**IV. Entscheidungserheblichkeit**

103 Das Gericht muss in seinem Vorlagebeschluss darlegen, dass es für seine Entscheidung auf die Gültigkeit der Norm ankommt, die Entscheidung also bei Gültigkeit anders ausfallen würde, als bei Nichtigkeit. Auch dies ist vom vorlegenden Gericht sorgfältig zu begründen.

**V. Form und Frist**

104 Das vorlegende Gericht entscheidet durch Beschluss über die Aussetzung des Verfahrens und die Vorlage zum BVerfG. Es entscheidet von Amts wegen, dh ein *Antrag* der Prozessparteien ist gemäß § 80 III BVerfGG nicht erforderlich.

Der Antrag ist nicht fristgebunden.

## B. Begründetheit

105 Hier gilt, was für die abstrakte Normenkontrolle ausgeführt wurde: Der Aufbau ist der für die Normprüfung. Wenn ein Gesetz auf seine Vereinbarkeit mit dem Grundgesetz zu prüfen ist, bedeutet dies also Prüfung der formellen und materiellen Verfassungsmäßigkeit wie bei der abstrakten Normenkontrolle.

## C. Entscheidung des Bundesverfassungsgerichts

106 § 82 I BVerfGG verweist auf § 78 S. 1 BVerfGG; das BVerfG erklärt also das verfassungswidrige Gesetz für nichtig, sofern es sich nicht ausnahmsweise auf die bloße Feststellung des Verfassungsverstoßes beschränkt.

### IV. Staatsorganisationsrechtliche Fragestellungen

107 Wenn im Sachverhalt von Auseinandersetzungen zwischen Verfassungsorganen die Rede ist, diese sich durch Maßnahmen oder auch Unterlassungen der jeweils anderen Seite in ihren Rechten verletzt sehen, so ist dies regelmäßig die Fallgestaltung des Organstreitverfahrens; dieses ist dann an erster Stelle zu prüfen. Im Organstreitverfahren entscheidet das Bundesverfassungsgericht über die verfassungsmäßigen Rechte und Pflichten der obersten Bundesorgane und weiterer Beteiligter am Verfassungsleben. Kommt also der Bearbeiter im Zuge seiner Vorüberlegungen und der Erstellung der Arbeitsgliederung (s Rn 5) zu dem Ergebnis, dass das Organstreitverfahren für den Sachverhalt „passt“, so beginnt die schriftliche Ausarbeitung mit der Überschrift

### 1. Organstreitverfahren, Art. 93 I Nr. 1 GG, §§ 13 Nr. 5, 63 ff. BVerfGG

108 Hat einer der Beteiligten bereits einen Antrag zum BVerfG gestellt, so würde die Bearbeitung etwa mit der Formulierung beginnen:

*„Der Antrag hat Aussicht auf Erfolg, wenn er zulässig und begründet ist. Er könnte als Antrag im Organstreitverfahren nach Art. 93 I Nr. 1 GG, §§ 63 ff. BVerfGG zulässig sein.“* Ist noch kein Antrag gestellt, so würde entsprechend formuliert: *„A (also zB der Bundestag, der Abgeordnete A, die A-Fraktion, der Ausschuss) könnte gegen B (also zB die Bundesregierung, den Bundespräsidenten) einen Antrag im Organstreitverfahren nach Art. 93 I Nr. 1 GG, §§ 63 ff. BVerfGG stellen. Dieser müsste zulässig und begründet sein.“*

Nach der Zwischenüberschrift:

## A. Zulässigkeit

*(derartige Zwischenüberschriften sollten den wesentlichen Gliederungspunkten vorangestellt sein)*

folgt nun die Prüfung der einzelnen Zulässigkeitsvoraussetzungen. Die nachstehende Reihenfolge hat sich nicht nur als zweckmäßig erwiesen; sie gibt auch das Muster vor, nach dem sich die Zulässigkeit durchweg richtet: wenn die Zuständigkeit des Gerichts feststeht, beziehen sich die ersten Prüfungspunkte auf die Beteiligten: im verfassungsgerichtlichen Verfahren ist das Recht, ein Verfahren einzuleiten, Partei in einem Verfahren zu sein, für jedes Verfahren besonders geregelt. Dies gilt auch für die Frage, was überhaupt Gegenstand des Verfahrens sein kann – eine Handlung oder eine Unterlassung des Gegners, ein Gesetz, eine anderweitige Maßnahme der öffentlichen Gewalt. Der Antragsteller oder Beschwerdeführer muss sich in einer bestimmten Beziehung zum Gegenstand des Verfahrens befinden: er muss geltend machen, in seinen Rechten verletzt oder doch von der Nichtigkeit des angegriffenen Gesetzes überzeugt zu sein. Schließlich sind wie in allen Verfahren bestimmte Formen einzuhalten und in aller Regel auch Fristen zu wahren. **109**

### I. Beteiligtenfähigkeit

Die Beteiligtenfähigkeit ist im Organstreitverfahren stets sowohl auf Seiten des Antragstellers wie auf Seiten des Antragsgegners eigens und sorgfältig zu prüfen – das Organstreitverfahren ist nur für bestimmte Beteiligte am Verfassungsleben eröffnet. **110**

#### 1. Beteiligtenfähigkeit des Antragstellers (Aktivseite)

- **Oberste Bundesorgane**, Art. 93 I Nr. 1 GG; sie sind aufgezählt in § 63 BVerfGG;
- **Teile** dieser Organe: diese müssen durch das Grundgesetz oder eine Geschäftsordnung mit eigenen Rechten ausgestattet sein – so etwa die Fraktion, die einerseits durch die GeschOBT mit eigenen Rechten ausgestattet ist, andererseits aber auch als notwendige Einrichtung des Verfassungslebens anzusehen ist; es muss sich um ständig vorhandene Gliederungen des Verfassungsorgans, zB des Bundestags handeln.

Beteiligtenfähig sind auch **„andere Beteiligte"**, die durch das Grundgesetz mit eigenen Rechten ausgestattet sind – dies folgt unmittelbar aus Art. 93 I Nr. 1 GG; anderer Beteiligter in diesem Sinn ist das einzelne MdB, dessen Rechtsstellung sich aus Art. 38 I 2 GG – Grundsatz des freien Mandats – ergibt; weiterhin sind hier die politischen Parteien zu nennen.[38] Wenn diese allerdings als Grundrechtsträger betroffen sind – weil ihnen gegenüber zB ein Versammlungsverbot ausgesprochen wurde –, dann ist die Verfassungsbeschwerde die richtige Verfahrensart. Welches die richtige Verfahrensart ist, kann entweder im Rahmen der Beteiligtenfähigkeit erörtert werden, oder aber in einer Vorbemerkung zur Zulässigkeitsprüfung. Letzteres erscheint mir vorzugswürdig: erst wenn der Bearbeiter sich darüber im Klaren ist, welche Verfahrensart in Betracht kommt, können deren Zulässigkeitsvoraussetzungen iE erörtert werden. **111**

Wenn der Antragsteller im Zeitraum zwischen Antragstellung und Entscheidung seinen Status verliert, wenn also zB der Abgeordnete aus dem Bundestag ausscheidet, ist dies für seine Beteiligtenfähigkeit grundsätzlich unschädlich: Maßgeblich für die Parteifähigkeit von Abgeordneten im Organstreit ist ihr Status zu dem Zeitpunkt, zu dem sie den Verfassungsstreit anhängig gemacht haben.[39] **112**

#### 2. Beteiligtenfähigkeit des Antragsgegners (Passivseite)

Hier gelten die gleichen Kriterien wie für die Aktivseite. **113**

38 Zur Stellung der Parteien im Verfassungsprozess s *Degenhart* Rn 70 f.

39 BVerfGE 102, 224 (231).

## II. Gegenstand des Verfahrens (Streitgegenstand)

114 Es muss ein geeigneter Verfahrensgegenstand vorliegen – eine konkrete Maßnahme des Antragsgegners oder eine rechtlich relevante Unterlassung; eine Unterlassung ist dann einer positiven Handlung gleichzustellen, wenn eine Rechtspflicht zum Handeln besteht (etwa die grundsätzliche Verpflichtung des Bundespräsidenten, ein Gesetz auszufertigen).

## III. Antragsbefugnis

115 Der Antragsteller im Organstreitverfahren muss geltend machen, dass er in seinen Rechten aus der Verfassung verletzt ist.

Es muss sich hierbei um **Rechte aus dem Grundgesetz** handeln – Bestimmungen der Geschäftsordnungen genügen hier also nicht. Rechte aus dem Grundgesetz können sich zum einen aus einzelnen Normen des Grundgesetzes ergeben, so zB aus Art. 23 V GG, wonach die Bundesregierung eine Stellungnahme des Bundesrats beachten muss, oder aus Art. 38 I 2 GG: in den Bestand des Mandats wird eingegriffen, wenn der Bundespräsident den Bundestag auflöst, ohne dass die verfassungsmäßigen Voraussetzungen dafür gegeben sind. Sehr häufig aber muss in staatsorganisationsrechtlichen Konflikten auf allgemeine Verfassungsgrundsätze zurückgegriffen werden. So ist zB das Recht des Bundestags, von der Bundesregierung Informationen zu verlangen, im Grundgesetz nicht erwähnt (anders als in einigen Landesverfassungen das entsprechende Recht des Landtags). Es muss dann auf die Kontrollfunktion des Parlaments im Verhältnis zur Bundesregierung zurückgegriffen werden. Auch die Rechtsstellung der Fraktion kann nur allgemein aus der Bedeutung für das parlamentarische Verfahren und damit die parlamentarische Demokratie und auch aus Art. 21 GG abgeleitet werden.

116 Soweit es sich beim Antragsteller um Teile eines Verfassungsorgans handelt – zB eine Fraktion als Teil des Verfassungsorgans Bundestag –, können auch Rechte des Organs geltend gemacht werden, dem der Antragsteller angehört. Die Fraktion kann also Rechte des Bundestags gegen die Bundesregierung geltend machen.[40] Dem einzelnen Abgeordneten kommt dieses Recht nicht zu. Er ist nicht „Organteil“, sondern „anderer Beteiligter“.[41]

Wie stets, sind im Rahmen der Zulässigkeit die materiellen Fragen nicht zu entscheiden; der Antragsteller muss die Verletzung seiner Rechte lediglich plausibel geltend machen, sie muss auf Grund seines Vortrags als möglich erscheinen.

Gleichwohl sollte der Bearbeiter sich bemühen, die möglicherweise verletzten Rechte des Antragstellers möglichst klar zu benennen – hierdurch erfolgt die entscheidende Weichenstellung für die Begründetheitsprüfung.

## IV. Form und Frist

117 Die Notwendigkeit der Schriftform folgt aus § 23 BVerfGG,

Der Antrag ist fristgebunden. Es gilt die 6-Monats-Frist nach § 64 III BVerfGG ab Bekanntwerden der Maßnahme oder der Unterlassung.

## V. Rechtsschutzbedürfnis

118 Dass ein Rechtsschutzbedürfnis besteht, ist an sich ungeschriebene Voraussetzung aller Verfahren vor dem BVerfG. Es wird jedoch grundsätzlich **vermutet**, wenn die Zulässigkeitsvoraussetzungen gegeben sind, kann ausnahmsweise aber entfallen. Hierauf ist nur einzugehen, wenn besondere Umstände konkrete Anhaltspunkte für fehlendes Rechtsschutzbedürfnis liefern, so im Fall BVerfGE 90, 286 (339 f.): Fraktion als Antragsteller, obwohl ihre Mitglieder als Mitglieder der Bundesregierung der Maßnahme zugestimmt hatten.

40 Es handelt sich hier um den Fall einer gesetzlich angeordneten Prozessstandschaft.

41 BVerfGE 123, 267 (337).

Ein Rechtsschutzbedürfnis ist auch dann gesondert festzustellen, wenn der Antragsteller, nachdem das Verfahren anhängig gemacht wurde, seine Beteiligtenstellung verloren hat, weil er zB aus dem Bundestag ausgeschieden ist,[42] oder wenn die geltend gemachte Rechtsverletzung in der Vergangenheit liegt.[43] Hier genügt jedoch, dass ein objektives Interesse daran besteht, die aufgeworfene Rechtsfrage zu klären. Dies liegt daran, dass es vor dem Bundesverfassungsgericht nicht nur um subjektiven Rechtsschutz geht, sondern stets auch objektiv um den Schutz der Verfassung **119**

## B. Begründetheit

Der Antrag ist begründet, wenn die streitgegenständliche Maßnahme verfassungswidrig war und hierdurch der Antragsteller (oder das Organ, dem er angehört) in seinen Rechten verletzt wird. **120**

*Auf die Formulierung des Obersatzes für die Begründetheitsprüfung ist stets besondere Sorgfalt zu verwenden. Denn hierdurch wird der weitere Aufbau vorgezeichnet, hieraus ergibt sich das Prüfprogramm. – Geht es um eine Unterlassung, könnte der Obersatz etwa wie folgt abgewandelt werden:*

*„... wenn die Unterlassung der Maßnahme gegen Normen der Verfassung verstieß und der Antragsteller einen Anspruch auf Erlass dieser Maßnahme hatte."*

*Ein bestimmtes Aufbauschema kann hier angesichts der Vielgestaltigkeit möglicher Verfassungskonflikte nicht gegeben werden; gleichwohl lassen sich bestimmte Fallgestaltungen ausmachen:*

(1) Die **„Anspruchssituation"**: Ein Verfassungsorgan begehrt von einem anderen Verfassungsorgan ein Handeln, eine bestimmte „Leistung": Der Bundestag oder auch ein einzelner Abgeordneter begehrt von der Bundesregierung Informationen; diese lehnt die Beantwortung der Fragen ab. Hier wäre wie folgt aufzubauen: **121**

- Zunächst wird die verfassungsrechtliche Grundlage für das Auskunftsverlangen ermittelt – hier hat es seine Grundlage in der verfassungsrechtlichen Stellung des Bundestags bzw des Abgeordneten: Kontrollfunktion des Bundestags im Verhältnis zur Bundesregierung;
- es sind dann iE die Voraussetzungen des Auskunftsverlangens zu prüfen: Erforderlichkeit für die Wahrnehmung der parlamentarischen Aufgaben;
- schließlich sind die Einwendungen der Bundesregierung zu würdigen – etwa Berufung auf „Kernbereich exekutiver Eigenverantwortung", sie sind in Ausgleich zu bringen mit den Aufgaben des Bundestags.

(2) Die **„Eingriffssituation"**: Ein Verfassungsorgan – der Antragsgegner – greift durch eine Maßnahme in Rechte eines anderen Verfassungsorgans – des Antragstellers – ein, zB die Bundesregierung durch eine Weisung an das Land bei der Auftragsverwaltung oder der Bundespräsident durch vorzeitige Auflösung des Bundestags in Rechte des Abgeordneten. **122**

- Zunächst ist dann zu fragen: welches konkrete Recht des Antragstellers ist hier betroffen; dabei kann es sich um explizit im Grundgesetz normierte Rechte handeln – hier: das Mandat des Abgeordneten, Art. 38 I 2 GG in seinem Bestand – oder aber um allgemeine Verfassungsgrundsätze, die dann näher begründet werden müssen;
- in einem zweiten gedanklichen Schritt ist festzustellen, worin nun genau die behauptete Rechtsverletzung – der „Eingriff" – liegt;
- im Folgenden ist dann zu prüfen, ob das Handeln des Antragsgegners verfassungsrechtlich gerechtfertigt ist, ob er also befugt war, die streitige Maßnahme zu treffen.

(3) Diese Aufbauhinweise passen für die Mehrzahl der Fälle; es wird also jeweils von der verfassungsrechtlichen Position der Antragsteller ausgegangen. Mitunter kann auch ein Aufbau sinnvoll **123**

42 Vgl BVerfGE 102, 224 (232).
43 Vgl BVerfGE 121, 135 (151).

sein, bei dem zunächst nach der Verfassungsmäßigkeit des Handelns des Antragsgegners gefragt und dann erörtert wird, ob der Antragsteller hierdurch in seinen Rechten verletzt wurde.

## C. Entscheidung des Bundesverfassungsgerichts

124 *In allen verfassungsgerichtlichen Verfahren ist abschließend festzustellen, wie das BVerfG entscheiden wird; dies ist für die einzelnen Verfahren unterschiedlich geregelt – für das Organstreitverfahren in § 67 BVerfGG.*

Das BVerfG beschränkt sich im Organstreitverfahren auf eine **feststellende** Entscheidung, § 67 BVerfGG. Die Bearbeitung wird also im Fall der Begründetheit des Antrags mit dem Hinweis schließen:

*„Das BVerfG wird feststellen, dass der Antragsgegner durch sein Handeln bzw sein Unterlassen gegen die Bestimmung zB des Art. 68 oder des Art. 82 GG verstoßen hat."*

### 2. Bund-Länder-Streit, Art. 93 I Nr. 3 GG, §§ 13 Nr. 7, 68 ff. BVerfGG

125 Der Bund-Länder-Streit wird dem Bearbeiter insgesamt wohl seltener begegnen, als das Organstreitverfahren oder auch die verschiedenen Normenkontrollverfahren. Kompetenzstreitigkeiten im Verhältnis von Bund und Ländern beziehen sich häufig auf den Erlass von Bundesgesetzen, die Frage der Gesetzgebungszuständigkeit oder auch der Mitwirkung des Bundesrats. Das Verfahren der abstrakten Normenkontrolle nach Art. 93 I Nr. 2 GG ist in diesem Fall für die Länder deutlich „interessanter": im Bund-Länder-Streit stellt das BVerfG wie im Organstreitverfahren nur den Verfassungsverstoß fest, im Normenkontrollverfahren erklärt es das verfassungswidrige Gesetz für nichtig. Im Normenkontrollverfahren wird das Gesetz umfassend am Grundgesetz geprüft, im Bund-Länder-Streit geht es nur um das Bund-Länder-Verhältnis, also iW um die Kompetenzen. Das Normenkontrollverfahren ist zudem nicht fristgebunden. Ein Bund-Länder-Streit kommt daher in erster Linie bei Maßnahmen des Bundes oder eines Landes in Betracht, die nicht im Erlass eines Gesetzes bestehen – so zB eine Weisung der Bundesregierung in der Auftragsverwaltung oder die Weigerung des Landes, ihr Folge zu leisten **(Fall 8)**, die Errichtung einer Bundesbehörde, ohne dass dafür eine Zuständigkeit gegeben ist.

126 Das Verfahren ist ähnlich strukturiert wie das Organstreitverfahren; die Ausführungen zur Vorgehensweise und zum Aufbau bei diesem können auf jenes übertragen werden. Der Bearbeiter wird also dann den Bund-Länder-Streit in Betracht ziehen, wenn ein Land sich durch eine konkrete Maßnahme oder Unterlassung des Bundes oder auch eines anderen Landes, der Bund durch ein Land sich in verfassungsmäßigen Rechten aus dem Bundesstaatsverhältnis beeinträchtigt sieht.

Da das Verfahren dem Organstreitverfahren nachgebildet ist, gilt für die Formulierung des Eingangssatzes, was für dieses gesagt wurde (Rn 108). So könnte etwa formuliert werden:

*„Das Land A könnte gegen den Bund einen Antrag im Verfahren nach Art. 93 I Nr. 3 GG, §§ 68 ff. BVerfGG stellen. Dieser hat Erfolg, wenn er zulässig und begründet ist."*

# A. Zulässigkeit

(näher *Degenhart* Rn 894 ff.) 127

## I. Beteiligtenfähigkeit

Die Beteiligtenfähigkeit ist für den Bund-Länder-Streit in § 68 BVerfGG geregelt; Antragsteller bzw Antragsgegner können hiernach für den Bund nur die Bundesregierung, für das jeweilige Land nur die Landesregierung sein – es handelt sich hier um einen Fall der „Prozessstandschaft“: die Verfahrensbeteiligten machen in eigenem Namen Rechte des Landes bzw des Bundes geltend.

### 1. Beteiligtenfähigkeit des Antragstellers (Aktivseite)

Für das Land ist nur dessen Landesregierung beteiligtenfähig, für den Bund die Bundesregierung. 128
Der Antrag ist von diesen Verfahrensbeteiligten zu stellen.

### 2. Beteiligtenfähigkeit des Antragsgegners (Passivseite)

Der Antrag muss in einem Verfahren gegen den Bund gegen die Bundesregierung, in einem 129
Verfahren gegen ein Land gegen dessen Regierung gestellt werden.

## II. Gegenstand des Verfahrens (Streitgegenstand)

Es muss ein geeigneter Verfahrensgegenstand vorliegen – eine konkrete Maßnahme oder eine 130
rechtlich relevante Unterlassung; eine Unterlassung ist dann einer positiven Handlung gleichzustellen, wenn eine Rechtspflicht zum Handeln besteht.

## III. Antragsbefugnis

Die Regierung eines Landes als Antragsteller im Bund-Länder-Streit muss geltend machen, dass 131
das Land durch das Verhalten des Bundes in seinen Rechten aus dem Grundgesetz verletzt ist; vice versa für den Bund.

Es muss sich hierbei um **Rechte aus dem Grundgesetz** handeln. Rechte und Pflichten im Verhältnis von Bund und Ländern werden in erster Linie in den Kompetenznormen des Grundgesetzes festgelegt – also im Abschnitt „Der Bund und die Länder“, in den Bestimmungen der Art. 70 ff. über die Gesetzgebung, der Art. 83 ff. über die Verwaltung, der Art. 104a ff. über die Finanzbeziehungen von Bund und Ländern. Soweit die zu entscheidende Streitfrage nicht explizit im Grundgesetz geregelt ist, kann ein Verstoß gegen den ungeschriebenen Verfassungsgrundsatz der Bundestreue in Betracht kommen. Im Fall eines Antrags Bayerns wegen der Immigrationspolitik der Bundesregierung müsste zunächst dargelegt werden, dass der Bundesrepublik eine verfassungsrechtliche Pflicht obliegt, das Staatsgebiet gegen unkontrollierte massenhafte Einreise zu sichern; dies dürfte begründbar sein. Es müsste des Weiteren dargelegt werden, dass die Bundesregierung dieser Verpflichtung nicht nachgekommen ist, also rechtswidrig gehandelt hat. Dies wird sehr kontrovers beurteilt,[44] auch in der Frage eines Parlamentsvorbehalts. Schließlich müsste eine etwa verletzte Rechtspflicht des Bundes gerade auch im Verhältnis zu denjenigen Ländern bestehen, die Außengrenzen haben.[45]

Auch hier gilt, dass der Antragsteller die Verletzung verfassungsmäßiger Rechte lediglich plausibel geltend machen muss; vgl für das Organstreitverfahren Rn 115.

## IV. Form und Frist

Die Notwendigkeit der Schriftform folgt aus § 23 BVerfGG. 132

44 Übbl. zB bei *Fontana*, NVwZ 2016, 735; *Wendel*, JZ 2016, 332.

45 Abl. *Ewer/Thiemel*, NVwZ 2016, 376 ff.

Der Antrag ist fristgebunden. Es gilt die 6-Monats-Frist nach § 69 iVm § 64 III BVerfGG ab Bekanntwerden der Maßnahme oder der Unterlassung.

**V. Rechtsschutzbedürfnis**

133 Vgl Rn 118 f. Das Rechtsschutzbedürfnis kann dann entfallen, wenn der Antragsteller sein Verfahrensziel auf einfachere Weise erreichen kann – dies kann zB eine Weisung im Rahmen der Bundesauftragsverwaltung sein, freilich nur dann, wenn nicht davon auszugehen ist, dass das Land sich seinerseits an das Bundesverfassungsgericht wenden wird. Wie generell in verfassungsgerichtlichen Verfahren, ist hierauf nur einzugehen, wenn besondere Umstände konkrete Anhaltspunkte für fehlendes Rechtsschutzbedürfnis liefern, wenn zB die Maßnahme in der Vergangenheit liegt.

## B. Begründetheit

134 Der Antrag ist begründet, wenn die streitgegenständliche Maßnahme gegen das Grundgesetz verstößt und den Bund/das Land in seinen Rechten verletzt.

*In der Formulierung des Obersatzes für die Begründetheitsprüfung ist dem Umstand Rechnung zu tragen, dass Antragsteller zwar die jeweilige Regierung ist, jedoch in Prozessstandschaft, und es also darauf ankommt, dass Rechte des Bundes bzw eines Landes verletzt sind.*

*Ein bestimmtes Aufbauschema kann auch hier angesichts der Vielgestaltigkeit möglicher Verfassungskonflikte nicht gegeben werden; gleichwohl lassen sich bestimmte Fallgestaltungen ausmachen.*

135 (1) Die **„Eingriffssituation"**: Häufig liegt einem Bund-Länder-Streit ein Kompetenzstreit zugrunde: darf der Bund eine Behörde errichten, ein Rundfunkunternehmen gründen (BVerfGE 12, 205)? Der Aufbau ist hier unproblematisch: es sind die in der Kompetenzordnung des Grundgesetzes niedergelegten verfassungsrechtlichen Voraussetzungen für die streitgegenständliche Maßnahme zu prüfen. Wie stets, ist hierbei nach einer konkreten Norm zu fragen, die zu der fraglichen Maßnahme ermächtigt. Die formellen und materiellen Anforderungen sind hieraus abzuleiten. Der Grundsatz der Bundestreue kann hierbei besondere Verhaltenspflichten begründen, insbesondere eine Verpflichtung, den anderen Beteiligten rechtzeitig Gelegenheit zur Stellungnahme zu geben, für den Bund auch die Verpflichtung, die Länder gleich zu behandeln, allgemein eine Verpflichtung zur wechselseitigen Rücksichtnahme bei der Wahrnehmung von Kompetenzen.

136 Wenn ein Beteiligter im Bundesstaatsverhältnis seine **Kompetenzen** überschritten hat, so bedeutet dies notwendig einen Eingriff in die Kompetenzen der Gegenseite und damit deren Verletzung in ihren Rechten. Man könnte auch insoweit von einer „Eingriffssituation" sprechen.

137 (2) Die **„Anspruchssituation"**: Ein Beteiligter begehrt von der Gegenseite ein Handeln, eine bestimmte „Leistung": Der Bund verlangt vom Land, dass es gegen kommunale Volksbefragungen einschreitet;[46] das Land verlangt vom Bund finanzielle Leistungen.

- Zunächst ist nach einer positiven Anspruchsgrundlage zu fragen, deren Voraussetzungen sind dann zu prüfen.
- Aus dem ungeschriebenen Verfassungsgrundsatz der Bundestreue können demgegenüber in aller Regel keine selbstständigen Ansprüche abgeleitet werden.

## C. Entscheidung des Bundesverfassungsgerichts

138 In allen verfassungsgerichtlichen Verfahren ist abschließend festzustellen, wie das BVerfG entscheiden wird; dies ist für die einzelnen Verfahren unterschiedlich geregelt – für den Bund-Länder-Streit in § 69 iVm § 67 BVerfGG.

46 BVerfGE 8, 104.

Das BVerfG beschränkt sich hier wie im Organstreitverfahren auf eine feststellende Entscheidung, § 67 BVerfGG. Die Bearbeitung wird also im Fall der Begründetheit des Antrags zB mit dem Hinweis schließen:

*„Das BVerfG wird feststellen, dass der Bund durch sein Handeln bzw sein Unterlassen gegen die Bestimmung zB des Art. 84 IV GG und gegen den Grundsatz der Bundestreue verstoßen hat."*

## V. Verwaltungsrechtliche Fragestellungen

In verwaltungsrechtlichen Fällen können insbesondere **belastende Verwaltungsakte** in Grundrechte eingreifen: die Behörde verbietet eine Kundgebung, die Polizei durchsucht Wohnräume oder nimmt Personen in Gewahrsam. In derartigen Fällen ist nicht nach dem Schema Schutzbereich – Eingriff – Rechtfertigung zu prüfen. Vielmehr ist wie stets bei der Prüfung belastender Verwaltungsakte auszugehen von der Ermächtigungsgrundlage: jeder Eingriffsakt (zum Begriff: *Degenhart* Rn 313 ff.) bedarf der Grundlage in einem (formellen) Gesetz (Vorbehalt des Gesetzes, vgl *Degenhart* Rn 313). Selbstverständlich muss dieses Gesetz seinerseits verfassungsmäßig sein; dies ist freilich nur dann zu prüfen, wenn sich hierfür besondere Anhaltspunkte ergeben. Die Prüfung des Gesetzes folgt dann in der üblichen Reihenfolge; Kompetenz – verfahrensfehlerfreies Zustandekommen – materielle Verfassungsmäßigkeit, insbesondere Vereinbarkeit mit Grundrechten, hinreichende Bestimmtheit usf., s vorstehend Rn 89 ff. Es folgt die Prüfung der formellen Rechtmäßigkeit des VA *(auf die Terminologie achten: ein VA kann rechtmäßig oder rechtswidrig, ein Gesetz verfassungsmäßig oder verfassungswidrig sein; „Rechtmäßigkeit" eines Gesetzes, wie häufig in Arbeiten zu lesen, ist zumindest schief).* Schließlich ist die materielle Rechtmäßigkeit des VA zu prüfen. Zunächst sind die tatbestandlichen Voraussetzungen der Ermächtigungsgrundlage zu prüfen, dann ggf. fehlerfreie Ermessensausübung und weitere Rechtmäßigkeitsvoraussetzungen wie hinreichende Bestimmtheit uÄ. 139

*Liegt eine in diesem Sinn verwaltungsrechtliche Fragestellung vor, so ist auch konsequent ein verwaltungsrechtlicher Aufbau zu befolgen. Steht zB im Rahmen der Begründetheit einer Anfechtungsklage die Rechtmäßigkeit eines Versammlungsverbots in Frage, so ist mit der Ermächtigungsgrundlage in § 15 LVersG zu beginnen und sind deren Vorausetzungen zu prüfen. Verfehlt wäre es, hier mit dem Schema Schutzbereich – Eingriff – Rechtfertigung zu arbeiten.*[47] *Beansprucht der Kläger ein ordnungsbehördliches Einschreiten gegen eine Gefährdung seiner Gesundheit, so sind grundsätzliche Möglichkeiten eines dahingehenden Anspruchs, die Befugnis zum Einschreiten, Ermessensreduzierung auf Null und ein subjektives Recht auf Einschreiten zu erörtern, s. Fall 4.* 140

**Grundrechte** können hierbei in mehrfacher Hinsicht eine Rolle spielen: zunächst bereits bei der Bestimmung des Eingriffs und der Notwendigkeit einer Ermächtigungsgrundlage, dann bei der Prüfung ihrer Verfassungsmäßigkeit, schließlich bei der Prüfung der materiellen Rechtmäßigkeit des Verwaltungsakts: hier können bereits bei der Feststellung 141

47 S etwa den schulrechtlichen Fall, *Schnellenbach*, NWVBl 1995, 236 oder den Fall einer ordnungsbehördlichen Verfügung gegen Presse, *Rüfner*, NWVBl 1996, 35.

einzelner Tatbestandsmerkmale grundrechtliche Wertungen eine Rolle spielen, ferner entscheidend bei der Ermessensprüfung, hier vor allem im Rahmen der Verhältnismäßigkeit: bei der Abwägung zwischen Eingriffsziel (öffentlichen Interessen) und den Belangen des Eingriffsadressaten, bei der Störerauswahl in polizeirechtlichen Zusammenhängen.[48]

142 Grundrechte können ebenso eine Rolle spielen, wenn es um einen Anspruch auf Erlass eines Verwaltungsaktes geht, etwa um einen Anspruch auf Zulassung zu einer behördlichen Einrichtung,[49] aber auch einen Anspruch auf behördliches Einschreiten, der auf grundrechtliche Schutzpflichten gestützt wird, dazu **Fälle 4 und 13**.

143 Weitere typische grundrechtliche Fragestellungen sind die Geltendmachung eines (Folgen-)Beseitigungsanspruchs bei fortwährender Grundrechtsbeeinträchtigung, etwa im Fall rufschädigender behördlicher Äußerungen oder Warnhinweise,[50] dazu **Fall 11**, oder von Klagen gegen wirtschaftliche Aktivitäten von Gemeinden in ihren potenziell grundrechtsrelevanten Auswirkungen;[51] oder auch die Frage nach Grenzen gemeindlicher Satzungshoheit.[52]

### Exkurs: Zur Darstellungsweise

144 Was Gutachtensstil bedeutet, wie er üblicherweise für Klausuren zugrundegelegt wird, wird hier als bekannt vorausgesetzt – hier gilt für staatsrechtliche nichts anderes als für zivilrechtliche Klausuren. Auch im Staatsrecht sind Normen auszulegen – mit der Besonderheit, dass sehr häufig aus allgemeinen Grundsätzen die Unterprinzipien abzuleiten sind –, auch im Staatsrecht ist der Sachverhalt unter die Norm – oder eben den ungeschriebenen Rechtsgrundsatz – zu subsumieren. Der Verfasser verhehlt nicht, dass er für unproblematische Punkte den Urteilsstil vorzieht – doch sollte der Bearbeiter sich vergewissern, wie dies bei seinem Übungsleiter, an seiner Universität gesehen wird.

145 Eines möchte der Verfasser jedoch den Bearbeitern besonders nahe legen: *Keine Wiederholung des Sachverhalts!*

Wiederholungen des Sachverhalts ermüden nicht nur Verfasser und Leser einer Arbeit, sie kosten vor allem auch Zeit. Dies trägt nicht nur nichts zur Arbeit bei und wirkt sich dann jedenfalls nachteilig aus, wenn darüber die Argumentation vernachlässigt wird. Dies gilt auch für die Wiedergabe der Rechtsansichten der Beteiligten („A fühlt sich in seinem Eigentum verletzt, weil er ..."). Hier sollte sofort mit der juristischen Fragestellung begonnen werden; s dazu auch **Fall 8** und dort die einleitende Fn 4. Geht es darum,

---

48 Verfügung gegen Presse, *Rüfner*, NWVBl 1996, 35.

49 Beispielhaft Aufgabe 6 EJSBay 1994/2, BayVBl 1996, 544/572 ff., wo es um den Anspruch eines Journalisten (Kritikers) auf Zulassung zu den Aufführungen des Stadttheaters ging; im Hausarbeitsfall von *Jorczyk/Duesmann*, NWVBl 1999, 477 ging es um den Zugang zu Gerichtsentscheidungen zu Veröffentlichungszwecken.

50 Vgl den mittlerweile schon klassischen Fall der Sektenwarnung, etwa in Aufgabe 6 EJSBay 1996/1, BayVBl 1998, 31/60 ff.; S auch den Klausurfall von *Dietlein/Heyers*, NWVBl 2000, 77.

51 Vgl den Examensfall von *Zilkens*, NWVBl 1997, 34 oder EJS Sachsen 2001/1, SächsVBl 2004, 170 und 193 und die Aufgabe 7 EJS Sachsen 2005/1; ferner den Examensfall von *Sachs/Blasche*, NWVBl 2005, 78, wo es um die Aufstellung eines Denkmals durch eine Gemeinde ging, dessen Gestaltung die Persönlichkeitsrechte eines Gemeindebürgers verletzte.

52 S zB den Examensfall bei *Isensee/Jakobs*, NWVBl 2001, 323: Friedhofsbenutzungszwang.

die Ausführungen der Beteiligten rechtlich zu bewerten, so kann dies allerdings erforderlich machen, sie zunächst überhaupt juristisch zu formulieren. Dies sollte jedoch nicht in isolierten, der Prüfung vorausgestellten Ausführungen erfolgen, sondern in die Prüfung integriert werden.

Also im **Fall 13** nicht: S möchte gegen die kopftuchtragende L vorgehen. Sie trägt vor, sie brauche es nicht hinzunehmen, stets mit deren Glaubensäußerung konfrontiert zu werden. Sie beruft sich auf ihre negative Glaubensfreiheit. **146**

Richtig:

*Formulierung der Rechtsfrage:* S könnte durch das Auftreten der L in ihrem Grundrecht aus Art. 4 GG betroffen sein.

*Norminterpretation:* Hierunter fällt auch die negative Glaubensfreiheit. Diese umfasst das Recht, nicht ständig mit Glaubensbekundungen Dritter konfrontiert zu werden.

*Subsumtion:* Wenn S, wie sie ausführt, sich durch das Auftreten der L beeinträchtigt fühlt, so ist ihr Grundrecht der negativen Glaubensfreiheit betroffen.

*Schlussfolgerung:* Der Schutzbereich des Art. 4 I und II GG ist also berührt.

4. Abschnitt

# Prüfungsrelevante staatsrechtliche Fragestellungen im Überblick

Nachstehend wird ein Überblick über erfahrungsgemäß prüfungsrelevante Fragestellungen aus den Bereichen des organisatorischen Staatsrechts, der allgemeinen Grundrechtslehren, der Einzelgrundrechte und der Verfahren vor den Verfassungsgerichten gegeben, unter Hinweis auf den jeweiligen Klausurfall, in dem die Frage behandelt wird. **147**

*Der Überblick kann – selbstverständlich – keinen Anspruch auf Vollständigkeit erheben. Wer jedoch mit den dort aufgeführten Fragestellungen inhaltlich und methodisch vertraut ist, dürfte keine allzu großen Schwierigkeiten haben, auch neue und unbekannte Probleme zu bewältigen.*

Zum Inhalt der Tabelle:

In der 1. Spalte wird das jeweilige Problem genannt. In der 2. Spalte wird bei schwerpunktmäßiger Behandlung in einer der folgenden Klausuren auf den einschlägigen Fall hingewiesen (F 10 = Fall 10). Die 3. Spalte verweist auf schwerpunktmäßige Behandlung im Repetitorium (Rep 10 = Repetitorium nach Fall 10). In der 4. Spalte wird auf weitere Klausuren und Repetitoriumsabschnitte hingewiesen, ggf. unter Angabe der Randnummern (Rep 11/743 = Repetitorium nach Fall 11, Rn 743), in denen das Problem angesprochen, aber nicht schwerpunktmäßig behandelt wird. Für Probleme, die in diesem Buch nicht auftauchen, folgt in der 5. Spalte ein Hinweis auf die Behandlung in den *Schwerpunkte* Bänden; dabei bedeutet zB I 360: *Degenhart* (Staatsrecht I) Rn 360.

| | Schwerpunktmäßig behandelt in | | außerdem behandelt in … | Thema behandelt in *Degenhart* (I) oder *Kingreen/Poscher* (II) |
|---|---|---|---|---|
| | Klausurfall Nr. | Rep. zu Fall … | | |
| **A. Staatsorganisationsrecht** | | | | |
| **I. Grundlagen von Staat und Verfassung** | | | | |
| Begriff der Verfassung | | | | I 1 ff. |
| Verfassungsgebende Gewalt | | | | I 16 ff. |
| Staatsbegriff | | | | I 1 ff. |
| Staatlichkeit der Bundesrepublik und EU | F 9 | Rep 9 | | I 8 ff. |
| Unveränderlichkeitssperre | F 9 | Rep 9 | Rep 10 | I 243 |
| **II. Grundsatzfragen der demokratischen Ordnung des Grundgesetzes** | | | | |
| Demokratische Legitimation der Staatsgewalt | F 9 | | | I 29 |
| Parlamentsvorbehalte | F 5, F 8, F 10 | Rep 10 | | I 38 |
| **Wahlrecht** | F 6 | Rep 6 | | I 78 ff., II 1195 ff. |
| Wahlrechtsgrundsätze | | Rep 6 | | I 83 ff. |
| Wahlrecht/Verfassungsbeschwerde/ Wahlprüfungsbeschwerde | F 9 | Rep 9 | | I 103 ff. |
| Wahlsystem, Wahlrechtsgleichheit | F 6 | Rep 6 | | I 83 ff., 97 ff. |
| 5 %-Klausel | F 6 | Rep 6 | | I 93 |
| **Politische Parteien** | F 1 | Rep 1 | | I 46 ff. |
| Begriff und Bedeutung | F 1 | Rep 1 | | I 49 ff. |
| Gleichheit | F 1, 6 | Rep 1 | | I 53 f. |
| Finanzierung | | Rep 1 | | I 65 ff. |
| Parteien im Verfassungsprozess | F 1, F 6 | Rep 1 | | I 70 ff. |
| Direkte Demokratie | F 9 | | Rep 9 | I 115 ff. |

| | | | | |
|---|---|---|---|---|
| **III. Gesetz und Gesetzgebung** | | | | |
| Gesetzesbegriff des Grundgesetzes | | | | I 146 ff. |
| **Gesetzgebungszuständigkeiten** | F 3, F 4 | Rep 3 | F 5, F 10, F 17, F 19 | I 163 ff. |
| Auslegung von Kompetenznormen | F 3 | | | I 168 ff. |
| Konkurrierende Zuständigkeiten | F 3 | | | I 186 ff. |
| EU und Gesetzgebungskompetenzen | F 8 | | | I 202 |
| „Umsetzungsgesetzgebung“ | F 8, F 16 | | | I 270 |
| **Gesetzgebungsverfahren** | F 2, F 6, F 16, F 18 | Rep 6 | Rep 6 | I 206 ff. |
| Gesetzesinitiative | F 2, F 6 | Rep 6 | | I 209 ff. |
| Vermittlungsausschuss | F 3, F 16 | | | I 225 ff. |
| Beschlussfassung, Bundesrat | F 6 | | Rep 6 | I 218 ff. |
| Verfahren der Verfassungsänderung | F 9 | Rep 9 | | I 241 ff. |
| Verfahren der Volksgesetzgebung | F 9 | Rep 9 | | I 118 ff., 245 ff. |
| **Europ. Recht und innerstaatl. Rechtsordnung** | | | | |
| Unionsrecht und GG | F 8, F 9 | | Rep 9 | I 265 ff. |
| **EMRK** | | F 14, F 18 | Rep 14 | I 287 ff. |
| **Grundrechtecharta** | F 8 | | | I 290 f. |
| **IV. Rechtsstaatsprinzip des Grundgesetzes, rechtsstaatliche Grundsätze** | | | | |
| Gewaltenteilung | F 3 | | F 13 | I 293 ff. |
| Vorrang und Vorbehalt des Gesetzes | F 10, F 11 | Rep 10 | F 14, F 15 | I 310 ff. |
| Informationshandeln und Gesetzesvorbehalt | F 11 | Rep 12 | | I 320 ff. |
| Parlamentsvorbehalt und Gesetzesvorbehalt | F 10 | Rep 10 | | I 38, 332 ff. |
| Untergesetzliches Recht | F 5 | Rep 5 | | I 344 ff. |
| **Rechtssicherheit** | | | | |
| Bestimmtheitsgebot | F 5 | | | I 371 ff. |
| Rückwirkungsverbot und Vertrauensschutz | F 4, F 5 | Rep 4 | | I 384 ff. |
| Verbot rückw. Strafgesetze | | | | I 389 ff. |

| | Schwerpunktmäßig behandelt in | | | |
|---|---|---|---|---|
| | Klausurfall Nr. | Rep. zu Fall … | außerdem behandelt in … | Thema behandelt in *Degenhart* (I) oder *Kingreen/Poscher* (II) |
| **Verhältnismäßigkeitsprinzip** | *alle Grundrechtsfälle* | | | I 416 ff. |
| **Justizgewähr und Rechtsschutz** | F 14 | | | I 441 ff. |
| Gesetzlicher Richter | F 10 | Rep 14 | | I 457 |
| Rechtsschutzgarantien | F 16 | | F 17 | I 414 ff. |
| Rechtliches Gehör und faires Verfahren | F 13 | Rep 14 | | I 465 ff. |
| EuGH als gesetzlicher Richter | F 10 | | F 7 | |
| Unschuldsvermutung | | | | I 467 |

**V. Bundesstaatliche Ordnung des Grundgesetzes**

| | | | | |
|---|---|---|---|---|
| Begriff und Bedeutung | | | | I 481 ff. |
| **Bundesstaatsverhältnis** | | | | |
| Kooperativer Föderalismus | F 4 | | | I 499 ff. |
| Bundestreue | F 7 | Rep 7 | F 4 | I 501 ff. |
| **Bundesstaatliche Kompetenzordnung** | | | F 19 | |
| *Gesetzgebung siehe unter III.* | | | | |
| Verwaltungskompetenzen | | Rep 7 | | I 517 ff. |
| Auftragsverwaltung und Weisungsrechte | F 7 | Rep 7 | | I 526 ff. |
| Bundesstaatliche Finanzverfassung | F 7 | | | I 552 ff. |
| Ausgabentragung u. Auftragsverwaltung, Art. 104a GG | | | | I 556 ff. |
| Steuergesetzgebung | F 7 | | | I 561 ff. |
| Sonderabgaben, nichtsteuerliche Abgaben | | | | I 567 ff. |
| Vertragsschlusskompetenzen | | | F 8 | I 579 ff. |

| | | | | |
|---|---|---|---|---|
| **VI. Staatsziele** | | | | |
| Sozialstaat – Begriff und positive rechtliche Relevanz | | | Rep 5 | I 589 ff. |
| Umweltschutz | | | F 4 | I 607 ff. |
| **VII. Staatsorgane und Verfassungskonflikte** | | | | |
| **1. Bundestag** | | | | |
| Stellung der Fraktionen | F 2 | Rep 2 | | I 641 ff. |
| Vermittlungsausschuss Besetzung | | | | I 224, 647 ff. |
| Befugnisse | F 3, F 8 | | | I 224 ff. |
| Rechte des Abgeordneten | F 2 | Rep 2 | F 9 | I 657 ff. |
| Parteizugehörigkeit – freies Mandat | F 6 | Rep 2 | | I 677 ff. |
| Statusrechte | | Rep 2 | | I 657 ff. |
| Untersuchungsausschüsse | F 7 | Rep 7 | | I 689 ff. |
| Befugnisse gegenüber der Regierung | F 7 | Rep 7 | | I 689 ff. |
| Befugnisse gegenüber Privaten | F 7 | Rep 7 | | I 700 f. |
| Rechtsschutz | F 7 | Rep 7 | | I 701 |
| Fragerechte, Kontrollrechte | F 2 | Rep 2, Rep 7 | | I 703 ff. |
| **2. Bundesrat** | | | | |
| Zusammensetzung, Abstimmung und Verfahren | F 8 | Rep 8 | | I 724 ff. |
| Mitwirkung bei der Gesetzgebung | F 6 | Rep 6 | | I 729 ff. |
| Mitwirkung in EU-Angelegenheiten | F 8 | | F 9 | I 738 ff. |
| **3. Bundesregierung** | | | | |
| Bildung der Bundesregierung, Kanzlerwahl | | | | I 761 ff., s.a. Klausurenband I |
| Informationsaufgaben, Öffentlichkeitsarbeit | F 11 | Rep 12 | | I 320, 790 |
| Vertrauensfrage | | | | I 771, s.a. Klausurenband I |

| | Schwerpunktmäßig behandelt in | | außerdem behandelt in … | Thema behandelt in *Degenhart* (I) oder *Kingreen/Poscher* (II) |
|---|---|---|---|---|
| | Klausurfall Nr. | Rep. zu Fall … | | |
| **4. Bundespräsident** | | | | |
| Prüfungskompetenz | F 3 | Rep 3 | | I 807 ff. |
| **B. Grundrechte** | | | | |
| **I. Allgemeine Grundrechtslehren** | | | | |
| Grundrechtsfähigkeit | F 10, F 17, F 19 | | | II 167 ff. |
| Grundrechte juristischer Personen | F 10 | | | II 204 ff. |
| Deutschengrundrechte | F 10 | | | II 167 ff. |
| Grundrechtsmündigkeit | F 19 | | Rep 12 | II 184 ff. |
| Drittwirkung der Grundrechte | F 1, F 14 | Rep 14 | | II 236 ff. |
| Grundrechtliche Schutzpflichten | F 10, F 12, F 18 | Rep 13 | | II 487 ff. |
| Verfassungsimmanente Schranken | F 13 | Rep 13 | | |
| Grundrechtswesentlichkeit | F 10 | Rep 10 | | |
| Rechtsschutzgarantie, Art. 19 IV GG | F 15, F 16 | Rep 16 | | II 1156 ff. |
| **II. Einzelgrundrechte** | | | | |
| **1. Art. 1 GG** | | | | |
| Begriff der Menschenwürde | F 10 | Rep 10 | | II 406 ff. |
| **2. Art. 2 I GG** | | | | |
| **Allgemeine Handlungsfreiheit** | F 3 | Rep 3 | | II 434 ff. |
| **Allgemeines Persönlichkeitsrecht** | F 4, F 11, F 12, F 13 | Rep 12 | | II 441 ff. |
| Schutzbereich und Einzelaspekte | F 12 | Rep 12 | | |
| Staatliche Eingriffe | F 4, F 12, F 19 | Rep 12 | | II 459 ff. |
| Schutzwirkung gegen Private | F 14 | Rep 12 | Rep 19 | |

| | | | | |
|---|---|---|---|---|
| Freiheit und Sicherheit als allgemeine Grundrechtsfrage | F 19 | Rep 19 | | |
| Abgrenzung APR – Art. 10 – Art. 13 GG | F 15, F 19 | Rep 15 | | |
| **3. Art. 2 II GG** | | | | |
| **Freiheit der Person** | F 7 | Rep 7 | | II 493 ff. |
| Schutzbereich und Schranken | F 7 | Rep 7 | | |
| Richtervorbehalt | F 7 | Rep 7 | | II 504 |
| **Leben und körperl. Unversehrtheit** | | | | II 468 ff. |
| Staatliche Schutzpflichten | F 10, F 12 | Rep 13 | F 10, F 19 | II 487 ff. |
| Menschenwürdekern, Folterverbot | | Rep 10 | | |
| **4. Art. 3 GG** | F 1, F 5 | Rep 1 | F 4 | II 514 ff. |
| Struktur der Gleichheitsprüfung | F 1 | Rep 1 | | II 597 |
| Willkürverbot und intensivierte Gleichheitsprüfung | F 1 | Rep 1 | | II 527 ff. |
| Art. 3 II GG, Gleichstellung | | Rep 1 | | II 537 ff. |
| Art. 3 III GG | | Rep 1 | | |
| Staatsbürgerliche Gleichheit | | Rep 1 | Rep 6 | II 565 ff. |
| **5. Art. 4 I, II GG** | F 13 | Rep 13 | | II 600 ff. |
| Weiter Schutzbereich | F 13 | Rep 13 | | II 607 ff. |
| Verfassungsimmanente Schranken | F 13 | Rep 13 | | II 640 ff. |
| Positive und negative Glaubensfreiheit | F 13 | Rep 13 | | |
| Neutralitätsgebot | F 13 | Rep 13 | | |
| **6. Art 5 GG** | F 1, F 12, F 14, F 15 | Rep 14 | | II 645 ff. |
| Meinungsfreiheit – Schutzbereich | F 12, F, 14 | | | II 650 ff. |
| Pressefreiheit – Schutzbereich | F 14, F 15 | | | II 667 ff. |
| Abgrenzung im Tatbestand | F 14 | | | II 669 |
| Grundrechtsschranken – allg. Gesetze | F 14, F 15 | Rep 14 | | II 687 ff. |
| Persönlichkeitsrechte als Schranke | F 14 | Rep 14 | | |

| | Schwerpunktmäßig behandelt in | | außerdem behandelt in … | Thema behandelt in *Degenhart* (I) oder *Kingreen/Poscher* (II) |
|---|---|---|---|---|
| | Klausurfall Nr. | Rep. zu Fall … | | |
| Schutz vor Presseveröffentlichungen | F 14 | Rep 14 | | |
| Informationsfreiheit | F 19 | Rep 14 | | II 662 ff. |
| Rundfunkfreiheit | F 1 | Rep 14 | | II 675 ff. |
| Art. 5 III – Wissenschaft und Kunst | | | Rep 14 | II 715 ff. |
| **7. Art. 6 und 7 GG** | | | | II 744 ff., 784 ff. |
| Elterliches Erziehungsrecht | F 13 | Rep 13 | F 12 | II 748 ff. |
| Staatliche Schulhoheit als Schranke | F 13 | Rep 13 | F 12 | |
| **8. Art. 8 GG** | F 11, F 16 | Rep 16 | | II 805 ff. |
| Schutzbereich, Versammlungsbegriff | F 16 | Rep 16 | | II 807 |
| Anmeldepflicht | F 16 | Rep 16 | | II 882 |
| Öffentliche Sicherheit als Schranke | F 16 | Rep 16 | | II 827 ff. |
| Öffentliche Ordnung und Meinungsfreiheit | F 16 | Rep 16 | | |
| Versammlung in geschlossenen Räumen, nichtöffentliche Versammlung | F 16 | | | II 822 ff. |
| Rechtsschutzeffektivität | F 16 | Rep 16 | | |
| **9. Art. 9 GG** | | | | II 836 ff. |
| Negative Vereinigungsfreiheit und Art. 2 I | | Rep 8 | | |
| **10. Art. 10 GG** | | | | |
| Tatbestand und Schranken | F 15, F 19 | Rep 14 | | II 887 ff. |
| Abgrenzungen | F 15, F 19 | Rep 18 | | |
| **11. Art. 11 GG** | F 13 | Rep 13 | | II 912 ff. |

| | | | | |
|---|---|---|---|---|
| **12. Art. 12 GG** | F 3, F 4, F 8, F 10, F 12 | Rep 8 | | II 932 ff. |
| Schutzbereich – „Beruf" | F 3, F 10 | Rep 8 | | II 936 ff. |
| Deutschengrundrecht – Art. 2 I | | | Rep 3 | |
| Eingriff – Berufsbezogenheit | F 3, F 8 | Rep 8 | | II 953 ff. |
| Marktbezogene Informationen als Eingriff? | | Rep 8 | | |
| Stufentheorie und Verhältnismäßigkeit | F 3, F 4, F 8, F 10 | Rep 8 | | |
| Ausbildungsfreiheit | F 4 | | | II 992 ff. |
| **13. Art. 13 GG** | | | | II 1002 ff. |
| Schutzzweck – Persönlichkeitsbezug | | Rep 15 | | |
| Schutzbereich – Wohnungsbegriff | F 15 | Rep 15 | | II 1004 |
| Abgrenzung Art. 10 – Art. 13 – APR | F 15, F 19 | Rep 15 | | |
| Lauschangriff und Menschenwürdekern | | Rep 15 | | II 1013, 1020 |
| **14. Art. 14 GG** | F 3, F 4, F 5, F 17 | Rep 17 | | II 1029 ff. |
| Eigentum iSv Art. 14 – Begriff und Schutzzweck | F 5, F 17 | | | II 1036 ff. |
| Recht am Gewerbebetrieb | F 3 | | F 7, F 12 | |
| Inhalts- u. Schrankenbestimmung | F 4, F 5, F 17 | Rep 17 | F 3 | II 1078 ff. |
| Legal- und Administrativenteignung | | Rep 17 | | II 1068 ff. |
| Art. 14 und ö-r Ersatzleistungen | | Rep 17 | | |
| **15. Art. 16 GG** | | | | |
| Auslieferungsverbot – europäischer Haftbefehl | | | Rep 9 | II 1099 ff. |
| (Justizgrundrechte s.a. unter IV.) | | | | |
| **III. Europäische Grundrechte und Grundfreiheiten** | | | | |
| **1. EMRK** | | | | II 66 ff. |
| Rechtsqualität – Berücksichtigung | F 14 | Rep 14 | Rep 14 | |
| **2. Europäische Grundrechte** | F 10, F, 18 | | | II 76 ff. |
| Rechtsquellen | | | Rep 18 | |
| Schutz der Menschenwürde | F 10 | Rep 10 | | |

| | Schwerpunktmäßig behandelt in | | außerdem behandelt in … | Thema behandelt in *Degenhart* (I), *Kingreen/Poscher* (II) oder Streinz (St) |
|---|---|---|---|---|
| | Klausurfall Nr. | Rep. zu Fall … | | |
| Schutzpflichten, Drittwirkung | F 18 | | Rep 12 | |
| **3. Grundfreiheiten** | F 10, F 18 | | | |
| Warenverkehrsfreiheit | F 18 | Rep 18 | | St 894 ff. |
| Tatbestand, Beschränkungen – (Dassonville; Keck) | F 18 | Rep 18 | F 10 | St 914 ff. |
| Rechtfertigung (Cassis) | F 18 | Rep 18 | | St 863 ff., 914 ff. |
| Dienstleistungsfreiheit | F 10 | Rep 18 | | St 958 ff. |
| Tatbestand, Beschränkungen | F 10 | Rep 18 | | |
| Diskriminierungs-/Beschränkungsverbot | F 10 | Rep 18 | | |
| Niederlassungsfreiheit | F 10 | Rep 18 | | St 951 ff. |
| Diskriminierungs-/Beschränkungsverbot | F 10 | Rep 18 | | |
| Arbeitnehmerfreizügigkeit, Drittwirkung | | | Rep 18 | St 939 ff. |
| Grundfreiheiten und Schutzpflichten | F 18 | Rep 18 | | |
| Grundfreiheiten und Grundrechte | F 10, F 18 | Rep 18 | | St 778 ff. |
| Vorabentscheidungsverfahren | F 10 | | | |
| **4. Gemeinschaftsrechtliche Haftungsansprüche** | F 17 | | | |
| **C. Verfassungsgerichtsbarkeit** | | | | |
| **Einzelne Verfahren** | | | | |
| **1. Verfassungsbeschwerde** | | | | I 864 ff. |
| Zulässigkeitsvoraussetzungen | F 1, F 5, F 9, F 10, F 12, F 15, F 17, F 19 | | | |

| | | | | |
|---|---|---|---|---|
| VB gegen Gesetze | F 4, F 5, F 17, F 19 | | | |
| Besonderheiten der UrteilsVB | F 1, F 14, F 15 | | | |
| Bundes- und LandesVB | F 1 | | | |
| **2. Organstreitverfahren** | F 2, F 6, F 7, F 8 | | | I 840 ff. |
| **3. Bund-Länder-Streit** | F 7, F 8 | | | I 848 ff. |
| **4. Abstrakte Normenkontrolle** | F 4 | | | I 853 ff. |
| **5. Konkrete Normenkontrolle** | | Rn 97 ff. | | I 860 |
| Einstweilige Anordnungen | F 1 | | | I 884 ff. |
| Sekundäres Unionsrecht | | Rep 9 | | |
| Unionsrechtlich determinierte Normen | | Rep 9 | | I 373 ff., 290 |
| **Anhang: Verfassungsrecht in verwaltungsrechtlichen Zusammenhängen** | | | | |
| Öffentliche Sicherheit und Ordnung als Grundrechtsschranke | F 10, F 12, F 16 | | | |
| Grundrechtlicher Unterlassungs- und Beseitigungsanspruch | F 4, F 12, F 13 | Rep 13 | | |
| Abwehrrechte gegen Gemeindeunternehmen | | Rep 10 | | |
| Anspruch auf behördliches Einschreiten | F 4, F 13 | | | |
| Grundrechte und einstweiliger Rechtsschutz | F 11 | | | |
| Grundrechte und Rechtsschutzinteresse | F 16 | | | |

2. Teil

# Klausurfälle

Fall 1

## Rundfunkfreiheit in Zeiten des Wahlkampfs

*Mittelschwerer Examensfall, in Teilen auch als Zwischenprüfungsklausur geeignet*

**1. Teil**

149 Für die Wahlen zum Landtag des Landes L im Jahr 2018 konkurrieren – neben einigen kleineren Parteien, denen keine ernsthaften Chancen eingeräumt werden – die im Landtag vertretenen Parteien A, B, C, D, E und N sowie die P-Partei. A und B, die bei den letzten Landtagswahlen jeweils um die 25 % der Stimmen erzielt hatten, stellen die Regierung. C-, D- und E-Partei haben bei den letzten Landtagswahlen in L zwischen 9, 12 und 14 % und hatten in der Vergangenheit meist zwischen 5 und 15 % Stimmanteil, die N-Partei hat bei den letzten Landtagswahlen 7,5 % Stimmanteil erzielt, nachdem sie bis dahin stets an der 5%-Hürde gescheitert war. Die P-Partei, eine Neugründung aus dem Jahr 2015, hatte im Lauf der Jahre 2016 und 2017 überraschende Erfolge bei mehreren Landtagswahlen erzielt. Die bevorstehenden Landtagswahlen im großen Bundesland L wecken bundesweit erhebliches Interesse, da ihnen die Bedeutung einer Test- und Richtungswahl für die Stimmung im Bund zugeschrieben wird.

Der von der KrachMedia AG betriebene Fernsehsender KrachTV mit Sitz in L kündigt für einen Samstagabend zwei Wochen vor dem Wahltermin zur besten Sendezeit eine „Parteienrunde" mit den Spitzenkandidaten der im Landtag vertretenen Parteien an, mit Ausnahme der N-Partei und der P-Partei. Deren Spitzenkandidat, der Bundesvorsitzende der P-Partei, verlangt von KrachTV, ebenfalls zu der Parteienrunde eingeladen zu werden. KrachTV, das mit einem Marktanteil von 22 % zu den beiden großen, bundesweiten privaten Fernsehsendern zählt, lehnt ab, unter Berufung auf seine Programmfreiheit. Es entspreche dem redaktionellen Konzept der Sendung, nur die im politischen System der Bundesrepublik fest verankerten Parteien einzuladen; angesichts des reichlich wirren Parteiprogramms der P-Partei sei den Zuschauern ein Vertreter dieses „Chaotenvereins" nicht zuzumuten.

Der Versuch der P-Partei, KrachTV gerichtlich zu verpflichten, ihren Spitzenkandidaten zu berücksichtigen, scheitert zunächst: der Antrag auf Erlass einer einstweiligen Verfügung wird durch Beschluss des zuständigen Landgerichts zurückgewiesen. Zur Begründung wird ausgeführt, die P-Partei habe schon deshalb keinen Anspruch auf Berücksichtigung in der Wahlsendung, weil der Veranstalter in seiner Programmgestaltung frei sein müsse. Demgegenüber hatte die P-Partei sich auf ihr Recht auf Gleichbehandlung sowie auf § 25 Rundfunkstaatsvertrag berufen. Diese Bestimmung, die in L als Landesgesetz gilt, lautet:

„Im privaten Rundfunk ist inhaltlich die Vielfalt der Meinungen im Wesentlichen zum Ausdruck zu bringen. Die bedeutsamen politischen, weltanschaulichen und gesellschaftlichen Kräfte und Gruppen müssen angemessen zu Wort kommen. Auffassungen von Minderheiten sind zu berücksichtigen."

Das Gericht vertritt jedoch die Auffassung, es handle sich hierbei um keine Schutznorm zugunsten einer Partei: die Verpflichtung, u.a. die politischen Gruppen gleichgewichtig zu Wort kommen zu lassen, bestehe im Interesse der freien Meinungsbildung und der Information der Allgemeinheit, nicht aber im Interesse der einzelnen Gruppierungen selbst.

Die P-Partei legt gegen den Beschluss Rechtsmittel ein, gleichzeitig aber, da eine Entscheidung vor dem Termin der Wahlsendung äußerst unwahrscheinlich ist, form- und fristgerecht Verfassungsbeschwerde zum Bundesverfassungsgericht. Sie beruft sich auf den Gleichheitssatz, der sie als politische Partei berechtige und den auch ein privater Fernsehsender beachten müsse. KrachTV beruft sich auf seine Programmfreiheit. Es sei der Redaktion daran gelegen, in einer Gesamtschau der politischen Entwicklung im Land jene Parteien Rechenschaft ablegen zu lassen, die hier seit längerem prägend wirkten.

**Hat die Verfassungsbeschwerde Aussicht auf Erfolg?**

## 2. Teil

Die Landesrundfunkanstalt L, eine Anstalt des öffentlichen Rechts, ist durch Gesetz verpflichtet, Wahlwerbespots der Parteien auszustrahlen. Die einschlägige Bestimmung des Landesrundfunkgesetzes lautet:

§ 22 LRG Drittsendezeiten:

Parteien oder Wählergruppen ist während ihrer Beteiligung an Wahlen zum Europäischen Parlament, zum Deutschen Bundestag oder zum Landtag L angemessene Sendezeit zur Wahlwerbung einzuräumen, wenn sie in L mit einem Listenwahlvorschlag, einer Landesliste oder einer Landesreserveliste zugelassen sind. Für den Inhalt der Sendungen sind ausschließlich die Parteien verantwortlich.

Die N-Partei, die allgemein als extremistisch und verfassungsfeindlich angesehen und für die ein Parteiverbotsverfahren gefordert wird, hat in ihrem Wahlwerbespot für Hörfunk und Fernsehen jeweils Auszüge aus einer Landtagsdebatte über den Nahostkonflikt gebracht, in der ihr Fraktionsvorsitzender Abgeordnete der Regierungsfraktion als „Verräter am deutschen Volk" bezeichnet und von der „Israellobby und der blühenden Holocaust-Industrie" gesprochen hatte,[1] wofür er einen Ordnungsruf des Landtagspräsidenten erhalten hatte,[2] was von der Partei nunmehr als Beweis für ihre Diskriminierung dargestellt wird. Nachdem dieser Werbespot einmal im Fernsehen und mehrere Male im Hörfunk ausgestrahlt worden war, teilt der Intendant der Rundfunkanstalt der N-Partei mit, sie werde diesen Wahlwerbespot und auch keinen anderen Werbespot der

1 Die fraglichen Äußerungen sind in dieser Form wörtlich in einer Sitzung des Sächsischen Landtags durch einen Abgeordneten der NPD gefallen, s. hierzu das U. des SächsVerfGH vom 03.12.2010 – Vf. 77 – I – 10, juris; s auch *Degenhart* Rn 630, 661.

2 S dazu Klausurenband I Fall 6.

N-Partei mehr ausstrahlen. Denn es sei erneut deutlich geworden, dass diese nicht auf dem Boden des Grundgesetzes stehe. Die N-Partei erreicht vor dem Verwaltungsgericht eine einstweilige Anordnung, mit der Radio L untersagt wird, die Ausstrahlung des umstrittenen Wahlwerbespots zu verweigern. Zur Begründung wird ausgeführt, nach § 22 LRG habe die Partei einen Anspruch auf Wahlwerbesendungen im Rundfunk. Dabei sei wegen § 5 I PartG und Art. 3 I GG die Rundfunkanstalt zur Gleichbehandlung der Parteien verpflichtet. Es handle sich bei der N-Partei um keine verbotene Partei. Die Beschwerde der Landesrundfunkanstalt L zum zuständigen Oberverwaltungsgericht bleibt erfolglos. Das OVG macht sich die Gründe der 1. Instanz zu eigen und führt aus, auch ihre Programmfreiheit berechtige die Rundfunkanstalt nicht, die Inhalte der Wahlwerbespots zu überprüfen. Daraufhin legt die Landesrundfunkanstalt L Verfassungsbeschwerde beim Landesverfassungsgericht L ein. Sie beruft sich auf den mit Art. 5 I GG wortgleichen Art. 5 I der Landesverfassung L, der ihr das Recht einräumen müsse, jedenfalls in Fällen wie diesen Wahlwerbesendungen abzulehnen. Der Vertreter der N-Partei bezweifelt die Zulässigkeit der Verfassungsbeschwerde, da das Recht der Parteien Sache des Bundes sei.

**Hat die Verfassungsbeschwerde Aussicht auf Erfolg?**

**Bearbeitervermerk:** Es ist davon auszugehen, dass die Landesverfassung einen dem Grundgesetz in jeder Hinsicht identischen Grundrechtsteil enthält, dass ein Landesverfassungsgericht existiert, das für Verfassungsbeschwerden zuständig ist und dass die Bestimmungen des Bundesverfassungsgerichtsgesetzes entsprechende Anwendung finden.[3]

## 3. Teil: Zusatzfrage

Zwei Tage vor Ausstrahlung der Sendung von KrachTV liegt noch keine Äußerung des BVerfG vor. Was könnte die P-Partei unternehmen? Und was könnte die N-Partei einen Tag vor Ausstrahlung der Sendung der Landesrundfunkanstalt unternehmen?

---

3 Im Examensfall handelte es sich um die SächsVerf und den SächsVerfGH.

# Vorüberlegungen

Die Aufgabe beruht auf der vergleichbaren Auseinandersetzung um die Teilnahme des Spitzenkandidaten der FDP am Fernsehduell der „Kanzlerkandidaten" von CDU/CSU und SPD während des Bundestagswahlkampfs 2002, die ihren Niederschlag in einer Entscheidung des BVerfG gefunden hat,[4] und auf einem ähnlichen Vorfall vor einer Landtagswahl in NRW.[5] Der SV wurde in der ersten Variante modifiziert. Denn der Antrag richtet sich hier gegen einen privaten Fernsehveranstalter, während das BVerfG sich mit einer entsprechenden Sendung einer öffentlich-rechtlichen Rundfunkanstalt zu befassen hatte. Mit dieser im Sachverhalt doch hinreichend klar zum Ausdruck gebrachten Feststellung wird auch klar, dass es hier um einen typischen Drittwirkungsfall geht. Grundrechte werden von Privaten eingefordert. Für private Rundfunkveranstalter aber kann es jedenfalls keine unmittelbare Grundrechtsbindung geben; sie können, wie auch sonst Private, nur mittelbar an Grundrechte gebunden sein.[6] Wenn hier im Sachverhalt nicht näher ausgeführt wird, auf Grund welcher Rechtsvorschriften des Privatrechts hier überhaupt ein Anspruch auf Zulassung zur Wahlsendung begründet werden könnte, so muss sich auch der Bearbeiter hierüber nicht weiter auslassen. Es kommt allein darauf an, ob das Fachgericht die Bedeutung der Grundrechte verkannt hat. **150**

Im zweiten Teil geht es dann um vergleichbare Bindungen eines öffentlich-rechtlichen Senders. Die öffentlich-rechtlichen Rundfunkanstalten werden von der Rechtsprechung insofern als Teil der staatlichen Verwaltung angesehen, als sie über die Vergabe von Wahlwerbezeiten entscheiden.[7] Dies bedeutet: unmittelbare Grundrechtsbindung. **151**

*Diese Rechtsprechung überzeugt nicht unbedingt. Die Rundfunkanstalten sind Grundrechtsträger. Sie werden bei der Programmveranstaltung nicht in Ausübung öffentlicher Gewalt tätig (anders dann, wenn sie die Rundfunkgebühren erheben). Es wäre also durchaus vertretbar, sie hinsichtlich der Grundrechtsbindung ebenso zu behandeln wie private Veranstalter. Hier wird jedoch der Rechtsprechung des BVerfG gefolgt.*

Mit der Verfassungsbeschwerde zum Landesverfassungsgericht wird die Problematik des Verhältnisses von Grundrechten des Grundgesetzes und der Landesverfassungen – Art. 142 GG – angesprochen, sowie die damit im Zusammenhang stehende Frage, ob bei der Anwendung von Bundesrecht die Grundrechte der Landesverfassung zu beachten sind. Die Problematik hat bekanntlich im Gefolge der umstrittenen Honecker-Entscheidung des BerlVerfGH (NJW 1993, 515) kontroverse Diskussionen hervorgerufen und wurde nach einem Vorlagebeschluss des SächsVerfGH inzwischen von BVerfGE 96, 345 entschieden; näher: *Degenhart* Rn 921 ff. **152**

---

4 Beschluss vom 30.8.2002, NJW 2002, 2939; s jetzt EJS Sachsen und RhPf 2005/2, wo ein ähnlicher Fall gestellt wurde (Fernsehduell bei öffentl.-rechtl. Rundfunk).

5 Dazu BVerfGE 82, 54.

6 Eine ganz ähnlich gelagerte Fragestellung, die Stellung der Parteien im Verhältnis zu Privaten betreffend, wird aufgeworfen, wenn eine Bank einer radikalen Partei ein Girokonto verweigert bzw kündigt – für öffentlich-rechtliche Kreditinstitute dürfte § 5 PartG gelten, vgl OVG Münster NVwZ-RR 2004, 795 und BGH DVBl 2003, 942.

7 BVerwGE 75, 67 (71) unter Bezugnahme auf BVerfGE 69, 257 (266); s auch BVerwGE 89, 270 (275): Entscheidung nach „pflichtgemäßem Ermessen".

**153** Auf welche Grundrechte die Partei sich berufen kann, dies sollte bekannt sein. Chancengleichheit der Parteien im politischen Wettbewerb folgt aus Art. 21 I GG in Verbindung mit Art. 3 I GG. Die Partei ist hierbei über die Grundrechtsnorm des Art. 3 I GG auch beschwerdefähig. Soweit die Parteien dieses Recht auf Chancengleichheit geltend machen, sind sie auf den Weg der Verfassungsbeschwerde verwiesen, während sie dann, wenn es um ihre Stellung als Institutionen des Verfassungslebens geht, sie ja parteifähig im Organstreitverfahren sind; eine Differenzierung, die nicht immer ganz einsichtig sein mag, aber in der Rechtsprechung zugrundegelegt wird (näher *Degenhart* Rn 70 f.). Die Abgrenzung zwischen Organstreitverfahren und Verfassungsbeschwerde kann aber auch vorgenommen werden, ehe in die Prüfung der einzelnen Zulässigkeitsvoraussetzungen eingetreten wird.

**154** Im Aufbau wird die Drittwirkungsproblematik zweckmäßigerweise bereits in der Zulässigkeit behandelt. ME handelt es sich hierbei um ein Problem der Beschwerdebefugnis. Denn die Möglichkeit einer Grundrechtsverletzung setzt voraus, dass auf der anderen Seite Grundrechtsbindung besteht. Deshalb sollte zu diesem Punkt dargelegt werden, dass eine Grundrechtsverletzung hier möglich ist, obwohl es sich um einen Rechtsstreit zwischen Privaten handelt, da hier eine mittelbare Drittwirkung der Grundrechte geltend gemacht werden könnte. Es ist aber auch nicht falsch, darauf bereits einzugehen, wenn das zivilgerichtliche Urteil als geeigneter Beschwerdegegenstand bewertet wird.

Auf jeden Fall aber muss der Bearbeiter sich stets klar darüber sein, dass es im Verfahren der Verfassungsbeschwerde nur um die Verletzung spezifischen Verfassungsrechts geht. Dass er sich darüber im Klaren ist, sollte er auch deutlich machen, sinnvollerweise mit einigen kurzen (nicht lehrbuchartigen) Bemerkungen zum Prüfungsmaßstab, der dem BVerfG zur Verfügung steht, zu Beginn der Begründetheitsprüfung (Rn 49, 70).

**155** Die Begründetheit selbst wirft hier keine unüberwindbaren Probleme mehr auf. Es geht darum, den Gleichbehandlungsanspruch der Partei einerseits, die Programmfreiheit des Rundfunkveranstalters andererseits nach den bekannten Grundsätzen praktischer Konkordanz in Ausgleich zu bringen. In die verfassungsdogmatischen Grundsatzfragen der Rundfunkfreiheit braucht hier nicht eingestiegen zu werden. Dass private wie öffentlich-rechtliche Rundfunkveranstalter sich in der Frage, wie sie ihr Programm gestalten wollen und ob sie Sendezeit für Drittsendungen zur Verfügung stellen müssen, uneingeschränkt auf das Grundrecht der Rundfunkfreiheit als Programmfreiheit berufen können, ist unstrittig und hier unproblematisch. Dies sollte ebenso bekannt sein, wie die Erkenntnis, dass bei der Chancengleichheit politischer Parteien durchaus nach ihrer Bedeutung abgestuft werden kann.

**156** Die Aufgabe enthält noch ein besonderes Zulässigkeitsproblem. Laut Sachverhalt hat die Beschwerdeführerin in **Teil 1** der Aufgabe den Rechtsweg noch nicht erschöpft. Hier aber haben wir es mit einem Fall zu tun, in dem nun tatsächlich die meist von den Bearbeitern viel zu vorschnell herangezogene Ausnahme des schweren und unabwendbaren Nachteils greift. Denn wenn die Wahl vorüber ist, oder auch schon dann, wenn die Wahlsendung stattgefunden hat, nützt eine positive Entscheidung der Partei nichts mehr. Es handelt sich hier auch um einen relevanten Nachteil angesichts der Bedeutung der Chancengleichheit politischer Parteien. In **Teil 2** der Aufgabe geht es um die Frage, ob die Entscheidung im verwaltungsgerichtlichen Eilverfahren selbstständig angefochten werden kann.

Im Übrigen ist der Aufbau durch den Sachverhalt vorgegeben: da bereits Verfassungsbeschwerde eingelegt ist, ist in der üblichen Reihenfolge Zulässigkeit – Begründetheit zu prüfen.

Mit der **Zusatzfrage** wird auf die Möglichkeit einer einstweiligen Anordnung (e.A.) **157**
durch das BVerfG (bzw das LVerfG) angespielt. Diese ist vorgesehen in § 32 BVerfGG und in allen Verfahrensarten möglich. Hinsichtlich der Zulässigkeit des Antrags stellt sich hier – wie stets im einstweiligen Rechtsschutz – vor allem das Problem einer Vorwegnahme der Hauptsache; für die Begründetheitsprüfung sollte bekannt sein, dass das Gericht nach eigenem Bekunden nur auf Grund einer Folgenabwägung entscheidet, also anders als im verwaltungsgerichtlichen Eilverfahren regelmäßig keine „Anprüfung" der Hauptsache stattfindet. Doch gibt es auch hiervon Ausnahmen (zB bei der „Schleyer-Entführung", BVerfGE 46, 160, eine auch zeitgeschichtlich lesenswerte Entscheidung), wenn etwa der Antrag in der Hauptsache offensichtlich unzulässig oder unbegründet ist – wie überhaupt in der Entscheidungspraxis des Gerichts die Entscheidung nach § 32 BVerfGG und die Entscheidung im Hauptsacheverfahren meistens kongruent ausgefallen sind.[8] Im Ausgangsfall stellte sich für das BVerfG das Problem der Erledigung in der Hauptsache nicht mehr: mit der Zurückweisung der Verfassungsbeschwerde erledigte sich der Antrag auf Erlass einer e.A. Damit wurde dem Grundsatz entsprochen, dass eine e.A. dann nicht ergeht, wenn die Hauptsache entscheidungsreif ist. Für die Prüfung der Zulässigkeitsvoraussetzungen besteht kein vergleichbar ausdifferenziertes Prüfungsschema wie für die Verfassungsbeschwerde selbst. Das BVerfG muss in der Hauptsache zuständig, die Verfassungsbeschwerde darf nicht offensichtlich unzulässig (zB verfristet), Antragsberechtigung muss entsprechend der Beschwerdebefugnis gegeben sein, das allgemeine Rechtsschutzbedürfnis kann im Einzelfall entfallen. Im Fall der P-Partei war für die e.A. zu berücksichtigen, dass die entscheidungserhebliche Frage, ob das Parteienprivileg auch von der Landesrundfunkanstalt L beachtet werden muss, bisher nicht abschließend geklärt ist – auch wer deren Verhalten als verfassungsmäßig einschätzt, kann gleichwohl den Antrag auf Erlass der e.A. auf Grund einer Folgenabwägung als begründet sehen.

8 In versammlungsrechtlichen Eilfällen will BVerfGE 111, 147 auch die erkennbaren Erfolgsaussichten einer Verfassungsbeschwerde berücksichtigen.

158

# Gliederung

## 1. Teil: Verfassungsbeschwerde P-Partei

### A. Zulässigkeit der Verfassungsbeschwerde

I. Beschwerdeführerin: P-Partei (+) beschwerdefähig? (+) Art. 3 I GG iVm Art. 21 I GG, nicht Organstreit
II. Beschwerdegegenstand: Beschluss des Landgerichts
III. Beschwerdebefugnis
  1. Grundrechtsverletzung: Art. 21 I GG iVm Art. 3 I GG – Drittwirkung
  2. Betroffensein
IV. Rechtswegerschöpfung: Vorabentscheidung nach § 90 II 2 BVerfGG
V. Form und Frist

### B. Begründetheit der Verfassungsbeschwerde

I. Vorbemerkung: Prüfungsmaßstab
II. Art. 3 I GG iVm Art. 21 I GG
  1. Ungleichbehandlung
    a) Gleichheitsbindung (+)
    b) Programmfreiheit der Rundfunkveranstalter
    c) Art. 3 I GG – objektive Wertordnung
  2. Rechtfertigung der Ungleichbehandlung

## 2. Teil: Verfassungsbeschwerde der Landesrundfunkanstalt Radio L

### A. Zulässigkeit der Verfassungsbeschwerde

I. Beschwerdeführerin – Grundrechtsfähigkeit
II. Beschwerdegegenstand
  1. Akte des Landes: Rundfunkanstalt und Verwaltungsgericht/OVG
  2. Anwendung von Bundesrecht?
     Landesverfassungsbeschwerde gegen Entscheidungen, die auf der Anwendung von Bundesrecht beruhen?
III. Beschwerdebefugnis
IV. Rechtswegerschöpfung/Subsidiarität
V. Form und Frist

### B. Begründetheit der Verfassungsbeschwerde

I. Schutzbereich der Rundfunkfreiheit und Eingriff
II. Rechtfertigung?
  1. Schranken der Rundfunkfreiheit
  2. Grundrechtsverstoß bei Anwendung der Schrankengesetze
    a) Prüfungsmaßstab
    b) Verfassungsfeindlichkeit der Partei
    c) Inhalt der Sendung

### C. Entscheidung des BVerfG

## 3. Teil: Zusatzfrage

### A. P-Partei vor dem BVerfG

I. Zulässigkeit des Antrags auf Erlass einer e.A.
- Zuständigkeit des BVerfG in der Hauptsache (+)
- VB nicht offensichtlich unzulässig
- Gegenstand des Antrags – keine Vorwegnahme der Hauptsache (zw)
- Antragsberechtigung: entspr. Beschwerdebefugnis
- Rechtsschutzbedürfnis – Entscheidungsreife der Hauptsache?

II. Begründetheit des Antrags auf Erlass einer e.A.

### B. N-Partei vor dem Landesverfassungsgericht

# Musterlösung

## 1. Teil: Verfassungsbeschwerde P-Partei

### A. Zulässigkeit der Verfassungsbeschwerde

#### I. Beschwerdeführerin

159 Die P-Partei müsste als politische Partei beschwerdefähig sein. Beschwerdefähig ist gem. Art. 93 I Nr. 4a GG, § 90 I BVerfGG „jedermann", der Träger von Grundrechten bzw grundrechtsgleichen Rechten sein kann. Beschwerdefähigkeit setzt also Grundrechtsfähigkeit voraus. Für juristische Personen und Personenvereinigungen folgt die Grundrechtsfähigkeit aus Art. 19 III GG. Die Grundrechte müssen ihrem Wesen nach auf sie anwendbar sein. Für politische Parteien ist dies zu bejahen.[9] Gegen die Beteiligtenfähigkeit könnte dagegen sprechen, dass die Parteien als „Institutionen des Verfassungslebens" in der organisierten Staatlichkeit wirken und ihre Rechte dann im Organstreitverfahren wahrzunehmen haben. Hier geht es jedoch um die Chancengleichheit der P-Partei im politischen Wettbewerb. Dieses Recht folgt aus Art. 3 I GG iVm Art. 21 I GG und verleiht den Parteien einen grundsätzlichen Anspruch auf Gleichbehandlung. Wenn die P-Partei diesen Anspruch hier gegenüber dem Zivilgericht geltend gemacht hat, so ist sie insoweit nicht in ihrem Status als Institution des Verfassungslebens betroffen, sondern in ihrem grundrechtlichen Status gegenüber Trägern hoheitlicher Gewalt. Insoweit ist sie wegen Art. 19 III GG grundrechtsfähig und beschwerdefähig im Verfahren der Verfassungsbeschwerde.[10] Auf die Rechtsform der Partei kommt es dabei nicht an.[11] Die Partei muss durch ihren gesetzlichen Vertreter im Verfahren vertreten sein.

#### II. Beschwerdegegenstand

160 Voraussetzung für die Zulässigkeit der Verfassungsbeschwerde ist weiterhin, dass diese sich gegen einen geeigneten Beschwerdegegenstand richtet, also gegen einen Akt öffentlicher Gewalt. Hier wendet sich die P-Partei gegen den Beschluss des Landgerichts. Hierbei handelt es sich um einen Akt der öffentlichen Gewalt: Hierunter fallen alle Akte der Exekutive, der Legislative und der Judikative. Dass die Entscheidung in einem Rechtsstreit zwischen der Partei als Privatrechtssubjekt und dem privaten Fernsehsender KrachTV ergangen ist, ändert hieran nichts.

#### III. Beschwerdebefugnis

161 Die P-Partei muss weiterhin gem. Art. 93 I Nr. 4a GG, § 90 I BVerfGG beschwerdebefugt sein.

9 BVerfGE 121, 30 (56).
10 Näher *Degenhart* Rn 70.
11 BVerfGE 121, 30 (56).

### 1. Grundrechtsverletzung

Dies setzt zunächst die plausible Geltendmachung einer Grundrechtsverletzung voraus. Im vorliegenden Fall kommt eine Verletzung des Gleichheitssatzes aus Art. 3 I GG in Betracht. Das Recht der politischen Parteien auf Chancengleichheit im Wettbewerb ist in Art. 21 I GG iVm Art. 3 I GG verankert und kann über Art. 3 I GG als Grundrecht im Wege der Verfassungsbeschwerde geltend gemacht werden.

Gegen die Möglichkeit einer Grundrechtsverletzung kann allerdings sprechen, dass KrachTV als privater Fernsehveranstalter nicht unmittelbar an die Grundrechte gebunden ist. Doch müssen die Gerichte auch im Rahmen von Rechtsstreitigkeiten zwischen Privaten in Anwendung der Normen des Zivilrechts der wertsetzenden Bedeutung der Grundrechte Rechnung tragen.[12] Insoweit kann sich die P-Partei als Grundrechtsträgerin auf die sog. mittelbare Drittwirkung der Grundrechte berufen. Dass in Anwendung der für den Rechtsstreit zwischen ihr und KrachTV entscheidungserheblichen Normen – etwa der Bestimmung des Rundfunkstaatsvertrags, wenn es sich hierbei um eine Schutznorm handeln sollte – das Recht der Beschwerdeführerin auf Chancengleichheit nicht hinreichend berücksichtigt wurde, kann jedenfalls nicht ausgeschlossen werden. **162**

### 2. Betroffensein

Die P-Partei ist dadurch, dass ihrem Vorsitzenden die Teilnahme an der Wahlsendung verweigert wird, auch unmittelbar und als Partei des Ausgangsverfahrens auch selbst in ihren Rechten aus Art. 21 I GG iVm Art. 3 I GG betroffen. Sie ist gegenwärtig betroffen, da die Sendung noch bevorsteht. **163**

## IV. Rechtswegerschöpfung

Nach § 90 II 1 BVerfGG muss die P-Partei zunächst den Rechtsweg ausschöpfen. Dies hat sie noch nicht getan; sie hat Rechtsmittel eingelegt, über die jedoch noch nicht entschieden ist. Ausnahmsweise könnte jedoch eine Vorabentscheidung nach § 90 II 2 BVerfGG in Betracht kommen. Auf die Ausschöpfung des Rechtswegs kann im Einzelfall dann verzichtet werden, wenn dem Beschwerdeführer ein schwerer und unabwendbarer Nachteil entstünde, würde von ihm verlangt, den Rechtsweg zu beschreiten. Wenn die P-Partei bei Ausschöpfung des Rechtswegs eine Entscheidung erst nach der Wahlsendung erlangen könnte, so wäre eine etwaige Verletzung ihres Rechts auf Chancengleichheit nicht mehr reparabel. Dies stellt einen schweren und unabwendbaren Nachteil für die P-Partei in ihren wegen Art. 3 I GG und Art. 21 I GG schutzwürdigen Interessen dar. Deshalb ist hier, da der Rechtsweg noch offen ist,[13] eine Vorabentscheidung zu treffen.[14] **164**

---

12 Vgl grundlegend BVerfGE 7, 198 (209).

13 Dies ist Voraussetzung: Hat der Bf. die Entscheidung rechtskräftig werden lassen, hilft auch § 90 II 2 BVerfGG ihm nicht weiter. Hiernach kann nur auf die Erschöpfung des Rechtswegs verzichtet werden, nicht aber auf dessen Beschreiten.

14 Vgl *Benda/Klein* Rn 586 f.; BVerfGE 14, 121 (130).

### V. Form und Frist

165 Das Formerfordernis des § 23 I BVerfGG und die Monatsfrist des § 93 I 1 BVerfGG sind lt Sachverhalt gewahrt.

Die Verfassungsbeschwerde ist also zulässig.

## B. Begründetheit der Verfassungsbeschwerde

### I. Vorbemerkung: Prüfungsmaßstab

166 Die Verfassungsbeschwerde ist begründet, wenn die P-Partei als Beschwerdeführerin durch die angegriffene Entscheidung in ihrem Grundrecht aus Art. 3 I iVm Art. 21 I GG verletzt ist. Bei der Auslegung und Anwendung des einfachen Rechts müssen die Gerichte den in den Grundrechten zum Ausdruck gebrachten Wertmaßstäben Rechnung tragen. Gerade in der Nichtbeachtung aber muss die Verletzung liegen, objektive Rechtsfehlerhaftigkeit bedeutet nicht immer auch eine Verletzung *spezifischen Verfassungsrechts*.[15] Für die Begründetheit der Verfassungsbeschwerde kommt es also entscheidend darauf an, ob das Landgericht in dem angegriffenen Beschluss dadurch, dass es einen Anspruch der P-Partei auf Berücksichtigung ihres Spitzenkandidaten in der Wahlsendung verneint hat, deren Grundrechte aus Art. 3 I GG iVm Art. 21 I GG hinreichend beachtet hat.

### II. Art. 3 I GG iVm Art. 21 I GG

167 Art. 3 I GG kann dann verletzt sein, wenn hier zulasten der P-Partei eine Ungleichbehandlung erfolgt ist und diese verfassungsrechtlich nicht gerechtfertigt werden kann.

#### 1. Ungleichbehandlung

168 Dies setzt zunächst voraus, dass eine relevante Ungleichbehandlung erfolgte – was dann nur der Fall ist, wenn überhaupt für KrachTV eine Verpflichtung zur Gleichbehandlung bestand.

a) Eine Verpflichtung des KrachTV als eines privaten Fernsehsenders, Parteien bestimmte Rechte, Sendezeiten oder Programmplätze einzuräumen, ergibt sich noch nicht aus § 5 PartG. Denn diese Bestimmung gilt nur im Verhältnis zu öffentlichen Stellen und kann angesichts der unterschiedlichen Interessenlage auch nicht analog angewandt werden: diese sind grundrechtsverpflichtet, können also im Verhältnis zu politischen Parteien **gleichheitsgebunden** sein. Private sind dies nicht. Ob § 25 Rundfunkstaatsvertrag eine Verpflichtung der Rundfunksender zur Gleichbehandlung begründen kann, ist zunächst eine Frage der Auslegung des einfachen Rechts. Doch könnte eine Verpflichtung zur Gleichbehandlung sich über eine mittelbare Drittwirkung des Gleichheitssatzes ergeben. Ist dies der Fall, so müsste dies vom Fachgericht berücksichtigt werden, etwa

15 Dazu eingehend *Kingreen/Poscher* Rn 1340 ff.; vgl vorstehend Rn 49 f.

über die Auslegung der Bestimmung des Rundfunkstaatsvertrags, die hier streitentscheidend war.

Insbesondere dann, wenn eine Monopolstellung eines Rundfunkveranstalters besteht, könnte sich eine Verpflichtung zur Gleichbehandlung nach den Grundsätzen der mittelbaren Drittwirkung ergeben. Eine Monopolstellung besteht nach dem Sachverhalt jedoch nicht. KrachTV hat etwa 20 % Marktanteil, schon die Programme der öffentlichrechtlichen Anstalten schließen eine Monopolstellung aus. Andererseits hat auch ein bundesweites Programm mit rund 20 % (oder hier: 22 %) Marktanteil bereits eine erhebliche Machtstellung inne auf Grund seiner besonderen Breitenwirkung und der damit verbundenen Möglichkeiten der Einflussnahme. Ebenso wie dann, wenn etwa Wahlwerbezeiten verweigert werden, kann auch der Ausschluss von Wahlsendungen wie der hier in Frage stehenden „Diskussionsrunde" unter Umständen eine nicht wieder aufzuholende Einbuße im Wettbewerb um Wählerstimmen bringen. Dies könnte für eine prinzipielle mittelbare Gleichheitsbindung sprechen. **169**

b) Dem könnte jedoch die **Programmfreiheit** der Rundfunkveranstalter entgegenstehen. Diese folgt aus der Gewährleistung der Rundfunkfreiheit in Art. 5 I 2 GG. Rundfunkfreiheit ist vor allem Programmfreiheit. Sie gilt für das Rundfunkprogramm in seiner Gesamtheit; alle Programminhalte und Programmformate sind also durch das Grundrecht der Rundfunkfreiheit geschützt. Dazu zählt auch die Freiheit bei der Gestaltung redaktioneller Konzepte und auch die Entscheidungsfreiheit des Rundfunkveranstalters, wen er zu einer Sendung einladen will, auch bei redaktionell gestalteten Wahlsendungen wie Diskussionsrunden vor Wahlen.[16] **170**

c) Auch wenn eine Grundrechtsbindung des privaten Rundfunkveranstalters KrachTV nicht besteht, sind doch die **Wertungen** der Grundrechte auch in Rechtsstreitigkeiten mit Privaten zu berücksichtigen. Dies kann die Frage betreffen, ob im Rahmen der Bestimmung des § 25 des Rundfunkstaatsvertrags, auf die sich die P-Partei beruft, eine Gleichbehandlung der Parteien geboten ist, oder aber die Rundfunkfreiheit des Rundfunkveranstalters Vorrang hat.

## 2. Rechtfertigung der Ungleichbehandlung

Das Fachgericht hat eine prinzipielle Verpflichtung zur Gleichbehandlung verneint. Es hat sich darüber hinaus jedoch auch mit der Frage auseinandergesetzt, ob hier KrachTV die P-Partei von der Diskussionsrunde ausschließen durfte, und dies bejaht. Nur wenn die hierfür tragenden Erwägungen die Bedeutung der Chancengleichheit der P-Partei in Abwägung mit der Programmfreiheit des KrachTV verkannt haben, also spezifisches Verfassungsrecht verletzt wurde, liegt hierin auch ein Grundrechtsverstoß. **171**

Die Diskussionsrunde soll unter dem Motto „Parteienrunde" laufen. Dies belegt den Anspruch, alle Parteien, die sich an den Landtagswahlen beteiligen, in dieser Diskussionsrunde zu versammeln. Wenn hierbei nur die im Landtag vertretenen Parteien ein- **172**

16 Dazu OVG Hamburg NJW 1988, 928; BayVGH ZUM 1992, 209; VGH BW DÖV 1997, 345; StGH Bremen DÖV 1997, 347.

geladen werden, so wird damit eine Differenzierung nach der Bedeutung der Parteien vorgenommen. Dies ist ein sachgerechter Differenzierungsgrund. Es entspricht dem Grundsatz der Chancengerechtigkeit im politischen Wettbewerb, wenn Leistungen, die den Parteien zur Verfügung gestellt, und Wirkungsmöglichkeiten, die ihnen eingeräumt werden, nach den Ergebnissen bemessen werden, die die Parteien in diesem Wettbewerb erzielt haben. Dass hierin ein sachgerechtes Differenzierungskriterium liegt, wird auch durch die – hier nicht unmittelbar anwendbare – Regelung des § 5 I 2 PartG bestätigt. Wenn bei redaktionell gestalteten Sendungen private Rundfunkveranstalter nach Kriterien der Bedeutung der Parteien differenzieren, so würde es auch ihrer Programmfreiheit widersprechen, diesem Kriterium die Anerkennung zu versagen.

**173** Fraglich könnte nur sein, ob eine Differenzierung nach der Bedeutung der Parteien auch insoweit sachgerecht ist, als nur die Parteien berücksichtigt werden sollen, die im Land seit längerem politisch verankert sind. Aber auch insoweit muss es dem Programmveranstalter im Rahmen seiner Programmfreiheit offenstehen, wie er das Konzept der Sendung gestalten und nach welchen Kriterien er die Bedeutung der Parteien bestimmen will. Soll also eine Bilanz der Entwicklung im Land gezogen werden, so ist es sachgerecht, jene Parteien in einer Sendung zu versammeln, die daran in der Vergangenheit maßgeblich beteiligt waren.

**174** Im Ergebnis liegt also eine sachgerechte, von der Programmautonomie des Veranstalters und damit seiner Rundfunkfreiheit getragene Differenzierung vor. Das Gericht hat die Bedeutung des Gleichheitssatzes im Ausgleich mit der Rundfunkfreiheit des Veranstalters nicht verkannt. Die Verfassungsbeschwerde ist unbegründet.

## 2. Teil: Verfassungsbeschwerde der Landesrundfunkanstalt Radio L

### A. Zulässigkeit der Verfassungsbeschwerde

#### I. Beschwerdeführerin

**175** Radio L müsste als Anstalt des öffentlichen Rechts, um beschwerdefähig zu sein, grundrechtsfähig sein. Nach Art. 19 III GG sind juristische Personen grundrechtsfähig, soweit die Grundrechte ihrem Wesen nach auf sie anwendbar sind. Juristische Personen des öffentlichen Rechts jedoch sind grundsätzlich nicht grundrechtsfähig, sondern als Untergliederungen des Staates grundrechtsverpflichtet. Die Rundfunkanstalten wurden jedoch geschaffen, um das Grundrecht der Rundfunkfreiheit gerade in Unabhängigkeit vom Staat wahrzunehmen. Sie können sich deshalb auf dieses Grundrecht berufen. Soweit sie also eine Verletzung der Rundfunkfreiheit geltend machen, sind sie beschwerdefähig. Nach Landesverfassungsrecht gilt hier nichts anderes als nach dem Grundgesetz.

## II. Beschwerdegegenstand

### 1. Akte des Landes

Beschwerdegegenstand der Landesverfassungsbeschwerde kann nur ein Akt der öffentlichen Gewalt des Landes sein. Derartige Hoheitsakte liegen hier vor. Es geht um gerichtliche Entscheidungen des VG und des OVG. Dies sind Gerichte des Landes – Gerichte des Bundes sind nur die in Art. 95, 96 GG genannten Gerichte. Die Landesverfassungsbeschwerde wäre nur dann unzulässig, wenn die Entscheidungen der Landesgerichte durch ein Gericht des Bundes im Rahmen eines Rechtsmittelverfahrens bestätigt worden wären. Hier aber war das OVG gemäß §§ 146 I, 152 I VwGO letztinstanzlich zuständig. Es liegt also ein geeigneter Beschwerdegegenstand vor. **176**

### 2. Anwendung von Bundesrecht?

Die Landesverfassungsbeschwerde könnte aber möglicherweise deshalb unzulässig sein, weil die angegriffenen Entscheidungen maßgeblich auf der Anwendung von Bundesrecht – der einschlägigen Bestimmungen des § 5 PartG durch die Fachgerichte und der verfahrensrechtlichen Bestimmungen der VwGO – beruhen. Denn die Fachgerichte haben den Anspruch auf Gleichbehandlung aus § 5 I PartG iVm Art. 3 I GG abgeleitet. Die staatlichen Organe eines Landes müssten auch dann zur Beachtung der Grundrechte der Landesverfassung verpflichtet sein, wenn sie Bundesrecht anwenden. Dies wird nicht schon durch Art. 31 GG ausgeschlossen. Denn es geht hier nicht um einen Widerspruch zwischen Bundes- und Landesrecht, bei dem die Kollisionsregel des Art. 31 GG eingreifen könnte. Es geht vielmehr um die Frage, ob staatliche Organe bzw sonstige Organe öffentlicher Verwaltung neben den Grundrechten des Grundgesetzes auch gleich lautende Grundrechte der Landesverfassung zu beachten haben, wenn sie Bundesrecht anwenden und die anzuwendenden Normen Entscheidungsspielräume belassen für die Verwirklichung der Grundrechte. Aus Art. 142 GG folgt zunächst, dass Grundrechte der Landesverfassung neben den Grundrechten des Grundgesetzes jedenfalls dann anwendbar sind, wenn sie mit diesen übereinstimmen. Dann aber müssen Organe eines Landes, wenn das Bundesrecht, das sie anwenden, ihnen hierfür Spielräume eröffnet, auch die Grundrechte der Landesverfassung beachten. Denn sie sind auch an die Landesverfassung gebunden. **177**

Bei der Gestaltung des gerichtlichen Verfahrens hat das Gericht im Rahmen seines verfahrensleitenden Ermessens jedenfalls die Prozessgrundrechte zu beachten; bei der Anordnung einer Durchsuchungsaktion ist der Ermittlungsrichter an die hierdurch berührten Grundrechte gebunden. Voraussetzung ist, dass Bundes- und Landesgrundrechte insoweit inhaltsgleich sind, ihre Anwendung also nicht zu unterschiedlichen Ergebnissen führt.[17] Der Gleichheitssatz ebenso wie das Grundrecht der Rundfunkfreiheit sind im Grundgesetz und in der LVerf lt Sachverhalt inhaltsgleich gewährleistet. Deshalb kann hier die Anwendung der streitentscheidenden Normen des Bundesrechts durch die Gerichte des Landes vom Landesverfassungsgericht daraufhin überprüft werden, ob die **178**

17 BVerfGE 96, 345.

mit den Grundrechten des Grundgesetzes inhaltsgleichen Grundrechte der Landesverfassung gewahrt sind. Die Verfassungsbeschwerde ist insoweit zulässig.[18]

### III. Beschwerdebefugnis

179 Radio L müsste plausibel geltend machen, in ihrem Grundrecht auf Rundfunkfreiheit aus Art. 5 I 2 LVerf verletzt zu sein. Dagegen könnte sprechen, dass nach dem Wortlaut des Landesrundfunkgesetzes ausschließlich die Parteien für den Inhalt der Wahlwerbesendungen verantwortlich sind. Andererseits ist die Programmgestaltung durch die Rundfunkanstalt insoweit berührt, als sie während der Ausstrahlung der Wahlwerbesendung ihr eigenes Programm unterbrechen muss. Vor allem aber trägt sie Verantwortung für das Gesamtprogramm, das ihr in der Wahrnehmung der Öffentlichkeit auch zugerechnet wird. Würde sie es hinnehmen, dass in dessen Rahmen, sei es auch als Drittsendung einer Partei, strafbare oder evident gegen die Menschenwürde verstoßende Inhalte ausgestrahlt würden, so würde sie damit an Glaubwürdigkeit verlieren und damit auch in der Wahrnehmung ihrer Rundfunkfreiheit beeinträchtigt. Es ist also nicht ausgeschlossen, dass die Rundfunkanstalt Radio L in ihrer Rundfunkfreiheit verletzt wurde.

Sie ist auch selbst, gegenwärtig und unmittelbar betroffen.

### IV. Rechtswegerschöpfung/Subsidiarität

180 Ob die Radio L den Rechtsweg erschöpft hat – was lt SV auch für die Landesverfassungsbeschwerde erforderlich ist – könnte fraglich sein, weil das verwaltungsgerichtliche Hauptsacheverfahren noch nicht durchgeführt worden ist. Wenn jedoch die maßgebliche Grundrechtsverletzung bereits in der Entscheidung im Eilverfahren liegt, ist der Rechtsweg in diesem Verfahren maßgeblich.[19]

### V. Form und Frist

Von form- und fristgerechter Einlegung der Verfassungsbeschwerde ist auszugehen.

Die Verfassungsbeschwerde der Radio L ist zulässig.

## B. Begründetheit der Verfassungsbeschwerde

181 Die Verfassungsbeschwerde ist begründet, wenn die Radio L als Beschwerdeführerin durch die angegriffenen Entscheidungen des VG und des OVG in ihrem Grundrecht aus Art. 5 I 2 LVerf verletzt ist. Dabei prüft das BVerfG nur die Verletzung spezifischen Verfassungsrechts.

---

18 Nach BVerfG aaO handelt es sich hier um eine Frage der Zulässigkeit – systematisch vertretbar wäre es jedoch auch, die Problematik zu Beginn der Begründetheitsprüfung als Frage der dem Landesverfassungsgericht zur Verfügung stehenden Prüfungsmaßstäbe zu erörtern.

19 BVerfGE 69, 257.

## I. Schutzbereich der Rundfunkfreiheit und Eingriff

Wie schon zur Zulässigkeit der Verfassungsbeschwerde ausgeführt wurde, ist die Rundfunkfreiheit vor allem Programmfreiheit. Das gesamte Programm der Rundfunkanstalt wird vom Schutzbereich ihrer Rundfunkfreiheit umfasst. Eine Verpflichtung, bestimmte Sendungen innerhalb des Gesamtprogramms auszustrahlen, berührt damit den Schutzbereich der Rundfunkfreiheit der Radio L. **182**

Mit dieser Verpflichtung wird auch in die Rundfunkfreiheit der Anstalt eingegriffen. Denn sie kann ihre Programmverantwortung insoweit nicht wahrnehmen, wie bereits zur Beschwerdebefugnis ausgeführt wurde.

## II. Rechtfertigung?

1. Die Rundfunkfreiheit ist jedoch **nicht schrankenlos** gewährleistet. Sie unterliegt insbesondere den **Schranken der allgemeinen Gesetze**, Art. 5 II GG. Da die mit der Verfassungsbeschwerde angegriffenen Entscheidungen die Verpflichtung der Radio L auf § 22 LRG iVm § 5 PartG und Art. 21 GG stützten, müsste es sich hierbei um allgemeine Gesetze im Sinn von Art. 5 II GG handeln. Allgemein ist ein Gesetz jedenfalls dann, wenn es nicht an bestimmte Meinungsinhalte anknüpft[20] oder anderweitiges Sonderrecht gegen Medien enthält. Die Bestimmung des § 5 I PartG, aus der sich ein Anspruch der Parteien auf Gleichbehandlung ergibt, richtet sich nicht speziell an Medien, und sie bezieht sich auch allgemein auf öffentliche Einrichtungen und nicht etwa auf bestimmte Meinungsäußerungen. Es handelt sich also um ein allgemeines Gesetz. Die Bestimmung des § 22 LRG allerdings begründet Verpflichtungen der Rundfunkveranstalter. Sie richtet sich jedoch nicht gegen bestimmte Veranstalter und diskriminiert nicht bestimmte Meinungen, sondern dient der politischen Willensbildung im Vorfeld von Wahlen. **182a**

2. a) Die Bestimmung des § 5 I PartG müsste jedoch von den Gerichten auch **in verfassungskonformer Weise angewandt** worden sein. Dies wäre dann der Fall, wenn in den angegriffenen Entscheidungen die **Bedeutung der Rundfunkfreiheit** der Anstalt grundsätzlich verkannt oder im Verhältnis zu den Rechten der Partei unzutreffend gewichtet wurde. Denn Letztere hat nach § 5 I 1 PartG einen Anspruch auf Gleichbehandlung bei der Vergabe von Sendezeiten im Wahlkampf. Dieser Anspruch hat Verfassungsrang und folgt auch unmittelbar aus Verfassungsrecht, da Art. 21 I GG iVm Art. 3 I GG den Anspruch politischer Parteien auf Chancengleichheit begründet. **182b**

Bei der Entscheidung über den Antrag der Partei auf Erlass einer einstweiligen Anordnung waren deren Rechte in Ausgleich zu bringen mit der Rundfunkfreiheit der Radio L. Die Fachgerichte könnten die Bedeutung der Rundfunkfreiheit der Radio L deshalb verkannt haben, weil sie berechtigt war, die Ausstrahlung von Werbespots zu verweigern.

b) Fraglich ist jedoch, ob die Rundfunkanstalt sich zu Recht auf die **Verfassungsfeindlichkeit der N-Partei** berufen hat. Dagegen könnte das sog. Parteienprivileg des **182c**

20 BVerfGE 124, 300 (322).

Art. 21 II 2 GG sprechen, wonach nur das Bundesverfassungsgericht eine Partei als verfassungsfeindlich verbieten darf, vor einem solchen Verbot eine Partei aber nicht als verfassungsfeindlich behandelt werden darf. Geht man davon aus, dass die Rundfunkanstalt ein Träger öffentlicher Gewalt iSv § 5 I 1 PartG ist, dann muss das Parteienprivileg ihnen gegenüber in der Konsequenz unmittelbar gelten.[21] Jedenfalls aber stellt sie „öffentliche Leistungen" in Gestalt von Sendezeiten zur Verfügung. Aber auch dann, wenn man dies verneinen will, bedeutet doch der Umstand, dass alle Parteien, wenn auch abgestuft nach ihrer Bedeutung, einen Anspruch auf Einräumung von Sendezeiten haben, dass die Landesrundfunkanstalt nicht berechtigt ist, einzelne Parteien hiervon auszuschließen.

**183** c) Die Fachgerichte könnten die Bedeutung der Rundfunkfreiheit der Radio L deshalb verkannt haben, weil sie berechtigt war, die Ausstrahlung von Werbespots wegen ihres **Inhalts** zu verweigern. Allein mit der Begründung, die Inhalte der Werbespots seien verfassungsfeindlich, kann dies jedoch noch nicht gerechtfertigt werden. Denn dann würde wiederum die Verfassungsfeindlichkeit der Partei geltend gemacht und damit gegen das Parteienprivileg des Art. 21 II 2 GG verstoßen. Die Ablehnung könnte jedoch dann gerechtfertigt sein, wenn Inhalte eines Wahlwerbespots offenkundig strafbar sind oder in schwerwiegender Weise gegen Grundwerte der Verfassung wie die Menschenwürde verstoßen. Dagegen spricht allerdings, dass die Sendungen in Verantwortung der Parteien ausgestrahlt werden. Die Rundfunkanstalten tragen damit für die Sendungen keine unmittelbare Verantwortung und sind insoweit nicht in ihrer Programmfreiheit berührt. Andererseits aber trägt die Rundfunkanstalt doch eine Gesamtverantwortung für alle von ihr verbreiteten Sendungen.[22] Deshalb ist es ihr nicht zuzumuten, offenkundig strafbare oder gegen die Menschenwürde verstoßende Inhalte zu verbreiten.

**183a** Dies könnte auch zutreffen für die Wahlwerbespots der N-Partei und die dort wiedergegebenen Äußerungen ihres Fraktionsvorsitzenden im Landtag L. Während die Bezeichnung als „Verräter am deutschen Volk" ungeachtet ihres diffamierenden Charakters noch durch die Situation einer hitzigen und kontroversen parlamentarischen Debatte gerechtfertigt sein und damit auch von der Redefreiheit des Abgeordneten umfasst sein mag, kann dies nicht mehr gelten für die Formulierung „blühende Holocaust-Industrie". Auch wenn hierin noch keine explizite Holocaust-Leugnung enthalten ist, der Straftatbestand der Verharmlosung nationalsozialistischer Verbrechen nach § 130 III StGB also nicht eingreift, schwingt doch die Unterstellung mit, der Holocaust werde hier – durch die „Industrie" – hochgespielt und die Erinnerung hieran gleichsam künstlich am Leben gehalten und instrumentalisiert. Damit aber wird der Holocaust selbst verharmlost. Es bedeutet daher eine nachträgliche Verhöhnung der Opfer, sie als Gegenstand der politischen Vermarktung darzustellen. Sie werden damit in ihrer Würde als Person beeinträchtigt. Dass die N-Partei nur die Äußerungen ihres Fraktionsvorsitzenden zitiert, kann sie nicht entlasten, da sie sich diese mit der Aufnahme in ihren Beitrag zu eigen macht.

21 So auch BVerfGE 47, 198 (228).
22 Vgl BVerfGE 47, 198 (233).

Die Landesrundfunkanstalt L durfte daher Wahlwerbespots ablehnen, die die fraglichen Äußerungen des Fraktionsvorsitzenden enthalten. Sie ist aber nicht berechtigt, generell die Ausstrahlung von Werbespots der N-Partei verweigern. Dies haben die Fachgerichte verkannt. Insoweit ist die N-Partei in ihrem Recht auf Gleichbehandlung verletzt.

Die Landesrundfunkanstalt L durfte auf Grund ihrer Programmfreiheit daher Wahlwerbespots ablehnen, die die fraglichen Äußerungen des Fraktionsvorsitzenden enthalten. Sie ist aber nicht berechtigt, generell die Ausstrahlung von Werbespots der N-Partei verweigern. Dies haben die Fachgerichte verkannt. Insoweit ist sie in ihrem Grundrecht auf Rundfunkfreiheit verletzt. Die Verfassungsbeschwerde der Rundfunkanstalt ist begründet. **183b**

### C. Entscheidung des BVerfG

Auf die Verfassungsbeschwerde von L-Radio wird das BVerfG gemäß § 85 II BVerfGG entscheiden. Hiernach kann es die angegriffene „Entscheidung" aufheben und die Sache zurückverweisen. Da hier die Entscheidungen erster und zweiter Instanz angegriffen wurden, kann das BVerfG beide Entscheidungen aufheben und müsste an das Verwaltungsgericht zurückverweisen. Es kann aber auch nur die Entscheidung des OVG aufheben und an dieses zurückverweisen.[23] **183c**

## 3. Teil: Zusatzfrage

### A. P-Partei vor dem BVerfG

Wenn eine Entscheidung des Bundesverfassungsgerichts vor dem Termin der Sendung nicht mehr zu erwarten ist, so könnte die Beschwerdeführerin einen Antrag auf Erlass einer einstweiligen Anordnung (e.A.) nach § 32 BVerfGG stellen. Gegenstand des Antrags wäre die Verpflichtung des Beklagten des Ausgangsverfahrens, also des KrachTV, die Klägerin des Ausgangsverfahrens, die P-Partei, an der Sendung zu beteiligen. **184**

### I. Zulässigkeit des Antrags auf Erlass einer e.A.

Das Bundesverfassungsgericht müsste hierfür in der Hauptsache zuständig sein; dies ist nach den vorstehenden Ausführungen zu bejahen. Die Verfassungsbeschwerde (VB) ist auch nicht offensichtlich unzulässig. Insbesondere steht die Tatsache, dass das fachgerichtliche Verfahren noch nicht abgeschlossen ist, der Zulässigkeit der VB nicht entgegen, s.o. zur VB unter A. IV. (Rn 180). **185**

Dem Antrag könnte jedoch entgegenstehen, dass mit einer Zulassung der Partei zur Fernsehsendung bereits die Hauptsache vorweggenommen würde: nimmt die Partei an der Sendung teil, so hat sie ihr Rechtsschutzziel erreicht. Andererseits würde im umge- **186**

23 *Lenz/Hansel* BVerfGG, § 95 Rn 26 ff.

kehrten Fall, wenn die Partei ausgeschlossen bliebe, deren Rechtsschutzziel endgültig vereitelt, auch wenn die VB in der Hauptsache begründet wäre. Für diesen Fall muss wegen der Notwendigkeit effektiven Rechtsschutzes eine Ausnahme vom Verbot der Vorwegnahme der Hauptsache gelten. Dies bedeutet aber andererseits, dass die Erfolgsaussichten in der Hauptsache im Zweifel berücksichtigt werden müssen.

**187** Die Antragstellerin ist auch antragsberechtigt, da sie auch im Hauptsacheverfahren beschwerdebefugt ist und sie gerade auch durch den Nichterlass einer e.A. in ihren Grundrechten beeinträchtigt würde. Ihr Rechtsschutzbedürfnis ist zu bejahen, da keine andere Möglichkeit besteht, das Rechtsschutzziel zu erreichen. Der Antrag ist also zulässig.

### II. Begründetheit des Antrags auf Erlass einer e.A.

**188** Der Antrag ist begründet, wenn der Erlass der e.A. zur Abwehr schwerwiegender Nachteile für den Antragsteller dringend geboten ist. Dabei ist wegen der weitreichenden Folgen einer e.A. ein strenger Maßstab anzulegen. Dies gilt insbesondere im vorliegenden Fall, in dem mit Erlass der e.A. die Hauptsache bereits vorweggenommen würde. Wenn die Antragstellerin in der Hauptsache Erfolg hätte, die einstweilige Anordnung aber nicht erlassen würde, so würde sie eine erhebliche und nicht rückgängig zu machende Beeinträchtigung ihrer verfassungsrechtlich geschützten Chancengleichheit als politische Partei erfahren. Würde andererseits die e.A. erlassen, in der Hauptsache aber die fachgerichtliche Entscheidung bestätigt, das beklagte Rundfunkunternehmen also obsiegen, so würde dies einen erheblichen Eingriff in dessen grundrechtlich geschützte Programmfreiheit bedeuten, also in dessen Rundfunkfreiheit, die ja im Kern Programmfreiheit ist. Für den Erlass der e.A. könnte hier nun sprechen, dass mit der Beteiligung der P-Partei im Ergebnis ein Mehr an Meinungsvielfalt erzielt wird. Andererseits muss aber berücksichtigt werden, dass KrachTV als privates Rundfunkunternehmen hier keinen verfassungsrechtlichen Bindungen im Verhältnis zur P-Partei unterliegt und es sich um eine redaktionell gestaltete Sendung handelt. Da die Folgenabwägung allein zu keinem eindeutigen Ergebnis führt, andererseits materiell die Rundfunkfreiheit des KrachTV höheres Gewicht haben dürfte und wegen der Vorwegnahme der Hauptsache ein strenger Maßstab anzulegen ist, ist davon auszugehen, dass das BVerfG den Erlass einer e.A. ablehnen wird.

**Ergebnis:** Der Antrag auf Erlass einer e.A. ist unbegründet *(aA gut vertretb.)*.

## B. N-Partei vor dem Landesverfassungsgericht

**189** Im Fall der N-Partei wäre ein Antrag auf Erlass einer e.A. durch das LVerfG aus den gleichen Gründen zulässig, wie im Fall der P-Partei.

Für die Begründetheit des Antrags muss davon ausgegangen werden, dass eine Verfassungsbeschwerde der N-Partei nicht offensichtlich unzulässig oder unbegründet wäre, vielmehr die Erfolgsaussichten in der Hauptsache offen sind. Denn die hierfür entscheidende Frage, ob das Parteienprivileg auch im Verhältnis zur Landesrundfunkanstalt L gilt, die hier verneint wurde, ist nicht abschließend geklärt und kann im Eilverfahren auch nicht abschließend beantwortet werden.

Entscheidend ist daher eine Folgenabwägung. Erginge die einstweilige Anordnung, würde der Verfassungsbeschwerde im Hauptsacheverfahren aber nicht stattgegeben, so wäre die Landesrundfunkanstalt L in ihrem Grundrecht auf Rundfunkfreiheit beeinträchtigt. Allerdings würde ihre Rundfunkfreiheit nicht dauerhaft verkürzt. Denn die Hauptsacheentscheidung würde bei der angenommenen Konstellation klarstellen, dass in vergleichbaren Fällen die Rundfunkfreiheit nicht hinter dem Anspruch der Parteien auf Gleichbehandlung zurückstehen muss. Demgegenüber würden sich die Folgen der Verschlechterung der Wahlaussichten der N-Partei auf die gesamte Legislaturperiode auswirken und wären nicht mehr korrigierbar. Eine Verschlechterung der Wahlaussichten ist jedoch anzunehmen beim Ausschluss von einer der widrigsten Möglichkeiten für Wahlwerbung unmittelbar vor der Wahl. Daher überwiegt hier das Interesse der Antragstellerin. Ein Antrag auf Erlass einer e.A. wäre also, unabhängig davon, ob die Verfassungsbeschwerde in der Hauptsache Aussicht auf Erfolg hätte, begründet. **190**

# Repetitorium

## A. Politische Parteien in der Fallbearbeitung

### I. Art. 21 GG: Verfassungsrechtliche Stellung der politischen Parteien

#### 1. Begriff der Partei

**a) Parteien sind Vereinigungen** – körperschaftliche Personenverbindungen – *deren Zweck es ist, im Sinn bestimmter politischer Ziele an der Vertretung des Volkes in den Parlamenten* (Bundestag oder Landtag) *mitzuwirken* – näher: § 2 I PartG. Sie sind nicht Teil des Staates, stehen jedoch in einer besonderen Nähe zum Staat.[24] Deshalb erstreckt das BVerfG das Verbot eines staatlich beherrschten Rundfunks auch auf Rundfunkbeteiligungen politischer Parteien.[25] **191**

**b) Verfassungsfeindlich** sind Parteien, wenn sie diese Elemente der freiheitlich-demokratischen Grundordnung ablehnen:[26] die Würde des Menschen als obersten Wert des Grundgesetzes, also Anerkennung des einzelnen als Person in seiner Individualität und keine Unterordnung unter ein Kollektiv; daraus folgt die „Achtung vor den im Grundgesetz konkretisierten Menschenrechten, insbesondere dem Recht der Persönlichkeit auf Leben und freie Entfaltung";[27] die Anerkennung der **Menschenrechte**; das **Demokratieprinzip**, es beruht auf der freien Selbstbestimmung der Bürger und steht damit im engen Zusammenhang mit dem Schutz der Menschenwürde; unverzichtbar ist das Prinzip der Volkssouveränität und die gleichberechtigte Teilhabe der Bürger am politischen Prozess; unverzichtbar ist die **Rechtsstaatlichkeit**, und hier die Gesetzesgebun-

24 Vgl *Degenhart* Rn 50; BVerfGE 136, 9 Rn 61 f.
25 BVerfGE 121, 30.
26 BVerfGE 144, 20 Rn 535 ff.
27 BVerfGE 2, 1 (12 f.); 5, 85 (140).

denheit des Staates, der Schutz individueller Freiheit und der Rechtsschutz durch unabhängig Gerichte. Für ein **Verbot** fordert das BVerfG im 2. NPD-Urteil vom 17.1.2017 konkrete Anhaltspunkte von einigem Gewicht dafür, dass die Partei ihre verfassungsfeindlichen Ziele tatsächlich erreichen könnte, diese jedenfalls als möglich erscheint („Potenzialität")[28]. Der neugefasste Art. 21 III GG sieht nunmehr vor, dass unterhalb dieser Schwelle Parteien von der staatlichen Finanzierung ausgeschlossen werden können; auch hierfür hat das BVerfG nach Art. 21 IV GG das Entscheidungsmonopol.

### 2. Verfassungsmäßige Rechte

192 **a) Art. 21 GG ist die grundlegende Verfassungsnorm** für das Recht der politischen Parteien. Aus Art. 21 I 1 GG ergeben sich deren wesentliche verfassungsrechtliche Funktionen, auf die abzustellen ist, wenn Parteien ihre spezifischen verfassungsmäßigen Rechte geltend machen. Sie sind hiernach anerkannt als Einrichtung des Verfassungslebens. Aus Art. 21 I 2 GG folgt die Freiheit der politischen Betätigung. Aus Art. 21 I GG iVm Art. 3 I GG ergibt sich der Grundsatz der Gleichheit der politischen Parteien, ihrer Chancengleichheit im politischen Wettbewerb und ihr Recht auf Gleichbehandlung durch den Staat – dies schließt, zB bei der Wahlwerbung, eine Differenzierung nach der Größe und Bedeutung der Parteien nicht aus. Wenn es um die Wahrung der Chancengleichheit bei Wahlen geht, stellt das BVerfG auch auf Art. 38 I 1 GG ab.[29] Das Parteienprivileg des Art. 21 IV GG schließlich bedeutet: nur das BVerfG darf die Verfassungsfeindlichkeit (s.o. 1.b) feststellen; bis dahin darf eine Partei nicht als verfassungsfeindlich behandelt werden. Deshalb darf eine Parteiveranstaltung nicht deshalb verboten werden, weil dort verfassungswidrige Inhalte vertreten werden. Dies würde bedeuten, die Partei selbst als verfassungswidrig zu behandeln, ohne dass ein Verbot ausgesprochen wäre.[30] Das Parteienprivileg gilt auch zB gegenüber einer grundrechtsgebundenen öffentlichrechtlichen Sparkasse, wenn sie wegen Verfassungsfeindlichkeit einer Partei dieser das Girokonto kündigen will.[31]

**b) Grundrechte:** Die Parteien können sich auf die Grundrechte berufen, also auf Art. 8 GG gegenüber Versammlungsverboten und auf Art. 5 I 2 GG, wenn sie Presse herausgeben; vgl das Urteil des BVerfG vom 12.3.2008[32] zur Medienbeteiligung politischer Parteien.

## II. Verwaltungsrechtliche Fragestellungen

193 Art. 21 GG wirkt negatorisch bei Eingriffen in die Betätigungsfreiheit von Parteien. Das Verbot einer Parteiversammlung nach LVersG kann unmittelbar auch gegen Art. 21 GG verstoßen (Verstoß gegen höherrangiges Recht); wird zur Begründung die Verfassungswidrigkeit der Partei bzw ihres Programms herangezogen, so verstößt dies gegen das Parteienprivileg des Art. 21 II 2 GG.

28 BVerfGE 144, 20 Rn 585.
29 BVerfGE 95, 335 (354); vgl *Kloepfer* I § 7 Rn 254.
30 BVerfG (K) NJW 2001, 2069; 2075; 2076.
31 BGHZ 154, 146.
32 BVerfGE 121, 30.

Art. 21 GG kann anspruchsbegründend wirken: wenn eine Partei im Wahlkampf Informationsstände u.Ä. im öffentlichen Verkehrsraum aufstellen will, benötigt sie hierfür eine Sondernutzungserlaubnis, die nach den jeweiligen Straßengesetzen der Länder im Ermessen der Behörde steht. Die verfassungsrechtliche Stellung der Partei ist dann entscheidendes Argument, um einen Anspruch auf Erteilung dieser Erlaubnis zu begründen – rechtstechnisch im Wege einer Ermessensreduzierung auf null. Ein Anspruch auf Zurverfügungstellung öffentlicher Einrichtungen besteht im Übrigen nach Maßgabe des § 5 I PartG als Anspruch auf Gleichbehandlung (vgl *Degenhart* Fall 6a); dieser hat wiederum wegen Art. 21 I iVm Art. 3 I GG Verfassungsrang.

Auch für den Rechtsstreit zwischen einer politischen Partei und einer öffentlich-rechtlichen Sparkasse auf Eröffnung eines Girokontos (es handelte sich um die NPD) ist der Verwaltungsrechtsweg eröffnet;[33] ein Anspruch auf Gleichbehandlung wird bejaht.[34] Bei einer privaten Bank würde sich die Frage stellen, ob Art. 21 I GG Drittwirkung entfalten kann – was, anders als für den Gleichheitssatz des Art. 3 I GG im vorstehenden Fall – zu verneinen sein dürfte. Verwaltungsrechtlicher Natur sind schließlich auch die Streitigkeiten zwischen Parteien und öffentlich-rechtlichen Rundfunkanstalten über die Zuteilung von Sendezeiten für Wahlwerbung. Verfassungsrechtlich gilt hier der Grundsatz „abgestufter Chancengleichheit": an sich sind alle Parteien nach dem Grundsatz der Chancengleichheit zu berücksichtigen. Dabei dürfen nach der Bedeutung der Parteien abgestufte Sendezeiten zugewiesen werden, was wiederum nicht dazu führen darf, dass kleinere Parteien nicht mehr wahrgenommen werden.[35] Ob die Veranstalter die Befugnis haben, als verfassungsfeindlich erachtete Parteien auszuschließen, ist nicht abschließend geklärt. **Wahlwerbesendungen im Rundfunk** dürfen abgelehnt werden bei evidenten und schwerwiegenden Verstößen gegen Strafgesetze[36], wie dem Tatbestand der Volksverhetzung nach § 130 I Nr. 1 StGB in Werbespots der NPD diesen Inhalts: *„Seit der willkürlichen Grenzöffnung 2015 und der seither unkontrollierten Massenzuwanderung werden Deutsche fast täglich zu Opfern ausländischer Messermänner. Migration tötet! ... Wir schaffen Schutzzonen."*[37] Demgegenüber durfte die Ausstrahlung in abgeänderter Form – ohne die „ausländischen Messermänner" nicht abgelehnt werden. Insbesondere durfte nicht aus einer Zusammenschau mit dem Programm der Partei ein Verstoß gegen die Menschenwürde hergeleitet werden.[38] **194**

Rechtsverstöße durch die Verwaltung können im Wege der Verfassungsbeschwerde gerügt werden – Art. 21 I GG ist zwar in Art. 93 I Nr. 4a GG nicht ausdrücklich genannt, doch sind Gleichheitsverstöße über Art. 21 I iVm Art. 3 I GG rügefähig, während sich die Parteien gegenüber Versammlungsverboten unmittelbar auf das Grundrecht des Art. 8 GG berufen können. **195**

33 Vgl OVG Münster NVwZ-RR 2004, 795.
34 OVG Berlin, U. v. 14.12.2007 – juris.
35 Vgl zB OVG Koblenz NVwZ 2006, 109.
36 BVerfGE 69, 257.
37 OVG Rh-Pf, B. v. 26.4.2019 – 2 B 10639/19 – und BVerfG (K), B. v. 27.4.2019 – 1 BvQ 36/19.
38 BVerfG (K), B. v. 15.5.2019 – 1 BvQ 43/19.

*In all diesen Fällen, in denen die Partei von staatlichen Eingriffen betroffen ist, gilt für den Rechtsschutz, was auch sonst für den Rechtsschutz des Bürgers gilt: Rechtsverstöße durch die Verwaltung sind zunächst im Verwaltungsrechtsweg anzugreifen, ehe dann Verfassungsbeschwerde erhoben werden kann. Diese ist auf die konkret betroffenen Grundrechte zu stützen. Gleichheitsverstöße können über Art. 21 I iVm Art. 3 I GG geltend gemacht werden.*

## III. Staatsrechtliche Fragestellungen

**196** Aus Art. 21 I GG ergeben sich unmittelbare Anforderungen an die Verfassungsmäßigkeit von Gesetzen, die die Stellung politischer Parteien berühren. Typische Konfliktfälle sind:

- das Wahlrecht: hier muss nicht nur der Erfolgswertgleichheit der Stimmen Rechnung getragen werden, sondern auch dem Gebot der Chancengleichheit der politischen Parteien
- das Recht der Parteienfinanzierung – näher *Degenhart* Rn 60 ff.

**197** Art. 21 GG kann Bedeutung erlangen innerhalb staatsorganisatorischer Konflikte.

- Dies kann insbesondere die Rechtsstellung der Fraktionen betreffen: dass diese anerkannt sind als Einrichtungen des Verfassungslebens, folgt auch aus der verfassungsrechtlichen Stellung der Parteien nach Art. 21 GG.
- Für die Rechtsstellung des Abgeordneten ist das Spannungsverhältnis zwischen freiem Mandat und parteienstaatlicher Demokratie als typisches Argumentationsmuster bedeutsam: Vorschriften bzw Maßnahmen des Parlaments müssen Konkordanz zwischen Art. 38 I 2 GG und Art. 21 I GG herstellen (wobei aber letztlich das freie Mandat idR Vorrang haben muss).

**198** Da es in diesen Verfassungskonflikten um die Stellung der Parteien als Einrichtungen des Verfassungslebens geht, ist das Organstreitverfahren einzuschlagen (*Degenhart* Rn 65). Soweit es demgegenüber um die Verletzung von Grundrechten der Parteien geht, ist die Verfassungsbeschwerde statthafter Rechtsbehelf. Zur Grundrechtsfähigkeit der Parteien s das Urteil des BVerfG vom 12. März 2008[39] zur Medienbeteiligung politischer Parteien.

## IV. Innerparteiliche Konflikte

**199** Im Verhältnis der politischen Partei zu ihren Mitgliedern gelten Grundrechte nach den Grundsätzen mittelbarer grundrechtlicher Drittwirkung – Fallbeispiel: *Degenhart* Rn 63 zu BVerfG DVBl 2002, 968 (Parteiausschlussverfahren wegen Scientology-Mitgliedschaft). Sie sind dann in Ausgleich zu bringen mit der Freiheit der Partei nach Art. 21 I GG – aus der auch ihre Autonomie in Fragen der Organisation abzuleiten ist.

39 BVerfGE 121, 30.

## V. Aktuelle Entwicklungen

Die Stellung der politischen Parteien zwischen Staat und Gesellschaft war zentrale Frage bei der Beurteilung der Medienbeteiligungen politischer Parteien[40] und wird eine maßgebliche Rolle im Verfahren um die Verfassungsmäßigkeit des ZDF-Staatsvertrags und der dort vorgesehenen Besetzung der Anstaltsgremien spielen. Auf Grund ihrer besonderen Nähe zum Staat sind die Parteienvertreter in den Gremien jedenfalls bei der Bestimmung des staatlichen Anteils mitzuzählen.[41] **199a**

Im Zusammenhang mit dem stets aktuellen Themenkomplex „Parteienprivileg" hat das BVerwG entschieden, dass Art. 21 I 2 GG nicht daran hindert, eine Partei durch den Verfassungsschutz zu beobachten, falls Anhaltspunkte für verfassungsfeindliche Bestrebungen gegeben sind.[42] Zum NPD-Verbotsverfahren s.o. Rn 192. Die Bundesregierung hat bei Informations- und Öffentlichkeitsarbeit die Chancengleichheit der Parteien und das Parteienprivileg zu beachten. Äußerungen einzelner Regierungsmitglieder sind jedoch unschädlich, wenn diese keine Möglichkeiten nutzen, die ihnen aufgrund ihres Amtes zur Verfügung stehen.[43] Ein auf der offiziellen Homepage eines Ministeriums verbreiteter ministerieller Boykottaufruf verletzt das Recht auf Chancengleichheit und auch das Grundrecht der Partei auf Versammlungsfreiheit[44]: *„Licht aus gegen rechts"*, also das Abschalten der Rathausbeleuchtung und Illumination öffentlicher Plätze durch die Gemeinde, wenn sich die Aktion gegen eine politische Partei richtet (wenn es nur darum geht, eine Versammlung zu behindern, ist Art. 8 GG einschlägig)[45]. Ebenso sah das BVerfG einen Eingriff in die Chancengleichheit der Parteien durch Äußerungen des Ministers Seehofer über die AfD darin, dass sie auf der Homepage des Ministeriums veröffentlicht wurden[46]. Der Bundespräsident hingegen steht nicht mit den Parteien im politischen Wettbewerb und verfügt nicht über die Möglichkeiten der Bundesregierung zum Informationshandeln, so dass ihm zur Erfüllung seiner Repräsentations- und Integrationsaufgabe weitergehende Äußerungsbefugnisse zustehen.[47]

Als die Stadt Wetzlar dem Ortsverband der NPD die Benutzung der Stadthalle für eine Parteiveranstaltung verweigerte, erließ das BVerfG eine einstweilige Anordnung nach § 32 BVerfGG (*Degenhart* Rn 884 ff.), in der es von der Verfassungswidrigkeit der Weigerung ausging48. Entscheidend ist, dass die Partei nicht verboten ist; auch dass ihre Verfassungswidrigkeit vom BVerfG festgestellt wurde, rechtfertigt noch nicht die Ungleichbehandlung[49]. **199b**

Verfassungswidrig waren auch Verbote von Aufmärschen uÄ der NPD wegen ihrer Nähe zur NS-Ideologie, gestützt auf Bestimmungen des Versammlungsrechts (damals § 15 Abs. 1 VersG des Bun-

40 BVerfGE 121, 30.
41 BVerfGE 136, 9 Rn 61; *Degenhart* Rn 50, 72.
42 BVerwGE 137, 275.
43 BVerfGE 138, 102 Rn 55.
44 BVerfGE 140, 225.
45 Vgl OVG Münster NVwZ 2017, 1316; s. Fall 11.
46 BVerfG, NJW 2020, 2096 Rn 89.
47 BVerfGE 136, 323 (334).
48 B. v. 24.3.2018 – 1 BvQ 18/18; vorausgegangen war ein Beschluss des VG Gießen, B. v. 20.12.2017 – 8 L 9187/17.GI; dieser war von der Stadt missachtet worden.
49 Ebenso OVG Saarlouis, B. v. 10.7.2017 – 2 B 554/17 – juris; BVerwGE 164, 1 Rn 37 f.

des[50]), nach dem eine Versammlung verboten werden kann, wenn sie die öffentliche Ordnung gefährdet. Das OVG Münster[51] hatte noch wegen der bewussten Absage des GG an die NS-Ideologie einen ordnungswidrigen Zustand bejaht. Demgegenüber betont das BVerfG, dass Parteien, soweit sie mit allgemein erlaubten Mitteln arbeiten, nicht behindert werden dürfen und die Generalklausel der öffentlichen Ordnung nicht herangezogen werden kann, um gegen Inhalte einzuschreiten[52]. Gegenüber Facebook, das den Internetauftritt der Partei „Der III. Weg" gesperrt hatte, bejahte das BVerfG im Grundsatz eine Drittwirkung, als es im Wege der einstweiligen Anordnung Facebook aufgab, der Partei für die Dauer eines Wahlkampfs den Auftritt vorläufig zu entsperren und der Partei für diesen Zeitraum die Nutzung der Funktionen von www.facebook.com wieder einzuräumen.

**Zur Wiederholung:** *Degenhart* Rn 46–73.

**Aus der Ausbildungsliteratur:** *Heinig*, Parteirecht – zu BVerfGE 111, 54, JA 2005, 336; *ders.*, Bespr. von BVerfGE 111, 382, JA 2005, 574; *Morlok*, Das Parteiverbot, JURA 2013, 317; *Gusy*, Verfassungswidrig, aber nicht verboten!, NJW 2017, 601; *Bajrami/Overkamp*, Quotenregelung bei der Parteimitgliedschaft, JuS 2019, 1010; *Shirvani*, Parteiverbot und Parteifinanzierungsausschluss, Jura 2020, 448.

**Aktuelle Rechtsprechung:** BVerfGE 111, 382 (Drei-Länder-Quorum für Parteienfinanzierung); BVerfGE 111, 54 (Sanktionen bei Verstößen gegen Rechenschaftspflicht); OVG Bremen NVwZ-RR 2003, 651 (redaktionelle Wahlsendungen); Bundesparteigericht der CDU, NVwZ 2005, 480 (Parteiausschluss wegen antisemitischer Äußerungen – Fall Hohmann); BVerfGE 121, 30 (HessPrivatrundfunkG); BVerfGE 144, 20 (NPD-Verbot II); BVerfGE 146, 319 (Politische Vereinigung – Parteieigenschaft); BVerfGE 148, 11 (Rote Karte für Merkel); BVerfG NVwZ 2018, 819 (Stadthalle Gießen); BVerwG NJW 2019, 1317 (Girokonto); BVerfG NJW 2020, 2096 – (Seehofer).

**Fälle im thematischen Zusammenhang:** *Kotzur*, Parteifreund auf Abwegen, JuS 2001, 54 sowie Klausurenband I / Fall 3; *Ferreau*, Disharmonie im Kommunalwahlkampf, JuS 2017, 758; *Kozlowska*, Rote Karte für wen?, JA 2018, 515; *Grosche*, Der Bundestagspräsident im politischen Wettbewerb, JuS 2019, 868; *Bajrami/Overkamp*, Quotenregelung bei der Parteimitgliedschaft, JuS 2019, 1010.

## B. Der Gleichheitssatz in der Fallbearbeitung

### 1. Struktur der Gleichheitsprüfung

200 Art. 3 I GG gebietet, *„Gleiches gleich und Ungleiches ungleich"* zu behandeln – aber: zwei Sachverhalte sind nie in allen Elementen gleich, in allen Elementen ungleich – deshalb ist nur wesentlich Gleiches/Ungleiches gleich/ungleich zu behandeln. Ob zwei Sachverhalte in diesem Sinn gleich sind, ist bei Ungleichbehandlung durch den Gesetzgeber zunächst von diesem zu entscheiden; dh, es liegt im Ermessen des Gesetzgebers, an die gleichheitsbegründenden oder an die ungleichen Elemente eines Sachverhalts anzuknüpfen. Erst wenn hierfür kein sachlicher Grund besteht, ist die gesetzgeberische Entscheidung gleichheitswidrig. Entsprechendes gilt für Ungleichbehandlung durch die Exekutive – deren Ermessensspielraum ist aber enger, da durch die Wertungen des Gesetzgebers begrenzt.

50 Die Gesetzgebungszuständigkeit für das Versammlungsrecht wurde 2006 auf die Länder übertragen. Das VersG des Bundes gilt jedoch in den Ländern fort, solange diese keine eigenen Versammlungsgesetze erlassen haben, Art. 125a Abs. 1 GG; die meisten Länder haben gleichlautende Bestimmungen erlassen.

51 NJW 2001, 2014; NJW 2001, 2111.

52 BVerfG (K) NJW 2001, 2069; NJW 2001, 2075; NJW 2001, 2076.

Dies bedeutet für die Gleichheitsprüfung: zunächst ist eine relevante Ungleichbehandlung festzustellen, dann nach einem rechtfertigenden Grund zu fragen; entsprechend gilt dies für Gleichbehandlungen – die aber idR auch als Ungleichbehandlung erfasst werden können, *Kingreen/Poscher* Rn 518 ff. – je nach Wahl des Vergleichspaars – s aber Fall 6. Abweichend vom üblichen Grundrechtsschema wird also Art. 3 I GG zweistufig geprüft: **201**

(1) Ungleichbehandlung,
(2) Rechtfertigung der Ungleichbehandlung.

**(zu 1) Ungleichbehandlung**

Eine relevante, dh an Art. 3 I GG zu messende Ungleichbehandlung liegt dann vor, wenn zwei Sachverhalte bzw zwei Personen oder Personengruppen in unterschiedlicher Weise rechtlich behandelt werden, also insbesondere unterschiedlichen Rechtsfolgen unterworfen werden, dies in Anknüpfung an Bezugspunkte, die in beiden Vergleichsgruppen gleichermaßen gegeben sind (vgl *Kingreen/Poscher* Rn 520: gemeinsamer Oberbegriff). **202**

NB: Der Gleichheitssatz bindet einen Hoheitsträger nur innerhalb seines Kompetenzbereichs – also nicht Land A im Verhältnis zu Land B, Gemeinde X im Verhältnis zu Gemeinde Y! Dies spielt auch eine entscheidende Rolle bei der Inländerdiskriminierung in der EU.

**Beispiel:** Eine lebensmittelrechtliche Regelung sieht vor, dass Bier nur dann unter dieser Bezeichnung in Verkehr gebracht werden darf, wenn es nach dem Reinheitsgebot gebraut ist. Eine brandenburgische Brauerei darf unter Verwendung von Invertzuckersirup hergestelltes Schwarzbier nicht als „Bier" verkaufen. Brauereien aus anderen EU-Staaten dürfen demgegenüber nach den Gesetzen ihres Landes hergestellte Erzeugnisse auch dann als „Bier" in Deutschland vertreiben, wenn sie nicht dem Reinheitsgebot entsprechen. Für den Inländer gelten also die strengeren inländischen Anforderungen: Inländerdiskriminierung. Dies ist kein Problem des Art. 3 I GG, kann aber ein Problem des Art. 12 I G sein – im konkreten Fall nahm BVerfGE 123, 82 eine nicht gerechtfertigte Berufsausübungsregelung an.

**(zu 2) Rechtfertigung einer Ungleichbehandlung**

**– Intensität der Ungleichbehandlung**

Zur Rechtfertigung der Ungleichbehandlung entwickelte das BVerfG eine nach Regelungsgegenstand und Differenzierungsmerkmalen abgestufte Skala von Prüfungsmaßstäben[53] („neue Formel"). Die Unterscheidung zwischen der Ungleichbehandlung von Sachverhalten und der Ungleichbehandlung von Personengruppen ist eines von mehreren Wertungskriterien, wobei für die Ungleichbehandlung von Personen bzw Personengruppen strengere Anforderungen gelten (*Kingreen/Poscher* Rn 527 ff.), während die **203**

53 Vgl hierzu BVerfGE 112, 164 (174).

Ungleichbehandlung von Sachverhalten lediglich willkürfrei sein muss – sofern nicht aus anderen Gründen eine intensivierte Gleichheitsbindung gilt. Dies kann dann der Fall sein, wenn die Ungleichbehandlung sich im Schutzbereich anderer Grundrechte auswirkt;[54] schließlich gelten bei Belastungen strengere Bindungen als bei Begünstigungen.

**Beispiel:** Erfasst der Gesetzgeber bestimmte Verhaltensweisen durch Straf- oder Ordnungswidrigkeitentatbestände, so liegt eine Ungleichbehandlung von Sachverhalten vor; richtet sich ein Tatbestand aber nur an bestimmte Adressatengruppen, an andere nicht, so liegt eine Ungleichbehandlung von Personengruppen vor. Die Unterscheidung ist allerdings nicht immer eindeutig zu treffen: so hat BVerfGE 104, 74 für die unterschiedliche Behandlung von Fällen förmlicher Enteignung von Grundstücken in der DDR und Fällen erzwungenen Eigentumsverzichts auf die betroffenen Eigentümer abgestellt und deshalb eine Ungleichbehandlung im Verhältnis von Personengruppen angenommen – gleichwohl nur einen hinreichend gewichtigen sachlichen Grund gefordert (und im Ergebnis verneint, vor allem wegen der Systemwidrigkeit der nachteiligen Regelung). Für die weniger strenge Gleichheitsbindung bei Vergünstigungen kann beispielhaft auf die Entscheidung zur sog. Ökosteuer verwiesen werden, BVerfGE 110, 274.

**– Gleichheitsbindung als Willkürverbot**

**204** Hier ist nicht zu fordern, dass der Gesetzgeber die jeweils gerechteste und zweckmäßigste Regelung gefunden hat; ausreichend ist irgendeine sachlich vertretbare, „willkürfreie" Erwägung; dabei ist ein Verstoß gegen verfassungsrechtliche Wertungen Indiz für einen Gleichheitsverstoß, ebenso eine Systemwidrigkeit im Gesetz selbst. Die Exekutive ist darüber hinaus an Vorgaben des Gesetzgebers gebunden; die Selbstbindung der Exekutive ist zu beachten.

**– Intensivierte Gleichheitsbindung**

**205** Wenn eine Ungleichbehandlung von Personengruppen stattfindet, oder generell intensivierte Gleichheitsbindung besteht, ist differenzierter zu untersuchen:

- Wird mit der Ungleichbehandlung ein legitimer Zweck verfolgt? Hierbei ist insbesondere auf verfassungsrechtliche Wertungen abzustellen (zB Sozialstaatsgebot); im Steuerrecht: Steuergerechtigkeit;
- Eignung, Erforderlichkeit und „Angemessenheit" der Differenzierung.

Damit wird die Prüfung der Verhältnismäßigkeitsprüfung bei Eingriffen in Freiheitsgrundrechte angenähert, allerdings kann die Zweck-Mittel-Relation idR nicht mit gleicher Eindeutigkeit wie bei Eingriffsgesetzen festgestellt werden, so dass weitere Wertungskriterien erforderlich werden, insbesondere Sachgerechtigkeit mit Blick auf die Gegebenheiten des Regelungssachverhalts, Folgerichtigkeit und Widerspruchsfreiheit, Individualgerechtigkeit und Typisierung, Orientierung am Gerechtigkeitsgedanken, an verfassungsrechtlichen Wertungen.

54 Vgl zB BVerfGE 107, 27 zur Frage der Berücksichtigungsfähigkeit der Aufwendungen für doppelte Haushaltsführung: die hierfür maßgeblichen Gründe müssen vom Gesetzgeber auch im Lichte der betroffenen Grundrechte bewertet werden.

**Drittwirkung:** Im Privatrechtsverkehr gilt Vertragsfreiheit. Dazu gehört auch die Freiheit der Wahl des Vertragspartners. Nur ausnahmsweise kann Art. 3 I GG mittelbare Drittwirkung entfalten – so in BVerfGE 148, 267 Rn 41 für Ereignisse, die von den Veranstaltern einem großen Publikum ohne Ansehen der Person geöffnet werden, wenn der Ausschluss hiervon für die Betroffenen in erheblichem Umfang über die Teilnahme am gesellschaftlichen Leben entscheidet. Deshalb muss ein **Stadionverbot** auf sachliche Gründe gestützt sein; der Betroffene muss hierzu gehört werden und kann verlangen, dass ihm die Gründe mitgeteilt werden. Auch die Diskriminierungsverbote des Art. 3 III GG binden im Privatrechtsverkehr nicht unmittelbar.

### 2. Rechtsfolgen des Gleichheitsverstoßes

Besondere Aufmerksamkeit ist den Rechtsfolgen eines Gleichheitsverstoßes zu widmen. **206**
Hier besteht Ermessen des Gesetzgebers in der Frage der Beseitigung des Gleichheitsverstoßes, dh bei ungleicher Belastung ist diese jedenfalls als gleichheitswidrig aufzuheben, nur ausnahmsweise die Gesamtregelung; bei gleichheitswidrig vorenthaltener Begünstigung erfolgt idR nur die Feststellung des Verfassungsverstoßes, anders, wenn ein Verfassungsauftrag besteht oder aber der Gleichheitsverstoß nur durch Ausdehnung der Begünstigung zu beheben ist.

### 3. Spezielle Gleichheitssätze

Eine Reihe spezieller Differenzierungsverbote führen zu einer intensiveren Gleichheits- **207**
bindung.

#### a) Gleichberechtigung von Mann und Frau, Art. 3 II 1, III 1 GG

Art. 3 II 1, III 1 GG verbietet Ungleichbehandlungen, die an das Merkmal des Geschlechts anknüpfen; dieses kann also keinen sachlichen Differenzierungsgrund begründen. Soweit Ungleichbehandlung von Mann und Frau gleichwohl erfolgt, muss diese ihren Grund haben in objektiv unterschiedlichen Lebensumständen, bzw objektiv biologischen Unterschieden – aber: keine Festschreibung tradierter Rollenverteilung (etwa durch Festschreibung typischer Männer- oder Frauenberufe). Der **Gleichstellungsauftrag** des **Art. 3 II 2 GG** bezeichnet einen Verfassungsauftrag zur Herstellung tatsächlicher Gleichheit; str. ist, ob zugunsten der Frau Ungleichbehandlungen zulasten von Männern gerechtfertigt sein können *(reversed discrimination)*, insbesondere über **Quotenregelungen** (dazu *Kingreen/Poscher* Rn 543).

#### b) Diskriminierungsverbote nach Art. 3 III GG

Die in **Art. 3 III GG** aufgeführten Merkmale bezeichnen **Diskriminierungsverbote**. **208**
Sie dürfen nicht zur Begründung von Ungleichbehandlung herangezogen werden; zul. sind aber wegen Art. 3 III 2 GG Ungleichbehandlungen zugunsten Behinderter (zur Drittwirkung s. Rn 33, 72). Die Staatsangehörigkeit fällt an sich nicht darunter. Sie ist aber den Kriterien Heimat und Herkunft vergleichbar. Deshalb sind Differenzierungen nach Staatsangehörigkeit nicht generell verboten, doch gelten besonders strenge Prü-

fungsmaßstäbe, so BVerfGE 130, 240.[55] Es gilt also ein abgestufter Prüfungsmaßstab: „Die Anforderungen an die Rechtfertigung einer ungleichen Behandlung von Personengruppen sind umso strenger, je mehr sich die zur Unterscheidung führenden personenbezogenen Merkmale den in Art. 3 Abs. 3 GG genannten Merkmalen annähern, das heißt je größer die Gefahr ist, dass eine an sie anknüpfende Ungleichbehandlung zur Diskriminierung einer Minderheit führt" – so BVerfGE 133, 377 (Rn 77 ff.) zur steuerlichen Behandlung (Splitting-Tarif) für Lebenspartnerschaften für das Merkmal der sexuellen Orientierung, das selbst nicht unter die Diskriminierungsverbote des Art. 3 III GG fällt. Als ein Problem geschlechtsbezogener Diskriminierung wird zT auch das Kopftuch der islamischen Lehrerin gesehen: Das Verbot seines Tragens im Unterricht richtet sich typischerweise an Frauen (*Michael*, JZ 2003, 256 in einer Anm. zum U. des BVerwG vom 4.7.2002). Der EGMR (für Art. 14 EMRK) hat dies allerdings verneint: Die Anordnung, beim Unterricht auf dieses Glaubenssymbol zu verzichten, knüpfe nicht an das Geschlecht an (NJW 2001, 2871); s **Fall 13**.

#### c) Staatsbürgerliche Rechte und Pflichten

**209** Art. 33 I GG verbietet Ungleichbehandlung insbesondere nach Landeszugehörigkeit. Art. 33 II GG schließt für den Zugang zu öffentlichen Ämtern alle Differenzierungskriterien außer Eignung, Leistung und Befähigung aus, wobei insbesondere auch die Kriterien des Art. 3 II, III GG nicht herangezogen werden dürfen – auch hier ist die Zulässigkeit von Quotenregelungen str. Im Sinn formaler Gleichheit sind die Wahlrechtsgleichheit des Art. 38 I 1 GG und das Recht der politischen Parteien auf Chancengleichheit zu verstehen.

#### d) Unionsrechtliche Diskriminierungsverbote

**210** Das Diskriminierungsverbot des Art. 18 AEUV verbietet den Mitgliedstaaten Ungleichbehandlungen auf Grund der Staatsangehörigkeit; die sog. **„Inländerdiskriminierung"** wird hierdurch jedoch nicht ausgeschlossen: Waren und Dienstleistungen aus anderen EU-Staaten dürfen auf den deutschen Märkten auch dann nicht behindert werden, wenn sie etwaigen strengeren Anforderungen des deutschen Rechts – zB Qualifikationsnachweise für bestimmte Berufe oder Beschaffenheitsanforderungen für bestimmte Waren – nicht erfüllen, sondern nur die im Herkunftsland geltenden Anforderungen; insoweit entstehen Nachteile für inländische Anbieter, die den strengeren inländischen Anforderungen genügen müssen.

### 4. Aufbauhinweise – Gesetzesprüfung

**211** In der Grundrechtsprüfung im Rahmen einer Verfassungsbeschwerde wird Art. 3 I GG idR im Anschluss an die Prüfung der Freiheitsgrundrechte erörtert (so dass keine erneuten Ausf. zur formellen Verfassungsmäßigkeit erforderlich sind – das kompetenzwidrig belastende Gesetz verstößt auf jeden Fall auch gegen Art. 2 I GG).

---

55 S *Sachs*, JuS 2013, 89.

1. Ungleichbehandlung
   a) Feststellung der relevanten Ungleichbehandlung
   b) Vergleichssachverhalte
2. Rechtfertigung der Ungleichbehandlung
   a) Intensität der Ungleichbehandlung
   b) Nach Art. 3 II, III GG ausgeschlossene Differenzierungsgründe?
   c) Rechtfertigung der Ungleichbehandlung nach Art. 3 I GG
      aa) Sachlicher Differenzierungsgrund bzw – bei intensivierter Gleichheitsprüfung – legitimer Zweck der Differenzierung
      bb) bei intensivierter Gleichheitsprüfung: Eignung und Erforderlichkeit, Angemessenheit iÜ?
3. Wenn Gleichheitsverstoß bejaht wird: Klärung der Rechtsfolge

**Zur Wiederholung:** *Kingreen/Poscher* Rn 514–599. **212**

**Aus der Ausbildungsliteratur:** *Scherzberg/Mayer*, Die Prüfung des Gleichheitssatzes in der Verfassungsbeschwerde, JA 2004, 137; *Schwarz*, Grundfälle zu Art. 366, JuS 2009, 315; *Sachs/Jasper*, Der allgemeine Gleichheitssatz, JuS 2019, 769; *Mülder/Weitensteiner*, Der allgemeine Gleichheitssatz (Art. 3 Abs. 1 GG), Jura 2019, 51; *Pieroth*, Die Herstellung der Rechtsgleichheit zwischen Frauen und Männern, Jura 2019, 687.

**Aktuelle Rechtsprechung:** BVerfGE 110, 274 (Ausnahmen von der Ökosteuer); BVerfGE 112, 164 (Kindergeld – anzurechnendes Einkommen und Sozialabgaben); BVerfGE 122, 210 (Pendlerpauschale); EuGH NJW 2005, 3695 (Befristungsregelung für ältere Arbeitnehmer – Fall Mangold); BVerfGE 133, 377 (Splitting-Tarif für eingetragene Partnerschaften); BVerfGE 147, 1 (3. Geschlecht); BVerfGE 148, 267 (Stadionverbot).

**Weitere Fälle im thematischen Zusammenhang:** *Oldiges*, Fall EJS Sachsen 2001/2, Aufgabe 7, SächsVBl 2004, 72 und 92; *Müller-Franken*, Frauenförderung im Subventionswesen, JuS 2005, 723; *Sachs/Rossol*, Examensklausur Öffentliches Recht: „Kosmetika im Strafvollzug"; *Lüdemann/Hermstrüwer*, Referendarexamen – Öffentliches Recht: Verkaufsverbot für Schokoladenzigaretten, JuS 2012, 57; *Kuch*, Unerfüllter Kinderwunsch, JuS 2019, 643.

## C. Bundes- und Landesgrundrechte

Zur Landesverfassungsbeschwerde Rn 79 f; s näher *Degenhart* Rn 896. **213**

Fall 2

# Bad bank – bad law

*Mittelschwerer Examensfall*

**214** Angesichts einer sich wieder verschärfenden Finanzkrise und einer bedrohlichen Schieflage der „Bavarian Bad Bank" (BBB) verabschiedet die Bundesregierung einen Gesetzentwurf für die Zwangsverwaltung von Banken, die in Schieflage geraten sind oder zu geraten drohen. Wegen der besonderen Eilbedürftigkeit der Angelegenheiten veranlasst die Bundesregierung, dass der Gesetzentwurf unmittelbar durch die Fraktion der A-Partei, der u.a. der federführende Bundeswirtschaftsminister angehört, in den Bundestag eingebracht wird. Gleichzeitig ersucht der Bundeskanzler nach § 21 II GeschOBT den Bundestagspräsidenten um umgehende Einberufung des Bundestags, der diesem Ersuchen entspricht. Entgegen § 78 V GeschOBT findet die erste Beratung des Gesetzes bereits am Tag nach der Verteilung der Drucksache mit dem Gesetzentwurf statt. Auf Antrag der A-Fraktion beschließt der Bundestag mit 280:138 Stimmen, den von der Bundesregierung als alternativlos und wegen der systemischen Bedeutung der BBB ungewöhnlich eilbedürftig bezeichneten Gesetzentwurf nicht an die Ausschüsse zu überweisen, sondern sogleich in die zweite Lesung einzutreten. Mehrere Änderungsanträge oppositioneller Abgeordneter finden keine Mehrheit. Unmittelbar im Anschluss an die zweite Lesung erfolgt die dritte Beratung. Sie endet mit der Schlussabstimmung, in der das Gesetz mit der gleichen Mehrheit beschlossen wird.

Nachdem der Bundesrat darauf verzichtet, den Vermittlungsausschuss anzurufen, tritt das Gesetz wie vorgesehen kurzfristig in Kraft.

Nachdem wenig später in der Presse berichtet wird, der Gesetzentwurf sei im Auftrag des Bundeswirtschaftsministers von der Rechtsanwaltskanzlei Global&Player, einer internationalen Anwaltsgesellschaft verfasst worden und unverändert Gesetz geworden, richtet die Abgeordnete Wanda Wachsam (W) eine kleine Anfrage an die Bundesregierung mit diesen Fragen:

1. Trifft es zu, dass der Entwurf für das Bankenstabilisierungsgesetz von Anfang bis Ende von einer internationalen Anwaltskanzlei geschrieben wurde?
2. Trifft es weiterhin zu, dass zu den Mandanten dieser Kanzlei auch die Agricola Bank gehört und diese in einen Konkurs der BBB involviert wäre?
3. Hat die Bundesregierung in der Vergangenheit Gesetzentwürfe durch Anwaltskanzleien schreiben lassen und was hat sie hierfür an Honoraren ausgegeben?
4. Trifft es ferner zu, dass im Bundeskabinett das Vorgehen des Ministers deutlich kritisiert wurde?

Die Bundesregierung antwortet hierauf, die gestellten Fragen seien ausnahmslos unzulässig, da sie rein regierungsinterne Vorgänge beträfen, die nicht ausgeforscht werden dürften. Dies gelte insbesondere für die Fragen 1), 3) und 4). Es sei allein Sache der Bundesregierung, wie sie ihre Gesetzentwürfe formuliere. Gleichwohl sei zu betonen, dass es im Interesse einer guten Gesetzgebung sinnvoll und notwendig sei, auf die

Erfahrung und die Sachkompetenz privater Berater zurückzugreifen. Im Fall des Bankenstabilisierungsgesetzes sei zudem besondere Eile geboten gewesen und man habe die meist langwierigen Abstimmungsprozesse zwischen den Ministerien vermeiden wollen. Frage 2) bedeute zudem einen unzulässigen Eingriff in die Geschäftsinterna der Kanzlei G&P und der Agricola Bank.

Die Abgeordnete W ist damit nicht zufrieden. Sie will vor dem Bundesverfassungsgericht eine Beantwortung ihrer Fragen durch die Bundesregierung erreichen und beauftragt ihren wissenschaftlichen Mitarbeiter Rechtsreferendar Klug um eine gutachtliche Darlegung der Erfolgsaussichten einer „Verfassungsklage". W bittet den Klug, dabei auch zu berücksichtigen, dass in wenigen Monaten Neuwahlen anstünden und sie dem neuen Bundestag nicht mehr angehören werde und zu prüfen, ob unter diesen Umständen ein Antrag beim Bundesverfassungsgericht, das ja sicher nicht in so kurzer Zeit zu einer Entscheidung gelangen werde, sinnvoll sei.

Darüber hinaus will W wissen, ob das Gesetz überhaupt verfassungskonform zustande gekommen sei. Sie will insbesondere wissen, ob, wovon an Hand der Presseberichte über die Beauftragung der Kanzlei G&P und über die Verwicklung der A-Bank auszugehen sei, die Bundesregierung „sich die Gesetze von Anwälten schreiben lassen" dürfe und ob das Verhalten der Bundesregierung und die Vorgehensweise des Bundestags bei Verabschiedung des Gesetzes mit der Verfassung überhaupt in Einklang stand. Auch diesbezüglich erwägt sie eine „Verfassungsklage" zu erheben, deren Erfolgsaussichten ihr Mitarbeiter prüfen soll. Auf Grund der überhasteten Vorgehensweise bei Verabschiedung des Gesetzes sei sie nicht in der Lage gewesen, sich nur halbwegs fundiert mit der komplizierten Materie auseinanderzusetzen.

# Vorüberlegungen

215 Die Aufgabe enthält eine Reihe von Standardproblemen – Beteiligtenfähigkeit des Abgeordneten im Organstreitverfahren, Rechtsschutzbedürfnis nach Mandatsverlust, erster Durchgang im Bundesrat, Fragerechte des Abgeordneten –, aber auch mit der Beauftragung einer privaten Kanzlei mit der Ausarbeitung eines Gesetzentwurfs eine aktuelle, noch ungeklärte Fragestellung.

Die Aufgabe gliedert sich in zwei Teile. Im ersten Teil geht es um die Erfolgsaussichten – also Zulässigkeit und Begründetheit – eines Antrags eines (bzw einer) einzelnen Abgeordneten beim Bundesverfassungsgericht, der sich durch die Haltung der Bundesregierung in seinen Abgeordnetenrechten verletzt sieht – es liegt auf der Hand, dass hier nur ein Organstreitverfahren in Betracht kommt. Im zweiten Teil geht es um die Frage, ob das Gesetzgebungsverfahren ordnungsgemäß abgelaufen ist und wiederum um die Erfolgsaussichten eines Antrags beim Bundesverfassungsgericht. Hier wird im Aufbau vorgeschlagen, zunächst die „Rechtslage" zu prüfen, also etwaige Verfassungsverstöße beim Zustandekommen des Gesetzes, und dann die hierfür in Betracht kommenden Rechtsbehelfe. Denn nicht jeder Verstoß gegen Verfassungsbestimmungen verletzt den Abgeordneten in seinen subjektiven Rechten. Welche Rechtsbehelfe in Betracht kommen, lässt sich einfacher beantworten, wenn die iE geltend zu machenden Verfassungsverstöße geklärt sind. Selbstverständlich ist auch die umgekehrte Prüfungsreihenfolge, also Zulässigkeit und Begründetheit, nicht falsch. Allerdings muss dann bei der Antragsbefugnis schon in Fragen materiellen Verfassungsrechts eingestiegen werden.

216 Im ersten Teil geht es iW um die genannten Standardprobleme. Ein **Fragerecht** des Abgeordneten wird im Grundgesetz nicht ausdrücklich erwähnt. Daher muss auf allgemeinere Bestimmungen des Grundgesetzes über die Rechtsstellung des Abgeordneten zurückgegriffen werden, in erster Linie auf die „Grundnorm" des Art. 38 I 2 GG über das freie Mandat. Sie ist auch für den vorliegenden Sachverhalt weiterführend. Wenn der Abgeordnete als Vertreter des ganzen Volkes sein Mandat wahrnimmt, so muss er einerseits die Möglichkeit und die Befugnis haben, sein Mandat auch tatsächlich wirksam wahrzunehmen. Einzelne neuere **Landesverfassungen** enthalten explizite Fragerechte, zB Art. 51 I 1 SächsVerf. Selbstverständlich kann hier keine Analogie zu Bestimmungen einer Landesverfassung gezogen werden; demgegenüber wäre es methodisch zulässig, die Bestimmungen in neueren Landesverfassungen als Ausdruck eines allgemeineren Rechtsgedankens zu bewerten und dies als Argument auch für die Auslegung des Grundgesetzes heranzuziehen – dahingehende Überlegungen dürften wohl nur Bearbeiter anstellen, die die entsprechende Landesverfassung kennen; auch müsste dann, um Missverständnisse beim Leser zu vermeiden, klargestellt werden, dass nicht unmittelbar die landesverfassungsrechtliche Bestimmung, sondern der in ihr zum Ausdruck kommende Rechtsgedanke herangezogen wird.

217 Im zweiten Teil geht es darum, neue und überraschende Fragestellungen auf vertraute Grundkonstellationen zurückzuführen – vom Bearbeiter einer Examensklausur wird nicht erwartet, dass er neue Verfassungsgrundsätze gleichsam erfindet. Es geht also um das Gesetzgebungsverfahren. In dessen Verlauf sind möglicherweise Unregelmäßigkeiten vorgekommen. Nun gliedert sich das Gesetzgebungsverfahren in die Abschnitte

Initiativstadium – Beratung und Beschlussfassung – Ausfertigung und Verkündung. Die Ausarbeitung des Gesetzentwurfs liegt noch vor der eigentlichen Gesetzesinitiative. Die Beauftragung der Kanzlei kann also allenfalls die Gesetzesinitiative fehlerhaft machen – sobald das Gesetz im Bundestag beraten wird, hat dieser die Verantwortung. Das Grundgesetz trifft jedoch keine Regelungen für die Vorbereitung einer Gesetzesinitiative. Also muss nach allgemeineren Verfassungsprinzipien gefragt werden – hier kommt es nur darauf an, einige brauchbare Argumente pro und contra zu bringen. Die anschließende Einbringung des Gesetzentwurfs durch die Fraktion spricht das hinreichend bekannte Problem des **ersten Durchgangs** beim Bundesrat an. Weitere Verfahrensfehler sind für das Stadium der Beratung und Beschlussfassung angesprochen. Wenn die Beratung entgegen der im SV genannten Bestimmung der GeschOBT zu früh angesetzt wurde,[1] so muss nun die Bearbeitung klären, ob hierin gleichzeitig ein Verfassungsverstoß liegt.

Hinsichtlich prozessualer Konsequenzen kommt es entscheidend auf die Unterscheidung zwischen objektiven Verfassungsverstößen und Verletzung der verfassungsmäßigen Rechte des einzelnen Abgeordneten an – wobei zu berücksichtigen ist, dass dieser nicht als Teil des Verfassungsorgans Bundestag[2] beteiligtenfähig ist, sondern als sonstiger Beteiligter am Verfassungsleben. Er kann also nicht in Prozessstandschaft gemäß § 64 BVerfGG Rechte des Bundestags, sondern nur eigene Abgeordnetenrechte geltend machen. **218**

## Gliederung **219**

**Teil 1: Kleine Anfrage**

**Ausdeutung des Rechtsschutzbegehrens**

**A. Zulässigkeit des Antrags im Organstreitverfahren**

I. Beteiligtenfähigkeit
1. Antragsteller
W als „anderer Beteiligter“ iSv Art. 93 I Nr. 1 GG.
2. Antragsgegner

II. Antragsgegenstand
Verweigerung der Auskunft als qualifiziertes Unterlassen

III. Antragsbefugnis
Fragerecht des Bundestagsabgeordneten: Art. 38 I 2 GG

IV. Form und Frist

V. Rechtsschutzbedürfnis
Allgemeines Interesse an verfassungsgerichtlicher Klärung

**Ergebnis:** Antrag zulässig

1 Dies war der Fall beim sog. Finanzmarktstabilisierungsgesetz, vgl *Brandner*, NVwZ 2009, 211.
2 Vgl BVerfGE 123, 267 (337): nur ständige Untergliederungen sind unter diesem Gesichtspunkt beteiligtenfähig.

**B. Begründetheit des Antrags im Organstreitverfahren**

I. Fragerecht des Abgeordneten als verfassungsmäßiges Recht: freies Mandat

II. Schranken des Fragerechts

1. Allgemeine Schranken: regierungsinterne Willensbildung – Rechte privater Dritter
2. Anwendung der Schranken
   a) Auftrag an Anwaltskanzlei – außerhalb regierungsinterner Willensbildung
   b) Mandantenbeziehungen: Schutz durch Art. 12 GG – Informationsinteresse des Bundestags
   c) Frage zu 3) – keine schutzwürdigen Belange Privater
   d) Frage zu 4) – interner Willensbildungsprozess im Kabinett

**Ergebnis:** Antrag bezüglich Fragen zu 1) – 3) begründet

## Teil 2: Gesetzgebungsverfahren

**A. Verfassungsmäßiges Zustandekommen des Gesetzes**

I. Initiativstadium

1. Einschaltung der Anwaltskanzlei: Gemeinwohlorientierung der Gesetzgebung – Art. 20 GG – demokratische Transparenz
2. Einbringung des Gesetzentwurfs durch die Fraktion: Umgehung – zulässige Gestaltung, kein Verfassungsverstoß

II. Beratung und Beschlussfassung im Bundestag
§ 78 V GeschOBT: verfassungsrechtlicher Schutzzweck

**B. Prozessuale Konsequenzen – Zulässigkeit eines Antrags zum BVerfG**

Möglicher Rechtsbehelf: Antrag im Organstreitverfahren

I. Organstreitverfahren W – Bundesregierung
Verfahrensgegenstand: Beauftragung von G&P durch die Bundesregierung (–);
Antragsbefugnis (–): Rechte des Bundestags

II. Organstreitverfahren W – Bundestagspräsident

1. Beteiligtenfähigkeit
   W (+); Bundestagspräsident (+), gem. § 63 BVerfGG als Antragsgegner parteifähig
2. Verfahrensgegenstand
   Einberufung einer Sitzung des Bundestags
3. Antragsbefugnis
   § 78 V GeschOBT, Art. 38 I 2 GG (+)

# Musterlösung

## Teil 1: Kleine Anfrage

### Ausdeutung des Rechtsschutzbegehrens

Da W sich durch das Verhalten der Bundesregierung, also eines Verfassungsorgans, in ihren Rechten als Angehörige des Bundestags verletzt sieht, kommt als statthafte Verfahrensart in erster Linie das Organstreitverfahren nach Art. 93 I Nr. 1 GG, §§ 63 ff. BVerfGG in Betracht. **220**

Der Antrag im Organstreitverfahren hat Aussicht auf Erfolg, wenn er zulässig und begründet ist.

### A. Zulässigkeit des Antrags im Organstreitverfahren

### I. Beteiligtenfähigkeit

Die Zulässigkeit des Antrags setzt zunächst voraus, dass W als Antragsteller im Organstreitverfahren nach Art. 93 I Nr. 1 GG, §§ 63 ff. BVerfGG beteiligtenfähig ist und der Antrag gegen einen gleichermaßen beteiligtenfähigen Antragsgegner gerichtet wird. **221**

### 1. Antragsteller

W müsste als einzelne Abgeordnete beteiligtenfähig sein. Einzelne Abgeordnete zählen nicht zu den in Art. 93 I Nr. 1 GG genannten obersten Bundesorganen. Sie sind auch kein „Organteil“ iSv Art. 93 I Nr. 1 GG, da hierzu nur ständige Untergliederungen des Bundestags zählen. W könnte jedoch als „anderer Beteiligter“ iSv Art. 93 I Nr. 1 GG beteiligtenfähig sein, wenn sie durch das Grundgesetz oder die Geschäftsordnung des Bundestags (GeschOBT) mit eigenen Rechten ausgestattet ist. Der einzelne Abgeordnete ist schon wegen Art. 38 I 2 GG mit eigenen Rechten ausgestattet und kann im Organstreit die behauptete Verletzung oder Gefährdung jedes Rechts geltend machen, das mit seinem Status verfassungsrechtlich verbunden ist[3]; er ist „anderer Beteiligter“ iSv Art. 93 I Nr. 1 GG.[4] **222**

Wenn W jedoch dem nächsten Bundestag nicht mehr angehören wird und das Bundesverfassungsgericht voraussichtlich in der zu Ende gehenden Legislaturperiode nicht mehr in der Sache entscheiden wird, so könnte dies zur Unzulässigkeit des Antrags führen; dann wäre es in der Tat für die W nicht sinnvoll, noch einen Antrag im Organstreitverfahren zu stellen. Für die Zulässigkeit eines Antrags unter dem Gesichtspunkt der Beteiligtenfähigkeit kommt es jedoch auf den Zeitpunkt an, zu dem der Rechtsstreit anhängig gemacht wurde.[5] Kommt die die Beteiligtenfähigkeit begründende Eigenschaft, **223**

3 BVerfGE 94, 351 (362); zu den Statusrechten der Abgeordneten s auch SaarlVerfGH NVwZ-RR 2006, 665.
4 BVerfGE 123, 267 (337) – er ist aber nicht Teil des Verfassungsorgans Bundestag.
5 BVerfGE 102, 224 (231).

hier also die Zugehörigkeit zum Bundestag, jedoch während des Verfahrens zum Wegfall, so könnte das Rechtsschutzbedürfnis entfallen.

### 2. Antragsgegner

224 Die Bundesregierung als Antragsgegner ist gemäß Art. 93 I Nr. 1 GG, § 63 BVerfGG als Verfassungsorgan beteiligtenfähig.

## II. Antragsgegenstand

225 Es müsste auch ein tauglicher Antragsgegenstand vorliegen. Dies ist der Fall bei rechtserheblichen Maßnahmen oder Unterlassungen des Antragsgegners. Das Auskunftsverlangen der Abgeordneten stellt eine rechtserhebliche Maßnahme dar, da es jedenfalls nach § 105 GeschOBT eine Auskunftspflicht der Bundesregierung begründet. Damit aber ist die Verweigerung der Auskunft durch die Bundesregierung als ein qualifiziertes und damit rechtserhebliches Unterlassen zu werten. Hierin liegt ein geeigneter Antragsgegenstand.

## III. Antragsbefugnis

226 W müsste weiterhin gem. § 64 I BVerfGG plausibel geltend machen können, in einem aus der Verfassung herleitbaren Recht verletzt zu sein.

Ein Fragerecht des Bundestagsabgeordneten wird im Grundgesetz nicht ausdrücklich erwähnt. Zwar hat nach §§ 104, 105 GeschOBT der einzelne Abgeordnete das Recht, Fragen an die Regierung zu richten und ist diese verpflichtet, hierauf zu antworten. Rechte aus der Geschäftsordnung allein können jedoch die Antragsbefugnis nicht begründen, da der Antragsteller geltend machen muss, in einem seiner Rechte aus dem Grundgesetz verletzt zu sein. Das Fragerecht der GeschOBT müsste also Ausdruck eines verfassungsmäßigen Rechts des einzelnen Abgeordneten sein. Es müsste sich unmittelbar aus der verfassungsrechtlichen Stellung des Abgeordneten ergeben.

227 Das Grundgesetz erwähnt, anders, als einige neuere Landesverfassungen,[6] ein Fragerecht des einzelnen Abgeordneten nicht ausdrücklich. Es ist also aus den allgemeinen Bestimmungen des Grundgesetzes über die Rechtsstellung des Abgeordneten und aus allgemeinen Verfassungsgrundsätzen abzuleiten. Grundlage hierfür könnte insbesondere die grundsätzliche Bestimmung des Art. 38 I 2 GG über die Rechtsstellung des Abgeordneten sein. Hiernach ist der Abgeordnete Vertreter des ganzen Volkes und hat als solcher Anteil an den Aufgaben des Bundestags, an seiner Gesetzgebungsarbeit wie ganz allgemein an der parlamentarischen Auseinandersetzung und Willensbildung und an der parlamentarischen Kontrolle der Regierung. Will er diese verfassungsrechtlichen Funktionen wirksam wahrnehmen, so ist er angewiesen auf Information. Dem entspricht das Fragerecht der GeschOBT. Es kann also als Ausdruck der verfassungsrechtlichen Stel-

6 Vgl zB Art. 51 I 1 SächsVerf.

lung des Abgeordneten gesehen werden. Damit aber ist es nicht ausgeschlossen, dass die Bundesregierung mit ihrer unzureichenden Antwort auf die Anfrage der W auch deren verfassungsmäßige Rechte als Abgeordnete verletzt hat. Die W ist also antragsbefugt.

### IV. Form und Frist

Der Antrag bedarf nach § 23 I 1 BVerfGG der Schriftform. Er ist nach § 64 III BVerfGG innerhalb einer Frist von sechs Monaten seit dem Bekanntwerden der angegriffenen Maßnahme zu stellen, hier also seit der Verweigerung der Auskunft durch die Bundesregierung. **228**

### V. Rechtsschutzbedürfnis

Das Rechtsschutzbedürfnis der W als Antragstellerin, das im Regelfall durch deren Antragsbefugnis indiziert wird, könnte hier ausnahmsweise dann weggefallen sein, wenn sie, wie sie annimmt, bei Entscheidung durch das BVerfG nicht mehr dem Bundestag angehört, so dass ihr auch die Rechte, deren Verletzung sie hier geltend macht, nicht mehr zustehen. Eine solche Sichtweise führt jedoch im Bereich der Organstreitverfahren zwischen obersten Bundesorganen (bzw deren Teilen) häufig zu unbefriedigenden Ergebnissen, die auch mit dem Sinn und Zweck des Organstreitverfahrens, wie das GG es in Art. 93 I Nr. 1 GG vorsieht, nicht zu vereinbaren sind. Insbesondere der Bundestag als zentrales Verfassungsorgan der grundgesetzlichen Demokratie ist daraufhin angelegt, durch Wahlen im Vierjahresabstand neu konstituiert zu werden, und beruht damit bereits seinem Wesen nach auf der nur zeitweiligen Zugehörigkeit seiner Mitglieder. Wenn das Grundgesetz dem Bundestag und seinen Teilen nach Art. 93 I Nr. 1 GG die Möglichkeit der Antragstellung im Organstreit eröffnet, so kann diese verfassungsgerichtliche Kontrolle ihre Wirkung nur dann ausreichend entfalten, wenn für die Frage der Beteiligtenfähigkeit des Antragstellers auf den Zeitpunkt der Antragstellung selbst abgestellt wird und das Rechtsschutzinteresse auch dann bejaht wird, wenn die Wirkungen der Maßnahme zwischenzeitlich entfallen sind; anderenfalls wären Pflichtverletzungen gegen Ende der Legislaturperiode praktisch unkontrollierbar. Für das allgemeine Rechtsschutzbedürfnis muss ausreichend sein, dass auch dann noch ein gewisses öffentliches Interesse an der Klärung der aufgeworfenen Verfassungsfrage besteht.[7] **229**

Im vorliegenden Fall geht es um eine grundsätzliche Klärung der Rechte der Abgeordneten. Die damit angesprochenen Probleme sind insofern auch künftig für das Verhältnis von Regierung und Parlament grundsätzlich relevant, so dass ein allgemeines Interesse an ihrer verbindlichen verfassungsgerichtlichen Klärung besteht. Das Rechtsschutzinteresse ist damit gegeben. **230**

**Ergebnis zu A.:** Der Antrag der W im Organstreitverfahren ist zulässig. Er wird auch nicht unzulässig, wenn W aus dem Bundestag ausscheidet.

7 Vgl BVerfGE 102, 224 (231); MVVerfG LKV 2003, 516.

## B. Begründetheit des Antrags im Organstreitverfahren

231 Der Antrag ist begründet, wenn W durch die Nichtbeantwortung ihrer Fragen durch die Bundesregierung in ihren Rechten aus dem Grundgesetz verletzt ist.

### I. Fragerecht des Abgeordneten als verfassungsmäßiges Recht: freies Mandat

W kann in ihren verfassungsmäßigen Rechten als Abgeordnete dann verletzt sein, wenn es sich bei ihrem Fragerecht um ein unmittelbar aus dem Grundgesetz abgeleitetes Recht handelt. Dies ist zu bejahen. Ein Fragerecht der Abgeordneten ist sowohl im Gewaltenteilungsprinzip als auch im Demokratieprinzip verankert. Denn die Kontrolle der Regierung durch das Parlament sichert auch die Legitimationskette vom Volk zum Handeln der Staatsorgane.[8] Wie schon zur Antragsbefugnis der W ausgeführt wurde, ist der einzelne Abgeordnete ebenso wie der Bundestag als Ganzes auf Information durch die Bundesregierung angewiesen. Im repräsentativen System des Grundgesetzes, wie es auch in Art. 20 II 2 GG festgelegt ist, ist der einzelne Abgeordnete Vertreter des ganzen Volkes und hat als solcher Teil an den verfassungsmäßigen Rechten des Bundestags, insbesondere auch an der Ausübung des Frage- und Informationsrechts des Parlaments.[9] Die Bundesregierung muss den Bundestag in die Lage versetzen, seine Aufgabe der parlamentarischen Kontrolle des Regierungshandelns effektiv wahrzunehmen. Dies gilt auch im Verhältnis zu dem einzelnen Abgeordneten, der an dieser parlamentarischen Kontrolle der Regierung gleichberechtigt zu beteiligen ist. Sie muss daher verpflichtet sein, auch dem einzelnen Abgeordneten auf Fragen zu antworten. *Dass dahingehende Auskunftspflichten der Regierung gegenüber dem Abgeordneten sich aus dem Grundsatz der parlamentarischen Demokratie ergeben, bestätigt sich auch daraus, dass einzelne Landesverfassungen ein solches Recht ausdrücklich anerkennen.*[10]

232 Dem einzelnen Abgeordneten erwächst also aus seinem verfassungsrechtlichen Status gemäß Art. 38 I 2 GG iVm Art. 20 II 2 GG ein Recht darauf, dass ihm grundsätzlich diejenigen Informationen nicht vorenthalten werden, die ihm eine sachgerechte Wahrnehmung seiner verfassungsrechtlichen Funktionen ermöglichen.

### II. Schranken des Fragerechts

233 1. Die Bundesregierung könnte jedoch ihrerseits Schranken des Fragerechts der W geltend machen. Denn das Fragerecht des Abgeordneten ist nicht schrankenlos gewährleistet. Schranken könnten sich hier zum einen daraus ergeben, dass die Fragen der W darauf gerichtet sind, einen **Bereich regierungsinterner Willensbildung** auszuforschen, der sich grundsätzlich dem Frage- und Kontrollrecht des Parlaments entzieht.[11] Denn insoweit besteht ein geschützter Kernbereich exekutiver Eigenverantwortung. Aus dem Fragerecht darf kein Mitregieren werden. Dabei genügt es jedoch nicht, dass die Bun-

8 BVerfGE 146, 1 Rn 87.
9 BVerfGE 124, 161 (188); BVerfGE 80, 188 (218).
10 S die Vorüberlegungen Rn 216.
11 Vgl für die Aktenvorlage an den Untersuchungsausschuss BVerfGE 124, 78 (117 ff.).

desregierung sich generell auf Geheimhaltungserfordernisse bezieht. Sie muss diese vielmehr konkret darlegen, um ihre Beurteilung zu ermöglichen.[12] Ein Recht der Bundesregierung, die Auskunft zu verweigern, könnte sich auch aus **schutzwürdigen Belangen privater Dritter** ergeben. Denn wie alle Staatsorgane ist auch die Bundesregierung hier zur Beachtung insbesondere der Grundrechte Dritter verpflichtet.

2. Ob eine der Schranken des Fragerechts bzw der Auskunftspflicht der Bundesregie- 234
rung hier eingreift, ist für die einzelnen Fragen der W gesondert zu beurteilen.

a) Soweit die Abgeordnete Auskunft darüber verlangt, ob der Entwurf für das Gesetz über die Zwangsverwaltung von Banken von einer Anwaltskanzlei ausgearbeitet worden ist, könnte ein Kernbereich exekutiver Eigenverantwortung deshalb betroffen sein, weil es hier um die Vorbereitung von Kabinettsentscheidungen ging.[13] Dagegen spricht jedoch, dass ein Mitglied der Bundesregierung selbst einen Auftrag an externe Berater hatte erteilen lassen. Der Bereich **regierungsinterner Willensbildung** war damit verlassen worden. Zudem ist ein berechtigtes Interesse des Bundestags daran anzuerkennen, wie es zu einer Gesetzesvorlage gekommen ist, um diese sachgerecht beurteilen zu können. Besondere Geheimhaltungsinteressen sind insoweit nicht erkennbar. Die Antwort auf die Frage zu 1) durfte also von Seiten der Bundesregierung nicht verweigert werden. Schutzwürdige Belange Dritter sind insoweit schon deshalb nicht berührt, weil nicht nach dem konkreten Auftragnehmer gefragt wurde, dieser andererseits ohnehin bereits in der Presse genannt wurde.

b) Konkrete schutzwürdige Belange Dritter könnten jedoch durch die Frage zu 2) be- 235
rührt sein. W will wissen, ob eine bestimmte Bank zu den Mandanten der von der Bundesregierung bzw dem Bundeswirtschaftsminister beauftragten Kanzlei gehörte. Da bereits durch Presseberichte bekannt geworden war, dass es sich bei der in Frage stehenden Kanzlei um die Großkanzlei G&P handelte, musste die Frage dahingehend aufgefasst werden, dass sie sich konkret auf eine **Mandantenbeziehung** zwischen der Kanzlei und der A-Bank bezieht. Damit würden Informationen aus dem betriebsinternen Bereich sowohl der Kanzlei als auch ihrer Mandantschaft offengelegt werden. Dies würde im Verhältnis zu ihnen den Schutzbereich ihrer **Grundrechte aus Art. 12 GG**, auf den sich sowohl die in der Kanzlei tätigen Anwälte als auch die Bank berufen können, berühren. Dazu sind gerade bei einer Anwaltskanzlei die Vertraulichkeit der Mandantenbeziehungen und der Schutz vor deren ungewollter Preisgabe an die Öffentlichkeit zu zählen. Würde also die Bundesregierung entsprechende Auskünfte über die Kanzlei G&P erteilen, so läge hierin zwar noch kein Eingriff iSd klassischen Eingriffsbegriffs, doch könnte zumindest eine faktische Grundrechtsbeeinträchtigung vorliegen, die einem klassischen Grundrechtseingriff gleichzustellen ist. Dies ist bei der Offenlegung von Betriebsinterna schon wegen der Auswirkungen auf die Wettbewerbsfähigkeit der Unternehmen grundsätzlich zu bejahen; bei einer Anwaltskanzlei insbesondere auch im Hinblick auf eine wirksame Wahrnehmung der Interessen des Mandanten durch den Anwalt.

12 BVerfGE 124, 161 Rn 134 ff. bei juris.
13 BVerfGE 124, 78 (120 f.).

236 Dies könnte hier jedoch gerechtfertigt sein durch das **Informationsinteresse des Bundestags** und damit auch der W. Hierfür ist insbesondere zu berücksichtigen, dass die private Kanzlei in die Wahrnehmung staatlicher Funktionen, die Vorbereitung von Gesetzentwürfen, eingeschaltet worden war. Da eben diese Entwürfe dann an den Bundestag gegangen sind, hatte dieser ein berechtigtes Interesse daran, über die Interessenlage der Verfasser des Entwurfs informiert zu werden. Andererseits musste den Anwälten, die den Entwurf ausarbeiteten, bewusst sein, dass sie damit das Interesse der Öffentlichkeit wie auch des Bundestags in besonderer Weise auf sich lenken würden. Ebenso besteht ein relevantes Interesse an Aufklärung der Rolle der in den Vorgang involvierten Bank. Damit ist in der Abwägung zwischen dem Interesse der Anwälte und der Bank und dem Informationsinteresse des Parlaments letzterem der Vorrang einzuräumen. Die Bundesregierung durfte die Antwort auf Frage 2) nicht verweigern.

237 c) Die Frage zu 3) betrifft ebenso wenig den Kernbereich exekutiver Eigenverantwortung wie die Frage zu 1). An einer Information über die Höhe der gezahlten Honorare besteht schon deshalb relevantes Interesse, weil es Aufgabe des Bundestags ist, die Bundesregierung auch hinsichtlich ihres Finanzgebarens zu kontrollieren. Demgegenüber müssen private Auftragnehmer, die einen Auftrag von der Bundesregierung annehmen, damit rechnen, dass hierüber im Bundestag gesprochen wird. Insoweit bestehen also **keine schutzwürdigen Belange Privater**, die einer Auskunftserteilung entgegenstehen könnten.

238 d) Demgegenüber bezieht sich die Frage zu 4) auf den **internen Willensbildungsprozess im Kabinett**. Dieser ist grundsätzlich für das Parlament nicht ausforschbar. Ein besonderes relevantes Interesse der W, über Meinungsverschiedenheiten im Kabinett informiert zu werden, ist von ihr nicht dargelegt worden. Die Bundesregierung durfte daher die Antwort auf die Frage 4) verweigern.

239 Im Übrigen wäre ein Antrag im Organstreitverfahren jedoch begründet. Das Bundesverfassungsgericht würde feststellen, dass die Bundesregierung, soweit sie die Fragen zu 1) – 3) nicht beantwortet hat, die Rechte der Antragstellerin aus Art. 38 I 2 GG, Art. 20 II 2 GG verletzt hat.

## Teil 2: Gesetzgebungsverfahren

240 Der wissenschaftliche Mitarbeiter wird zunächst prüfen, ob bei der Verabschiedung des Gesetzes Verfassungsverstöße erfolgten und wem diese zuzurechnen sind. Dann erst kann er beurteilen, gegen wen mit Aussicht auf Erfolg ein Antrag im Organstreitverfahren oder in einer anderen Verfahrensart gestellt werden könnte.[14]

14 Aufbaufragen sind an sich nicht im Text der Lösung anzusprechen. Hier geht es aber um die Überlegungen, die der wiss. Mitarbeiter anzustellen hat.

## A. Verfassungsmäßiges Zustandekommen des Gesetzes

### I. Initiativstadium

1. Fraglich könnte sein, ob die Einschaltung der Anwaltskanzlei einen Verfahrensfehler bedeutet. Mit der Ausarbeitung eines Gesetzentwurfs war jedoch das Stadium der Gesetzesinitiative noch nicht erreicht. Es handelte sich um bloße Vorarbeiten für die Gesetzgebung. Das Stadium der Vorarbeiten zur Gesetzgebung wird verfassungsrechtlich nicht explizit geregelt. Bestimmte grundlegende Anforderungen an die Gesetzgebung können sich bereits unmittelbar aus den verfassungsgestaltenden Grundentscheidungen des Art. 20 GG ergeben. **241**

Im demokratischen Staat des Grundgesetzes muss jede Gesetzgebung sich zwingend **am Gemeinwohl orientieren**. Sowohl das Parlament als auch die Ministerialverwaltung, der regelmäßig die Ausarbeitung von Gesetzentwürfen obliegt, sind der Allgemeinheit verpflichtet. Bei privaten Auftragnehmern, die, wenn auch nach den politischen Vorgaben ihres Auftraggebers, Gesetzentwürfe formulieren, ist dies nicht gleichermaßen der Fall. Auch hohes anwaltliches Berufsethos von Organen der Rechtspflege wird nicht immer verhindern können, dass Erfahrungen und Erwartungshaltungen ihrer Stammklientel in ihre Arbeit einfließen. Wenn daher Gesetzentwürfe von Anfang bis Ende von Großkanzleien mit bestimmter Mandantenstruktur ausgearbeitet werden, dann stellt sich die Frage, ob die Gemeinwohlbindung der Gesetze hier noch gewahrt ist und der Staat seine Verantwortung hinreichend wahrnimmt. Zwar ist die Einbeziehung externer Sachverständiger bei Erfüllung staatlicher Aufgaben nicht per se unzulässig. Interessenkollisionen müssen jedoch vermieden werden; dies ist ein allgemeines Erfordernis des Rechtsstaats. Wenn nun eine Kanzlei, die mit der Ausformulierung eines Gesetzentwurfs beauftragt ist, gleichzeitig wichtige Mandanten vertritt, die an dem Ergebnis des Gesetzgebungsverfahrens ein eigenes Interesse haben, so ist damit die Gemeinwohlorientierung der Gesetzgebung nicht mehr in hinreichendem Maße gewährleistet. **242**

Dass es letztlich der Bundestag ist, der über das Gesetz entscheidet, gleicht dies jedenfalls im vorliegenden Fall nicht aus. Denn wenn der Bundestag nicht hinreichend darüber informiert ist, von wem das Gesetz stammt, ist er zu einer verantwortlichen Beurteilung nicht in der Lage. Die Vorgehensweise der Bundesregierung beim Einbringen der Gesetzesvorlage berührt damit das Erfordernis der Transparenz der Gesetzgebungsarbeit und Übernahme der parlamentarischen Verantwortung. Letzteres bedeutet ja nicht, dass jeder einzelne Abgeordnete sich in der Sache detailliert mit jedem einzelnen Gesetz auseinandersetzt, das verabschiedet wird. Der einzelne Abgeordnete wird regelmäßig nicht in der Lage sein, die Bedeutung und den rechtlichen Gehalt jeder einzelnen zur Abstimmung kommenden Norm zu überblicken – er muss aber wissen, woher das Gesetz kommt. Er muss wissen, ob es von einer Ministerialbürokratie kommt, die dem Gemeinwohl verpflichtet und demokratisch legitimiert ist, oder aber ob das Gesetz insgesamt nach politischen Vorgaben von einem privaten Auftragnehmer ausgearbeitet wurde, der eben diesem Auftraggeber und nicht unmittelbar der Allgemeinheit verpflichtet ist. **243**

Die Vorgehensweise der Bundesregierung verstieß damit gegen wesentliche demokratische Erfordernisse.

244 2. Dadurch, dass die Bundesregierung den Gesetzentwurf durch die sie tragende Fraktion beim Bundestag einbringen ließ, hat sie den sog. „ersten Durchgang" beim Bundesrat gemäß Art. 76 II GG vermieden und hierdurch das Gesetzgebungsverfahren beschleunigt. In diesem – in der Praxis nicht unüblichen Verfahren – ist jedoch kein Verstoß gegen das Gebot der *Organtreue* und auch keine unzulässige Umgehung des Art. 76 II GG zu sehen: Das Initiativrecht des Bundestags ist unbegrenzt, der Bundestag kann sich daher Gesetzentwürfe der Regierung im Stadium der Gesetzesinitiative zu Eigen machen. Schon deshalb sollte hier **nicht von „Umgehung"** gesprochen werden. Es handelt sich vielmehr um eine durch die Verfassung eröffnete **Gestaltung** der politischen Willensbildung im parlamentarischen System. Die Rechte des Bundesrats werden zudem im zweiten Durchgang gewahrt. Vor allem aber ist das *Verfahrensrecht* in diesem Bereich auf *Rechtssicherheit durch Formalisierung* angewiesen. Gesichtspunkte wie Umgehung oder Rechtsmissbrauch sollten daher nur zurückhaltend eingesetzt werden. Ein Verfassungsverstoß ist zu verneinen[15].

## II. Beratung und Beschlussfassung im Bundestag

245 Gesetzentwürfe sind nach § 78 I 1 GeschOBT grundsätzlich in drei Lesungen zu beraten. Nach § 80 I 1 GeschOBT ist ein Gesetzentwurf nach der ersten Lesung an die Ausschüsse zu überweisen. Dies ist hier nicht erfolgt. Gemäß § 80 II 1 GeschOBT kann jedoch der Bundestag mit Zweidrittelmehrheit der anwesenden Mitglieder beschließen, sogleich in die zweite Lesung einzutreten. Dies ist hier erfolgt. Lt Sachverhalt wurde jedoch im Gesetzgebungsverfahren die Bestimmung des § 78 V GeschOBT nicht beachtet. Mit der Beratung durfte nicht am Tag nach der Verteilung der Drucksachen im Ausschuss begonnen werden.

246 Allein der Verstoß gegen die Geschäftsordnung bedeutet jedoch noch keinen Verfassungsverstoß. Es müsste sich bei der fraglichen Bestimmung des § 78 V GeschOBT um den unmittelbaren Ausdruck eines verfassungsrechtlichen Erfordernisses für die Gesetzgebung handeln.

Die Bestimmung will sicherstellen, dass der einzelne Abgeordnete sich hinreichend mit der Gesetzesvorlage befassen und sich auf die Beratung vorbereiten kann. Sie will also den einzelnen Abgeordneten befähigen, sein Mandat effektiv wahrzunehmen. Sie dient damit unmittelbar der Teilhabe des einzelnen Abgeordneten an den Funktionen des Parlaments und damit der Wahrnehmung seiner Statusrechte als Abgeordneter. Dies aber bedeutet: durch den Verstoß gegen die Geschäftsordnung wurden im Gesetzgebungsverfahren auch verfassungsmäßige Rechte der Abgeordneten W verletzt.

15 *Degenhart* Rn 216; *Nolte/Tams*, Jura 2000, 158 (160).

## B. Prozessuale Konsequenzen – Zulässigkeit eines Antrags zum BVerfG

Das verfassungskonforme Zustandekommen des Gesetzes könnte im Wege der abstrakten Normenkontrolle nach Art. 93 I Nr. 2 GG zur Überprüfung durch das Bundesverfassungsgericht gebracht werden. Den Antrag müssen jedoch ein Viertel der Mitglieder des Bundestags stellen. W könnte diesen Antrag also nicht in zulässiger Weise stellen. Es geht ihr auch nicht um die Verfassungsmäßigkeit des Gesetzes an sich, sondern darum, dass sie als Abgeordnete durch die Handhabung des Gesetzgebungsverfahrens in ihrer Tätigkeit als Abgeordnete behindert wurde. Daher ist wiederum ein Antrag im Organstreitverfahren in Erwägung zu ziehen. **247**

Ein derartiger Antrag müsste sich, soweit es sich um die Vorgehensweise der Bundesregierung bei der Ausarbeitung und Einbringung des Gesetzentwurfs handelt, gegen diese richten. Soweit es um den Verstoß gegen § 78 V GeschOBT geht, müsste sich der Antrag der W gegen den Bundestagspräsidenten richten. Denn dieser hat den Bundestag zu frühzeitig einberufen.

### I. Organstreitverfahren W – Bundesregierung

W als Abgeordnete und die Bundesregierung bzw der Bundeswirtschaftsminister als Teil des Verfassungsorgans Bundesregierung sind beteiligtenfähig; auf die Ausführungen im ersten Teil wird verwiesen. Als möglicher **Verfahrensgegenstand** könnte zunächst die Beauftragung von G&P durch die Bundesregierung bzw den Bundeswirtschaftsminister in Betracht kommen. Es ist jedoch zweifelhaft, ob es sich hierbei um eine rechtserhebliche Maßnahme iSd § 63 BVerfGG handelte. Denn es muss sich um eine rechtserhebliche Maßnahme innerhalb eines Verfassungsrechtsverhältnisses handeln; bei der Beauftragung der Kanzlei handelte es sich um eine vorbereitende Maßnahme im Vorfeld der Gesetzgebung. **248**

Jedenfalls aber fehlt es insoweit an der **Antragsbefugnis** der W. Der Antragsteller im Organstreitverfahren ist nur dann antragsbefugt, wenn er schlüssig behauptet, dass er und der jeweilige Antragsgegner an einem verfassungsrechtlichen Rechtsverhältnis unmittelbar beteiligt sind und dass der Antragsgegner hieraus erwachsende eigene Rechte und Zuständigkeiten des Antragstellers durch die beanstandete Maßnahme oder ein Unterlassen möglicherweise verletzt oder unmittelbar gefährdet hat.[16] Soweit man eine rechtserhebliche Unterlassung darin sehen will, dass die Bundesregierung den Bundestag nicht über die Entstehung des Gesetzentwurfs aufgeklärt hat, kann allenfalls eine Verletzung des Bundestags in seinen Rechten in Betracht kommen, nicht aber der W. Diese kann, da sie als andere Beteiligte iSd Art. 93 I Nr. 1 GG und nicht als Organteil des Bundestags beteiligtenfähig ist, auch nicht in Prozessstandschaft Rechte des Bundestags geltend machen. **249**

Soweit es um die Erstellung des Gesetzentwurfs durch die Kanzlei G&P im Auftrag des Bundeswirtschaftsministers geht, kann also W nicht in zulässiger Weise das Bundesverfassungsgericht anrufen.

16 BVerfGE 70, 324 (350).

### II. Organstreitverfahren W – Bundestagspräsident

#### 1. Beteiligtenfähigkeit

250 W als Abgeordnete ist, wie zu Teil 1 ausgeführt wurde, beteiligtenfähig. Zu klären ist nun, wer in diesem Verfahren der richtige Antragsgegner ist, gegen den sich der Antrag auf ein Organstreitverfahren richtet. In Betracht käme einerseits ein Antrag gegen den Deutschen Bundestag als solchen, zum anderen aber auch ein Antrag gegen den Bundestagspräsidenten. Dieser hat hier die Sitzung des Bundestags einberufen, § 21 II GeschOBT. Der Antrag im Organstreitverfahren gegen eine derartige Maßnahme ist daher gegen den Bundestagspräsidenten selbst zu richten. Der Bundestagspräsident ist Teil des Organs Bundestag und etwa in Art. 40 II GG mit eigenen Rechten ausgestattet und damit nach § 63 BVerfGG als Antragsgegner parteifähig.

#### 2. Verfahrensgegenstand

251 Die Einberufung einer Sitzung des Bundestags unter Festlegung der Tagesordnung ist eine rechtserhebliche Maßnahme. Der Bundestagspräsident ist hierzu nach § 21 GeschOBT verpflichtet. Sie ist Voraussetzung dafür, dass der Bundestag zusammentreten und beschließen kann. Ein tauglicher Verfahrensgegenstand liegt also vor.

#### 3. Antragsbefugnis

252 Geht man davon aus, dass die Geschäftsordnungsbestimmung des § 78 V GeschOBT in unmittelbarem Zusammenhang mit der Mandatsausübung durch den einzelnen Abgeordneten steht und damit den Schutz seiner Statusrechte aus Art. 38 I 2 GG bezweckt, so erscheint es jedenfalls nicht ausgeschlossen, dass W durch das überhastete Gesetzgebungsverfahren in ihren verfassungsmäßigen Rechten als Abgeordnete verletzt ist.

Ein Antrag der W im Organstreitverfahren wäre also, wenn er form- und fristgerecht gestellt wird, zulässig.

## Repetitorium

Zum Gesetzgebungsverfahren s auch **Fall 6**.

### Die Rechtsstellung des Abgeordneten

253 Grundnorm für die Rechtsstellung des einzelnen Bundestagsabgeordneten ist Art. 38 I 2 GG. Hierin kommt der Grundsatz des freien Mandats ebenso zum Ausdruck, wie der der gleichberechtigten Teilhabe des Abgeordneten an den Funktionen des Bundestags. Hieraus ist in konkreten Verfassungsstreitigkeiten, sei es innerhalb des Bundestags, sei es zwischen Abgeordneten und anderen Verfassungsorganen, zu argumentieren.

Um das freie Mandat des Abgeordneten geht es, wenn das Innehaben des Mandats von der **Parteizugehörigkeit** abhängig gemacht werden soll; das „Spannungsverhältnis" zwischen freiem Mandat (Art. 38 I GG) und parteienstaatlicher Demokratie (Art. 21 GG), das in derartigen Fällen in der Argumentation zu behandeln ist, ist hier zugunsten des freien Mandats aufzulösen. **254**

Dieses „Spannungsverhältnis" bestimmt auch die aktuelle Thematik des Fraktionsausschlusses. Das freie Mandat ist hier in Ausgleich zu bringen mit der verfassungsrechtlichen Stellung der Fraktion, die auch ein Recht auf Selbstorganisation umfasst und die wiederum durch die verfassungsrechtliche Stellung der politischen Parteien bestimmt ist.

Das freie Mandat des Abgeordneten und sein hieraus folgendes Recht auf gleichberechtigte Teilhabe am parlamentarischen Verfahren ist berührt, wenn dem Abgeordneten die Beteiligung an parlamentarischen Gremien uÄ verweigert wird; hierfür müssen besondere rechtfertigende Gründe gegeben sein, denn grundsätzlich bestimmen sich die Rechte des Abgeordneten nach dem Prinzip formaler Gleichheit. **255**

Aus der grundsätzlichen verfassungsrechtlichen Stellung des Abgeordneten, wie sie in Art. 38 I GG zum Ausdruck kommt, sind auch **Frage- und Informationsrechte** des einzelnen Abgeordneten zu bestimmen. Um den Bestand seines Mandats geht es bei einer Auflösung des Bundestags durch den Bundespräsidenten etwa im Fall der Vertrauensfrage; die Rechte des Abgeordneten ergeben sich hier aus Art. 38 I 2 GG, der auch den Bestand des Mandats schützt, iVm Art. 39 I 1 GG, der die Wahlperiode auf vier Jahre festlegt.

Soweit **Statusrechte** des Abgeordneten im Grundgesetz (bzw einer Landesverfassung) ausdrücklich geregelt sind, ist hierauf zurückzugreifen; dies betrifft die Immunität des Abgeordneten oder auch das Zeugnisverweigerungsrecht nach Art. 47 GG sowie seine Rechte nach Art. 48 GG. Auch hier kann jedoch in der Argumentation auf den Grundsatz des freien Mandats und die gleichberechtigte Stellung der Abgeordneten zurückzugreifen sein. **256**

In **prozessualer** Hinsicht ist zu beachten, dass der Abgeordnete seine Rechte aus dem Grundgesetz im Weg des Organstreitverfahrens – auch gegenüber dem Bundestag selbst – geltend machen, ausnahmsweise aber auch Verfassungsbeschwerde in Betracht kommen kann – dann, wenn keine andere Verfahrensart eröffnet ist (BVerfGE 108, 251 (254); *Degenhart* Rn 847). Dies ist zB der Fall bei einer richterlichen Durchsuchungsanordnung für ein Abgeordnetenbüro – ein Organstreit scheidet hier aus, da das Amtsgericht kein Verfassungsorgan ist. Die Beschwerdebefugnis wird dann daraus hergeleitet, dass es sich um Rechte aus dem Abgeordnetenstatus nach Art. 38 I 2 GG handelt. Für Abgeordnete der Landtage kommt jedoch eine auf Art. 38 I 2 GG gestützte Verfassungsbeschwerde zum BVerfG nicht in Betracht. Der einzelne Abgeordnete des Bundestags ist jedoch nicht befugt, dessen Rechte im Wege der Prozessstandschaft im Organstreitverfahren geltend zu machen, vgl für Art. 59 II GG BVerfGE 117, 359. **257**

258 **Fall: Ermittlung gegen Mitarbeiter MdB wg. Geheimnisverrat**

Durchsuchungs- und Beschlagnahmeanordnung Amtsgericht: Durchsuchung Räume Mitarbeiter

A. Zulässigkeit VB
- I. Beschwerdeführer
- II. Beschwerdegegenstand:
  Beschluss des AG / Beschwerdeentscheidung
- III. Beschwerdebefugnis: Art. 38 I 2 iVm Art. 47 GG
- IV. Rechtswegerschöpfung
- V. Form und Frist

B. Begründetheit VB
- I. Durchsuchungs- und Beschlagnahmeverbot: Art. 47 GG
  1. Schutzbereich des Art. 47 GG:
     Schriftverkehr Abgeordneter – Dritter
  2. Räume des Mitarbeiters? (+)
- II. Rechtsverletzung: Art. 38 I 2 iVm Art. 47 GG werden, BVerfGE 110, 274.

**Zur Wiederholung:** *Degenhart* Rn 686–702.

**Aus der Ausbildungsliteratur:** *Witt*, Das Immunitätsrecht im Grundgesetz, Jura 2001, 585; *Möllers*, Das freie Mandat in der demokratischen Repräsentation, Jura 2008, 937; *Kotzur*, Informationsansprüche des Parlaments im demokratischen Verfassungsstaat, JuS 2007, 51; *Frenz*, Abgeordnetenrechte, JA 2010, 126; *Nellessen/Pötzer*, Die Stellung des Bundestagsabgeordneten im Organstreitverfahren, JuS 2018, 429; *Austermann*, Grundfälle zum Geschäftsordnungsrecht des Bundestags, JuS 2018, 716.

**Aktuelle Rechtsprechung:** BVerfGE 104, 310 (Immunität); BVerfGE 108, 251 (Durchsuchung des Abgeordnetenbüros); BVerfGE 118, 277 (Mittelpunktregelung – Offenlegung der Einkünfte); BVerfGE 124, 161 (Fragerechte); BVerfGE 130, 318 (Neunergremium); BVerfG NVwZ 2013, 1468 (Observation von Abgeordneten); BVerfGE 134, 141 (Observation von Abgeordneten); BVerfGE 135, 317 (ESM); BVerfGE 137, 185 (Kriegswaffenexportkontrolle); BVerfGE 139, 194 (Bundespolizei); BVerfGE 142, 25 (Oppositionsrechte); BVerfGE 143, 101 (NSA-Untersuchungsausschuss); BVerfGE 146, 1 (Oktoberfestattentat); BVerfGE 147, 50 (parlamentarische Anfragen); BayVerfGH BayVBl 2014, 264 (V-Leute); VerfGH BW, U. v. 22.7.2019 – 1 GR 1/19 – (Ordnungsmaßnahmen gegen Abgeordnete).

**Weitere Fälle im thematischen Zusammenhang:** *Sachs/Schroeder*, Durchsuchung im Landtag, NWVBl 2006, 389; *Mückl*, Das ruhende Mandat, Jura 2001, 704; *Tsatos/Stoklossa*, Der renitente Abgeordnete, NWVBl 1991, 32; *Sachs*, Abgeordneter unter Druck, NWVBl 2004, 79; *Lange/Thiele*, Freiheit des Mandats – der „gläserne" Abgeordnete, JuS 2008, 518; *Frenzel*, Bewährungsprobe für das parlamentarische Informationsrecht, Jura 2010, 220; *Lammers/Lehmann*, „Immun gegen Durchsuchungen?", JA 2015, 526; *Kulick/Bendisch*, Anfängerklausur: Verlust der Abgeordnetenimmunität, JuS 2017, 1181; *Holterhus*, Anfängerklausur – Öffentliches Recht: Staatsorganisationsrecht – Der beobachtete Abgeordnete, JuS 2014, 233; *Schiff*, „Reden ist Silber …" – auch im Bundestag?, Jura 2013, 1290: *Haug/Schmid*, Referendarexamensklausur – Öffentliches Recht: Staatsrecht – Turbulentes Parlament, JuS 2013, 440; *Jürgensen/Sokolov*, Anfängerklausur Staatsorganisationsrecht: Freund, Feind, Fraktionsfreund, JuS 2018, 36.

Fall 3

# Blauer Dunst – legislativer Nebel

*Umfangreicher Examensfall*

Die Bundesregierung hat folgenden Gesetzentwurf verabschiedet: **259**

*„Gesetz zum Schutz vor den Gefahren des Rauchens (Raucherschutzgesetz – RauchSchG)"*

**§ 1 Zielsetzung des Gesetzes**
Dieses Gesetz dient dem umfassenden Schutz vor den Gefahren des aktiven und passiven Rauchens für die menschliche Gesundheit.

**§ 2 Rauchverbot**
(1) In allen öffentlichen Einrichtungen und in allen öffentlich zugänglichen Gebäuden ist das Rauchen in den der Öffentlichkeit zugänglichen Bereichen untersagt. In den übrigen Bereichen ist es nur gestattet, wenn Raucher- und Nichtraucherbereiche durch geeignete Maßnahmen baulicher oder klimatechnischer Natur so getrennt sind, dass Nichtraucher keinen schädlichen Einwirkungen ausgesetzt sind.
(2) In Hotel- und Gaststättenbetrieben darf das Rauchen für räumlich abgegrenzte Bereiche gestattet werden, wenn durch geeignete Maßnahmen baulicher oder klimatechnischer Natur gewährleistet ist, dass Gäste außerhalb dieser Bereiche nicht dem Passivrauchen ausgesetzt sind.

**§ 3 Schutz der Arbeitnehmer**
(1) Arbeitgeber haben durch wirksame Schutzvorkehrungen zu gewährleisten, dass Arbeitnehmer nicht den Gefahren des Passivrauchens ausgesetzt sind. Dies gilt auch für Betriebe mit Publikumsverkehr.
(2) Soweit in Hotel- und Gaststättenbetrieben abgegrenzte Rauchbereiche eingerichtet sind, dürfen Arbeitnehmer in diesen Bereichen nur bis zu zehn Stunden wöchentlich beschäftigt werden.

**§ 4 Verkaufsbeschränkungen**
Der Verkauf von Tabakwaren aus Automaten ist ab dem 1.1.2014 verboten.

**§ 5 Übergangsbestimmungen**
Für Hotel- und Gaststättenbetriebe tritt das Verbot nach § 2 am 1.7.2014 in Kraft.

**§ 6 Ordnungswidrigkeiten**
Verstöße gegen die Rauchverbote in § 2 werden durch Bußgeld von 20,00 EUR bis 500,00 EUR für jeden Fall der Zuwiderhandlung geahndet. Die Duldung entsprechender Verstöße durch den Betreiber oder Verantwortlichen der Einrichtung kann mit Bußgeld von 20,00 EUR bis 10 000,00 EUR geahndet werden."

In der Begründung zum Entwurf wird ausgeführt, dass nach neuen wissenschaftlichen Erkenntnissen die Gefahren des Passivrauchens noch sehr viel höher seien als bisher angenommen. Es stürben im Bundesgebiet an dessen Folgen mehr Personen als durch Verkehrsunfälle und das Risiko von Arbeitnehmern in der Gastronomie, an Lungenkrebs zu erkranken, sei um 50 % höher als das der Allgemeinheit. Das Verbot des Automatenverkaufs sei erforderlich, da sich das zum 1.1.2007 eingeführte System der Altersprüfung nicht bewährt habe – gerade die Jugend müsse aber geschützt werden. Bezüglich der umstrittenen Rauchverbote in Gaststätten wird auf positive Erfahrungen im europäischen Ausland verwiesen, es habe sich gezeigt, dass die rauchfreien Gaststätten sogar stärker besucht würden.

Nach Beratung und Beschlussfassung im Bundestag geht die Vorlage an den Bundesrat. Der Bundesrat ruft den Vermittlungsausschuss an. Dieser schlägt folgende Änderungen im Entwurf vor:

„1. In § 2 wird folgender Absatz angefügt: ‚Dies gilt nicht für Einrichtungen der Länder und der Gebietskörperschaften'.
2. In § 4 wird die Datumsangabe ‚1.1.2014' durch ‚1.1.2013' ersetzt."

Der Bundestag stimmt dem zu. Der Bundesrat legt keinen Einspruch ein.

Bereits während des Gesetzgebungsverfahrens haben Hotel- und Gaststättenverbände wie auch die Verbände der Automatenaufsteller heftig gegen das Gesetzgebungsvorhaben protestiert. Erstere befürchten erhebliche Umsatzeinbrüche, Letztere weisen vor allem darauf hin, dass sie erst zum 1.1.2009 mit erheblichem Aufwand die Automaten auf Altersverifikationssysteme umgestellt hätten und diese Investitionen jetzt nutzlos würden; sie sehen sich enteignet.

Der Bundespräsident hat Bedenken, das Gesetz auszufertigen. Zu Recht?

# Vorüberlegungen

In der Sache sind hier zwei Themenkomplexe zu bearbeiten: einerseits das Prüfungsrecht des Bundespräsidenten, mit der bekannten Differenzierung zwischen formellem und materiellem Prüfungsrecht; andererseits die Verfassungsmäßigkeit des Gesetzes. Im Aufbau sind unterschiedliche Vorgehensweisen denkbar: zum einen könnte zunächst die Verfassungsmäßigkeit des Gesetzes geprüft werden, um dann zu erörtern, ob festgestellte Verfassungsverstöße den Bundespräsidenten dazu berechtigten, die Ausfertigung zu verweigern. Wird freilich das Gesetz als in jeder Hinsicht verfassungsmäßig beurteilt, so kommt es auf das Prüfungsrecht des Bundespräsidenten nicht mehr an; dies müsste dann hilfsgutachtlich erörtert werden. Daher ist ein Aufbau vorzuziehen, der mit der Erörterung des Prüfungsrechts beginnt; ehe der Bundespräsident in die Prüfung einer Rechtsfrage eintritt, wird er zunächst überlegen, ob er hierfür überhaupt zuständig ist. **260**

Gelangt der Verf. mit der wohl überwiegenden Auffassung zum Ergebnis, der Bundespräsident habe in formeller Hinsicht ein uneingeschränktes Prüfungsrecht, während er materiell auf evidente Verstöße beschränkt ist, so stellt sich klausurtechnisch die Frage, wie dem bei der Prüfung der materiellen Verfassungsmäßigkeit des Gesetzes Rechnung getragen werden soll. Versetzt sich der Bearbeiter in die Lage des Bundespräsidenten, der über die Ausfertigung zu entscheiden hat, so wird er zunächst überlegen, ob das Gesetz Verfassungsverstöße aufweist; ist dies der Fall, so wird er als nächstes sich darüber klar werden wollen, ob diese eindeutig und so schwerwiegend sind, dass er sich deshalb an der Ausfertigung gehindert sieht. Hieran kann sich der Aufbau orientieren. **261**

Einwendungen gegen die materielle Verfassungsmäßigkeit beziehen sich auf die Entfaltungsfreiheit der Raucher (Art. 2 I GG), zum anderen auf Rechte der betroffenen Unternehmen (Art. 12/14 GG) sowie auf den OWi-Tatbestand. Diese Punkte sollten der Reihe nach abgearbeitet werden. Abweichend von den bekannten Aufbauregeln kann hier Art. 2 I GG an erster Stelle behandelt werden, da bezüglich der Raucher nur die allgemeine Handlungsfreiheit zur Anwendung kommt, hier also nicht subsidiär ist.

# Gliederung **262**

**A. Prüfungsrecht des Bundespräsidenten**
- I. Formelles Prüfungsrecht
- II. Materielles Prüfungsrecht
  Wortlaut des Art. 82 GG – systematischer Zusammenhang – Amtseid – Gewaltenteilung – Evidenzkontrolle

**B. Verfassungsmäßigkeit des Gesetzes**
- I. Gesetzgebungskompetenz
  1. Ausgangspunkt – Art. 70 GG

2. Ausschließliche Gesetzgebungszuständigkeit des Bundes nach Art. 73 I GG?
3. Konkurrierende Zuständigkeit
   a) Kompetenztitel: Art. 74 I Nr. 11: § 4; Nr. 12: § 3; Nr. 19 (–); Nr. 20 (+)
   b) Art. 72 II GG

II. Gesetzgebungsverfahren – Vermittlungsausschuss

III. Materielle Verfassungsmäßigkeit
1. Rauchverbote und allgemeine Handlungsfreiheit der Raucher, Art. 2 I GG
   a) Schutzbereich (+) – selbstgefährdende Tätigkeiten
   b) Eingriff (+)
   c) Rechtfertigung
      aa) Schranken der allgemeinen Handlungsfreiheit
      bb) Legitimes Ziel – „paternalistisches" Staatsverständnis?
      cc) Eingriff verhältnismäßig?
2. Rauchverbot in Gaststätten und Grundrechte der Gaststättenbetreiber
   a) Art. 12 I GG – Berufsfreiheit
      aa) Schutzbereich
      bb) Eingriff – Berufsbezogenheit
      cc) Rechtfertigung
      Gesetzesvorbehalt – Berufsausübungsregelung – legitimes Eingriffsziel – Verhältnismäßigkeit (–): Einraumgaststätten
   b) Art. 14 GG – Recht am Gewerbebetrieb
   Umsatzerwartung (–)
3. Rechte der Automatenaufsteller
   a) Art. 12 I GG
      aa) Schutzbereich
      bb) Eingriff
      cc) Berufsausübungs- oder Berufswahlregelung – Rechtfertigung (+)
   b) Art. 14 GG
      aa) Schutzbereich?
      bb) Inhalts- und Schrankenbestimmung
      cc) Legitimes Ziel – Angemessenheit
4. Ordnungswidrigkeitentatbestand
   a) Bestimmtheitsgebot des Art. 103 II GG –Verhältnismäßigkeit – Sanktionsrahmen: Rechtssicherheit und Einzelfallgerechtigkeit
   b) Die Haftung des Gaststättenbetreibers: Schuldprinzip

**C. Entscheidung des Bundespräsidenten**

Formelle Verfassungsverstöße – materielle Verfassungsverstöße: evident? (–)

# Musterlösung

## A. Prüfungsrecht des Bundespräsidenten

Gem. Art. 82 I 1 GG werden die nach den Vorschriften des Grundgesetzes zustande gekommenen Gesetze vom Bundespräsidenten ausgefertigt. Dies bedeutet, dass er verpflichtet ist, die Gesetze auszufertigen. Wenn er, wie im vorliegenden Fall, Zweifel an der Verfassungsmäßigkeit eines Gesetzes hat, darf er die Ausfertigung also nur dann verweigern, wenn er davon ausgehen muss, dass das Gesetz nicht nach den Vorschriften des Grundgesetzes zustande gekommen ist. Er müsste dann auch eine Prüfungskompetenz hinsichtlich des Gesetzes haben. **263**

### I. Formelles Prüfungsrecht

Soweit es um die formelle Verfassungsmäßigkeit des Gesetzes geht, folgt eine Prüfungskompetenz des Bundespräsidenten bereits aus dem Wortlaut des Art. 82 I 1 GG. Danach werden „die nach den Vorschriften des Grundgesetzes zustande gekommenen" Gesetze ausgefertigt. Diese Formulierung ist wortgleich mit der in Art. 78 GG, der einen Abschnitt im Gesetzgebungsverfahren abschließt; auch besteht im Zeitpunkt der Entscheidung durch den Bundespräsidenten erstmals die Möglichkeit, aus dem Überblick über das nunmehr abgeschlossene, gesamte Gesetzgebungsverfahren dieses umfassend zu beurteilen. Die Bestimmungen des Grundgesetzes, die sich mit dem Zustandekommen der Bundesgesetze befassen, sind also jedenfalls uneingeschränkter Prüfungsmaßstab für den Bundespräsidenten. Es sind dies die Bestimmungen über die Gesetzgebungskompetenzen in Art. 70 ff. GG und die Bestimmungen über das Verfahren der Gesetzgebung in Art. 76 ff. GG. Der Bundespräsident kann hiernach also die Beschlussfassung durch den Bundestag, das Vermittlungsverfahren, aber auch die Gesetzgebungskompetenz des Bundes prüfen. **264**

### II. Materielles Prüfungsrecht

Ob der Bundespräsident auch ein materielles Prüfungsrecht hat, geht aus dem Wortlaut des Art. 82 GG nicht eindeutig hervor. Mit den Vorschriften des Grundgesetzes, nach denen das Gesetz zustande gekommen sein muss, könnten sowohl die Vorschriften über das Zustandekommen von Gesetzen gemeint sein, also über das Gesetzgebungsverfahren, als auch materielle Vorschriften wie vor allem die Grundrechte gemeint sein. Denn Art. 82 I 1 GG spricht andererseits von den Vorschriften „dieses Grundgesetzes". Allerdings spricht die Parallele zu Art. 78 GG für die engere Auffassung. **265**

Da die Frage also im Grundgesetz nicht ausdrücklich geregelt ist, ist sie aus dessen systematischem Zusammenhang und der hieraus sich ergebenden Aufgabenstellung der Staatsorgane zu beantworten. Gesichtspunkte sind dabei zum einen aus der Einordnung der Gesetzgebung in die grundgesetzliche Funktionsordnung zu gewinnen, zum anderen aus der grundgesetzlich umrissenen Stellung des Bundespräsidenten. **266**

Die systematische Stellung des Art. 82 GG als Abschluss der Vorschriften über das Gesetzgebungsverfahren spricht allerdings dafür, dass der Bundespräsident nur die Vor- **267** schriften über das Zustandekommen von Gesetzen in diesem Abschnitt zu prüfen hat. Nicht weiterführend erscheint demgegenüber in der systematischen Interpretation der einschlägigen Verfassungsnormen die Berufung auf den Amtseid des Bundespräsidenten, Art. 56 GG: Die Verpflichtung des Bundespräsidenten, „das Grundgesetz zu wahren“, sagt noch nichts über den Umfang seiner ihm nach dem Grundgesetz obliegenden Pflichten; die Argumentation aus dem Amtseid beruht also auf einem Zirkelschluss. Ebenso wenig sinnvoll erscheint die Argumentation gegen ein Prüfungsrecht aus der im Vergleich zur Weimarer Reichsverfassung (WRV) schwach ausgeprägten Stellung des Bundespräsidenten: Dessen Befugnisse sind aus dem Grundgesetz zu bestimmen.

**268** Der Grundsatz der Gewaltenteilung, Art. 20 II GG, spricht zwar gegen materielle Eingriffe des Bundespräsidenten als eines nicht der Legislative angehörenden Verfassungsorgans in die Gesetzgebung, ist andererseits im Grundgesetz nicht im Sinn einer durchgehenden scharfen Trennung verwirklicht. Insbesondere obliegt die Verpflichtung zur Wahrung der verfassungsmäßigen Ordnung allen Verfassungsorganen, Art. 20 III GG. Deshalb kann ein Prüfungsrecht des Bundespräsidenten auch nicht mit der Begründung abgelehnt werden, für die Prüfung der Verfassungsmäßigkeit von Gesetzen sei das Bundesverfassungsgericht zuständig. Dass ein Gesetz, wenn es schon in Kraft getreten ist, vom Bundesverfassungsgericht überprüft werden kann – und auch dies nur auf Antrag – entbindet die Beteiligten am Gesetzgebungsverfahren keinesfalls von der Pflicht, von vornherein die verfassungsrechtlichen Erfordernisse für staatliches Handeln zu beachten und also nur verfassungsmäßige Gesetze in Kraft treten zu lassen.

**269** Als Verfassungsorgan ist also auch der Bundespräsident zur Wahrung des Grundgesetzes verpflichtet; er ist „Hüter der Verfassung“. Als Verfassungsorgan ist der Bundespräsident auf die Wahrung der grundgesetzlichen Ordnung verpflichtet. Dies spricht dagegen, ihn zur Mitwirkung an einem verfassungswidrigen Akt der Gesetzgebung zu verpflichten, spricht also dafür, ihm auch ein materielles Prüfungsrecht zuzugestehen. Dies freilich kann dazu führen, dass der Bundespräsident eine Entscheidung des demokratisch legitimierten und in der Sache ja ebenfalls auf die Verfassung verpflichteten parlamentarischen Gesetzgebers suspendieren könnte. Wenn der Bundestag durch Verabschiedung des Gesetzes zum Ausdruck bringt, er halte es für verfassungsgemäß, der Bundespräsident es aber für verfassungswidrig hält, sollte die Entscheidung des Gesetzgebers nur dann negiert werden, wenn sie offensichtlich fehlsam ist. Dies spricht im Ergebnis dafür, im Wege praktischer Konkordanz dem Bundespräsidenten die Befugnis zu einer Evidenzkontrolle einzuräumen. Denn an offensichtlich verfassungswidrigen Akten mitzuwirken, würde sich in der Tat nicht mit seiner Stellung als Verfassungsorgan vertragen.

Im Ergebnis besteht eine Befugnis des Bundespräsidenten zur Evidenzkontrolle.

*Abweichende Auffassungen sind hierzu gut vertretbar.*

**270** Im Folgenden ist daher zu prüfen, ob das Gesetz formell und materiell verfassungsmäßig ist und ob etwaige materielle Verfassungsverstöße so gravierend sind, dass sie den Bundespräsidenten dazu berechtigen, die Ausfertigung des Gesetzes zu verweigern.

## B. Verfassungsmäßigkeit des Gesetzes

### I. Gesetzgebungskompetenz

#### 1. Ausgangspunkt – Art. 70 GG

Der Bund ist nur dann zuständig für ein Gesetz, wenn die Zuständigkeit nach Art. 71 ff. GG für das in Frage stehende Gesetz konkret begründet werden kann; andernfalls bleibt es bei der Kompetenz der Länder. **271**

#### 2. Ausschließliche Gesetzgebungszuständigkeit des Bundes nach Art. 73 I GG?

Eine ausschließliche Bundeszuständigkeit für das Gesetz als Ganzes ist nicht ersichtlich; keiner der Kompetenztitel des Art. 73 I GG ist einschlägig, insbesondere auch nicht der „Schutz der Zivilbevölkerung“ nach Art. 73 I Nr. 1 GG. Denn wie aus der Systematik der Bestimmung deutlich wird, erfasst Art. 73 I Nr. 1 GG die Materie als Unterfall der Verteidigung und trägt keine Vorschriften zur Gefahrenabwehr unabhängig hiervon.[1] Soweit es jedoch um Einrichtungen des Bundes geht, folgt eine Gesetzgebungszuständigkeit aus der Natur der Sache. Der Bund darf die Benutzung seiner eigenen Einrichtungen regeln. **272**

#### 3. Konkurrierende Zuständigkeit

Es könnte jedoch eine konkurrierende Zuständigkeit gegeben sein. **273**

a) Dann müsste zunächst einer der Kompetenztitel aus Art. 74 I Nrn. 1-33 GG einschlägig sein.

Es könnte sich bei dem Gesetz um Recht der Wirtschaft iSv **Art. 74 I Nr. 11 GG** handeln. Hierunter fallen alle das wirtschaftliche Leben und die wirtschaftliche Betätigung als solche regelnden Normen und Gesetze mit wirtschaftsregulierendem oder wirtschaftslenkendem Inhalt. Regelungen über den Vertrieb von Waren durch Warenautomaten fallen hierunter, denn hier geht es um den Verkehr mit wirtschaftlichen Gütern. § 4 des Gesetzes kann also auf Art. 74 I Nr. 11 GG gestützt werden. Gleiches könnte gelten, wo es um die Gaststätten geht. Hierfür besteht aber gerade keine konkurrierende Zuständigkeit; das Recht der Gaststätten wird in Nr. 11 ausdrücklich ausgenommen.

Es könnte jedoch die konkurrierende Zuständigkeit für den Arbeitsschutz nach **Art. 74 I Nr. 12 GG** gegeben sein. Hierunter fällt die Prävention gegenüber spezifischen Gefahren, denen der Arbeitnehmer bei seiner Tätigkeit ausgesetzt ist. Dazu können auch die lt Sachverhalt zu bejahenden Gefährdungen durch Passivrauchen gezählt werden. Damit fällt jedenfalls § 3 des Gesetzes unter Nr. 12; Gleiches gilt für die diesbezügliche Bewehrung als OWi-Tatbestand als Annex. Nr. 12 ist auch anwendbar, soweit das Gesetz für Arbeitnehmer in Gaststätten gilt: Der Arbeitsschutz ist insoweit das speziellere Kompetenzthema gegenüber dem Gaststättenrecht. Nr. 12 erfasst allerdings nicht das Gesetz als Ganzes. **274**

---

1 *Degenhart*, in: Sachs, GG, Art. 73 Rn 8.

275 Anders könnte dies sein bei der konkurrierenden Zuständigkeit für Maßnahmen gegen gemeingefährliche Krankheiten, Art. 74 I Nr. 19, 1. Fall GG. Lungenkrebs (und andere Folgen des Rauchens) müssten dann „gemeingefährliche Krankheiten" sein. Dies ist zu bejahen; Rauchverbote dienen dem Schutz vor diesen Krankheiten. Andererseits spricht Nr. 19 von „Maßnahmen". Würde jedes Gesetz, das in irgendeiner Weise dem Schutz vor Krankheiten dient, unter Nr. 19 subsumiert, dann würde die Kompetenznorm kaum mehr begrenzbar sein. Dies spricht dafür, nur Maßnahmen zur unmittelbaren Bekämpfung der fraglichen Krankheiten und nicht zur allgemeinen Förderung gesunden Verhaltens unter Nr. 19 zu fassen.

*AA gut vertretbar.*

276 Es könnte sich um Recht der Betäubungsmittel und Gifte nach **Art. 74 I Nr. 19, 3. Fall GG** handeln. In Betracht kommt aber nur die letzte Variante, also Gift. Zwar enthält der Tabakrauch verschiedene Giftstoffe; Gifte sind jedoch Stoffe, die schon nach ihrer Beschaffenheit und nicht erst bei einer bestimmten Dosierung schwer gesundheitsschädlich oder tödlich wirken, in systematischer Hinsicht ist zu berücksichtigen, dass dann Nr. 20 – Recht der Genussmittel – weitgehend überflüssig wäre. Recht der Genussmittel, **Art. 74 I Nr. 20 GG**: Tabakwaren sind wie alkoholische Getränke typische Genussmittel, die nicht zur Stillung existentieller Bedürfnisse, sondern wegen ihrer anregenden oder beruhigenden Wirkung oder wegen ihres Geschmacks, eben zum Genuss genommen werden. Bestimmungen über den Verbrauch derartiger Genussmittel sind Recht der Genussmittel. Nr. 20 ist insoweit umfassend formuliert und nicht auf bestimmte Aspekte der Genussmittel beschränkt. Das Gesetz kann also unter Nr. 20 gefasst werden. Demgegenüber ist Nr. 24 – Luftreinhaltung – nicht einschlägig. Wie aus dem systematischen Zusammenhang mit dem Immissionsschutz, insbesondere der Lärmbekämpfung deutlich wird, geht es bei Nr. 24 um den anlagenbezogenen, nicht den verhaltensbezogenen Umweltschutz.

Das Gesetz kann also insgesamt auf Nr. 20 gestützt werden, in § 3 auch auf Nr. 12, § 4 auf Nr. 11, § 2, soweit es um Einrichtungen des Bundes geht, auf eine Kompetenz aus der Natur der Sache.

277 Fraglich könnte jedoch sein, ob es sich bei den Sonderregelungen für Gaststätten in § 3 II auch um Gaststättenrecht handelt, für das der Bund nicht zuständig ist, Art. 74 I Nr. 11, und ob diese Kompetenznorm wegen der Spezialität des Kompetenzthemas Vorrang hat. Primäre Zielrichtung der Bestimmung ist jedoch der Arbeitnehmerschutz, wie auch aus der gleichzeitigen Aufhebung der entsprechenden Sonderregelung in der ArbeitsstättenVO deutlich wird – daher ist Nr. 12 anwendbar.

278 b) Dass ein Fall konkurrierender Zuständigkeit vorliegt, bedeutet aber nicht ohne Weiteres, dass der Bundesgesetzgeber tätig werden darf. Dies bestimmt sich nach **Art. 72 II GG**. Auf dem Gebiet des Art. 74 I Nr. 20 GG darf der Bund nur tätig werden, soweit eine bundesgesetzliche Regelung erforderlich ist. Anders ist dies bei Nr. 12 und Nr. 19, die in Art. 72 II GG nicht genannt sind. Hier darf der Bund dann ohne Weiteres tätig werden. Dies gilt im vorliegenden Fall für § 3 des Gesetzes. Im Übrigen jedoch muss das Gesetz erforderlich sein, um eine der in Art. 72 II GG alternativ genannten Zielvorgaben zu verwirklichen.

Die **Gleichwertigkeit** der Lebensverhältnisse macht eine bundesgesetzliche Regelung erst dann erforderlich, wenn das bundesstaatliche Sozialgefüge beeinträchtigt wird. Dafür ergeben sich hier jedoch keine Anhaltspunkte. Dass in verschiedenen Ländern unterschiedliches Recht gilt, ist dem Bundesstaat immanent. Hierdurch wird auch noch nicht die Rechtseinheit bedroht. Denn dies ist erst dann der Fall, wenn unterschiedliches Landesrecht den länderübergreifenden Rechtsverkehr im Bundesstaat berührt. Schließlich reichen unterschiedliche rechtliche Rahmenbedingungen für gewerbliche Betätigung noch nicht aus, um die Zielvorgabe der Wirtschaftseinheit im gesamtstaatlichen Interesse zu bejahen – bedrohliche oder unzumutbare Auswirkungen unterschiedlichen Rechts dürften wiederum nicht nachweisbar sein. Allenfalls Automatenaufsteller, die in verschiedenen Ländern tätig sind, könnten hiervon betroffen sein – aber auch insoweit würde der Wirtschaftsverkehr nicht behindert, wenn in einem Land Automaten aufgestellt werden können, im anderen nicht. **279**

Im Ergebnis ist eine Bundeskompetenz also nur zu bejahen, soweit das Gesetz sich in § 2 auf Einrichtungen des Bundes bezieht, sowie für § 3, da hier die Zuständigkeit aus Art. 74 I Nr. 12 GG folgt und der Bund ohne Weiteres tätig werden darf.[2]

## II. Gesetzgebungsverfahren – Vermittlungsausschuss

Für Verfahrensfehler im Stadium der Gesetzesinitiative nach Art. 76 I GG ergeben sich keine Anhaltspunkte. Auch das weitere vorgesehene Verfahren – Beschlussfassung durch den Bundestag, Zuleitung zum Bundesrat, Anrufung des Vermittlungsausschusses, erneute Beschlussfassung im Bundestag bei Änderungen, Art. 77 II 5 GG – wurde eingehalten. Ein Verfahrensverstoß könnte jedoch darin liegen, dass der Vermittlungsausschuss weitreichende Änderungsvorschläge machte. **280**

Dies ist unter dem Aspekt des Demokratieprinzips des Grundgesetzes verfassungsrechtlich nicht unbedenklich: Die wesentliche Willensbildung findet dann nicht mehr im Parlament statt. Der Ausschuss nimmt damit faktisch ein Gesetzesinitiativrecht in Anspruch, das ihm nicht zusteht, und wodurch auch das parlamentarische Verfahren verkürzt und die parlamentarische Öffentlichkeit beschränkt wird (der Vermittlungsausschuss tagt nicht öffentlich). Das Bundesverfassungsgericht sieht den Vermittlungsausschuss zwar als berechtigt, Änderungen, Streichungen und Ergänzungen im Gesetz vorzuschlagen. Sein Beschlussvorschlag muss jedoch die Rechte der Abgeordneten wahren und inhaltlich im Rahmen des bisherigen Gesetzgebungsverfahrens und der hierbei eingebrachten Anträge und Stellungnahmen bleiben. Der Vermittlungsausschuss darf nichts vorschlagen, was nicht schon bisher erörtert wurde.[3] **281**

Soweit der Bundesrat vorschlägt, öffentliche Gebäude/Einrichtungen der Länder/Gebietskörperschaften von der Regelung auszunehmen (§ 2 III), bleibt dies hinter dem ur- **282**

2 *Wer Nrn. 12 bzw 19/20 verneint und für § 3 II Gaststättenrecht annimmt, kann dann auf Art. 125a I GG kommen, wonach Bundesrecht auch nach Wegfall des Kompetenztitels als solches fortgilt, und die Frage einer Abänderungsbefugnis des Bundes aufwerfen, wie sie für das LadenschlussG ungeachtet fehlender Erforderlichkeit nach Art. 72 II GG nF bejaht wurde (vgl BVerfGE 111, 10); str., ob dies auch für Änderungen in Art. 74 GG gilt.*

3 BVerfGE 101, 297.

sprünglichen Regelungsvorschlag zurück – insoweit bestehen also keine Bedenken; soweit ein Stichtag vorverlegt wird (§ 4), wird der Anwendungsbereich des Gesetzes in zeitlicher Hinsicht erweitert; da andererseits auch im ursprünglichen Gesetzesbeschluss Stichtage vorgesehen waren, halten sich die Änderungsvorschläge des Bundesrats noch im Rahmen des Zulässigen.

### III. Materielle Verfassungsmäßigkeit

#### 1. Rauchverbote und allgemeine Handlungsfreiheit der Raucher, Art. 2 I GG

**283** a) Das Gesetz hindert Raucher am Rauchen. Hier könnte Art. 2 I GG betroffen sein: Als Grundrecht der allgemeinen Handlungsfreiheit umfasst es alle Tätigkeiten, die nicht einem spezielleren Grundrecht zugeordnet werden können. Art. 2 I GG schützt die Handlungsfreiheit im umfassenden Sinn; auf besondere Bedeutung für die Persönlichkeitsentfaltung kommt es nicht an.[4]

Insbesondere fallen unter Art. 2 I GG auch selbstgefährdende Tätigkeiten wie zB der Konsum von Alkohol und Drogen, damit auch Nikotin. Der Schutzbereich des Art. 2 I GG ist also eröffnet. Dagegen könnte allerdings sprechen, dass sich Rauchen nicht auf Selbstgefährdung beschränkt, sondern auch andere gefährdet werden; ob bestimmte Verhaltensweisen als „sozialschädlich" von vornherein aus dem Schutzbereich ausgeklammert werden können, ist str, wird aber überwiegend verneint. In der Tat spricht die Systematik des Art. 2 I GG dafür, die „Rechte anderer" erst im Rahmen der Grundrechtsschranken heranzuziehen. Der Grundrechtstatbestand umfasst also auch Verhaltensweisen wie das Rauchen.

**284** b) Das Gesetz enthält umfassende, an den Einzelnen gerichtete Verbote und wirkt damit als Eingriffsgesetz im klassischen Sinn.

c) Der Eingriff könnte jedoch gerechtfertigt sein.

aa) Die allgemeine Handlungsfreiheit findet ihre Schranken in der Schrankentrias des Art. 2 I GG. Hier kommt die Schranke der „Rechte anderer" und der verfassungsmäßigen Ordnung in Betracht. In beiden Fällen ist jedoch ein formelles Gesetz erforderlich. Denn wegen des Vorbehalts des Gesetzes sind Eingriffe in Grundrechte nur auf der Grundlage eines solchen Gesetzes oder durch ein solches Gesetz zulässig.

**285** bb) Der Eingriff muss ein legitimes Ziel verfolgen. Dagegen könnte sprechen, dass hier ein „paternalistisches" Staatsverständnis zugrunde liegen könnte, es mit anderen Worten nicht legitime Aufgabe des Staates ist, den Bürger vor sich selbst zu schützen und so zu bevormunden. Andererseits hat auch die Allgemeinheit die Folgen selbstgefährdenden Verhaltens zu tragen; im Spannungsfeld von Privatautonomie und Gemeinschaftsbezogenheit kann der Gesetzgeber die Entfaltungsfreiheit des Einzelnen einschränken. Entscheidend tritt aber hinzu, dass es hier – wie schon zum Tatbestand ausgeführt – nicht

4 *Dies ist inzwischen absolut hM und gefestigte Rspr, so dass ein Eingehen auf die Persönlichkeitskerntheorie hier nicht mehr erforderlich sein dürfte; sollte ein Bearbeiter mit entsprechender Begründung jedoch dieser Theorie folgen, sollte dies akzeptiert werden.*

bei der Selbstgefährdung verbleibt. Der Gesetzgeber wird tätig in Wahrnehmung seiner positiven Schutzpflicht aus Art. 2 II 1 GG. Daher ist von einem legitimen Regelungsziel auszugehen.

cc) Der Eingriff muss verhältnismäßig sein. **286**

Das Gesetz kann jedenfalls dazu beitragen, die Gefahren des Passivrauchens deutlich zu vermindern; es ist daher geeignet, den Schutzzweck zu verwirklichen; dass im privaten Bereich weiterhin entsprechende Gefahren fortbestehen, steht der Annahme der Geeignetheit nicht entgegen; es reicht aus, dass das Gesetz jedenfalls einen relevanten Beitrag zum Schutzzweck liefert.

Hinsichtlich der Erforderlichkeit könnte auf die Möglichkeit von Selbstverpflichtungen und anderen freiwilligen Maßnahmen verwiesen werden; diese haben sich jedoch nicht als effizient erweisen; im Übrigen ist die Einschätzungsprärogative des Gesetzgebers zu beachten.

Die im Gesetz vorgesehene Grundrechtsbeschränkung müsste jedoch auch angemessen sein. Der Eingriff in die allgemeine Handlungsfreiheit wird in seiner Intensität dadurch abgeschwächt, dass kein generelles Verbot ausgesprochen wird, sondern ein Verbot nur in öffentlichen Bereichen, wo Dritte besonders betroffen sind und die grundrechtlichen Schutzpflichten besonderes Gewicht haben. Im Hinblick auf die Bedeutung dieser Schutzpflichten angesichts der Erkenntnisse über Gefahren des Passivrauchens und auch das Gewicht des Arbeitnehmerschutzes im Sozialstaat kann nicht von einer unangemessenen Regelung ausgegangen werden. Dies gilt umso mehr, als das Gesetz durch Ausnahmeregelungen eine im Einzelfall verhältnismäßige Anwendung zulässt. **287**

## 2. Rauchverbot in Gaststätten und Grundrechte der Gaststättenbetreiber

### a) Art. 12 I GG – Berufsfreiheit

aa) Der sachliche **Schutzbereich** der Berufsfreiheit des Art. 12 I GG ist eröffnet, wenn es sich bei der Tätigkeit der Betreiber von Gaststätten um einen Beruf iSv Art. 12 I GG handelt. Dies ist zu bejahen. Ihre Tätigkeit ist auf die Erzielung von Gewinnen und auf Dauer iS einer gewissen Nachhaltigkeit angelegt. Die Merkmale des verfassungsrechtlichen Berufsbegriffs liegen also vor. **288**

bb) In das Grundrecht der Berufsfreiheit könnte eingegriffen werden. Dies setzt voraus, dass die gesetzliche Regelung gerade auf die Berufsregelung zielt (subjektiv berufsregelnde Tendenz) oder aber bei neutraler Zielsetzung sich tatsächlich mit erheblichem Gewicht auf die berufliche Betätigung auswirkt (objektiv berufsregelnde Tendenz). Ist eine Beeinträchtigung der beruflichen Betätigung nur mittelbare Folge eines Gesetzes, so ist diese objektive berufsregelnde Tendenz erforderlich. **Berufsbezogenheit** ergibt sich hier daraus, dass die gesetzliche Regelung unmittelbar auf die Art und Weise des Gaststättenbetriebs bezogen ist. Damit ist ein Eingriff in das Grundrecht aus Art. 12 I GG zu bejahen. **289**

cc) Das Grundrecht der Berufsfreiheit wird nicht unbegrenzt gewährleistet. Nach Art. 12 I 2 GG unterliegt die Freiheit der Berufsausübung einem **Gesetzesvorbehalt**. **290**

Die Berufswahl unterliegt nach dem Wortlaut des Art. 12 I 1 GG an sich keinem Gesetzesvorbehalt. Doch sind die Wahl eines Berufes und dessen Ausübung beides Aspekte einer einheitlichen Freiheit beruflicher Betätigung.[5] Es ist daher von einem einheitlichen grundrechtlichen Schutzbereich und demgemäß auch von einem einheitlichen Schrankenvorbehalt auszugehen. Eingriffe in die Freiheit der Berufswahl unterliegen jedoch strengeren Anforderungen. Für die verfassungsrechtliche Rechtfertigung kommt es also entscheidend darauf an, auf welcher Stufe eingegriffen wird.

**291** Hier ist von einer Berufsausübungsregelung auszugehen: Die Rauchverbote und -beschränkungen in Gaststätten betreffen die Ausübung des Berufs des Gastwirts. Allenfalls könnte erwogen werden, ob mit der Regelung ein faktischer Zwang zur Aufgabe nicht nur für atypische Sonderfälle verbunden ist und sie deshalb wie eine Beschränkung auf der Stufe einer Berufswahlregelung wirkt. Dafür sind im Sachverhalt aber keine Anhaltspunkte gegeben; abzustellen ist im Übrigen auf wirtschaftlich lebensfähige Betriebe.

**292** Auch im Hinblick auf Art. 12 I GG ist davon auszugehen, dass ein legitimes Eingriffsziel gegeben ist – bei Berufsausübungsregelungen reichen vernünftige Erwägungen des Gemeinwohls aus. Dazu zählt der Schutz der Arbeitnehmer. Geeignetheit ist insbesondere im Blick auf Arbeitsschutz zu bejahen. Es ist auch keine weniger eingreifende Regelung ersichtlich, so für Art. 2 I GG; freiwillige Vereinbarungen sind nicht erfolgversprechend.

**293** Die Regelung müsste in Bezug auf die Gaststättenbetreiber angemessen, also verhältnismäßig ieS sein. Der Zwang zur Einrichtung gesonderter Raucherbereiche bringt betriebliche Erschwernisse mit sich. Umsatzeinbußen können nicht ausgeschlossen werden. Andererseits besteht auch hier eine staatliche Schutzpflicht für hochrangige Rechtsgüter. Die Einschätzung des Gesetzgebers, dass Umsatzeinbußen bei Rauchern durch entsprechenden Zuwachs bei Nichtrauchern ausgeglichen werden könnten, ist, auch im Hinblick auf ausländische Erfahrungen, nicht von der Hand zu weisen. Auch wird der Eingriff abgemildert durch die Möglichkeit, abgetrennte Raucherbereiche zu schaffen. Ob allerdings dieser Versuch eines Ausgleichs der widerstreitenden Interessen zu angemessenen Ergebnissen führt, könnte deshalb fraglich sein, weil von dieser Möglichkeit nicht alle Betreiber profitieren können. Betreiber kleiner Gaststätten mit nur einem Gastraum können keine Raucherbereiche einrichten. Gerade sie aber werden vom Rauchverbot besonders betroffen, da es sich bei ihnen häufig um die typische „Eckkneipe“ handeln wird, deren Gäste dort Getränke konsumieren und dazu auch rauchen wollen.[6] Angesichts dieser besonderen Belastung einer relevanten Gruppe von Normadressaten führt das Gesetz zu unangemessenen Belastungen. Der Eingriff in die Berufsfreiheit ist nicht gerechtfertigt.

### b) Art. 14 GG – Recht am Gewerbebetrieb

**294** Ob das Recht am Gewerbebetrieb unter Art. 14 GG fällt, kann dann offenbleiben, wenn schon der Schutzbereich des Art. 14 I GG nicht eröffnet ist. Denn der Gewerbebetrieb genießt keinen weitergehenden Eigentumsschutz als seine wirtschaftlichen Grundlagen.

5 *Kingreen/Poscher* Rn 934.
6 S hierzu BVerfGE 121, 317 (365 ff.).

Wirtschaftliche Gewinnerwartungen und Absatzchancen sind jedoch nicht Gegenstand des Art. 14 I GG. Beschränkungen der unternehmerischen Erwerbsmöglichkeiten durch gesetzliche Vorgaben an die Produktbeschaffenheit, durch arbeitsrechtliche Bindungen ua sind eine Frage des Art. 12 GG, nicht des Art. 14 GG.

Der Schutzbereich des Art. 14 I GG ist also nicht berührt.

### 3. Rechte der Automatenaufsteller

#### a) Art. 12 I GG

aa) Der **Schutzbereich** des Art. 12 I GG ist berührt, unabhängig davon ob auf die Berufsgruppe der Automatenaufsteller oder eine besondere Berufsgruppe der Aufsteller/Betreiber von Zigarettenautomaten abgestellt wird: Es handelt sich jedenfalls um eine geschützte berufliche Betätigung. **295**

bb) Die Eingriffsqualität des Gesetzes ist hier unproblematisch. Ein generelles Verbot ist ein **Eingriff** iSd klassischen Eingriffsbegriffs. Dieses Verbot ist auch unmittelbar berufsbezogen.

cc) Hier könnte sowohl eine **Berufsausübungs-**, als auch eine **Berufswahlregelung** vorliegen: eine Berufswahl, wenn man abstellt auf ein Gewerbe der Aufsteller/Betreiber von Zigarettenautomaten, eine Berufsausübungsregelung, wenn man allgemein auf ein Gewerbe der Automatenaufsteller abstellen will. Auch im letzteren Fall ist jedoch davon auszugehen, dass das Verbot einer Berufswahlregelung in seiner Intensität nahezu gleichkommt, daher sind entsprechende strengere Anforderungen an die verfassungsrechtliche Rechtfertigung zu stellen.

Legitimes Eingriffsziel ist hier neben dem Gesundheitsschutz insbesondere auch der besondere Aspekt des Jugendschutzes. Gegen die Geeignetheit des Gesetzes könnte sprechen, dass Jugendliche auch andere Möglichkeiten haben, sich Tabakwaren zu verschaffen. Es reicht jedoch aus, dass das Gesetz eine von mehreren Gefährdungsquellen beseitigt und so zur Erreichung des Schutzziels einen Beitrag leistet. Die Erforderlichkeit der Regelung ist lt Sachverhalt zu bejahen, da mildere Maßnahmen (Altersverifikation) nicht erfolgreich waren. **296**

Bezüglich der Verhältnismäßigkeit ieS ist einerseits zu bedenken, dass hier ein intensiver Eingriff in die Freiheit der Berufsausübung erfolgt. Diesem stehen andererseits erhebliche Gemeinwohlbelange gegenüber. Die Schutzpflicht des Gesetzgebers hat gerade in Bezug auf Jugendliche besonderes Gewicht. Im Ergebnis wird man ein Verbot des Automatenvertriebs im Interesse insbesondere des Jugendschutzes bejahen können, zumal das Gesetz eine Übergangsfrist einräumt.

*Hierzu sind unterschiedliche Auffassungen vertretbar.*

#### b) Art. 14 GG

Das Verbot des Automatenvertriebs könnte einen Eingriff in das Grundrecht der Gewerbetreibenden aus Art. 14 I GG darstellen. **297** aa) Auch insoweit gilt jedoch nur der Bestand des Eigentums als geschützt, nicht gilt dies für künftige Chancen oder Erwartungen. Die Erwartung auch künftiger Einsetzbarkeit der Automaten würde dann nicht in den **Schutzbereich** des Art. 14 GG fallen. Etwas anderes könnte sich daraus ergeben, dass hier zunächst durch Gesetz eine bestimmte technische Ausrüstung der Automaten angeordnet und diese im Vertrauen auf die gesetzliche Anordnung vorgenommen worden war; dies spricht dafür, die Nutzungsmöglichkeit für die fraglichen Automaten unter Art. 14 GG zu fassen.

**298** bb) Beim Verbot des Automatenbetriebs handelt es sich um eine **Inhalts- und Schrankenbestimmung iSd Art. 14 I 2 GG**, keine Enteignung. Denn das Gesetz bewirkt eine generalisierende Festlegung der Rechte und Pflichten des Eigentümers, keine Eigentumsübertragung iSd Art. 14 III GG; die Schwere des Eingriffs ist für seine Qualifikation unerheblich.

**299** cc) Eine Inhalts- und Schrankenbestimmung durch Gesetz ist dann verfassungsmäßig, wenn das Gesetz einen **legitimen Zweck** verfolgt, es muss geeignet und erforderlich sein und es muss als Ausdruck der **Angemessenheit** einen sachgerechten Ausgleich zwischen Eigentümerbefugnissen und legitimen Belangen der Allgemeinheit vornehmen. Es muss die Eigenart des Eigentumsobjekts berücksichtigt werden, sein spezifisch sozialer Bezug, doch muss andererseits seine Privatnützigkeit gewahrt bleiben.

Dass das Gesetz einen legitimen Zweck verfolgt, wurde zu Art. 12 I GG bereits festgestellt; fraglich könnte hier allein sein, ob ein angemessener Ausgleich zwischen Eigentümer- und Allgemeininteressen vorgenommen wurde. Einerseits ist zu berücksichtigen, dass gerade vom Betrieb der Automaten besonders nachteilige Wirkungen ausgehen können und angesichts der allgemeinen Diskussion um Rauchverbote etc. die Erwartung, in bisherigem Umfang Tabakwaren über Automaten vertreiben zu können, nur bedingt schutzwürdig ist; andererseits folgt aus dem Umstand, dass es der Gesetzgeber selbst war, der durch die Vorgabe entsprechender Sicherungssysteme die Betreiber zu Investitionen veranlasst hat, ein prinzipieller Vertrauensschutz.

**300** Für derartige Eigentumsbeschränkungen sind jedenfalls Übergangsregelungen, Härteklauseln ua erforderlich, um deren Angemessenheit zu gewährleisten. Eben diesen Weg hat der Gesetzgeber mit der Übergangsregelung gewählt – die Frage ist jedoch, ob die Übergangsfrist angemessen ist. Dies dürfte angesichts der kurzen Frist wohl nicht der Fall sein, geht man davon aus, dass die in berechtigtem Vertrauen getätigten Investitionen damit weitgehend verloren sind.

Daraus folgt: Das Gesetz nimmt keinen angemessenen Ausgleich vor und ist deshalb als Inhalts- und Schrankenbestimmung iSd Art. 14 I 2 GG nicht verfassungsmäßig.

*AA gut vertretbar, der Bearbeiter könnte auch die Auffassung vertreten, dass lediglich die kurze Übergangsfrist verfassungswidrig ist und nachgebessert werden müsste. Unzulässig wäre es demgegenüber, auf Entschädigungsansprüche, etwa aus enteignungsgleichem Eingriff zu verweisen. Vorrang hat der negatorische Rechtsschutz, es gilt nicht der Grundsatz „dulde und liquidiere".*

### 4. Ordnungswidrigkeitentatbestand

a) Grundsätzlich ist der Gesetzgeber befugt, ein verfassungsrechtlich zulässig ange- **301**
ordnetes Gebot/Verbot mit Bußgeld zu bewehren. Es gilt das **Bestimmtheitsgebot des Art. 103 II GG** – Sanktionen für Ordnungswidrigkeiten fallen unter Art. 103 II GG; das strafbare bzw zu ahndende Verhalten muss also hinreichend klar erkennbar sein, so dass der Adressat sein Verhalten danach einrichten kann; dies ist hier zu bejahen.

Für die Höhe der vorgesehenen Sanktionen gilt der Grundsatz der Verhältnismäßigkeit bzw der Schuldangemessenheit; hierbei besteht weitreichendes Ermessen des Gesetzgebers; die angedrohten Bußgelder sind jedenfalls der Höhe nach nicht unverhältnismäßig, auch im Vergleich mit sonstigem Ordnungswidrigkeitenrecht.

Fraglich könnte sein, ob angesichts des weiten Rahmens der angedrohten Bußgelder noch dem Bestimmtheitsgebot des Art. 103 II GG genügt ist, das auch für die Rechtsfolgenbestimmung gilt. Andererseits können starre Sanktionen dazu führen, dass nicht im Einzelfall die angemessene Sanktion verhängt werden kann. Es ist also abzuwägen zwischen dem Bestimmtheitsgebot und dem Grundsatz der Verhältnismäßigkeit, zwischen Rechtssicherheit und Einzelfallgerechtigkeit.

b) Die **Haftung des Gaststättenbetreibers** könnte gegen das rechtsstaatliche **Schuld-** **302**
**prinzip** verstoßen, das grundsätzlich nicht nur für Kriminalstrafen, sondern auch für sonstige Sanktionen gilt. Andererseits kennt das Verwaltungsrecht die Haftung des Zustandsstörers; insbesondere kann an die Duldung eines rechtswidrigen Verhaltens Dritter angeknüpft werden; daher sind Bußgelder auch hierfür möglich, wenn sie erforderlich sind, um die Rechtspflichten des Betreibers durchzusetzen; Bestimmtheit und Verhältnismäßigkeit müssen gewahrt sein; s dazu a). Dass höhere Bußgelder möglich sind, ist gerechtfertigt durch den wirtschaftlichen Vorteil, den der Betreiber aus der Duldung ziehen würde.[7]

## C. Entscheidung des Bundespräsidenten

Die hier festgestellten Mängel an der Gesetzgebungszuständigkeit berechtigen den Bun- **303**
despräsidenten dazu, die Ausfertigung des Gesetzes zu verweigern. Dass der Verfassungsverstoß sich nur auf eine Bestimmung des Gesetzes bezieht, ist hierfür unerheblich, denn das Gesetz kann nur als Ganzes ausgefertigt und verkündet werden. Soweit das Gesetz auch materiell verfassungswidrig ist, müsste der Verfassungsverstoß allerdings evident sein, um eine entsprechende Befugnis des Bundespräsidenten zu begründen. Doch lassen sich die Verfassungsverstöße hier erst auf der Abwägungsebene feststellen; hierfür sind vielschichtige, differenzierte Wertungen erforderlich. Deshalb kann nicht von evidenten Verfassungsverstößen gesprochen werden. Wegen materieller Verfassungsverstöße allein dürfte die Ausfertigung also nicht verweigert werden.

7 *Zu diesem Punkt reicht es völlig aus, wenn der Bearbeiter einige vernünftige Erwägungen wie vorstehend entwickelt – hier kommt es besonders auf eigenes Argumentationsvermögen an.*

# Repetitorium

## A. Gesetzgebungskompetenzen

304 Für eine schulmäßige *Kompetenzprüfung* sind diese drei Schritte zu vollziehen:

(1) Grundregel des Art. 70 I GG
(2) Feststellung eines Kompetenztitels für das Gesetz
(3) Prüfung der Voraussetzungen für die Wahrnehmung der Kompetenz durch Bund oder Land entsprechend dem jeweiligen Kompetenztypus.

Die maßgebliche Weichenstellung erfolgt unter (2), wenn geprüft wird, ob ein Gesetz unter einen bestimmten Kompetenztitel fällt. Zunächst werden die Kataloge der Art. 73 und 74 GG durchgemustert. Kommt einer der dort genannten Kompetenztitel in Betracht, so ist zu subsumieren: fällt das Gesetz unter die entsprechende Ziffer des Katalogs?

Hierfür sind zwei gedankliche Schritte erforderlich:

(a) Auslegung der Verfassungsnorm (was ist „Strafrecht" iSd Art. 74 I Nr. 1 GG?) und
(b) Zuordnung des Gesetzes (will das Gesetz hier „strafen"?).

Die Prüfung unter (3) ist dann die Konsequenz aus der Zuordnung unter (2). Bei konkurrierender Zuständigkeit muss dabei unterschieden werden: geht es um ein Bundesgesetz? – dann Art. 72 II GG – oder geht es um ein Landesgesetz? – dann Art. 72 I GG. Auf bestimmten Gebieten des Art. 74 I GG kann der Bund nicht ohne Weiteres tätig werden. Zuerst muss vielmehr geprüft werden, ob ein Bundesgesetz überhaupt „erforderlich" ist. In den anderen Fällen kann man von einer **Vorranggesetzgebung** des Bundes sprechen.

Nie darf (3) vor (2) erörtert werden: aus der Erforderlichkeit einer bundesgesetzlichen Regelung allein folgt noch keine Zuständigkeit – häufiger (und schwerer!) Fehler.

305 Insbesondere zur Auslegung von Kompetenznormen hat das BVerfG in mehreren Grundsatzentscheidungen detaillierte Grundsätze entwickelt, unter besonderer Betonung der historischen Auslegung, so in seinem Urteil zum Altenpflegegesetz vom 24.10.2002, BVerfGE 106, 62 (105) und in seinem Urteil zu den Unterbringungsgesetzen der Länder vom 10.2.2004, BVerfGE 109, 190 (218); bestimmt die Kompetenznorm ihren Gegenstand normativ wie dies der Fall ist bei „Strafrecht", so gilt dieser grundsätzlich mit dem Bedeutungsgehalt, den der Grundgesetzgeber vorgefunden hat; ebenso zum Therapieunterbringungsgesetz, NJW 2013, 3151.

Zu den Voraussetzungen des Art. 72 II GG hat sich seit BVerfGE 106, 62 eine gefestigte Rechtsprechung entwickelt. Damit die Zielvorgabe der **Gleichwertigkeit der Lebensverhältnisse** eingreift, müssen sich die Lebensverhältnisse in den Ländern in einer das bundesstaatliche Sozialgefüge beeinträchtigenden Weise auseinander entwickelt haben oder es muss sich konkret abzeichnen, dass sie sich so zu entwickeln drohen; die Zielvorgabe der **Rechtseinheit** greift nicht schon dann ein, wenn in den Ländern unterschiedliches Recht gilt, sondern erst bei unzumutbaren Behinderungen im länderübergreifenden Rechtsverkehr, während die **Wirtschaftseinheit** erst bei wirtschaftlich bedrohlichen

Auswirkungen unterschiedlichen Rechts betroffen ist, vgl BVerfGE 106, 62 (142 ff.). Das BVerfG hat zudem klargestellt, dass entsprechend den Intentionen der Verfassungsänderung 1994 die Erforderlichkeit nach Art. 72 II GG ein voll überprüfbarer unbestimmter Rechtsbegriff ist, auch wenn dem Gesetzgeber hinsichtlich künftiger Entwicklungen, wie stets, ein Prognosespielraum zuzuerkennen ist. Nach der Föderalismusreform 2006 gelten die Anforderungen des Art. 72 II GG allerdings nur für die dort ausdrücklich genannten Materien – für alle anderen Bereiche wird die Notwendigkeit einer bundesgesetzlichen Regelung also vom Gesetzgeber ohne Weiteres vorausgesetzt.

Die wiederholten Änderungen der Art. 72 ff. GG 1994 und 2006 haben zu einem kom- **306**
plizierten **Übergangsrecht** geführt. Wichtig ist zunächst, dass Gesetze, die kompetenzgerecht erlassen wurden, weiter gelten, auch wenn sie nicht neu erlassen werden könnten. Könnte ein Gesetz deshalb nicht neu erlassen werden, weil die Zuständigkeit des Bundes in der Sache weggefallen ist, so gilt Art. 125a I GG. Das Bundesgesetz kann dann ohne Weiteres durch ein Landesgesetz ersetzt werden – deshalb haben zB einige Länder eigene Ladenschlussgesetze erlassen, während in anderen das des Bundes fortgilt – für den Ladenschluss sind nach Art. 74 I Nr. 11 GG die Länder nunmehr ausschließlich zuständig. Für Bundesgesetze, die noch vor der Verfassungsreform 1994 erlassen wurden und für die es jetzt an der Erforderlichkeit nach Art. 72 II GG fehlt, gilt Art. 125b II GG. Auch sie gelten fort. Der Bundesgesetzgeber kann die Länder ermächtigen, sie durch eigene Regelungen zu ersetzen. Ein solches Bundesgesetz kann durch eine Entscheidung des Bundesverfassungsgerichts ersetzt werden. Art. 93 II GG sieht einen dahingehenden **Feststellungsantrag** vor, ebenso für den Fall des Art. 72 IV GG, wenn für ein nach Art. 72 II GG erlassenes Bundesgesetz die Erforderlichkeit im Sinn dieser Bestimmung später wegfällt.

## Schemata:
## Zuständigkeitsprüfung bei Bundesgesetzen **307**

1. **Ausgangspunkt – Art. 70 GG:** der Bund ist nur dann zuständig für ein Gesetz, wenn die Zuständigkeit nach Art. 71 ff. GG für das in Frage stehende Gesetz konkret begründet werden kann; andernfalls bleibt es bei der Kompetenz der Länder.

2. **Ausschließliche** Gesetzgebungszuständigkeit des Bundes?

Wenn das Gesetz unter eine der in Art. 73 GG genannten Materien subsumiert werden kann, ist der Bund ohne Weiteres zuständig, ebenso, wenn seine *Zuständigkeit an anderer Stelle geregelt* ist. Zweckmäßigerweise wird auch eine ungeschriebene Bundeskompetenz kraft Natur der Sache bereits hier geprüft, da es sich hierbei begrifflich nur um eine ausschließliche Bundeskompetenz handeln kann.

Wenn keine ausschließliche Bundeskompetenz besteht, weiter mit Punkt (3):

3. **Konkurrierende** Gesetzgebungszuständigkeit?

a) Kann Gesetz subsumiert werden unter Art. 74 I Nrn. 1-33 GG? (Wenn wegen Änderung des Art. 74 GG Bundeszuständigkeiten nachträglich entfallen, ist dies für Fortgeltung unerheblich; s. Art. 125a GG nF). Wenn dies bejaht wird, ist zu prüfen:

b) Darf der Bundesgesetzgeber tätig werden — Art. 72 II GG?
   - aa) Liegt ein Fall der Vorranggesetzgebung vor, fällt also das Gesetz in keines der Gebiete nach Art. 72 II GG? Dann ist der Bund ohne Weiteres zuständig.
   - bb) Fällt das Gesetz in eines der Gebiete nach Art. 72 II GG? Dann ist zu prüfen: Erforderlichkeit.

## 308 Zuständigkeitsprüfung bei Landesgesetzen

1. Ausgangspunkt auch hier Grundregel des **Art. 70 GG**: Land zuständig, wenn nicht Bundeszuständigkeit durch Grundgesetz begründet.
2. Besteht **ausschließliche** Bundeskompetenz nach Art. 73 GG bzw nach Kompetenzzuweisung an anderer Stelle des Grundgesetzes: Land ist nicht zuständig, Gesetz nichtig.

   (*Ausnahme:* Bundesgesetzgeber ermächtigt Länder ausdrücklich zu eigener Regelung, Art. 71 GG)
3. **Konkurrierende** Gesetzgebungszuständigkeit?
   a) Fällt Materie des Landesgesetzes unter Zuständigkeitskatalog des Art. 74 I GG? Wenn ja, entfällt Landeszuständigkeit, bei
   b) *Kompetenzsperre* durch Bundesgesetz
      aa) Wenn umfassende bundesgesetzliche *Kodifikation*: Landesgesetzgeber kann nicht mehr tätig werden, bzw nur insoweit, als er im Bundesgesetz hierzu ausdrücklich ermächtigt wird (Art. 71 GG).
      bb) Wenn nur punktuelle bundesgesetzliche Regelung: Landesgesetzgeber insoweit ausgeschlossen, als durch Bundesgesetz gleicher Gegenstand bereits geregelt oder „absichtsvoller Regelungsverzicht".

      Zu aa) und bb): Nur das verfassungsmäßig zustande gekommene Bundesgesetz kann seinerseits als Kompetenzsperre wirken; insbesondere müssen also für das Bundesgesetz die Voraussetzungen des Art. 72 II GG gegeben sein.

      cc) Wenn keine bundesgesetzliche Regelung: Land zuständig.
   c) Liegt ein Fall der Abweichungsgesetzgebung nach Art. 72 III GG vor?
   d) Ferner kommt noch in Betracht: Ersetzungsbefugnis des Landes nach Art. 125a I GG, wenn wegen Änderung des Art. 74 GG die konkurrierende Zuständigkeit entfallen ist; ferner nach Art. 125a II und nach Art. 72 IV GG; dann aber erforderlich: ausdrückliche Ermächtigung durch Bundesgesetz oder Entscheidung des Bundesverfassungsgerichts.

**Zur Wiederholung:** *Degenhart* Rn 158–205.

**Aus der Ausbildungsliteratur:** *Waldhoff*, Studiengebühren im Bundesstaat, JuS 2005, 391; *Gröpl/Loth*, Die Gesetzgebung des Bundes, Ad Legendum 2012, 73; *Bäumerich*, Grundfälle zu den Gesetzgebungskompetenzen, JuS 2018, 123; *Voßkuhle/Wischmeyer*, Grundwissen – öffentliches Recht: Gesetzgebungskompetenzen, JuS 2020, 315.

**Aktuelle Rechtsprechung:** BVerfGE 106, 62 (Altenpflegegesetz); BVerfGE 109, 190 (landesrechtliche Unterbringungsgesetze); BVerfGE 111, 10 (Ladenschluss); BVerfGE 111, 226 (Juniorprofessor); BVerfGE 112, 226 (Studiengebühren); BVerfGE 121, 30 (Hessisches Privatrundfunkgesetz); BVerfGE 134, 33 (Therapieunterbringungsgesetz); BVerfGE 135, 155 (Filmförderungsgesetz); SächsVerfGH NVwZ-RR 2012, 873 (Ladenschluss); BVerfGE 138, 261 (Ladenschluss); BVerfGE 140, 65 (Betreuungsgeld); BVerfGE 145, 20 (Spielhallen).

**Fälle im thematischen Zusammenhang:** *Winkler*, Das Altenpflegegesetz, JA 2004, 631; *Kube/Seiler*, Bildung im Vorschulalter, Jura 2005, 567; *Musil/Rox*, Streit um das neue Ladenschlussrecht, Jura 2008, 701; *Glaser*, Hufbeschlag mit Hindernissen, Jura 2008, 949; *Palm*, Referendarexamensklausur – Öffentliches Recht: Plebiszitäre Abweichung, JuS 2007, 751; *Eisele/Hyckel*, Referendarexamensklausur: Die Lichtspielabgabe, JuS 2019, 149; *Ludwigs/Haintahler*, Klausur: Der erfinderische Steuergesetzgeber, Jura 2019, 543; *Öller*, Anfängerklausur: Der Bundeskanzler und die Flüchtlinge, JuS 2018, 355.

## B. Prüfungsrecht des Bundespräsidenten

Die Frage nach der Prüfungskompetenz des Bundespräsidenten stellt sich typischerweise bei der Ausfertigung von Gesetzen. Der Problemstand sollte in groben Zügen bekannt sein. **309**

Ein **formelles** Prüfungsrecht (Gesetzgebungsverfahren, Kompetenz) wird durchweg bejaht, schon wegen des Wortlauts des Art. 82 I 1 GG: Die nach den Vorschriften des GG zustande gekommenen Gesetze werden ausgefertigt. Dieses formelle Prüfungsrecht kann deshalb auch nicht auf evidente Verfahrensfehler beschränkt werden – obschon die Praxis dahin tendiert; so auch der damalige Bundespräsident Rau beim Zuwanderungsgesetz[8].

Umstritten ist die Frage eines **materiellen** Prüfungsrechts. Die wichtigsten Gesichtspunkte: **310**

(1) Der Wortlaut des Art. 82 I 1 GG ist insoweit nicht eindeutig: „Vorschriften des Grundgesetzes" können auch materielle Bestimmungen sein.

(2) Amtseid des Bundespräsidenten, Art. 56 GG: Zirkelschluss (denn welche sind die dort genannten Pflichten?).

(3) Vergleich zur WRV: nicht aussagekräftig, maßgeblich sind die Befugnisse nach dem Grundgesetz (*Degenhart* Rn 786 ff.).

(4) Gewaltenteilung, Art. 20 II GG – Verpflichtung aller Verfassungsorgane zur Wahrung der verfassungsmäßigen Ordnung, Art. 20 III GG; auch unabhängig von der Kompetenz des Bundesverfassungsgerichts (auch deshalb ist es problematisch, wenn der Bundespräsident das Gesetz ausfertigt und auf die Möglichkeit der Kontrolle durch das BVerfG verweist).

(5) Es bleibt die Kompetenzfrage: wessen Auffassung soll für das Gesetzgebungsverfahren den Ausschlag geben? Primär verantwortlich ist der demokratisch legitimierte Gesetzgeber; deshalb Einschätzungsprärogative – die aber nicht gilt bei offensichtlicher Fehlsamkeit.

Also: in materieller Hinsicht Evidenzkontrolle – kein Zwang zum offenen Verfassungsbruch!

Ein politisches Prüfungsrecht besteht unstr. nicht.

**Aus der Ausbildungsliteratur:** *Nolte/Tams*, Übungsklausur im Öffentlichen Recht: Der Bundespräsident und das Flugsicherungsgesetz, Jus 2006, 1088.

## C. Art. 2 I GG – freie Entfaltung der Persönlichkeit, allgemeine Handlungsfreiheit

### I. Allgemeines

Das Grundrecht auf freie Entfaltung der Persönlichkeit wirkt in zwei Richtungen: zum einen „passiv" als Abwehrrecht gegen ein Eindringen in die Persönlichkeitssphäre: dies ist das allgemeine Persönlichkeitsrecht (APR), zu dessen Ableitung regelmäßig noch Art. 1 I GG herangezogen wird[9]. Zum anderen enthält Art. 2 I GG eine „aktive" Entfal- **311**

8 S auch den Beitrag von *Rau* in DVBl 2004, 1 (der Autor erinnert in seinen Zitiergewohnheiten an einen ehemaligen Bundesminister der Verteidigung).

9 Neuere Rspr ist hierzu nicht ganz einheitlich – s zB BVerfGE 113, 29 zur Beschlagnahme von Datenträgern in einer Anwaltskanzlei.

tungsfreiheit – sie wird ganz überwiegend im Sinn einer allgemeinen Handlungsfreiheit gedeutet. Jedwedes menschliche Verhalten – unter Einbeziehung des Taubenfütterns im Park und des Reitens im Walde – fällt in den Grundrechtstatbestand. Entsprechend weit wird die Schranke der verfassungsmäßigen Ordnung definiert als die Gesamtheit der der Verfassung gemäßen Rechtsnormen.

In der Grundrechtsprüfung ist Art. 2 I GG meist nur am Rande zu erwähnen, da die allgemeine Handlungsfreiheit subsidiär ist gegenüber den benannten, spezielleren Freiheitsrechten. Sind Letztere im Tatbestand einschlägig, also in ihrem Schutzbereich berührt, so wird die Verfassungsmäßigkeit des Eingriffs umfassend auf der Rechtfertigungsebene geprüft (also zB die Kompetenz für das grundrechtsbeschränkende Gesetz) – die Grundsätze des „Elfes-Urteils" BVerfGE 6, 32 gelten insoweit auch für die benannten Grundrechte. Wo keine benannten Grundrechte zur Anwendung kommen, hat Art. 2 I GG schließlich die Funktion, Verstöße gegen sonstiges Verfassungsrecht als Grundrechtsverstoß rügefähig zu machen.

Wird im Gerichtsverfahren gegen das Gebot eines „fairen Verfahrens" verstoßen, dann kann eine Verfassungsbeschwerde hiergegen auf Art. 2 I GG iVm dem Rechtsstaatsprinzip gestützt werden (sofern nicht Art. 103 I GG einschlägig ist).

## II. Grundrechtsprüfung

### 1. Der Schutzbereich des Grundrechts

312 a) Subjektiv: jedermann.

b) Objektiv: Freie Entfaltung der Persönlichkeit wird verstanden als: allgemeine Handlungsfreiheit; der Grundrechtstatbestand umfasst damit jede Betätigung, die nicht schon in einem der spezielleren Grundrechte benannt ist, unabhängig von ihrer „Wertigkeit", also auch banale Beschäftigungen wie Taubenfüttern im Park oder Reiten im Walde.

313 c) Art. 2 I GG als Auffanggrundrecht in personaler Hinsicht: Wenn ein Nichtdeutscher sich im Schutzbereich der Deutschengrundrechte – zB Art. 12 I GG – betätigt, kann er sich nach überwiegender Auffassung auf Art. 2 I GG berufen:

So auch nach BVerfGE 104, 337 der nichtdeutsche muslimische Metzger gegenüber der berufsbeschränkenden Regelung des Schächtverbots, wobei das Grundrecht aus Art. 4 I, II GG hier das Gewicht der allgemeinen Handlungsfreiheit verstärkte. Dies wirft die Frage auf, warum dann nicht unmittelbar Art. 4 GG geprüft wurde. Da es aber dem Metzger nicht darum ging, für den Eigenbedarf geschächtetes Fleisch zu erzeugen, um so in seiner Person die religiösen Speisevorschriften erfüllen zu können, wurde ihm die unmittelbare Berufung auf Art. 4 GG versagt; da andererseits die Kunden ihrerseits die religiösen Vorschriften erfüllen wollten, wurden deren Grundrechte in die Prüfung einbezogen.

### 2. Eingriffe

314 Jede belastende Maßnahme.

### 3. Rechtfertigung

a) Schranken des Grundrechts **314a**

Verfassungsmäßige Ordnung: Gesamtheit der formell und materiell mit der Verfassung übereinstimmenden Rechtsordnung. A.f. Verfassungsbeschwerde: das Gesetz, das nicht Bestandteil der verfassungsmäßigen Ordnung ist, weil zB Kompetenz fehlt, ist nicht verfassungskonforme Grundrechtsschranke *(BVerfGE 6, 32 – Elfes).*

Rechte anderer, Sittengesetz: gesetzliche Grundlage erforderlich für Grundrechtsbeschränkung.

b) Verfassungsmäßigkeit des Schrankengesetzes

Grundrechtsbeschränkung durch Gesetz ist also verfassungsmäßig, wenn das Gesetz
- formell (Zitiergebot gilt nicht) und materiell verfassungskonform ist, insbesondere auch
- verhältnismäßige Grundrechtsbeschränkung vornimmt.

Auf der **Rechtfertigungsebene** gilt für die Einbeziehung in Zwangsverbände uÄ: Wenn **314b** der Verband insgesamt einen verfassungsrechtlich legitimen öffentlichen Zweck verfolgt, so ist es gerechtfertigt, alle in Betracht kommenden Personen einzubeziehen, wenn dies zur effektiven Aufgabenwahrnehmung beiträgt. Der Eingriff in die allgemeine Handlungsfreiheit ist freilich nur im Rahmen der legitimen Aufgaben der Körperschaft gerechtfertigt. Deshalb begründet Art. 2 I GG für das Verbandsmitglied ein Abwehrrecht dagegen, dass der Verband seinen Aufgabenbereich überschreitet (also zB gegen allgemeinpolitische Tätigkeit des AStA[10]). Die Verfassungsmäßigkeit des sog. „Semestertickets" ist jedoch positiv geklärt[11].

c) Anwendung des Gesetzes

## III. Aktuelle Anwendungsfälle

Art. 2 I GG ist betroffen bei einer **Pflichtmitgliedschaft** in öffentlich-rechtlichen Ver- **314c** bänden wie einer Industrie- und Handwerkskammer oder der „verfassten Studentenschaft"[12]; ebenso durch die Versicherungspflicht in der Sozialversicherung – hier gilt auf der Rechtfertigungsebene: wenn der Verband insgesamt einen verfassungsrechtlich legitimen öffentlichen Zweck verfolgt, so ist es gerechtfertigt, alle in Betracht kommenden Personen einzubeziehen, wenn dies zur effektiven Aufgabenwahrnehmung beiträgt. Der Eingriff in die allgemeine Handlungsfreiheit ist freilich nur im Rahmen der legitimen Aufgaben der Körperschaft gerechtfertigt. Deshalb begründet Art. 2 I GG für das Verbandsmitglied ein Abwehrrecht dagegen, dass der Verband seinen Aufgabenbereich über-

10 Vgl dazu den Fall bei *Dietlein/Heinemann*, NWVBl 2003, 114.
11 BVerwGE 109, 97; s den Fall bei *Rozek*, SächsVBl 2003, 177, 200.
12 In neueren Gesetzen politisch korrekt – geschlechtsneutral: „Studierendenschaft".

schreitet (also zB gegen allgemeinpolitische Tätigkeit des AStA[13]). Die Verfassungsmäßigkeit des sog. **„Semestertickets"** ist jedoch positiv geklärt.[14]

Zunehmend aktuell – nicht zuletzt in Anbetracht zunehmend obrigkeitsstaatlicher Entwicklungen in der EU – ist die Frage, ob und inwieweit der Staat den Bürger „vor sich selbst" schützen darf.[15] Dabei geht es einerseits um das „Menschenbild des Grundgesetzes", das im Spannungsfeld von Privatautonomie und Gemeinschaftsbezogenheit gesehen wird – deshalb dürfte auch eine Rolle spielen, inwieweit die Folgen gefährlichen Verhaltens von der Allgemeinheit zu tragen sind.

Als unverhältnismäßige Einschränkung der allgemeinen Handlungsfreiheit sah es das BVerwG im U. v. 13.9.2017 (BVerwGE 159, 337) an, dass eine Strandgemeinde nahezu den gesamten Strandabschnitt der Gemeinde an eine Eigengesellschaft der Gemeinde für den Betrieb eines Strandbades verpachtete und die Strandfläche nur gegen Entgelt betreten werden durfte. Der Zutritt zur freien Natur und hier zum Strand ist von der allgemeinen Handlungsfreiheit umfasst. Daran ist nicht nur die Gemeinde, sondern auch deren Eigengesellschaft gebunden.

**314d** Intensive Eingriffe in das Grundrecht der allgemeinen Handlungsfreiheit waren und sind mit den Maßnahmen zur Eindämmung der **Corona**-Pandemie verbunden. Nach § 28 InfSchG kann die Behörde die „notwendigen Schutzmaßnahmen" treffen, „soweit und solange es zur Verhinderung der Verbreitung übertragbarer Krankheiten erforderlich ist." Sie kann insbesondere Personen verpflichten, den Ort, an dem sie sich befinden, nicht oder nur unter bestimmten Bedingungen zu verlassen oder von ihr bestimmte Orte oder öffentliche Orte nicht oder nur unter bestimmten Bedingungen zu betreten und kann Veranstaltungen oder sonstige Ansammlungen von Menschen beschränken oder verbieten und Badeanstalten und andere öffentliche Einrichtungen schließen. Das Verbot, die eigene Wohnung ohne triftigen Grund zu verlassen, dürfte bereits Freiheitsbeschränkung iSv Art. 2 II 2 iVm Art. 104 I GG sein; Art. 2 I GG ist berührt bei einem **Alkoholverbot** im öffentlichen Raum. Derartige Verbote wurden sowohl vom VG Düsseldorf (B. v. 25.5.2020 – 7 L 903/20) als auch vom BayVGH (B. v. 1.9.2020 – 20 CS 20.1962) für rechtswidrig erklärt. Die tatbestandlichen Voraussetungen des § 28 I 1 InfSchG sehen die Gerichte als gegeben, da bei größeren Ansammlungen oder Zusammenkünften ein besonders hohes Infektionsrisiko besteht. Das VG Düsseldorf sieht das Alkoholverboet jedoch als nicht geeignet, da Alkoholgenuss das Risiko einer Infektion nicht erhöht. Demgegenüber bejaht BayVGH eine Eignung im Hinblick auf enthemmende Wirkung des Alkohols, sieht aber die Verhältnismäßigkeit für ein das gesamte Stadtgebiet geltendes Verbot als nicht gegeben; ausreichend ist hiernach ein Verbot für bestimmte „hot-spots". Art. 2 I GG ist auch einschlägig bei der **Maskenpflicht**; Wirksamkeit durfte vom Verordnungsgeber im Rahmen seines Einschätzungsspielraums angenommen werden (OVG Münster B. v. 30.4.2020 – 13 B 539.20/NE). Die in einzelnen Bundesländern im Oktober 2020 angeordneten „Beherbergungsverbote" bedeuten v.a. einen Eingriff in das Grundrecht der Freizügigkeit, Art. 11 GG. Mit Beschluss vom

13 Vgl dazu den Fall bei *Dietlein/Heinemann*, NWVBl 2003, 114.

14 BVerwGE 109, 97; s den Fall bei *Rozek*, SächsVBl 2003, 177 (200).

15 Vgl den Fall bei *Schmidt*, NdsVBl 2003, 195 (197).

15.10.2020 – 1 S 3156/20 – hat VGH Mannheim im Eilverfahren das Verbot für BW aufgehoben. Der Eingriff sei unverhältnismäßig, da nicht begründet sei, warum gerade vom Hotelwesen ein besonders hohes Infektionsrisiko ausgehe.

**Aus der Ausbildungsliteratur:** *Degenhart*, Die allgemeine Handlungsfreiheit des Art. 2 I GG, JuS 1990, 161; *Lege*, Die allgemeine Handlungsfreiheit des Art. 2 I GG, Jura 2002, 753; *Kahl*, Grundfälle zu Art. 2 I GG, JuS 2008, 499; *Kahl*, Grundfälle zu Art. 2 I GG, JuS 2008, 499, 595; *Kalscheuer*, Kant und die allgemeines Handlungsfreiheit, Jura 2018, 15.

**Aktuelle Rechtsprechung:** BVerfGE 104, 337 (Schächten), BGHSt 51, 211 (verdeckte Online-Durchsuchung), BayVerfGH BayVBl 2006, 339 (Schleierfahndung); BVerfGE 121, 317; BVerfG (K) NVwZ 2011, 355 (Verkaufsverbote für Alkohol); BVerfG NJW 2012, 1062 (Sonnenstudioverbot); BVerfG (K) NJW 2015, 1666 (Anordnung einer Betreuung bei Alkoholismus); BVerfG, NJW 2020, 905 (Geschäftsmäßige Förderung der Selbsttötung); BayVerfGH BayVBl 2006, 339 (Schleierfahndung); BGHSt 51, 211 (verdeckte Online-Durchsuchung).

**Fälle im thematischen Zusammenhang:** *Rozek*, „Semesterticketzwangsbeglückung", SächsVBl 2003, 177, 200; *Dietlein/Heinemann*, Examensklausur im öffentlichen Recht: „Ärger mit dem AStA", NWVBl 2003, 114; *Schmidt*, Helmpflicht für Fahrradfahrer, NdsVBl 2003, 195; *Barczak*, Referendarexamensklausur – Öffentliches Recht: Sexualstraftäter auf Abstand, JuS 2012, 156; *Kube*, Kein Sonnenstudio für Minderjährige, JuS 2014, 726: *Friehe*, Heißer Nebenjob im Studium, JA 2016, 602; *Hahn*, Surfreviere, ZJS 2017, 34; *Becker*, Der jüdische Metzger und das Schächtverbot, VR 2017, 380; *Hübner*, Stille Nacht, Jura 2018, 183.

Fall 4

# Energiewende – oder: „... der durch sie hindurchging der Wind"*

*Umfangreicher und anspruchsvoller Examensfall*

315 Windenergieanlagen sind im Außenbereich gemäß § 35 I Nr. 5 BauGB sog. „privilegierte Vorhaben", d.h. sie sind dort zulässig, wenn öffentliche Belange nicht entgegenstehen. Nicht privilegierte Vorhaben sind demgegenüber nur im Einzelfall zulässig, wenn öffentliche Belange nicht beeinträchtigt sind. Sie sind also, da die in § 35 III BauGB aufgezählten Belange so gut wie immer in zumindest einem Punkt beeinträchtigt sind, in aller Regel unzulässig, während bei privilegierten Vorhaben eine Abwägung stattfindet, was bei Windenergieanlagen in aller Regel deren Zulässigkeit bedeutet. Jedoch konnten nach § 249 III BauGB die Länder durch Landesgesetz bestimmen, dass die Privilegierung für Windkraftanlagen nur gilt, wenn sie einen bestimmten Abstand zu vorhandener, nach Landesrecht zulässiger Bebauung einhalten. Die Bestimmung trat zum 1.8.2014 in Kraft.

Eine entsprechende Regelung war im Koalitionsvertrag 2013 vorgesehen; am 1.3.2014 wurde der Gesetzentwurf von der Bundesregierung eingebracht. Bereits im Vorfeld hatte der Ministerpräsident des Landes L in seiner Regierungserklärung vom 4.2.2014 angekündigt, das Land werde nach Inkrafttreten einer bundesgesetzlichen Regelung nach dem Koalitionsvertrag durch Landesgesetz einen Abstand festlegen, der das Fünffache der Höhe der Windkraftanlage, gemessen an der Rotorspitze (5H-Regel) betrage. Am 17.11.2014 trat die Änderung der Landesbauordnung in Kraft. Eine Übergangsvorschrift bestimmt, dass für alle Anlagen, für die vor dem 4.2.2014 ein vollständiger Genehmigungsantrag eingereicht wurde, das alte Recht gilt. In der Gesetzesbegründung wird auf die Konfliktträchtigkeit von Windkraftanlagen verwiesen, die einen vorbeugenden Ausgleich der unterschiedlichen Nutzungsinteressen erfordere. Die Übergangsregelung trage dem Umstand Rechnung, dass bis zum Genehmigungsantrag regelmäßig erhebliche Investitionen erforderlich seien; wer im Vertrauen auf die frühere Rechtslage einen Antrag gestellt habe, erhalte Vertrauensschutz.

Windig (W) hatte Ende 2013 einen 30-jährigen Pachtvertrag über ein geeignetes Gelände im Eigentum des Landwirts Erwin Eigen (E) zu einem jährlichen Pachtzins von € 70.000 abgeschlossen und am 1.3.2014 einen Genehmigungsantrag für eine Windkraftanlage mit einer Gesamthöhe von 200 m eingereicht. Die Genehmigung wurde erteilt mit der Auflage, die Höhe auf 160 m zu begrenzen. Dies sei erforderlich, da sich in nur 800 m Entfernung der Hof des Landwirts Norbert Niebler (N) befinde, der dort wohne und „Ferien auf dem Bauernhof" anbiete. In der beantragten Höhe sei das Vorhaben nicht genehmigungsfähig, da, wie neuere Erkenntnisse zeigten, Rotorengeräusche und Schattenwurf ohne hinreichenden Abstand auf Dauer als gesundheitsgefährdend

* *Bertolt Brecht*: „Vom armen BB".

gelten müssten und außerdem seien in der Umgebung Nistplätze des Rotmilan, einer geschützten Greifvogelart, festgestellt worden. Bei einer Reduzierung der Höhe des Rotors könne das Vorhaben genehmigt werden, da diese öffentlichen Belange im Wege der Abwägung mit dem Klimaschutz überwunden werden könnten.

Windig, der, ehe er sich der lukrativeren Windkraftbranche zuwandte, Jura studiert hatte, hält die Neuregelung für verfassungswidrig, da sie rückwirkend in seine Rechte und in die des Eigentümers des Grundstücks eingreife. Auch der Stichtag sei in verfassungswidriger Weise bestimmt; eine Koalitionsvereinbarung oder eine Regierungserklärung seien schließlich rechtlich nicht relevant. Die 5H-Regel sei auch deshalb verfassungswidrig, weil das Land damit die Energiewende sabotiere. Um Windkraftanlagen wirtschaftlich betreiben zu können, sei eine Höhe von 200 m erforderlich. Dann aber verblieben allenfalls 5 % des Gebiets des Landes, um Windkraftanlagen darauf zu errichten. Damit missbrauche der Landesgesetzgeber seine Befugnisse. Die 5H-Regel sei auch deshalb verfassungswidrig, weil nach der Rechtsprechung auch des Bundesverwaltungsgerichts eine Windenergieanlage, die einen Abstand in mindestens dreifacher Höhe einhalte, regelmäßig nicht gegen das Rücksichtnahmegebot verstoße. Ungeachtet dessen errichtet W, ohne Rechtsmittel einzulegen, die Anlage gleichwohl in einer Höhe von 180 m und setzt diese zum 1.10.2014 in Betrieb.

N sieht sich durch den Betrieb des Windrads erheblich beeinträchtigt. Insbesondere die auf Grund der topografischen Verhältnisse und der vorherrschenden Windrichtung deutlich wahrnehmbaren Rotorengeräusche sowie den Schattenwurf des Rotors empfindet er als erheblich störend. Dies empfinden auch seine Feriengäste, die bei ihm Fremdenzimmer für „Ferien auf dem Bauernhof“ belegen; sie klagen über Schlafstörungen und fühlen sich beim Aufenthalt im Freien ebenfalls erheblich gestört. Nachdem er in der Saison 2015 einen deutlichen Rückgang an Buchungen verzeichnen musste, beschließt N, etwas gegen das Windrad zu unternehmen. Dabei stellt er fest, dass W die erlaubte Höhe um 20 m überschritten hat; die Höhe bis zur Rotorspitze beträgt anstelle der genehmigten 160 m tatsächlich 180 m. N teilt dies dem zuständigen Landratsamt mit und beantragt mit Schreiben 1.12.2015, es möge von seiner Befugnis Gebrauch machen, die Beseitigung der Anlage anzuordnen. Das Landratsamt lehnt dies mit Bescheid vom 1.3.2016 ab. Eine Beseitigungsanordnung wäre unverhältnismäßig, zumal erhebliche Zweifel an der Verfassungsmäßigkeit des Gesetzes bestünden. Jedenfalls habe das öffentliche Interesse an einer Energiewende und am Klimaschutz Vorrang.

N erhebt daraufhin fristgerecht Klage zum zuständigen Verwaltungsgericht mit dem Antrag, das beklagte Land möge W aufgeben, die Anlage zu beseitigen und ferner eine Nutzungsuntersagung erlassen.

Der Vertreter des Landes weist darauf hin, dass der Erlass bauaufsichtlicher Verfügungen im Ermessen der Behörde stehe; Dritte hätten hierauf keinen Anspruch. Die Nutzung der Windenergie sei unabdingbare Voraussetzung für das Gelingen der „Energiewende“ und für den vom Grundgesetz vorgeschriebenen Umwelt- und Klimaschutz. Der beigeladene W hält die Abstandsregelung des § 82 LBO für verfassungswidrig, es könne nicht angehen, dass der Bund die Windenergie fördere und das Land durch eine exzessive Abstandsflächenregelung praktisch 95 % der Landesfläche für Windenergieanlagen sperre. Außerdem beruft er sich auf Vertrauensschutz. Als Unternehmer habe er keine Zeit, sich ständig irgendwelche Regierungserklärungen anzuhören, habe also vom Vorhaben der Landesregierung keine Kenntnis gehabt. Was schädliche Auswirkungen betreffe, so bilde N sich das alles nur ein; in Wahrheit sei er neidisch auf E und dessen Pachteinnahmen. Es befänden sich auch keine Nistplätze des Rotmilan in der Umgebung. N erwidert, das sei schon möglich, weil Unbekannte kurz vor Abschluss des Pachtvertrags diese zerstört hätten, was merkwürdigerweise schon öfter bei Vorhaben des W vorgekommen sei. Er legt fachärztliche Gutachten vor, nach denen Gesundheitsbeschwerden wie Bluthochdruck und Schlafmangel mit großer Wahrscheinlichkeit auf Stressfaktoren des Windradbetriebs zurückzuführen seien.

Die einschlägigen Bestimmungen der Landesbauordnung lauten:

**§ 82 LBO**

§ 35 Abs. 1 Nr. 5 BauGB findet auf Vorhaben, die der Erforschung, Entwicklung oder Nutzung der Windenergie dienen, nur Anwendung, wenn diese Vorhaben einen Mindestabstand vom 5-Fachen ihrer Höhe zu nach den Vorschriften dieses Gesetzes zulässigen bewohnten Gebäuden einhalten.

**§ 84 LBO**

Soweit vor Ablauf des 4. Februar 2014 bei der zuständigen Behörde ein vollständiger Antrag auf Genehmigung von Anlagen zur Erforschung, Entwicklung oder Nutzung der Windenergie eingegangen ist, findet § 82 keine Anwendung.

**§ 76 LBO**

Werden Anlagen im Widerspruch zu öffentlich-rechtlichen Vorschriften errichtet oder geändert, so kann die Bauaufsichtsbehörde die teilweise oder vollständige Beseitigung der Anlagen anordnen, wenn nicht auf andere Weise rechtmäßige Zustände hergestellt werden können. Werden Anlagen im Widerspruch zu öffentlich-rechtlichen Vorschriften genutzt, kann die Nutzung untersagt werden.

Es ist davon auszugehen, dass der Landesgesetzgeber gemäß § 68 I 2 1. Halbs. VwGO für Baurechtsstreitigkeiten das Widerspruchsverfahren ausgeschlossen hat. Es ist ferner davon auszugehen, dass das Land von § 78 I Nr. 2 VwGO keinen Gebrauch gemacht hat.

*(Die vergleichbare Regelung der BayBO, die allerdings einen Abstand von 10H vorsah, war Gegenstand eines Popularklageverfahrens vor dem Bayerischen Verfassungsgerichtshof, E. v. 9.5.2016, NVwZ 2016, 999).*

**Hat die Klage des N Aussicht auf Erfolg?**

# Vorüberlegungen

Der Fall ist im Verwaltungsrecht angesiedelt, hat aber seinen Schwerpunkt im Verfassungsrecht. Die verwaltungsrechtliche Thematik müsste vertraut sein: es geht um das Standardproblem eines Anspruchs auf ordnungsbehördliches – hier: bauordnungsrechtliches – Einschreiten. Denn der Kläger will erreichen, dass die Bauaufsichtsbehörde gegen W einschreitet. Da der Kläger den Erlass einer Beseitigungsverfügung beantragt, bietet sich als richtige Klageart die Verpflichtungsklage an. Der Kläger begehrt den Erlass eines Verwaltungsakts. Hierfür ist die Verpflichtungsklage statthafte Klageart. **316**

Der Aufbau des Falls ist vorgegeben: Zulässigkeit und Begründetheit einer verwaltungsgerichtlichen Klage. Dass es sich hierbei nur um eine Verpflichtungsklage handeln kann, sollte klar sein; von den Sachurteilsvoraussetzungen ist es die der Klagebefugnis, die hier sehr sorgfältig geprüft werden muss. Denn dass überhaupt ein Recht auf ordnungsbehördliches Einschreiten gegeben sein kann, ist nicht selbstverständlich und muss hier ebenso ausgeführt werden wie die mögliche Beeinträchtigung des Klägers in seinen Rechten.

In der Begründetheit ist der verwaltungsrechtliche Ansatz konsequent fortzuführen. Die Ablehnung des Verwaltungsakts gegenüber N muss rechtswidrig und der Kläger hierdurch in seinen Rechten verletzt sein. Das setzt zunächst voraus, dass die Behörde überhaupt einschreiten durfte – durfte sie dies nicht, war ihre Ablehnung schon deshalb nicht rechtswidrig. Denn die Behörde kann nicht zum Erlass eines rechtswidrigen Verwaltungsaktes verpflichtet sein. Also ist zunächst nach dem herkömmlichen verwaltungsrechtlichen Ansatz – Ermächtigungsgrundlage, formelle und materielle Rechtmäßigkeit – die Befugnis der Behörde zu prüfen, die Beseitigungsanordnung zu erlassen. Diese setzt formelle und materielle Baurechtswidrigkeit voraus. Hier kommt Verfassungsrecht ins Spiel. Während die formelle Illegalität des Vorhabens problemlos festzustellen ist, kommt es bei der materiellen Illegalität entscheidend darauf an, ob es sich um ein privilegiertes Vorhaben handelt. Nach § 82 LBO ist dies nicht der Fall. **317**

Dies führt zur zentralen verfassungsrechtlichen Fragestellung der Verfassungsmäßigkeit des § 82 LBO. Bereits die Gesetzgebungskompetenz ist hier fraglich. Darum ging es auch in einem Verfahren vor dem Bayerischen Verfassungsgerichtshof zur Prüfung der Verfassungsmäßigkeit der 10H-Regel der Bayerischen Bauordnung. Die bundesrechtliche Grundentscheidung für eine Privilegierung der Windenergie darf hiernach durch eine landesrechtliche Abstandsregelung eingeschränkt, aber weder rechtlich noch faktisch ausgehebelt werden. Der Landesgesetzgeber sei deshalb gehindert, einen so hohen Mindestabstand festzulegen, dass praktisch keine Flächen für die Anwendung des § 35 I Nr. 5 BauGB zugunsten von Windenergieanlagen verbleiben und dieser fortbestehende bundesrechtliche Privilegierungstatbestand dadurch in dem jeweiligen Land ausgehöhlt wird: „Dessen Anwendungsbereich darf durch Landesgesetz nur eingeschränkt, nicht aber ganz oder nahezu vollständig ausgeschlossen werden“.

Ein weiterer Problemschwerpunkt liegt bei Art. 14 GG und in diesem Zusammenhang bei der Vertrauensschutzproblematik. Dass bauplanungsrechtliche Nutzungsbeschränkungen als Inhalts- und Schrankenbestimmung iSv Art. 14 I 2 GG einzustufen sind, sollte keine Schwierigkeiten bereiten. Ob die Neuregelung Rückwirkung entfaltet, könnte durchaus fraglich sein, da sie ja erst für künftig zu erteilende Genehmigungen gilt. Allerdings ist auch dann nach Vertrauensschutz zu fragen. Hier ist die Frage anzusprechen, ab wann mit einer Neuregelung zu rechnen ist, ob hierfür stets der Gesetzesbeschluss zu fordern ist, oder ob das Einbringen der Gesetzesinitiative oder auch nur die bloße Ankündigung ausreicht (s *Degenhart* Rn 402).

## 318 Gliederung

**A. Zulässigkeit der Klage**

I. Verwaltungsrechtsweg
II. Statthaftigkeit – richtige Klageart
III. Zuständiges Gericht
IV. Beteiligten- und Prozessfähigkeit
V. Klagebefugnis, § 42 II VwGO
  1. Anspruch auf ordnungsbehördliches Einschreiten
  2. Rechte des N
VI. Vorverfahren, Klagefrist
VII. Klagegegner (passive Prozessführungsbefugnis)

**B. Begründetheit der Klage auf Beseitigungsanordnung**

I. Behördliche Befugnis
  1. Ermächtigungsgrundlage
  2. Tatbestandliche Voraussetzungen: Formelle und materielle Illegalität
    a) Formelle Illegalität
    b) Materielle Illegalität – Verfassungsmäßigkeit des § 82 LBO
      aa) Gesetzgebungszuständigkeit
        (1) Grundregel des Art. 70 GG
        (2) Bodenrecht oder Bauordnungsrecht?
        (3) Vorbehalt des § 249 III BauGB
        (4) Widerspruchsfreiheit der Rechtsordnung – bundesfreundliches Verhalten
        (5) 5H-Regel und Rücksichtnahmegebot
      bb) Materielle Verfassungsmäßigkeit
        (1) Verstoß gegen Art. 14 GG: Schutzbereich - Inhaltsbestimmung des Eigentums - Angemessenheit
        (2) Rückwirkung und Vertrauensschutz?
        (3) Art. 20a GG?
    c) Ergebnis
    d) Anlage genehmigungsfähig?
  3. Rechtsfolge: Intendiertes Ermessen – teilweise Beseitigung
II. Anspruch des N

**C. Begründetheit der Klage auf Nutzungsuntersagung**

**D. Ergebnis**

# Musterlösung

## A. Zulässigkeit der Klage

### I. Verwaltungsrechtsweg

Voraussetzung für die Zulässigkeit der Klage ist zunächst, dass der Verwaltungsrechts- **319**
weg eröffnet ist. Dies richtet sich im vorliegenden Falle nach § 40 I 1 VwGO. Maßgeblich ist, ob die streitentscheidenden Normen solche des öffentlichen Rechts sind. Ob hier die zuständige Behörde einschreiten kann oder einschreiten muss, richtet sich nach den Normen des öffentlichen Baurechts der LBO, also nach Sondernormen des öffentlichen Rechts, die den Polizei- und Ordnungsbehörden besondere Befugnisse verleihen. Es liegt eine öffentlich-rechtliche Streitigkeit vor; die Behörde ist zudem im Subordinationsverhältnis tätig geworden.

Es müsste sich weiterhin um eine Streitigkeit nichtverfassungsrechtlicher Art handeln. Dies ist der Fall, weil nicht unmittelbar über Normen des Verfassungsrechts gestritten wird, und auch keine Verfassungsorgane am Verfahren beteiligt sind. Eine abdrängende Sonderzuweisung an ein anderes Gericht ist ebenfalls nicht ersichtlich, sodass der Verwaltungsrechtsweg nach § 40 I l VwGO eröffnet ist.

### II. Statthaftigkeit – richtige Klageart

Richtige Klageart für das Begehren des N ist die Verpflichtungsklage nach § 42 I Alt. 2 **320**
VwGO. Die von ihm im Klageweg begehrte Beseitigungsanordnung gegen W ist ohne Weiteres als Verwaltungsakt iSv § 35 S. 1 LVwVfG zu qualifizieren. Gleiches gilt für eine Nutzungsuntersagung.

### III. Zuständiges Gericht

Die Klage ist lt Sachverhalt vor dem zuständigen Verwaltungsgericht erhoben worden. **321**

### IV. Beteiligten- und Prozessfähigkeit

N ist gemäß § 61 Nr. 1 VwGO beteiligtenfähig, ebenso das Land. Die Prozessfähigkeit ergibt sich für N aus § 62 I VwGO, für das Land aus § 62 III VwGO.

### V. Klagebefugnis, § 42 II VwGO

N müsste gem. § 42 II VwGO geltend machen können, durch die Ablehnung der Besei- **322**
tigungsanordnung und der Nutzungsuntersagung in seinen subjektiven Rechten verletzt zu sein. Er müsste dann aber einen Anspruch auf behördliches Einschreiten geltend machen können.

### 1. Anspruch auf ordnungsbehördliches Einschreiten

322a Ein Anspruch des N auf ein Einschreiten der Behörde könnte zunächst jedoch deshalb ausgeschlossen sein, weil den Bauordnungsbehörden, wie sich aus dem Wortlaut des § 76 LBO ergibt, Ermessen in ihrer Entscheidung für den Erlass einer Beseitigungsanordnung eingeräumt ist. Doch kann N jedenfalls einen Anspruch auf fehlerfreien Ermessensgebrauch haben, der sich im Fall einer Ermessensreduzierung auf Null zu einer Rechtspflicht verdichten kann. Insbesondere im Bauordnungsrecht ist die Behörde verpflichtet, für die Herstellung rechtmäßiger Zustände Sorge zu tragen und ihre Ermessensausübung hieran auszurichten. Voraussetzung für einen Anspruch des N ist jedoch, dass die Befugnisnorm, auf die er sich stützt, zumindest *auch* seinen Rechten zu dienen bestimmt ist. Dagegen könnte sprechen, dass die Ordnungsbehörden zur Wahrung der öffentlichen Sicherheit und Ordnung tätig werden. Andererseits gehören zu den Schutzgütern der öffentlichen Sicherheit neben der Unversehrtheit der Rechtsordnung und den Einrichtungen des Staates auch Rechtsgüter des Einzelnen, insbesondere die Grundrechte. Einem Staatsverständnis, in dem der Staat die Aufgabe hat, die Grundrechte des Einzelnen zu schützen und in dem der Einzelne nicht bloßes Objekt staatlichen Handelns sein darf, entspricht es, dem Einzelnen auch subjektive Rechte im Verhältnis zum Staat einzuräumen. Demgemäß müssen in der grundrechtsgeprägten Ordnung des Verhältnisses von Staat und Bürger nach dem Grundgesetz die staatlichen Behörden grundsätzlich auch zum Schutz und im Interesse der Rechte des Einzelnen tätig werden. Eine Sicht der polizei- und ordnungsrechtlichen Handlungsbefugnisse, die diese allein im öffentlichen Interesse sieht, würde dem nicht gerecht.

### 2. Rechte des N

323 Voraussetzung für einen Anspruch des N ist weiterhin, dass diejenigen Normen, auf deren Verletzung er die im Klageweg begehrte Beseitigungsanordnung stützt, ihrerseits drittschützend sind. Sie müssen jedenfalls *auch* seinem Schutz zu dienen bestimmt sein.[1] Bestimmungen des Bauordnungsrechts, die einen Mindestabstand eines Vorhabens zu einem benachbarten Grundstück fordern, sollen vor allem die Nutzung des Nachbargrundstücks vor Beeinträchtigungen durch das Bauvorhaben schützen und dienen damit dem Schutz der Grundrechte des Nachbarn. Dies ist auch der Schutzzweck des § 82 LBO. Die Bestimmung setzt nicht unmittelbar Abstandsflächen fest. Sie bewirkt jedoch den Schutz vor nachteiligen Auswirkungen des Betriebs der Windenergieanlage wie Rotorengeräusche und Schattenwurf dadurch, dass die Anlagen nicht privilegiert sind und daher in aller Regel nicht zugelassen werden können. Voraussetzung für eine Schutznorm ist des Weiteren, dass der Kreis der Betroffenen individualisierbar ist. Nachbar ist grundsätzlich, wer im Einwirkungsbereich der Anlage lebt. Der Gesetzgeber hat mit der Bestimmung des § 82 LBO den Kreis der Betroffenen durch die Abstandsregelung von 5H näher bezeichnet. Wer innerhalb dieses Abstandsradius wohnt, kann sich auf die Abstandsregelung berufen. Dies ist bei N der Fall. Er kann sich also auf die Bestimmung des § 82 LBO berufen. Für dessen Qualifikation als Schutznorm spricht auch das baurechtliche Rücksichtnahmegebot. Es ist dann verletzt, wenn der Nachbar in qua-

1 Schutznormtheorie, vgl *Kopp/Schenke* § 42 Rn 83.

lifizierter und individualisierter Weise dadurch betroffen ist, dass vom Vorhaben konkrete unzumutbare Belästigungen oder Störungen ausgehen können.[2] Die Bestimmung des § 82 LBO bewirkt insoweit eine positive gesetzliche Regelung des allgemeinen baurechtlichen Rücksichtnahmegebots. N kann also geltend machen, durch die Anlage in seinen Rechten verletzt zu sein. Dann aber ist nicht ausgeschlossen, dass er auch einen Anspruch auf baupolizeiliches Einschreiten hat, um rechtmäßige Zustände herzustellen. N ist seiner Nachbarrechte auch nicht etwa dadurch verlustig gegangen, dass er über ein Jahr zugewartet hat, ehe er gegen die Anlage vorgegangen ist. Allerdings können Nachbarrechte unter besonderen Umständen verwirkt werden. Bloßer Zeitablauf genügt aber nicht, um Verwirkung anzunehmen. Vielmehr muss beim Bauherrn der berechtigte Eindruck entstanden sein, der Nachbar werde nichts unternehmen. Davon kann hier keine Rede sein; W hat offensichtlich darauf vertraut, dass der Rechtsverstoß unbemerkt bleiben würde.

N ist also klagebefugt.

### VI. Vorverfahren, Klagefrist

Ein notwendige Vorverfahren ist lt Sachverhalt nicht durchzuführen, die Klagefrist **324**
gewahrt.

### VII. Klagegegner (passive Prozessführungsbefugnis)

Die Klage ist nach § 78 I Nr. 1 VwGO gegen die Körperschaft zu richten, deren Behörde den beantragten Verwaltungsakt unterlassen hat; dies ist hier das Land.

Die Klage des N ist zulässig. Seine beiden Klagebegehren – Beseitigungsanordnung und Nutzungsuntersagung – können in einer Klage verfolgt werden, § 44 VwGO.

## B. Begründetheit der Klage auf Beseitigungsanordnung

Die Klage ist begründet, wenn die Ablehnung der beantragten Maßnahmen rechtsfehler- **325**
haft war und der Kläger hierdurch in seinen Rechten verletzt wurde, er also einen Anspruch auf Erlass der begehrten Maßnahmen hat. Dies wiederum setzt zunächst voraus, dass die Bauaufsichtsbehörde bzw das beklagte Land überhaupt befugt ist, die begehrten bauaufsichtlichen Verfügungen zu treffen (I.); nur wenn dies der Fall ist, kann sie hierzu dem Kläger N gegenüber auch verpflichtet sein (II.).[3]

---

2 *Kopp/Schenke* § 42 Rn 100.

3 Dieser Aufbau sollte beim Anspruch auf polizeiliches Einschreiten gewählt werden; denkbar wäre freilich auch, die Prüfung des Anspruchs auf Einschreiten in die Ermessensprüfung zu integrieren.

## I. Behördliche Befugnis

### 1. Ermächtigungsgrundlage

326 Wie schon zur Zulässigkeit ausgeführt wurde, wird vom Kläger der Erlass eines Verwaltungsakts begehrt. Da es sich hierbei um einen belastenden Verwaltungsakt handeln würde, benötigt die Behörde hierfür eine Ermächtigungsgrundlage in einem formellen Gesetz. Dies besagt der Grundsatz vom Vorbehalt des Gesetzes. Als Ermächtigungsgrundlage kommt hier § 76 LBO in Betracht. Hiernach kann die Bauaufsichtsbehörde die Beseitigung einer im Widerspruch zu öffentlich-rechtlichen Vorschriften errichteten Anlage anordnen, wenn nicht auf andere Weise rechtmäßige Zustände hergestellt werden können. Auf andere Weise können jedoch dann rechtmäßige Zustände hergestellt werden, wenn ein Vorhaben ohne die erforderliche Genehmigung errichtet wurde, aber materiell im Einklang mit öffentlichem Recht steht. In diesem Fall ist das Vorhaben nur formell illegal. Um rechtmäßige Zustände herzustellen, ist seine Beseitigung nicht erforderlich, die nachträgliche Durchführung des Genehmigungsverfahrens reicht aus. Bei nur formeller Illegalität kann also eine Beseitigungsanordnung nicht ergehen, vielmehr ist hierfür formelle und materielle Illegalität Voraussetzung.

### 2. Tatbestandliche Voraussetzungen: Formelle und materielle Illegalität

#### a) Formelle Illegalität

327 Die formelle Illegalität der Windenergieanlage des W ergibt sich hier daraus, dass W sich nicht an die Baugenehmigung gehalten hat.

#### b) Materielle Illegalität

Materielle Illegalität des Vorhabens könnte sich hier daraus ergeben, dass der für eine Privilegierung nach § 35 I Nr. 5 BauGB gemäß § 82 LBO erforderliche Mindestabstand nicht eingehalten wurde. Die Bestimmung des § 82 LBO könnte jedoch verfassungswidrig sein.

328 aa) Verfassungswidrigkeit könnte sich insbesondere aus fehlender **Gesetzgebungszuständigkeit** ergeben.

(1) Nach der **Grundregel des Art. 70 GG** sind die Länder zuständig, soweit nicht das Grundgesetz dem Bund die Zuständigkeit verleiht.

(2) Bei § 82 LBO könnte es sich um eine Vorschrift des **Bodenrechts** handeln. Dafür besteht nach Art. 74 I Nr. 18 GG eine konkurrierende Zuständigkeit. Es könnte sich jedoch auch um eine Vorschrift des **Bauordnungsrechts** handeln. Dafür besteht weder eine ausschließliche noch eine konkurrierende Zuständigkeit, so dass es bei der ausschließlichen Zuständigkeit der Länder bleibt. Bodenrecht sind alle Vorschriften, die die bauliche Nutzung des Bodens regeln. Dazu zählen insbesondere die Vorschriften des BauGB über die planerische Zulässigkeit von Vorhaben im Außenbereich, § 35 BauGB. Demgegenüber geht es beim Bauordnungsrecht um Gefahrenabwehr. Zum Bauordnungsrecht zählen die Abstandsflächenregelungen der Landesbauordnungen, die

vor allem der Schaffung gesunder Wohnverhältnisse bzw Arbeitsbedingungen und dem Brandschutz dienen.

Kommt für eine Norm eine Zuordnung zu unterschiedlichen Kompetenzmaterien in Betracht, so ist zunächst auf den unmittelbaren Gegenstand der Regelung, ihren tatbestandlichen Anknüpfungspunkt abzustellen. Im Gegensatz zu den Abstandsflächenregelungen der Bauordnung gibt jedoch § 82 LBO keinen zwingenden Mindestabstand vor, sondern regelt unmittelbar die planungsrechtliche Zulässigkeit, die von einem Mindestabstand abhängig gemacht wird. Bereits hieraus folgt der planungsrechtliche Charakter der Norm. Die Ermächtigung des § 249 III BauGB bezieht sich auf bauplanungsrechtliche Abstände, die vornehmlich der Steuerung möglicher Nutzungskonflikte dienen und mithin dem Bodenrecht als Gegenstand der konkurrierenden Gesetzgebung zuzuordnen sind. Auch diese planungsrechtliche Zielsetzung spricht für die Zuordnung zum Bodenrecht. Die auf dieser Grundlage erlassenen landesrechtlichen Bestimmungen enthalten Ausnahmen von den Vorgaben des Bauplanungsrechts und sind damit ihrerseits Letzterem zuzurechnen. § 82 LBO, der die privilegierende Regelung des § 35 I Nr. 5 BauGB einschränkt, ist damit gleichermaßen dem Bodenrecht iSv Art. 74 I Nr. 18 GG zuzurechnen. **329**

(3) Bei konkurrierender Zuständigkeit bestimmt sich die Gesetzgebungsbefugnis der Länder grundsätzlich nach Art. 72 I GG. Die Länder sind zuständig, soweit nicht der Bundesgesetzgeber tätig geworden ist und damit eine Kompetenzsperre für die Länder besteht. Im Fall des BauGB hat der Bundesgesetzgeber eine erschöpfende Regelung getroffen, jedoch mit der Bestimmung des § 249 III BauGB für einen speziellen Teilbereich eine Rückübertragung auf die Länder vorgenommen. Derartige Vorbehalte zugunsten der Landesgesetzgebung sind zulässig. Dass der Bund die Befugnis hat, eine Materie erschöpfend zu regeln, bedeutet nicht, dass er dazu verpflichtet wäre. Er kann eine Materie von Anfang an nicht erschöpfend regeln; dann muss er auch in der Lage sein, eine zunächst erschöpfende Regelung teilweise zurückzunehmen. **330**

Damit war das Land zuständig für eine gesetzliche Regelung, die den Privilegierungstatbestand des § 35 I Nr. 5 BauGB von der Einhaltung bestimmter Mindestabstände abhängig macht. Dies ist mit § 82 LBO geschehen.

(4) Fraglich könnte jedoch sein, ob das Land sich hier, wie von W geltend gemacht, in verfassungswidriger Weise zur Entscheidung des Bundesgesetzgebers für die Nutzung der Windenergie in Widerspruch gesetzt hat, indem es von der Ermächtigung des § 249 III BauGB in einer Weise Gebrauch gemacht hat, dass die Errichtung von Windenergieanlagen im Land L praktisch ausgeschlossen ist. Dies könnte gegen das **Gebot der Widerspruchsfreiheit der Rechtsordnung** oder aber gegen den **Grundsatz der Bundestreue** verstoßen. Letzteres besagt, dass die Beteiligten im Bundesstaat bei der Ausübung ihrer Kompetenzen auf die jeweils anderen Beteiligten Rücksicht zu nehmen haben. Der Bundesgesetzgeber privilegiert Windenergieanlagen im Außenbereich und hat die Länder lediglich zur abstandsbezogenen Einschränkung ermächtigt. Die bundesrechtliche Grundsatzentscheidung für die prinzipielle Nutzung der Windenergie darf vom Landesgesetzgeber eingeschränkt, aber weder rechtlich noch faktisch völlig ausgehebelt werden. Der Landesgesetzgeber ist deshalb gehindert, einen so hohen Mindestabstand festzulegen, dass praktisch keine Flächen für die Anwendung des § 35 Abs. 1 **331**

Nr. 5 BauGB zugunsten von Windenergieanlagen verbleiben und dieser fortbestehende bundesrechtliche Privilegierungstatbestand dadurch in dem jeweiligen Land ausgehöhlt wird. Dies ist jedoch nicht der Fall, wenn ein relevanter Teil der Landesoberfläche für die Nutzung der Windenergie verbleibt. Bei einem Landesgebiet von zB 30.000 km² wären dies 1.500 km²; damit bleibt hinreichend Raum für eine substanzielle Nutzung der Windenergie. Das Land hat mit der 5H-Regel des § 82 LBO die bundesgesetzliche Regelung also nicht in unzulässiger Weise ausgehöhlt.

**332** (5) Der Landesgesetzgeber war auch nicht aus kompetenzmäßigen Gründen daran gehindert, einen höheren Mindestabstand als Voraussetzung für die bauplanungsrechtliche Privilegierung festzusetzen, als er für die Rechtsprechung aus dem baurechtlichen **Rücksichtnahmegebot** abgeleitet wird. Während das Rücksichtnahmegebot im Einzelfall die Zulässigkeit von Vorhaben steuert, ist der Gesetzgeber nicht gehindert, ein strengeres, pauschalierendes Abstandserfordernis zugunsten bestimmter baulicher Nutzungen wie hier einer Wohnbebauung festzulegen.

Die 5H-Regel des § 82 LBO ist also vom zuständigen Gesetzgeber erlassen worden. Da Fehler im Gesetzgebungsverfahren mangels entgegenstehender Angaben auszuschließen sind, ist sie ist formell verfassungsmäßig.

**333** bb) Die Bestimmung müsste auch **materiell verfassungsmäßig** sein. Sie dürfte, soweit sie bis zu ihrem Inkrafttreten zulässige bauliche Nutzungsmöglichkeiten beschränkt, das Eigentumsgrundrecht des Art. 14 I GG nicht unzulässig einschränken. Dies betrifft insbesondere auch jene Vorhaben, für die vor Inkrafttreten des § 82 LBO, aber nach dem im Gesetz genannten Stichtag des 4.2.2014 ein Genehmigungsantrag eingereicht wurde. Insoweit könnte das Gesetz einen Fall unzulässiger Rückwirkung darstellen oder anderweitig rechtsstaatlichen Vertrauensschutz verletzen.

**334** (1) Die Entprivilegierung nach § 82 LBO könnte gegen das **Grundrecht auf Eigentum aus Art. 14 I GG** verstoßen.

Der **Schutzbereich** des Art. 14 müsste dadurch berührt sein, dass durch die Neuregelung die bauliche Nutzung von Grundstücken beschränkt wird. Das Eigentumsgrundrecht schützt das Recht des Eigentümers, sein Grundstück im Rahmen der Gesetze baulich zu nutzen. Dies gilt auch für rechtlich eröffnete Nutzungsmöglichkeiten, die noch nicht ins Werk gesetzt worden sind.[4] Auf Grund der Abstandsregelung sind Vorhaben der Windenergienutzung im Außenbereich innerhalb des festgelegten Abstands „entprivilegiert" und damit allenfalls sehr eingeschränkt zulässig. Damit beschränken die angegriffenen Vorschriften die zuvor eröffneten Nutzungsmöglichkeiten des Grundeigentums. Der Schutzbereich des Art. 14 GG ist also berührt.[5]

**335** Die gesetzliche Regelung in § 82 LBO könnte eine **Inhalts- und Schrankenbestimmung** iSv Art. 14 I 2 GG darstellen. Während eine Enteignung iSv Art. 14 III GG den konkret-individuellen Entzug einer Eigentumsposition bedeutet, handelt es sich bei

4 *Wendt* in Sachs, Art. 14 Rn. 45

5 Die Fallgestaltung ist eine andere als die bei BVerfG, B. v. 30.6.2020 – 1 BvR 1679/17 u.a. – Rn 96 bei juris, wo es um die Zulassung von Offshore-Windparks ging: dort hatten die (verhinderten) Betreiber Invetitionen getätigt, hatten aber keine Eigentumsposition inne.

Inhalts- und Schrankenbestimmungen um generelle Bestimmungen der Rechte und Pflichten des Eigentümers durch den Gesetzgeber. Durch § 82 LBO werden Nutzungsmöglichkeiten von Außenbereichsgrundstücken beschränkt und der Inhalt der Eigentumsposition für die Zukunft generell umgestaltet. Das Gesetz bestimmt also nach generellen Kriterien Rechte der Eigentümer. Es handelt sich daher um eine Inhalts- und Schrankenbestimmung vor, wie sie dem Gesetzgeber nach Art. 14 I 2 GG obliegt.

Auch wenn nach Art. 14 I 2 GG der Gesetzgeber, ohne dass dafür weitere Kriterien genannt werden, befugt ist, Inhalt und Schranken des Eigentums zu bestimmen, unterliegt er hierbei doch seinerseits verfassungsrechtlichen Bindungen. Eine Eigentumsbeschränkung muss durch **hinreichende öffentliche Belange gerechtfertigt** sein. Dies entspricht auch der Bestimmung des Art. 1 II 1. ZP-EMRK, wonach die Benutzung des Eigentums im Allgemeininteresse geregelt werden kann. Eine gesetzgeberische Inhalts- und Schrankenbestimmung des Eigentums ist dann verfassungsmäßig, wenn sie einen angemessenen Ausgleich der Interessen des Eigentümers mit denen der Allgemeinheit bewirkt und auch iÜ auf einem verfassungsmäßigen Gesetz beruht. Schließlich darf der Kernbereich des Eigentums nicht verletzt sein – dies wäre der Fall, wenn die Privatnützigkeit des Eigentums aufgehoben wäre und von ihm nur noch eine „leere Hülse“ verbleibt.[6] Der Abstandsregelung des § 82 LBO liegt die gesetzgeberische Intention zugrunde, Konflikte zwischen unterschiedlichen Nutzungsinteressen vorbeugend zu steuern. Insbesondere sollen nachteilige Auswirkungen von groß dimensionierten Windenergieanlagen auf Wohnnutzungen begrenzt werden. Der Gesetzgeber hat hier einen Ausgleich vorgenommen zwischen den Belangen der Eigentümer der für die wirtschaftliche Nutzung der Windenergie geeigneten Außenbereichsgrundstücke und den Belangen der Eigentümer von bebauten Grundstücken in deren Nachbarschaft. Deren Eigentum ist ebenso berührt, wie deren Grundrecht aus Art. 2 II 1 GG. Die Einschätzung des Gesetzgebers, eine Abstandsregelung sei zu deren Schutz geeignet und erforderlich, liegt im Rahmen seiner Einschätzungsprärogative, was die Auswirkungen von Windkraftanlagen betrifft. Die **Eigentumsbeschränkung** müsste des Weiteren auch **angemessen** sein. Wenn der Gesetzgeber auf dieser Grundlage diesem Schutz höheres Gewicht beigemessen hat, als den Interessen der Grundstückseigentümer an einer möglichst weitgehenden wirtschaftlichen Verwertung ihrer Grundstücke, sei es durch Betrieb einer Anlage, sei es durch Verpachtung des Grundstücks zu diesem Zweck, so bedeutet dies ihnen gegenüber keine unverhältnismäßige Eigentumsbeschränkung, zumal die Eigentümerrechte für Außenbereichsgrundstücke ohnehin schwächer ausgeprägt sind und es sich bei der Windenergie um eine besonders konfliktträchtige Nutzung handelt. 336

(2) § 82 LBO könnte jedoch **unzulässige Rückwirkung** entfalten. Aus dem Rechtsstaatsgebot des Grundgesetzes folgt der Grundsatz der Rechtssicherheit. Dies bedeutet auch, dass rückwirkend belastende Gesetze nur eingeschränkt zulässig sind. Ob die Bestimmung Rückwirkung entfaltet, könnte deshalb zweifelhaft sein, weil sie sich erst auf künftige Nutzungen zur Energiegewinnung bezieht. Das Gesetz sieht jedoch vor, dass Anlagen, für die der Antrag auf Genehmigung vor Inkrafttreten der Änderung der LBO, aber nach dem Stichtag 4.2.2014 eingereicht wurde, bereits nach dem neuen Recht beur- 337

6 Vgl zB BVerfGE 100, 226 (240 f.).

teilt werden; dies bedeutet für diejenigen Anlagen, die den Abstand 5H nicht einhalten, dass sie nun nicht mehr genehmigt werden können. Insoweit werden an einen in der Vergangenheit liegenden, aber noch nicht abgeschlossenen Sachverhalt neue Rechtsfolgen geknüpft. Diese treten aber erst nach Inkrafttreten des Gesetzes ein: das Verfahren ist nunmehr unter dem neuen Recht durchzuführen. Die Neuregelung entfaltet also insoweit unechte Rückwirkung, als sie die Rechtsposition des Eigentümers (oder Investors) auch dann verkürzt, wenn er bei ihrem Inkrafttreten am 17.11.2014 mit der Planung des Vorhabens bereits begonnen und entsprechende Investitionen getätigt, aber eine behördliche Genehmigung noch nicht erhalten hat, sofern er nicht vor dem Stichtag 4.2.2014 einen vollständigen Antrag eingereicht hat.

**338** Die unechte Rückwirkung ist im Gegensatz zur echten Rückwirkung grundsätzlich zulässig, es sei denn, es steht ein **schutzwürdiges Vertrauen** entgegen. Es ist also die Bedeutung des Anliegens des Normgebers für das Wohl der Allgemeinheit gegen das Vertrauen des Bürgers auf den Fortbestand der Rechtslage abzuwägen. Voraussetzung für Vertrauensschutz ist jedoch, dass im Vertrauen auf die geltende Rechtslage relevante Dispositionen getätigt wurden und dass dieses Vertrauen auch tatsächlich schutzwürdig war. Dies könnte im Fall der Neuregelung durch § 82 LBO schon deshalb fraglich sein, weil in Verwaltungsverfahren grundsätzlich die Gesetzeslage im Zeitpunkt der behördlichen Entscheidung maßgeblich ist. Jedenfalls aber wurde hier mit der Ankündigung der Neuregelung durch die Landesregierung die, eben weil grundsätzlich auf den Zeitpunkt der behördlichen Entscheidung abzustellen ist, ohnehin schwache Vertrauensgrundlage zerstört.[7] Deshalb ist es nicht ermessensfehlerhaft, wenn der Gesetzgeber von diesem Zeitpunkt an Vertrauensschutz entfallen lässt. Damit ist auch die Übergangsregelung des § 84 LBO verfassungskonform.

**339** (3) Sonstige Verstöße gegen materielles Verfassungsrecht sind nicht ersichtlich. Insbesondere steht auch **Art. 20a GG** der Neuregelung nicht entgegen. Es handelt sich hier um eine Staatszielbestimmung. Sie richtet sich in erster Linie an den Gesetzgeber. Wie er ihr nachkommen will, darin hat der Gesetzgeber weitreichende Gestaltungsfreiheit. Auch wenn die Nutzung regenerativer Energien im Interesse des Umweltschutzes liegt, ist sie doch in Ausgleich zu bringen mit entgegenstehenden schutzwürdigen Belangen Einzelner oder der Allgemeinheit. Windenergieanlagen insbesondere haben nachteilige Auswirkungen sowohl auf die Nachbarn und damit auf Grundrechte Dritter, als auch auf Natur und Umwelt, bedrohen die natürliche Eigenart der Landschaft ebenso wie den Erhalt geschützter Arten. Diese gegenläufigen Belange hat der Gesetzgeber in Ausgleich zu bringen. Eine Regelung, die Windenergieanlagen im Außenbereich beschränkt, ohne sie gänzlich auszuschließen, bewirkt einen sachgerechten Ausgleich. Art. 20a GG ist also nicht verletzt.

c) **Ergebnis:** § 82 LBO ist verfassungskonform.

---

7 BayVerfGH, E. v. 9.5.2016 – Vf. 14-VII-14 – Rn 155.

### d) Anlage genehmigungsfähig?

Voraussetzung für den Erlass einer Beseitigungsanordnung ist weiterhin, dass die Anlage nicht genehmigungsfähig ist. Sie ist nicht nach § 35 I Nr. 5 BauGB privilegiert, mithin schon dann nicht genehmigungsfähig, wenn öffentliche Belange nicht beeinträchtigt sind. Hier aber sind öffentliche Belange nach § 35 III Nr. 3 und Nr. 5 berührt, da von der Anlage schädliche Umweltauswirkungen iSv Nr. 3 ausgehen und auch Belange des Naturschutzes berührt sind, insbesondere des Schutzes gefährdeter Arten. **340**

### 3. Rechtsfolge: Intendiertes Ermessen

Der Erlass einer Abrissverfügung steht im Ermessen der Behörde. Es handelt sich jedoch um ein sog. „intendiertes Ermessen“, d.h. die zu treffende Entscheidung ist vom Gesetzgeber bereits im Grundsatz vorgegeben. Das Gesetz verlangt ein Einschreiten gegen baurechtswidrige Zustände. Die Verwaltung darf nur dann, wenn Besonderheiten des Einzelfalls dies rechtfertigen, vom Erlass einer Abrissverfügung absehen. Wenn W sich hier darauf beruft, der Stichtag 4. Februar sei ihm nicht bekannt gewesen, so begründet dies jedoch keinen schutzwürdigen Vertrauenstatbestand in seiner Person. Denn der Investor wird auf eigenes Risiko tätig und muss im Planungsstadium damit rechnen, dass die Genehmigung an einer Änderung der Sach- oder Rechtslage scheitert. Das gilt insbesondere für Vorhaben im Außenbereich, die eine Vielzahl öffentlicher Belange berühren. Der Verstoß gegen öffentlich-rechtliche Vorschriften ist auch nicht ganz geringfügig. **341**

Für die Herstellung rechtmäßiger Zustände könnte es allerdings ausreichen, eine teilweise Beseitigung anzuordnen, also die Anlage auf eine Höhe von 160 m zurückzubauen. Da nach § 76 LBO auch eine teilweise Beseitigung der Anlage angeordnet werden kann, wenn auf diese Weise rechtmäßige Zustände hergestellt werden können und nach dem Sachverhalt eine Anlage in Höhe von nur 160 m genehmigt werden könnte, ist ein vollständiger Abriss nicht erforderlich. Die Behörde hat also eine teilweise Beseitigung anzuordnen. **342**

## II. Anspruch des N

N müsste auch einen Anspruch auf behördliches Einschreiten haben. § 82 LBO ist, wie zur Zulässigkeit ausgeführt wurde, als positive Ausprägung des Rücksichtnahmegebots drittschützend. Das Ermessen der Bauaufsichtsbehörde ist aber im Fall des Verstoßes gegen drittschützende Normen grundsätzlich ein auf Beseitigung der Störung gerichtetes, intendiertes Ermessen.[8] Dies gebietet eine an den Grundrechten und der staatlichen Schutzpflicht orientierte Auslegung des Bauordnungsrechts. Ein Nichteinschreiten **343**

---

8 Vgl z.B. SächsOVG, Urt. v. 19.2.2008 – 1 B 182/07 – juris; OVG NRW, Urt. v. 15.11.2007 – 10 A 3015/05 – juris Rn 53 ff.; OVG Saarland, Urt. v. 23.4.2002 – 2 R 7/0 1– juris; in diese Richtung auch BVerwG, BauR 2000, 1318; aA bei entsprechender Begründung vertretbar, vgl BayVGH, B. v. 24.11.2005 – 26 ZB 05.591 – juris; NdsOVG, NVwZ-RR 2003, 484.

kommt nur ausnahmsweise dann in Betracht, wenn die Beeinträchtigung des Nachbarn nur unerheblich oder dieser aus anderen Gründen nicht schutzwürdig ist. Das Ermessen der Behörde ist daher schon auf Null reduziert, wenn nicht außergewöhnliche Umstände vorliegen, die ein Absehen von bauaufsichtlichem Einschreiten rechtfertigen können. Derartige Umstände sind jedoch nicht ersichtlich. N hat daher einen Anspruch auf Erlass einer Beseitigungsverfügung, der jedoch nur auf Anordnung eines Rückbaus auf eine zulässige Höhe gerichtet ist.

### C. Klage auf Nutzungsuntersagung

344 Eine Nutzungsuntersagung kann bereits bei formeller Illegalität ausgesprochen werden.[9] Da für einen Betrieb einer Anlage mit einer Rotorhöhe von 180 m keine Genehmigung vorliegt, ist diese tatbestandliche Voraussetzung für den Erlass der Nutzungsuntersagung gegeben. Auch hier ist das Ermessen der Behörde auf Null reduziert; N hat einen Anspruch auf Erlass einer bauaufsichtlichen Verfügung. Denn es ist gerade der Betrieb der Anlage, der ihn intensiv in seinen Grundrechten beeinträchtigt.

### D. Ergebnis

345 Die Klage des N ist teilweise begründet, soweit sie sich auf den Erlass einer Abrissverfügung richtet. Sie ist vollinhaltlich begründet, soweit N den Erlass einer Nutzungsuntersagung begehrt.

## Repetitorium

### Rückwirkung und Vertrauensschutz

346 -353 Grundlage des Rückwirkungsverbots ist das Rechtsstaatsgebot. Es gilt diese Ableitung: Rechtsstaatsgebot – Rechtssicherheit – Vertrauensschutz – Rückwirkungsverbot. Es geht also der Sache nach immer um Vertrauensschutz. Wer sich dieses Grundprinzips bewusst ist, wird Rückwirkungsfälle erfassen können. Positiv gewusst werden sollte allerdings, dass die Rechtsprechung diese Fälle unterscheidet:

354 **Echte Rückwirkung** liegt vor, wenn der Gesetzgeber nachträglich in Tatbestände eingreift, die in der Vergangenheit begonnen und abgeschlossen wurden und nunmehr an diese bereits abgeschlossenen Tatbestände andere Rechtsfolgen knüpft, als die bisherige Regelung; der Begriff der Rückbewirkung von Rechtsfolgen bringt dies zum Ausdruck. **Unechte Rückwirkung** liegt vor, wenn vom Gesetzgeber in Tatbestände eingegriffen wird, die in der Vergangenheit begonnen, jedoch noch nicht abgeschlossen wurden; hier kann auch von tatbestandlicher Rückanknüpfung gesprochen werden (näher *Degenhart*

9 *Erbguth u.a.* Rn 1308.

Rn 393 ff.). Wird die bloße **Erwartung** enttäuscht, dass alles so bleibt, wie es ist, so ist dies kein Fall der Rückwirkung; instruktiv: BVerfGE 105, 17 – Sozialpfandbriefe.

**Aktuelle Rechtsprechung – Rückwirkungsverbot, Vertrauensschutz und Grundrechte:** BVerfG, B. v. 30.6.2020 – 1 BvR 1679/17 (Offshore-Windparks) **355**

Betreiber von Windkraftanlagen hatten Genehmigungen für Offshore-Anlagen erhalten, diese aber noch nicht errichtet, allerdings in der Planungsphase erhebliche Investitionen getätigt. Auf Grund einer Rechtsänderung konnten die Anlagen jedoch nicht mehr errichtet und in Betrieb genommen werden. Die Betreiber machten unzulässige Rückwirkung geltend und beriefen sich auf ihre Grundrechte aus Art. 12 I und 14 I GG. Die Rückwirkungsfrage wird nun zunächst bei diesen Grundrechten geprüft. Wenn also ein rückwirkendes Gesetz in das Eigentum eingreift, ist die Rückwirkung bei Art. 14 zu prüfen. Die Zulassungsentscheidung ist jedoch keine Eigentumsposition, Art. 14 GG war also nicht berührt. Dann wird Art. 12 Abs. 1 GG geprüft. Die Betreiber hatten aber noch nicht mit der Energiegewinnung begonnen; vor frustrierten Investitionen schützt Art. 12 GG nicht. Da die benannten Freiheiten der Art. 12 und 14 GG nicht einschlägig waren, war auf das allgemeine rechtsstaatliche Rückwirkungsverbot iVm Art. 2 Abs. 1 GG abzustellen.

## Zur klausurmäßigen Prüfung

In der Reihenfolge gem. Rn 355 wäre auch klausurmäßig vorzugehen. **356**

Das Rückwirkungsverbot folgt aus dem Rechtsstaatprinzip. Wird ein Verstoß durch ein belastendes Gesetz gerügt, kann dies über Art. 2 I GG auf Grund seiner „Vehikelfunktion" für die VB gerügt werden (das unzulässig rückwirkende Gesetz ist kein Bestandteil der verfassungsmäßigen Ordnung iSv Art. 2 I GG). Im vorstehenden Fall handelte es sich um ein eigentumsbegrenzendes Gesetz: deshalb war die Prüfung im Rahmen des Art. 14 GG vorzunehmen. Bei der **Prüfung** ist etwa wie folgt vorzugehen:

1. Einordnung des Gesetzes: echte oder unechte Rückwirkung? **357**
2. Rechtfertigungsebene

**Echte Rückwirkung** ist nur ausnahmsweise zulässig:

(1) Wenn für den Rückwirkungszeitraum mit der dann getroffenen Regelung zu rechnen war und aus diesem Grund kein schutzwürdiger **Vertrauenstatbestand** geschaffen wurde.[10] Dies kann der Fall sein bei der Ersetzung einer vorläufigen durch eine endgültige Regelung, oder auch, einer aus formellen Gründen nichtigen durch eine wirksame Regelung gleichen Inhalts.

(2) Wenn die bisherige Rechtslage **„unklar und verworren"** war, ihre Bereinigung ein Erfordernis der Rechtssicherheit, kann die Entstehung schutzwürdigen Vertrauens ausgeschlossen und deshalb Rückwirkung zulässig sein. Gleiches kann gelten, wenn etwa nachträglich Systemwidrigkeiten eines umfangreicheren Gesetzgebungswerks korrigiert, verfassungswidrige Lücken im System der gesetzlichen Regelung geschlossen werden.[11] Schutzwürdiges Vertrauen kann auch dann ausgeschlossen sein, wenn das wenn das bisherige Recht derart systemwidrig und unbillig war, dass ernsthafte Zweifel an seiner Verfassungsmäßigkeit bestanden.[12] Aber auch dann, wenn sich entgegen der Intention des Gesetzgebers eine **missbräuchliche** Praxis entwickelt hat, kann es an einem schutzwürdigen Vertrauenstatbestand fehlen. „Unklar und verworren" ist die Rechtslage

10 Vgl BVerfGE 37, 363 (397 f.); 45, 142 (173 f.).
11 BVerfGE 7, 129 (151 ff.); 72, 200 (260 ff.).
12 BVerfGE 122, 374 (394).

aber nicht schon dann, wenn das Gesetz mehrere Auslegungen zulässt[13] – dass ein Gesetz auslegungsbedürftig ist, ist keine Besonderheit.

(3) Auch bei ganz geringfügigen Beeinträchtigungen („Bagatellvorbehalt“)[14] kann eine Ausnahme in Betracht kommen.

(4) Ob darüber hinaus *„zwingende Gründe des öffentlichen Wohls“* dem Gebot der Rechtssicherheit übergeordnet sein können,[15] ist fraglich. Jedenfalls müsste es sich um besonders gelagerte Ausnahmefälle handeln.

**358-361** Liegt kein Fall der Rückwirkung vor, so kann ausnahmsweise Vertrauensschutz eingreifen, doch ist die Rspr hier restriktiv: darauf, dass eine bestimmte Rechtslage erhalten bleibt, kann grundsätzlich nicht vertraut werden. Zur Prüfung in diesem Fall s Prüfungsschema bei *Degenhart* Rn 407.

**Zur Wiederholung:** *Degenhart* Rn 383–414.

**Aus der Ausbildungsliteratur:** *Wittreck*, Altlasten-Rechtsprechung oder Rechtsprechungs-Altlasten, Jura 2008, 534; *Voßkuhle/Kaufhold*, Grundwissen – Öffentliches Recht, Vertrauensschutz, JuS 2011, 794.

**Aktuelle Rechtsprechung:** BVerfGE 127, 1, 61, 31 (Rückwirkung im Steuerrecht I, II, III); BVerfGE 128, 326 (Sicherungsverwahrung II); BayVerfGH NVwZ 2016, 999 (Windkraftanlagen); BVerfG, B. v. 30.6.2020 – 1 BvR 1679/17 (Offshore-Windparks).

13 BVerfG aaO.

14 BVerfGE 30, 367 (389); 72, 200 (258 f.).

15 BVerfGE 13, 261 (272).

Fall 5

# Die Mietbremse

*Mittelschwerer Examensfall*

Entsprechend den im Koalitionsvertrag getroffenen Vereinbarungen, Schritte gegen die steigenden Mieten in zahlreichen Städten der Bundesrepublik zu unternehmen, legt die Bundesregierung im Mai 2014 den Entwurf für ein „Gesetz zur Dämpfung des Mietanstiegs auf angespannten Wohnungsmärkten" (MietanstDämpfG) vor. Danach soll in das Bürgerliche Gesetzbuch (BGB) diese neue Bestimmung eingefügt werden: **362**

„**§ 556d Zulässige Miethöhe bei Mietbeginn; Verordnungsermächtigung**

(1) Wird ein Mietvertrag über Wohnraum abgeschlossen, der in einem Gebiet mit einem angespannten Wohnungsmarkt liegt, so darf die Miete zu Beginn des Mietverhältnisses die ortsübliche Vergleichsmiete (§ 558 Absatz 2) höchstens um zehn Prozent übersteigen. Dies gilt nicht bei Erstbezug.

(2) Gebiete mit angespannten Wohnungsmärkten liegen vor, wenn die ausreichende Versorgung der Bevölkerung mit Mietwohnungen in einer Gemeinde oder einem Teil der Gemeinde zu angemessenen Bedingungen besonders gefährdet ist und diese Gebiete nach Satz 2 bestimmt sind. Der Bundesminister für Wohnungswesen und Städtebau wird ermächtigt, diese Gebiete durch Rechtsverordnung für die Dauer von jeweils höchstens fünf Jahren zu bestimmen.

(3) Eine zum Nachteil des Mieters abweichende Vereinbarung ist unwirksam."

Der Gesetzentwurf wird von der den ressortmäßig zuständigen Bundesminister stellenden Fraktion der A-Partei in den Bundestag eingebracht und in 1. Lesung an die Ausschüsse überwiesen. Im Beschlussvorschlag des federführenden Ausschusses finden sich diese Änderungsvorschläge:

„1. Abs. 1 Satz 2 wird wie folgt gefasst:

‚Ist die Miete, die der vorherige Mieter zuletzt schuldete (Vormiete), höher als die nach § 556d Absatz 1 zulässige Miete, so darf nur die nach Satz 1 zulässige Miete vereinbart werden.'

In Absatz 2 Satz 2 werden die Worte ‚für die Dauer von jeweils höchstens fünf Jahren' gestrichen."

In dieser Fassung wird das Gesetz am 15. Juli 2014 vom Bundestag beschlossen und, nachdem der Bundesrat darauf verzichtet hat, den Vermittlungsausschuss anzurufen, am 1. September 2014 im Bundesgesetzblatt verkündet. Als Tag des Inkrafttretens wird der 1. Januar 2015 bestimmt.

In der Stadt S im Bundesland L sind die Durchschnittsmieten bei Neuvermietung zwischen Anfang 2012 und Ende 2014 um annähernd 20 % gestiegen. Der Bundesminister für Wohnungswesen und Städtebau bestimmt daraufhin durch Rechtsverordnung das Gebiet der Stadt S als Gebiet mit angespanntem Wohnungsmarkt nach § 566d Abs. 1 Satz 1 BGB idF des MietanstDämpfG. Die Verordnung wird am 30. Dezember 2015 bekanntgemacht. Als Tag des Inkrafttretens ist der 1. Januar 2016 bestimmt.

Am 7. Januar 2016 geht beim Bundesverfassungsgericht eine Verfassungsbeschwerde des Rechtsanwalts Dr. U in eigener Sache ein. Er beantragt, die Bestimmung des § 566d

Abs. 1 Satz 1 BGB idF des MietanstDämpfG für nichtig zu erklären. Er rügt die Verletzung seiner Grundrechte aus Art. 14 und Art. 2 I GG.

Zur Begründung führt er aus: Er habe Anfang 2014 vom Bauträger in einem angesagten Neubauquartier in S eine zu 100 % fremdfinanzierte, bei Kauf noch im Rohbauzustand befindliche Wohnung mit 80 m² Wohnfläche als Vermögensanlage erworben. Diese sei Ende 2014 bezugsfertig geworden. Seine Hausbank habe ihm vorgerechnet, dass er bei dem für Neuvermietungen in S derzeit üblichen Mietzins von 12 Euro/m² Zins und Tilgung aus den laufenden Mieteinnahmen finanzieren und bei Eintritt in den Ruhestand eine schuldenfreie Wohnung haben würde, zumal weiter steigende Mieten zu erwarten seien. Da die ortsübliche Miete jedoch nur bei 8,50 Euro/m² liege und er demgemäß nur etwas über 9 Euro nehmen könne, gehe seine Rechnung nicht mehr auf. Er sieht sich in seiner Eigentums- und Vertragsfreiheit verletzt. Er bezweifelt die Gesetzgebungskompetenz und die Korrektheit des Gesetzgebungsverfahrens. Auch sei die Verordnungsermächtigung zu ungenau; außerdem sei der Wohnungsmarkt in S nicht angespannt.

Die Bundesregierung bezeichnet in ihrer Stellungnahme die Verfassungsbeschwerde als verfristet und auch im Übrigen unzulässig. Es gelte der Satz: „Eigentum verpflichtet".

**Die Erfolgsaussichten der Verfassungsbeschwerde sind darzulegen.**

# Vorüberlegungen

Schon beim ersten Erfassen des Sachverhalts wird erkennbar, dass hier die Zulässigkeit der Verfassungsbeschwerde Probleme aufwirft. Die prozessuale Konstellation ist die der Verfassungsbeschwerde unmittelbar gegen Rechtsnormen: Der Bearbeiter wird sich hier sorgfältig mit der Unmittelbarkeit des Grundrechtsbetroffenseins und der Subsidiarität der Verfassungsbeschwerde auseinandersetzen müssen. Er wird sich daran erinnern, dass das Bundesverfassungsgericht gelegentlich bei Verfassungsbeschwerden gegen Gesetze vom Beschwerdeführer verlangt, zunächst eine Vorabklärung des Sachverhalts und seines konkreten Betroffenseins durch die Fachgerichte auch dann herbeizuführen, wenn er bereits durch das Gesetz unmittelbar betroffen ist. Daran könnte hier deshalb gedacht werden, weil die Rechtsfolgen einer abweichenden Vereinbarung nur insoweit eindeutig geregelt sind, etwa die Frage, ob dann der Mietvertrag insgesamt nichtig ist, oder aber nur die Miethöhenvereinbarung. Auch könnte in einem zivilrechtlichen Verfahren inzidenter geklärt werden, ob die Rechtsverordnung gültig zustande gekommen ist. **363**

Bei den differenzierten Datumsangaben sollten Bearbeiter der Fristenproblematik Aufmerksamkeit schenken. Für die Verfassungsbeschwerde unmittelbar gegen das Gesetz ist die Jahresfrist des § 93 III BVerfGG verstrichen. Gute Bearb. könnten hier evtl. die Überlegung anstellen, ob dann, wenn sich die unmittelbare Beschwer erst nach Ablauf der Frist manifestiert, nicht hierauf abgestellt werden muss; das BVerfG lehnt dies jedoch ab.[1] Für die RVO ist demgegenüber die Frist noch nicht abgelaufen; insoweit wäre die VB nicht verfristet, doch dürfte ihr das Erfordernis der Subsidiarität entgegenstehen.

Die VB dürfte daher unzulässig sein. Daher ist hier die Begründetheit hilfsgutachtlich zu prüfen.

Prüfungsmaßstab ist hier in erster Linie Art. 14 I GG. Zum Schutzbereich muss gesehen werden, dass auch die Nutzung des Eigentums, etwa durch Vermietung, unter Art. 14 I GG fällt. Dass hier eine Inhalts- und Schrankenbestimmung vorliegt, ist unproblematisch: Bestimmungen des sozialen Mietrechts sind ein klassischer Fall einer generellen Bestimmung von Rechten und Pflichten der Eigentümer. Dabei geht es um die zentrale Funktion des Grundrechts: seine Wirkung als Abwehrrecht gegen Grundrechtsbeschränkungen, seine Struktur also als Freiheitsgrundrecht, wie die anderer Grundrechte auch. Deshalb kann hier auch ganz schulmäßig mit der Prüfung von Schutzbereich – Eingriff – Rechtfertigung vorgegangen werden. **364**

Auf der Rechtfertigungsebene liegt der Schwerpunkt auf der Gesetzesprüfung. Ein Gesetz, das eine verfassungsmäßige Inhalts- und Schrankenbestimmung vornimmt, muss in jeder Hinsicht verfassungsmäßig sein. Für die Gesetzgebungszuständigkeit ist auf die konkurrierende Zuständigkeit für das Bürgerliche Recht, Art. 74 I Nr. 1 GG zurückzugreifen. Ausführungen dazu, dass das Land Berlin für seinen Mietendeckel die Kompetenz für die „Wohnungswirtschaft" – seit der Föderalismusreform 2006 in ausschließlicher Länderzuständigkeit – in Anspruch nimmt, können vom Bearb. in der Klausur nicht erwartet werden, waren hier aber auch nicht veranlasst: die Änderung des BGB ist **365**

1 *Lenz/Hansel*, BVerfGG § 93 Rn. 106.

kompetenzmäßig ebenso zu behandeln wie das BGB selbst, ist also bürgerliches Recht. Das Gesetzgebungsverfahren wird im Sachverhalt etwas näher beschrieben, was darauf hinweist, dass hier nicht ohne Weiteres von ordnungsgemäßem Verfahren ausgegangen werden kann; es geht um die Befugnis der Ausschüsse, Änderungen an dem ursprünglichen Gesetzesvorschlag vorzunehmen, die, da sie kein Initiativrecht haben, nicht unbegrenzt sein kann.

In der Prüfung der materiellen Verfassungsmäßigkeit werden die vom Bundesverfassungsgericht entwickelten prinzipiellen Anforderungen an Inhalts- und Schrankenbestimmungen relevant. Das Gesetz muss einen legitimen Zweck verfolgen, es muss geeignet und erforderlich sein, und es muss als Ausdruck der Angemessenheit einen sachgerechten Ausgleich zwischen Eigentümerbefugnissen und legitimen Belangen der Allgemeinheit vornehmen. Dabei sind die für Art. 14 GG entwickelten typischen Argumentationsfiguren zugrunde zu legen. Es muss die Eigenart des Eigentumsobjekts berücksichtigt werden, sein spezifisch sozialer Bezug, wie es sich gerade bei Eigentum an Wohnraum daraus ergibt, dass jeder auf Wohnraum angewiesen ist. Mit tragfähiger Argumentation kann man hier durchaus zu unterschiedlichen Ergebnissen gelangen. Hierbei ist auch die im Sachverhalt angesprochene Vertrauensschutzproblematik zu erörtern.

**366** Der Hinweis auf die Vertragsfreiheit könnte Anlass geben, Art. 2 I GG näher zu prüfen; tatsächlich wird die Vertragsfreiheit teilweise unter die allgemeine Handlungsfreiheit gefasst. Vorzugswürdig ist es mE, für Verträge, die im Rahmen der Eigentumsnutzung abgeschlossen werden, auf Art. 14 I GG abzustellen.

**367** Das Gesetz enthält eine Verordnungsermächtigung. Zu erörtern ist zum einen der Umstand, dass hier der Gesetzgeber es dem Verordnungsgeber überlassen hat, über die Anwendung des Gesetzes in bestimmten Gemeinden zu entscheiden. Ob er dies tun durfte, ist eine Frage des grundgesetzlichen Parlamentsvorbehalts, der wiederum in Art. 80 I 2 GG für Verordnungsermächtigungen seinen konkreten Ausdruck gefunden hat. Zu prüfen ist also die Bestimmtheit der Verordnungsermächtigung.

# Gliederung

368

**A. Zulässigkeit der Verfassungsbeschwerde des U**

I. Beschwerdeführer

II. Beschwerdegegenstand: Gesetz/RVO

III. Beschwerdebefugnis

1. Plausible Geltendmachung einer Grundrechtsverletzung: Art. 14 I GG (+)
2. U selbst, gegenwärtig und unmittelbar betroffen? Grundrechtsbetroffensein: Gesetz – Unmittelbare Beschwer durch Gesetz oder RVO?

IV. Rechtswegerschöpfung/Subsidiarität

1. Rechtsweg gegen Gesetz bzw VO?
2. Subsidiarität der VB?
   a) Möglicherweise Vorabklärung durch die Fachgerichte zumutbar? (–)
   b) Feststellungsklage, § 43 VwGO? (+)

V. Beschwerdefrist
Gesetz: Jahresfrist, § 93 III BVerfGG – VB verfristet;
RVO: Frist gewahrt.

**B. Hilfsgutachten: Begründetheit der Verfassungsbeschwerde des U**

I. Art. 14 I GG

1. Schutzbereich
   Eigentum iSv Art. 14 I GG (+); auch: Nutzung
2. Eingriff (+) – Inhalts- und Schrankenbestimmung
3. Verfassungsmäßigkeit der Inhalts- und Schrankenbestimmung
   a) Inhalts- und Schrankenbestimmung durch Gesetz
      aa) Zuständigkeit: Art. 74 I Nr. 1 GG – bürgerliches Recht –, Art. 72 II GG (+): Vorranggesetzgebung
      bb) Zustandekommen (+): Änderung durch Ausschuss zulässig? (+)
   b) Parlamentsvorbehalte – Bestimmtheit
      aa) Art. 80 I 2 GG: „angemessene Bedingungen" zu unbestimmt? (zw.)
      bb) Parlamentsvorbehalt – wesentliche Fragen (+)
   c) Materielle Verfassungsmäßigkeit
      aa) Legitimer Zweck (+): sozialstaatliches Anliegen; Eignung, Erforderlichkeit (+) – Einschätzungsspielraum
      bb) Angemessenheit? Sozialer Bezug – Existenzsicherung Eigentümer; Eingriff in Eigentumssubstanz?
   d) Insbesondere: Vertrauensschutz? Rückwirkung (–), Vertrauen in unveränderte Rechtslage geschützt? (–)
4. Rechtsverordnung (–)

II. Art. 2 I GG: subsidiär – auch für Vertragsfreiheit

**C. Ergebnis:** VB unzulässig und unbegründet

# Musterlösung

## A. Zulässigkeit der Verfassungsbeschwerde des U

### I. Beschwerdeführer

369 U ist als natürliche Person grundrechtsfähig und damit beschwerdefähig; er ist auch prozessfähig.

### II. Beschwerdegegenstand

370 Die VB des U ist gem. § 90 I BVerfGG statthaft, wenn sie sich gegen einen Akt der öffentlichen Gewalt des Bundes oder eines Landes richtet. Zu den Akten der öffentlichen Gewalt zählen Akte der Legislative, Exekutive und Judikative. U wendet sich zum einen gegen das MietanstDämpfG, also einen Akt der Legislative des Bundes, somit einen zulässigen Beschwerdegegenstand. Soweit sich die Verfassungsbeschwerde auch auf die Rechtsverordnung erstreckt, ist diese als Akt der Exekutive gleichermaßen geeigneter Beschwerdegegenstand.

### III. Beschwerdebefugnis

U muss weiterhin beschwerdebefugt sein.

371 1. Das setzt zunächst voraus, dass er **plausibel geltend machen** kann, durch das in seinen Grundrechten verletzt zu sein. Da U als Eigentümer von Wohnraum betroffen ist und die Vermietung als Nutzung des Eigentums in den Schutzbereich des Eigentums fällt, ist eine Verletzung von **Art. 14 I GG** jedenfalls nach dem Vortrag des U nicht ausgeschlossen. Auch ist ein Eingriff in seine Vertragsfreiheit nach seinem Vortrag möglich, sodass auch insoweit eine Verletzung seines Grundrechts aus Art. 14 I GG bzw aus Art. 2 I GG – je nach grundrechtstatbestandlicher Zuordnung der Vertragsfreiheit – als möglich erscheint. Ein etwaiger Verstoß gegen das Vertrauensschutzprinzip kann als Verstoß gegen Art. 2 I GG iVm dem Rechtsstaatsgebot oder als Verstoß gegen Art. 14 I GG zu bewerten sein; auch insoweit erscheint eine Grundrechtsverletzung als möglich.

372 2. Die Zulässigkeit einer VB unmittelbar gegen ein Gesetz setzt des Weiteren voraus, dass U durch die angegriffene Norm **selbst**, **gegenwärtig** und **unmittelbar** in seinen Grundrechten betroffen ist. U ist durch das Gesetz unmittelbar betroffen, da es ihn daran hindert, die Kosten für die Sanierung geltend zu machen. Allerdings wird erst durch den Erlass der RVO, durch die u.a. die Stadt S als Gebiet mit angespanntem Wohnungsmarkt benannt wird, die Geltung der Bindungen des Gesetzes gegenüber U ausgelöst. Das maßgebliche Grundrechtsbetroffensein ist jedoch dem Gesetz zuzuordnen. Dieses betrifft den U also unmittelbar in seinen Grundrechten. Er ist auch gegenwärtig betroffen, da die Wohnung lt SV bezugsfertig ist und damit vermietet werden kann, so dass ihn die Auswirkungen des Gesetzes bereits jetzt betreffen.

### IV. Rechtswegerschöpfung/Subsidiarität

#### 1. Rechtsweg eröffnet?

Unmittelbar gegen das Gesetz ist kein Rechtsweg eröffnet, so dass auch das Erfordernis der Rechtswegerschöpfung der Zulässigkeit der VB nicht entgegensteht. Jedoch könnte es erforderlich sein, zunächst den Rechtsweg gegen die Rechtsverordnung auszuschöpfen. Unmittelbar gegen die Verordnung ist, da sie auf Grund von Bundesrecht erlassen wurde, kein verwaltungsgerichtliches Normenkontrollverfahren nach § 47 VwGO statthaft. Denn eine durch eine Stelle des Bundes erlassene und deshalb als Bundesrecht geltende Rechtsverordnung steht nicht im Rang unterhalb des Landesrechts, wie dies § 47 I Nr. 2 VwGO fordert. Insofern ist ein Rechtsweg iSv § 90 II 1 BVerfGG nicht eröffnet. **373**

#### 2. Subsidiarität

a) Es könnte jedoch der Grundsatz der Subsidiarität der VB entgegenstehen. Dieser erfordert, dass ein Beschwerdeführer über das Gebot der Rechtswegerschöpfung im engeren Sinne hinaus alle ihm zur Verfügung stehenden prozessualen Möglichkeiten ergreift, um eine Korrektur der geltend gemachten Verfassungsverletzung zu erreichen.[2] Unter dem Gesichtspunkt der Subsidiarität kann eine Verfassungsbeschwerde unmittelbar gegen ein Gesetz schließlich auch dann unzulässig sein, wenn dessen Auswirkungen erst im Rahmen einer **Vorabklärung durch die Fachgerichte** eindeutig festzustellen sind und diese Vorabklärung dem Beschwerdeführer zumutbar ist. Würde U einen Mietvertrag mit einer höheren als der gesetzlich zulässigen Miete abschließen, müssten die Rechtsfolgen in einem Mietprozess geklärt werden; aber auch hier müsste die Frage der Verfassungsmäßigkeit vom BVerfG geprüft werden. Insoweit steht also kein einfacherer Weg zur Behebung der geltend gemachten Grundrechtsverletzung zur Verfügung; dem Beschwerdeführer ist es auch nicht zuzumuten, sich auf ein Verfahren mit unsicherem Ausgang einzulassen. **374**

b) Hier könnte jedoch die verwaltungsgerichtliche **Feststellungsklage nach § 43 VwGO** statthaft sein. Wenn durch eine Rechtsverordnung ein Rechtsverhältnis zwischen der Behörde und dem Adressaten der Verordnung begründet wird, dann erfordert es die Rechtsschutzgarantie des Art. 19 IV GG, hiergegen eine Feststellungsklage zuzulassen.[3] Würde also U als Beschwerdeführer durch den Erlass der Verordnung des Wohnungsbauministers in seinen Grundrechten verletzt, so könnte eben diese Feststellung Gegenstand einer verwaltungsgerichtlichen Klage sein. Dies wäre dann der Fall, wenn gerade die Einbeziehung der Stadt S in den Geltungsbereich der Rechtsverordnung verfassungswidrig wäre. **375**

Soweit die von U geltend gemachten Grundrechtsverstöße im Erlass des MietanstDämpfG liegen, müsste im Zuge einer Feststellungsklage die Frage der Verfassungswidrigkeit des MietanstDämpfG wegen Art. 100 I GG dem Bundesverfassungsgericht vorgelegt

2 BVerfGE 115, 81 (91 f.).
3 BVerfG aaO.

werden. Im Wege der verwaltungsgerichtlichen Feststellungsklage allein könnte also der geltend gemachte Grundrechtsverstoß nicht behoben werden. U bestreitet jedoch, dass die Voraussetzungen für den Erlass der RVO gegeben waren. Dies kann im verwaltungsgerichtlichen Verfahren geklärt werden. Daher steht ihm ein einfacherer Weg zur Verfügung, die geltend gemachte Grundrechtsverletzung zu beheben. Die Verfassungsbeschwerde ist also auf Grund ihrer Subsidiarität unzulässig.

*AA vertretbar.*

### V. Beschwerdefrist

**376** Die VB könnte außerdem wegen Verfristung unzulässig sein.[4] Für Verfassungsbeschwerden unmittelbar gegen Gesetze gilt die Jahresfrist des § 93 III BVerfGG ab Inkrafttreten des Gesetzes. Sie ist hier nicht eingehalten. Allerdings konnte U sie deshalb nicht einhalten, weil seine Beschwer erst nach Ablauf dieser Frist eingetreten ist. Angesichts des klaren Wortlauts des § 93 BVerfGG kann jedoch nicht auf diesen Zeitpunkt abgestellt werden. Die VB unmittelbar gegen das Gesetz ist also auch wegen Verfristung unzulässig. Demgegenüber ist für die RVO die Jahresfrist lt SV noch nicht abgelaufen; insoweit ist jedoch die VB auf Grund der Subsidiarität unzulässig.

**Ergebnis zu A:** Die Verfassungsbeschwerde des U ist unzulässig *(aA vertretbar).*

## B. Hilfsgutachten: Begründetheit der Verfassungsbeschwerde des U

### I. Art. 14 I GG

#### 1. Schutzbereich

**377** Das Eigentum des U an der Wohnung ist zweifelsfrei Eigentum iSv Art. 14 I GG. Dem Schutzbereich der Eigentumsgarantie unterfällt dabei auch die Nutzung des Eigentums, sei es im Wege der Eigennutzung, sei es durch Vermietung, aber auch die Befugnis, über das Eigentum zu verfügen.[5] Zur eigentümerischen Nutzungsbefugnis ist insbesondere auch das Recht des Eigentümers zu zählen, selbst über die Nutzung durch Vermietung und deren Bedingungen zu entscheiden. Der Schutzbereich des Eigentums ist also durch gesetzliche Bestimmungen über die zulässige Miethöhe, wie sie hier vorliegen, berührt. Es handelt sich hierbei auch nicht nur um bloße Erwartungen und Chancen, die eigentumsrechtlich nicht geschützt sind. Dies gilt allerdings für die Erwartung, aus den Mieteinahmen Zins und Tilgung decken zu können. Davon zu unterscheiden ist jedoch die rechtliche Befugnis, autonom die Miethöhe als Element der Eigentumsnutzung vereinbaren zu können. Diese Befugnisse sind mit dem Eigentum als Rechtsposition verbunden und werden durch die gesetzlichen Bindungen berührt.

---

4 ***Zum Aufbau:*** *Dieser Punkt ist nicht in das Hilfsgutachten zu verschieben; die Zulässigkeitsprüfung hat alle Zulässigkeitserfordernisse einzubeziehen.*

5 BVerfGE 91, 294 (308); 95, 64 (82).

## 2. Eingriff

Da der Rechtsinhaber auch zwingend an der Wahrnehmung dieser Rechtsposition gehindert ist, sie ihm teilweise entzogen wird, wird seine eigentümerische Nutzungsbefugnis beschränkt. Derartige Beschränkungen, wie sie in Bestimmungen des sozialen Mietrechts enthalten sind, bewirken eine generelle Bestimmung und auch Beschränkung der Rechte des Eigentümers, bedeuten aber keinen Zugriff auf ein konkretes Eigentumsobjekt. Es liegt also eine Inhalts- und Schrankenbestimmung vor, wie sie dem Gesetzgeber nach Art. 14 I 2 GG obliegt, aber keine Enteignung nach Art. 14 III GG. Sie wird vorgenommen durch die gesetzliche Regelung des MietanstDämpfG iVm der Bestimmung der Stadt S durch die RVO des Wohnungsbauministers. Doch auch wenn es unmittelbar die Verordnung ist, durch die die Eigentumsbindung für U ausgelöst wird, ist diese doch in der gesetzlichen Regelung angelegt. Diese bewirkt also die maßgebliche Inhalts- und Schrankenbestimmung. Sie ist dann verfassungsmäßig, wenn sie einen angemessenen Ausgleich der Interessen des Eigentümers mit denen der Allgemeinheit bewirkt und auch iÜ auf einem verfassungsmäßigen Gesetz beruht. **378**

## 3. Verfassungsmäßigkeit der Inhalts- und Schrankenbestimmung

### a) Inhalts- und Schrankenbestimmung durch Gesetz

Voraussetzung für eine verfassungsrechtliche Rechtfertigung des mit den Beschränkungen des MietanstDämpfG verbundenen Eingriffs in das Eigentum des U ist also zunächst, dass die Inhalts- und Schrankenbestimmung durch ein formelles **Gesetz** erfolgte, das in verfahrensfehlerfreier Weise und kompetenzgerecht erlassen wurde. **379**

aa) Der Bund müsste also **zuständig** für den Erlass des Gesetzes gewesen sein. Grundsätzlich sind nach Art. 70 GG die Länder für die Gesetzgebung zuständig, wenn nicht eine ausdrückliche Bundeszuständigkeit besteht. Mit dem MietanstDämpfG wurde eine neue Bestimmung in das BGB eingefügt. **380**

Für die gesetzliche Regelung der zulässigen Miethöhe kommt eine konkurrierende Zuständigkeit des Bundes nach Art. 74 I Nr. 1 GG für bürgerliches Betracht. Dafür spricht, dass das Mietrecht und auch das „soziale Mietrecht" Bestandteil des bürgerlichen Rechts ist und herkömmlich auch dort geregelt wurde. Hierfür ist also eine konkurrierende Zuständigkeit zu bejahen. Der Bund durfte auch ohne weiteres tätig werden, da Art. 74 I Nr. 1 GG nicht in Art. 72 II GG aufgeführt ist und deshalb die Erforderlichkeit einer bundesgesetzlichen Regelung nicht dargetan werden muss. Demgegenüber ist der Gegenstand der Verordnungsermächtigung nicht unmittelbar dem bürgerlichen Recht zuzuordnen. Hierfür könnte jedoch eine Annexkompetenz bestehen. Von **Annexkompetenzen**[6] spricht man, wenn ein Kompetenztitel des GG eine bestimmte Materie – eben die Annexmaterie – nicht ausdrücklich umfasst, aber ein enger sachlicher Zusammenhang besteht, so dass die Regelung der Annexmaterie für die wirksame Regelung der Hauptmaterie erforderlich ist. Die Annexregelung muss der Vorbereitung oder Durchführung der Regelung der Hauptsache dienen. Dies ist hier der Fall: um die neue Bestimmung

6 Näher *Degenhart* Rn 182.

des § 556d BGB anwenden zu können, ist es erforderlich, dass bestimmt wird, wo ein angespannter Wohnungsmarkt besteht.

381 bb) Am verfahrensfehlerfreien **Zustandekommen** des Gesetzes könnten deshalb Zweifel bestehen, weil hier der federführende Ausschuss des Bundestags zwischen der ersten und der zweiten Lesung des Gesetzes dieses erheblich verändert hat. Hierin könnte die **unzulässige Inanspruchnahme eines Initiativrechts** durch den Ausschuss liegen. Doch ist es gerade die Aufgabe der Bundestagsausschüsse, Gesetzentwürfe zu modifizieren und sachgerechte Änderungen vorzuschlagen. Deshalb könnte es einem Ausschuss jedenfalls verwehrt sein, ein Gesetz vollständig im Sinn einer inhaltlichen Totalrevision zu ändern.[7] Gegen die Zulässigkeit der im Ausschuss vorgeschlagenen Änderungen könnte sprechen, dass hier die in der Vorlage vorgesehene Ausnahme für neu errichtete Wohnungen gestrichen und damit der Anwendungsbereich des Gesetzes sachlich erweitert wurde. Ebenso wurde die Reichweite der Verordnungsermächtigung erweitert, da die Höchstdauer von 5 Jahren gestrichen wurde. Es handelt sich hierbei jedoch um Änderungen, die die Grundkonzeption des Gesetzes, unberührt lassen. Dessen Zielsetzung bleibt unverändert, und dies gilt auch für das gesetzliche Instrumentarium, mit der sie erreicht werden soll. Der neue Satz 2 schließlich enthält nur eine Klarstellung. Damit hat der Ausschuss seine Befugnisse nicht überschritten.

Dafür, dass der Bundesrat hätte zustimmen müssen, ergeben sich keine Anhaltspunkte.

Von ordnungsgemäßem Zustandekommen des Gesetzes ist also auszugehen.

### b) Parlamentsvorbehalte – Bestimmtheit

382 Das Gesetz könnte jedoch deshalb den verfassungsrechtlichen Anforderungen an ein inhalts- und schrankenbestimmendes Gesetz iSv Art. 14 I 2 GG nicht genügen, weil es die Frage der Bestimmung derjenigen Gebiete, in denen es zur Anwendung kommen soll, dem Verordnungsgeber, also der Exekutive im Wege der **Rechtsverordnung** überlassen hat.

383 aa) Welche Regelungen der parlamentarische Gesetzgeber selbst zu treffen hat, welche er dem Verordnungsgeber überlassen darf, dies bestimmt sich nach **Art. 80 I 2 GG**. Für Verordnungsermächtigungen in einem Bundesgesetz gilt hiernach das Gebot der **Bestimmtheit** nach Inhalt, Zweck und Ausmaß. Dies bedeutet, dass bereits aus dem ermächtigenden Gesetz selbst hinreichend deutlich vorhersehbar sein muss, in welchen Fällen und mit welcher Tendenz von der Ermächtigung Gebrauch gemacht werden wird und welchen Inhalt die Verordnungen haben können. Hinreichende Bestimmtheit bedeutet nicht größtmögliche Bestimmtheit, bedeutet vielmehr, dass aus dem Gesetz unter Zuhilfenahme üblicher und anerkannter Auslegungsmethoden geschlossen werden kann, in welchen Fällen und mit welcher Zielsetzung der Verordnungsgeber tätig werden kann und welchen Inhalt die zu erlassenden Verordnungen haben können. Was den Inhalt der zu erlassenden Verordnungen betrifft, so ist § 556d II 2 BGB idF durch das MietanstDämpfG eindeutig: Dem Wohnungsbauminister bleibt nur festzustellen, dass

7 Vgl *Degenhart* Rn 226.

dessen Voraussetzungen für eine bestimmte Gemeinde gegeben sind. Die Rechtsfolgen ergeben sich dann eindeutig aus dem Gesetz. Die VO-Ermächtigung ist allerdings insoweit unbestimmt, als die Geltungsdauer der Verordnungen nicht wie im Entwurf vorgesehen auf 5 Jahre beschränkt ist. Dies ist jedoch eine Frage der Angemessenheit und damit der materiellen Verfassungsmäßigkeit *(aA vertretbar).*

Der Gesetzgeber muss aber auch selbst den sachlichen Regelungsbereich für den Ver- **384**
ordnungsgeber umgrenzen, also festlegen, in welchen Fällen eine Verordnung zu erlassen ist. Dies ergibt sich hier aus dem Zusammenhang des § 556d II BGB insofern, als die ausreichende Versorgung mit Mietwohnungen zu angemessenen Bedingungen gewährleistet sein muss. Doch geht aus dem Gesetz nicht klar hervor, was unter „angemessen" zu verstehen ist. So könnte damit gemeint sein, dass die Bedingungen in einer Gemeinde im Vergleich zu anderen Gemeinden nicht „angemessen" sind, es könnte aber auch darauf abgestellt werden, ob sich die Bedingungen im fraglichen Bereich in der letzten Zeit deutlich verschlechtert haben. Dies spricht gegen hinreichende Bestimmtheit der Verordnungsermächtigung. Dem könnte entgegengehalten werden, dass angesichts der Entstehungsgeschichte des Gesetzes Gemeinden gemeint sein dürften, in denen die Mieten in der letzten Zeit besonders stark gestiegen sind. Dies können freilich auch Orte sein, in denen die Mieten bisher besonders niedrig waren. Für die Bestimmtheit der VO-Ermächtigung könnte jedoch sprechen, dass in der Zusammenschau dieser Kriterien darauf abgestellt werden kann, ob die Mieten besonders stark gestiegen sind und deshalb, etwa im Vergleich zu anderen Städten, die Bedingungen insgesamt nicht mehr angemessen sind. Dies entspricht auch der Zielsetzung des Gesetzes, dort, wo die Mieten bereits hoch sind, einen weiteren Anstieg zu begrenzen.[8] Für die Bestimmtheit einer VO-Ermächtigung reicht es jedoch aus, wenn aus dem Gesamtzusammenhang der Norm im Wege der Auslegung auf den Inhalt der Ermächtigung geschlossen werden kann. Die Verwendung unbestimmter Rechtsbegriffe ist zulässig. Auch ein begrenzter Beurteilungsspielraum des Verordnungsgebers ist nicht ausgeschlossen.

Daher ist hier insgesamt von hinreichender Bestimmtheit der Ermächtigung auszugehen *(aA gut vertretbar).*

bb) Auch im Übrigen ist den Anforderungen des **Parlamentsvorbehalts** genügt. Denn **385**
die wesentlichen Fragen der Eigentumsbindung sind im Gesetz selbst geregelt; der Gesetzgeber hat also selbst den grundrechtlich geforderten Ausgleich von Eigentümerinteressen und Gemeinwohlbelangen vorgenommen

### c) Materielle Verfassungsmäßigkeit

Inhalts- und Schrankenbestimmungen nach Art. 14 I 2 GG sind dann verfassungsmäßig, **386**
wenn sie einen sachgerechten Ausgleich der unterschiedlichen Interessen nach Verhältnismäßigkeitskriterien bewirken, unter Berücksichtigung insbesondere des personalen Bezugs des Eigentums einerseits, seiner Sozialbindung andererseits, der Eigenart des jeweiligen Gutes und seiner Bedeutung für den Eigentümer wie die Allgemeinheit.

8 *Dies steht zwar so nicht ausdrücklich im Gesetz, sollte aber aus der Diskussion um die Mietpreisbremse bekannt sein.*

387 aa) Dabei muss das Gesetz einen **legitimen Zweck** verfolgen. Einschränkungen der Vertragsfreiheit zugunsten des Mieters, wie sie im Wohnungswesen schon wiederholt zur Anwendung kamen, verfolgen den legitimen Zweck, in Fällen eines gestörten Gleichgewichts im Verhältnis zwischen Mietern und Vermietern einer einseitigen Anwendung der Vertragsfreiheit zulasten Ersterer zu begegnen. Hier ausgleichend tätig zu werden, ist **legitimes Anliegen des Sozialstaats**, der eben auch auf sozialen Ausgleich und den Schutz des sozial Schwächeren im Privatrechtsverkehr ausgerichtet ist. Dabei durfte hier der Gesetzgeber von einer Schutzbedürftigkeit des Mieters ausgehen, da Wohnungen trotz regionaler Unterschiede auf dem Wohnungsmarkt ein tendenziell knappes Gut darstellen.[9] Daher ist die Zielsetzung des Gesetzes, Fehlentwicklungen auf dem Wohnungsmarkt zu begegnen, verfassungsrechtlich legitim, nicht zuletzt im Hinblick auf das Sozialstaatsgebot des Art. 20 I GG.

388 Die im Gesetz vorgesehenen Maßnahmen müssten auch geeignet sein, dieses Ziel zu verwirklichen oder jedenfalls zu seiner Verwirklichung beizutragen. Über die Zweckmäßigkeit dirigistischer Eingriffe in den Wohnungsmarkt mag man durchaus geteilter Meinung sein. Dass diese letztlich kontraproduktiv sein können, wenn der Wohnungsbau für Investoren uninteressant wird, ist nicht von der Hand zu weisen. Dies zu beurteilen ist jedoch Sache des Gesetzgebers; seiner Einschätzung kann das Bundesverfassungsgericht nur bei offensichtlicher Fehlsamkeit entgegentreten. Zur Begrenzung akuter Fehlentwicklungen – darum geht es dem Gesetzgeber – kann daher jedenfalls von der Geeignetheit der im Gesetz vorgesehenen Maßnahmen ausgegangen werden. Sie sind auch erforderlich, um diese speziellen Fehlentwicklungen zu begrenzen. Anderweitige Maßnahmen wie zB verstärkte Förderung des Wohnungsbaus könnten nur längerfristig wirken, sofern sie überhaupt im gegenwärtigen Zeitpunkt möglich wären.

389 bb) Entscheidend ist dann für die Verfassungsmäßigkeit die **Angemessenheit** der Regelung. Der Gesetzgeber muss Eigentümerinteressen und die von ihm verfolgten Gemeinwohlziele in einen angemessenen Ausgleich gebracht haben. Hier spricht zunächst für die gesetzliche Regelung, dass das Eigentum an Wohnraum in einem besonderen **sozialen Bezug** steht. Denn auf Wohnraum ist der Einzelne existenziell angewiesen. Wohnraum ist auch ebenso wie Grund und Boden nicht beliebig vermehrbar, da seine Schaffung vom Vorhandensein ausreichender Grundstücksflächen abhängig ist. Je stärker der soziale Bezug ist, desto weiter reicht die Gestaltungsfreiheit des Gesetzgebers. Andererseits ist nicht nur das selbstgenutzte Wohneigentum schutzwürdig. Der Schutzzweck des Eigentums, dem Einzelnen einen Freiraum persönlicher Daseinsgestaltung zu schaffen, greift auch dann ein, wenn das Eigentum, wie hier, Grundlage der beruflichen Tätigkeit und damit der **wirtschaftlichen Existenz des Eigentümers** ist. Die durch das Gesetz betroffenen Eigentümerinteressen sind also in ihrer Schutzwürdigkeit zu sehen.

390 Wägt man diese Gesichtspunkte gegeneinander ab, so erscheinen Miethöhenbegrenzungen gegenüber berechtigten Eigentümerbelangen dann noch hinnehmbar, wenn sie den Eigentümer nicht generell an der wirtschaftlichen Nutzung seines Eigentums hindern, ihn nicht zwingen, **in die Eigentumssubstanz einzugreifen**. Dafür spricht im vorlie-

9 Vgl für den sozialen Wohnungsbau BVerfGE 95, 64 (82 ff.).

genden Fall, dass die geltenden Mieten nicht herabgesetzt, sondern nur begrenzt werden. Auch werden die Eigentümer nicht von der künftigen Entwicklung abgeschnitten, da künftige Mieterhöhungen nach Maßgabe der gesetzlichen Bestimmungen möglich bleiben. Dass sie in der Zukunft ihr Eigentum nicht wirtschaftlich nutzen könnten und deshalb das Gesetz in die Substanz des Eigentums eingreifen würde, ist nicht dargetan. Daher ist von einer insgesamt noch angemessenen Regelunge auszugehen.

Das Gesetz könnte insoweit unverhältnismäßig sein, als, anders, anders als im Entwurf **391**
vorgesehen, auch Erstvermietungen einbezogen werden. Dass dies aber typischerweise dazu führt, dass in diesen Fällen der Eigentümer an einer angemessenen Nutzung gehindert wird, ist wiederum nicht dargetan. Erwartungen, dass sich Finanzierungsmodelle wie die es U auf Dauer als realisierbar erweisen, ist wiederum nicht von Art. 14 GG geschützt.

### d) Insbesondere: Vertrauensschutz/Rückwirkung

Eigentümer könnten im Fall des Erstbezugs von Wohnungen allerdings dann ihre Dispo- **392**
sitionen teilweise durchkreuzt sehen, wenn sie ihre Wohnungen gerade im Hinblick auf steigende Mieten errichtet oder erworben haben und nunmehr nur geringere Erträge erzielen können. Es liegt jedoch kein Fall der **Rückwirkung** vor, da nur Mietverträge, die nach Inkrafttreten des Gesetzes abgeschlossen werden, betroffen sind. Das Vertrauen darauf, dass die geltende Rechtslage unverändert bleibt, ist jedoch grundsätzlich nicht geschützt.

### 4. Rechtsverordnung

Verfassungsverstöße, die in der RVO selbst begründet wären, sind nicht ersichtlich. **393**

## II. Art. 2 I GG

Art. 2 I GG tritt hier als subsidiär zurück. Dies gilt auch unter dem Gesichtspunkt der **394**
Vertragsfreiheit. Denn Mietverträge werden in Wahrnehmung eigentümerischer Nutzungsbefugnisse abgeschlossen. Hierfür ist also das spezielle Grundrecht des Art. 14 I GG einschlägig.

## C. Ergebnis

Die VB des U ist unzulässig und unbegründet. **395-404**

# Repetitorium

Zu Art. 14 GG s nach **Fall 17**.

## A. Untergesetzliches Recht/Rechtsverordnungen

405 Aus dem ermächtigenden Gesetz selbst muss hinreichend deutlich vorhersehbar sein, in welchen Fällen und mit welcher Tendenz von der Ermächtigung Gebrauch gemacht werden wird und welchen Inhalt die Verordnungen haben können, dahingehend können die Bestimmtheitsanforderungen des Art. 80 I 2 GG umschrieben werden. Art. 80 I 2 GG ist konkreter Ausdruck des rechtsstaatlichen und demokratischen Parlamentsvorbehalts; deshalb sind die Anforderungen umso höher, je intensiver die RVO in Grundrechte eingreift, müssen die grundrechtswesentlichen Fragen in der VO-Ermächtigung entschieden werden.

406 Die Frage nach der Gültigkeit einer RVO kann sich in unterschiedlichen Fallkonstellationen stellen. So kann insbesondere eine RVO Gegenstand eines Normenkontrollverfahrens oder einer Verfassungsbeschwerde sein. Es sind dann die einzelnen Gültigkeitsvoraussetzungen der RVO abzuarbeiten. Dabei ist zunächst auf die Ermächtigungsnorm einzugehen; diese muss den Anforderungen des Art. 80 GG entsprechen und auch im Übrigen verfassungsmäßig sein. Die RVO muss sich dann im Rahmen der Ermächtigung halten und darf auch sonst nicht gegen höherrangiges Recht verstoßen. Es ergibt sich also folgende **Prüfungsreihenfolge** (näher *Degenhart* Rn 352 ff., 356):

1. Ermächtigungsgrundlage
   a) Kompetenz
   b) Formelle Verfassungsmäßigkeit
   c) Art. 80 I 2 GG: Bestimmtheit
   d) Ermächtigungsadressat: Art. 80 I 1 GG
   e) Materielle Verfassungsmäßigkeit
2. RVO
   a) Zuständigkeit
   b) Verfahren (evtl. bes. Verfahrenserfordernisse aus Ermächtigungsnorm), Bekanntmachung
   c) Art. 80 I 3 GG: Angabe der Ermächtigungsnorm
   d) Vereinbarkeit mit der Ermächtigungsnorm – bleibt die RVO in deren Rahmen?
   e) Vereinbarkeit mit höherrangigem Recht, insbesondere Grundrechten

407 Zum **Rechtsschutz** gegen untergesetzliche Normen hat BVerfGE 115, 81 die str Frage geklärt, ob die Gültigkeit einer RVO im Wege der Feststellungsklage nach § 43 VwGO geprüft werden kann. Wegen der Rechtsschutzgarantie des Art. 19 IV GG ist dies zu bejahen; ob also eine RVO in zulässiger Weise Rechte des Adressaten beschränkt, diese Frage kann ebenso ein „Rechtsverhältnis" iSd § 43 VwGO begründen, wie die Verpflichtung der Verwaltung zum Erlass einer RVO – damit ist auch die bis dahin verneinte Möglichkeit der Normerlassklage geklärt. Für die Verfassungsbeschwerde bedeutet dies, dass vor Einlegung unmittelbar gegen eine RVO grundsätzlich zunächst eine Feststel-

lungsklage nach § 43 VwGO erhoben werden muss – s auch BVerwGE 128, 382 (Rechtsschutz gegen Flächennutzungsplan).

Geht es um den auf der Grundlage einer RVO erlassenen **Verwaltungsakt**, so ist zu beachten, dass die Verordnung allein nicht zu einer Eingriffsmaßnahme ermächtigen kann, diese vielmehr in einem Gesetz enthalten sein muss. Das Gesetz muss also vorsehen, dass bei Verstößen gegen die RVO bestimmte Maßnahmen ergriffen werden können. Und es muss – wegen des Parlamentsvorbehalts – die wesentlichen Fragen selbst regeln. **408**

Derartige Maßnahmen können dann auf ihre verfassungsrechtliche Rechtfertigung zu prüfen sein; hier sind auf der Rechtfertigungsebene zuerst das Gesetz, dann die auf der Grundlage des Gesetzes ergangene RVO und schließlich der Einzelakt auf jeweils spezifische Verfassungsverstöße zu prüfen.

Für die Prüfung der Gültigkeit einer RVO kann beispielhaft auf das Verbot politischer Werbung an Taxen durch § 26 II BOKraft (RVO über gewerblichen Kraftverkehr, erlassen auf der Grundlage des Personenbeförderungsgesetzes) verwiesen werden. **409**

**Ermächtigungsgrundlage:** § 57 I Nr. 2b PBefG, wonach aus Gründen der öffentlichen Sicherheit und Ordnung Anforderungen im Wege der RVO gestellt werden können; dieser Begriff ist hinreichend bestimmt;
RVO – formelle Rechtmäßigkeit
RVO – materielle Rechtmäßigkeit, insbesondere:

**Ermächtigungszweck:** VO muss aus Gründen der öffentlichen Sicherheit und Ordnung ergangen sein: Vermeidung von Auseinandersetzungen, aber auch Wettbewerbsgesichtspunkte;

**Höherrangiges Recht:**

Art. 5 I 1 GG: Beschränkung der Meinungsäußerungsfreiheit; VO als „allgemeines Gesetz“; Abwägung: kein intensiver Eingriff – andererseits rechtfertigende Gründe, auch negative Freiheit Dritter;

Art. 12 I GG: Berufsausübungsregelung, durch die gleichen Gründe des Gemeinwohls gerechtfertigt;

Art. 3 I GG: Ungleichbehandlung mit wirtschaftlicher Werbung; gerechtfertigt durch spezifisches Konfliktpotenzial politischer Werbung.

Verstößt nun ein Fahrer gegen das Verbot, so kann die zuständige Behörde ihn auffordern, die entsprechende Werbung zu entfernen. Dieses Verbot muss auf einer gesetzlichen Eingriffsgrundlage beruhen, zB der pol. Generalklausel. Im Rahmen einer Verfassungsbeschwerde wäre dann zu prüfen, ob dieser Grundrechtseingriff verfassungsrechtlich gerechtfertigt ist: Voraussetzung ist zunächst eine gesetzliche Grundlage – also zB das Polizeigesetz, das hier aber als allgemeines Gesetz unbedenklich ist; da dessen Anwendung auf Verstöße gegen die RVO abstellt, ist diese auf ihre Vereinbarkeit mit Grundrechten zu prüfen, schließlich deren Anwendung.

Die Grundrechtseingriffe während der Corona-Pandemie (Rn 314d) wurden überwiegend durch RVO (zunächst auch durch Allgemeinverfügung) angeordnet. Ermächtigungsgrundlage ist § 32 I InfSchG; hiernach ist die Behörde ermächtigt, die „notwendigen Schutzmaßnahmen“ nach § 28 des Gesetzes (Rn 314d) im Verordnungsweg zu treffen. Inhaltlich ist damit die VO-Ermächtigung insoweit hinreichend bestimmt, als jedenfalls Ausgeh- und Betretungsverbote umfasst sind; der Zweck von Verordnungen geht aus dem Gesetz ohne weiteres hervor. Das Ausmaß der Ermächtigung ist begrenzt durch den Vorbehalt „soweit und solange erforderlich“. Mit dieser Maßgabe hat die **409a**

Rechtsprechung § 32 iVm § 28 InfSchG noch als tragfähige Rechtsgrundlage gesehen: § 28 I InfSchG sehe konkrete Maßnahmen vor und erlaube darüber hinaus solche, die in Zielsetzung, Geeignetheit und Erforderlichkeit diesen Schutzmaßnahmen entsprechen[10]. Wenn aber intensive Grundrechtsbeschränkungen wie nach den Corona-Verordnungen der Länder für längere Zeit flächendeckend gelten sollen, sind die wesentlichen Entscheidungen vom Gesetzgeber selbst zu treffen. Der Vorbehalt des Gesetzes würde dann „als wesentlicher Grundsatz einer parlamentarischen Staatsform für mittelfristig und langfristig wirkende Maßnahmen den Erlass eines Maßnahmegesetzes durch den parlamentarischen Gesetzgeber erfordern“[11].

**Zur Wiederholung:** *Degenhart* Rn 344–370 sowie Rn 474c ff.

**Aus der Ausbildungsliteratur:** *Hermanns*, Besprechung von BVerwG DVBl 2001, 931 (NaturschutzVO), JA 2002, 26.

**Aktuelle Rechtsprechung:** BVerfGE 101, 1 (LegehennenVO).

**Weitere Fälle im thematischen Zusammenhang:** *Pleyer*, Die gesetzesändernde Änderungsverordnung, JA 2001, 226; *Dietlein/Lindemann*, Examensklausur im Öffentlichen Recht – Streit um Taxiwerbung, NWVBl 2000, 319.

## B. Sozialstaatsprinzip

**410** Der vorstehende Fall lässt einen wesentlichen – und wohl den in der Klausurpraxis wichtigsten – Aspekt des Sozialstaatsprinzips deutlich werden: Der Gesetzgeber kann zur Verwirklichung sozialpolitischer Ziele in bestehende Rechte eingreifen, den Bürger belasten. Dies muss dann durch öffentliche Interessen gerechtfertigt sein, sie sind gegen Belange Betroffener abzuwägen. Dass diese öffentlichen Interessen der Verwirklichung der Sozialstaatlichkeit dienen, verstärkt dann ihr Gewicht in der Abwägung. Dabei sollten die wesentlichen Zielsetzungen bekannt sein: soziale Sicherung, soziale Gerechtigkeit – insbesondere auch durch sozialen Ausgleich und durch Vorkehrungen zum Schutz des „Schwächeren“ bei struktureller Ungleichheit. Wie das Sozialstaatsprinzip im Zusammenwirken mit grundrechtlichen Schutzpflichten die Auslegung einfachgesetzlicher Normen beeinflussen kann, zeigt BVerfGE 115, 25 (Außenseitermethoden in der GKV). Zur Frage eines menschenwürdigen Existenzminimums, Art. 1 I GG iVm dem Sozialstaatsprinzip s BVerfGE 125, 175 (Hartz IV), näher Rn 691. – Näher: *Degenhart* Rn 589 ff.

---

10 Vgl zB OVG MV, B. v. 8.4.2020 – 2 KM 236/20 OVG – und v. 9.4.2020 – 2 KM 268/20 OVG – Rn 24.

11 BayVGH, B. v. 27.4.2020 – 20 NE 20.793 – Rn 45.

Fall 6

# Der Bundestag in der Pandemie (Wahlrecht und Wahlperiode)

*Umfangreicher Examensfall*

Nachdem im Winter 2020/21 die gefürchtete „2. Welle“ der Corona-Pandemie über die Bundesrepublik hereingebrochen ist, sorgen sich Bundesregierung und Bundestag um die ordnungsgemäße Durchführung der Wahlen zum 20. Deutschen Bundestag. Diese müssten bis spätestens 24.10.2021 stattfinden. Angesichts der umfassenden Beschränkungen für Veranstaltungen und Versammlungen jeder Art wären Parteitage, Kundgebungen, Diskussionsveranstaltungen so gut wie unmöglich, und ebenso wäre die Wahlwerbung durch persönliche Ansprache eingeschränkt. Dies verstoße, so Vertreter fast aller Parteien, gegen das Demokratiegebot des Grundgesetzes. Die Bundesregierung legt den Entwurf für ein „Gesetz zur Stärkung der parlamentarischen Demokratie in der Pandemie“ (PanDemoG) vor, nach dem im Wege einer Grundgesetzänderung die Wahlen um ein Jahr verschoben werden sollen. Sie will dabei die Gelegenheit nutzen, um die bisher nicht mehrheitsfähige Verlängerung der Wahlperioden möglichst geräuschlos über die Bühne zu bringen, und ebenso die Herabsetzung des Wahlalters auf 16 Jahre. Schließlich sollen die Wahlen ausschließlich als Briefwahl durchgeführt werden. Auf Drängen eines möglichen künftigen Koalitionspartners soll noch eine Bestimmung über paritätisch besetzte Landeslisten aufgenommen werden. **411**

Der Gesetzentwurf lautet, soweit hier von Belang, wie folgt:

„Gesetz zur Stärkung der parlamentarischen Demokratie in der Pandemie (PanDemoG)

Art. 1 Gesetz zur Änderung des Grundgesetzes.

1. In Art. 38 Abs. 2 wird das Wort „achtzehnte“ durch das Wort „sechzehnte“ ersetzt.
2. In Art. 39 Abs. 1 Satz 1 wird das Wort ‚vier‘ durch das Wort ‚sechs‘ ersetzt.
3. Nach Abs. 1 wird folgender Abs. 1a eingefügt: ‚Absatz 1 Satz 1 gilt erstmals für den 20. Deutschen Bundestag. Die Wahlen zum 20. Deutschen Bundestag finden spätestens am 4. Dezember 2022 statt‘“.

Art. 2 Änderung des BWahlG

1. Es wird folgender § 36a eingefügt:
   „§ 36a Sonderregelung für die Wahlen zum 20. Deutschen Bundestag
   Die Wahlen zum 20. Deutschen Bundestag werden gemäß § 36 durchgeführt.“
2. In § 27 BWahlG wird dieser Abs. 3a eingefügt:
   „Die Landeslisten sind abwechselnd mit einer Frau und einem Mann zu besetzen. Der erste Listenplatz kann mit einer Frau oder einem Mann besetzt werden“.

Zur Begründung für Art. 1 Nr. 1 wird auf die zunehmend schwierigen Koalitionsverhandlungen verwiesen, die immer längere Zeit in Anspruch nähmen; da andererseits der Wahlkampf immer früher einsetze, bleibe kaum mehr Zeit zum eigentlichen Regieren. Im Interesse der Handlungsfähigkeit von Bundestag und Bundesregierung müsse diese Zeit angemessen verlängert werden. Der Bürger erwarte schließlich einen starken, handlungsfähigen Staat. Dies sei in der Corona-Zeit deutlich geworden. Auch wenn die sechsjährige Wahlperiode nicht rückwirkend gelten solle – deshalb die Einschränkung nach Nr. 2 – müsste doch eine ordnungsgemäße Wahl des 20. Deutschen Bundestags gewährleistet sein; dazu erwarteten die Bürgerinnen und Bürger jedoch Information und Orientierung und die Parteien müssten die Möglichkeit haben, diese ihnen zu geben. Ohne ordnungsgemäßen Wahlkampf sei eine demokratische Wahl nicht möglich, deshalb müsse die Wahl um ein Jahr verschoben werden. Dass das gehe, zeige Art. 115h des Grundgesetzes. Die Änderung des § 27 BWahlG solle dazu beitragen, einen langjährigen demokratischen Missstand zu beheben. Denn es sei mit dem Demokratieprinzip unvereinbar, wenn eine Bevölkerungsgruppe, die die Hälfte der Wahlberechtigten ausmache, nicht einmal zu einem Drittel im Bundestag vertreten sei.

Um das Gesetzgebungsverfahren abzukürzen, lässt die Bundesregierung den Gesetzentwurf durch die Fraktion der A-Partei, eine der beiden Koalitionsparteien, in den Bundestag einbringen. Ein Änderungsantrag der oppositionellen F-Fraktion, das 5%-Quorum des § 6 V BWahlG zu streichen oder auf 3% abzusenken, wird erörtert, findet aber keine Mehrheit.

Der Bundestag, dessen gesetzliche Mitgliederzahl 709 beträgt, beschließt das Gesetz mit der Mehrheit von 575 Stimmen bei 60 Gegenstimmen und 25 Enthaltungen. Der Bundesrat stimmt mit 48:21 Stimmen zu. Das Gesetz wird vom Bundespräsidenten ausgefertigt und am 4. November im Bundesgesetzblatt verkündet. Als Tag des Inkrafttretens ist der 1. Januar 2021 bestimmt.

Am 24. Oktober 2021 gehen beim Bundesverfassungsgericht eine Reihe von Anträgen ein. Im Wege einer Verfassungsbeschwerde rügen mehrere tausend Wahlberechtigte die Änderung des Art. 39 GG durch das Gesetz zur Änderung des Grundgesetzes. Sie machen eine Verletzung ihres Wahlrechts geltend. Bei der Verschiebung der für 2021 vorgesehenen Wahl handle es sich um verfassungswidriges Verfassungsrecht. Dies sei auch der Fall bei der Verlängerung der Wahlperioden. Verfassungswidrig sei schließlich der neue § 36a BWahlG, da bei ausschließlicher Briefwahl wesentliche Wahlrechtsgrundsätze der geheimen Wahl verletzt würden.

Ferner geht ein Antrag der Landesregierung des Landes L ein. Sie beantragt, Art. 1 Nr. 1 sowie Art. 2 Nr. 2 PanDemoG für nichtig zu erklären. Die Herabsetzung des Wahlalters entziehe den Wahlen die demokratische Legitimationsfunktion. Die Verpflichtung zur paritätischen Besetzung der Landeslisten verstoße gegen die Wahlrechtsgleichheit und die Freiheit der Parteien. Die F-Fraktion, die bei Bundestagswahlen seit Jahrzehnten Ergebnisse knapp über oder knapp unter 5% erzielt, ist der Auffassung, der Bundestag habe dadurch, dass er eine Änderung der Sperrklausel unterlassen habe, ihre verfassungsmäßigen Rechte als Partei verletzt und wendet sich deshalb an das BVerfG.

Der Vertreter des Bundestags verweist auf die Begründung des Gesetzentwurfs. Im Übrigen sei für alle Fragen der Bundestagswahl die Prüfung Sache des Bundestags und nur die Wahlprüfungsbeschwerde nach Art. 41 GG eröffnet; dies ergebe sich eindeutig aus § 49 BWahlG. Zum Antrag der Landesregierung L verweist er darauf, dass diese mit ihren vier Stimmen im Bundesrat für das Gesetz gestimmt habe.

# Vorüberlegungen

Der Fall greift aktuelle Entwicklungen im Wahlrecht auf: Dauer der Wahlperiode, Herabsetzung des Wahlalters, Paritätsgesetzgebung. Die Verlängerung der Wahlperiode wird immer wieder ins Spiel gebracht, zuletzt aus Anlass der langwierigen Koalitionsverhandlungen nach der Bundestagswahl 2017. Da Demokratie Herrschaft auf Zeit ist, müssen die Wahlen periodisch stattfinden. Eine bestimmte Höchstdauer kann dem Grundgesetz nicht entnommen werden, es handelt sich um eine gegriffene Größe. Zu bedenken ist hierbei, dass zu lange Wahlperioden die Effektivität der politischen Kontrolle durch das Volk mindern, andererseits das Anliegen legitim ist, die Arbeitsfähigkeit der Volksvertretung nicht durch zu häufige Wahlkämpfe zu beeinträchtigen. Hier ist vom Bearbeiter eine Abwägung vorzunehmen – dabei ist jedes Ergebnis vertretbar. Die Verlängerung der laufenden Wahlperiode bedeutet jedoch, dass der Bundestag sein Mandat überschreitet. Denn dies bezieht sich nur auf die laufende Wahlperiode. Hier sind wesentliche Grundsätze des Art. 20 GG berührt. Bei der Herabsetzung des Wahlalters stehen Bearbeiter erneut vor der Schwierigkeit, dass es sich hier um eine gegriffene Größe handelt. Auch hier kommt es nur darauf an, die wesentlichen Argumente abzuwägen. Die Diskussion um ein „paritätisches“ Wahlrecht sollte den Bearbeitern vertraut sein. **412**

Sowohl bei der Verfassungsbeschwerde gegen die Änderung des Art. 39 GG als auch im Verfahren um die Herabsetzung des Wahlalters geht es um Änderungen des Grundgesetzes. Maßstab hierfür ist Art. 79 GG. Hier ist Sorgfalt bei den Maßstäben geboten. Es muss geprüft werden, ob die Änderung des Art. 39 GG die in Art. 79 III GG genannten Grundsätze des Art. 20 GG berührt. Hier wäre auf die Grundsätze der repräsentativen Demokratie abzustellen. Demgegenüber geht es bei Art. 2 Nr. 1 PanDemoG – Parité – um ein einfaches Gesetz, das am Maßstab des Grundgesetzes zu messen ist. **413**

Zur 5%-Klausel sollten dem Bearbeiter die gängigen Argumentationsmuster bekannt sein. Hier geht es um den Ausgleich zwischen Chancengleichheit der Parteien einerseits, dem Anliegen von stabilen Mehrheitsverhältnissen auf der anderen Seite. Die prozessuale Besonderheit liegt hier darin, dass der Antragsteller ein Unterlassen des Bundestags rügt. Auch ein Unterlassen kann jedoch Gegenstand eines Organstreitverfahrens sein. Hier könnte erörtert werden, ob der Gesetzgeber ggf. zur „Nachbesserung“ verpflichtet sein kann, wie dies im Fall der Überhangmandate angenommen wurde. Dies könnte dafür sprechen, dass die 5%-Sperrklausel zwar bei Änderung des BWahlG noch beibehalten werden durfte, aber der Gesetzgeber nun verpflichtet sein könnte, sie zu überprüfen. **414**

## 415 Gliederung

**1. Teil: Verfassungsbeschwerde**

**A. Zulässigkeit der Verfassungsbeschwerde**
- I. Beschwerde- und Prozessfähigkeit
- II. Beschwerdegegenstand
- III. Beschwerdebefugnis
- IV. Form und Frist
- V. Rechtswegerschöpfung/Subsidiarität

**B. Begründetheit der Verfassungsbeschwerde**
- I. Änderung des Art. 39 GG
  - 1. Schutzbereich des Art. 38 I 1 GG
  - 2. Formelle Verfassungsmäßigkeit
    - a) Gesetzgebungskompetenz
    - b) Gesetzgebungsverfahren
    - c) Formale Anforderungen – Art. 79 I, II GG
  - 3. Materielle Verfassungsmäßigkeit – Art. 79 III GG
    - a) Verschiebung der Bundestagswahl
    - b) Verlängerung der Wahlperiode auf sechs Jahre
- II. Beschränkung auf Briefwahl

**C. Entscheidung des BVerfG**

**2. Teil: Antrag der Landesregierung L**

**A. Zulässigkeit Insbesondere: Rechtsschutzbedürfnis?**

**B. Begründetheit**
- I. Formelle Verfassungsmäßigkeit
- II. Materielle Verfassungsmäßigkeit
  - 1. Art. 1 Nr. 1 PanDemoG – Wahlalter
  - 2. Art. 2 Nr. 1 PanDemoG – Parité
    - a) Freiheit und Gleichheit der Wahl
    - b) Chancengleichheit der Parteien

**C. Entscheidung des BVerfG**

**3. Teil: Antrag der F-Partei**

**Zulässigkeit eines Antrags zum BVerfG**
- I. Zuständigkeit des BVerfG – Organstreitverfahren
- II. Beteiligtenfähigkeit
- III. Verfahrensgegenstand
- IV. Antragsbefugnis
- V. Form und Frist

**Hilfsgutachten: Begründetheit**
- I. Sperrklauseln: Gleichheit der Wahl
- II. Verfassungsrechtliche Rechtfertigung

# Musterlösung

## 1. Teil: Verfassungsbeschwerde

### A. Zulässigkeit der Verfassungsbeschwerde

### I. Beschwerde- und Prozessfähigkeit

Die Beschwerdeführer sind als natürliche Personen grundrechtsfähig und damit beschwerdefähig; an ihrer Prozessfähigkeit (Verfahrensfähigkeit) zu zweifeln, besteht kein Anlass. **416**

### II. Beschwerdegegenstand

Die Verfassungsbeschwerde muss sich gegen einen Akt öffentlicher Gewalt richten. Darunter fallen Akte der Legislative, Exekutive oder Judikative: Es muss sich aber stets um einen Akt der dem Grundgesetz unterworfenen deutschen öffentlichen Gewalt handeln. Als ein solcher Akt öffentlicher Gewalt kommt hier das Zustimmungsgesetz PanDemoG in Betracht. Es handelt sich um einen Akt der Legislative, zu der auch der verfassungsändernde Gesetzgeber zählt. **417**

### III. Beschwerdebefugnis

Die Beschwerdeführer müssten auch beschwerdebefugt sein. **418**

1. Sie müssten also plausibel geltend machen, durch den angegriffenen Hoheitsakt in einem ihrer Grundrechte oder grundrechtsgleichen Rechte nach Art. 93 I Nr. 4a GG **verletzt** zu sein.

a) Die Beschwerdebefugnis könnte sich jedoch aus der Gewährleistung des Wahlrechts zum Bundestag in **Art. 38 I 1 GG** ergeben. Wenn die anstehende Wahl über das Ende der Legislaturperiode hinaus verschoben wird, werden die Wahlberechtigten in der Ausübung ihres Wahlrechts beeinträchtigt. Es erscheint nicht ausgeschlossen, dass dies auch das Demokratieprinzip und damit die Grundsätze des Art. 20 GG in einer Weise berührt, die mit der Unveränderlichkeitssperre des Art. 79 III GG nicht vereinbar ist. Ebensowenig erscheint ausgeschlossen, dass durch die Verlängerung der Wahlperiode auf 6 Jahre das Wahlrecht des Art. 38 I 1 GG beeinträchtigt wird. Denn die Wahlberechtigten können ihr Wahlrecht seltener ausüben. Auch insoweit ist nicht ausgeschlossen, dass das Demokratieprinzip, das einen der Grundsätze des Art. 20 GG darstellt, berührt ist. **419**

b) Soweit die Bf. sich gegen die Änderung des BWahlG wenden, könnten sie einen Verstoß gegen die Wahlrechtsgrundsätze des Art. 38 I 1 GG geltend machen. Dies ist für den Grundsatz der geheimen Wahl jedenfalls nicht von vornherein ausgeschlossen. **420**

2. Die Bf. sind als Wahlberechtigte selbst betroffen. Sie sind durch die Verschiebung der Bundestagswahl von 2021 auch gegenwärtig betroffen. Fraglich könnte sein, ob dies auch gilt, soweit die künftigen Wahlperioden verlängert werden. Ihr Wahlrecht ist durch **421**

das Inkrafttreten der Grundgesetzänderung jedoch bereits jetzt geschmälert worden. Deshalb sind sie auch insoweit schon gegenwärtig betroffen *(aA vertretbar)*. Dies gilt auch für die von den Bf. angegriffene Änderung des BWahlG.

### IV. Form und Frist

**422** Die Jahresfrist des § 93 III BVerfG ist lt. Sachverhalt gewahrt. Von der Wahrung der Form des § 23 I BVerfGG ist auszugehen.

### V. Rechtswegerschöpfung/Subsidiarität

**423** Gegen die Gesetze ist kein Rechtsweg eröffnet. Unter dem Gesichtspunkt der Subsidiarität könnte gefragt werden, ob die Beschwerdeführer auf die Wahlprüfungsbeschwerde nach Art. 41 III GG verwiesen werden können. Diese ist gem. § 49 BWahlG für alle Entscheidungen und Maßnahmen, die sich unmittelbar auf die Wahl beziehen, ausschließlich eröffnet. Dies gilt jedoch nur für alle Maßnahmen, die einen unmittelbaren Bezug zu einer konkreten Wahl haben. Darunter fallen aber nicht Änderungen des Wahlrechts.

**Ergebnis:** Die Verfassungsbeschwerde ist zulässig.

## B. Begründetheit der Verfassungsbeschwerde

**424** Die Verfassungsbeschwerde ist begründet, wenn das beschwerdegegenständliche Gesetz verfassungswidrig und der Beschwerdeführer hierdurch in seinem Recht aus Art. 38 I 1 GG iVm Art. 20 I, II GG verletzt ist. Hier richtet sich die Verfassungsbeschwerde sowohl gegen die Änderung des Grundgesetzes als auch gegen die Änderung des BWahlG.

### I. Änderung des Art. 39 GG: Verschiebung der Bundestagswahl und Verlängerung der Wahlperiode

#### 1. Eingriff in den Schutzbereich des Art. 38 I 1 GG – materielle Verkürzung des Wahlrechts

**425** Durch die Verlängerung der laufenden Wahlperiode könnte das Wahlrecht der Bf aus Art. 38 I 1 GG eingegriffen werden. Nach Art. 39 I 3 GG hätte die Neuwahl des Bundestags spätestens 48 Monate nach Beginn der Wahlperiode stattfinden müssen. Der 19. Bundestag ist am 24.10.2017 zusammengetreten. Spätester Termin für eine Neuwahl war dann der 24.10.2021. Dieser Termin ist überschritten. Die Bf. waren damit an der Ausübung ihres Wahlrechts zu dem nach dem Grundgesetz vorgesehenen Termin gehindert. Das Wahlrecht der Bf. wird auch dadurch in seinem Inhalt verkürzt, dass sie es künftig nur mehr alle 6 Jahre ausüben können. Die Änderung des Grundgesetzes müsste formell verfassungskonform sein und materiell die Unveränderlichkeitssperre des Art. 79 III GG beachten.

## 2. Formelle Verfassungsmäßigkeit

### a) Gesetzgebungskompetenz

Gegenstand des Gesetzes ist eine Änderung des Grundgesetzes und des BWahlG. Für 426
letzteres folgt die Zuständigkeit des Bundes aus Art. 38 III GG. Die Formulierung „Das Nähere bestimmt ein Bundesgesetz“ bedeutet eine ausschließliche Gesetzgebungszuständigkeit des Bundes. Zuständig für Änderungen des Grundgesetzes ist der Bund schon aus der Natur der Sache; dies ergibt sich auch aus Art. 79 I GG.

### b) Gesetzgebungsverfahren

Das Gesetzgebungsverfahren könnte deshalb fehlerhaft sein, weil im Stadium des Ein- 427
leitungsverfahrens die Bundesregierung die Gesetzesvorlage nicht an den Bundesrat geleitet hat. Gesetzesvorlagen der Bundesregierung sind gem. Art. 76 II 1 GG zunächst dem Bundesrat zuzuleiten. Laut Sachverhalt hat die Bundesregierung jedoch den Gesetzentwurf „über die A-Fraktion“ an den Bundestag geleitet. Hierin könnte ein Verstoß gegen die Bestimmung des Art. 76 II 1 GG liegen. Wenn andererseits die A-Fraktion den Gesetzentwurf dem Bundestag zugeleitet hat, könnte die Vorlage „aus der Mitte“ des Bundestags eingebracht worden sein, wie dies Art. 76 I GG vorsieht. Nach § 76 I GeschOBT sind Vorlagen dann ordnungsgemäß von Mitgliedern des Bundestags eingebracht, wenn sie von einer Fraktion unterzeichnet sind. Dies ist hier der Fall. Die Mitglieder der A-Fraktion könnten also von ihrem Initiativrecht Gebrauch gemacht haben. Dass sie eine Vorlage der Regierung übernommen haben, steht dem nicht entgegen. Denn das Initiativrecht des Bundestags ist sachlich nicht begrenzt, etwa auf Vorlagen, die auch in der Fraktion ausgearbeitet wurden. Vielmehr kann nur gefordert werden, dass die Fraktion sich einen bestimmten Gesetzentwurf zu eigen gemacht hat. Dies ist hier der Fall.

Dem könnte noch entgegengehalten werden, hierdurch würde die Bestimmung des 428
Art. 76 II 1 GG über den „ersten Durchgang“ beim Bundesrat umgangen. Es handelt sich hier um keine bloße Ordnungsvorschrift. Der frühe „erste Durchgang“ soll dem Bundesrat die Möglichkeit geben, bereits in einem frühen Verfahrensstadium seine Vorstellungen einzubringen. Vor allem aber ist die Grundgesetznorm eindeutig und klar gefasst: Gesetzesvorlagen der Bundesregierung sind dem Bundestag zuzuleiten. Gleichwohl kann dann, wenn eine Gesetzesvorlage, die ursprünglich von der Bundesregierung stammt, von einer Fraktion eingebracht wird, nicht von einer Umgehung gesprochen werden. Denn es bestehen unterschiedliche Möglichkeiten für die Bundesregierung und die sie tragenden parlamentarischen Gruppierungen, ein Gesetz einzubringen. Wenn die Fraktion eine Vorlage der Regierung zu ihrer eigenen macht, so macht sie damit Gebrauch von einer im Grundgesetz selbst angelegten Gestaltungsmöglichkeit. Dafür sprechen auch Gesichtspunkte der Rechtssicherheit. Wollte man nicht auf den formalen Akt der Einbringung abstellen, sondern danach fragen, von wem ein Entwurf ursprünglich herrührt, so würde dadurch ein Moment der Unsicherheit in das Gesetzgebungsverfahren getragen, das auf Formalisierung und Rechtssicherheit in besonderem Maße angewiesen ist.

Im Stadium der Gesetzesinitiative sind also keine Verfahrensfehler unterlaufen.

### c) Formale Anforderungen – Art. 79 I, II GG

429 Das Erfordernis der ausdrücklichen Änderung des Textes des Grundgesetzes nach Art. 79 I 1 GG ist gewahrt. Der Bundesrat hat zugestimmt. Die erforderlichen Mehrheiten nach Art. 79 II GG sind zustandegekommen.

Das Gesetz ist formell verfassungsgemäß.

## 3. Materielle Verfassungsmäßigkeit – Art. 79 III GG

### a) Verschiebung der Bundestagswahl

430 Die Verschiebung der Bundestagswahl könnte deshalb gegen die Unveränderlichkeitssperre des Art. 79 III GG verstoßen, weil sie Grundsätze des Art. 20 II GG „berühren". Zu diesen Grundsätzen zählt das Demokratieprinzip, wonach die Staatsgewalt vom Volk ausgeht und durch Wahlen und durch „besondere Organe" ausgeübt wird. Das Volk handelt also mittelbar durch staatliche Organe. Das Handeln dieser „besonderen Organe" muss in einer ununterbrochenen demokratischen Legitimationskette[1] auf das Volk zurückführbar sein. Bundestag und Bundesregierung werden durch den Wahlakt legitimiert, staatliche Gewalt auszuüben. Die Legitimation durch Wahlen erfolgt für die Dauer der Wahlperiode. Demokratie ist Herrschaft auf Zeit. Wird die laufende Wahlperiode verlängert, so bedeutet dies, dass der Bundestag für den Zeitraum nach Ablauf der Wahlperiode, für die er gewählt ist, das Volk nicht mehr repräsentiert. Der Bundestag als die Vertretung des Volkes nimmt dann eine ihm tatsächlich nicht verliehene Repräsentationsbefugnis in Anspruch. Damit wird ein wesentlicher Grundsatz der repräsentativen Demokratie außer Kraft gesetzt. Die Grundsätze des Art. 20 II GG sind in ihrem Kern berührt.

431 Dies kann auch nicht dadurch gerechtfertigt werden, dass auf Grund der Einschränkungen durch die Corona-Pandemie Parteitage, Wahlveranstaltungen und Kundgebungen nur sehr eingeschränkt stattfinden und die Parteien keinen Wahlkampf wie gewohnt durchführen können. Denn die Parteien, die sich zur Wahl stellen, sind nicht gehindert, sich anderweitig der Wählerschaft zu präsentieren und ihre Kandidaten vorzustellen. Art. 38 GG garantiert Wahlen, aber nicht bestimmte Formen des Wahlkampfs. Der Vergleich mit Art. 115h GG führt zu keiner anderen Beurteilung. Hiernach verlängert sich im Verteidigungsfall, also wenn die Bundesrepublik mit Waffengewalt angegriffen wird oder ein derartiger Angriff unmittelbar bevorsteht, Art. 115a GG, die Wahlperiode bis zur Beendigung des bewaffneten Konflikts. Hier werden die Durchführung der Wahlen und die Beteiligung der Wahlberechtigten regelmäßig auf unüberwindbare Hindernisse stoßen. Mit einer derartigen Extremsituation ist jedoch die Lage während der Corona-Pandemie, in der die Funktionsfähigkeit der staatlichen Institutionen nicht ernstlich beeinträchtigt und die Durchführung von Wahlen unter Beachtung gewisser Sicherheitskriterien möglich bleibt, nicht zu vergleichen.

432 Art. 39 Ia 2 GG i.d.F. durch Art. 1 Nr. 3 PanDemoG verstößt also gegen Art. 79 III iVm Art. 20 II GG und ist verfassungswidrig. Es handelt sich um „verfassungswidriges

1 *Degenhart* Rn 28.

Verfassungsrecht". Hierdurch werden die Bf. in ihrem grundrechtsgleichen Recht aus Art. 38 I GG verletzt.

### b) Verlängerung der Wahlperiode auf sechs Jahre

Auch durch die Verlängerung der Wahlperioden von vier auf sechs Jahre könnten nach **433**
Art. 79 III GG unantastbare Grundsätze des Art. 20 GG berührt sein. Zu seinen wesentlichen Inhalten gehören Wahlen, durch die das Volk als Träger der Staatsgewalt seine Repräsentanten nach Art. 20 II GG bestimmt und diese kontrolliert. Dies bedingt, dass Wahlen in angemessenen Zeitabständen stattfinden. Die Periodizität der Wahlen zählt also zu den Grundsätzen des Art. 20 GG. Allerdings lässt sich hieraus kein ganz bestimmter Zeitabstand ableiten. Einerseits mindern zu lange Wahlperioden die Effektivität der politischen Kontrolle durch das Volk und mindern auch die Chancen anderer Parteien. Andererseits ist das Anliegen legitim, die Arbeitsfähigkeit der Volksvertretung nicht durch zu häufige Wahlkämpfe zu beeinträchtigen. Denn auch die Arbeitsfähigkeit des Parlaments ist für die parlamentarische Demokratie von zentraler Bedeutung.[2] Auch entspricht es dem repräsentativen Prinzip, eine gewisse Unabhängigkeit von momentanen Stimmungsschwankungen anzustreben.

In Abwägung dieser Gesichtspunkte wäre eine Wahlperiode von fünf Jahren, wie sie **434**
mittlerweile in den Ländern die Regel ist, vertretbar. Allerdings ist zu bedenken, dass in den Ländern die repräsentative Demokratie durchweg durch plebiszitäre Elemente ergänzt wird. Das Volk als der Souverän ist dann nicht auf die Teilnahme an Wahlen beschränkt, um Staatsgewalt auszuüben. Da auf Bundesebene das Volk als Träger der Staatsgewalt diese ausschließlich in Wahlen ausüben kann, abgesehen vom Sonderfall des Art. 29 GG, bedeutet die Verlängerung der Wahlperiode hier eine wesentlich weitergehende Einschränkung demokratischer Teilhaberechte. Wenn man dem verfassungsändernden Gesetzgeber hier einen Ermessensspielraum einzuräumen hat, sind daher die auf Länderebene üblichen fünf Jahre auf Bundesebene mit den Prinzipien des Art. 20 GG vereinbar, bilden jedoch die Obergrenze *(aA vertretbar)*.

Auch Art. 1 Nr. 2 PanDemoG, durch den Art. 39 I 1 GG geändert wird, ist daher verfassungswidrig. Hierdurch werden die Bf. in ihrem Recht aus Art. 38 I GG verletzt.

## II. Beschränkung auf Briefwahl

Gem. Art. 2 Nr. 1 PanDemoG sollen die Wahlen zum 20. Deutschen Bundestag nur **435**
nach Maßgabe des § 36 BWahlG stattfinden, also ausschließlich im Wege der Briefwahl. Dies könnte gegen Wahlrechtsgrundsätze des Art. 38 I GG verstoßen, insbesondere den Grundsatz der geheimen Wahl. Bei der Briefwahl sind geheime Wahlen nur bedingt gewährleistet: dass bei der Ausfüllung des Stimmzettels Dritte dem Wähler „über die Schulter blicken", kann nicht ausgeschlossen werden. Der Gesetzgeber nimmt dies jedoch hin im Interesse der Allgemeinheit der Wahl. Denn die Briefwahl ermöglicht auch dann die Teilnahme, wenn die Wahlberechtigten gehindert sind, das Wahllokal

2 BVerfGE 62, 1 (44).

aufzusuchen; dies rechtfertigt es, gewisse Einschränkungen der geheimen Wahl hinzunehmen. Gerade in Zeiten der Pandemie könnten sich zahlreiche Wähler daran gehindert sehen, die Wahllokale aufzusuchen, um Gesundheitsrisiken zu vermeiden. Durch Vermeidung von Kontakten in den Wahllokalen die Verbreitung des Virus einzudämmen, dient auch dem verfassungsrechtlich durch Art. 2 II GG gebotenen Schutz der Gesundheit. Dies rechtfertigt ebenso wie das Anliegen des Gesetzgebers, die Allgemeinheit der Wahl zu sichern, die mit der ausschließlichen Briefwahl verbundenen Einschränkungen.

§ 36a BWahlG i.d.F. durch Art. 2 Nr. 1 PanDemoG ist also verfassungskonform. Die Verfassungsbeschwerde ist insoweit unbegründet.

### C. Entscheidung des BVerfG

**436** Das BVerfG wird entscheiden, dass die Bestimmungen Art. 1 Nr. 1 und 2 PanDemoG die Bf in ihren Rechten aus Art. 38 I i.V.m. Art. 20 II iVm Art. 79 III GG verletzen und nichtig sind. Für eine bloße Feststellung der Verfassungswidrigkeit besteht kein Anlass. Im Übrigen wird es die Verfassungsbeschwerden zurückweisen.

## 2. Teil: Antrag der Landesregierung L

**437** Beim Antrag der Landesregierung L handelt es sich um einen Antrag im Verfahren der abstrakten Normenkontrolle nach Art. 93 I Nr. 2 GG, §§ 13 Nr. 6, 76 ff. BVerfGG.

### A. Zulässigkeit

**438** Die Antragsberechtigung der Landesregierung L ergibt sich aus Art. 93 I Nr. 2 GG, § 76 BVerfGG.[3]

Die Bestimmungen des PanDemoG sind geeigneter Antragsgegenstand. Es handelt sich um nachkonstitutionelles Bundesrecht. Auch Gesetze zur Änderung des Grundgesetzes können zur Prüfung durch das Bundesverfassungsgericht gestellt werden. Da die Antragstellerin von der Verfassungswidrigkeit dieser Regelung überzeugt ist, und damit auch die gegenüber Art. 93 I Nr. 2 GG engeren Voraussetzungen des § 76 BVerfGG erfüllt sind, stellt sich hier nicht die Frage, ob § 76 BVerfGG eine verfassungskonforme Einschränkung des Art. 93 I Nr. 2 GG bewirken kann.

**439** Die Schriftform des § 23 BVerfGG ist zu wahren. Der Antrag ist nicht fristgebunden. Fraglich könnte sein, ob für den Antrag der Landesregierung ein Rechtsschutzbedürfnis besteht, nachdem sie im Bundesrat dem Gesetz zugestimmt hat, das sie mit ihren vier Stimmen jedoch hätte verhindern können. Es wurden 48 Stimmen für das Gesetz abge-

3 Da hier die Zulässigkeit bis auf das Rechtsschutzbedürfnis unproblematisch ist, wird im Aufbau nicht weiter untergliedert.

geben; ohne die vier Stimmen von L wäre die Zweidrittelmehrheit von 46 Stimmen nicht erreicht worden. Es handelt sich jedoch beim Verfahren nach Art. 93 I Nr. 2 GG um ein abstraktes Beanstandungsverfahren, ein besonderes Rechtsschutzbedürfnis ist nicht erforderlich.

Der Antrag ist zulässig.

## B. Begründetheit

Der Antrag ist begründet, wenn die angegriffenen Bestimmungen gegen das Grundgesetz verstoßen. **440**

### I. Formelle Verfassungsmäßigkeit

Wie bereits zur Verfassungsbeschwerde ausgeführt wurde, ist das PanDemoG formell verfassungskonform zustandegekommen.

### II. Materielle Verfassungsmäßigkeit

#### 1. Art. 1 Nr. 1 PanDemoG – Wahlalter

Die Absenkung des aktiven Wahlalters auf 16 Jahre erfolgte durch Verfassungsänderung. Sie müsste also gegen Art. 79 III GG verstoßen. **441**

Zu den hiernach änderungsfesten Grundsätzen des Art. 20 GG zählt das Demokratieprinzip, wonach die Staatsgewalt vom Volk ausgeht und durch Wahlen ausgeübt wird. Eine Verfassungsänderung darf nicht dazu führen, dass die Wahlen ihre Funktion für die demokratische Ordnung nicht mehr erfüllen können, dass also ihre „Integrationsfunktion" gefährdet wäre. Dies bedingt bei den Wählern eine hinreichende Verstandesreife als Voraussetzung des aktiven Stimmrechts, weil dadurch dem Demokratieprinzip des Grundgesetzes Rechnung getragen wird. Denn Demokratie lebt vom Austausch sachlicher Argumente auf rationaler Ebene.[4] Die Wahlberechtigten müssen also zur politischen Kommunikation befähigt sein und hinreichende Einsichtsfähigkeit besitzen, um die Bedeutung der Wahlen zu erfassen. Wenn der – verfassungsändernde – Gesetzgeber 16-Jährige dazu typischerweise befähigt sieht und das Wahlalter entsprechend herabsetzt, so ist diese Einschätzung nicht zu beanstanden. Dafür spricht auch, dass der Gesetzgeber 16-Jährigen wenn auch noch nicht uneingeschränkte Geschäftsfähigkeit, so doch hinreichende Entscheidungsreife in höchstpersönlichen Fragen der Selbstbestimmung beimisst. Für die Änderung des Art. 38 II GG kann also ein Verfassungsverstoß nicht festgestellt werden.

4 BVerwGE 162, 244 Rn 14.

### 2. Art. 2 Nr. 1 PanDemoG – Parité

442 Bei der neu eingeführten Bestimmung des § 27 IIIa BWahlG handelt es sich um ein einfaches Gesetz, auch wenn es mit verfassungsändernder Mehrheit beschlossen wurde. Denn hierdurch wird nicht das Grundgesetz geändert. Maßstab ist also nicht Art. 79 III GG.

#### a) Freiheit und Gleichheit der Wahl

443 aa) Das Gesetz könnte das passive Wahlrecht des Art. 38 I GG unter dem Gesichtspunkt der Freiheit der Wahlen unverhältnismäßig beschränken. Denn Art. 38 I GG schützt auch die Freiheit zur Wahlbewerbung und der Kandidatenaufstellung. Sie wird durch die Verpflichtung, die Landeslisten abwechselnd mit männlichen und weiblichen Kandidaten zu besetzen, beschränkt. Das Gesetz bewirkt auch einen Eingriff in die Wahlrechtsgleichheit. Denn wie bei jeder Quotenregelung, werden Bewerber, die allein auf Grund der Quoten nicht berücksichtigt werden, gegenüber den Nutznießer(innen) der Quote benachteiligt. Das Gesetz könnte also auch gegen den Grundsatz der Wahlrechtsgleichheit verstoßen. Unter beiden Gesichtspunkten müsste es dem Schutz gleichrangiger Verfassungsgüter dienen.

444 bb) Das Anliegen des Gesetzgebers, durch die geschlechterparitätische Besetzung der Landeslisten der Unterrepräsentation von Frauen in der Politik, hier also im Bundestag, entgegenzuwirken, könnte im Gleichstellungsauftrag des Art. 3 II 2 GG begründet sein. Dann müsste allerdings Art. 3 II 2 GG auf Art. 38 GG anwendbar sein. Dies ist deshalb fraglich, weil die Bestimmung des Art. 38 I GG lex specialis zum allgemeinen Gleichheitssatz des Art. 3 I GG ist. Sie ist in einem strikt formalen Sinn zu verstehen. Vor allem aber fordert der Gleichstellungsauftrag des Art. 3 II 2 GG Herstellung von Gleichheit in den Chancen, nicht aber paritätische Geschlechtergleichheit im Ergebnis.[5] Die Zielsetzung des Gesetzgebers, über die Gleichheit der Chancen hinaus auch im Ergebnis Parität in der Zusammensetzung des Bundestags herzustellen, wird durch den Gleichstellungsauftrag des Art. 3 II 2 GG nicht gerechtfertigt.

445 Das gesetzgeberische Anliegen wird auch nicht durch die Erwägung gerechtfertigt, es verstoße gegen das Demokratieprinzip, wenn die Bevölkerungsgruppe der Frauen und damit die Hälfte der Wahlberechtigten zu weniger als einem Drittel im Bundestag vertreten sei. Diese Erwägung steht vielmehr ihrerseits im Widerspruch zum Demokratieprinzip des Grundgesetzes. Denn nach Art. 38 I GG ist der Abgeordnete Vertreter des ganzen Volkes. Demgemäß ist der Bundestag, also die Gesamtheit der Abgeordneten wiederum die Vertretung des Volkes in seiner Gesamtheit. Eine Gruppenrepräsentation dergestalt, dass bestimmte Gruppen der Gesellschaft jeweils durch Abgeordnete repräsentiert werden, die der gleichen Gruppe angehören, ist dem Grundgesetz fremd und steht im Widerspruch zum repräsentativen Prinzip. Eben auf eine Gruppenrepräsentation läuft es hinaus, wollte man fordern, dass Frauen als Teil der Gesellschaft durch einen entsprechenden Anteil von Frauen im Bundestag als der Vertretungskörperschaft des ganzen Volkes vertreten sein müssten. Die Änderung des BWahlG, wonach die Landes-

5 Vgl *Nußberger*, in: Sachs, Art. 3 Rn 283.

listen der Parteien abwechselnd mit männlichen und weiblichen Bewerbern zu besetzen sind, verstößt also gegen den Grundsatz der Freiheit der Wahl, die auch die Freiheit der Wahlbewerbung und die Freiheit der Kandidatenaufstellung durch die Parteien umfasst, nach Art. 39 I GG, hier iVm Art. 21 I GG. Sie ist auch unvereinbar mit dem Prinzip der repräsentativen Demokratie und verstößt deshalb gegen Art. 20 II GG.

#### b) Chancengleichheit der Parteien

Das Parité-Gesetz könnte weiterhin gegen den Grundsatz der Wahlrechtsgleichheit und **446**
der Chancengleichheit der politischen Parteien bei den Wahlen gemäß Art. 38 I iVm Art. 21 I GG verstoßen. Durchbrechungen des Gleichheitssatzes sind im Bereich der politischen Rechte jedoch nur unter engen Voraussetzungen zulässig[6] und bedürfen eines zwingenden Grundes. Der Gleichstellungsauftrag des Art. 3 II 2 GG kommt jedoch, wie oben ausgeführt wurde, nicht als rechtfertigender Grund in Betracht. Ebensowenig rechtfertigt das Demokratieprinzip des Grundgesetzes die Beeinträchtigung der Wahlrechtsgleichheit. Das Anliegen einer quotalen Repräsentation bestimmter Bevölkerungsgruppen steht hierzu im Widerspruch.

### C. Entscheidung des BVerfG

Das BVerfG wird entscheiden, dass Art. 2 Nr. 2 PanDemoG verfassungswidrig und nichtig ist. Im Übrigen wird es den Antrag zurückweisen.

## 3. Teil: Antrag der F-Partei

### A. Zulässigkeit eines Antrags zum BVerfG

### I. Zuständigkeit des BVerfG - Organstreitverfahren

Die F-Partei sieht sich dadurch, dass der Bundestag eine Änderung des BWahlG unter- **447**
lassen hat, in ihren Rechten als politische Partei verletzt. Sie könnte entweder einen Antrag im Organstreitverfahren nach Art. 93 I Nr. 1 GG, §§ 13 Nr. 5, 63 ff. BVerfGG stellen oder aber Verfassungsbeschwerde wegen Verletzung ihres Rechts auf Chancengleichheit einlegen. Es geht hier jedoch um ihren verfassungsrechtlichen Status als politische Partei. Zur Verteidigung ihres durch Art. 21 I GG gewährleisteten Rechtsstatus als Institution des Verfassungslebens ist einer politischen Partei der Weg des Organstreitverfahrens eröffnet.[7] Dies gilt insbesondere auch dann, wenn sie eine Verletzung ihres verfassungsrechtlichen Status durch das Wahlrecht geltend machen will. Das Organstreitverfahren könnte allerdings deshalb ausgeschlossen sein, weil mit dem Wahlprüfungsverfahren nach Art. 41 GG ein spezielleres Verfahren zur Verfügung steht. Doch gilt dies nur für die Korrektur von Wahlfehlern im konkreten Wahlvorgang. Die Verfas-

6 Vgl *Kingreen/Poscher* Rn 555 ff.
7 Vgl BVerfGE 4, 31 (36); 44, 125 (137).

sungswidrigkeit von Normen des geltenden Wahlrechts im Wege eines Organstreitverfahrens geltend zu machen, wird dadurch nicht ausgeschlossen.[8]

## II. Beteiligtenfähigkeit

448 Wer Partei eines Organstreitverfahrens sein kann, bestimmt sich nach Art. 93 I Nr. 1 GG iVm § 63 BVerfGG. Da die politischen **Parteien** zwar mit verfassungsrechtlichem Status ausgestattet, aber keine obersten Bundesorgane sind, können sie nur als **andere Beteiligte**, die durch das Grundgesetz mit eigenen Rechten ausgestattet sind, parteifähig sein. Der D-Partei wird als politischer Partei durch Art. 21 I GG ein verfassungsrechtlicher Status gewährt.[9] Sie ist mithin jeweils mit eigenen Rechten ausgestatteter „anderer Beteiligter" iSd Art. 93 I Nr. 1 GG. Der Antrag kann gegen den **Bundestag** gerichtet werden. Der Bundestag hat das Bundeswahlgesetz beschlossen. Gem. § 63 BVerfGG ist er oberstes Bundesorgan iSd Art. 93 I Nr. 1 GG.

## III. Verfahrensgegenstand

449 Erforderlich für die Zulässigkeit des Antrags ist weiterhin, dass ein Streit um gegenseitige Rechte und Pflichten aus dem Grundgesetz vorliegt. Es müssen insoweit rechtserhebliche Maßnahmen oder Unterlassungen des Antragsgegners geltend gemacht werden, § 64 I BVerfGG; eine solche Maßnahme kann auch in dem Erlass eines Gesetzes liegen, wenn dieses durch die Nichtbeachtung einer höherrangigen Norm Rechte eines Beteiligten verletzt.[10] Im Streit steht vorliegend jedoch die Unterlassung einer gesetzlichen Regelung. Denn die Antragstellerin forderte eine Korrektur der 5%-Klausel, durch die sie sich in ihrer Chancengleichheit bzw der Wahlrechtsgleichheit aus Art. 38 I iVm 21 I GG verletzt sieht. Auch ein gesetzgeberisches Unterlassen kommt als Streitgegenstand in Betracht.[11] Hierfür muss eine Handlungspflicht geltend gemacht werden. Da die D-Partei hier eine Nachbesserung des BWahlG durch Absenkung der 5%-Hürde fordert, ist dies zu bejahen.

## IV. Antragsbefugnis

449a Die D-Partei muss gem. § 64 I BVerfGG plausibel geltend machen, in ihren verfassungsrechtlich gewährleisteten Rechten verletzt zu sein, dh der Sachvortrag muss die Verletzung als möglich erscheinen lassen. Sie kann vortragen, dass sie durch die 5%-Klausel regelmäßig in ihren Wahlchancen benachteiligt ist. Dieses Vorbringen lässt eine Verletzung der D-Partei in ihren Rechten aus Art. 38 I GG iVm 21 I GG als möglich erscheinen, insbesondere auch unter dem Gesichtspunkt der Chancengleichheit politischer Parteien.

---

8 BVerfGE 82, 322 (335); *Jarass/Pieroth*, Art. 41 Rn 6.

9 BVerfGE 41, 399 (416).

10 BVerfGE 1, 208 (220); zuletzt E 82, 322 (335).

11 *Degenhart* Rn 842; BVerfGE 92, 80; s auch LVerfG MV: Unterlassene Überprüfung der 5%-Klausel, NJ 2001, 138; offengelassen bei BVerfGE 114, 107 (118).

### V. Form und Frist

Der Antrag muss gem. §§ 23 I, 64 II BVerfGG schriftlich unter Angabe von Gründen, ferner gem. § 64 III BVerfGG binnen sechs Monaten, nachdem die beanstandete Maßnahme oder Unterlassung bekannt geworden ist, gestellt werden. Diese Frist könnte hier verstrichen sein. Spätestens mit der Schlussabstimmung im Bundestag, also noch vor Verkündung des Gesetzes am 4.11.2020, war es für die F-Partei erkennbar, dass der Bundestag keine Änderung der 5%-Klausel vornehmen wollte. Danach war jedenfalls im Oktober 2021 die Frist des § 64 III BVerfGG verstrichen. Diese Vorschrift enthält eine gesetzliche Ausschlussfrist, nach deren Ablauf im Organstreitverfahren Rechtsverletzungen nicht mehr geltend gemacht werden können.[12] **450**

Der Antrag der F-Partei ist unzulässig.

### Hilfsgutachten: Begründetheit

Der Antrag im Organstreiverfahren wäre begründet, wenn der Bundestag verpflichtet war, die 5%-Klausel abzuschaffen oder zumindest abzusenken und hierdurch Rechte der Antragstellerin verletzt wurden. **451**

**Sperrklauseln** wie die 5%-Klausel des § 6 III 1 BWahlG beschränken den Grundsatz der **Gleichheit der Wahl**. Denn der gleiche Erfolgswert jeder Stimme ist nicht gewahrt. Art. 38 I 1 GG[13] fordert, dass jede Wählerstimme nicht nur gleich viel zählt (Zählwertgleichheit), sondern auch bei der Umsetzung der Stimmen in die Zuteilung von Parlamentssitzen gleiches Gewicht hat (Erfolgswertgleichheit). Die **Erfolgswertgleichheit** wird durch die Sperrklausel insoweit berührt, als die für eine an der 5 %-Hürde gescheiterte Partei abgegebenen Zweitstimmen ohne Erfolgswert bleiben. Eine Ungleichbehandlung findet auch zu Lasten der Partei statt, die an der 5%-Hürde gescheitert ist. Dieses Recht der Parteien resultiert aus ihrem in Art. 21 I GG umschriebenen verfassungsrechtlichen Status und aus der Bedeutung, die der darin verbürgten Freiheit der Parteigründung und dem Mehrparteienprinzip für die freiheitliche Demokratie zukommt. Nicht zuletzt beeinträchtigen Sperrklauseln auch die Integrationsfunktion der Wahlen: alle politischen Strömungen sollen im Parlament vertreten sein.

Diese Ungleichbehandlung müsste **verfassungsrechtlich gerechtfertigt** sein. Dabei geht es darum, über die Ausgestaltung des Wahlrechts die Funktionsfähigkeit des Parlaments zu wahren und die Entstehung regierungsfähiger Mehrheiten zu ermöglichen. Denn ohne derartige Hürden bestünde die Gefahr einer übermäßigen Parteienzersplitterung, die die Funktionsfähigkeit des Parlaments beeinträchtigen, eine Regierungsbildung erschweren oder gar unmöglich machen würde. Regierungsstabilität zu sichern, ist aber ein wesentliches Anliegen des Grundgesetzes. Mithin hat auch das gesetzgeberische Anliegen, das der 5 %-Hürde zugrunde liegt, Verfassungsrang und rechtfertigt prinzipiell eine Einschränkung der Wahlrechtsgleichheit. Doch hat der Gesetzgeber jedoch, wenn er sich für eine Sperrklausel entscheidet, dies abzuwägen mit dem Gebot der Wahlrechtsgleichheit und der Integrationsfunktion der Wahlen. Zweifellos hat das **452**

12 BVerfGE 92, 80 (87).
13 BVerfGE 51, 222 (234).

Anliegen eines arbeitsfähigen oder funktionsfähigen Parlaments Verfassungsrang, doch liegt die verfassungsrechtlich maßgebliche Funktion des Parlaments nicht nur darin, eine möglichst reibungslose Regierungsbildung, ein möglichst effizientes Durchregieren zu ermöglichen. In einer gefestigten demokratischen Ordnung darf die Auseinandersetzung mit Minderheitspositionen, mögen sie auch von „Splitterparteien" vertreten werden, nicht von vornherein gescheut werden.

**453-455** Daher bestehen gegen die unveränderte Beibehaltung der Sperrklausel verfassungsrechtliche Bedenken. Dem Gesetzgeber ist jedoch in der Abwägung Ermessensspielraum einzuräumen. Ein Unterlassen kann dann erst beanstandet werden, wenn der Bundestag evident gegen eine sich aufdrängende Handlungspflicht verstoßen hat. Davon kann hier noch nicht ausgegangen werden, da sowohl für die Beibehaltung als auch die Abschaffung oder Absenkung der Sperrklausel relevante Gesichtspunkte sprechen *(aA vertretbar).*

# Repetitorium

## A. Wahlrecht

### I. Problemkonstellationen, Maßstabsnormen – Wahlrechtsgrundsätze, Wahlsystem

**456** Staatsrechtliche Fälle mit wahlrechtlichem Bezug können sich auf das geltende Wahlrecht beziehen – dann geht es entweder abstrakt um die Verfassungsmäßigkeit bestimmter Vorschriften oder, häufiger, um die Verfassungsmäßigkeit eines konkreten Wahlaktes (aus dem sich ja meist erst die Auswirkungen des geltenden Wahlrechts beurteilen lassen). Doch kann auch gefragt sein, ob das geltende Wahlrecht in bestimmter Weise geändert werden könnte (zB durch das in letzter Zeit viel diskutierte Familienwahlrecht, s *Degenhart* Rn 112). In dieser Fallgestaltung ist der Prüfungsmaßstab zu vergegenwärtigen: für Änderungen des Wahlrechts auf Bundesebene ist dies Art. 38 I 1 GG, der die maßgeblichen Wahlrechtsgrundsätze enthält. Stehen diese einer Wahlrechtsänderung entgegen, so kommt noch eine Änderung des Art. 38 I GG selbst in Betracht. Maßstab hierfür ist nur Art. 79 III GG – die Änderung der Wahlrechtsgrundsätze müsste also gegen die demokratischen Grundsätze des Grundgesetzes verstoßen. Allerdings: die Wahlrechtsgrundsätze des Art. 38 I 1 GG sind unmittelbarer Ausdruck des Demokratieprinzips – deshalb ist etwa die Wahlrechtsgleichheit auch für den verfassungsändernden Gesetzgeber nicht disponibel. Deshalb ist es konsequent, wenn der BayVerfGH prüft, ob die für Bayern in der Landesverfassung enthaltene 5%-Sperrklausel gegen höherrangige Normen der Verfassung verstößt – was er im Ergebnis verneint.[14]

**457** Das Grundgesetz enthält in Art. 38 I 1 GG diese maßgeblichen Wahlgrundsätze:

14 BayVerfGH NVwZ-RR 2007, 73.

| |
|---|
| Freie Wahlen<br>Allgemeinheit der Wahl<br>Wahlrechtsgleichheit:<br>  Zählwertgleichheit<br>  Erfolgswertgleichheit<br>Geheime Wahlen<br>Unmittelbarkeit der Wahl<br>Der Grundsatz der Öffentlichkeit der Wahl folgt unmittelbar aus dem Demokratieprinzip. |

Im vorstehenden Fall ging es um die Verfassungsmäßigkeit bestimmter Regelungen des geltenden Wahlrechts. Sie sind zu messen an den Grundsätzen des Art. 38 I 1 GG. Dies gilt auch, wenn nach der Verfassungsmäßigkeit von Änderungen des Wahlrechts gefragt ist. **458**

Ein bestimmtes Wahlsystem ist nicht vorgegeben. Der Gesetzgeber könnte auch die Mehrheitswahl einführen.[15]

## II. Insbesondere: Wahlrechtsgleichheit

1. **Wahlrechtsgleichheit** bedeutet Zählwert- und Erfolgswertgleichheit. Erstere ist unproblematisch festzustellen – Erfolgswertgleichheit hängt demgegenüber vom jeweiligen Wahlsystem ab. Dies bedeutet auch, dass Verschiebungen in der Erfolgswertgleichheit dann gerechtfertigt sind, wenn sie die Konsequenz aus der Entscheidung für ein bestimmtes Wahlsystem sind. Im geltenden Wahlrecht wird die Erfolgswertgleichheit zB durch das Entstehen von Überhangmandaten beeinträchtigt – auch sie sind noch Konsequenz aus dem System der personalisierten Verhältniswahl (s.o.). **459**

2. Die Ausgestaltung des Wahlrechts ist auch bedeutsam für die Erfolgschancen der **politischen Parteien**. Diese können im Wege des Organstreitverfahrens geltend machen, durch Bestimmungen des Wahlrechts in diesem Recht verletzt zu sein. **460**

| |
|---|
| Ob eine Wahlrechtsnorm gegen den Grundsatz der Wahlrechtsgleichheit verstößt, ist also wie folgt zu prüfen:<br>1. Ist die Wahlrechtsgleichheit beeinträchtigt? Insbesondere: ist der Erfolgswert der Stimmen unterschiedlich?<br>2. Ist dieser unterschiedliche Erfolgswert zwingend im geltenden Wahlsystem angelegt?<br>3. Kann die Ungleichheit aus Gründen gerechtfertigt werden, die durch die Verfassung legitimiert sind? |

3. Die Wahlrechtsgrundsätze für **Landtagswahlen** sind der Landesverfassung zu entnehmen. Für die Ausgestaltung des Wahlrechts auf Landesebene ist Maßstab die jeweilige Landesverfassung. Ein Landeswahlgesetz kann deshalb nicht unter Berufung auf Art. 38 I GG vor dem BVerfG angegriffen werden. Aber auch eine auf den allgemeinen Gleichheitssatz des Art. 3 I GG gestützte Verfassungsbeschwerde wäre unzulässig. Das **461**

15 BVerfGE 121, 266 (295 f.).

Recht der Landtagswahlen ist eine Frage der Staatsorganisation des jeweiligen Landes. Dies zu regeln, liegt im Rahmen der Verfassungsautonomie der Länder. Deshalb kann das Wahlrecht eines Landes nicht am Grundgesetz gemessen werden.

**462** 4. Für die **verfassungsgerichtliche** Kontrolle gilt: Soweit es um die Anwendung der Bestimmungen des Wahlrechts im Zusammenhang mit einem konkreten Wahlverfahren geht, ist jedoch die Wahlprüfungsbeschwerde nach § 48 BVerfGG einschlägig.[16] Dies betrifft zB Unregelmäßigkeiten bei Vorbereitung und Durchführung der Wahl, unzulässige Einflussnahme Dritter, verfassungswidrige Öffentlichkeitsarbeit der Regierung u.a.m. Mit der Wahlprüfungsbeschwerde kann eine nachträgliche Prüfung des Wahlverfahrens erreicht werden, § 48 BWahlG. Der Sächsische Verfassungsgerichtshof hat mit U. v. 16.8.2019[17] für Fälle gravierender Rechtsverstöße in Abweichung von § 48 LWG Sachsen (= § 49 BWG) und Art. 45 II SächsVerf ausnahmsweise die Verfassungsbeschwerde für zulässig erklärt. Der Normzweck des störungsfreien, ordnungsgemäßen Ablaufs einer Wahl, die ihrer Kreationsfunktion genügt, werde nicht nur nicht erreicht, sondern gravierend verfehlt, wenn bereits der Wahlakt selbst im Schatten eines voraussichtlichen Wahlfehlers von außerordentlichem Gewicht durchgeführt wird.

### III. Aktuelle Entwicklungen

#### 1. Neuregelung 2013

**462a** Die geltende Regelung des BWahlG trat als Reaktion auf das Wahlrechtsurteil des BVerfG vom 25.7.2012[18] mit dem 22. Änderungsgesetz vom 3.5.2012 (BGBl I S. 1082) in Kraft. Es gilt wie bisher personalisierte Verhältniswahl. Die Mandatsverteilung wurde neu geregelt.[19]

(1) Auf einer **ersten Stufe** erfolgt eine **vorläufige Sitzverteilung**. Dazu werden die auf die Länder entfallenden Sitze berechnet und vorläufig auf die Landeslisten verteilt. Die Sitzkontingente bestimmen sich nach den Einwohnerzahlen, § 6 II 1 BWahlG. Diese Sitze werden dann nach dem Verhältnis der Zweitstimmen auf die Landeslisten der Parteien verteilt. Die Zuteilung erfolgt wiederum nach dem komplizierten Berechnungsverfahren von *Sainte-Laguë* gemäß § 6 II S. 2-7 BWahlG. Davon werden die Direktmandate abgezogen. Die restlichen Sitze werden nach der Reihenfolge auf den Landeslisten vergeben. Überhangmandate verbleiben den Parteien, werden aber ausgeglichen.

(2) Auf einer zweiten Stufe erfolgt die **endgültige Sitzverteilung**. Dabei bestimmt § 6 V BWahlG, wie viele Mandate einer Partei in jedem Fall zustehen: es sind dies diejenigen Mandate, die sich aus der Berechnung nach der ersten Stufe bundesweit ergeben, unter Einbeziehung der „Überhangmandate“. Diese Zahl muss auch ihrem prozentualen Zweitstimmenanteil – bundesweit – entsprechen. Deshalb wird im Fall von Überhangmandaten die Sitzzahl des Bundestags solange erhöht, bis die Überhangman-

16 S dazu *Ortmann*, ThürVBl 2006, 169; *Shirvani/Schröder*, Jura 2007, 143.
17 SächsVBl 2020, 13 = NVwZ 2019, 1829; krit. *Rozek/Zimmermann*, SächsVBl 2020, 37; *Brade*, NVwZ 2019, 1813.
18 BVerfGE 131, 316; ausführlich dazu *Krüper*, Jura 2013, 1147 ff.
19 Näher *Degenhart* Rn 87 ff, 91 ff.

date ausgeglichen sind. Die endgültige Sitzzahl der Parteien bestimmt sich nach dem Zweitstimmenverhältnis. Hiernach wird auf die Landeslisten verteilt, § 6 VI 2 BWahlG.

### 2. Sperrklausel

Für die Wahlen zum **Europaparlament** wurde auch eine 3%-Sperrklausel vom BVerfG für verfassungswidrig erklärt. Es stellt dabei besonders auf die Unterschiede zum Bundestag ab.[20] An der 5%-Klausel für Letzteren dürfte das Gericht vorerst nicht rütteln. Das Europaparlament hat nunmehr am 4.7.2018 einer verpflichtenden Sperrklausel zwischen 2,5% und 5% zugestimmt, Die 5%-Sperrklausel wird mittlerweile für Kommunalwahlen überwiegend in Frage gestellt.[21] Der VerfGH NW erklärte mit Urteil vom 21.11.2017[22] eine im Wege der Verfassungsänderung festgesetzte Sperrklausel von 2,5% für Kommunalwahlen für verfassungswidrig, da unvereinbar mit den „Homogenitätsvorgaben" des Art. 28 I 1 und 2 GG für die die verfassungsmäßige Ordnung in den Ländern, Satz 1, und für Kommunalwahlen Satz 2. Für eine 2,5%-Klausel sieht VerfGH NW keine Rechtfertigung: *„Die gesetzgeberische Prognose drohender Funktionsstörungen aufgrund einer parteipolitischen Zersplitterung entbehrt einer tragfähigen, in tatsächlicher und rechtlicher Hinsicht vollständigen Grundlage."* 462b

Um einer Unterrepräsentation von Frauen im Parlament abzuhelfen, hat Brandenburg 2019 ein **„Parité-Gesetz"**[23] erlassen, das Parteien, die an der Landtagswahl 2024 teilnehmen wollen, zur Aufstellung paritätischer Kandidatenlisten – also abwechselnd Frau-Mann oder umgekehrt verpflichtet.[24]. Regelungen für Direktmandate wurden erwogen, in das Gesetz jedoch nicht aufgenommen – hiernach hätten aus jedem Wahlkreis jeweils der Bewerber und die Bewerberin mit den meisten Stimmen das Direktmandat erhalten. Befürworter machen geltend, dass durch Regelungen zur Parität „das Recht von Kandidatinnen auf tatsächliche Chancengleichheit im Nominierungsverfahren sowie der Anspruch auf gleichberechtigte demokratische Teilhabe und effektive Einflussnahme der Bürgerinnen" gesichert werde. Die Entscheidung des VerfGBbg steht noch aus; der ThürVerfGH hat mit Urteil vom 15.7.2020 – 2/20 – die entsprechende Regelung für Thüringen für verfassungswidrig erklärt. Der BayVerfGH verneint mit E. v. 26.03.2018 – Vf. 15-VII-16 – eine Verpflichtung des Gesetzgebers zum Erlass geschlechtsparitätischer Regelungen. 462c

### 3. Reformüberlegungen

Eine Änderung des geltenden Wahlsystems wäre durch einfaches Gesetz – die Änderung des BWahlG – möglich; das BVerfG lässt auch ein reines Mehrheitswahlsystem zu[25] – 462d

20 BVerfGE 135, 259 Rn 44 ff., 63 ff., 68 ff.; BVerfGE 129, 300; *Degenhart* Rn 94 f.
21 BVerfGE 120, 82.
22 VerfGH NW, U. v. 21.11.2017 – VerfGH 18/16 – juris; ebenso bereits in DVBl 1999, 1271.
23 S. § 25 BbgLWahlG idF v. 12.2.2019.
24 S. dazu *Laskowski*, Brandenburger Paritätsgesetz – Schritt zur gleichberechtigten demokratischen Teilhabe, https://www.lto.de/recht/hintergruende/h/paritaetsgesetz-brandenburg-wahlrecht-frauen-maenner-geschlecht-verfassungsrecht/ abgerufen am 12.4.2019.
25 BVerfGE 121, 266, 296.

die Wahlrechtsgleichheit muss dann innerhalb dieses Systems, also durch möglichst gleich große Wahlkreise (nach der Bevölkerungszahl) verwirklicht werden. Immer wieder zur Diskussion gestellt wird ein **Familienwahlrecht**.[26] Hierfür müsste das Grundgesetz in Art. 38 I GG geändert werden. Die Änderung dürfte nicht gegen Art. 79 III GG verstoßen. Hier könnten berührt sein: Grundsätze des Art. 20 GG – Demokratieprinzip. Die Funktion der Wahlen darf nicht gefährdet werden; dies bedeutet, dass eine Absenkung des Wahlalters in dem Maße zulässig wäre, in dem hinreichende Einsichtsfähigkeit in die Bedeutung der Wahlen typischerweise vorausgesetzt werden kann. Bei 16-Jährigen – denen die Rechtsordnung ja auch anderweitig die Fähigkeit zu autonomer Selbstbestimmung zuordnet – dürfte dies der Fall sein – unterhalb dieser Schwelle typischerweise wohl nicht mehr. Die Problematik des Wahlcomputers (vgl Klausurenband I Fall 2) könnte sich in ähnlicher Weise für die gelegentlich diskutierten **„Internet-Wahlen"** stellen.[27] Hier stünde zudem der Grundsatz der geheimen Wahl in Frage und würde erheblich beeinträchtigt; es ist fraglich, ob dies durch eine möglicherweise erzielbare höhere Wahlbeteiligung gerechtfertigt werden könnte. Nach den Bundestagswahlen 2013 wurde auch die Einführung einer **„Nebenstimme"** diskutiert[28], mit der der Wähler, falls die Partei, der er seine Zweitstimme gibt, an der 5%-Klausel scheitert, seine Zweitstimme ersatzweise einer anderen Partei geben würde. Hier könnte erwogen werden, ob nicht die Unmittelbarkeit der Wahl einer solchen bedingten Stimmabgabe entgegensteht, während die Gleichheit als Erfolgswertgleichheit wohl nicht verletzt wäre. Um das übermäßige Anwachsen der Zahl der Abgeordneten zu verhindern, hat sich die Koalition im Oktober 2020 auf eine „Reform" des Wahlrechts geeinigt. Danach sollen bis zu 3 Überhangmandate nicht ausgeglichen; ferner Listenmandate zwischen den Landeslisten in gewissem Umfang verrechnet werden. Für 2025 ist dann eine Reduzierung der Zahl der Wahlkreise geplant.[29]

Zum Wahlrecht des Art. 38 I 1 GG sollte bekannt sein, dass das BVerfG seit dem im Lissabon-Urteil ihm auch ein Recht darauf entnimmt, dass der gewählten Volksvertretung hinreichend substanzielle Befugnisse verbleiben – dazu **Fall 9**.

**Zur Wiederholung:** *Degenhart* Rn 69-122.

**Aus der Ausbildungsliteratur:** *Voßkuhle/Kaufhold*, Grundwissen – Öffentliches Recht: Die Wahlrechtsgrundsätze, JuS 2013, 1078; *Laufs*, Das Recht auf freie Wahlen nach deutschem und europäischem Recht, JuS 2013, 788 *Schwarz*, Nationale Minderheiten und Sperrklauseln in Wahlrecht, JA 2015, 841; *Grzeszick*, Verfassungsrechtliche Grundsätze des Wahlrechts, Jura 2014, 1110; *Pernice-Warnke*, Das Urteil des Bundesverfassungsgerichts zur Drei-Prozent-Sperrklausel im Europawahlrecht, JA 2014, 1143; *Ipsen*, Das neue Wahlrecht zum Deutschen Bundestag, iurratio 2012, 61; *Guckelberger*, Wahlsystem und Wahlrechtsgrundsätze, JA 2012, 561 und 641.

**Aktuelle Rechtsprechung:** BVerfGE 95, 335 und 408 (Wahlrecht); BVerfGE 97, 317 (Listennachfolge); VG Dresden NVwZ-RR 2006, 225 (Wahlbrief); BVerfGE 121, 266 (negatives Stimmgewicht I); BVerfGE 123, 39 (Wahlcomputer); BVerfGE 129, 300 (Europaparlament I); BVerfGE 131, 316

26 *Degenhart* Rn 72, 85, 107.

27 *Degenhart* Rn 83.

28 Dazu *Damm*, DÖV 2013, 913.

29 www.lto.de/recht/hintergruende/h/wahlrecht-koalition-bundestag-daempfung-verkleinerung-ueberhangmandate-ausgleichsmandate-wahlkreise/.

(negatives Stimmgewicht II); BVerfGE 132, 39 (Auslandswahlrecht); BVerfGE 135, 259 (Europaparlament II); BVerfGE 146, 327 (Eventualstimme); BVerfGE 151, 1 (Wahlrechtsausschluss); BayVerfGH NVwZ-RR 2018, 457 (Parität); SächsVerfGH NVwZ 2019, 1829 = SächsVBl 2020, 13 (Landesliste Af); ThürVerfGH, U. v. 15.7.2020 – 2/20 – (Parität).

**Fall im thematischen Zusammenhang:** *Greve/Schärdel*, Übungsklausur – Öffentliches Recht: Kommunalwahlrecht, JuS 2009, 531; *Stumpf*, Anfängerklausur – Öffentliches Recht: Wahlrechtsgrundsätze auf Abwegen?, JuS 2010, 35; *Wernsmann/Bruns*, Betreutes Wählen, Jura 2011, 384; *Kircher/Nagel/Thümmerl/Washausen*, Der frustrierte Wähler, Jura 2014, 436; *Feihle/Silke*, Anfängerklausur-Staatsrecht: Eine Prämie für die Macht?, JuS 2018, 963; *Becker/Heck*, Wahlrechtliche Irrungen und Wirrungen, JA 2020, 440; *Bäumerich*, Bundestagswahl mit Bonus, JA 2019, 209; *Kluckert*, Das Gesetz zur Abschaffung der Briefwahl, Jura 2020, 169; *Straßburger*, „Allzweckwaffe Sperrklausel", JA 2020, 116.

## B. Gesetzgebungsverfahren

Probleme des Gesetzgebungsverfahrens begegnen dem Bearbeiter häufig als Teil der Normprüfung, sei es im Rahmen der Verfassungsbeschwerde oder im Normenkontrollverfahren. Bekannt sein sollten hier zum einen die wesentlichen Schritte des Gesetzgebungsverfahrens, zum anderen die hierbei typischerweise auftretenden Standardprobleme. **463**

Das Gesetzgebungsverfahren auf Bundesebene wird üblicherweise in diese drei Stadien aufgegliedert:

(1) Gesetzesinitiative – Einleitungsverfahren
(2) Beschlussfassung durch Bundestag und Bundesrat
(3) Abschlussverfahren.

Dabei sind es vor allem die Rechte des Bundesrats, die in der Praxis Probleme aufwerfen. Für die Gesetzgebung auf Landesebene entfällt dieses Problem; der Kandidat sollte sich jedoch mit den jeweiligen landesverfassungsrechtlichen Bestimmungen über die Gesetzgebung im Wege von Volksentscheid und Volksbegehren vertraut machen.

### 1. Einleitungsverfahren

In Stufe 1 – **Einleitungsverfahren** – kann eine fehlerhafte Initiative etwa darin liegen, dass nur wenige oder gar ein einziger Abgeordneter die Vorlage einbringen, obschon dies nach Art. 76 I GG „aus der Mitte des Bundestags" zu geschehen hat. § 76 der Geschäftsordnung des Bundestags schreibt dann vor, wie viele Abgeordnete dies sein müssten: 5 v. H. des Bundestages bzw eine Fraktion. Hier kann allerdings als gesichert gelten, dass ein Verstoß gegen diese Geschäftsordnungsbestimmung nicht zur Nichtigkeit des Gesetzes führt. Vorschriften der Geschäftsordnung sind nicht Vorschriften des Grundgesetzes (näher *Degenhart* Rn 209, 221). Zum ersten Durchgang nach Art. 76 II 1 GG s. den vorstehenden Fall. Auch die Aufspaltung eines Gesetzentwurfs in diesem Stadium, etwa um Zustimmungserfordernisse des Bundesrats zu umgehen, wie dies bei dem Gesetz über die Homosexuellenehe erfolgte, ist verfassungsrechtlich unbedenklich (BVerfGE 105, 313 – LS 2). **464**

### 2. Beschlussverfahren – insbesondere: Beteiligung des Bundesrats

465 a) In Stufe 2 – **Beschlussfassung** – dürfte der Gesetzesbeschluss des Bundestages selbst in aller Regel keine Probleme bereiten.[30] Immerhin sind Fallgestaltungen vorgekommen, in denen ein Gesetzentwurf zwischen 1. und 2. Lesung durch den behandelnden Ausschuss in einer Weise verändert wurde, dass sich die Frage stellte, ob der Ausschuss hier unzulässig ein ihm nicht zustehendes Initiativrecht in Anspruch genommen hat (**Fall 5**).

b) Sehr wohl gilt dies aber für die konfliktträchtige Frage der **Beteiligung des Bundesrats**. Hier sollte zum einen in Grundzügen bekannt sein, wann ein Gesetz zustimmungspflichtig ist: wenn dies vom Grundgesetz so vorgesehen ist. IW betrifft dies Regelungen über Verwaltungsverfahren und der Finanzverfassung, doch wurden mit der Neufassung des Art. 84 GG mit der Föderalismusreform die Fälle zustimmungspflichtiger Gesetze reduziert. Ausgabenwirksame Gesetze zulasten der Länder sind nunmehr nach Art. 104a IV GG stets zustimmungspflichtig. Zustimmungspflichtig ist jeweils das Gesetz als Ganzes – diese sog. Einheitsthese, vgl *Degenhart* Rn 733 ff., sieht sich jedoch zusehends der Kritik ausgesetzt. Das BVerfG hat in den Verfahren um das HRG angedeutet, die Frage überdenken zu wollen, Aussagen hierzu jedoch vermieden.[31]

466 Ein Standardproblem bildet die Frage der Zustimmungspflichtigkeit eines Gesetzes, das ein ursprünglich als Zustimmungsgesetz erlassenes Gesetz ändert, dabei aber nur diejenigen Teile erfasst, die, isoliert betrachtet, nicht die Zustimmungspflicht auslösten. Hier gilt: Jedes Gesetz ist als „gesetzgebungstechnische Einheit" zu betrachten.

467 Der Streit um das Zuwanderungsgesetz hat die Aufmerksamkeit auf Fragen des Abstimmungsverfahrens im Bundesrat gelenkt; vgl dazu **Fall 8**. Bedingt durch die stete Ausweitung des Anteils der zustimmungspflichtigen Gesetze, hat die Bedeutung des **Vermittlungsausschusses** entsprechend zugenommen – und damit auch die Frage nach den Grenzen seiner Befugnisse. Das Bundesverfassungsgericht[32] sieht den Vermittlungsausschuss zwar als berechtigt, Änderungen, Streichungen und Ergänzungen im Gesetz vorzuschlagen. Sein Beschlussvorschlag muss jedoch die Rechte der Abgeordneten wahren und inhaltlich im Rahmen des bisherigen Gesetzgebungsverfahrens und der hierbei eingebrachten Anträge und Stellungnahmen bleiben. Der Vermittlungsausschuss darf nichts vorschlagen, was nicht schon bisher erörtert wurde, sei es im Gesetzesvorschlag, sei es in Änderungsanträgen und Beschlussempfehlungen der Ausschüsse oder in Stellungnahmen nach Art. 76 GG (s dazu **Fall 8**).

### 3. Abschlussverfahren

468 Es folgt die 3. Stufe – **Abschlussverfahren**. Hier muss festgestellt werden, dass das Gesetz zustande gekommen ist. Wann ein Gesetz zustande kommt, ist zusammenfassend

30 S dort auch zur Behandlung der Beschlussfähigkeit nach § 45 GeschOBT und zu weiteren, etwas konstruierten Fragen der Beschlussfassung.

31 S dazu *Sachs*, JuS 2005, 557 (560).

32 Dazu BVerfGE 101, 297.

in Art. 78 GG geregelt. Das Einspruchsgesetz kommt zustande, wenn es der Bundesrat „passieren lässt", wenn er entweder den Vermittlungsausschuss nicht fristgerecht anruft, oder aber, nachdem das Verfahren vor dem Vermittlungsausschuss durchgeführt wurde, keinen Einspruch einlegt; die Fristen ergeben sich aus Art. 77 GG. Wird ein Einspruch eingelegt, muss dieser mit qualifizierter Mehrheit zurückgewiesen werden. Wird der Einspruch mit Zwei-Drittel-Mehrheit eingelegt, muss sich im Bundestag eine doppelt qualifizierte Mehrheit finden: zwei Drittel der Abstimmenden; diese müssen mindestens die Hälfte der gesetzlichen Mitgliederzahl ausmachen. Geht der Bundesrat fälschlich von einem Zustimmungsgesetz aus und ruft deshalb nicht den Vermittlungsausschuss an, so trägt er das Risiko: Das Gesetz kommt nach Art. 78 GG eben deshalb zustande, weil der Vermittlungsausschuss nicht angerufen wurde. Das Abschlussverfahren kann zu einer weiteren Problemstellung führen: dem Prüfungsrecht des Bundespräsidenten, dazu **Fall 3**.

## C. Aktuelle Probleme

Mit dem Einbringen einer Gesetzesinitiative erlangt der Initiant ein Recht darauf, dass der Bundestag sich mit dem Entwurf befasst und darüber Beschluss fasst.[33] Die Frage der Zustimmungspflichtigkeit einer Änderung des ursprünglich zustimmungspflichtigen Gesetzes war anlässlich der Laufzeitverlängerung für Kernkraftwerke umstritten. Das Atomgesetz war nach Art. 87c GG bei seinem erstmaligen Erlass zustimmungspflichtig, weil es in § 24 Auftragsverwaltung anordnete. Die Erhöhung der Strommengen der Kraftwerke betraf aber nur die materiellen Inhalte des Gesetzes – weder wurde § 24 AtG geändert, noch wurden neue Fälle der Auftragsverwaltung eingeführt. Die Änderungen betrafen nur jene Teile, die – für sich gesehen – keine Zustimmungspflicht ausgelöst hatten. Hier wurde darauf verwiesen, dass die Länder dann wesentlich länger mit der Aufsicht über Kernkraftwerke belastet wären. Andererseits hat der Bundesrat ursprünglich bereits einem unbefristeten Gesetz zugestimmt und ändern sich die Verwaltungsaufgaben der Länder in der Sache nicht. Grundsätzlich ist die Zustimmungspflicht die Ausnahme.[34] Eine nur quantitative Mehrbelastung soll in aller Regel nicht ausreichen.[35] **468a**

Durch einen eher großzügigen Umgang mit der Geschäftsordnung war die aktuelle Krisenbewältigungs- und Rettungsgesetzgebung der unmittelbaren Vergangenheit gekennzeichnet. So war bei der Verabschiedung des sog. Finanzmarktstabilisierungsgesetzes vom 17.10.2008 (BGBl I S. 1982) u.a. § 78 V GeschOBT missachtet worden; danach hätte die Beratung erst am dritten Tage nach Verteilung der Drucksache beginnen dürfen (*Degenhart* Rn 224). Der Umstand allein, dass Sorgfalt und Intensität der parlamentarischen Beratung darunter gelitten haben könnten, führt jedoch noch nicht zur Verfassungswidrigkeit des Gesetzes. Wohl aber kann das Gesetzgebungsverfahren fehlerhaft sein, wenn nachträglich Ergänzungs- und Änderungsvorschläge eingebracht werden, die **468b**

33 BVerfGE 145, 348 Rn 35 ff.

34 BVerfGE 48, 127 (179); 126, 77 (105).

35 BVerfGE 126, 77 (105).

nicht Bestandteil der Gesetzesinitiative waren und diese auf Vorschlag des Vermittlungsausschusses Eingang in das Gesetz finden.

Mit verfassungsrechtlichen Kriterien nur schwer fassbar ist es, wenn Gesetzentwürfe, wie in ähnlichem Zusammenhang geschehen, im Auftrag der Bundesregierung von privaten Kanzleien ausgearbeitet werden – s dazu **Fall 2**. Ähnliche Fragen würde die im – mittlerweile wohl gescheiterten – Freihandelsabkommen TTIP vorgesehene „regulatorische Zusammenarbeit“[36] aufwerfen, bei der geplante neue Gesetze der jeweils anderen Seite frühzeitig hätten avisiert werden müssen und diese über einen „Regulatory Cooperation Body“ unmittelbaren Einfluss auf die Gesetzgebung noch vor dem Parlament erhalten hätte.[37]

**Zur Wiederholung:** *Degenhart* Rn 209–243.

**Aus der Ausbildungsliteratur:** *Elicker*, Examensrelevante Probleme aus dem Bereich der Gesetzesinitiative und des Vorverfahrens, JA 2005, 513; *Nolte/Tams*, Das Gesetzgebungsverfahren nach dem Grundgesetz, Jura 2000, 158; *Frenzel*, Das Gesetzgebungsverfahren – Grundlagen, Problemfälle und neuere Entwicklungen, JuS 2010, 27, 119; *Gröpl/Loth*, Die Gesetzgebung des Bundes, Ad Legendum 2012, 73 ff; *Hebeler/Deppenkemper*, Die Rolle des Vermittlungsausschusses im Gesetzgebungsprozess, Ad Legendum 2012, 87; *Meßerschmidt*, Gesetzgebungsoutsourcing, Ad Legendum 2012, 98; *Pernice-Warnke*, Die Gesetzgebungsverfahren auf Bundes- und Unionsebene, JuS 2018, 666; *Bäumerich/Fadavian*, Grundfälle zum Gesetzgebungsverfahren, JuS 2017, 1067; *Hebeler*. Die Einbringung von Gesetzesvorlagen gem. Art. 76 GG, JA 2017, 413; *ders*., Die Beschlussfassung von Gesetzesvorlagen sowie die Mitwirkung des Bundesrates an der Gesetzgebung gem. Art. 77 GG, JA 2017, 484; *Hillgruber*, Zu den verfassungsrechtlichen Grenzen der Kompetenzen des Vermittlungsausschusses, JA 2019, 393; *Pernice-Warnke*, Das parlamentarische Gesetzgebungsverfahren – aktuelle Entscheidungen des BVerfG, Jura 2018, 160.

**Aktuelle Rechtsprechung:** BVerfGE 101, 297 (Vermittlungsausschuss); BVerfGE 106, 310 (Zuwanderungsgesetz); BVerfGE 112, 118 (Zusammensetzung des Vermittlungsausschusses); BVerfGE 120, 56 (Vermittlungsausschuss II); BVerfGE 125, 104 (Vermittlungsausschuss III); BVerfGE 126, 77 (Luftsicherheitsgesetz); BVerfG NVwZ 2019, 870 (Vermittlungsausschuss IV)

**Weitere Fälle im thematischen Zusammenhang:** *Nolte/Tams*, Übungen im Öffentlichen Recht für Anfänger, SächsVBl 2003, 27, 49; *von Hübbenet*, Von verrückten Weihnachtsgänsen, Jura 2005, 268; *Kube/Seiler*, Bildung im Vorschulalter, Jura 2005, 567; *Glaser*, Hufbeschlag mit Hindernissen, Jura 2008, 949; *Musil/Rox*, Streit um das neue Ladenschlussrecht, Jura 2008, 701; *Seifarth*, Anfängerklausur – Öffentliches Recht: Staatsorganisationsrecht – Verfahrene Gesetzgebung, JuS 2010, 790; *Otto/Saurer*, Fortgeschrittenenklausur – Öffentliches Recht: Staatsorganisationsrecht – Entparlamentarisierung der Rechtserzeugung, JuS 2011, 235; *Lüdemann/Hermstrüwer*, Referendarexamen – Öffentliches Recht: Verkaufsverbot für Schokoladenzigaretten, JuS 2012, 57; *Huber*, Laufzeiten ohne Ende, JuS 2012, 140; *Greinert*, Anfängerhausarbeit – Öffentliches Recht: Staatsorganisationsrecht – Gloria und Hammelflucht, JuS 2014, 132; *Puschmann*, Ein neues Transplantationsgesetz, JURA 2013, 527.

36 www.sueddeutsche.de/wirtschaft/ttip-abkommen-usa-sollen-eu-gesetze-beeinflussen, aufgerufen am 16.7.2016.

37 www.faz.net/aktuell/wirtschaft/ttip-und-freihandel/ttip-amerika-soll-bei-unseren-gesetzen-mitreden-13391816.html, aufgerufen am 16.7.2016.

Fall 7

# Filz (Untersuchungsausschuss)

*Umfangreicher und anspruchsvoller Examensfall*

Nach dem Bekanntwerden der sog. Cum-Ex-Affaire setzt der Bundestag im Sommer 2020 einen Untersuchungsausschuss „Cum-Ex" ein. In dieser Affaire ging es darum, dass Großbanken durch komplizierte und schwer durchschaubare Aktiengeschäfte erreicht hatten, dass sie an sich geschuldete Körperschaftssteuer nicht an die Finanzämter abführen mussten. Hierdurch entstand Bund und Ländern ein Schaden von mehreren Mrd Euro. Da die Ermittlungen von Staatsanwaltschaften und Finanzbehörden teilweise nur schleppend vorangehen, verjähren Rückforderungsansprüche der Finanzämter in dreistelliger Millionenhöhe. **469**

Der auf Antrag von 200 Abgeordneten der Oppositionsfraktionen eingesetzte Untersuchungsausschuss soll entsprechend dem Einsetzungsbeschluss untersuchen, ob es bei der Aufarbeitung der Steueraffaire durch die Finanzverwaltung zu Versäumnissen gekommen ist, ferner untersuchen, ob von Seiten der Politik auf die Finanzverwaltung Einfluss genommen wurde. Dabei geraten alsbald gewisse Vorgänge im Bundesland L. in das Visier des Ausschusses. Die dort ansässige Großbank Creditcapital AG (C-Bank) war in einem Bescheid des Finanzamts eine Steuererstattung in zweistelliger Millionenhöhe gezahlter Körperschaftssteuer zugesprochen worden. Nach Auffassung der Finanzverwaltung des Bundes war der Bescheid rechtswidrig, da die C-Bank falsche Angaben gemacht habe. Nachdem das zuständige Finanzamt in L. zunächst angekündigt hatte, den Erstattungsbescheid aufzuheben und die C-Bank zur Rückzahlung zu verpflichten, kam es hierzu nicht. Presseberichten zufolge waren vertrauliche Gespräche zwischen einem Vorstandsmitglied der Bank und der Landesregierung L vorausgegangen. Nunmehr soll untersucht werden, ob die Landesregierung L auf die Finanzverwaltung L eingewirkt hat, welche Rolle das Bundesfinanzministerium dabei gespielt hat und ob der örtliche Wahlkreisabgeordnete im Bundestag Alois A. Einfluss genommen hat.

Die Arbeit des Ausschusses gestaltet sich schwierig. Er verlangt zunächst vom Bundesfinanzminister Vorlage der Akten über den Vorgang. Dieser weigert sich unter Berufung auf das Steuergeheimnis, die Akten herauszugeben. Im Übrigen sei die Einsetzung des Ausschusses verfassungswidrig. Regierungsinterna dürften nicht ausgeforscht werden, ebensowenig Vorgänge im privaten Bereich. Die Rolle des Abgeordneten dürfe schon deshalb nicht untersucht werden, weil dieser als Mitglied des Bundestags Indemnität und Immunität genieße. Angelegenheiten des Landes entzögen sich ohnehin der Untersuchung durch den Bundestag. Mit dieser Begründung verweigert auch die Landesregierung von L die Vorlage von Akten, und es weigert sich das Vorstandsmitglied Coronavirus[1] (C) der C-Bank, vor dem Ausschuss auszusagen.

1 S Asterix in Italien (Originalfassung).

Der Untersuchungsausschuss erwägt, beim Bundesverfassungsgericht auf Herausgabe der Akten durch die Bundesregierung zu klagen und bittet um ein Gutachten zu den Erfolgsaussichten einer solchen Klage. Er möchte ferner wissen, ob auch eine Verfassungsklage gegen die Landesregierung L Aussicht auf Erfolg hätte und wer hier klagen könnte. Gegenüber C, der sich durch Zwangsgelder nicht hat beeindrucken lassen, verhängt der Ermittlungsrichter beim BGH eine achtwöchige Erzwingungshaft. Eine dagegen eingelegte Beschwerde bleibt ohne Erfolg. Ungeachtet einer noch am Tage der Zustellung des Beschlusses erhobenen Verfassungsbeschwerde zum BVerfG wird die Haft auch vollstreckt. Gleichwohl hält C an der Verfassungsbeschwerde fest. Auch deren Erfolgsaussichten sind gutachtlich zu prüfen.[2]

2 Der Bericht des realen Untersuchungsausschusses des Bundestags ist als Drucks. 18/12700 abrufbar.

# Vorüberlegungen

Die Aufgabe besteht aus drei weitgehend selbstständig zu bearbeitenden Teilen, die jedoch dadurch verbunden sind, dass es jeweils entscheidend darauf ankommt, ob hier ein Untersuchungsausschuss des Bundestags verfassungskonform eingesetzt wurde. Die differenzierte Beschreibung des Untersuchungsthemas im Sachverhalt deutet darauf hin, dass hier ein Schwerpunkt der Aufgabenstellung liegt. Diese müsste jedenfalls im ersten Teil vertraut wirken: Vorbild ist der bekannte Fall „Flick-Untersuchungsausschuss" (BVerfGE 67, 100; *Degenhart* Fall 59), der zum Pflichtstoff zu zählen ist. Der zweite Teil führt auf unbekanntes Terrain: Untersuchungsausschüsse des Bundestags zur Untersuchung von Vorgängen, die sich (auch) auf der Länderebene abgespielt haben, dürften dem Bearbeiter nicht vertraut sein. Hier liegen auch keine Präzedenzfälle aus der Rechtsprechung zugrunde – was für den Bearbeiter den Vorzug hat, hier seine juristische Fantasie einsetzen zu können. Eine entscheidende Weichenstellung sollte allerdings nicht übersehen werden; sie ist im Sachverhalt angesprochen, wenn auch nicht sofort ins Auge springend: es liegt hier ein Fall der Auftragsverwaltung vor. Um dies festzustellen, müssen Bearb. sich mit dem meist wenig vertrauten Kapitel „Finanzwesen" befassen. Im SV ist die Rede von Körperschaftssteuern; sie sind in Art. 107 III 1 GG erwähnt. Es handelt sich um sog. Gemeinschaftssteuern, dh das Aufkommen steht Bund und Ländern gemeinsam zu. Und hier bestimmt nun Art. 108 II GG, dass die Länder die Steuern verwalten – ein Fall des Art. 108 I GG ist ersichtlich nicht gegeben –, gemäß Art. 108 III GG aber in Auftragsverwaltung. Auch hier wird wieder deutlich, dass es ratsam ist, sich rechtzeitig auch mit den etwas entfernteren Bestimmungen des Grundgesetzes vertraut zu machen; andernfalls nimmt bereits die Texterfassung wertvolle Arbeitszeit in Anspruch. Hieraus erschließt sich dann die Frage, ob ein Untersuchungsausschuss des Bundestags auch auf die Landesebene Zugriff nehmen kann, was für die Verfassungsmäßigkeit des Untersuchungsgegenstandes von Bedeutung ist, und ob er auch von der Landesregierung Aktenvorlage verlangen kann. Für das Verhältnis Bundestag – Bundesregierung ist jetzt die Pflicht zur Aktenvorlage durch das PUAG (Untersuchungsausschussgesetz vom 19.6.2001, BGBl. I S. 1142, Textbuch Nr. 17) positiv geklärt, wobei die verfassungsrechtlichen Gesichtspunkte aus BVerfGE 67, 100 nach wie vor für die Frage der verfassungsrechtlichen Grenzen dieses Herausgabeverlangens Gültigkeit haben. Für das Verhältnis Bund – Land sagt das PUAG nichts, hierzu gibt es auch keine Rechtsprechung. Die Lösung des Falles soll in diesem Punkt nur beispielhaft deutlich machen, wie in einem solchen Fall vorzugehen ist: zunächst wird nach positiven Aussagen im Verfassungstext gesucht (hier vor allem Art. 85 IV 2 GG – Aktenvorlage im Rahmen der Bundesaufsicht), um dann zu überlegen, ob der dort zum Ausdruck gebrachte Rechtsgedanke auf den vorliegenden Fall übertragen werden kann; hier kann auch mangels positiver Regelung im Grundgesetz auf den Grundsatz des bundesfreundlichen Verhaltens zurückgegriffen werden. Im dritten Teil geht es schließlich um die bekannte Problematik (*Degenhart* Fall 59, beruhend auf BVerfGE 77, 1) der Befugnisse eines Untersuchungsausschusses gegenüber Privaten. Sie sind nunmehr im PUAG im Grundsatz positiv niedergelegt, müssen jedoch in verfassungskonformer Weise zur Geltung gebracht werden. Dies ist die Thematik des dritten Teils. 470

471 Erkannt werden musste auch, dass sich hier ein privater Grundrechtsträger hoheitlichen Eingriffen durch den Ausschuss ausgesetzt sieht und deshalb die Verfassungsbeschwerde der statthafte Rechtsbehelf ist. Im ersten Teil wird der Bearbeiter sofort an das Organstreitverfahren denken, muss sich allerdings vergegenwärtigen, dass § 18 III PUAG ausdrücklich eine Zuständigkeit des BVerfG begründet. Es handelt sich hier um einen besonderen Fall des Organstreitverfahrens, sodass auf dessen Zulässigkeitsvoraussetzungen zurückzugreifen ist. Anders im zweiten Teil: für den Verfassungskonflikt zwischen Bund und Land kommt nur der Bund-Länder-Streit in Betracht (in dem freilich nur die Bundesregierung für den Bund auftreten kann).

## 472 Gliederung

**1. Teil: Aktenvorlage durch die Bundesregierung**

**A. Zulässigkeit eines Antrags im Organstreitverfahren**
- I. Beteiligtenfähigkeit: Untersuchungsausschuss (+)
- II. Verfahrensgegenstand: Weigerung der Bundesregierung
- III. Antragsbefugnis: Art. 44 GG, § 18 III iVm § 18 I PUAG
- IV. Form und Frist

**B. Begründetheit eines Antrags im Organstreitverfahren**
- I. Anspruchsgrundlage: § 18 I PUAG – Untersuchungsauftrag aus GG
- II. Verfassungsmäßigkeit des Ausschusses
  - 1. Formelle Verfassungsmäßigkeit
    - a) Beschluss des Bundestages
    - b) Bestimmtheit
  - 2. Materielle Verfassungsmäßigkeit
    - a) Vollzugspraxis L? – kein allgemeines Aufsichtsrecht – aber Auftragsverwaltung
    - b) Bankhaus C: öffentliches Interesse
- III. Verfassungsmäßigkeit des Herausgabeverlangens
  - 1. Erforderlichkeit der Vorlage
  - 2. Kernbereich der Exekutive?
  - 3. Rechte Dritter – Steuergeheimnis?

**C. Entscheidung des BVerfG**

**2. Teil: Antrag gegen die Landesregierung L**

**A. Zulässigkeit eines Antrags im Bund-Länder-Streit**
- I. Beteiligtenfähigkeit: Bundesregierung – Landesregierung
- II. Verfahrensgegenstand: Weigerung der Landesregierung

III. Antragsbefugnis: aus Auftragsverhältnis?
IV. Rechtsschutzbedürfnis – entgegenstehendes Weisungsrecht? (–)
V. Form und Frist

**B. Begründetheit eines Antrags im Bund-Länder-Streit**
I. Anspruchsgrundlage: Bundestreue, Art. 44 GG (+)
II. Anspruchsvoraussetzungen

**C. Entscheidung des BVerfG**

**3. Teil: Erzwingungshaft gegen C**

**A. Zulässigkeit der Verfassungsbeschwerde**
I. Beschwerdeführer
II. Beschwerdegegenstand: Beschluss des Ermittlungsrichters beim BGH
III. Beschwerdebefugnis: Art. 2 I iVm Art. 104 GG; Erledigung?
IV. Rechtswegerschöpfung
V. Form und Frist

**B. Begründetheit der Verfassungsbeschwerde**
I. Freiheit der Person
1. Schutzbereich und Eingriff
2. Verfassungsrechtliche Rechtfertigung
a) Ermächtigungsgrundlage für Eingriffe: § 27 II PUAG
aa) Formelle Verfassungsmäßigkeit (+): Zuständigkeit: Art. 74 I Nr. 1 GG (–); Natur der Sache (+)
bb) Materielle Verfassungsmäßigkeit
(1) Art. 2 II 3 GG und Art. 104 I 1 GG – besondere Anforderungen
(2) Bestimmtheit der Norm
(3) Verhältnismäßigkeit
b) Anwendung der Ermächtigungsgrundlage
aa) Richtervorbehalt, Art. 104 II 1 GG
bb) Verfassungsrechtliche Anforderungen an Untersuchungsausschuss; Zeugnisverweigerungsrecht (–)
cc) Freiheitsentziehung verhältnismäßig? (+)
II. Weitere Grundrechte?

**C. Ergebnis**

# Musterlösung

## 1. Teil: Aktenvorlage durch die Bundesregierung

### A. Zulässigkeit eines Antrags im Organstreitverfahren

473 Eine „Klage“ zum Bundesverfassungsgericht könnte als Antrag im Organstreitverfahren nach Art. 93 I Nr. 1 GG, §§ 13 Nr. 5, 63 ff. BVerfGG iVm § 18 III PUAG zulässig sein. Nach § 18 III PUAG entscheidet das Bundesverfassungsgericht auf Antrag des Untersuchungsausschusses oder eines Viertels seiner Mitglieder über die Rechtmäßigkeit der Ablehnung einer Vorlage von Beweismitteln. Der Gesetzgeber hat damit die Frage, ob der Untersuchungsausschuss oder eine qualifizierte Minderheit im Wege des Organstreitverfahrens die Vorlage von Beweismitteln verlangen können, positiv entschieden. Beim Verfahren nach § 18 III PUAG handelt es sich um einen besonderen Fall des Organstreitverfahrens nach Art. 93 I Nr. 1 GG, für den die Zulässigkeitsvoraussetzungen besonders geregelt sind.

#### I. Beteiligtenfähigkeit[3]

474 Der Antrag kann vom **Untersuchungsausschuss** oder von einer Minderheit der Abgeordneten im Untersuchungsausschuss gestellt werden. Dies ist in § 18 III PUAG ausdrücklich geregelt. Es handelt sich auch im Fall des § 18 III PUAG um ein kontradiktorisches Verfahren. Der Antrag muss sich also gegen einen beteiligtenfähigen Antragsgegner richten. Die Bundesregierung als Verfassungsorgan ist bereits nach Art. 93 I Nr. 1 GG beteiligtenfähig. Von der Beteiligtenfähigkeit auch auf der Passivseite ist also auszugehen.

#### II. Verfahrensgegenstand

475 Gegenstand des Verfahrens ist die **Weigerung der Bundesregierung**, die Akten zu dem zu untersuchenden Vorgang herauszugeben. Ob eine derartige Unterlassung generell Gegenstand eines Organstreitverfahrens sein kann, braucht hier nicht entschieden zu werden. Denn für die Weigerung der Bundesregierung, einem Untersuchungsausschuss des Bundestages Beweismittel vorzulegen, folgt dies bereits aus § 18 III PUAG.

#### III. Antragsbefugnis

476 Dass die antragstellenden Mitglieder des Untersuchungsausschusses geltend machen können, durch die Verweigerung der Aktenvorlage durch die Bundesregierung in ihren Rechten verletzt zu sein, ergibt sich wiederum aus § 18 III iVm § 18 I PUAG. Die Bestimmungen des PUAG konkretisieren hier die verfassungsrechtliche Verpflichtung der

3 ***Zum Aufbau:*** *Da dieser Punkt in der Zulässigkeitsprüfung keine Schwierigkeiten bereitet, wird die Beteiligtenfähigkeit auf Aktiv- und Passivseite in einem Gliederungspunkt behandelt.*

Bundesregierung und die entsprechenden verfassungsrechtlichen Befugnisse aus Art. 44 GG. Damit können die antragstellenden Mitglieder des Untersuchungsausschusses auch geltend machen, in ihren Rechten aus dem Grundgesetz verletzt zu sein. Denn sie sind hier befugt, die verfassungsmäßigen Kontrollrechte des Untersuchungsausschusses gegenüber der Bundesregierung einzufordern.

### IV. Form und Frist

Auch im Verfahren nach § 18 III PUAG dürfte die Frist des § 64 III BVerfGG einzuhalten sein. Der Antrag ist also innerhalb von sechs Monaten nach Bekanntwerden der Weigerung der Bundesregierung zu stellen. Das Schriftformerfordernis des § 23 I BVerfGG ist zu beachten. **477**

Ein Antrag im Organstreitverfahren ist zulässig.

## B. Begründetheit eines Antrags im Organstreitverfahren

Der Antrag ist begründet, wenn die Weigerung der Bundesregierung verfassungswidrig war, wenn also der Untersuchungsausschuss einen Anspruch auf Herausgabe der Akten gegen die Bundesregierung hatte. **478**

### I. Anspruchsgrundlage

Die Bundesregierung müsste dann verpflichtet sein, die vom Ausschuss angeforderten Unterlagen diesem herauszugeben. Eine grundsätzliche Verpflichtung der Bundesregierung zur Aktenvorlage folgt aus § 18 I PUAG. Hiernach hat sie vorbehaltlich verfassungsrechtlicher Grenzen auf Ersuchen des Untersuchungsausschusses sachliche Beweismittel vorzulegen. Auch hierbei handelt es sich um einen Anspruch, der seine Grundlage im verfassungsrechtlichen Untersuchungsauftrag hat. Das Recht auf Aktenvorlage gehört zum Kernbereich des Untersuchungsrechts und folgt unmittelbar aus Art. 44 I GG.[4]

### II. Verfassungsmäßigkeit des Ausschusses

Das Bestehen eines Anspruchs setzt zunächst voraus, dass der Untersuchungsausschuss in verfassungsmäßiger Weise eingesetzt wurde. § 18 I PUAG ist Ausdruck des verfassungsrechtlichen Auftrags des Untersuchungsausschusses aus Art. 44 GG.[5] Der Ausschuss muss also, um diese Rechte geltend machen zu können, in verfassungsrechtlich zulässiger Weise tätig sein. Dies setzt voraus, dass er formell ordnungsgemäß eingesetzt wurde[6] und dass er einen zulässigen Untersuchungsgegenstand behandelt. **479**

4 BVerfG DVBl 2009, 1107 (1108 f.).
5 Dazu *Degenhart* Rn 698.
6 Näher *Degenhart* Rn 690.

### 1. Formelle Verfassungsmäßigkeit

480 Der Untersuchungsausschuss muss in formell ordnungsgemäßer Weise eingesetzt worden sein.

a) Dies ist lt. Sachverhalt der Fall. Der Untersuchungsausschuss ist in formell ordnungsgemäßer Weise durch **Beschluss des Bundestages** eingesetzt worden, § 1 II PUAG. Der Antrag hierauf wurde von 200 Mitgliedern des Bundestages, also einer qualifizierten Minderheit von mehr als einem Viertel der Mitglieder des Bundestages gestellt, wie dies Art. 44 I 1 GG und § 1 I PUAG vorsehen.

b) Der Untersuchungsgegenstand muss im Einsetzungsbeschluss hinreichend **bestimmt** bezeichnet worden sein.[7]

### 2. Materielle Verfassungsmäßigkeit

481 Der Untersuchungsauftrag des Ausschusses müsste sich weiterhin in materieller Hinsicht auf einen zulässigen Untersuchungsgegenstand beziehen. Grenzen für das parlamentarische Untersuchungsrecht ergeben sich zunächst aus der Kompetenzordnung des Grundgesetzes selbst: der Untersuchungsausschuss kann nicht mehr an Rechten haben als der Bundestag selbst. Schließlich muss am Untersuchungsgegenstand ein öffentliches Interesse bestehen: rein private Vorgänge entziehen sich dem Untersuchungsrecht des Parlaments.[8]

482 a) Unzulässig könnte es sein, das Verhalten der Finanzverwaltung L und deren mögliche Beeinflussung durch die Landesregierung L oder auch die Bundesregierung zum Gegenstand eines Untersuchungsauftrags zu machen. Hierin könnte ein Übergriff in den Zuständigkeitsbereich des Landes liegen. Denn die Kontrolle der vollziehenden Gewalt des Landes im Rahmen von Untersuchungsausschüssen ist Sache des jeweiligen Landtags und nicht des Bundestags. Dies gilt grundsätzlich auch für den Vollzug von Bundesgesetzen. Diese werden von den Ländern als eigene Angelegenheit ausgeführt, Art. 83 GG. Es besteht kein allgemeines Aufsichtsrecht des Bundes.

483 Etwas anderes könnte aber deshalb gelten, weil es sich hier um einen Fall der Auftragsverwaltung handeln könnte. Gemäß Art. 108 III GG handeln die Länder bei der Verwaltung von Steuern, die Bund und Ländern gemeinsam zustehen, im Auftrag des Bundes. Bei der Körperschaftssteuer handelt es sich nach Art. 106 III 1 um eine solche Gemeinschaftssteuer. Es liegt also ein Fall der Bundesauftragsverwaltung nach Art. 85 GG vor. Dies bedeutet, dass, anders als im Regelfall der Art. 83, 84 GG, die Länder den Weisungen des Bundes – hier gemäß Art. 108 III 2 GG des Bundesfinanzministers – unterstehen. Dies könnte ein Untersuchungsrecht des Bundestages auch gegenüber den Behörden des Landes zur Folge haben. Dagegen spricht allerdings, dass auch im Fall der Auftragsverwaltung der Bund nicht selbst verwaltend tätig wird, es also keine Verwal-

7 *Dieser Punkt kann im Aufbau sowohl als Frage eines formell ordnungsgemäßen Einsetzungsbeschlusses als auch eines zulässigen Untersuchungsgegenstands behandelt werden: das Bestimmtheitsgebot ist formeller wie materieller Natur.*

8 Vgl zum PUAG *Wiefelspütz*, NVwZ 2002, 10.

tungstätigkeit des Bundes zu untersuchen gibt. Dafür spricht andererseits, dass jedenfalls die Art und Weise, wie der Bund seine Aufsichtsbefugnisse wahrnimmt, der parlamentarischen Kontrolle durch den Bundestag zugänglich sein muss.[9] Diese Kontrolle aber muss notwendig die Vollzugspraxis der den Weisungen des Bundes unterstehenden Landesexekutive einschließen. Andernfalls würde sich auch die Aufsichtspraxis des Bundes einer Bewertung entziehen. Daher ist im vorliegenden Fall die Vollzugspraxis durch die Behörden des Landes L ein geeigneter Untersuchungsgegenstand. Es darf allerdings zu keiner undifferenzierten Kontrolle der Landesverwaltung kommen. Insoweit ist der Einsetzungsbeschluss verfassungskonform dahingehend auszulegen, dass das Untersuchungsrecht soweit reichen soll, als dies zur Bewertung des Gesetzesvollzugs erforderlich ist.[10]

b) Ob die Bundesregierung sich darauf berufen kann, das Verhalten des Wahlkreisabge- **484**
ordneten A dürfe nicht zum Gegenstand eines Untersuchungsausschusses gemacht werden, ist fraglich, da es insoweit um die Rechtsstellung des Abgeordneten und nicht um Organbefugnisse der Regierung geht. Doch ist die Regierung nur dann zur Vorlage von Beweismitteln verpflichtet, wenn der Untersuchungsausschuss in verfassungskonformer Weise eingesetzt wurde. Dies ist nur dann der Fall, wenn ein zulässiger Untersuchungsgegenstand vorliegt. Dies ist umfassend zu prüfen. Das Verhalten des Abgeordneten A ist hiernach geeigneter Untersuchungsgegenstand. Denn es geht um Vorgänge, die seine Tätigkeit als Abgeordneter betreffen. Hieran besteht ein relevantes öffentliches Interesse. Das Untersuchungsrecht des Parlaments kann sich auch auf parlamentsinterne Angelegenheiten beziehen,[11] also auch auf das Verhalten einzelner Abgeordneter. Dem stehen auch weder die **Indemnität** des Abgeordneten entgegen, noch dessen **Immunität**. Denn die Indemnität des Abgeordneten bedeutet nur, dass er nicht gerichtlich oder dienstlich oder sonst außerhalb des Bundestages zur Verantwortung gezogen werden kann. Und auch die Immunität wirkt nach außen und nicht innerhalb des Parlaments.

c) Ob auch die Verwicklung der Bank selbst Gegenstand eines Untersuchungsauftrags **485**
sein kann, könnte deshalb fraglich sein, weil es sich hier um ein privates Unternehmen handelt. Vorgänge im nichtstaatlichen Bereich[12] können nur dann in Untersuchungsausschüssen behandelt werden, wenn an ihnen ein **besonderes öffentliches Interesse** besteht. Ein derartiges öffentliches Interesse wird hier dadurch begründet, dass die C-Bank zu Unrecht erhebliche öffentliche Mittel erhalten hat und möglicherweise die Landesregierung darin verwickelt ist. Dagegen könnte eingewandt werden, dass die Aufklärung von Rechtsverstößen der C-Bank in die Kompetenz des Landes L falle. Soweit der Untersuchungsauftrag sich jedoch unmittelbar auf das Gebaren der C-Bank bezieht, besteht eine Untersuchungsbefugnis des Deutschen Bundestages im Verhältnis zu den Ländern unter mehreren Gesichtspunkten. Zum einen geht es um Verstöße gegen Bundesrecht. Zum anderen waren Steuereinnahmen auch des Bundes wegen Art. 106 III GG in beträchtlichem Umfang betroffen. Schließlich stehen Kontakte zur Landesregierung in

9 Vgl *Unger*, in: vMKS II, Art. 44 Rn 35.

10 Aus ähnlichen Erwägungen bejaht BVerwGE 116, 92 die Befugnis des Bundesrechnungshofs nach Art. 114 GG, bei Landesbehörden Erhebungen durchzuführen – s dazu *Winkler*, JA 2002, 931.

11 Vgl *Unger*, in: vMKS II, Art. 44 Rn 21.

12 *Degenhart* Rn 695.

Frage. Die Untersuchungsbefugnis des Bundestags ergibt sich auch insoweit aus einer Vielzahl von Anknüpfungspunkten.[13]

Der Untersuchungsausschuss wurde also in verfassungsmäßiger Weise eingesetzt; er betrifft auch in allen Punkten[14] einen zulässigen Untersuchungsgegenstand.

### III. Verfassungsmäßigkeit des Herausgabeverlangens

486 Da der Untersuchungsausschuss in verfassungsmäßiger Weise eingesetzt wurde und einen zulässigen Untersuchungsgegenstand betrifft, ist die Bundesregierung gemäß § 18 I PUAG zur Vorlage der Akten verpflichtet, dies jedoch vorbehaltlich verfassungsmäßiger Grenzen.

#### 1. Erforderlichkeit der Vorlage

Sie kann hiergegen nicht einwenden, die Akten seien zur Durchführung des Untersuchungsauftrags nicht erforderlich. Dies zu beurteilen, ist Sache des Ausschusses selbst. Er könnte seinen Untersuchungsauftrag nicht wirksam wahrnehmen, wenn er insoweit auf die Einschätzung derjenigen Stellen angewiesen wäre, die er gerade kontrollieren soll.

#### 2. Kernbereich der Exekutive?

487 Das Verlangen auf Aktenvorlage wäre dann unzulässig, wenn es einen Kernbereich exekutivischer Eigenverantwortung betreffen würde, der auch gegenüber der Ausforschung durch parlamentarische Untersuchungsausschüsse geschützt ist. Ein derartiger Kernbereich könnte dann betroffen sein, wenn es um Vorgänge regierungsinterner Willensbildung geht, für die ein rechtlich anerkanntes Geheimhaltungsinteresse besteht. Im vorliegenden Fall geht es jedoch um Fragen des verwaltungsmäßigen Vollzugs von Gesetzen durch die Landesbehörden und, im Rahmen des Aufsichtsrechts der Bundesregierung bei Bundesauftragsverwaltung, durch die Bundesregierung. Der Ausnahmefall eines Kernbereichs exekutivischer Eigenverantwortung ist also nicht gegeben. Durch nachträgliche Kontrolle des Vollzugs der Steuergesetze wird der Initiativ-, Beratungs- und Handlungsbereich der Regierung[15] nicht berührt. Auch besondere Geheimhaltungserfordernisse sind hier nicht dargetan. Zwar kann eine Gefährdung des Staatswohls ausnahmsweise eine Geheimhaltung rechtfertigen. Da aber auch der Bundestag das Wohl des Staates zu wahren hat und er insoweit nicht als Außenstehender behandelt werden darf, kann es nur ganz ausnahmsweise gerechtfertigt sein, ihm Vorgänge allein wegen ihrer Geheimhaltungsbedürftigkeit vorzuenthalten. Pauschale Hinweise auf Gefährdungen des Staatswohls genügen hierfür nicht.[16]

---

13 Vgl BVerfGE 77, 1 (59).

14 *Wird in einem der Punkte ein zulässiger Untersuchungsgegenstand verneint, so kommt es darauf an, ob die übrigen Punkte noch selbstständig Gegenstand einer parlamentarischen Untersuchung sein können.*

15 Vgl BVerfGE 67, 100 (139).

16 Näher BVerfGE 124, 78 (138 ff.).

### 3. Rechte Dritter?

Schließlich könnte das Herausgabeverlangen verfassungsrechtlich deshalb unzulässig sein, weil schutzwürdige Rechte Dritter entgegenstehen. Denn wie alle Staatsorgane ist auch die Bundesregierung hier zur Beachtung insbesondere der Grundrechte Dritter verpflichtet. **488**

a) Die Vorlage der Akten kann dazu führen, dass Betriebsinterna offen gelegt werden und insbesondere das Steuergeheimnis nicht gewahrt wird Unter diesem Gesichtspunkt kann die Vorlage der Verwaltungsvorgänge im Verhältnis zu den betroffenen Betriebsinhabern den Schutzbereich ihres Grundrechts aus Art. 12 GG berühren. Dies gilt allgemein für Betriebsinterna und insbesondere auch für das Steuergeheimnis. Dieses ist kein eigenständiges Grundrecht, sondern genießt grundrechtlichen Schutz nach Maßgabe des Grundrechtsschutzes für Betriebsinterna. In deren Offenlegung liegt noch kein Eingriff iSd klassischen Eingriffsbegriffs, doch könnte zumindest eine faktische Grundrechtsbeeinträchtigung vorliegen, die einem klassischen Grundrechtseingriff gleichzustellen ist. Dies ist bei der Offenlegung von Betriebsinterna schon wegen der Auswirkungen auf die Wettbewerbsfähigkeit der Unternehmen grundsätzlich zu bejahen.

Der Eingriff kann hier jedoch durch das parlamentarische Untersuchungsrecht gerechtfertigt sein. Dieses hat Verfassungsrang, wie sich aus Art. 44 GG ergibt. Es ist Instrument der Kontrollfunktionen des Parlaments als eines wesentlichen Elements der parlamentarischen Demokratie des Grundgesetzes. Ihm stehen hier Grundrechte der betroffenen Unternehmen gegenüber. Diese kollidierenden Verfassungsgüter sind hier im Wege praktischer Konkordanz zum Ausgleich zu bringen. Dabei ist jedoch zu berücksichtigen, dass die Bank selbst durch ihr Verhalten ein Interesse an der Aufklärung der Vorfälle begründet hat. Deshalb ist der Grundrechtseingriff gegenüber dem Bankhaus C in seiner Intensität eher gering zu bewerten. Dem steht das Untersuchungsinteresse des Parlaments in einer Angelegenheit von hohem öffentlichen Interesse gegenüber. Im Übrigen ermöglicht auch das Verfahren vor dem Untersuchungsausschuss, berechtigten Geheimhaltungsinteressen Rechnung zu tragen, wie sich aus der Möglichkeit des Ausschlusses der Öffentlichkeit nach § 14 PUAG und des Geheimnisschutzes nach § 15 PUAG ergibt. Hieraus ergibt sich andererseits, dass schutzwürdige Geheimhaltungsinteressen in der Regel die Erhebung von Beweisen nicht ausschließen können, die betroffenen Unternehmen hier nicht unzumutbar belastet werden. Der verfassungsrechtlich begründete Untersuchungsauftrag des Untersuchungsausschusses ist also vorrangig. Die Verweigerung der Aktenvorlage ist im Ergebnis verfassungsrechtlich nicht gerechtfertigt. **489**

b) Ob die fraglichen Betriebsinterna dem **Recht am eingerichteten und ausgeübten Gewerbebetrieb** zuzurechnen und deshalb auch durch Art. 14 GG geschützt sind, kann hier dahinstehen, da Art. 14 GG insoweit jedenfalls keinen weitergehenden Schutz vermittelt. Soweit für das Recht auf informationelle Selbstbestimmung auf das allgemeine Persönlichkeitsrecht aus Art. 2 I GG iVm Art. 1 I GG zurückzugreifen ist, ist für betriebliche Daten Art. 12 GG bzw Art. 14 GG die speziellere Norm. **490**

### C. Entscheidung des BVerfG

491 Das Bundesverfassungsgericht wird auf Antrag des Ausschusses feststellen, dass die Bundesregierung mit ihrer Weigerung, dem Untersuchungsausschuss die Akten vorzulegen, gegen ihre Verpflichtung aus Art. 44 GG, § 18 I PUAG verstoßen hat.

## 2. Teil: Antrag gegen die Landesregierung L

### A. Zulässigkeit eines Antrags im Bund-Länder-Streit

492 Der Untersuchungsausschuss des Bundestags als Teilverfassungsorgan des Bundes wendet sich hier gegen die Landesregierung L als Verfassungsorgan des Landes, durch die er sich in seinen verfassungsmäßigen Aufgaben behindert sieht. Da hier Organe des Bundes und des Landes beteiligt sind, scheidet ein Organstreitverfahren nach Art. 93 I Nr. 1 GG aus, da hierfür Streitigkeiten zwischen Verfassungsorganen des Bundes Voraussetzung sind. Für Streitigkeiten um wechselseitige Rechte und Pflichten im Bundesstaatsverhältnis könnte hier jedoch ein Antrag nach Art. 93 I Nr. 3 GG, §§ 13 Nr. 7, 68 ff. BVerfGG im Verfahren des Bund-Länder-Streits zulässig sein.

### I. Beteiligtenfähigkeit

493 Fraglich ist zunächst, ob der Untersuchungsausschuss hier Verfahrensbeteiligter sein kann. Nach Art. 93 I Nr. 3 GG, § 68 BVerfGG können jedoch nur der Bund und das Land Verfahrensbeteiligte sein. Für sie treten die jeweiligen Regierungen auf. Für den Bund müsste hier also die Bundesregierung auftreten. Nur sie wäre ein geeigneter Antragsteller. Der Antrag wird also dann erst zulässig, wenn er von der Bundesregierung eingereicht wird. Die Landesregierung ist geeigneter Antragsgegner für das Land L.

### II. Verfahrensgegenstand

494 Verfahrensgegenstand ist die Weigerung der Landesregierung L, dem Untersuchungsausschuss Akten zu überlassen, also eine Unterlassung, die möglicherweise gegen eine Rechtspflicht verstoßen könnte. Derartige Unterlassungen können Gegenstand eines Bund-Länder-Streitverfahrens sein.

### III. Antragsbefugnis

495 Die Bundesregierung müsste geltend machen können, dass die Bundesrepublik als Verfahrensbeteiligte durch das Land in ihr zustehenden Rechten aus dem Bundesstaatsverhältnis verletzt worden sei. Aus dem PUAG ergeben sich keine unmittelbaren Ansprüche des Bundes bzw von Untersuchungsausschüssen des Bundestages auf Vorlage von Beweismitteln durch das Land. Der Ausschuss hat dahingehende Rechte nur gegenüber Behörden des Bundes. Eine Verpflichtung der Landesregierung könnte sich jedoch daraus ergeben, dass sie im Rahmen der Auftragsverwaltung den Weisungen des Bundes

unterliegt. Dann kann im Rahmen dieses Rechtsverhältnisses auch eine Verpflichtung plausibel geltend zu machen sein, einem Untersuchungsausschuss, der eben dieses Rechtsverhältnis zum Gegenstand hat, Beweismittel vorzulegen.

### IV. Rechtsschutzbedürfnis

Fraglich könnte sein, ob hier ein Rechtsschutzbedürfnis gegeben ist. Wird ein Bundes- **496**
gesetz durch die Länder, wie hier, im Auftrag des Bundes durchgeführt, so kann die Bundesregierung nach Art. 85 IV 2 GG die Herausgabe der Akten im Rahmen der Bundesaufsicht verlangen. Dies könnte bedeuten, dass das Rechtsschutzziel des Antragstellers auf einfachere Weise erreicht werden kann. Dagegen spricht jedoch, dass auch in diesem Fall bei einer Weigerung der Landesregierung das Bundesverfassungsgericht angerufen werden müsste. Ein einfacherer Weg, das Antragsbegehren zu verwirklichen, steht also nicht zur Verfügung. Das Rechtsschutzbedürfnis entfällt nicht.[17]

### V. Form und Frist

Der Antrag muss innerhalb der Frist nach § 69 BVerfGG iVm § 64 III BVerfGG gestellt **497**
werden; von der Einhaltung der Schriftform nach §§ 23 I, 64 II BVerfGG ist auszugehen.

Der Antrag der Bundesrepublik ist unzulässig, solange der Untersuchungsausschuss selbst für den Bund als Antragsteller auftritt; der Bund kann jedoch Verfahrensbeteiligter sein, sodass der Antrag dann zulässig ist, wenn er innerhalb der genannten Frist von der Bundesregierung gestellt wird.

## B. Begründetheit eines Antrags im Bund-Länder-Streit

Der Antrag ist begründet, wenn das Land L durch seine Weigerung Pflichten aus dem **498**
Bundesstaatsverhältnis verletzt hat.

### I. Anspruchsgrundlage

Eine Verpflichtung des Landes zur Herausgabe von Akten könnte sich unmittelbar aus dem Untersuchungsauftrag des Art. 44 I GG ergeben. Hierbei handelt es sich allerdings um ein organschaftliches Recht des Ausschusses und noch um kein unmittelbares Recht der Bundesrepublik gegenüber dem Land. Eine entsprechende Berechtigung ergibt sich auch nicht aus der Verpflichtung zur Amtshilfe nach Art. 44 III GG, § 18 IV 1 PUAG. Sie begründet keine selbstständige Verfassungspflicht und ist begrifflich auf das Verhältnis zwischen Verfassungsorganen nicht anwendbar.[18]

Eine Verpflichtung zur Aktenvorlage könnte sich jedoch daraus ergeben, dass hier ein **499**
Fall der Auftragsverwaltung vorliegt. Im Bereich der Auftragsverwaltung kann nach Art. 85 IV 2 GG die Bundesregierung die Vorlage von Akten verlangen. Auch wenn die

17 *AA vertretbar.*

18 BVerfGE 67, 100 (128 ff.); *Achterberg/Schulte*, in: vMKS II, Art. 44 Rn 183.

Vorschrift nicht unmittelbar einem Untersuchungsausschuss Rechte verleiht, wird hieraus doch deutlich, dass die Länder im Bereich der Auftragsverwaltung der Aufsicht durch den Bund unterliegen und hieran mitwirken müssen, insbesondere durch Aktenvorlage. Soweit sich aber der verfassungsrechtliche Auftrag des Untersuchungsausschusses auch gegen die Landesregierung richtet, muss man dem Ausschuss die notwendigen Befugnisse zuerkennen, um diesen Auftrag wahrzunehmen. Soweit also die Landesexekutive der Aufsicht durch den Bund unterliegt, ist eine Verpflichtung zur Aktenvorlage auch an den Ausschuss zu bejahen. Auch aus dem Gebot des bundesfreundlichen Verhaltens kann ein derartiger Anspruch abgeleitet werden. Es begründet zwar keine selbstständigen Verfassungspflichten. Es kann jedoch Nebenpflichten in einem bestehenden Verfassungsrechtsverhältnis begründen. Wie einerseits im Bereich der Auftragsverwaltung **Bundestreue** den Bund verpflichtet, vor Erteilung von Weisungen die Länder zu hören und die Verständigung mit ihnen zu suchen,[19] können andererseits die Länder gehalten sein, dem Bund die zur Wahrnehmung seiner Aufsichtsfunktionen erforderlichen Informationen zu geben, auch über die ausdrückliche Verpflichtung des Art. 85 IV 2 GG hinaus. Mithin ist aus dem Verfassungsrechtsverhältnis der Bundesauftragsverwaltung iVm dem Gebot bundesfreundlichen Verhaltens ein grundsätzlicher Anspruch auf Herausgabe der Akten anzuerkennen, den hier die Bundesregierung geltend machen kann.

### II. Anspruchsvoraussetzungen

500 Voraussetzung für eine Verpflichtung zur Aktenvorlage ist zunächst, dass der Untersuchungsausschuss in verfassungskonformer Weise eingesetzt wurde und insbesondere einen verfassungsrechtlich zulässigen Gegenstand behandelt. Schranken für das Untersuchungsrecht des Bundes könnten sich aus der grundgesetzlichen Kompetenzverteilung ergeben. Da aber hier ein Fall der Auftragsverwaltung vorliegt, kann der Bundestag durch seinen Untersuchungsausschuss Vorgänge auf Landesebene jedenfalls insoweit untersuchen, als die Bundesaufsicht in der Auftragsverwaltung reicht; auf die Ausführungen im ersten Teil wird hierzu verwiesen. Ob die Einsichtnahme in die Verwaltungsvorgänge zur Wahrnehmung des verfassungsrechtlichen Untersuchungsauftrags erforderlich ist, hat der Ausschuss in eigener Verantwortung zu entscheiden. Schutzwürdige Rechte Dritter stehen ebenso wenig entgegen, wie beim Herausgabeverlangen gegenüber der Bundesregierung. Dafür, dass das Herausgabeverlangen missbräuchlich erfolgte und deshalb seinerseits gegen den Grundsatz des bundes- bzw länderfreundlichen Verhaltens verstößt, ergeben sich keine Anhaltspunkte.

## C. Entscheidung des BVerfG

501 Das Bundesverfassungsgericht wird auf Antrag der Bundesregierung feststellen, dass die Landesregierung L mit ihrer Weigerung, dem Untersuchungsausschuss die Akten vorzulegen, gegen ihre Verfassungspflichten aus dem Verfassungsrechtsverhältnis der Bundesauftragsverwaltung iVm dem Gebot bundesfreundlichen Verhaltens verstoßen hat.[20]

19 *Degenhart* Rn 504, 529.
20 *AA hier gut vertretbar.*

# 3. Teil: Erzwingungshaft gegen C

## A. Zulässigkeit der Verfassungsbeschwerde

Der Antrag des C könnte als Verfassungsbeschwerde gem. § 93 I Nr. 4a GG, §§ 13 Nr. 8, 90 ff. BVerfGG zulässig sein. Denn er wendet sich gegen Maßnahmen der öffentlichen Gewalt, durch die er sich in seinen Grundrechten beeinträchtigt sieht. **502**

### I. Beschwerdeführer

C ist als natürliche Person grundrechts- und damit beteiligtenfähig iSv Art. 93 I Nr. 4a GG. **503**

### II. Beschwerdegegenstand

Die Verfassungsbeschwerde des C richtet sich gegen den **Beschluss des Ermittlungsrichters** beim BGH, die Erzwingungshaft anzuordnen. Es handelt sich hierbei um einen Akt der öffentlichen Gewalt. Der Ermittlungsrichter übt rechtsprechende Gewalt aus. Öffentliche Gewalt iSd Art. 93 I Nr. 4a GG ist auch die rechtsprechende Gewalt. **504**

### III. Beschwerdebefugnis

C als Beschwerdeführer muss beschwerdebefugt sein. **505**

Er muss plausibel geltend machen können, durch die angegriffenen Hoheitsakte in seinen Grundrechten verletzt zu sein. Da er in Erzwingungshaft genommen wurde, ist eine Verletzung ihres Grundrechts aus Art. 2 II 2 GG iVm Art. 104 GG jedenfalls nicht ausgeschlossen.

C müsste weiterhin durch die angegriffenen Hoheitsakte selbst, gegenwärtig und unmittelbar betroffen sein. Durch die Anordnung der Erzwingungshaft ist er unmittelbar und als Adressat der Maßnahmen auch selbst betroffen. Ob er auch im Zeitpunkt der verfassungsgerichtlichen Entscheidung noch gegenwärtig betroffen ist, könnte fraglich sein, da die Maßnahmen bereits vollzogen wurden, mithin Erledigung eingetreten sein könnte. Bei kurzfristigen Freiheitsentziehungen ist die unmittelbare Grundrechtsbeeinträchtigung regelmäßig bereits erledigt, wenn eine verfassungsgerichtliche Überprüfung erfolgt. Gleichwohl ist auch dann noch von einer fortwirkenden Grundrechtsbeeinträchtigung auszugehen, zumal sonst keine verfassungsgerichtliche Kontrolle erfolgen würde. Gegenwärtiges Betroffensein des C ist deshalb zu bejahen.

### IV. Rechtswegerschöpfung

C müsste weiterhin gemäß § 90 II 1 BVerfGG den Rechtsweg gegen den angegriffenen Hoheitsakt ausgeschöpft haben. Die gegen den Beschluss des Ermittlungsrichters beim BGH nach § 36 III PUAG eingelegte Beschwerde blieb ohne Erfolg. Damit aber war der Rechtsweg erschöpft. **506**

### V. Form und Frist

507 Die Monatsfrist des § 93 I 1 BVerfGG wurde lt. Sachverhalt eingehalten; von formgerechter Einlegung der Verfassungsbeschwerde nach § 23 I BVerfGG ist auszugehen.

Die Verfassungsbeschwerde der C ist also zulässig.

## B. Begründetheit der Verfassungsbeschwerde

508 Die Verfassungsbeschwerde ist begründet, wenn der Bf. durch die Anordnung der Erzwingungshaft in seinen Grundrechten oder grundrechtsgleichen Rechten verletzt ist.

### I. Freiheit der Person

509 Durch die Anordnung der Erzwingungshaft könnte C in seinem Grundrecht auf Freiheit der Person aus Art. 2 II 2 GG iVm Art. 104 GG verletzt worden sein.

#### 1. Schutzbereich und Eingriff

Durch Anordnung und Vollstreckung der Erzwingungshaft wurde in das Grundrecht des C auf Freiheit der Person aus Art. 2 II 2 GG iVm Art. 104 GG eingegriffen.[21] Dabei handelt es sich um eine Freiheitsentziehung iSv Art. 104 II GG. Hierunter fallen alle Formen der Haft wie Untersuchungshaft, Strafvollzug, aber auch die Erzwingungshaft, durch die die Erfüllung einer Aussagepflicht im Verfahren vor dem Untersuchungsausschuss erzwungen werden soll.

#### 2. Verfassungsrechtliche Rechtfertigung

##### a) Ermächtigungsgrundlage für Eingriffe

510 Die Freiheit der Person steht nach Art. 2 II 3, 104 I 1 GG unter Gesetzesvorbehalt. Dem entspricht § 27 II PUAG, wonach im Fall grundloser Aussageverweigerung die Erzwingungshaft angeordnet werden kann. Das Gesetz muss dann seinerseits verfassungskonform sein, um eine taugliche Rechtsgrundlage für die Verhängung der Erzwingungshaft zu bilden.

aa) Von der **formellen Verfassungsmäßigkeit** des Gesetzes ist auszugehen. Insbesondere war der Bund zuständig für den Erlass des Gesetzes. Zwar findet sich hierfür keine ausdrückliche Kompetenzgrundlage im Grundgesetz. Es handelt sich nicht um ein gerichtliches Verfahren iSv Art. 74 I Nr. 1 GG. Denn der Untersuchungsausschuss ist kein Gericht, sondern ein eigenständiges Verfassungsorgan. Der Bund hat jedoch eine ungeschriebene Zuständigkeit aus der Natur der Sache. Denn das Verfahren, nach dem der Bundestag als Verfassungsorgan des Bundes und dessen Ausschüsse tätig werden sollen, kann begriffsnotwendig nur vom Bund und nicht von den Ländern geregelt werden.

511 bb) Die Bestimmung des § 27 II PUAG über die Anordnung der Erzwingungshaft muss auch **materiell verfassungsmäßig** sein.

21 *Da hier der Eingriff völlig klar zutage liegt – Haft ist die denkbar klarste Form der Beschränkung der Freiheit der Person –, erschiene in der Darstellung die weitere Unterscheidung zwischen „Schutzbereich" und „Eingriff" gekünstelt.*

(1) Dass der Gesetzgeber Beschränkungen des Grundrechts vorsehen kann, ergibt sich aus **Art. 2 II 3 GG** und **Art. 104 I 1 GG**. An die Verfassungsmäßigkeit derartiger gesetzlicher Beschränkungen sind jedoch besondere Anforderungen zu stellen. Da ein Gesetz, das zu Freiheitsentziehungen ermächtigt, einen besonders intensiven Eingriff in grundrechtliche Freiheiten bewirkt, sind an seine Bestimmtheit strenge Anforderungen zu stellen, ähnlich wie für die Bestimmtheit eines Straftatbestandes nach Art. 103 II GG erhöhte Anforderungen gelten.[22] Ebenso ist der Grundsatz der Verhältnismäßigkeit strikt zu beachten.

(2) Die Fassung des § 27 II PUAG ist hinreichend **bestimmt**. Aus dem Gesetzeswortlaut ist klar erkennbar, in welchen Fällen und unter welchen Voraussetzungen die Erzwingungshaft verhängt werden kann. Ebenso ist ihre Höchstdauer bestimmt. Gegen die Bestimmtheit der Vorschrift könnte allenfalls sprechen, dass der Richter in der Frage der Dauer der Erzwingungshaft erheblichen Ermessensspielraum hat. Dies ist jedoch erforderlich, um den Gegebenheiten des Einzelfalles und insbesondere auch dem Gebot der Verhältnismäßigkeit Rechnung tragen zu können. Ebensowenig wie das Bestimmtheitsgebot des Grundgesetzes starre Strafandrohungen erzwingt, steht es einem gerichtlichen Ermessen in der Dauer der Erzwingungshaft entgegen. **512**

(3) Die gesetzliche Regelung muss auch dem Grundsatz der **Verhältnismäßigkeit** genügen. § 27 II PUAG dient der Durchsetzung des parlamentarischen Enquêterechts nach Art. 44 GG, also einem verfassungsmäßigen Recht des Parlaments als einem Verfassungsorgan. Entsprechenden Verfassungsrang hat auch die Aussagepflicht vor dem Untersuchungsausschuss. Ob die Erzwingungshaft geeignet ist, die Aussagepflicht durchzusetzen, hat der Gesetzgeber zu beurteilen. Mit der Einschränkung, dass die Erzwingungshaft nicht über die Dauer des Untersuchungsverfahrens hinaus angeordnet werden darf, wird sichergestellt, dass sie nur zur Erreichung des Untersuchungszwecks als Zwangsmittel eingesetzt wird. Sie darf jedenfalls nur ultima ratio sein. Schließlich fordert der Grundsatz der Verhältnismäßigkeit unter dem Gesichtspunkt der Angemessenheit, also der Verhältnismäßigkeit im engeren Sinn, dass die Dauer der Erzwingungshaft begrenzt ist und auch nicht außer Verhältnis zum Untersuchungszweck steht. Letzterem ist im Rahmen der Einzelfallentscheidung des Ermittlungsrichters Rechnung zu tragen. Mit der Höchstgrenze von 6 Monaten ist im Übrigen das Erfordernis der Angemessenheit angesichts des Verfassungsranges des parlamentarischen Untersuchungsauftrags gewahrt. **513**

Die Anordnung der Erzwingungshaft gegenüber der C beruht also auf einer tauglichen, da verfassungsmäßigen gesetzlichen Grundlage.

### b) Anwendung der Ermächtigungsgrundlage

aa) Für Freiheitsentziehungen ist der **Richtervorbehalt des Art. 104 II 1 GG** zu beachten. Dieser ist lt Sachverhalt gegenüber C gewahrt worden. Der Ermittlungsrichter beim BGH ist Richter iSd Art. 92 GG. Dafür, dass im Gesetz vorgesehene Formalien nicht beachtet wurden, ergeben sich keine Anhaltspunkte. **514**

22 Näher *Degenhart*, in: Sachs, Art. 104 Rn 10.

515 bb) Die Voraussetzungen für die Anwendung der Ermächtigungsgrundlage im Einzelfall müssen gegeben sein. Dies bedeutet, dass eine Aussagepflicht vor dem Untersuchungsausschuss bestehen musste. Das Bundesverfassungsgericht prüft insoweit zwar nur die Verletzung von spezifischem Verfassungsrecht.

Hierzu zählen aber jedenfalls auch die **verfassungsrechtlichen Anforderungen** an die Einsetzung eines Untersuchungsausschusses. Dieser muss also in verfassungskonformer Weise eingesetzt worden sein. Würde sich der Untersuchungsauftrag auf einen verfassungsrechtlich unzulässigen Untersuchungsgegenstand beziehen, dann wäre es verfassungsrechtlich nicht gerechtfertigt, C vor den Ausschuss zu laden und mit Zwangsmitteln die Aussagepflicht durchzusetzen. Wie aber bereits gegenüber den Einwänden der Bundesregierung festgestellt wurde, bezieht sich der Untersuchungsauftrag des Ausschusses auf einen verfassungsrechtlich zulässigen Gegenstand. Dies gilt auch, soweit er sich auf Vorgänge im Bereich des Bankhauses C als eines privaten Unternehmens bezieht. Denn auch insoweit besteht ein relevantes öffentliches Interesse an der Klärung der Vorgänge jedenfalls insoweit, als es um ein etwaiges Zusammenwirken mit der Regierung geht.

516 Dafür, dass vom Untersuchungsausschuss bzw vom Ermittlungsrichter die Voraussetzungen eines Zeugnisverweigerungsrechts gem. § 27 I PUAG in verfassungswidriger Weise verkannt worden wären, bestehen keine Anhaltspunkte. Damit waren die Voraussetzungen gegeben, gegenüber C zur Erzwingung des Zeugnisses die Haft anzuordnen, § 27 II PUAG.

517 cc) Auch die Anwendung der Ermächtigungsgrundlage für Freiheitsentziehungen im Einzelfall, also die Anordnung der konkreten Freiheitsentziehung, muss **verhältnismäßig** sein. Sie konnte vom Ausschuss bzw vom Ermittlungsrichter grundsätzlich als geeignet angesehen werden, um die Aussagebereitschaft des C zu erzwingen. Sie war, da andere Zwangsmittel nicht zum Erfolg führten, auch erforderlich. Angesichts der Bedeutung der Angelegenheit und des öffentlichen Interesses an der Aufklärung der Vorgänge einerseits, des Umstandes, dass die vom Gesetz vorgesehene Höchstdauer deutlich unterschritten wurde, andererseits, war die Maßnahme noch nicht unangemessen, war also noch verhältnismäßig im engeren Sinn. Sie ist damit verfassungsrechtlich gerechtfertigt *(a.M. vertretb.)*.

### II. Weitere Grundrechte?

518 Weitere Grundrechte des C, die hier verletzt sein könnten, sind nicht ersichtlich. Insbesondere Art. 2 I GG tritt als subsidiär zurück.

## C. Ergebnis

Die Verfassungsbeschwerde des C ist also unbegründet.

# Repetitorium

## A. Parlamentarische Kontrolle – insbesondere: Untersuchungsausschüsse

### I. Parlamentarische Kontrollrechte – verfassungsrechtliche Fragestellungen

Das Recht, Untersuchungsausschüsse einzusetzen, ist eines der wesentlichen Instrumente der Kontrolle der Regierung durch das Parlament. Verfassungskonflikte und Untersuchungsausschüsse beschäftigen häufig die Rechtsprechung und sind auch verhältnismäßig häufig Gegenstand staatsrechtlicher Aufgabenstellungen. Zwar hat das 2001 in Kraft getretene Gesetz über die Parlamentarischen Untersuchungsausschüsse (PUAG) eine Reihe von Streitfragen geklärt. Im Organstreitverfahren, also der Verfahrensart, in der Bearb. in der Mehrzahl der Fälle mit dem Recht der Untersuchungsausschüsse konfrontiert werden, ist jedoch auf das verfassungsmäßige Recht, also auf Art. 44 I 1 GG abzustellen. So stellt BVerfGE 143, 191 (NSA-Sektorenliste) für die Antragsbefugnis nicht auf § 18 III PUAG ab, sondern unmittelbar auf Art. 44 I 1 GG. **519**

Als Untergliederung des Parlaments kann der Untersuchungsausschuss nicht mehr an Rechten haben als das Parlament selbst (sog. Koronartheorie). Schranken für das Untersuchungsrecht können sich sowohl aus der bundesstaatlichen Kompetenzordnung, als auch aus dem Gewaltenteilungsprinzip ergeben. Dem Untersuchungsauftrag des Ausschusses kann also entgegenstehen:

- fehlende Kompetenz im Bundesstaat: der Untersuchungsausschuss des Bundestags kann nicht Vorgänge auf Länderebene, der eines Landtags nicht Vorgänge auf Bundesebene untersuchen;
- der Schutz eines Kernbereich exekutiver Eigenverantwortung: der Untersuchungsauftrag darf nicht darauf gerichtet sein, den Binnenbereich der Entscheidungsfindung der Regierung zu untersuchen;
- der Einwand des laufenden Verfahrens: aus der Untersuchung darf kein Mitregieren werden
- im Fall der „Kollegialenquête“: das Mandat des Abgeordneten;
- Grundrechte Privater.

Diese Einwände können dazu führen, dass bereits die Einsetzung des Ausschusses unzulässig ist. Sie werden in der Mehrzahl der Fälle jedoch nur einzelnen Maßnahmen entgegenstehen, also die Unzulässigkeit einer konkreten Beweisaufnahme zur Folge haben, so im vorstehenden Fall, beispielhaft auch hier BVerfGE 141, 191.

– Vergleichbare Problemlagen können sich ergeben, wenn das Parlament in Ausübung seines Fragerechts von der Regierung die Vorlage von Akten verlangt: dem Frage- und Informationsrecht der Abgeordneten entspricht eine Antwortpflicht der Regierung.[23] Denn auch parlamentarische Anfragen sind ein Instrument der Kontrolle der Regierung durch das Parlament.

23 S dazu den Examensfall 6 EJS Bay 2001/1, BayVBl 2002, 30/57 ff.

520 In all diesen Fällen ergeben sich vergleichbare **Argumentationsmuster**:

Auf der einen Seite steht das parlamentarische Begehren, das unmittelbar aus dem Grundgesetz abzuleiten ist; im Fall der Fragerechte auch aus Bestimmungen einiger Landesverfassungen. Seine verfassungsrechtliche Bedeutung folgt in jedem Fall aus dem verfassungsrechtlich begründeten Kontrollauftrag des Parlaments. Ihm stehen die Belange der zu kontrollierenden Regierung gegenüber, die sich auf einen ebenfalls verfassungsrechtlich geschützten „Kernbereich" exekutivischer Eigenverantwortung berufen, ferner ggf auf schutzwürdige Rechte Dritter (APR). Im Fall der Fragerechte muss die Regierung unverzüglich, vollständig und wahrheitsgemäß antworten. Soll die Auskunft verweigert werden, so muss dies für den Einzelfall nachvollziehbar begründet werden; formelhafte Begründungen wie „aus Gründen des Staatswohls" reichen nicht aus.

## II. Rechte des Untersuchungsausschusses

521 **Typische Fallkonstellation** ist die des ersten Teils der vorstehenden Aufgabe: der Ausschuss macht seine Rechte gegenüber anderen Verfassungsorganen geltend.

1. In diesen Fallgestaltungen ist stets zu prüfen, ob der Untersuchungsausschuss in verfassungskonformer Weise eingesetzt wurde. Dies setzt iE voraus:
a) Der Ausschuss muss verfahrensfehlerfrei eingesetzt worden sein (*Degenhart* Rn 679); erforderlich ist ein Beschluss des Bundestages, § 1 II PUAG; der Untersuchungsgegenstand muss hinreichend bestimmt bezeichnet sein (*Degenhart* Rn 680).
b) Der Untersuchungsgegenstand muss verfassungsrechtlich zulässig sein:
   aa) Aufklärung von Tatsachen
   bb) Zuständigkeit des Bundestages (§ 1 III PUAG), hier sind zu beachten:
      – bundesstaatliche Kompetenzverteilung
      – „Kernbereich exekutivischer Eigenverantwortung"
   cc) öffentliches Interesse am Untersuchungsgegenstand
      – *diese ungeschriebene Voraussetzung ist nur zu prüfen, wenn sich besondere Anhaltspunkte ergeben, so insbesondere dann, wenn Vorgänge außerhalb des staatlichen Bereichs untersucht werden sollen; dass jedenfalls auch derartige Vorgänge Untersuchungsgegenstand sein können, darf mit BVerfGE 77, 1 als gesichert gelten.*[24]

2. Die Befugnisse des Untersuchungsausschusses ergeben sich aus seinem verfassungsrechtlichen Auftrag und aus der positiven Regelung insbesondere des § 18 I PUAG (s *Degenhart* Rn 678, 688).

3. Verfassungsrechtliche Einwände – auf die § 18 I PUAG Bezug nimmt – sind durch Herstellung praktischer Konkordanz zwischen dem verfassungsrechtlichen Auftrag des Ausschusses und entgegenstehenden Rechten anderer Verfassungsorgane und privater Dritter zu behandeln; s dazu die Falllösung unter Rn 487 ff.

522 Was den **Geheimnisschutz** betrifft, so wurde in der Fallbearbeitung ein **Argumentationsmuster** deutlich, das auch im Rahmen des Art. 2 I GG beim Recht auf informationelle Selbstbestimmung bzw beim allgemeinen Persönlichkeitsrecht zum Tragen kommt:

24 Vgl dazu die Fallbearbeitung von *Ortmann*, Jura 2003, 847 – es handelt sich um eine Hausarbeitslösung, die dort aufgeführten Literaturauffassungen können für die Klausur nicht als bekannt vorausgesetzt werden.

wer durch sein Verhalten oder auch durch seine Funktion im öffentlichen Leben besonderes öffentliches Interesse auf sich zieht, muss weitergehende Einschränkungen hinnehmen, ggf. auch die Benennung eines Untersuchungsausschusses mit seinem Namen.[25]

Weitere Streitfragen, die zB das Verhältnis von Mehrheit und Minderheit im Ausschuss betreffen (s dazu das U. des BVerfG zum Parteispendenausschuss vom 8.4.2002[26]) sind durch das PUAG positiv geklärt. So ist das Recht der Ausschussminderheit, Beweise zu erheben, in § 17 II PUAG ausdrücklich anerkannt. Das BVerfG aaO hatte hierfür noch unmittelbar auf Art. 44 I GG zurückgegriffen: dem Recht einer Minderheit von Abgeordneten, die Einsetzung eines Untersuchungsausschusses zu verlangen, entsprach hiernach das Recht der Ausschussminderheit, eine Beweiserhebung zu fordern. Neuere Landesverfassungen enthalten zT ausdrücklich entsprechende Rechte (zB Art. 54 III SächsVerf, Art. 64 III 1 ThürVerf); andernfalls ist auf etwaige einfachgesetzliche Regelungen im Land und in deren Ermangelung auf die zu Art. 44 GG entwickelten Grundsätze als Ausdruck der parlamentarischen Demokratie zurückzugreifen. Auch die Frage, ob die Mehrheit den Untersuchungsgegenstand verändern oder erweitern darf,[27] ist in § 2 II PUAG positiv entschieden. Die Aussagen des BVerfG unmittelbar zu Art. 44 GG bleiben aber bedeutsam: sie stellen klar, dass es sich insoweit um Rechte mit **Verfassungsrang** handelt. Sie können also im Organstreitverfahren geltend gemacht werden.[28] Soweit § 18 III PUAG die Zuständigkeit des BVerfG vorsieht, handelt es sich um einen besonderen Fall des Organstreitverfahrens. Für die Begründetheit des Antrags kommt es also darauf an, dass Rechte nach dem Grundgesetz verletzt sind – die Rechte des Untersuchungsausschusses nach Art. 44 GG werden jedoch durch das PUAG konkretisiert – Prüfungsmaßstab ist also Art. 44 GG iVm § 18 PUAG.[29] Wann jener **„Kernbereich exekutivischer Eigenverantwortung“** betroffen ist, der sich einer Ausforschung entzieht, ist nicht abschließend geklärt – jedenfalls fällt die interne Entscheidungsvorbereitung der Regierung darunter. Der Untersuchungsausschuss darf nicht in laufende Verfahren eingreifen.[30] 523

Der Untersuchungsausschuss kann hoheitliche Befugnisse auch gegenüber **Privaten** ausüben – s 3. Teil des vorstehenden Falles. Dies ist dann die Verfahrenskonstellation der Verfassungsbeschwerde: der Private, der etwa dem Aussagezwang unterworfen wird, ist Adressat einer Maßnahme der öffentlichen Gewalt. Zunächst aber ist der Rechtsweg auszuschöpfen, wie im vorstehenden Fall der Beschwerde nach § 36 III PUAG.[31] 524

## III. Fragerechte

Fragerechte des Parlaments (für den einzelnen Abgeordneten s nach **Fall 2**) sind in einigen, meist neueren Landesverfassungen ausdrücklich geregelt. Ist dies, wie nach dem Grundgesetz, nicht der Fall, muss auf allgemeine Grundsätze, also das Demokratieprinzip und das hieraus folgende Prinzip der parlamentarischen Verantwortlichkeit der Regierung zurückgegriffen werden. Eine analoge Anwendung der landesverfassungs- 525

---

25 Instruktiv: SaarlVerfGH NVwZ-RR 2003, 393.
26 BVerfGE 105, 197; dazu instruktiv: *Wiefelspütz*, NJ 2002, 398.
27 S dazu die Fallbearbeitung von *Mager/Siebert*, Jura 2003, 490.
28 Zu den Zulässigkeitsvoraussetzungen s die Fälle bei *Mager/Siebert*, Jura 2003, 490 und *Nettesheim/Vetter*, JuS 2004, 219.
29 Vgl auch den Fall bei *Nettesheim/Vetter*, JuS 2004, 219 (220).
30 Vgl *Nettesheim/Vetter*, JuS 2004, 219 (222).
31 Näher zum Rechtsschutz Privater s *Glauben*, DVBl 2006, 1263.

rechtlichen Bestimmungen ist unzulässig – zulässig ist es jedoch, vergleichend auf sie zu verweisen. Die Regierung hat Anfragen vollständig und nach bestem Wissen zu beantworten. Unvollständige Antworten bedürfen einer besonderen Rechtfertigung – die auch hier aus dem Gesichtspunkt eines „Kernbereichs exekutivischer Eigenverantwortung" erfolgen kann – s hierzu **Fall 2**, dort zur Rechtsstellung des Abgeordneten.

### IV. Aktuelle Entwicklungen

**525a** Durch BVerfGE 124, 78 ist geklärt, dass es sich bei der Zuständigkeit nach § 18 III 1. Halbs. PUAG um einen Fall des Organstreitverfahrens nach Art. 93 I Nr. 1 GG handelt und dass über die Verfassungsmäßigkeit des Einsetzungsbeschlusses das BVerfG entscheidet, § 36 II PUAG.[32] Für alle Fragen, die das Verhältnis Parlament – Regierung betreffen wie zB die Erteilung von Aussagegenehmigungen und die Aktenvorlage ist das BVerfG zuständig. Das BVerfG bejaht auch ausdrücklich die Beteiligtenfähigkeit der Ausschussminderheit im Organstreitverfahren. Aus Art. 44 I 1 GG folgt auch die Antragsbefugnis, um Untersuchungsrechte des Bundestags im Organstreitverfahren geltend zu machen. Das BVerfG betont erneut die Bedeutung der Aktenvorlage als Kern des parlamentarischen Untersuchungsrechts. Näheren Aufschluss gibt die Entscheidung auch über die Abgrenzung des geschützten Kernbereichs der exekutiven Eigenverantwortung, der umso eher betroffen ist, als es um die interne Willensbildung, die Entscheidungsvorbereitung der Regierung geht. Deshalb darf auch nicht in laufende Verfahren eingegriffen werden.[33] BVerfGE 124, 78 fasst die Grundsätze zum **Fragerecht** des Abgeordneten zusammen, das aus Art. 38 I 2 GG iVm Art. 20 II 2 GG abgeleitet wird. Dass der Schutz von V-Leuten und Informanten eine Auskunftsverweigerung rechtfertigen kann, bejahte auch das BVerfG im Fall des Oktoberfest-Attentäters[34], verneint aber eine relevante Gefährdung.

Auch die Untersuchung parlamentsinterner Vorgänge ist nicht von vornherein ausgeschlossen; die sog. **„Kollegialenquête"** kann das Verhalten einzelner Abgeordneter zum Gegenstand haben – sie ist jedoch die Ausnahme. Als grundsätzlich zulässig wertete der Verfassungsgerichtshof Rheinland-Pfalz die **„Fraktionsenquête"**, also einen Untersuchungsausschuss, der Vorgänge bei einer Parlamentsfraktion – konkret das Finanzgebaren der CDU-Fraktion in der vorgehenden Legislaturperiode auf Antrag der SPD-Fraktion – zum Gegenstand hatte[35]. Der Innenbereich der Fraktion ist hier in ähnlicher Weise schutzwürdig, wie der nicht ausforschbare Kernbereich exekutiver Eigenverantwortung. Der Verfassungsgerichtshof fordert daher ein qualifiziertes öffentliches Interesse für die Einsetzung des Ausschusses.

32 BVerfGE 124, 78 (124 f.).
33 Näher: BVerfGE 124, 78 (120 ff.).
34 BVerfGE 146, 1.
35 RhPfVerfGH DVBl 2010, 1504.

**Zur Wiederholung:** *Degenhart* Rn 686–707.

**Aus der Ausbildungsliteratur:** *Gusy*, Parlamentarische Kontrolle, JA 2005, 395; *Schulte*, Das Recht der Untersuchungsausschüsse, Jura 2003, 505; *Hebeler/Schulz*, Prüfungswissen zum Untersuchungsausschussrecht, JuS 2010, 969.

**Aktuelle Rechtsprechung:** BVerfGE 110, 199 (Aktenvorlage durch Regierung); BVerfGE 113, 113 (Visa-Untersuchungsausschuss); SaarlVerfG NVwZ-RR 2003, 393 (Benennung des Untersuchungsausschusses mit dem Namen eines Politikers); BVerfGE 124, 78 (BND-Ausschuss); zu parlamentarischen Fragerechten BVerfGE 124, 161 (Fragerechte); BVerfGE 137, 185 (Kriegswaffenexportkontrolle); BVerfGE 143, 101 (NSA-Untersuchungsausschuss); BVerfGE 146, 1 (Oktoberfestattentat); BVerfGE 147, 50 (parlamentarische Anfragen); VerfGHMV NJW 2003, 815; ThürVerfGH LKV 2003, 422; BayVerfGH NVwZ 2002, 715; BbgVerfG DÖV 2001, 164 sowie BVerfGE 110, 199 als Landesverfassungsgericht SH.

**Weitere Fälle im thematischen Zusammenhang:** *Mager/Siebert*, Streit um den Untersuchungsausschuss, Jura 2003, 490; *Kirste*, Stasi-Unterlagen im Untersuchungsausschuss, JuS 2003, 61; *Ortmann*, Der umstrittene Untersuchungsausschuss?, Jura 2003, 847; EJS Sachsen 1999/1 – Aufgabe 6: parlamentarisches Fragerecht, SächsVBl 2001, 180 (Text), 202 (Lösung); EJS Bayern 2000/1 – Aufgabe 6, BayVBl 2002, 30 (Text) und 57 (Lösung) – parlamentarisches Fragerecht; *Frenzel*, Bewährungsprobe für das parlamentarische Informationsrecht, Jura 2010, 220; *Linke*, Kritische Frgen, JA 2018, 920.

## B. Bund-Länder-Verhältnis, Auftragsverwaltung, Bundestreue

### I. Auftragsverwaltung und Bundestreue

Fragen, die sich aus der Ausführung von Bundesgesetzen im Auftrag des Bundes ergeben, waren im vorstehenden Fall mittelbar relevant: aus den Aufsichts- und Weisungsrechten des Bundes im Rahmen der Auftragsverwaltung ergab sich hier die Befugnis, auf Vorgänge im Bereich der Landesverwaltung Zugriff zu nehmen. **526**

Mit diesen Fragen zumindest sollte der Bearbeiter vertraut sein:

(1) **Was bedeutet Auftragsverwaltung?** Die Verwaltung bleibt beim Land – **Wahrnehmungskompetenz** –, das Land führt zunächst die Gesetze aus und trifft die erforderlichen Entscheidungen in der Sache. Der Bund kann jedoch jederzeit diese an sich ziehen, indem er nach Art. 85 III GG Weisungen erteilt: Inanspruchnahme der **Sachkompetenz**. Es handelt sich um eine Reservekompetenz: der Bund muss deutlich machen, dass er die Sachkompetenz an sich zieht.

(2) **Wann findet Bundesauftragsverwaltung statt?** Dies muss im Grundgesetz ausdrücklich geregelt sein. Neben der Verwaltung der Bundesfernstraßen (Art. 90 II GG) und dem Vollzug des Atomgesetzes (Art. 87c GG iVm § 24 I AtG) ist hier vor allem eine – gern übersehene – Bestimmung aus der Finanzverfassung (*Degenhart* Rn 523) relevant: Art. 104a III 2 GG, wonach Leistungsgesetze dann im Auftrag des Bundes ausgeführt werden, wenn dieser mindestens die Hälfte der Kosten trägt.

(3) **Welche Rechte haben die Beteiligten?** Der Bund kann Weisungen erteilen; er ist hierbei aber an bestimmte verfahrensmäßige Voraussetzungen gebunden, die sich auch aus dem Grundsatz der Bundestreue ergeben. Die Weisungen ergehen im Verhältnis Bund – Land. Der Bund kann also nicht nach außen hin Entscheidungen treffen: die Wahrnehmungskompetenz bleibt beim Land.

Allerdings ist dem Bund nicht jede Kontaktaufnahme mit den Maßnahmenadressaten verschlossen: er darf bei diesem (also zB dem Betreiber des Kernkraftwerks) Sachaufklärung insoweit betreiben, als dies der Vorbereitung einer Weisung dient. Dies ist von seiner Sachkompetenz gedeckt.[36]

**527** **Typische Fallkonstellation** ist die der Weisung des Bundes an das Land, eine bestimmte Entscheidung zu treffen (s *Degenhart* Fall 50, Rn 526 ff.). Hier ist wie folgt zu prüfen:

1. Weisungsbefugnis: Art. 85 III 1 iVm Art. 85 IV 1 GG, wenn Fall der Bundesauftragsverwaltung
2. Formelle Voraussetzungen:
   a) Zuständigkeit, Art. 85 III 1 GG
   b) Richtiger Weisungsadressat: Art. 85 III 2 GG
   c) Erklärung der Übernahme der Sachkompetenz durch Bund
   d) „Anhörung" des Landes: Bundestreue bzw länderfreundliches Verhalten.
3. Materielle Verfassungsmäßigkeit:
   a) Gegenstand einer Weisung: umfassend im Rahmen der Sachkompetenz
   b) Einwendungen des Landes: nicht gegen Wahrnehmung der Sachkompetenz; also nicht aus Rechtswidrigkeit der dann vom Land zu treffenden Entscheidung
   c) Bundestreue: kein missbräuchliches Ausüben des Weisungsrechts.

**528** Der vorstehende Fall ließ auch die Wirkungsweise des Gebots der **Bundestreue** deutlich werden: es begründet keine selbstständigen Befugnisse, wohl aber Nebenpflichten im Rahmen bestehender Rechtsverhältnisse – hier: der Auftragsverwaltung.

Zum Begriff der Bundestreue s *Degenhart* Rn 501 f.: allgemeines Gebot der Zusammenarbeit, Abstimmung, Koordination, gegenseitiger Information und Rücksichtnahme; Rechtsfolgen: **Kompetenzschranke** im Einzelfall, Verfahrenspflichten, Nebenpflichten. Der Grundsatz der Bundestreue ist akzessorischer Natur.

Er kann also grundsätzlich nicht selbstständig Rechte und Pflichten begründen, kann also zB nicht als Anspruchsgrundlage für Schadensersatzpflichten im Bund-Länder-Verhältnis herangezogen werden, wenn der Bund wegen Verletzung von EG-Recht durch die Länder bei diesen Regress nehmen will (vgl *Dederer*, NVwZ 2001, 258); er begründet auch keine Anspruchsgrundlage für die Länder, als diese sich wegen ihrer Steuerausfälle auf Grund der UMTS-Versteigerung beim Bund schadlos halten wollten – obschon das Verhalten des Bundes durchaus nicht „länderfreundlich" war: Einnahmen beim Bund von DM 100 Mrd. standen Steuerausfälle in Höhe von annähernd DM 40 Mrd. gegenüber, diese aber waren zur Hälfte von den Ländern zu tragen. Doch fielen diese Beträge mangels positiver Regelung nicht in die Masse des Finanzausgleichs; eine eigenständige Anspruchsgrundlage ergab sich aus dem Prinzip der Bundestreue nicht.[37] Ob die Gemengelage bei den Gesetzgebungskompetenzen nach der Föderalismusreform 2006, vor allem bei der Abweichungsgesetzgebung nach Art. 72 III GG, dazu führen kann, dass Gesetzgebungsbefugnisse durch das Gebot der Bundestreue begrenzt werden, ist angesichts der positiven Entscheidung für eben diese Gemengelage zw – dafür *Palm*, JuS 2007, 751.

36 BVerfGE 104, 249.
37 BVerfGE 105, 185.

## II. Aktuelle bundesstaatliche Verfassungsfragen

Die Frage der Bundestreue könnte sich stellen, wenn die Länder von ihren durch die Föderalismusreform neu übertragenen Kompetenzen Gebrauch machen. So könnte etwa gefragt werden, ob die Länder in der Wahrnehmung ihrer wiedererlangten Kompetenz für die Besoldung ihrer Beamten durch eine Pflicht zur Rücksichtnahme auf die anderen Länder beschränkt sein können, oder ob sie bei der Wahrnehmung ihrer Abweichungsbefugnisse nach Art. 72 III GG Beschränkungen mit Rücksicht auf den Bund unterliegen. Wenn aber der verfassungsändernde Gesetzgeber den Ländern bestimmte Zuständigkeiten übertragen wollte, so sollten sie eben zum Erlass eigener Regelungen ermächtigt werden. Auch das BVerfG neigt in seiner neuesten Rechtsprechung dazu, die Befugnis der Länder zu partikular-differenzierter Gesetzgebung zu betonen: wenn das Grundgesetz den Ländern die Zuständigkeit verleiht, sollen sie eben auch eigene Regelungen treffen können.[38] Eben dies war auch der Sinn der Föderalismus-Reform. **528a**

Im Rundfunkrecht ist der Staatsvertrag über die Rundfunkfinanzierung – 15. Rundfunkänderungsstaatsvertrag – Rundfunkbeitragsstaatsvertrag in Kraft getreten. Wirkungsweise und Problematik dieser Erscheinungsform eines kooperativen Föderalismus sind daher von besonderer Aktualität – s dazu *Degenhart* Fall 48, Rn 499 ff. Da hier die Landtage keinen Einfluss auf den Inhalt des Staatsvertrags nehmen können, sondern nur die Wahl zwischen Zustimmung oder Ablehnung haben, ist hier ein Widerspruch zum Prinzip der parlamentarischen Demokratie nicht in Abrede zu stellen; da andererseits auch die Landesregierungen mittelbar demokratisch legitimiert sind und den Landtagen jedenfalls die rechtliche Möglichkeit der Ablehnung verbleibt, dürfte die Praxis der staatsvertraglichen Festlegung noch mit dem Demokratieprinzip vereinbar sein, solange sie sich auf bestimmte Materien beschränkt.

Die Unabänderlichkeitssperre des Art. 79 III GG könnte durch die sog. „Schuldenbremse" des Art. 109 III GG nF berührt sein, wonach auch die Länder ihre Haushalte grundsätzlich ohne Kredite auszugleichen haben.[39] Dies wäre dann der Fall, wenn man die Budgethoheit bzw die Haushaltsautonomie der Länder als Element ihrer „Eigenstaatlichkeit" sehen wollte, doch sind Haushalts- und Finanzwesen im Bundesstaat des Grundgesetzes seit jeher nicht unabhängig voneinander.

Die von Bayern im Zuge der **Flüchtlingskrise** immer wieder angedrohte Verfassungsklage – bei der es sich um einen Bund-Länder-Streit iSv Art. 93 I Nr. 3 GG handeln würde – hätte auf den Grundsatz länderfreundlichen Verhaltens gestützt werden können. Der Bundesrepublik müsste dann eine verfassungsrechtliche Pflicht obliegen, das Staatsgebiet gegen unkontrollierte massenhafte Einreise zu sichern; dieser Verpflichtung müsste die Bundesrepublik rechtswidrig nicht nachgekommen sein[40], und sie müsste auch im Verhältnis zu den Ländern bestehen, jedenfalls zu denjenigen Ländern, die Außengrenzen haben.[41] **528b**

38 BVerfGE 112, 226 (246 ff.).
39 *Degenhart* Rn 576.
40 Übbl. zB bei *Fontana*, NVwZ 2016, 735; *Wendel*, JZ 2016, 332; *Ewer/Thiemel*, NJW 2016, 376 ff.
41 Vgl *Möstl*, AöR 142 (2017), 176 ff.

**Zur Wiederholung:** *Degenhart* Rn 499–538.

**Aus der Ausbildungsliteratur:** *Janz*, Inhalt, Grenzen und haftungsrechtliche Dimension des Weisungsrechts nach Art. 95 III GG, Jura 2004, 227; *Schnapp*, Mischverwaltung im Bundesstaat nach der Föderalismusreform, Jura 2008, 241; *Maurer*, Die Ausführung der Bundesgesetze durch die Länder, JuS 2010, 945; *Funke*, Die Zustimmungsbedürftigkeit von Bundesgesetzen bei der Bundestagsverwaltung, Jura 2012, 127; *Voßkuhle/Kaiser*, Grundwissen – Öffentliches Recht: Die Ausführung von Bundesgesetzen – Verwaltungskompetenzen, JuS 2017, 316.

**Aktuelle Rechtsprechung:** BVerfGE 104, 249 (KKW Biblis); BVerfGE 105, 185 (UMTS-Erlöse); BVerfGE 119, 331 (Hartz IV – ArGes).

**Weitere Fälle im thematischen Zusammenhang:** *Maierhöfer*, Übungsklausur – Öffentliches Recht: Verwaltungskompetenzen im Bundesstaat und grundrechtliche Schutzpflichten, JuS 2004, 598; *Tappe*, Der praktische Fall – Öffentliches Recht: Leitlinien im Atomrecht, JuS 2003, 887; *Schulz*, Das Kreuz mit der Maut, JuS 2013, 910; *Droege/Broscheit*, Land unter … Der Einsatz der Bundeswehr als letztes Mittel?, JuS 2015, 633, 637; *Seyffarth/Mohr*, Übungsklausur zum wehrverfassungsrechtlichen Parlamentsvorbehalt, Jura 2018, 1283; *Durner/Grandmontagne*, „Hamburger Lehren" JA 2018, 447.

## C. Freiheit der Person, Art. 2 II 2, Art. 104 GG

529 Art. 104 GG ergänzt das Grundrecht der Freiheit der Person in Art. 2 II 2 GG durch zusätzliche verfahrensmäßige Sicherungen, die traditionell unter dem Begriff des habeas corpus zusammengefasst werden und zu den ältesten Grundrechtsgarantien überhaupt zählen. Es ist dies insbesondere ein formeller Gesetzesvorbehalt, verbunden mit weiteren Verfahrensgarantien, für jede Art von Freiheitsbeschränkungen, Art. 104 I 1 GG, sowie ein Richtervorbehalt, verbunden wiederum mit weiteren Verfahrensgarantien, für bestimmte, qualifizierte Freiheitsbeschränkungen in Form der Freiheitsentziehung, Art. 104 II 4 GG. Mit der besonderen materiellen und verfahrensmäßigen Absicherung, die die persönliche Bewegungsfreiheit durch Art. 2 II 2 GG und Art. 104 I GG erfährt, soll insbesondere auch die Einhaltung eines fairen und rechtsstaatlichen Verfahrens garantiert werden.

### I. Schutzbereich des Grundrechts

530 Freiheit der Person bedeutet persönliche Bewegungsfreiheit.

### II. Eingriff

Jede Beschränkung der persönlichen Bewegungsfreiheit; dabei zu unterscheiden nach Art. 104 I, II GG: Freiheitsentziehung als Festhalten an eng umgrenztem Ort, Haft, Gewahrsam und (sonstiger) Freiheitsbeschränkung. Die Fixierung eines Untergebrachten stellt eine selbständige Freiheitsentziehung dar, die durch den Unterbringungsbeschluss nicht gedeckt ist (BVerfGE 149, 293).

### III. Schranken des Grundrechts/Eingriffsrechtfertigung

1. Nach Art. 2 II 3 GG einschränkbar auf Grund eines Gesetzes (Zitiergebot beachten!)
2. Besondere Garantien des Art. 104 GG:

a) Beachtung der vorgeschriebenen Form, Art. 104 I GG;
b) Wenn Freiheitsentziehung: *Richtervorbehalt,* Art. 104 II–IV GG, also vorherige Entscheidung, bei vorläufiger Festnahme spätestens am Tage nach der Festnahme, Benachrichtigungspflicht nach IV.

3. Strikte Beachtung des Verhältnismäßigkeitsgebots; gesteigerte Anforderungen mit Dauer der Freiheitsentziehung, so im Fall der Unterbringung/Sicherungsverwahrung – hierzu BVerfGE 128, 326: Gefährlichkeit hinsichtlich der Begehung schwerer und schwerster Straftaten, zunehmende Anforderungen an Gefahrenprognose mit Dauer des Freiheitsentzugs, regelmäßige Überprüfung und therapieorientierte Ausgestaltung in Abgrenzung zur Strafhaft – sog. Abstandsgebot.

## IV. Grundrechtsschutz durch Verfahren

Art. 2 II 2 GG iVm dem Rechtsstaatsgebot gewährleistet dem Angeklagten das Recht auf faires Verfahren und insbesondere auch auf Verteidigerbeistand.

Beachte: **Misshandlungsverbot** des Art. 104 I 2 GG gilt absolut, kein Abwägungsvorbehalt.

**Prüfungsschema:**

1. Schutzbereich des Grundrechts
   a) Subjektiv: jedermann
   b) Beeinträchtigung der körperlichen Bewegungsfreiheit durch Hoheitsakt
2. Eingriff – insbesondere: Qualifikation des Eingriffs: Freiheitsentziehung oder -beschränkung?
3. Rechtfertigung des Eingriffs
   a) Ermächtigungsgrundlage (zB im PolG)
      aa) formell verfassungsmäßig?
      bb) materiell verfassungsmäßig, insbesondere Verhältnismäßigkeit (zB Dauer des Unterbindungsgewahrsams)?
   b) Anwendung der Ermächtigungsgrundlage
      aa) Richtervorbehalt gewahrt?
      bb) Beachtung der vorgeschriebenen Formalien?
      cc) Verhältnismäßigkeit?

**Aktuelle Entwicklungen: Quarantäne** nach § 30 I InfSchG ist nach Dauer und Intensität der Beschränkungen einer Freiheitsentziehung gleichzusetzen. Soweit sie nicht nach § 30 II IfSchG durch unmittelb. Zwang durchgesetzt wird, sieht das Gesetz jedoch keinen Richtervorbehalt vor. Dies ist nur dann mit Art. 104 I vereinbar, wenn man für eine Freiheitsentziehung phyische Hindernisse fordern will. Stellt man dagegen auf den Sanktionsdruck durch die Strafbewehrung ab, dürfte, wie auch im Fall einer Ausgangssperre, Freiheitsentziehung naheliegen.[42]

42 Dies erwägt *Seegmüller*, https://www.judid.de/corona-krise-verwaltungsrichter-hinterfragen-regierungshandeln/, abgerufen am 13.5.2020; vgl. *Degenhart*, in: Sachs, GG, 9. Aufl. 2021, Art. 104 Rn 7.

**Zur Wiederholung:** *Kingreen/Poscher* Rn 493–512; s auch Klausurenband I Fall 13.

**Aus der Ausbildungsliteratur:** *Ruß*, Urteil des BVerfG vom 5.2.2004, JA 2004, 710.

**Aktuelle Rechtsprechung:** BVerfGE 109, 133 und 190 (Sicherungsverwahrung); BVerfGE 128, 326 (Sicherungsverwahrung II); EGMR NJW 2010, 2495 (Sicherungsverwahrung); BVerfGE 134, 33 (TherapieunterbringungsG); BVerfGE 149, 293 (Fixierung).

Fall 8

# Nanny-Staat (Werberichtlinie)

*Umfangreicher und anspruchsvoller Examensfall mit Bezügen zum Europarecht*

Die Europäische Union ist besorgt über zunehmend ungesunde Ernährungsgewohnheiten und zunehmenden Alkoholkonsum in den Mitgliedstaaten. Ein Richtlinienentwurf sieht ein Bündel von Maßnahmen vor, die für die Mitgliedstaaten verpflichtend sind. Danach ist die Werbung für zuckerhaltige Erfrischungsgetränke, wenn sie mehr als eine bestimmte, bezifferte Zuckermenge enthalten, generell zu verbieten, ebenso die Werbung für bestimmte hochkalorische Lebensmittel. Für alkoholische Getränke werden bestimmte Marketinginstrumente, insbesondere Sonderangebote und vergleichbare Aktionen untersagt, ferner wird vorgegeben, dass sie im Einzelhandel in den Nachtstunden zwischen 22.00 und 6.00 Uhr nicht abgegeben werden dürfen. **531**

Die Bundesregierung will der Richtlinie zustimmen. In einigen Bundesländern sieht man im Richtlinienvorschlag ein weiteres Beispiel zentralistischer Brüsseler Regulierungswut. Eine Mehrheit im Bundesrat lehnt denn auch in der Abstimmung über die Richtlinie diese ab. Die Bundesregierung erklärt, sie werde die Stellungnahme des Bundesrats berücksichtigen, sehe sich hieran aber nicht gebunden, da sie das Recht zur Gesetzgebung habe. Ein Einvernehmen kommt nicht zustande. In einer erneuten Abstimmung des Bundesrats wird mit 51:18 die Bundesregierung aufgefordert, der Richtlinie nicht zuzustimmen. Gleichwohl stimmt die Bundesregierung im Rat der Europäischen Union der Richtlinie zu. Sie bleibt bei ihrem Standpunkt, dass sie das Recht zur Gesetzgebung habe. Im Übrigen habe sie durchaus das Anliegen des Bundesrates vertreten, in der Abstimmung sich jedoch im Rahmen ihres politischen Ermessens für die Zustimmung entschieden.

Auf der nächsten Sitzung des Bundesrats noch im gleichen Monat erfolgt eine kontroverse Diskussion über die Frage, ob das Bundesverfassungsgericht angerufen werden solle. In der entscheidenden Sitzung, wiederum einen Monat später, wird mit einem vom Bundesratspräsidenten festgestellten Stimmenverhältnis von 37:32 dafür gestimmt; der Bundesratspräsident bevollmächtigt daraufhin den Staatsrechtsprofessor Karl Schmied, einen Antrag beim Bundesverfassungsgericht „gegen das Verhalten der Bundesregierung" zu stellen. Dieser Antrag geht drei Monate nach der Abstimmung im Rat der Europäischen Union beim Bundesverfassungsgericht ein und rügt die Verletzung der Rechte des Bundesrats aus Art. 23 und Art. 50 GG. Gleichzeitig geht ein Antrag der Landesregierung des Landes L beim Bundesverfassungsgericht ein; dessen Stimmen waren im Bundesrat für die Richtlinie abgegeben worden. Das Land L rügt gleichwohl die Verletzung seiner Rechte aus dem Grundgesetz durch das Verhalten der Bundesregierung.

Diese hält beide Anträge für unzulässig, jedenfalls aber unbegründet.

Der Bundesratspräsident habe bei der Beschlussfassung über die Anrufung des Bundesverfassungsgerichts die drei Stimmen des Landes C zu Unrecht mitgezählt. Denn hierbei habe der Vertreter des Landes C, diesmal der Justizminister in Erwartung eines spannenden verfassungsgerichtlichen Verfahrens gegen die Weisung seines Kabinetts gestimmt, von einem Verfassungsstreit Abstand zu nehmen. Es sei sicher kein Zufall, dass dann gerade die Kanzlei mit der Prozessvertretung für den Bundesrat beauftragt worden sei, der der Justizminister bis zu seinem Eintritt in das Kabinett von C aktiv angehört habe und in die er – hoffentlich bald – zurückkehren werde.

**Die Erfolgsaussichten dieser Anträge sind gutachtlich zu prüfen. Dabei ist auf alle aufgeworfenen Rechtsfragen einzugehen.**

Nach Inkrafttreten der Richtlinie verabschiedet der Bundestag zur Umsetzung der Richtlinie das „Gesetz zur Förderung einer gesunden Lebensführung und Eindämmung des Alkohlmissbrauchs – Gesundheitsförderungsgesetz (GesFAlkG), das die Richtlinie der EU 1:1 umsetzt. Bolle betreibt in Berlin eine Kette von werktäglich 24h geöffneten Discount-Supermärkten mit aggressiver Preisgestaltung. Er erhebt Verfassungsbeschwerde gegen das Gesetz, durch das er sich in seiner Unternehmerfreiheit unzulässig beschränkt sieht Ein erheblicher Anteil seiner Umsätze entfalle auf die Getränkeabteilungen seiner Supermärkte, dabei seien einerseits Süßgetränke, andererseits alkoholische Getränke besonders gefragt. Die Bundesregierung erwidert, das Gesetz sei unionsrechtlich induziert und könne schon deshalb nicht aus verfassungsrechtlichen Gründen in Frage gestellt werden. Im Übrigen gehe es hier vor allem darum, Kinder und Jugendliche vor schädlichen Einflüssen zu bewahren; diese seien besonders für Werbung empfänglich, und es seien auch vor allem Jugendliche, die sich in den Abendstunden mit billigen Alkoholika versorgten.

**Die Erfolgsaussichten der Verfassungsbeschwerde des B sind zu prüfen.**

# Vorüberlegungen

Im ersten Teil müssen sich die Bearbeiter mit der nicht sonderlich geglückten und zT auch schwer verständlichen Vorschrift des Art. 23 GG auseinandersetzen. Dabei müssen die Bearbeiter das Gesetz über die Zusammenarbeit von Bund und Ländern in Angelegenheiten der Europäischen Union[1] finden, das zwar im Sachverhalt angedeutet, aber nicht ausdrücklich genannt wird, und dessen Verhältnis zu Art. 23 GG klären. **532**

Dass es sich beim Antrag des Bundesrats um einen Antrag im Organstreitverfahren handelt, ist nicht schwer zu erkennen. Die Zulässigkeitsprüfung ist in einem Punkt nicht unproblematisch: der Antrag kann für den Bundesrat dann nur wirksam gestellt werden, wenn dem ein Mehrheitsbeschluss des Bundesrats zugrundeliegt; hierbei ist dann auf die bekannte Problematik des weisungswidrigen Verhaltens des Bundesratsmitglieds einzugehen. In der Begründetheit kommt es entscheidend darauf an, dass sich der Bearbeiter stets klar macht, worum es im Organstreitverfahren geht: um die Verletzung von Rechten aus dem Grundgesetz. Es genügt also nicht, einen Verstoß gegen das EuZBLG festzustellen, denn erst, wenn hierin auch ein Verstoß gegen das Grundgesetz liegt, ist der Antrag begründet.[2] Damit wird ein erster zentraler Problemschwerpunkt der Arbeit erkennbar: die Bedeutung des sog. „Beharrungsbeschlusses" des Bundesrats im Verfahren nach Art. 23 GG/EuZBLG. Hier sagt das Grundgesetz: die Bundesregierung hat die Stellungnahme des Bundesrats *maßgeblich zu berücksichtigen.* Das EuZBLG aber sieht unter bestimmten Voraussetzungen eine Bindung der Bundesregierung vor. Die Frage ist also, ob hier das einfache Gesetz noch als Konkretisierung der Verfassungsnorm gewertet werden kann, oder aber darüber hinausgeht.

Im zweiten Teil der Arbeit geht es um die Antragsberechtigung der Landesregierung im Bund-Länder-Streit. **533**

Im dritten Teil richtet sich die Verfassungsbeschwerde gegen ein Gesetz, das eine Richtlinie der EU umsetzt, für die der nationale Gesetzgeber keinen Umsetzungsspielraum hatte. Hier hat das BVerfG mit „Recht auf Vergessen II" einen entscheidenden Kurswechsel vollzogen. Galt bisher, dass das GG als Prüfungsmaßstab ausschied und deshalb nicht zulässigerweise Verfassungsbeschwerde erhoben werden konnte, so prüft das BVerfG nunmehr unmittelbar an den Grundrechten der Grundrechtecharta. Deren Systematik sollte Bearb. zumindest insoweit vertraut sein, als Schrankenvorbehalte nicht wie im Grundgesetz bei den einzelnen Grundrechten, sondern generalisierend in Art. 52 GRCh enthalten sind. Bei der Gesetzesprüfung ist wie stets zu vergegenwärtigen, dass in der Frage der Verhältnismäßigkeit eine generalisierende Betrachtungsweise geboten, und nicht auf die Belastung gerade des Bf. im Einzhelfall abzustellen ist *(häufiges Missverständnis!)*

1 Textbuch Nr. 16.

2 *Häufiger Fehler!*

534 # Gliederung

**1. Teil: Antrag des Bundesrats**

**A. Zulässigkeit**

I. Beteiligten- und Prozessfähigkeit (+)
  1. Aktivseite: Bundesrat als Verfassungsorgan – wirksamer Beschluss?
  2. Passivseite: Bundesregierung

II. Verfahrensgegenstand: Abstimmungsverhalten der Bundesregierung bzw ihres Vertreters im Rat

III. Antragsbefugnis: Art. 23 V GG

IV. Form und Frist

**B. Begründetheit**

I. Rechte aus Art. 50 GG: (–) nur Aufgabenzuweisung

II. Rechte aus Art. 23 GG: Art. 23 V 2 GG
  1. Angelegenheiten der Europäischen Union: Rechtsetzungsakte (+)
  2. Maßgebl. Berücksichtigung, Art. 23 V 2 GG – Bedeutung: Maßgeblichkeit des Bundesratsbeschlusses?
  3. Gesetzgebungsbefugnisse der Länder?
    a) Grundregel des Art. 70 GG
    b) Konkurrierende Zuständigkeit: Art. 74 I Nr. 11 (Recht der Wirtschaft), Nr. 20 (Lebensmittelrecht)
    c) Art. 72 II GG Schwerpunkt der Zuständigkeiten? (–) Länder
  4. Im Schwerpunkt betroffen? Folge: Berücksichtigung: Art. 23 V 1 GG, keine Bindung

**C. Entscheidung des BVerfG**

**2. Teil: Antrag der Landesregierung L**

**A. Zulässigkeit**

I. Beteiligtenfähigkeit

II. Verfahrensgegenstand

III. Antragsbefugnis
   Art. 23 GG: Rechte des Landes? (–); Bundestreue? (–)

IV. Rechtsschutzbedürfnis – widersprüchliches Verhalten? (–)

**B. Hilfsgutachten: Begründetheit des Antrags**

## 3. Teil: Verfassungsbeschwerde des D

### A. Zulässigkeit der Verfassungsbeschwerde

I. Beschwerdeführer
II. Beschwerdegegenstand – unionsrechtlich induziertes Gesetz?
III. Beschwerdebefugnis
   1. Mögliche Grundrechtsverletzung: Art. 12 GG/Art. 16 GRCh?
   2. Eigenes, gegenwärtiges, unmittelbares Betroffensein
IV. Rechtswegerschöpfung/Subsidiarität
V. Form und Frist

### B. Begründetheit der Verfassungsbeschwerde

I. Unternehmerfreiheit, Art. 16 GRCh
   1. Schutzbereich
   2. Eingriff
   3. Rechtfertigung
      a) Einschränkbarkeit des Grundrechts
      b) Gesetz formell verfassungskonform
      c) Gesetz materiell mit Art. 16 GRCh vereinbar?
II. Sonstige Grundrechte?

### C. Ergebnis

# Musterlösung

## 1. Teil: Antrag des Bundesrats

### A. Zulässigkeit

535 Der Antrag des Bundesrats könnte als Antrag im Organstreitverfahren nach Art. 93 I Nr. 1 GG, §§ 13 Nr. 5, 63 ff. BVerfGG zulässig sein.

### I. Beteiligten- und Prozessfähigkeit[3]

#### 1. Aktivseite

Auf der Aktivseite ist der Bundesrat als Antragsteller als oberstes Bundesorgan nach Art. 93 I Nr. 1 GG, § 63 BVerfGG beteiligtenfähig.

Gleichwohl könnten angesichts des Verlaufs der Abstimmung über die Einleitung eines Organstreitverfahrens Zweifel bestehen, ob der Bundesrat hier den Antrag wirksam gestellt hat. Er müsste hierfür wirksam vertreten worden sein. Hierfür bedarf es einer wirksamen Beschlussfassung des Bundesrats.[4] Beim Bundesrat handelt es sich um ein Kollegialorgan. Wirksame Beschlüsse eines Kollegialorgans setzen jedoch eine Mehrheit der Abstimmenden voraus; für Beschlüsse des Bundesrats als Kollegialorgan fordert Art. 52 III 1 GG die Mehrheit der Stimmen. Hieran würde es fehlen, wenn der Bundesratspräsident die 3 Stimmen des Landes C zu Unrecht gewertet hat. Hätte er sie nicht mitgezählt, so hätte das Abstimmungsergebnis nicht mehr 37:32, sondern 34:32 gelautet. Dies wäre nur die einfache Mehrheit der abgegebenen Stimmen gewesen, Art. 52 III 1 GG fordert jedoch die Mehrheit der Stimmen des Bundesrats. Es kommt also darauf an, ob die Stimmen des Landes C gezählt werden durften.

536 Dagegen könnte sprechen, dass der Vertreter des Landes C im Bundesrat entgegen einer Weisung gehandelt hat. Eine Weisungsgebundenheit ergibt sich daraus, dass die Stimmen eines Landes nur einheitlich abgegeben werden können. Dies setzt notwendig voraus, dass vorher eine Festlegung auf eine einheitliche Position erfolgt. Dass die Mitglieder des Bundesrats weisungsgebunden sind, ergibt sich auch im Umkehrschluss aus Art. 77 II 3 GG, wonach die Bundesratsmitglieder im Vermittlungsausschuss ausdrücklich von Weisungen freigestellt werden. Die Stimmen des Landes C wurden also entgegen einer verbindlichen Weisung abgegeben. Es fragt sich nun, welche Rechtsfolge sich daraus ergibt. Eine Umdeutung in weisungsgemäß abgegebene Stimmen ist jedenfalls unzulässig, denn für die Feststellung des Abstimmungsergebnisses kann nur maßgeblich sein, wie die Stimmen tatsächlich abgegeben wurden. Die weisungswidrig abgegebenen Stimmen könnten dann allenfalls als ungültig gewertet werden. Dagegen spricht jedoch, dass ein Verstoß gegen Weisungen im Innenverhältnis des Bundesratsmitgliedes zu seiner Regierung, der er angehört, die Wirksamkeit seiner Stimmabgabe im Außenverhält-

3 ***Zum Aufbau:*** *Da dieser Punkt in der Zulässigkeitsprüfung keine Schwierigkeiten bereitet, wird die Beteiligtenfähigkeit auf Aktiv- und Passivseite in einem Gliederungspunkt behandelt.*

4 Vgl *Hillgruber/Goos* Rn 435; *Benda/Klein* Rn 1013 – dort als Frage der Prozessfähigkeit.

nis als Mitglied des Bundesrats nicht berühren kann. Im Außenverhältnis muss die tatsächliche Stimmabgabe wirksam sein.

Die Stimmabgabe durch den Justizminister des Landes C ist auch nicht etwa deshalb unwirksam, weil er möglicherweise ein persönliches Interesse an dem Verfahren gehabt haben könnte, wie dies die Einlassung der Bundesregierung nahelegt. Für das Verfahren im Bundesrat bestehen keine Vorschriften, die, wie etwa für die Abstimmung im Gemeinderat, den Ausschluss von der Abstimmung wegen Befangenheit vorsehen. Angesichts der grundlegend unterschiedlichen rechtlichen Stellung der Vertretungskörperschaften der Gebietskörperschaften einerseits und der Verfassungsorgane wie des Bundesrats andererseits darf insoweit auch keine Analogie in Betracht gezogen werden. **537**

Die Stimmen des Landes C wurden also zu Recht gezählt. Damit ist mit der Mehrheit der Stimmen des Bundesrats der Beschluss zur Einleitung eines Organstreitverfahrens gefasst worden. Der Bundesrat ist wirksam vertreten.

### 2. Passivseite

Die Bundesregierung ist gemäß Art. 93 I Nr. 1 GG, § 63 BVerfGG beteiligtenfähig auf der Passivseite.

## II. Verfahrensgegenstand

Gegenstand des Verfahrens ist das Abstimmungsverhalten der Bundesregierung bzw ihres Vertreters im Rat der Europäischen Union; dessen Abstimmungsverhalten ist der Bundesregierung zuzurechnen. Ob dieses Gegenstand eines Organstreitverfahrens sein kann, das Streitigkeiten über Rechte und Pflichten aus dem Grundgesetz betrifft,[5] könnte deshalb fraglich sein, weil es sich hier um eine Maßnahme handelt, die die Bundesregierung bzw deren Vertreter als Mitglied eines Organs der Europäischen Union getroffen hat. Doch wurde hierbei auch für die Bundesregierung gehandelt. Das Abstimmungsverhalten bedeutet also einerseits die Beteiligung an einer Entscheidung der Europäischen Union, gleichzeitig aber auch die Umsetzung der innerstaatlichen Willensbildung auf Unionsebene. Wenn hierbei ein Votum des Bundesrats übergangen wurde, so liegt hierin eine Maßnahme auch diesem gegenüber; der Begriff der Maßnahme ist insoweit weit zu fassen.[6] Entscheidend ist die Rechtserheblichkeit des Handelns. Diese folgt hier daraus, dass die gegenteilige Beschlussfassung im Bundesrat negiert wurde. Es liegt also eine rechtserhebliche Maßnahme vor, die geeigneter Gegenstand eines Organstreitverfahrens ist. **538**

## III. Antragsbefugnis

Der Bundesrat als Antragsteller muss gem. § 64 I BVerfGG geltend machen können, durch die Zustimmung zur Richtlinie der EU in seinen Rechten aus dem Grundgesetz **539**

5 *Degenhart* Rn 843.

6 Vgl BVerfGE 68, 1 (66): völkerrechtliche Zustimmung zur Aufstellung von Waffensystemen im Verhältnis zum Bundestag.

verletzt zu sein. Rechte aus dem Grundgesetz können sich hier aus Art. 23 GG ergeben. Insbesondere Art. 23 V GG verleiht dem Bundesrat ein Recht auf Berücksichtigung seiner Stellungnahme durch die Bundesregierung oder sogar auf maßgebliche Berücksichtigung, wenn im Schwerpunkt Gesetzgebungsbefugnisse der Länder betroffen sind. Dass dieses Recht verletzt ist, erscheint jedenfalls möglich. Ob auch Art. 50 GG entsprechende Rechte verleiht, kann im Rahmen der Zulässigkeit dahinstehen. Der Bundesrat ist also antragsbefugt.

### IV. Form und Frist

540 Von der Wahrung des Schriftformerfordernisses des § 23 BVerfGG und ausreichender Begründung nach § 64 II BVerfGG ist auszugehen, ebenso von der Einhaltung der Frist des § 64 III BVerfGG. Lt. Sachverhalt wurde bereits innerhalb eines Monats nach der Abstimmung im Rat im Bundesrat über eine Anrufung des Bundesverfassungsgerichts diskutiert und einen Monat später, also auf jeden Fall innerhalb der sechsmonatigen Frist des § 64 III BVerfGG, der Antrag gestellt.

Ein Antrag im Organstreitverfahren ist zulässig.

## B. Begründetheit

541 Der Antrag ist begründet, wenn der Bundesrat in seinen Rechten aus dem Grundgesetz verletzt ist.

### I. Rechte aus Art. 50 GG

Soweit der Bundesrat sich auf Art. 50 GG beruft, kommt eine Verletzung in verfassungsmäßigen Rechten nicht in Betracht. Denn Art. 50 GG beschreibt nur in allgemeiner Form die Aufgaben des Bundesrates. Seine konkreten Befugnisse ergeben sich aus den spezielleren Vorschriften, die, wie zB Art. 77 GG, die Rechte des Bundesrates im Gesetzgebungsverfahren oder eben, wie Art. 23 GG, in Angelegenheiten der Europäischen Union betreffen.

### II. Rechte aus Art. 23 GG

542 Der Bundesrat könnte durch das Verhalten der Bundesregierung in seinen Rechten aus Art. 23 V 2 GG verletzt sein. Hiernach ist die Auffassung des Bundesrats maßgeblich zu berücksichtigen, wenn im Schwerpunkt Gesetzgebungsbefugnisse der Länder betroffen sind. Dagegen könnte die Bundesregierung hier bei der Abstimmung auf europäischer Ebene dadurch verstoßen haben, dass sie von der Stellungnahme des Bundesrates abgewichen ist.

#### 1. Angelegenheiten der Europäischen Union

543 Voraussetzung ist zunächst, dass das angegriffene Verhalten der Bundesregierung Angelegenheiten der Europäischen Union betrifft. Denn die Mitwirkungsbefugnisse der Län-

der über den Bundesrat nach Art. 23 GG betreffen Angelegenheiten der Europäischen Union, wie sich aus Art. 23 II 1 GG ergibt. Dass hierunter auch Rechtsetzungsakte fallen, ergibt sich aus Art. 23 III GG. Hierzu zählen insbesondere auch Akte des Sekundärrechts der EU, also Verordnungen und Richtlinien. Damit kommt hier Art. 23 GG und insbesondere auch dessen Absätze 4–6 über die Mitwirkung der Länder an Rechtsetzungsakten zur Anwendung. Gerade um den Verlust an Länderkompetenzen durch Übertragung von Hoheitsrechten auf die Europäische Union auszugleichen, wurden die Mitwirkungsrechte des Art. 23 GG geschaffen.

## 2. „Maßgebliche Berücksichtigung"

Die Bundesregierung könnte dadurch Rechte des Bundesrats verletzt haben, dass sie **544**
von dessen Stellungnahme abgewichen ist. Dann müsste allerdings die Stellungnahme des Bundesrats bindend sein. Eine Verfassungspflicht der Bundesregierung, der Stellungnahme des Bundesrats zu folgen, könnte sich aus Art. 23 V 2 GG ergeben. Voraussetzung ist also zunächst, dass der Begriff der maßgeblichen Berücksichtigung rechtliche Bindung bedeutet. Der Wortlaut des Art. 23 V 2 GG ist insoweit nicht eindeutig.[7] Etwas zu „berücksichtigen", bedeutet, es in die Entscheidung einzubeziehen, nicht aber notwendig, es zu befolgen. Andererseits unterscheidet Art. 23 V GG die „maßgebliche" Berücksichtigung nach Satz 2 von einer „einfachen" Berücksichtigung nach Satz 1. „Maßgeblich" könnte in diesem Zusammenhang und nach der Systematik der Norm dann auch iSv „bindend" aufzufassen sein. Dafür spricht auch die Regelung des **§ 5 EuZBLG.**[8] Nach § 5 II EuZBLG ist zunächst ein Einvernehmen anzustreben, § 5 II 3 EuZBLG. Kommt dieses Einvernehmen nicht zustande, so ist für die Bundesregierung die Stellungnahme des Bundesrats dann maßgebend, wenn dieser seine Auffassung mit einer Mehrheit von zwei Dritteln seiner Stimmen bestätigt, § 5 II 5 EuZBLG. Dies allein führt jedoch noch nicht zur Begründetheit des Antrags. Denn im Organstreitverfahren geht es um die Verletzung von **Rechten aus dem Grundgesetz**. Ein Verstoß gegen das EuZBLG genügt also nicht: erst dann, wenn hierin auch ein Verstoß gegen das Grundgesetz liegt, ist der Antrag begründet. Dies könnte hier daraus folgen, dass nach Art. 23 VII GG der Gesetzgeber das Nähere zur Zusammenarbeit von Bundesregierung und Bundesrat zu regeln hat. Hierin kann eine Ermächtigung an den Bundesgesetzgeber gesehen werden, den Begriff der maßgeblichen Berücksichtigung in Art. 23 V GG näher zu konkretisieren. Maßgebliche Berücksichtigung bedeutet dann die Verpflichtung, sich bei unterschiedlicher Auffassung verstärkt um ein Einvernehmen mit dem Bundesrat zu bemühen und dessen Standpunkt dann zu übernehmen, wenn ihm auf Grund des mit Zwei-Drittel-Mehrheit gefassten Beharrungsbeschlusses besonderes Gewicht zukommt.

7 Vgl *Streinz*, in: Sachs, GG, Art. 23 Rn 110.

8 Gesetz über die Zusammenarbeit von Bund und Ländern in Angelegenheiten der Europäischen Union vom 12.3.1993, BGBl. I S. 313, Textbuch Nr. 16.

### 3. Gesetzgebungsbefugnisse der Länder?

545 Es müssten jedoch im Schwerpunkt Gesetzgebungsbefugnisse der Länder betroffen sein.

a) Die in der Richtlinie vorgesehenen Regelungen müssten, bezogen auf die Kompetenzverteilung der Art. 70 ff. GG, in den Zuständigkeitsbereich der Länder fallen. Nach der Kompetenzverteilungsregel des Art. 70 GG ist dies immer dann der Fall, wenn das Grundgesetz nicht ausdrücklich dem Bund die Zuständigkeit verliehen hat. Dies bestimmt sich nach Art. 73 und 74 GG. Allein der Umstand, dass eine Richtlinie des europäischen Rechts umzusetzen ist, begründet jedoch noch keine Bundeskompetenz: es gibt keinen Kompetenztypus der „Umsetzungsgesetzgebung".

546 b) Für die in der Richtlinie geregelte Materie kommt eine konkurrrierende Zuständigkeit für das Recht der Wirtschaft nach Art. 74 I Nr. 11 GG und für das Lebensmittelrecht nach Art. 74 I Nr. 20 GG in Betracht. Unter Recht der Wirtschaft fallen alle das wirtschaftliche Leben und die wirtschaftliche Betätigung als solche regelnden Normen, also Gesetze mit wirtschaftsregulierendem oder wirtschaftslenkendem Inhalt. Bestimmungen, die den Vertrieb von Waren regeln, betreffen Vorgänge des wirtschaftlichen Lebens und fallen damit unter Nr. 11. Das Recht der Lebens- und Genussmittel umfasst deren Erzeugung wie Verwendung. Es umfasst auch Beschaffenheitsanforderungen und den Umgang mit ihnen. Auch hierunter können die Inhalte der Richtlinie gefasst werden. Es besteht also eine konkurrierende Gesetzgebungszuständigkeit nach Art. 74 I Nr. 11 und Nr. 20 GG. Soweit es um Jugendschutz geht, kann noch das Recht der Fürsorge nach Nr. 7 herangezogen werden.

547 c) Der Bund ist jedoch auf den in Art. 72 II GG genannten Gebieten des Art. 74 I GG zur Gesetzgebung nur befugt, wenn und soweit eine bundesgesetzliche Regelung hiernach erforderlich ist. Dies gilt sowohl für Nr. 11 als auch für Nr. 20. Die Erforderlichkeit einer bundesgesetzlichen Regelung könnte sich bereits daraus ergeben, dass die EU sogar eine Regelung auf europäischer Ebene erforderlich gehalten hat, sie aber, soweit keine ausschließliche Zuständigkeit nach Art. 3 EUV gegeben ist, nach dem Grundsatz der Subsidiarität in Art. 5 III EUV nur tätig wird, wenn eine Regelung auf europäischer Ebene erforderlich ist. Dies kann jedoch nicht ohne weiteres vorausgesetzt werden. Denn die Voraussetzungen hiernach sind weiter gefasst als nach Art. 72 II GG. Von dessen Zielvorgaben ist die der **Gleichwertigkeit** der Lebensverhältnisse jedoch nicht gegeben, da sich für eine Störung des bundesstaatlichen Sozialgefüges keine Anhaltspunkte ergeben. Ein Bundesgesetz könnte jedoch zur Wahrung der Wirtschaftseinheit im gesamtstaatlichen Interesse erforderlich sein. Für die Werbeverbote ist dies zu bejahen, da Werbung in den Medien auf bundesweite Verbreitung angelegt ist und unterschiedliche Regeln in den Ländern hier den Wirtschaftsverkehr erheblich beeinträchtigen würden. Beim Abgabeverbot für Alkohol in den Nachtstunden ist dies jedoch nicht der Fall. Hier sind die Auswirkungen örtlich begrenzt. Hier bleibt es bei der Gesetzgebungszuständigkeit der Länder.

#### 4. „Im Schwerpunkt" betroffen?

Gesetzgebungsbefugnisse der Länder sind damit teilweise, müssten aber auch im **Schwerpunkt** betroffen sein. Dies ist der Fall, wenn die Inhalte, die die Befugnisse der Länder berühren, im Mittelpunkt des europäischen Rechtsetzungsaktes stehen. Dieser bezieht sich auf „ungesunde" Lebensmittel und alkoholische Getränke. Für letztere wiederum stellt das Abgabeverbot nur einen Teilaspekt dar. Es steht also nicht im Mittelpunkt der gesamten Richtlinie. Gesetzgebungsbefugnisse der Länder sind also nicht im Schwerpunkt betroffen. Damit war die Bundesregierung nicht gemäß Art. 23 V 2 GG zur „maßgeblichen" Berücksichtigung der Stellungnahme des Bundesrats, sondern nur nach Art. 23 V 1 GG zur schlichten „Berücksichtigung" verpflichtet. Sie hat sich nach ihrer Einlassung mit der Stellungnahme befasst, war aber nicht verpflichtet, ihr zu folgen. Rechte des Bundesrats waren also nicht verletzt. **548**

Der Antrag des Bundesrats ist also unbegründet.

### C. Entscheidung des BVerfG

Das Bundesverfassungsgericht wird den Antrag des Bundesrats zurückweisen. **549**

## 2. Teil: Antrag der Landesregierung L

### A. Zulässigkeit

Für Streitigkeiten um wechselseitige Rechte und Pflichten im Bundesstaatsverhältnis könnte ein Antrag im Verfahren des Bund-Länder-Streits nach Art. 93 I Nr. 3 GG, §§ 13 Nr. 7, 68 ff. BVerfGG zulässig sein. **550**

#### I. Beteiligtenfähigkeit

Beteiligtenfähig ist für das Land L dessen Landesregierung, für die Bundesrepublik die Bundesregierung, Art. 93 I Nr. 3 GG, § 68 BVerfGG.

#### II. Verfahrensgegenstand

Für den Verfahrensgegenstand wird auf die Ausführungen zum Antrag des Bundesrats verwiesen. Auch im Bund-Länder-Streit ist eine rechtserhebliche Maßnahme erforderlich; sie liegt in der Zustimmung des Vertreters der Bundesregierung im Rat.[9] **551**

9 Ebenso *Dederer*, Jura 1998, 98 (100), dort auch zur Möglichkeit vorläufigen Rechtsschutzes durch das BVerfG: Erlass einer einstweiligen Anordnung.

### IV. Rechtsschutzbedürfnis

Er könnte im Übrigen auch wegen fehlenden Rechtsschutzbedürfnisses unzulässig sein. **554** Denn die Landesregierung von L, die sich nunmehr gegen die Richtlinie bzw die Zustimmung der Bundesregierung zu dieser Richtlinie wendet, hat im Bundesrat noch gegen den Beharrungsbeschluss gestimmt. Das Rechtsschutzbedürfnis kann zu verneinen sein, wenn der Antragsteller die dargelegte Rechtsverletzung durch eigenes Handeln hätte vermeiden können.[13] Wenn andererseits die Landesregierung L zunächst der Bundesregierung durch ihr Abstimmungsverhalten im Bundesrat freie Hand geben wollte, kann sie doch nunmehr ein berechtigtes Interesse daran haben, dass diese sich nicht über die Entscheidung des Bundesrats hinwegsetzt. Am fehlenden Rechtsschutzinteresse scheitert also der Antrag nicht. Er ist jedoch unzulässig, weil das Land keine Verletzung eigener, ihm als Bundesland durch das Grundgesetz zugewiesener Rechte geltend machen kann.[14]

### B. Hilfsgutachten: Begründetheit des Antrags[15]

Selbst wenn man davon ausgehen wollte, dass Art. 23 GG auch den Ländern eigene **555** Rechte verleihen will, wäre der Antrag unbegründet, da hier kein Verstoß gegen Art. 23 V 2 GG gegeben ist.

## 3. Teil: Verfassungsbeschwerde des D

Die Verfassungsbeschwerde (VB) des B hat Aussicht auf Erfolg, wenn sie zulässig und **556** begründet ist.

### A. Zulässigkeit der Verfassungsbeschwerde

### I. Beschwerdeführer

B ist als natürliche Person grundrechts- und damit **beschwerdefähig**. Von seiner Prozessfähigkeit ist auszugehen.

### II. Beschwerdegegenstand

Die VB des D ist gem. Art. 93 I Nr. 4a GG, § 90 I BVerfGG statthaft, wenn sie sich **557** gegen einen Akt der öffentlichen Gewalt des Bundes oder eines Landes richtet. Das Gesundheitsförderungsgesetz ist als Akt der Gesetzgebung des Bundes ein tauglicher Beschwerdegegenstand.

---

13 Vgl BVerfGE 68, 1 (77 f.); *Degenhart* Rn 820.

14 *AA vertretb.*

15 *Das Hilfsgutachten ist hier nicht zwingend notwendig; Bearb., die die Zulässigkeit des Antrags bejahen, müssten diese Ausf. als Hauptgutachten bringen.*

Wenn nun das Land darauf verweist, dass der Erlass des Gesetzes unionsrechtlich veranlasst sei, so könnte dies dahingehend zu verstehen sein, dass ein innerstaatlicher Rechtsakt, der in Anwendung des Unionsrechts ergeht und hierin „unionsrechtlich determiniert" ist, nicht am Maßstab des Grundgesetzes gemessen werden kann; insofern könnte es an einem geeigneten Beschwerdegegenstand fehlen. Aufgabe des BVerfG ist jedoch der Schutz der Grundrechte gegen die staatliche Gewalt und damit gegen den Gesetzgeber. Soweit Umsetzungsspielraum besteht, prüft das BVerfG am Maßstab der Grundrechte des Grundgesetzes. Besteht kein Umsetzungsspielraum, zieht das BVerfG die Grundrechte der Charta unmittelbar heran. In beiden Fällen liegt jedoch ein zulässiger Beschwerdegegenstand vor.

### III. Beschwerdebefugnis

**558** B müsste beschwerdebefugt sein.

1. Er muss plausibel geltend machen, durch die Verbote des Gesetzes in seinen Grundrechten verletzt zu sein. Zwar sind die Grundrechte des Grundgesetzes vorliegend nicht anwendbar, weil es sich um eine unionsrechtlich vollständig vereinheitlichte Materie betrifft. B kann sich jedoch auf die Grundrechte der GRCh berufen. Denn bei unionsrechtlich vollständig vereinheitlichtem Recht prüft das BVerfG unmittelbar an den Grundrechten der Charta. Wenn B sich hier auf seine unternehmerische Freiheit beruft, so macht er damit das Grundrecht des Art. 16 GRCh geltend. Wenn ihm durch das Gesetz untersagt wird, Waren aus seinem Sortiment zu bestimmten Zeiten zu verkaufen, so macht er plausibel geltend, in diesem Grundrecht verletzt zu sein. Dies gilt auch, soweit ihm verboten wird, für sein Sortiment zu werben. Denn die Werbung als berufliche Außendarstellung ist jedenfalls durch Art. 12 I GG geschützt. Da aber die Grundrechte der Charta, soweit sie denen des Grundgesetzes entsprechen, in ihrem Schutzgehalt vergleichbar sind, ist auch eine Verletzung des B in ihrem Grundrecht aus Art. 16 GRCh nicht ausgeschlossen.

**559** 2. Die Zulässigkeit einer Verfassungsbeschwerde unmittelbar gegen ein Gesetz setzt des Weiteren voraus, dass der Beschwerdeführer durch die angegriffene Norm **selbst, gegenwärtig** und **unmittelbar** in seinen Grundrechten betroffen ist. B ist insbesondere auch unmittelbar betroffen, da dieVerbote unmittelbar durch Gesetz angeordnet sind und weitere Vollzugsakte nicht erforderlich sind.

B ist daher beschwerdebefugt.

### IV. Rechtswegerschöpfung/Subsidiarität

**560** Grundsätzlich muss gem. § 90 II BVerfGG vor Erhebung der VB der Rechtsweg erschöpft sein. Unmittelbar gegen Gesetze ist allerdings kein Rechtsweg eröffnet. Auch der Grundsatz der Subsidiarität der Verfassungsbeschwerde steht also ihrer Zulässigkeit nicht entgegen; das Gesetz bedarf keiner weiteren fachgerichtlichen Klärung in seinem Anwendungsbereich.

### V. Form und Frist

Die VB des B muss gem. § 23 I BVerfGG schriftlich abgefasst und gem. § 92 BVerfGG begründet sowie gem. § 93 III BVerfGG innerhalb eines Jahres seit Inkrafttreten des Gesetzes erhoben werden. Die Jahresfrist ist hier noch nicht abgelaufen. **561**

**Ergebnis:** Die VB des D ist zulässig.

## B. Begründetheit der Verfassungsbeschwerde

Die Verfassungsbeschwerde des B ist begründet, wenn er durch die gesetzliche Regelung, gegen die er sich wendet, in seinen Grundrechten aus der Charta verletzt ist. **562**

### I. Unternehmerfreiheit, Art. 16 GRCh

#### 1. Schutzbereich

Das Betreiben von Supermärkten fällt als Handel unter die unternehmerische Freiheit des Art. 12 GRCh. Sie umfasst die Art und Weise, in der das Unternehmen betrieben wird und entspricht hierin der Freiheit der Berufsausübung nach Art. 12 I GG, daher auch die Preisgestaltung etwa durch Sonderangebote und die Werbung, auch hierin vergleichbar dem Schutzgehalt des Art. 12 I GG, nach dem Werbung als berufliche Außendarstellung von der Berufsfreiheit umfasst wird.

#### 2. Eingriff

In der unmittelbar wirkenden Anordnung des Gesetzes, zu bestimmten Öffnungszeiten keine alkoholischen Getränke zu verkaufen und bestimmte Formen des Marketing wie zB Sonderangebote zu unterlassen, liegt ein Eingriff im klassischen Sinn. Dies ist auch der Fall, soweit die Werbung für bestimmte Produkte verboten wird. **563**

#### 3. Rechtfertigung

a) Der Eingriff könnte nach Art. 52 GRCh gerechtfertigt sein. Wenn die unternehmerische Freiheit nach dem Wortlaut des Art. 16 GRCh nach dem Unionsrecht und den „einzelstaatlichen Rechtsvorschriften und Gepflogenheiten" anerkannt wird, so wird damit der Regelungsvorbehalt bestätigt und auch das Ermessen des nationalen Gesetzgebers anerkannt.[16] **564**

b) Art. 52 I GRCh fordert eine gesetzliche Grundlage. Dies ist hier das Gesetz zur Umsetzung der Richtlinie. Es müsste **formell verfassungskonform**, also insbesondere vom zuständigen Gesetzgeber erlassen worden sein. Dies bestimmt sich nach Art. 70 ff. GG. Auch für die Umsetzung von Richtlinien der EU richtet sich die Gesetzgebungszuständigkeit nach den allgemeinen Bestimmungen. Wie zu Art. 23 V GG ausgeführt, besteht **565**

16 *Blanke*, in: Stern/Sachs, Art. 16 Rn 16.

eine konkurrierende Zuständigkeit nach Art. 74 I Nr. 11 und Nr. 20 GG. Der Bund hat hiernach das Recht der Gesetzgebung gemäß Art. 72 II GG, mit Ausnahme der Bestimmung über das Verbot der Abgabe von Alkohol nach 22.00 Uhr. Insoweit ist das Gesetz formell verfassungswidrig.

**566** c) Das Gesetz müsste auch **materiell mit Art. 16 GRCh vereinbar** sein. Auch Art. 52 I 2 GRCh verlangt ein legitimes Gemeinwohlziel. Dem Gesetzgeber geht es um Gesundheitsschutz und Suchtprävention; dies ist maßgebliche Zielsetzung der Richtlinie. Dies sind an sich legtime Gesetzeszwecke. Andererseits aber ist es durchaus fraglich, ob es Aufgabe des Staates ist, erwachsene Menschen anzuhalten, ein „gutes Leben" zu führen,[17] sie von unvernünftigen oder auch selbstschädigenden Verhaltensweisen abzuhalten. Der Staat des Grundgesetzes soll kein „Nanny-Staat" sein. Da es dem Gesetzgeber jedoch im Schwerpunkt um Kinder und Jugendliche geht, wird man dem Gesetz legitime Gemeinwohlzwecke attestieren können. Ob die vorgesehenen Maßnahmen geeignet sind, diese Zwecke zu erreichen, ist vom Gesetzgeber einzuschätzen. Ihm sind Prognosespielräume einzuräumen. Das gewählte Mittel darf nicht evident ungeeignet sein. Es reicht auch aus, wenn es dazu beitragen kann, die angestrebten Zwecke zu fördern. Die Einschätzung, dass stark zuckerhaltige Limonaden weniger nachgefragt werden, wenn sie nicht beworben werden, ist jedenfalls nicht offensichtlich fehlsam. Das Verkaufsverbot für Alkohol nach 22.00 Uhr kann jedenfalls dem übermäßigen Alkoholgenuß Jugendlicher entgegenwirken. Auch mildere, gleich geeignete Mittel sind nicht ersichtlich.

**567** Das Gesetz müsste aber auch verhältnismäßig im engeren Sinn sein, Art. 52 Abs. 1 S. 2 GRCh. Es darf die unternehmerische Freiheit nicht unzumutbar einschränken. Dies ist auf der Grundlage einer Abwägung zwischen der Schwere des Eingriffs und dem Gewicht des Gesetzeszwecks festzustellen. Dabei ist eine generalisierende Betrachtungsweise geboten. Es kann also nicht entscheidend sein, dass im Geschäftsmodell des B Spätverkäufe alkoholischer Getränke besonderes Gewicht haben und bei seinen Kunden die von den gesetzlichen Beschränkungen betroffenen Getränke besonderes Gewicht haben. Darauf aber kann es für das Grundrecht aus Art. 16 GRCh ebensowenig ankommen, wie für die Beurteilung nach Art. 12 GG. Denn der Gesetzgeber hat generelle Regelungen zu treffen und eine generalisierende Betrachtungsweise zugrundezulegen. Dass in Einzelfällen sich der Eingriff auf Grund besonderer Gegebenheiten wie hier der spezifischen Kundenstruktur des B intensiver auswirkt, bedeutet also nicht, dass das Gesetz als solches unverhältnismäßig wäre.

**568** Es ist andererseits auch nicht ersichtlich, dass das Gesetz in sich so inkonsequent wäre, dass das Regelungsziel den Eingriff nicht mehr rechtfertigen könnte,[18] weil kein kohärentes Schutzkonzept zugrundeliegt.

**Ergebnis:** Art. 16 GRCh ist nicht verletzt.

17 Vgl insbesondere *Masing* im Sondervotum zu BVerfGE 121, 317, Rn. 184 bei juris.

18 Wie zB im Sportwettenurteil BVerfGE 115, 276 und im Urteil zum Rauchverbot in Gaststätten, BVerfGE 121, 317.

### II. Weitere Grundrechte?

Weitere Grundrechte, die verletzt sein könnten, sind nicht ersichtlich. Insbesondere verstößt da Gesetz nicht gegen das Erfordernis einer kohärenten Schutzkonzeption, wie sie vom EuGH für Beschränkungen der Grundfreiheiten als Schranken-Schranke fordert.[19] **569**

## C. Entscheidung des BVerfG

Gemäß Art. 267 III AEUV könnte das BVerfG eine Vorabentscheidung des EuGH einholen. Dies setzt voraus, dass hinsichtlich der Bestimmung der Charta Auslegungsbedarf besteht. Da aber der Schutzbereich des Art. 16 GRCh dem des Art. 12 I GG entspricht und auch die Voraussetzungen für eine Einschränkung des Grundrechts gleich sind, ist ein Anlass für Auslegungsfragen an den EuGH nicht gegeben[20] Es kann also davon ausgegangen werden, dass sich der Grundrechtsschutz des Grundgesetzes und derjenige der Charta decken.[21] Das BVerfG wird also die Verfassungsbeschwerde zurückweisen. **570**

# Repetitorium

## A. Bundesrat

*Zur Beteiligung des Bundesrats im Gesetzgebungsverfahren s* ***Fall 6****.*

Abgesehen von seinem Initiativrecht im Gesetzgebungsverfahren, ist der Bundesrat im Wesentlichen darauf beschränkt, bei Entscheidungen anderer Verfassungsorgane mitzuwirken. Diese Mitwirkungsrechte kann er ggf. im Wege des Organstreitverfahrens geltend machen. Es sind dies an erster Stelle seine Rechte im Gesetzgebungsverfahren – dazu **Fall 6**. Seine Befugnisse in Angelegenheiten der EU bestimmen sich akzessorisch zu den Gesetzgebungsbefugnissen der Länder, s den vorstehenden Fall. Schließlich bestehen im Zusammenhang mit den Verwaltungszuständigkeiten des Bundes Mitwirkungsrechte des Bundesrats. **Art. 50 GG** begründet selbst keine Befugnisse des Bundesrats, sondern beschreibt nur dessen grundsätzliche Stellung im Verfassungsgefüge. Allein auf Art. 50 GG kann also der Antrag im Organstreitverfahren nicht gestützt werden. **571-573**

Die Konsequenzen **uneinheitlicher Stimmabgabe** sind mit der Entscheidung des Bundesverfassungsgerichts zum Zuwanderungsgesetz (BVerfGE 106, 310) geklärt. Die uneinheitlich abgegebenen Stimmen sind ungültig. Wenn die Stimmen nur einheitlich abgegeben werden können, so bedeutet dies eben, dass eine uneinheitliche Stimmabgabe unwirksam ist. Ob allerdings die Stimmen

19 Vgl näher *Streinz*, Europarecht Rn 879.
20 Vgl *Kämmerer/Kotzur*, NVwZ 2020, 177 (181).
21 Vgl BVerfGE 152, 216 Rn 71.

des Landes Brandenburg einheitlich abgegeben worden waren, dazu bestanden auch im Gericht unterschiedliche Auffassungen; die Senatsmehrheit sprach dem Bundesratspräsidenten das Recht zur nochmaligen Nachfrage ab, anders das Sondervotum – näher *Degenhart* Rn 707.

**574** Ebenso ist mit BVerfGE 106, 310 geklärt, welches eigentlich die Mitglieder des Bundesrats sind: nicht die Länder, vertreten durch die Mitglieder der Landesregierungen, sondern Letztere selbst. Zur Frage, inwieweit die Mitwirkungsrechte des Bundesrates durch Art. 79 III GG einer Verfassungsänderung entzogen sind, s *Degenhart* Fall 72 (zu einer aktuellen Initiative auf Einführung des Volksentscheids in das Grundgesetz und der Frage, inwieweit auch hierbei die Rechte des Bundesrats gewahrt werden müssen).

**Zur Wiederholung:** *Degenhart* Rn 717–749.

**Aus der Ausbildungsliteratur:** *Palme*, Jura 2003, 272 (Anm. zu BVerfGE 106, 310); *Würtenberger/Kunz*, Die Mitwirkung der Bundesländer in Angelegenheiten der EU, JA 2010, 406; *Weiß*, Die Integrationsverantwortung der Verfassungsorgane, JuS 2018, 1046.

**Aktuelle Rechtsprechung:** BVerfGE 106, 310 (Zuwanderungsgesetz); BVerfGE 126, 77 (Art. 87d GG).

**Weitere Fälle im thematischen Zusammenhang:** *Dederer*, Der deutsche Vertreter im Rat der Europäischen Gemeinschaften, Jura 1998, 98; *Palme*, Theater im Bundesrat, Jura 2003, 272; *Rossi*, Zustimmungsrechte des Bundesrats, JA 2003, 672; *Sauer*, Der übergangene Bundesrat, BayVBl 2005, 285; *Eisele/Hyckel*, Die Lichtspielabgabe, JuS 2019, 149.

## B. Das Grundrecht der Berufsfreiheit in der Fallbearbeitung – „Stufen-Theorie“ und Grundrechtsprüfung

**575** Die Prüfung des Art. 12 GG in der Klausur wird vor allem durch die sog. Drei-Stufen-Theorie des Bundesverfassungsgerichts bestimmt. Sie enthält als „frühe Konkretisierung“ des Verhältnismäßigkeitsprinzips Elemente sowohl der Erforderlichkeit (Eingriff auf der untersten geeigneten Stufe) als auch der Verhältnismäßigkeit ieS (Unterscheidung der Stufen mit unterschiedlichen Rechtfertigungsanforderungen). Daher ist es möglich, die Drei-Stufen-Theorie selbstständig neben der Verhältnismäßigkeit zu prüfen oder in die Prüfung zu integrieren.[22] Vorzugswürdig erscheint Letzteres, da dann Unstimmigkeiten und Widersprüche vermieden werden.[23]

### I. Schutzbereich

**576** Subjektiv: Deutschengrundrecht; zu Art. 2 I GG als Auffanggrundrecht für Nichtdeutsche s das Schächt-Urteil BVerfGE 104, 337; beim EU-Ausländer ist allerdings zu erörtern, ob das Diskriminierungsverbot des Art. 18 AEUV den Schutz des Art. 12 I GG erfordert; dies dürfte wegen BVerfGE 129, 78 (97) zu bejahen sein.[24]

22 S dazu *Manssen*, BayVBl 2001, 642.

23 *Der Verfasser hat es nie als nachteilig gewertet, wenn Bearb. die Stufentheorie nicht ausdrücklich erwähnt, sondern von vornherein eine entsprechend strukturierte Verhältnismäßigkeitsprüfung vorgenommen haben – dies wird jedoch nicht immer so gesehen.*

24 *Lenz/Hansel* § 90 Rn. 84.

Objektiv: Beruf = auf Schaffung und Unterhaltung einer Lebensgrundlage gerichtete und auf Dauer angelegte Tätigkeit, die nicht per se verboten ist.

Die freie Wahl der Ausbildungsstätte ist eigenständiges Grundrecht; es spielt eine Rolle bei Studiengebühren; s auch **Fall 4**.

## II. Eingriff

Jede Maßnahme bzw gesetzliche Regelung, die gerade auf die Berufsregelung zielt (subjektiv berufsregelnde Tendenz) oder aber bei neutraler Zielsetzung sich tatsächlich mit erheblichem Gewicht auf die berufliche Betätigung auswirkt (objektiv berufsregelnde Tendenz). Ist eine Beeinträchtigung der beruflichen Betätigung nur mittelbare Folge eines Gesetzes (Beispiel: Abgabengesetze), so ist diese objektive berufsregelnde Tendenz erforderlich.[25] **577**

Berufsbezogen sind zB Änderung der Betriebsgenehmigung für einen Flughafen (Nachtflugverbot) gegenüber Luftfrachtunternehmen;[26] nicht ist dies die Rechtschreibreform gegenüber Verlagen, die dadurch zu betrieblichen Dispositionen veranlasst werden: sie richtet sich nicht speziell an Verlage oder Druckereien; Verkehrsverbote für bestimmte Produkte[27] greifen einerseits final in die Berufsfreiheit des Herstellers ein, mittelbar auch dadurch, dass sie ihn zur Produktumstellung zwingen und haben auch objektiv berufsregelnde Tendenz. Dies gilt auch für ein Gesetz, das Tierversuche beschränkt oder verbietet, wenn es im Schwerpunkt solche Aktivitäten betrifft, die gewerblich ausgeübt werden, zB Tierversuche in der Kosmetikindustrie.[28] Einen faktischen Eingriff kann die Offenlegung von Betriebsinterna bedeuten.[29] Keine berufsregelnde Tendenz haben steuerliche Regelungen, wenn sie, wie die sog. Ökosteuer, grundsätzlich alle Verbraucher treffen, mögen sie sich auch gegenüber einzelnen Berufsgruppen nachteilig auswirken, vgl BVerfGE 110, 274.

Die Frage der Berufsbezogenheit stellt sich insbesondere auch bei faktischen (mittelbaren) Eingriffen iSd „modernen" Eingriffsbegriffs. Für **staatliche Informationstätigkeit** ist jedoch die „Glykol-Entscheidung" BVerfGE 105, 252 zu beachten,[30] wonach „marktbezogene Informationen" keine Grundrechtsbeeinträchtigung darstellen (näher Rn 713): Informationen, die der Markttransparenz dienen, berühren den Schutzbereich der Berufsfreiheit auch dann nicht, wenn sie sich auf die Wettbewerbsposition eines Unternehmens nachteilig auswirken. Demgegenüber schützt Art. 12 I GG Unternehmen in ihrer beruflichen Betätigung vor inhaltlich unzutreffenden Informationen oder vor Wertungen, die auf sachfremden Erwägungen beruhen oder herabsetzend formuliert sind. Die Einordnung der Entscheidung in den klassischen Aufbau der Grundrechtsprüfung bereitet hier Schwierigkeiten, da Grundrechtseingriff und Eingriffsrechtfertigung unter dem Oberbegriff der „Grundrechtsbeeinträchtigung" ineinander übergehen und die sachliche Richtigkeit bereits als Frage des Schutzbereichs behandelt wird. ME kann hier zumin- **578**

25 Vgl *Jarass/Pieroth*, Art. 12 Rn 15.
26 Examensfall NW, *Pieroth/Görisch*, NWVBl 2001, 282.
27 Vgl BGHZ 111, 349.
28 Hierzu den Hausarbeitsfall bei *Wernsmann*, Jura 2001, 106.
29 S dazu auch Examensfall 6 EJS Bay 2001/1, BayVBl 2002, 30/57 ff.
30 Fallbeispiel: *Grote/Kraus* – Fall 2; die dort lehrbuchartig ausgeführte Entwicklung zum „modernen" Eingriffsbegriff kann in einer Klausur nicht dargestellt werden.

dest im Ansatz am herkömmlichen Aufbau festgehalten werden; Schwerpunkt der Prüfung wäre dann das Vorliegen eines Grundrechtseingriffs.

*Auf dieser Ebene der Prüfung kann bereits die Zuordnung zu einer der „Stufen" iSd Stufentheorie vorgenommen werden, sofern man diese Prüfung nicht der Ebene der verfassungsrechtlichen Rechtfertigung vorbehalten will.*[31] *Letzteres erscheint vorzugswürdig: die Stufentheorie ist nichts anderes als das auf das Grundrecht des Art. 12 GG hin formulierte Verhältnismäßigkeitsprinzip.*[32]

## III. Verfassungsrechtliche Rechtfertigung

### 1. Einschränkbarkeit des Grundrechts

579 Hierbei sollte erwähnt werden, dass Berufswahl und -ausübung ein einheitliches und einem einheitlichen Schrankenvorbehalt unterliegendes Grundrecht darstellen, verbunden mit der Feststellung, dass für Eingriffe auf jeglicher Stufe eine gesetzliche Grundlage erforderlich ist; auch an dieser Stelle könnte geprüft werden, auf welcher „Stufe" iSd Stufentheorie sich das Gesetz bewegt – sofern man diese Feststellung nicht der Prüfung der Verhältnismäßigkeit vorbehalten will.

### 2. Voraussetzung der Grundrechtseinschränkung durch Gesetz: verfassungsmäßiges Schrankengesetz

#### a) Formelle Verfassungsmäßigkeit

#### b) Materielle Verfassungsmäßigkeit

580 aa) Der Parlamentsvorbehalt muss gewahrt sein; dh grundrechtswesentliche Fragen sind vom Gesetzgeber selbst zu regeln und nicht im Wege der Verordnung oder Satzung; dies gilt auch dann, wenn, wie häufig im Berufsrecht der freien Berufe, die Berufsausübung durch Satzung geregelt wird (näher *Degenhart* Rn 362 ff.) – werden hier Regelungen, die der Gesetzgeber treffen müsste, in der Satzung entschieden, so ist diese insoweit verfassungswidrig.

581 bb) Das Gesetz muss verhältnismäßig sein; die Anforderungen richten sich nach der „Stufentheorie". Deshalb ist zu prüfen:

(1) Eingriff auf welcher Stufe (sofern das nicht schon unter III.1 oder beim Eingriff festgestellt wurde)? Liegt dem Eingriff ein legitimer Zweck zugrunde? Hierfür ist je nach „Stufe" zu differenzieren:
- wenn Berufsausübungsregelung: „vernünftige Erwägungen des Gemeinwohls";
- wenn subjektive Berufswahlregelung: „wichtige Gemeinschaftsgüter";
- wenn objektive Berufswahlregelung: dringende Gefahren für „überragend wichtige Gemeinschaftsgüter";

---

31 Dafür zB der Fall einer Altersgrenze für kommunale Wahlbeamte bei *Kelm*, Jura 2001, 611, dort auch zum Verhältnis von Art. 12 I und Art. 33 GG; für eine Einordnung nach Stufen bereits bei Feststellung des Eingriffs s demgegenüber den Fall bei *Pieroth/Görisch*, NWVBl 2001, 282 (284).

32 So auch *Kingreen/Poscher* Rn 991.

– zu den Anforderungen an legitime Gemeinwohlziele s beispielhaft BVerfGE 107, 186 (Impfstoffversand an Ärzte); BVerfGE 108, 150 (Sozietätswechsel); BVerfGE 117, 163 (Erfolgshonorare).

(2) Ist die Regelung **geeignet und erforderlich** – wäre eine Regelung auf niedrigerer Stufe ausreichend?

(3) Verhältnismäßigkeit im engeren Sinn – ist der Eingriff angemessen? Im Sportwettenurteil BVerfGE 115, 276 und im Urteil zum Rauchverbot in Gaststätten, BVerfGE 121, 317 verlangt das BVerfG auch, dass die Regelung in sich konsequent sein muss – in beiden Fällen wurde dies verneint; im Urteil zum Ladenschluss bejaht; dem entspricht das Kohärenzgebot des EuGH (Rn 586a). Änderungen der gesetzlichen Vorgaben, die zB dazu führen, dass ein Beruf nicht mehr ausgeübt werden kann, können Übergangsregelungen erforderlich machen; dies setzt allerdings voraus, dass ein Beruf bisher in zulässiger Weise ausgeübt wurde. Generellen Schutz vor frustrierten Investitionen gewährt Art. 12 I GG nicht.[33]

### 3. Verfassungsmäßigkeit der Einschränkung durch Verwaltung/Rechtsprechung

#### a) Verfassungsmäßiges Schrankengesetz (s 2.) 582

Wenn der Eingriff unmittelbar auf eine untergesetzliche Rechtsvorschrift zurückgeht, insbesondere eine berufsständische Satzung: Beachtung des Parlamentsvorbehalts, Entscheidung der grundrechtswesentlichen Fragen durch Gesetz; in dieser Fallkonstellation ist nach der Prüfung des Gesetzes und vor der Prüfung des Einzelfalles die untergesetzliche Norm zu prüfen.[34]

#### b) Anwendung des Gesetzes

Hier wie stets bei der Prüfung im Einzelfall ist darauf abzustellen, inwieweit eine gebundene, inwieweit eine Ermessensentscheidung zu treffen ist: wenn etwa ein Gesetz zur Gewerbeuntersagung oder zu Auflagen ermächtigt, ist die Stufentheorie auch auf die behördliche Entscheidung anzuwenden.

## IV. Insbesondere: Wirtschaftliche Betätigung von Gemeinden

Die verfassungsrechtliche Problematik **wirtschaftlicher Betätigung** von Gemeinden 583
stellt sich meist aus der Perspektive privater Wettbewerber.[35] Gemeinden sind von Verfassungs wegen nicht gehindert, sich wirtschaftlich zu betätigen, also solche Aktivitäten zu entfalten, die auch von Privaten mit Gewinnerzielungsabsicht wahrgenommen werden könnten. Andererseits gehören diese Aktivitäten auch nicht zum geschützten Kernbereich der kommunalen Selbstverwaltung, können also vom Gesetzgeber beschränkt werden. Entsprechende Beschränkungen enthalten die Gemeindeordnungen der Länder.

33 BVerfG, B. v. 30.6.2020 – 1 BvR 1679/17 u.a. – Rn 111, www.bundesverfassungsgericht.de.
34 Beispielhaft: Aufgabe 6 EJS Bay 2001/2, BayVBl 2004, 28/60 (Werbung der freien Berufe).
35 S dazu *Faßbender*, DÖV 2005, 89.

Sie fordern einen öffentlichen Zweck und enthalten eine spezielle Subsidiaritätsklausel, also einen Vorbehalt dahingehend, dass nicht Private die gleiche Aufgabe ebenso gut erfüllen können.

**584** Ob es sich hierbei um eine Schutznorm zugunsten privater Wettbewerber handelt, ist str., wird aber in der Rspr überwiegend verneint. Auch eine verfassungskonforme Auslegung soll zu keinem anderen Ergebnis zwingen: Art. 12 I GG, der hier in erster Linie einschlägig ist, gewährt keinen „Schutz vor Wettbewerb". Daher kommen in aller Regel auch keine grundrechtlichen Abwehransprüche in Betracht; anders dann, wenn die Gemeinde sich aus ihrer hoheitlichen Stellung Wettbewerbsvorteile verschafft, eine Monopolstellung innehält oder in einen Verdrängungswettbewerb eintritt. Diese enge Auffassung wird allerdings zusehends in Frage gestellt (*Erbguth/Mann/Schubert* Rn 322 ff.), unter Hinweis auf den Schutz auch vor mittelbarer Grundrechtsbeeinträchtigung durch Art. 12 I GG, mit der Folge, dass die kommunalrechtlichen Subsidiaritätsklauseln als drittschützend zu werten wären.

**585** Zu beachten ist, dass bestimmte Bereiche den Gemeinden (und sonstigen Hoheitsträgern) von vornherein verschlossen sind: Die Herausgabe von Presseerzeugnissen (darunter fallen nicht die amtlichen Verlautbarungsorgane) und die Betätigung als Rundfunkveranstalter wird durch Art. 5 I GG ausgeschlossen, denn: die Medien müssen sich im staatsfreien Raum entfalten. Hier müssten privaten Medienunternehmen Abwehrrechte auch nach öffentlichem Recht zustehen. Problematisch sind auch ausufernde Internet-Auftritte von Gebietskörperschaften.[36]

### V. Grundfreiheiten des Unionsrechts

**586** Staatliche Maßnahmen, die aus der Sicht des Grundgesetzes eine Beschränkung der Berufsfreiheit nach Art. 12 GG darstellen, können aus unionsrechtlicher Sicht, wenn die in Frage stehenden Tätigkeiten einen Gemeinschaftsbezug haben, die Grundfreiheiten des AEUV beeinträchtigen; siehe für die Dienstleistungsfreiheit **Fall 10** und **Fall 12** – und für die Warenverkehrsfreiheit **Fall 18** – Schmidberger; die Grundstruktur der Prüfung ist vergleichbar der Grundrechtsprüfung: tatbestandliche Anwendbarkeit (Schutzbereich) – Vorliegen einer Beeinträchtigung (Eingriff) – Rechtfertigung. In der Frage einer Beeinträchtigung ist zwischen Diskriminierungs- und Beschränkungsverboten zu unterscheiden; in der Frage der Rechtfertigung werden neben den ausdrücklich normierten Gründen auch wichtige Gemeinwohlgründe anerkannt; diese müssen aber diskriminierungsfrei angewandt werden; näher zur Thematik s im Repetitoriumsteil zu **Fall 18.**

### VI. Aktuelle Entwicklungen

**586a** Umstritten ist nach wie vor das Glücksspielrecht. Dies gilt für die fortbestehenden staatlichen Monopole und für das umfassende Internetvertriebs- und Werbeverbot und betrifft die Vereinbarkeit sowohl mit Art. 12 GG als auch mit der Dienstleistungsfreiheit.

36 Dazu näher BGHZ 205, 195; *Degenhart*, K&R Beihefter 1/2016 zu Heft 6 und AfP 2018, 189; AfP 2020, 185; – jeweils zum UWG.

Das BVerwG bejaht im Urteil vom 1.6.2011[37] die Verfassungsmäßigkeit der Verbote, da ihnen mit der Bekämpfung der Wettsucht und dem effektiven Jugendschutz besonders wichtige Gemeinwohlbelange zugrundeliegen, so das BVerwG.[38] Dabei stellt das BVerwG auf die örtlich und zeitlich unbeschränkte Verfügbarkeit der Internetangebote ab, die ein besonderes Gefährdungspotenzial begründen. Das BVerwG prüft die Verbote auch am Maßstab europäischen Unionsrechts. Als Beschränkung der Dienstleistungsfreiheit nach Art. 56, 57 AEUV sind sie gleichermaßen gerechtfertigt (näher zu Beschränkungen der Dienstleistungsfreiheit s nach **Fall 18**). Das BVerwG sieht das vom EuGH in diesem Zusammenhang entwickelte **Kohärenzgebot** gewahrt.[39] Es besagt, dass der Gesetzgeber die mit der Beschränkung verfolgten Zielsetzungen auch tatsächlich effektiv und konsequent verfolgen muss (und nicht in Wahrheit finanzielle bzw fiskalische Interessen). In ähnlicher Weise hat auch BVerfGE 115, 276 für das Glücksspielrecht und BVerfGE 121, 317 für Rauchverbote in Gaststätten ein solches Gebot der Widerspruchsfreiheit aufgestellt.

**Zur Wiederholung:** *Kingreen/Poscher* Rn. 932–1000.

**Aus der Ausbildungsliteratur:** *Nolte/Tams*, Grundfälle zu Art. 12 I GG, JuS 2006, 31, 130, 218; *Krimms*, Das Grundrecht der Berufsfreiheit in der Fallbearbeitung, JuS 2001, 664; *Mann/Worthmann*, Berufsfreiheit (Art. 12 GG) – Strukturen und Problemkonstellationen, JuS 2013, 385; *Frenz*, Die Berufsfreiheit – Nichtraucherschutz, Sportwetten, Studiengebühren, JA 2009, 252; *Lippert*, Glücksspielrecht – nationale und europarechtliche Grundlagen, JA 2012, 124; *Hoffmann/Borchers*, Der Anwalt und sein Recht auf Papier, JA 2015, 197.

**Aktuelle Rechtsprechung:** EuGH DVBl 2004, 424 (Versandhandel mit Arzneimitteln); EuGH, Urteil vom 4. Februar 2016, C-336/14 (Vermittlung von Sportwetten in Bayern ohne Erlaubnis); BVerfGE 105, 232 (marktbezogene Informationen); BVerfGE 107, 186 (Impfstoffversand an Ärzte); BVerfGE 108, 150 (Sozietätswechsel); BVerfGE 110, 141 (Kampfhunde); BVerfGE 111, 10 (Ladenschluss); BVerfGE 115, 276 (Sportwetten); BVerfGE 117, 163 (Erfolgshonorare); BVerfGE 121, 317 (Rauchverbot in Gaststätten); BVerfG (K) NJW 2011, 665 (Internet-Werbung von Zahnärzten); BVerfG MDR 2016, 242 (kein Sozietätsverbot eines Rechtsanwalts mit Ärzten/Apothekern); BVerfG NJW 2014, 613 (gleichzeitige Zulassung als Rechtsanwalts- und Patentanwaltsgesellschaft); BVerfGE 138, 261 (Sonntagsarbeit); BVerfGE 142, 268 (Bestellerprinzip); BVerfG, B. v. 30.6.2020 – 1 BvR 1789/17 – (Offshore-Windparks).

**Fälle im thematischen Zusammenhang:** *Kremer*, Erlaubnis zum Betrieb einer Spielbank, JURA 2004, 1135; *Kremer*, Warnung vor gentechnisch veränderten Lebensmitteln, Jura 2009, 299; *Lohse*, Milchbauern in Aufruhr, JURA 2009, 458; Ladage/Kube, Verkaufsverbot für alkoholische Getränke, StudZR 2015, 229; *Prehn*, Alles Gute kommt von oben, JA 2010, 438; *Weinbuch*, „Du sollst nicht rauchen", JA 2013, 197; Wagner, Gesetzgebungsoutsourcing und Arzneimittelberbot, Jura 2016, 83; *Lüdemann/Hermstrüwer*, Das Verkaufsverbot für Schokozigaretten, JuS 2012, 57; *Beaucamp*, Streit um das neue Spielhallengesetz, JA 2018, 834; *Kellner*, Ruhestand wider Willen: die Altersgrenze für Notare, VR 2018, 384; *Mangold/Lange*, Atomsausstieg, JuS 2018, 161; *Kingreen/Daum*, Durchblick in dicker Luft, Jura 2019, 319; *Klenner*, Tätowierungen im Polizeidienst, JuS 2018, 701.

37 BVerwG NVwZ 2011, 1319.

38 AaO Rn 20.

39 EuGH NVwZ 2010, 1422 Rn 55, 64 ff.; *Streinz*, Europarecht Rn 879.

Fall 9

# Corona-Bonds

*Umfangreicher und anspruchsvoller Examensfall mit Bezügen zum Europarecht*

587 Um den durch die Corona-Krise besonders betroffenen Staaten beizustehen, will die EU auf der Grundlage der Solidaritätsklausel des Art. 222 AEUV einen Wiederaufbaufonds im Volumen von 1 Billion Euro bereitstellen. Dieser Fonds soll durch Kreditaufnahme finanziert werden. Mittel sollen aus dem Haushalt der EU kommen; die EU soll ermächtigt werden, in diesem Umfang Kredite aufzunehmen. Die Tilgung der Kredite soll aus dem EU-Haushalt erfolgen, zu dem die Mitgliedstaaten anteilig beitragen; Deutschland etwa 27%. Sollte ein Mitgliedstaat zur Tilgung nicht in der Lage sein, sollen die übrigen Mitgliedstaaten hierfür anteilig haften. Der Hilfsfonds wird durch den Rat einstimmig gemäß § 311 III AEUV beschlossen.

Bei der Abstimmung im Bundestag über das Zustimmungsgesetz zum Beschluss des Rates gemäß § 3 des Integrationsverantwortungsgesetzes (IntVG) über die Errichtung des Wiederaufbaufonds stimmen 444 Abgeordnete (von 709) mit „ja", 102 Abgeordnete stimmen dagegen und 120 enthalten sich der Stimme. Wegen der Eilbedürftigkeit war entgegen der Geschäftsordnung der Entwurf im Bundestag in nur einer Lesung beraten und sogleich beschlossen worden; die Bundesregierung hatte das Vorhaben als „alternativlos" bezeichnet. Die Beratung und die Beschlussfassung waren bereits am Tag nach Verteilung der Drucksachen an die Abgeordneten erfolgt.

Nur wenige Tage nach Beschlussfassung in Bundestag und Bundesrat und noch vor Ausfertigung und Verkündung des Zustimmungsgesetzes im Bundesgesetzblatt geht beim BVerfG ein als „Verfassungsbeschwerde" bezeichnetes Schreiben des Rechtsanwalts Dr. Josef Filser (F), Mitglied des Bayerischen Landtags, ein mit dem Antrag, das Zustimmungsgesetz für verfassungswidrig zu erklären. Er sehe sich hierdurch in seinen Rechten aus dem Grundgesetz verletzt, insbesondere in seinen demokratischen Rechten. Er befürchtet, die Errichtung des Wiederaufbaufonds könne dazu führen, dass die Bundesrepublik für die Schulden anderer Staaten hafte, ohne auf deren Entscheidungen Einfluss zu haben. Dies führe zu nicht beherrschbaren Haushaltsrisiken und zu Umverteilungseffekten. Durch einen derartigen Finanzausgleich werde die EU zum Bundesstaat und verliere die Bundesrepublik wesentliche Elemente ihrer Souveränität[1]. Auch gebe der Bundestag mit dem Budgetrecht eines seiner wichtigsten Rechte auf. Das Gesetz, mit dem die Bundesrepublik der Errichtung des Fonds zugestimmt habe, sei daher verfassungswidrig. Im Übrigen sei auch das Gesetzgebungsverfahren fehlerhaft gewesen; bei der Beratung der Vorlagen sei in mehrfacher Hinsicht gegen § 78 der Geschäftsordnung des Bundestags verstoßen worden. Außerdem hätten zwei Drittel der 709 Abgeordneten des Bundestags zustimmen müssen.

1 Vgl BVerfGE 134, 366 Rn 41.

Die Bundesregierung bestreitet die Zulässigkeit der Verfassungsbeschwerde, da F sich nicht auf Grundrechte berufen könne. Im Übrigen handele es sich hier um politische Fragen, die nicht Gegenstand verfassungsgerichtlicher Beurteilung sein könnten. Der Wiederaufbaufonds sei im Interesse der europäischen Solidarität alternativlos. Jedenfalls aber dienten die Beschlüsse der Entwicklung der Europäischen Union und seien schon deshalb verfassungsmäßig.

Zu den Erfolgsaussichten der Verfassungsbeschwerde ist gutachtlich Stellung zu nehmen.

**Zusatzfrage:**

Um künftigen Verfassungsbeschwerden zuvorzukommen, will die Bundesregierung künftig Änderungen des AEUV und vergleichbare Vorhaben einem Referendum unterwerfen. Ein von ihr eingebrachter Gesetzentwurf sieht vor, dass das Zustimmungsgesetz, sofern Bundestag und Bundesrat zugestimmt haben, nach seiner Ausfertigung zusätzlich einem Volksentscheid zu unterwerfen ist. Die Zustimmung zur Änderung des AEUV soll nur dann wirksam werden, wenn die Mehrheit der Abstimmenden mit „ja" stimmt. Der Bundesrat vertritt in seiner Stellungnahme die Auffassung, ein Referendum könne, wenn überhaupt, dann nur nach Verfassungsänderung stattfinden. Es müssten außerdem Beteiligungsquoren und qualifizierte Mehrheiten vorgesehen werden.

Die Bundesregierung bittet den Staatsrechtler Professor Dr. P, in einem Kurzgutachten die Stellungnahme des Bundesrats auf ihre Stichhaltigkeit zu prüfen.

# Vorüberlegungen

588 Die erfolgreiche Bearbeitung der Aufgabe setzt Kenntnisse von den wesentlichen Aussagen des Lissabon-Urteils des BVerfG sowie auch seiner Entscheidungen zum ESM und zum PSPP voraus; dies darf vorausgesetzt werden, da die Entscheidungen in allen einschlägigen Zeitschriften eingehend behandelt wurden. Die dort vorgenommene subjektiv-rechtliche „Aufladung“ des Art. 38 I 1 GG ist nicht ohne Kritik geblieben; sie entspricht mittlerweile jedoch gesicherter Rechtsprechung des BVerfG und ist als bekannt vorauszusetzen. Möglicherweise noch nicht bekannt ist die Ergänzung der Identitäts- und Ultra-vires-Kontrolle durch die formelle Übertragungskontrolle[2] nach dem Beschluss des BVerfG vom 13.2.2020. Sie bezieht sich auf die Frage, ob für ein Gesetz zur Übertragung von Hoheitsrechten gemäß Art. 23 I 2 GG nach Satz 3 eine verfassungsändernde Mehrheit gemäß Art. 79 II GG erforderlich ist. Die Bearbeitung setzt weiterhin voraus, dass die Bearbeiter mit dem Verfahrensablauf beim Abschluss völkerrechtlicher Verträge vertraut sind. In der Abwandlung geht es um Fragen direkter Demokratie.

589 **Zum Aufbau:** Zur Zulässigkeit der Verfassungsbeschwerde ist insbesondere darauf einzugehen, dass der Beschwerdeführer sich hier bereits vor Ausfertigung des Gesetzes an das BVerfG wendet. Grundsätzlich muss allerdings ein „fertiges“ Gesetz abgewartet werden. Für Zustimmungsgesetze zu völkerrechtlichen Verträgen gilt eine Ausnahme. Denn ist das Gesetz erst einmal ausgefertigt und im Bundesgesetzblatt veröffentlicht und damit in Kraft getreten, ist es im „Außenverhältnis“ wirksam. Dieser Gedanke kann auch hier fruchtbar gemacht werden.

Zentrales Problem in der Zulässigkeitsstation ist das der Beschwerdebefugnis. Hier ist die Kenntnis der Rechtsprechung des BVerfG zur Rügefähigkeit von Kompetenzübertragungen an die EU unabdingbar. Hiernach kann der Wahlbürger rügen, dass durch eine Aushöhlung der Zuständigkeiten des Bundestags auch sein Wahlrecht materiell entwertet wird.

590 In der Begründetheitsprüfung ist zur Verfassungsmäßigkeit des Gesetzes auf das Gesetzgebungsverfahren und hierbei auf das bekannte Problem der Relevanz von Geschäftsordnungsverstößen einzugehen. Zur Frage einer verfassungsändernden Mehrheit kommt es darauf an, dass Bearb. die Bestimmung des Art. 23 I 3 GG sehen und hierzu brauchbare Argumente bringen. Gut vertretbar erschiene es auch, das Erfordernis einer verfassungsändernden Mehrheit aus Art. 115 I GG abzuleiten, wenn darauf abgestellt wird, dass bereits mit der Zustimmung zur Vertragsänderung inhaltlich eine Ergänzung der grundgesetzlichen Regelung erfolgt.

In der Sache geht es dann darum, ob hier die Grenzen der Integrationsermächtigung überschritten sind, weil ein weiterer Schritt in Richtung europäischer Bundesstaat erfolgt, dieser aber der verfassungsgebenden Gewalt vorbehalten und deshalb nur auf der Grundlage eines Referendums nach Art. 146 GG zulässig ist.

---

2 BVerfG GRUR 2020, 506 Rn 137.

Es versteht sich bei dieser Aufgabe von selbst, dass zur Begründetheit der Verfassungsbeschwerden jedes Ergebnis vertretbar ist. In der Fallabwandlung sollte den im Gutachtenauftrag formulierten Fragen gefolgt werden. Der Bearbeiter ist hier nicht gezwungen, einem bestimmten Prüfungsschema zu folgen, sondern kann sich relativ frei mit den im Gutachtenauftrag umrissenen verfassungsrechtlichen Problemen auseinandersetzen. Die Grundprobleme – Möglichkeiten direkter Demokratie nach dem Grundgesetz – sollten zumindest im Ansatz bekannt sein.

591 # Gliederung

**Rechtsschutzbegehren – richtige Verfahrensart**

**A. Zulässigkeit der Verfassungsbeschwerden**
- I. Beschwerde- und Prozessfähigkeit
- II. Beschwerdegegenstand
- III. Beschwerdebefugnis (+)
  1. Behauptete Grundrechtsverletzung: „Recht auf Demokratie", Art. 38 I 1 iVm Art. 20 II iVm Art. 79 III GG
  2. Eigenes, gegenwärtiges und unmittelbares Betroffensein
- IV. Beschwerdefrist, Form
- V. Rechtswegerschöpfung/Subsidiarität

**B. Begründetheit der Verfassungsbeschwerde**
- I. Eingriff in den Schutzbereich des Art. 38 I 1 GG – materielle Verkürzung des Wahlrechts als des „Rechts auf Demokratie"
- II. Eingriff verfassungsmäßig?
  1. Kompetenzgrundlage für das Zustimmungsgesetz
  2. Formelle Erfordernisse – Gesetzgebungsverfahren
     - a) Bundesgesetz
     - b) § 78 I GeschOBT
     - c) Verfassungsändernde Mehrheit, Art. 23 I 3 GG?
  3. Materielle Anforderungen
     - a) Budgethoheit des Bundestags: demokratische Legitimation
     - b) Bundesstaatlicher Finanzausgleich?

**Zusatzfrage: Gesetzentwurf über Referendum**

**A. Zulässigkeit eines Referendums**

**B. Notwendigkeit einer Verfassungsänderung?**

**C. Mehrheiten, Quoren – demokratische Legitimation**

# Musterlösung

## Rechtsschutzbegehren – richtige Verfahrensart

Für das Anliegen des F könnte hier eine Verfassungsbeschwerde nach Art. 93 I Nr. 4a GG, §§ 90 ff. BVerfGG in Betracht kommen. Ein Verfahren der abstrakten Normenkontrolle scheidet demgegenüber schon deshalb aus, weil der Antrag nach Art. 93 I Nr. 2 GG zwar von einer Landesregierung, nicht aber von einem Landesparlament und erst Recht nicht von einem einzelnen Landtagsabgeordneten gestellt werden kann. Auch ein Organstreitverfahren vor dem BVerfG scheidet aus, dies schon deshalb, weil F als Landtagsabgeordneter nicht Verfassungsorgan und auch nicht Teil eines Verfassungsorgans des Bundes ist. Als Bürger steht ihm jedoch wie jedermann die Verfassungsbeschwerde zum BVerfG offen, wenn er sich durch ein staatliches Handeln in einem seiner Grundrechte bzw grundrechtsgleichen Rechten verletzt sieht. Dies ist bei F der Fall. Er sieht sich durch das Gesetz, mit dem der Bundestag der Errichtung des Fonds zugestimmt hat, in seinen Grundrechten bzw grundrechtsgleichen Rechten verletzt. Hiergegen könnte er Verfassungsbeschwerde nach Art. 93 I Nr. 4a GG einlegen. Diese hat Erfolg, wenn sie zulässig und begründet ist. **592**

## A. Zulässigkeit der Verfassungsbeschwerden

### I. Beschwerde- und Prozessfähigkeit

F ist als natürliche Person grundrechtsfähig und damit beschwerdefähig; an seiner Prozessfähigkeit (Verfahrensfähigkeit) zu zweifeln, besteht kein Anlass. **593**

### II. Beschwerdegegenstand

Die Verfassungsbeschwerde muss sich gegen einen Akt öffentlicher Gewalt richten. Dies kann ein Akt der Legislative, Exekutive oder Judikative, muss aber stets ein Akt der dem Grundgesetz unterworfenen deutschen öffentlichen Gewalt sein. Geeigneter Gegenstand einer Verfassungsbeschwerde könnte das Zustimmungsgesetz zum Wiederaufbaufonds sein. Es handelt sich um einen Akt der inländischen deutschen Staatsgewalt. **594**

Der Zulässigkeit der Verfassungsbeschwerde könnte allerdings entgegenstehen, dass das Gesetz noch nicht ausgefertigt und verkündet und deshalb nicht in Kraft getreten ist. Im Fall der Verfassungswidrigkeit könnte die nachträgliche Nichtigerklärung des Gesetzes an dessen Bindungswirkung nach außen, also gegenüber der EU nichts ändern. Um den Rechtsschutz des Beschwerdeführers nicht ins Leere gehen zu lassen, kann das Zustimmungsgesetz ausnahmsweise schon vor seinem Inkrafttreten als geeigneter Gegenstand einer Verfassungsbeschwerde angesehen werden. Da hier die Verbindlichkeit der Zustimmung zum Wiederaufbaufonds nur noch davon abhängt, dass der Bundespräsident die Ratifikationsurkunde ausfertigt und hinterlegt, ist also die Verfassungsbeschwerde des F gegen das Zustimmungsgesetz ausnahmsweise schon vor dessen Inkrafttreten zulässig.[3] **595**

3 Vgl BVerfGE 123, 267 (329).

### III. Beschwerdebefugnis

596 F müsste beschwerdebefugt sein. Er müsste also plausibel geltend machen, durch die Zustimmungsgesetze zur Änderung des AEUV und zum ESF in einem nach Art. 93 I Nr. 4a GG und § 90 I BVerfGG beschwerdefähigen Grundrecht oder grundrechtsgleichen Recht selbst, unmittelbar und gegenwärtig verletzt zu sein.

#### 1. Behauptete Grundrechtsverletzung: Art. 20 II iVm Art. 38 I 1 iVm. Art. 79 III GG

597 F müsste plausibel geltend machen, durch die Zustimmung zum Wiederaufbaufonds in seinen Grundrechten verletzt zu sein.

a) F macht in der Begründung seiner Verfassungsbeschwerde lediglich geltend, er fühle sich in seinen demokratischen Rechten verletzt. Das Demokratieprinzip ist in Art. 20 II GG verankert, Art. 20 GG wird aber nicht in Art. 93 I Nr. 4a GG als ein beschwerdefähiges Recht benannt. F könnte jedoch in einem der in Art. 93 I Nr. 4a GG aufgeführten demokratischen Rechte, insbesondere dem Wahlrecht des Art. 38 I 1 GG, betroffen sein. Denn er macht geltend, dass wesentliche staatliche Befugnisse auf die Europäischen Institutionen übergehen und damit dem Bundestag entzogen werden. Art. 38 I 1 GG garantiert das Wahlrecht zum Deutschen Bundestag. Es ist das grundlegende demokratische Recht des Bürgers. Das Wahlrecht würde jedoch seiner Substanz beraubt, wenn der so gewählte Bundestag nichts Relevantes mehr zu entscheiden hätte, der Wahlakt verlöre seinen Sinn.[4] Der Bürger hat also nicht nur ein Recht darauf, in freier, gleicher, geheimer und unmittelbarer Wahl den Bundestag zu wählen, sondern er hat auch ein Recht darauf, dass dieser Bundestag mit substanziellen Befugnissen ausgestattet ist. Er hat ein „Recht auf Demokratie“.[5] In dieses Recht wird dann eingegriffen, wenn Kompetenzen des Bundestags auf die EU oder anderweitig auf eine zwischenstaatliche Einrichtung übertragen werden, in einem Maße, dass dieser in relevanten Bereichen keine demokratischen Gestaltungsmöglichkeiten mehr hat. Das Recht auf Demokratie umfasst daher ein Recht auch darauf, dass eine Übertragung von Hoheitsrechten nur in den vom Grundgesetz dafür vorgesehenen Formen der Art. 23 Abs. 1 Satz 2 und Satz 3, Art. 79 Abs. 2 GG erfolgt[6].

598 Das **Budgetrecht** zählt seit jeher zu den zentralen Befugnissen des Parlaments. Eine Verletzung des Bf. in seinem Recht aus Art. 38 I 1 GG ist unter diesem Aspekt nicht ausgeschlossen. Denn eine Gefährdung der Budgethoheit des Bundestags durch nicht beherrschbare Haftungsrisiken ist jedenfalls nicht von vornherein ausgeschlossen. Eine Gefährdung der Budgethoheit des Bundestags könnte auch darin liegen, dass der Wiederaufbaufonds eine Ausfallhaftung der Bundesrepublik für den Fall vorsieht, dass einer der anteilig haftenden Mitgliedstaaten ausfallen sollte. Denn hierdurch könnten die

4 Vgl BVerfGE 123, 267 (330): *„Der Wahlakt verlöre seinen Sinn, wenn das gewählte Staatsorgan nicht über ein hinreichendes Maß an Aufgaben und Befugnissen verfügte, in denen die legitimierte Handlungsmacht wirken kann.“*

5 BVerfGE 142, 123 Rn 147.

6 BVerfG B. v. 13.2.2020 – 2 BvR 739/17 –, EuZW 2020, 324 Rn 98.

Bundesrepublik Haftungsrisiken für Verbindlichkeiten anderer EU-Staaten treffen, auf deren Entstehung sie keinen Einfluss hat. Schließlich könnte F auch geltend machen, dass mit dem Wiederaufbaufonds ein Finanzausgleich wie im Bundesstaat stattfindet und damit die EU sich weiter in Richtung auf einen Bundesstaat entwickle. Denn dies könnte bedeuten, dass die Bundesrepublik Deutschland ihre Staatlichkeit aufgibt, was nur im Rahmen des Art. 146 GG möglich wäre. Mit dem Einwand, die Errichtung des Wiederaufbaufonds bedeute eine Entwicklung der EU hin zu einem Bundesstaat, wird eben dies geltend gemacht. Eine Verletzung des Art. 38 I 1 GG erscheint auch insoweit nicht von vornherein ausgeschlossen.

Schließlich könnte F in seinem Recht auf Demokratie auch dadurch verletzt sein, dass **599**
die Übertragung von Hoheitsrechten nicht in den vom Grundgesetz dafür vorgesehenen Formen der Art. 23 Abs. 1 Satz 2 und Satz 3, Art. 79 Abs. 2 GG erfolgt.[7]

### 2. Eigenes, gegenwärtiges und unmittelbares Betroffensein

Der Bf. ist selbst betroffen, da er Träger des Grundrechts aus Art. 38 I 1 GG ist. **600**

Gegenwärtiges Betroffensein könnte fraglich sein, da die Gesetze noch nicht in Kraft getreten sind; ist jedoch aus den unter III. dargelegten Gründen zu bejahen.

Unmittelbares Betroffensein bedeutet, dass das Grundrechtsbetroffensein des Bf. keinen weiteren hoheitlichen Vollzugsakt mehr voraussetzt. Für das Recht des Bf. aus Art. 38 I 1 GG ist diese Voraussetzung zu bejahen, da der Eingriff in das Budgetrecht des Bundestags bereits mit Inkrafttreten der Vereinbarung zum Wiederaufbaufonds erfolgt und hierfür keine weitere hoheitliche Maßnahme erforderlich ist; der Eingriff erfolgt nicht erst mit der tatsächlichen Inanspruchnahme des Fonds. Ebenso liegt der geltend gemachte Eingriff in die Staatlichkeit der Bundesrepublik Deutschland darin bereits unmittelbar begründet. Wenn F geltend macht, dass die Anforderungen des Art. 23 I 3 GG nicht gewahrt sind, so ist er in seinem Recht auf Demokratie auch insoweit unmittelbar betroffen.

## IV. Beschwerdefrist, Form

Die Fristenproblematik stellt sich nicht, da die Verfassungsbeschwerde noch vor Inkraft- **600a**
treten des beschwerdegegenständlichen Gesetzes eingelegt wurde. Von der Wahrung der Form des § 23 I BVerfGG ist auszugehen.

## V. Rechtswegerschöpfung/Subsidiarität

Gegen das Gesetz ist kein Rechtsweg eröffnet. Auch im Übrigen ergeben sich unter dem **601**
Gesichtspunkt der Subsidiarität keine Bedenken gegen die Zulässigkeit der Verfassungsbeschwerde; insbesondere braucht die tatsächliche Inanspruchnahme des Wiederaufbaufonds nicht abgewartet zu werden.

7 BVerfG aaO Rn 98.

### B. Begründetheit der Verfassungsbeschwerde

602 Die Verfassungsbeschwerde ist begründet, wenn die angegriffenen Gesetze verfassungswidrig sind und der Bf. hierdurch in seinen Grundrechten oder grundrechtsgleichen Rechten verletzt wird.

603 Dabei prüft das BVerfG nur die Verletzung von Verfassungsrecht. Es prüft insbesondere nicht die politische Zweckmäßigkeit. Der Einwand der Bundesregierung, es handle sich hier um politische Fragen, greift jedoch nicht durch. Denn das Budgetrecht des Parlaments und seine Integrationsverantwortung sind ebenso verfassungsrechtlich begründet, wie die Anforderungen des Art. 23 I GG. Ob allerdings das Vorhaben zu Recht als „alternativlos" bezeichnet wurde, ist in erster Linie eine Frage der politischen Einschätzung durch die hierfür zuständigen Verfassungsorgane, Bundesregierung und Bundestag.

#### I. Eingriff in den Schutzbereich des Art. 38 I 1 GG – materielle Verkürzung des Wahlrechts als des „Rechts auf Demokratie"

604 Das Zustimmungsgesetz zum Wiedaufbaufonds ESM müsste zunächst das Wahlrecht des Bürgers aus Art. 38 I 1 GG verkürzen. Dies kann – s.o. – dann der Fall sein, wenn substanzielle Befugnisse des Parlaments auf eine zwischenstaatliche Einrichtung übertragen werden. Die Zustimmung zum Wiederaufbaufonds hat zur Folge, dass wesentliche Entscheidungen mit Rückwirkungen auf den Bundeshaushalt nicht mehr vom Bundestag, sondern von dem Organ einer zwischenstaatlichen Einrichtung getroffen werden. Gleichzeitig begründet der Wiederaufbaufonds auf Grund der vorgesehenen Ausfallhaftung Haushaltsrisiken, die vom Bundestag nicht gesteuert werden können. Damit werden dem Bundestag wesentliche parlamentarische Rechte entzogen. Seine Budgethoheit wird geschmälert. Die Budgethoheit aber zählt, wie ausgeführt, zu den zentralen Rechten des Parlaments. Die Errichtung des Wiederaufbaufonds bedeutet also eine relevante materielle Verkürzung des Rechts aus Art. 38 I 1 iVm Art. 20 II GG.

#### II. Verfassungsmäßigkeit des Eingriffs?

##### 1. Kompetenzgrundlage für das Zustimmungsgesetz

605 Bei dem im Sachverhalt geschilderten Wiederaufbaufonds handelt es sich um eine zwischenstaatliche Einrichtung. Ihre Errichtung erfolgt im Zuge der Entwicklung der EU. Durch die Zustimmung zur Errichtung des Wiederaufbaufonds überträgt der Gesetzgeber Befugnisse auf den Fonds als zwischenstaatliche Einrichtung, insbesondere die Befugnis, über die Verwendung öffentlicher Mittel zu entscheiden, die von den Mitgliedstaaten aufgebracht werden.

##### 2. Formelle Erfordernisse – Gesetzgebungsverfahren

606 a) Nach Art. 23 I 2 GG muss die Übertragung in der Form eines **Bundesgesetzes** erfolgen. Dies ist hier gewahrt.

b) Das Gesetzgebungsverfahren könnte jedoch fehlerhaft sein, da gegen die Geschäftsordnung des Deutschen Bundestags verstoßen wurde. Gem. **§ 78 I GeschOBT** finden drei Lesungen statt; gemäß § 78 V GeschOBT hätte die Beratung erst drei Tage nach Verteilung der Drucksachen beginnen dürfen. Verstöße gegen die Geschäftsordnung führen jedoch als solche noch nicht zur Nichtigkeit des Gesetzes. Denkbar wäre die Annahme eines in verfassungswidriger Weise fehlerhaften Verfahrens möglicherweise auch dann, wenn schwerwiegende Verstöße gegen die GeschOBT dazu führen, dass das parlamentarische Verfahren die ihm durch die Verfassung zugeordneten Funktionen der Beratung und Entscheidungsfindung nicht mehr erfüllt. Der Umstand allein, dass Sorgfalt und Intensität der parlamentarischen Beratung darunter gelitten haben könnten, führt jedoch noch nicht zur Verfassungswidrigkeit des Gesetzes. **607**

c) Es könnte jedoch ein Gesetz mit **verfassungsändernder Mehrheit** erforderlich sein. Art. 23 I 3 GG fordert dies ausdrücklich für Regelungen, durch die das Grundgesetz seinem Inhalt nach geändert wird. Dafür spricht hier insbesondere, dass Entscheidungen über Bürgschaften u.ä. nach Art. 115 I GG durch den Bundesgesetzgeber erfolgen. Hiervon soll abgewichen werden. Dadurch wird das Grundgesetz seinem Inhalt nach geändert. Dies ist ein Fall des Art. 23 I 3 GG. Für das Erfordernis einer verfassungsändernden Mehrheit spricht auch, dass mit der Errichtung des Wiederaufbaufonds die EU ermächtigt wird, sich in hohem Maße zu verschulden. Gleichzeitig werden Haushaltsrisiken vergemeinschaftet. Insbesondere sollen dann, wenn einzelne Mitgliedstaaten nicht in der Lage sind, anteilig die von der EU aufgenommen Kredite zu tilgen, andere Mitgliedstaaten den Ausfall anteilig tragen, was im Ergebnis dazu führen kann, dass nur noch wenige leistungsfähige Staaten für die Tilgung in Frage kommen. Mit dieser Einstandspflicht kann es zu einer erheblichen Umverteilung zwischen den Haushalten und damit den Steuerzahlern der Mitgliedstaaten kommen. Damit werden Elemente eines Finanzausgleichs eingeführt, den die europäischen Verträge nicht vorsehen.[8] **608**

Dies bedeutet eine Änderung der vertraglichen Grundlagen der EU. Gemäß Art. 23 I 3 GG war daher eine qualifizierte Mehrheit von zwei Dritteln der Mitglieder des Bundestags erforderlich. Bei 709 Mitgliedern entspricht dies 473 Ja-Stimmen. Diese Zahl wurde nicht erreicht. Da also das Zustimmungsgesetz nur mit einfacher Mehrheit beschlossen wurde, ist es schon deshalb verfassungswidrig. **609**

### 3. Materielle Anforderungen

Die Zustimmung zum Wiederaufbaufonds könnte auch materiell verfassungswidrig sein und den Beschwerdeführer in seinem Recht aus Art. 38 I GG verletzen, wenn damit die Schranken der Ermächtigung nach Art. 23 I 2 GG in einer Weise überschritten wurden, die das Demokratiegebot des Art. 20 II GG verletzt. **610**

a) Die Errichtung des Wiederaufbaufonds könnte insbesondere deshalb auch materiell verfassungswidrig sein, weil damit für die Bundesrepublik nicht beherrschbare Haushaltsrisiken verbunden sein könnten. Insbesondere die vorgesehene Ausfallhaftung be- **611**

8 BVerfGE 134, 366 Rn 41; *Degenhart* Rn 282, 560.

wirkt eine Umverteilung von Haushaltsrisiken[9] und begründet damit Haftungsrisiken für den Bundeshaushalt, ohne Einflussmöglichkeit des Bundestags auf Insolvenzrisiken anderer Mitgliedstaaten, und damit eine erhebliche Gefährdung der Budgethoheit des Bundestags. Dieser substanzielle Eingriff in sein Budgetrecht könnte die Verfassungsidentität der Bundesrepublik unter dem Aspekt des Demokratieprinzips berühren, das auch die Wahrung der haushaltspolitischen Gesamtverantwortung des Bundestags fordert. Deshalb dürfen keine nicht beherrschbaren Haushaltsrisiken, zB aus Bürgschaften oder Anleihen der EU selbst eingegangen werden.

**612** In der Frage, ob Haushaltsrisiken beherrschbar sind, haben die politisch handelnden Organe allerdings einen weiten Einschätzungsspielraum. Das BVerfG kann hier nur die Einhaltung äußerster Grenzen beurteilen, was die Höhe der Risiken betrifft. Die Grenze ist jedoch dann überschritten, wenn die Bundesrepublik Risiken eingeht, ohne auf die Entstehung und die Beherrschung dieser Risiken einwirken zu können und sie für Entscheidungen haften soll, auf die sie keinen Einfluss hat. Dies gilt auch für die Beurteilung der Risiken, die mit Bürgschaften und Gewährleistungen verbunden sind, wie insbesondere der vorgesehenen Ausfallhaftung. Daher ist die Errichtung des Wiederaufbaufonds in der vorgesehenen Form mit dem *worst case* einer unbegrenzten Ausfallhaftung auch angesichts des in Rede stehenden Volumens des Fonds mit der Wahrung der haushaltspolitischen Gesamtverantwortung des Bundestags, seinem Budgetrecht und damit letztlich mit dem Prinzip der parlamentarischen Demokratie nach dem Grundgesetz nicht vereinbar. Das Zustimmungsgesetz hierzu verletzt den Beschwerdeführer in seinen Rechten aus Art. 38 I 1 iVm Art. 20 II GG. Es ist auch materiell verfassungswidrig.

**613** b) F könnte auch deshalb in seinem Recht aus Art. 38 I iVm Art. 20 II, Art. 79 III GG verletzt sein, weil, wie er geltend macht, die Errichtung des Wiederaufbaufonds Elemente eines Finanzausgleichs trägt, den die europäischen Verträge nicht vorsehen und damit die Union bundesstaatsähnliche Züge annehmen könnte. Eine Aufgabe der staatlichen Souveränität der Bundesrepublik[10] wäre im Rahmen des Art. 23 GG nicht zulässig und würde als denkbar intensivster Eingriff in die Verfassungsidentität die Unveränderlichkeitssperre des Art. 79 III GG verstoßen. Damit wären auch die Rechte aus Art. 38 I GG substantiell entwertet. Von einer Aufgabe der souveränen Staatlichkeit der Bundesrepublik könnte dann gesprochen werden, wenn das Prinzip der begrenzten Einzelermächtigung aufgegeben und der EU die „Kompetenz-Kompetenz" übertragen würde, ihre Befugnisse zu Lasten der Mitgliedstaaten einseitig zu erweitern. Dies ist jedoch bei Wiederaufbaufonds nicht der Fall. Die Befugnisse der EU sind hier gegenständlich und zeitlich begrenzt. Das Prinzip der begrenzten Einzelermächtigung wird nicht aufgegeben.

**614 -618** **Ergebnis:** Das beschwerdegegenständliche Gesetz ist formell verfassungswidrig. Es ist auch materiell verfassungswidrig, da es gegen die haushaltspolitische Gesamtverantwortung des Bundestags, sein Budgetrecht, verstößt. Die Verfassungsbeschwerde ist begründet.

---

9 Vgl BVerfGE 134, 366 Rn 41.

10 BVerfGE 123, 267, 348 f; *Streinz*, in: Sachs, Art. 23 Rn 93.

# Zusatzfrage: Gesetzentwurf über Referendum

## A. Zulässigkeit eines Referendums

Die Durchführung eines Referendums könnte durch das Grundgesetz generell ausgeschlossen sein. Nach Art. 20 II 2 GG entscheidet das Volk jedoch in „Wahlen und Abstimmungen“. Bei einem Referendum handelt es sich um die Abstimmung über ein Gesetzesvorhaben, das dem Volk vorgelegt wird. Volksabstimmungen über Gesetze verstoßen auch nicht gegen die in Art. 79 III GG festgeschriebenen Grundsätze der Demokratie des Grundgesetzes. Denn Art. 79 III GG besagt nicht, dass die Ausgestaltung der Demokratie des Grundgesetzes als einer rein repräsentativen Demokratie unveränderlich festgeschrieben wäre. Referenden sind also nicht von vornherein ausgeschlossen.[11] Ob hier nach dem zu Art. 23 GG Gesagten eine Volksabstimmung sogar geboten ist, weil die Eingliederung der Bundesrepublik in einen europäischen Bundesstaat nur durch die **verfassungsgebende Gewalt des Volkes** selbst beschlossen werden könnte,[12] kann daher dahinstehen. **619**

## B. Notwendigkeit einer Verfassungsänderung?

Für ein Referendum könnte jedoch eine Verfassungsänderung erforderlich sein. Gegen die Notwendigkeit einer Verfassungsänderung könnte eingewandt werden, dass Abstimmungen in Art. 20 II 2 GG bereits ausdrücklich genannt sind. Für die Notwendigkeit einer Verfassungsänderung könnte sprechen, dass das Verfahren der Gesetzgebung im Grundgesetz in den Art. 76–82 eingehend geregelt wird. Das Volk unmittelbar ist dort nicht beteiligt. Mit einem Referendum würde also, sei es auch nur ad hoc, das Gesetzgebungsverfahren selbst geändert. Doch soll sich das Referendum nicht unmittelbar auf das Inkrafttreten des Gesetzes beziehen. Die Bundesregierung will vielmehr ihre Zustimmung zur Änderung des AEUV vom Ausgang des Referendums abhängig machen. Dies betrifft ihr Handeln nach außen, also die Erklärung gegenüber den anderen Vertragsstaaten, die Bundesrepublik stimme der Vertragsänderung zu. Deshalb ist es gerechtfertigt, wenn das Volk, wie dies hier vorgesehen ist, im Wege eines Plebiszits in den Übertragungsakt einbezogen wird. **620**

Gegen die Notwendigkeit einer Verfassungsänderung spricht auch die Bestimmung des Art. 146 GG. Hiernach kann ohne weitere Verfassungsänderung eine Volksabstimmung über eine neue Verfassung stattfinden. Die verfassungsgebende Gewalt des Volkes ist aber auch dann gefordert, wenn eine Eingliederung in einen europäischen Bundesstaat stattfinden soll. Werden hierzu Referenden vorgesehen, so sind auch diese im Rahmen des Art. 146 GG ohne weitere Verfassungsänderung eröffnet *(aA gut vertretbar).* **621**

---

11 Dies wird auch vom BVerfG in seinem Urteil zum Lissabon-Vertrag ganz selbstverständlich vorausgesetzt, BVerfGE 123, 267 (331 f.).

12 *Degenhart* Rn 117.

## C. Mehrheiten, Quoren – demokratische Legitimation

**622** Wenn im Gesetzentwurf eine einfache Mehrheit der Abstimmenden als Voraussetzung für eine wirksame Zustimmung vorgesehen und auch kein besonderes Quorum – also die Beteiligung einer bestimmten Mindestanzahl von Stimmberechtigten bzw deren Zustimmung – gefordert wird, so könnte die erforderliche demokratische Legitimation für die Entscheidung im Referendum in Frage stehen. Auf ein Zustimmungsquorum für Volksentscheide zu verzichten, entspricht andererseits dem urdemokratischen Grundsatz[13] „Mehrheit entscheidet". Doch ist zu berücksichtigen, dass es hier um die Zustimmung zu einer weitreichenden Änderung der europäischen Verträge geht, die in ihrer Bedeutung einer Verfassungsänderung gleichkommt. Die Verfassungsordnung aber genießt besondere Bestandskraft, für Verfassungsänderungen sind daher qualifizierte Mehrheiten erforderlich. Dies gilt auch im vorliegenden Fall, wo Grundlagen der Verfassungsordnung selbst in Frage stehen. Dass eine Minderheit mit einfacher Mehrheit so weitreichende Entscheidungen trifft, würde sich mit der Notwendigkeit einer demokratischen Legitimation nicht vertragen. Es sind also besondere Anforderungen vorzusehen, die diese Legitimation sichern. Die Zustimmung muss auf breiterer demokratischer Basis stehen.

**623** Wie das Verfahren i.E. auszugestalten ist, muss im Ermessen des Gesetzgebers liegen. Eine Zwei-Drittel-Mehrheit – wie für Verfassungsänderungen nach Art. 79 II GG – muss jedoch nicht zwingend gefordert werden. Denn beim Plebiszit über das Zustimmungsgesetz ist es der Souverän selbst, der entscheidet. Es macht unter Gesichtspunkten demokratischer Legitimation einen Unterschied, ob die Repräsentanten des Volkes im Rahmen der rechtlichen Grundordnung des Grundgesetzes tätig werden, oder das Volk als Träger der verfassungsgebenden Gewalt selbst handelt.[14] Eine Mindestbeteiligung oder aber ein Zustimmungsquorum sind jedoch zu fordern. So wäre es denkbar, bei einer Mindestbeteiligung von 50 v.H. der Stimmberechtigten eine Zwei-Drittel-Mehrheit der Abstimmenden zu verlangen; dann wäre jedenfalls manifest, dass die Europäische Verfassung von einer breiten Mehrheit getragen wird. Denkbar wäre aber auch, unter Verzicht auf eine Zwei-Drittel-Mehrheit, die ja nicht zwingend ist, ein Zustimmungsquorum von 50 v.H. vorzusehen.

Der Bundesregierung ist also zusammenfassend zu antworten, dass die Durchführung eines Volksentscheids zulässig, ja sogar geboten, hierfür aber eine Änderung bzw Ergänzung des Grundgesetzes notwendig, die einfache Abstimmendenmehrheit aber nicht ausreichend ist.

13 Vgl *Schweiger*, in: Nawiasky, Die Verfassung des Freistaates Bayern, Art. 2 (1999) Rn 12; s auch BVerfGE 29, 154 (165): Mehrheitsentscheidung als allgemeines fundamentales Grundprinzip der Demokratie.

14 So galt in mehr als fünfzigjähriger Verfassungstradition im Freistaat Bayern der Grundsatz „Mehrheit entscheidet" auch für Volksentscheide über Verfassungsänderungen, ehe der Bayerische Verfassungsgerichtshof hierin in seiner Entscheidung vom 17.9.1999 zur Abschaffung des Bayerischen Senats eine planwidrige Lücke in der Verfassung erkannte.

# Repetitorium

## A. Direkte Demokratie

Das Grundgesetz kennt nach wie vor keine direktdemokratischen Institutionen. In Fallgestaltungen aus der bundesverfassungsrechtlichen Ebene wird es daher meist um Gesetzentwürfe gehen, die Volksbegehren und Volksentscheid einführen wollen. Hierfür besteht ein Verfassungsvorbehalt (s vorstehend Rn 620). Unter verfassungsrechtlichen Gesichtspunkten (die gerade für diese Thematik nicht mit verfassungspolitischen Erwägungen gleichgesetzt werden sollten) geht es bei Verfassungsänderungen nur darum, ob die Schranken des Art. 79 III GG gewahrt sind. **624**

Hiernach ist das Demokratiegebot des Grundgesetzes über Art. 20 I, II GG änderungsfest; hieraus ist abzuleiten: Erfordernis demokratischer Legitimation und Funktionsfähigkeit; hieraus wiederum: Notwendigkeit einer hinreichenden Basis für Volksbegehren und Volksentscheid. Deshalb muss für Ersteres ein gewisses Maß an Ernsthaftigkeit gefordert werden, das sich in hinreichend breiter Unterstützung zu äußern hat; wie weit für den Volksentscheid Quoren gefordert werden müssen, ist str. Hier muss abgewogen werden: Erfordernis demokratischer Legitimation einerseits – Effektivität direkter Demokratie andererseits; die Hürden dürfen nicht so hoch angesetzt werden, dass die verfassungsrechtlichen Möglichkeiten faktisch nicht realisierbar sind (Effektivität als Kriterium der Verfassungsinterpretation). **625**

Die Verfassungen der **Länder** sehen mittlerweile durchweg direkte Demokratie vor. Hier haben sich wiederholt aus dem vorgesehenen **„Finanzvorbehalt"** Verfassungskonflikte ergeben. In unterschiedlicher Formulierung sind der Haushalt oder der Haushaltsplan, Gesetze über Steuern und Abgaben und über Dienstbezüge von Volksbegehren und Volksentscheid ausgeschlossen. Dadurch soll einerseits das Budgetrecht des Parlaments gewahrt, andererseits verhindert werden, dass die Bürger – vor allem bei Gesetzen über Abgaben – „in eigener Sache" und nicht am Gemeinwohl orientiert abstimmen. Konfliktträchtig sind in diesem Zusammenhang finanzwirksame Gesetze, also Gesetze, die in ihrer Durchführung den Landeshaushalt belasten würden – zB ein Gesetz, das bessere Kinderbetreuung oder kleinere Schulklassen vorsieht. Ob es sich um Gesetze handelt, die unter den Finanzvorbehalt fallen, ist dann zunächst anhand des Wortlauts der einschlägigen Bestimmungen der jeweiligen Landesverfassung zu bestimmen. Auslegungsleitend ist darauf abzustellen, ob die jeweilige Landesverfassung parlamentarische und direktdemokratische Gesetzgebung als prinzipiell gleichrangig erachtet,[15] wie auch auf die Budgethoheit des Parlaments. Letztere wird insbesondere vom Bayerischen Verfassungsgerichtshof für den bayerischen Landtag mit großer Entschiedenheit selbst dann verteidigt, wenn sich Volksbegehren gegen bestimmte staatliche Ausgaben richten[16] – nach Bayerischer Landesbank und HRE ist von dieser Budgethoheit in der Sache allerdings nicht allzu viel verblieben. **626**

15 SächsVerfGH SächsVBl 2002, 236 gegen BayVerfGH NVwZ-RR 2000, 401.
16 Vgl dazu *Degenhart*, BayVBl 2008, 453.

**Zur Wiederholung:** *Degenhart* Rn 115–126, 245–261.

**Aus der Ausbildungsliteratur:** *Stumpf*, Verfassungsrechtliche Zulässigkeit von Volksbefragungen, Jura 2017, 601.

**Aktuelle Rechtsprechung:** HambVerfG DVBl 2005, 439 (keine Sperrwirkung des Volksentscheids gegenüber parlamentarischer Gesetzgebung); SächsVerfGH SächsVBl 2002, 236 (Budgetrecht des Parlaments und Volksentscheid); BayVerfGH BayVBl 2008, 466; BayVerfGH BayVBl 2013, 170 (Volksbegehren Studiengebühren); BayVerfGH E. v. 6.7.2019 – Vf. 41-IX-19 (Volksbegehren Pflegenotstand); BayVerfGH E. v. 16.7.2020 – Vf. 32-IX-20 – (Volksbegehren Mietenstop).

**Weitere Fälle im thematischen Zusammenhang:** *Vitzthum/Hahn*, Mehr Abstimmungsdemokratie wagen, VBlBW 2003, 38, 79; *Tappe/Escher*, Examenshausarbeit Öffentliches Recht: Volksgesetzgebung und Abgeordnetenbezüge, NWVBl 2005, 117; *Frotscher/Faber*, Volksgesetzgebung und Verfassung, JuS 1998, 820: *Palm*, Referendarexamensklausur – Öffentliches Recht: Plebiszitäre Abweichung, JuS 2007, 751; *Steiger*, Mehr direkte Demokratie? Gewagt!, Jura 2014, 963.

## B. Unionsrecht und Grundgesetz

### I. Verfassungsmäßigkeit des Übertragungsaktes

627 Es liegt nahe, dass mit der zunehmenden Verflechtung von Unionsrecht und mitgliedstaatlicher Rechtsordnung auch die europarechtlichen Bezüge in staatsrechtlichen Fällen zunehmen. Mit unterschiedlichen Fallgestaltungen ist hierbei zu rechnen; dabei ist stets zu vergegenwärtigen, dass hier zwei unterschiedliche Rechtssphären in Frage stehen und sowohl der Prüfungsgegenstand (also die hoheitliche Maßnahme), ggf. auch dessen Rechtsgrundlage, der Prüfungsmaßstab und die Kontrollinstanz diesen unterschiedlichen Sphären zugeordnet sein können. Aus der Sicht des Bürgers kann es darum gehen, dass er sich gegenüber einem ihm ungünstigen Akt des Unionsrechts auf das Grundgesetz berufen will (dies kann er in aller Regel nicht); es kann aber auch darum gehen, dass er sich gegenüber einem ihm ungünstigen Akt des deutschen Rechts auf Unionsrecht berufen will. Schließlich kann es, wie im vorstehenden Fall, auch grundsätzlich darum gehen, ob hier der Übertragungsakt vom Grundgesetz gedeckt ist oder ob Akte der Union deren Befugnisse überschreiten.

#### 1. Europäische Integration: Grundlagen und Schranken

628 Werden Hoheitsbefugnisse durch Bundesgesetz auf die EU übertragen, ist ein Akt der deutschen hoheitlichen Gewalt Prüfungsgegenstand. Prüfungsmaßstab ist Art. 23 GG. Der Staat darf auf Hoheitsrechte nur verzichten, wo dies verfassungsrechtlich vorgesehen ist – so iFd Art. 23 GG zugunsten der EU, iFd Art. 24 GG zugunsten zwischenstaatlicher Einrichtungen.[17] Gegen den Übertragungsakt wird das BVerfG angerufen: dass es das Gesetz am Maßstab des Grundgesetzes überprüft, ist unproblematisch.

Die **Prüfungsreihenfolge** für das Übertragungsgesetz ergibt sich ohne Weiteres aus dem Grundgesetz:

17 Deshalb wäre die Übertragung auf einen anderen Staat unzulässig, vgl den Fall von *Kempfler*, Deutsche Flugsicherung: Aufgabenübertragung an ausländische Staaten?, Jura 2004, 351.

| |
|---|
| 1. Grundsätzliche Ermächtigung: Art. 23 I 1 GG<br>2. Formelle Voraussetzungen<br>a) Bundesgesetz mit Zustimmung des Bundesrats<br>b) iFd Art. 23 I 3: Art. 79 II GG<br>3. Materielle Bindungen<br>a) Wahrung der Strukturvorgaben<br>b) iFd Art. 23 I 3 GG: Art. 79 III GG |

### 2. Grenzen der Integrationsermächtigung: 629

- im Fall einer Generalermächtigung an die EU;
- bei einer Übertragung wesentlicher Befugnisse, insbesondere in den Bereichen äußere und innere Sicherheit, Justiz, Sozialordnung und soziale Sicherung, Kultur (einschließlich Kirchen und Medien) und damit einhergehendem Verlust an Gestaltungsmöglichkeiten des Bundestags; dies gilt insbesondere auch bei Haushaltsrisiken;
- bei einer Aufgabe der Staatlichkeit der Bundesrepublik, s den vorstehenden Fall Teil 1. Hierüber könnte nur die verfassungsgebende Gewalt unmittelbar im Wege des Plebiszits entscheiden. Erweiterungen der EU sind grundsätzlich von der Ermächtigung des Art. 23 GG getragen; etwas anderes könnte möglicherweise dann gelten, wenn über die Grenzen Europas hinausgegriffen wird.[18]

Das Bundesverfassungsgericht hat in seinem Urteil vom 12.9.2012[19] eine einstweilige Anordnung gegen das Inkrafttreten des ESM-Vertrags abgelehnt, ihn jedoch nur mit der Maßgabe einer Haftungsbegrenzung auf 27 % des Grundkapitals für verfassungskonform erklärt und einen entsprechenden Vorbehalt der Bundesrepublik bei Vertragsschluss gefordert.[20] Da diese Vorbehalte wirksam erklärt wurden, wurde im Hauptsacheverfahren der Vertrag gebilligt.[21] 629a

## II. Der Vorrang des Rechts der Union und seine Grenzen

Das Recht der europäischen Union hat grundsätzlich Vorrang gegenüber innerstaatlichem Recht, dies ergibt sich bereits aus Art. 288 AEUV.[22] Denn für die EU als Rechtsgemeinschaft ist die gleichmäßige Geltung ihres Rechts essenziell.[23] Wenn daher nach Art. 23 I 1 GG die Bundesrepublik an der Gründung und Fortentwicklung der Europäischen Union mitwirkt und gemäß der Integrationsermächtigung des Satzes 2 Hoheitsrechte auf die EU übertragen kann, so bedeutet dies einen Geltungsverzicht des Grundgesetzes; das BVerfG spricht von der Einräumung eines Anwendungsvorrangs.[24] Das 630

18 Vgl dazu *Murswiek*, Der Europa-Begriff des Grundgesetzes, in: Festschrift Ress, 2005, S. 657.
19 BVerfGE 132, 195 Rn 110 ff.
20 BVerfGE 132, 195 Rn 137 ff.
21 BVerfGE 135, 217.
22 Näher *Schweitzer/Dederer*, Rn 212 ff.
23 S BVerfGE 140, 317 Rn 37.
24 BVerfGE 140, 317 Rn 38.

unionswidrige innerstaatliche Recht ist nicht nichtig, doch kommt es jeweils im Konfliktfall nicht zur Anwendung.

Der Vorrang des europäischen Rechts gilt nicht uneingeschränkt: die unantastbaren Grundsätze des Art. 79 III GG stehen, wie auch aus Art. 23 I 3 GG hervorgeht, nicht zur Disposition. Hieraus folgen Grenzen für die Öffnung der deutschen Staatlichkeit[25] und damit den Anwendungsvorrang des europäischen Rechts. Dies prüft das BVerfG im Rahmen der sog. **„Identitätskontrolle“**[26]: Rechtsakte der EU dürfen nicht dazu führen, dass die Verfassungsidentität des Grundgesetzes ausgehöhlt wird.

**630a** **Beispiel:** Im Zuge einer Identitätskontrolle wurde eine Auslieferung in Vollzug des Rahmenbeschlusses der EU über den Europäischen Haftbefehl beanstandet, weil der Grundsatz „Keine Strafe ohne Schuld“ (nulla poena sine culpa), der seine Grundlage in der **Menschenwürdegarantie** des Art. 1 I GG und im Rechtsstaatsprinzip hat, beanstandet.[27] Das ausländische Strafurteil, zu dessen Vollstreckung die Auslieferung beantragt wurde, war in einem Abwesenheitsverfahren ergangem, von dem der Verfolgte nicht unterrichtet worden war und er keine wirksame Möglichkeit hatte, sich nachträglich rechtliches Gehör zu verschaffen.[28] Die Auslieferung verstieße also gegen die Menschenwürdegarantie des Grundgesetzes. Deshalb durfte hier das europäische Recht nicht zur Anwendung kommen.

**630b** Zur Verfassungsidentität zählt das **Demokratieprinzip** des Grundgesetzes; im Zusammenhang der Euro-„Rettung“ hat das BVerfG wiederholt die Wahrung der haushaltspolitischen Gesamtverantwortung des Bundestags geprüft.[29] Sie wäre dann nicht mehr gewahrt, wenn die Bundesrepublik für Entscheidungen haften würde, auf die sie keinen Einfluss hat. Im Falle des Freihandelsabkommens CETA sieht das BVerfG einen möglichen Verstoß gegen das Demokratieprinzip als Bestandteil der Verfassungsidentität[30] durch einen gemeinsamen Ausschuss der Vertragsparteien, der verbindlich über die Umsetzung des Abkommens und über strittige Rechtsfragen entscheiden soll, sofern nicht die Zustimmung Deutschlands zwingend erforderlich bleibt.

**630c** Neben die Identitätskontrolle tritt die **ultra-vires-Kontrolle**.[31] Von einem ultra-vires-Akt wird gesprochen, wenn der Staat oder die juristischen Personen des öffentlichen Rechts den ihnen vom Recht gezogenen Wirkungskreis überschreiten (der Begriff stammt aus dem anglo-amerikanischen Rechtskreis). Das BVerfG prüft jedoch nur, ob ein Organ oder eine sonstige Stelle der EU ihre Kompetenzen offensichtlich überschritten hat und dies zu einer „strukturell bedeutsamen Verschiebung zulasten der Mitgliedstaaten“ führt.[32]

---

25 BVerfGE 140, 317 Rn 40.
26 BVerfGE 142, 123 Rn 138.
27 BVerfGE 140, 317 Rn 54.
28 BVerfGE 140, 317 Rn 60.
29 BVerfGE 129, 124, 177; BVerfGE 132, 195 Rn 210; BVerfGE 135, 317 Rn 161; 142, 123 Rn 138.
30 BVerfG NJW 2016, 3583 Rn 59 ff.
31 BVerfGE 123, 267, 353 f; 126, 286, 302 f; 142, 123 Rn 143 ff.; vgl hierzu *Koch/Ilgner*, JuS 2011, 540; *Voßkuhle/Kaufhold*, JuS 2013, 309; *Hillgruber/Goos*, Rn 1161, 1205
32 BVerfGE 126, 286, 304 ff, 398.

Im Fall Mangold (Honeywell)[33] wurde dies vom BVerfG verneint. Das BAG hatte für die Auslegung der Antidiskriminierungsrichtlinie gemäß einem Urteil des EuGH entschieden. Die Bf. gegen das Urteil des BAG machten nun geltend, der EuGH habe seine Kompetenzen zur Rechtsfortbildung überschritten. Sein Urteil müsse als „ausbrechender Hoheitsakt" vom BAG nicht beachtet werden.

Die Rüge der Verletzung der Verfassungsidentität kann ebenso wie die ultra-vires-Rüge im Wege der Verfassungsbeschwerde geltend gemacht werden. Art. 38 I 2 GG verleiht dem wahlberechtigten Bürger das Recht, nur einer demokratisch legitimierten hoheitlichen Gewalt ausgesetzt zu sein: „Recht auf Demokratie".[34] Er kann geltend machen, sein Wahlrecht werde dadurch substanziell geschmälert, dass die Entscheidungsmacht des Parlaments durch einen ausbrechenden Hoheitsakt verdrängt wird, der seinerseits durch das Zustimmungsgesetz nicht mehr gedeckt und deshalb demokratisch nicht legitimiert sei. Die Kontrolle durch das BVerfG ist jedoch „zurückhaltend und europarechtsfreundlich" auszuüben.[35] **630d**

Ultra-vires-Kontrolle und Identitätskontrolle werden nach dem Beschluss des BVerfG vom 13.2.2020 ergänzt durch eine **formelle Übertragungskontrolle**[36]. Sie bezieht sich auf die Frage, ob für ein Gesetz zur Übertragung von Hoheitsrechten gemäß Art. 23 I 2 GG nach Satz 3 eine verfassungsändernde Mehrheit gemäß Art. 79 II GG erforderlich ist. Dies ist dann der Fall, wenn die vertraglichen Grundlagen der EU oder wenn das Grundgesetz seinem Inhalt nach geändert wird. In ersterem Fall muss es sich nicht um eine Änderung des EUV oder des AEUV handeln. Auch wenn durch völkerrechtlichen Vertrag der Mitgliedstaaten eine neue zwischenstaatliche Einrichtung geschaffen wird, die zu den Institutionen der EU hinzutritt, werden die vertraglichen Grundlagen geändert. Das Grundgesetz wird seinem Inhalt nach geändert, wenn Eingriffe in die Kompetenzordnung des Grundgesetzes erfolgen, wenn zB die Rechtsprechungsaufgaben des Art. 92 GG auf eine zwischenstaatliche Einrichtung verlagert werden, aber auch dann, wenn ausschließliche Zuständigkeiten der EU begründet werden[37]. In diesen Fällen muss das Zustimmungsgesetz mit der qualifizierten Mehrheit des Art. 23 I 3, Art. 79 II GG beschlossen werden. Wird dies nicht eingehalten, so ist die zu schaffende Einrichtung nicht demokratisch legitimiert; ihre Akte wären Ultra-vires-Akte. Das Recht auf Demokratie umfasst daher ein Recht auch darauf, dass eine Übertragung von Hoheitsrechten nur in den vom Grundgesetz dafür vorgesehenen Formen der Art. 23 I 2 und Satz 3, Art. 79 II GG erfolgt[38]. **630e**

Im PSPP-Verfahren[39] ging es um das Anleihenkaufprogramm PSPP (Public Sector Asset Purchase Programme) der EZB. Dagegen war Verfassungsbeschwerde erhoben worden. Beschwerdegegenstand war das Unterlassen der deutschen Verfassungsorgane, geeignete Maßnahmen gegen Kompetenzüberschreitungen der EU zu treffen und so ihre Integrationsverantwortung wahrzunehmen. – Das Handeln der EZB selbst konnte, da kein Akt der deutschen hoheitlichen Gewalt, gemäß Art. 93 I Nr. 4a GG nicht **630f**

33 BVerfGE 126, 286; dazu *Degenhart* Rn 266.
34 BVerfGE 142, 123 Rn 147.
35 BVerfGE 142, 123 Rn 154.
36 BVerfG EuZW 2020, 324 Rn 137.
37 BVerfG EuZW 2020, 324 Rn 131.
38 BVerfG EuZW 2020, 324 Rn 98.
39 So die Kommentierung des Urteils durch *Grimm*, FAZ vom 18.5.2020.

zum Gegenstand der Verfassungsbeschwerde gemacht werden. Die Beschwerdeführer machten geltend, dass es sich bei den dem PSPP zugrundeliegenden Beschlüssen und deren Durchführung um offenkundige und strukturell bedeutsame Überschreitungen des Mandats der EZB handelt, deren Hinnahme durch Bundesregierung und Bundestag sie in ihrem Recht aus Art. 38 I 1 GG selbst, gegenwärtig und unmittelbar verletzt.[40] Nachdem das BVerfG mit Beschluss vom 18.7.2017[41] dem EuGH vorgelegt und dieser im Urteil vom 11.12.2018 einen Verstoß der EZB gegen europäisches Recht verneint hatte, ohne sich freilich ernstlich mit den Bedenken des BVerfG auseinanderzusetzen,[42] hatte das BVerfG nun abschließend zu entscheiden. Es hielt dem EuGH schwere methodische Fehler und sachliche Defizite vor: Der EuGH hatte es unterlassen, die wirtschaftlichen Auswirkungen der Politik der EZB einzubeziehen und ungeprüft die Behauptungen der EZB übernommen. Damit war er, so das BVerfG, seinem Rechtsprechungsauftrag aus Art. 9 EUV nicht nachgekommen. Seine Selbstbeschränkung in der Kontrolle „trägt dem Prinzip der begrenzten Einzelermächtigung offensichtlich nicht hinreichend Rechnung und eröffnet den Weg zu einer kontinuierlichen Erosion mitgliedstaatlicher Zuständigkeiten".[43] Seine Entscheidung war „schlechterdings nicht mehr nachvollziehbar" und ist insoweit ultra vires ergangen.[44] Damit war das BVerfG nicht mehr an die Beurteilung durch den EuGH gebunden. Es prüfte nun seinerseits, ob die EZB ultra vires gehandelt hat und bejahte dies, insbesondere weil sie ihr Handeln nicht begründet und keine hinreichende Abwägung zur Verhältnismäßigkeit vorgenommen hatte. Hierauf mussten die deutschen Staatsorgane reagieren und auf ein Unterbleiben der Rechtsverstöße hinwirken.[45] Da sie dies unterließen, waren die Verfassungsbeschwerden begründet.

### III. Sekundäres Unionsrecht und Grundgesetz

**631** Der Vorrang des Unionsrechts gegenüber nationalem Recht hat die praktisch bedeutsame Konsequenz, dass Rechtsakte der EU nicht am Maßstab des nationalen Rechts überprüft werden können. Verfassungsbeschwerde und Richtervorlage nach Art. 100 I GG gegen eine Verordnung sind daher unzulässig,[46] dies jedenfalls solange durch den EuGH i.W. gleichwertiger Grundrechtsschutz garantiert ist.[47] Angesichts einer Rechtsprechung des EuGH, die den Schutz der Grundrechte kontinuierlich ausbaut, keineswegs nur im wirtschaftlichen Bereich, dürfte auf absehbare Zeit der gleichwertige Grundrechtsstandard gesichert sein. Ganz zweifelsfrei erscheint mir diese Feststellung allerdings nicht: die Rechtsschutzmöglichkeiten für den Einzelnen sind auf europäischer Ebene keinesfalls gleichwertig.

**631a** Auch die Norm des **innerstaatlichen Rechts**, die in Umsetzung einer Richtlinie des Gemeinschaftsrechts ergeht, kann, soweit sie **„gemeinschaftsrechtlich determiniert"** ist, nicht am Maßstab des Grundgesetzes gemessen werden.[48] Denn andernfalls würde mittelbar die Richtlinie selbst am Maßstab des Grundgesetzes überprüft. In den wegweisenden Entscheidungen des Ersten Senats vom 6. November 2019 „Recht auf Vergessen I

40 BVerfG NJW 2020, 1647 Rn 90.
41 BVerfGE 146, 216.
42 *Grimm*, FAZ v. 18.5.2020 S. 9.
43 BVerfG NJW 2020, 1647 Rn 156.
44 AaO Rn 116, 118.
45 BVerfGE 142, 123 Rn 220 ff; *Hillgruber/Goos* Rn 1159.
46 BVerfGE 102, 147 (162 ff.) – Bananenmarktordnung.
47 BVerfGE 73, 339 (387); 102, 146 (162 ff.).
48 Vgl zur Problematik *Masing*, NJW 2006, 264; BVerfG NJW 2012, 45 (47).

und II" prüft das BVerfG in diesem Fall das Umsetzungsgesetz unmittelbar am Maßstab der Grundrechte der Charta.[49] Soweit demgegenüber Umsetzungsspielräume bestehen, ist das Grundgesetz der Prüfungsmaßstab[50]. Soweit Umsetzungsspielraum besteht oder die innerstaatliche Norm „überschießende" Regelungen enthält, ist selbstverständlich das Grundgesetz Prüfungsmaßstab.

Damit ergeben sich für die in Betracht kommenden Rechtsakte diese Prüfungsmaßstäbe und Zuständigkeiten: **632**

| **Rechtsakt** | **Prüfungsmaßstab** | **Entscheidendes Gericht** |
|---|---|---|
| Innerstaatliches Recht: Übertragungsakt | GG (+): Art. 23 GG | BVerfG: VB/NK gegen Übertragung |
| Primäres Unionsrecht | GG (–); aber: Übertragungsakt Art. 23 GG | BVerfG (s.o.) |
| Sekundäres Unionsrecht | GG: nur soweit „unverzichtbarer Mindeststandard" nicht gewahrt | BVerfG: VB/Vorlage analog[51] Art. 100 I GG – str. – aM: Vorlage des deutschen Zustimmungsgesetzes, derzeit aber unzulässig; (*Degenhart* Rn 267) ggf. Überprüfung des *„ausbrechenden Gemeinschaftsakts"*, in welchem Verfahren, ist offen |
| | primäres Unionsrecht, auch: GRCh ultra-vires-Kontrolle Identitätskontrolle Formale Übertragungskontrolle EU-Grundrechte (+) | innerstaatl. Gericht im Wege der Inzidentprüfung, nach Vorlage Vorabentscheidung des EuGH, Art. 267 AEUV – ggf. Nichtigkeitsklage, Art. 263 IV AEUV[52] |
| Innerstaatliche Maßnahme, unionsrechtlich determiniert (ohne Einflussmöglichkeit des innerstaatlichen Gesetzgebers) | Bindung an GG: grundsätzlich nein, Ausnahme: „unverzichtbarer Mindeststandard", aber: Grundrechtecharta als Maßstab | innerstaatl. Gericht; soweit unverzichtb. Grundrechtsstandard gemeinschaftsrechtl. nicht gewahrt: ggf. Vorlage zum BVerfG |
| | Bindung an Unionsrecht: (+), insbesondere auch sekundäres Unionsrecht | ggf. Vorabentscheidung EuGH, bei Gesetz keine Vorlage nach Art. 100 I GG |

49 BVerfGE 152, 152 Rn 54 ff.; 152, 216 Rn 65; näher Staatsrecht I Rn 290.
50 BVerfGE 152, 152 Rn 74.
51 Ob analog oder unmittelbar nach Art. 100 I GG, ist ebenfalls str. – vgl *Lecheler*, JuS 2001, 120.
52 Dazu näher *Röhl*, Jura 2003, 830.

| Rechtsakt | Prüfungsmaßstab | Entscheidendes Gericht |
|---|---|---|
| Sonstige Maßnahme innerstaatlichen Rechts (Gesetz, untergesetzliches Recht, Verwaltungsakt) | Bindung an GG (und sonstiges höherrangiges Recht) | innerstaatl. Gericht, bei formellem Gesetz ggf. Vorlage nach Art. 100 I GG |
| | Bindung an Unionsrecht: Anwendungsvorrang; gemeinschaftsrechtsfreundliche Auslegung | Beachtung des Anwendungsvorrangs des Unionsrechts, ggf. Vorabentscheidung EuGH, keine Vorlage nach Art. 100 I GG<br>Grenze des Anwendungsvorrangs: Identität des Grundgesetzes |

**Aus der Ausbildungsliteratur:** *Röhl*, Rechtsschutz gegen EG-Verordnungen, Jura 2003, 830; *Terhechte*, Grundwissen – Öffentliches Recht: Der Vorrang des Unionsrechts, JuS 2008, 403; *v. Arnauld*, Die Europäisierung des Rechts der inneren Sicherheit, JA 2008, 327; *Kretschmer*, Das Urteil des BVerfG zum Europäischen Haftbefehlsgesetz, Jura 2005, 780; *Böhm*, Grundlagen und Rechtsquellen der Europäischen Union, JA 2008, 838; *Polzin*, Das Rangverhältnis von Verfassungs- und Unionsrecht nach der neuesten Rechtsprechung des BVerfG, JuS 2012, 1; *Streinz*, Die verstärkte Zusammenarbeit: Eine realistische Form abgestufter Integration, JuS 2013, 892; *Kramer/Hinrichsen*, Die europäische Zentralbank, JuS 2015, 673; *Ruffert*, Europarecht: Anleihekäufe der EZB, JuS 2019, 181.

**Aktuelle Rechtsprechung:** BVerfGE 112, 363 (Anträge gegen Beratung der EU-Verfassung im BT); BVerfGE 113, 273 (Europäischer Haftbefehl); BVerfGE 123, 267 (Lissabon); BVerfGE 126, 286 (Mangold); BVerfG NJW 2011, 2946 (Griechenlandhilfe); BVerfG NJW 2012, 45 (Vorlage eines Gesetzes, das Recht der EU umsetzt); BVerfGE 132, 219 (ESM); BVerfGE 134, 366 (OMT-Beschluss); BVerfGE 142, 123 (OMT); BVerfGE 146, 364 (Europäischer Haftbefehl II); BVerfGE 146, 216, EuGH, NJW 2019, 952 – und BVerfG NJW 2020, 1647 – (jeweils zum Anleihenkauf der EZB)[53]; BVerfG B. v. 13.2.2020 – 2 BvR 739/17 –, GRUR 2020, 506 (europäisches Patentgericht); BVerfGE 152, 152 und 216 (Recht auf Vergessen I und II).

**Weitere Fälle im thematischen Zusammenhang:** *Franzke*, Finis Germaniae?, NWVBl 2000, 158; *Koch/Ilgner*, Referendarexamensklausur: Mangold, Lissabon, Honeywell – Von der Rechtsfortbildung des EuGH zur Ultra-vires-Kontrolle durch das BVerfG, JuS 2011, 540; *Honer*, Grundgesetz und Sezession, JuS 2018, 661.

53 Der Verf. war in den Verfahren vor dem BVerfG und dem EuGH Bevollmächtigter der Beschwerdeführer.

Fall 10

# Catch as catch can

*Umfangreicher und anspruchsvoller Examensfall mit Bezügen zum Europarecht*

## 1. Teil

633 Die Fight and Fun Ltd. mit Sitz in der Republik Irland[1] betreibt dort seit mehreren Jahren mit erheblichem kommerziellen Erfolg Kampfsportwettbewerbe in der Kategorie „Mixed martial Arts“ (MMA). Dabei werden verschiedene Kampfsportarten kombiniert; es treten ausschließlich professionelle Wettkämpfer an. Die Wettkämpfe werden angekündigt als „härtester Kampfsport der westlichen Welt“. Die Veranstaltungen werden auch über einen Pay-TV-Kanal ausgestrahlt.

Sie möchte nunmehr auch in der Bundesrepublik Fuß fassen. Nachdem ihre 100-prozentige Tochtergesellschaft Fight and Fun GmbH mit Sitz in der Stadt S im Bundesland L bereits in drei verschiedenen Bundesländern jeweils eine Wettkampfveranstaltung veranstaltet hat, will sie auch in S eine entsprechende Veranstaltung durchführen. Zwei Wochen vor dem angekündigten Termin geht ihr zu ihrer Überraschung eine Verfügung des Ordnungsamtes der Stadt S zu, mit der die Veranstaltung verboten wird.

Die Verbotsverfügung ist gestützt auf die Generalklausel im Ordnungsbehörden-Gesetz des Landes L.

§ 14 OBG lautet: *„Die Ordnungsbehörden können die notwendigen Anordnungen im Einzelfall treffen, um Gefahren für die öffentliche Sicherheit oder Ordnung abzuwehren.“*

Zur Begründung wird ausgeführt: Auf Grund ihres Eindrucks von den bisherigen Veranstaltungen in der Bundesrepublik und von Video-Aufnahmen weiterer Veranstaltungen sei die Behörde zu der Auffassung gelangt, dass derartige Kampfsportveranstaltungen die öffentliche Sicherheit und Ordnung beeinträchtigten. Zwar sei es bisher nicht zu schwerwiegenderen Verletzungen der Teilnehmer gekommen. Den Veranstaltungen sei gleichwohl ein hohes Gewaltpotenzial immanent. Gesellschaftlich anerkannte Gewalttabus würden gebrochen, wie das Einschlagen auf einen bereits am Boden liegenden Gegner oder das Weiterführen des Kampfes, obschon dem Gegner bereits blutende Wunden zugefügt wurden. Über den Sportgedanken werde eine Kultur des Prügelns legitimiert, die brutal, martialisch und die körperliche Gesundheit gefährdend anmute. Positive Erfahrungen wie Rücksichtnahme und Empathie würden negiert, der gesundheitsfördernde Aspekt des Sports werde pervertiert. Die „brutalen Gewalthandlungen“ seien auf massive Verletzung des Gegners ausgerichtet. Damit werde suggeriert, dessen körperliche Unversehrtheit sei kein schützenswertes Gut. Dies widerspreche allen Wertvorstellungen des Grundgesetzes, der Einsatz des menschlichen Körpers als Kampfmaschine widerspreche der Würde des Menschen. Auch wenn Leben und Gesundheit der Teilneh-

1 *In der Vorauflage: UK, aber zwischenzeitlich Sitzverlegung wegen des BREXIT.*

mer nicht gefährdet sein sollten, bestehe doch die Gefahr von Nachahmereffekten; auch dem müsse die Behörde auf Grund ihrer Schutzpflichten entgegentreten.

Die Fight and Fun GmbH verweist darauf, dass durch die von ihr und ihrer Muttergesellschaft veranstalteten Wettbewerbe noch kein Teilnehmer ernsthaft zu Schaden gekommen sei, was man von anderen Sportarten nicht behaupten könne. Dies verhindere schon ein striktes Reglement, das von den Kampfrichtern auch tatsächlich durchgesetzt werde. Der Vorwurf der Menschenwürdewidrigkeit sei absurd, zumal die Teilnehmer an den Wettbewerben, durchweg erfahrene professionelle Kampfsportler, völlig frei handelten und den Kampf jederzeit abbrechen könnten. Es gebe auch keine Rechtsgrundlage für das Verbot. Die Vorschrift des § 14 OBG sei zu unbestimmt. Sie sei in dieser Form bereits im Jahr 1953 in das Gesetz aufgenommen worden und könne schon deshalb neuartige Sportarten nicht erfassen. Solange nicht der Gesetzgeber Spiele der fraglichen Art verbiete, müsse die Freiheitsvermutung des Grundgesetzes gelten. Im Übrigen sei zu bedenken, dass die gleichen Veranstaltungen im Vereinigten Königreich und auch in anderen europäischen Staaten unbeanstandet durchgeführt würden. Durch das Verbot werde es ihr unmöglich gemacht, ihren Lizenzvertrag mit der Fight and Fun Ltd. zu erfüllen. Dies verstoße gegen europäisches Recht, was aber vom Bundesverwaltungsgericht in letzter Instanz nicht berücksichtigt worden sei.

Die Anfechtungsklage der Fight and Fun GmbH bleibt in allen Instanzen erfolglos.

Sie erhebt form- und fristgerecht Verfassungsbeschwerde zum BVerfG. Zur Begründung beruft sie sich auf ihr Grundrecht aus Art. 12 I GG. Sie wiederholt ihr bisheriges Vorbringen, Verletzung der Grundrechte aus Art. 12 und 14 GG, des Gleichheitssatzes, der europäischen Grundfreiheiten und des Rechts auf den gesetzlichen Richter. Der Vertreter der Behörde macht demgegenüber geltend, bei der Beschwerdeführerin handle es sich in Wahrheit um eine ausländische juristische Person. Schon deshalb sei die Verfassungsbeschwerde unzulässig. Im Übrigen habe sie schon im verwaltungsgerichtlichen Verfahren darauf hingewiesen, dass exakt das gleiche Spiel in vielen Städten des Vereinigten Königreichs sowie in den Niederlanden unbeanstandet mit großem Erfolg laufe.

**Die Erfolgsaussichten der Verfassungsbeschwerde der Fight and Fun GmbH sind zu prüfen.**

Bundesgesetzliche Bestimmungen, die sich mit dieser Art von Gewerbe beschäftigen, existieren nicht.

## 2. Teil

Es sei unterstellt, dass das BVerfG die Entscheidung des BVerwG aufgehoben und die Sache zurückverwiesen, das BVerwG daraufhin dem EuGH die Frage vorgelegt hat, ob es mit den Vorschriften des Unionsrechts vereinbar sei, wenn nach nationalem Recht die in Frage stehende gewerbliche Betätigung verboten werden muss, weil sie gegen grundgesetzliche Wertungen verstößt.

**Zur Vorlagefrage ist in der Sache Stellung zu nehmen.**

# Vorüberlegungen

Ein Grundrechtsfall mit deutlich europarechtlichen Bezügen in verwaltungsrechtlicher Einkleidung: Ausgangspunkt ist ein Verwaltungsakt – hier eine ordnungsbehördliche Verfügung, es könnte auch eine Entscheidung in Anwendung der baurechtlichen Generalklausel sein –, durch die der Adressat sich in Grundrechten verletzt sieht, die andererseits aber von der Behörde grundrechtlich begründet wird. Denn die Ordnungsbehörde sieht sich gehalten, vor allem dem Menschenwürdesatz des Art. 1 I GG, aber auch der Grundrechtsnorm des Art. 2 II 1 GG Geltung zu verschaffen, in Wahrnehmung also einer grundrechtlichen Schutzpflicht. Damit kommt es zu einer Grundrechtskollision. Das Grundrecht der Berufsfreiheit als Abwehrrecht wird eingeschränkt durch die Grundrechte aus Art. 1 und 2 GG, für die positive Schutzpflichten der Behörden bestehen. Positiver Ansatz für diese Kollision ist die Generalklausel des § 14 OBG, also die ordnungsbehördliche Generalklausel, wie wir sie etwa in Nordrhein-Westfalen mit § 14 OBG oder in Bayern mit Art. 7 LStVG haben. Für diejenigen Länder, die vom materiellen Polizeibegriff ausgehen, wäre dann die polizeiliche Generalklausel, zB § 3 SächsPolG, zugrundezulegen. In der Sache ergeben sich keine Unterschiede. **634**

Da die Verfahrenskonstellation aber nicht die der verwaltungsgerichtlichen Anfechtungsklage ist (wie zB im versammlungsrechtlichen **Fall 16**), sondern die der Verfassungsbeschwerde, ist auch der grundrechtliche Aufbau zu wählen, nach dem vertrauten Schema Schutzbereich – Eingriff – Rechtfertigung, wobei die ersten beiden Punkte keine besonderen Schwierigkeiten aufwerfen. Dass hier der sachliche Schutzbereich der Berufsfreiheit berührt ist, ist ebenso unproblematisch, wie die unmittelbare Berufsbezogenheit des Verbots. Fraglich könnte allenfalls der subjektive Schutzbereich sein. Denn der Sachverhalt weist Auslandsbezug auf, Art. 12 I GG aber ist Deutschengrundrecht, eine im Sachverhalt angelegte Spannungslage, auf die der Bearbeiter unschwer stoßen wird. Die Thematik wird schon bei der Zulässigkeit der Verfassungsbeschwerde bedeutsam. Denn bei der Grundrechtsfähigkeit ist ja darauf einzugehen, dass die Beschwerdeführerin hier eine juristische Person des Privatrechts ist, über Art. 19 III GG gelangt man dann auch zur Einschränkung, dass es sich um eine inländische juristische Person handeln muss. Dafür ist zwar an sich der Gesellschaftssitz maßgeblich, wobei es auf den tatsächlichen Sitz ankommt, also das Zentrum der geschäftlichen Aktivitäten. Wenn aber im Sachverhalt darauf hingewiesen wird, dass die Anteile der Gesellschaft zu 100 % in ausländischer Hand sind, muss eben auch insoweit der Sachverhalt ausgeschöpft werden. Dies erfordert ein gewisses Verständnis für den Sinn des Art. 19 III GG. Juristische Personen genießen Grundrechtsschutz, weil auch die natürlichen Personen, die durch sie handeln, sich auf Grundrechte berufen können. Hier könnte dann durchaus fraglich sein, ob über die Konstruktion der juristischen Person der Geltungsbereich des Art. 12 I GG als eines Deutschengrundrechts in personeller Hinsicht erweitert werden darf. Wer dies verneint, kommt dann allerdings an der Feststellung nicht vorbei, dass es sich hier nicht um „gewöhnliche" Ausländer handelt, sondern um EU-Ausländer. Diese dürfen nicht diskriminiert werden, Art. 18 AEUV. Dies gehört zu der Frage, ob das Diskriminierungsverbot auch bedeutet, dass im Anwendungsbereich der Verträge keine Beschränkung der Grund- **635** rechte auf Deutsche stattfinden darf. Dies wird überwiegend bejaht[2] – neuerdings auch vom BVerfG.[3]

**636** Gelangt der Bearbeiter so zur Anwendbarkeit des Art. 12 I GG auch in personeller Hinsicht, so hat er in der Begründetheit, nachdem Schutzbereich und Eingriff bejaht wurden, auf der Rechtfertigungsebene zunächst nach einer gesetzlichen Grundlage für den Eingriff zu fragen. An dieser Stelle ist dann kurz auf die Einschränkbarkeit des Art. 12 I GG einzugehen, wobei sich anbietet, bereits jetzt die hier unproblematische Zuordnung zur Stufe der Berufsausübungsregelungen vorzunehmen. Dass gesetzliche Grundlage für den Eingriff nur § 14 OBG sein kann, ist klar, weniger klar ist dann jedoch die im Sachverhalt freilich angesprochene Frage, ob die polizeiliche Generalklausel tatsächlich den Eingriff zu tragen vermag. Dem Gesetzesvorbehalt mag zwar genügt sein, da das Verbot ja auf eine gesetzliche Grundlage gestützt ist. Dass überhaupt ein Gesetz vorliegt, genügt jedoch bekanntlich nicht immer (s *Degenhart* Rn 330, 332). Das Gesetz muss auch den Anforderungen des Parlamentsvorbehalts entsprechen. Der Gesetzgeber muss also die wesentlichen Fragen selbst entscheiden. Das entscheidende Problem ist hier, ob für berufsbezogene Eingriffe der Gesetzgeber nicht spezielle Regelungen erlassen muss, die die wesentlichen Fragen der Berufsfreiheit erfassen. Hier ist einerseits der Parlamentsvorbehalt für grundrechtswesentliche Fragen zu berücksichtigen, andererseits aber auch zu bedenken, dass neuartige Erscheinungsformen gewerblicher Betätigungen nicht schon von vornherein umfassend geregelt werden können. Um auch hierbei Gefahren für die Allgemeinheit zu vermeiden, ist also die Generalklausel unverzichtbar.

**637** Die entscheidende grundrechtliche Abwägung findet aber nicht auf der Ebene der Gesetzesprüfung statt, sondern bei der Anwendung des Gesetzes, das ja umfassende Ermessensspielräume eröffnet. Ob Grundrechte verletzt wurden, ist eine Frage der Abwägung zwischen Berufsfreiheit auf der einen Seite, den von der Behörde zu schützenden Grundrechten aus Art. 1 und 2 GG auf der anderen Seite. Dabei stellt sich etwa für Art. 1 GG die aus den Peepshow-Fällen vertraute Fragestellung, ob die Menschenwürde disponibel ist, die Beteiligten also auf ihren Schutz verzichten können, was die Rechtsprechung überwiegend verneint.

Dass das Unterlassen einer Vorlage zum EuGH einen Verstoß gegen das Recht auf den gesetzlichen Richter nach Art. 101 I 2 GG bedeuten kann, gehört zum Grundwissen über die Bezüge von Staatsrecht und Europarecht und sollte als bekannt vorausgesetzt werden. Die Vorlagefrage selbst orientiert sich an der Laserdrome-Entscheidung des EuGH vom 14.10.2004.[4] Sie sollte in ihren Grundzügen in die Examensvorbereitung einbezogen werden, da sie wesentliche Aussagen vor allem zu den europäischen Grundrechten als Grundsätzen des Gemeinschaftsrechts und zu Beschränkungen der Grundfreiheiten enthält.

2 Vgl dazu *Kotzur*, DÖV 2001, 192.
3 BVerfGE 129, 78 (94 f.); mit Anm. *Hillgruber*, JZ 2011, 1112 (1118 ff.).
4 NVwZ 2004, 1471; didaktisch aufbereitet von *Streinz*, JuS 2005, 63.

# Gliederung 638

**1. Teil: Verfassungsbeschwerde**

**A. Zulässigkeit der Verfassungsbeschwerde**

I. Beschwerdeführer
  1. Beschwerdefähigkeit – Grundrechtsfähigkeit
  2. Prozessfähigkeit (+), § 35 I GmbHG

II. Beschwerdegegenstand: Verfügung des Ordnungsamtes – gerichtliche Entscheidungen

III. Beschwerdebefugnis
  1. Plausible Geltendmachung einer Grundrechtsverletzung: Art. 12 I GG, Art. 101 I 2 GG
  2. „selbst, gegenwärtig, unmittelbar" (+)

IV. Rechtswegerschöpfung/Subsidiarität (+)

V. Form und Frist

**B. Begründetheit der Verfassungsbeschwerde**

I. Berufsfreiheit, Art. 12 I GG
  1. Schutzbereich
    a) Sachlicher Schutzbereich (+)
    b) Subjektiver Schutzbereich (+) – s Beschwerdefähigkeit
  2. Eingriff (+): Verbot
  3. Verfassungsrechtliche Rechtfertigung
    a) Beschränkbarkeit: Berufsausübungsregelung
    b) Gesetzliche Grundlage – § 14 OBG?
      aa) Formelle Verfassungsmäßigkeit – Kompetenz: Sicherheitsrecht – „Recht der Wirtschaft", Art. 74 I Nr. 11 GG
      bb) Verhältnismäßige Einschränkung der Berufsfreiheit? keine berufsregelnde Tendenz
      cc) Bestimmtheit (+): „öffentliche Sicherheit und Ordnung" im juristischen Sprachgebrauch verfestigt; Parlamentsvorbehalt spezialgesetzliche Regelung für wesentliche Fragen der Berufsfreiheit?
    c) Verfassungskonforme Anwendung?
      aa) Eingriffsziel: Schutzgebot für Menschenwürde und Art. 2 II 1 GG
      bb) Maßnahme geeignet (+) und erforderlich (teilweise –)
      cc) Abwägung: Berufsausübung – Schutzpflicht: nur abstrakte Gefahr, kein Verstoß gegen die Menschenwürde, Verbot unverhältnismäßig

II. Recht am Unternehmen, Art. 14 I GG

III. Recht auf den gesetzlichen Richter, Art. 101 I 2 GG
   1. Entzug des gesetzlichen Richters
      a) EuGH als gesetzlicher Richter
      b) Vorlagepflicht: Dienstleistungsfreiheit, Warenverkehrsfreiheit – zwingende Gründe des Allgemeinwohls, Rechtsüberzeugung in den Mitgliedstaaten?
   2. Verstoß gegen Verfassungsrecht (+): Vorlage nicht in Erwägung gezogen

**C. Entscheidung des BVerfG**

**2. Teil: Vorlagefrage – Verstoß gegen Dienstleistungsfreiheit, Art. 56 AEUV**

# Musterlösung

## 1. Teil: Verfassungsbeschwerde

### A. Zulässigkeit der Verfassungsbeschwerde

### I. Beschwerdeführer

### 1. Beschwerdefähigkeit – Grundrechtsfähigkeit

Die Fight and Fun GmbH als juristische Person müsste, um beschwerdefähig zu sein, **639**
auch grundrechtsfähig sein. Dies richtet sich nach Art. 19 III GG.

Inländische juristische Personen des Privatrechts sind grundrechtsfähig, soweit die Grundrechte ihrem Wesen nach auf sie anwendbar sind. Die Fight and Fun GmbH ist eine inländische juristische Person, da sie ihren Sitz im Inland hat. Die Beteiligungsverhältnisse sind insoweit unerheblich. Für die Frage, ob eine juristische Person „inländisch" ist und deshalb unter Art. 19 III GG fällt, ist allein der Sitz entscheidend. Prinzipielle Grundrechtsfähigkeit darf auch der zu 100 % von der irischen Fun-Ltd. beherrschten Fight and Fun GmbH nicht abgesprochen werden.

### 2. Prozessfähigkeit

Die GmbH ist, vertreten durch ihren Geschäftsführer (§ 35 I GmbHG), auch prozess- **640**
fähig.

### II. Beschwerdegegenstand

Die Verfassungsbeschwerde muss sich gegen einen geeigneten Beschwerdegegenstand **641**
richten, also gegen einen Akt öffentlicher Gewalt. Als Akte öffentlicher Gewalt kommen hier die Verfügung des Ordnungsamtes und die sie bestätigenden gerichtlichen Entscheidungen in Betracht. Wegen des Erfordernisses der Rechtswegerschöpfung ist jedenfalls die letztinstanzliche Gerichtsentscheidung Gegenstand der Verfassungsbeschwerde. Darüber hinaus ist dies jedoch auch die Verwaltungsentscheidung, durch die das Verbot ausgesprochen wurde, durch das sich die Beschwerdeführerin in ihren Grundrechten verletzt sieht. Hierdurch wurde unmittelbar in ihre Grundrechte eingegriffen. Die Verfassungsbeschwerde richtet sich also gegen Akte sowohl der Judikative als auch der Exekutive, doch liegt nur eine Verfassungsbeschwerde vor.

### III. Beschwerdebefugnis

Die Fight and Fun GmbH als Beschwerdeführerin muss beschwerdebefugt sein.

1. Sie muss **plausibel geltend machen** können, durch die angegriffenen Hoheitsakte in **642**
ihren Grundrechten verletzt zu sein.

a) Da sie in ihrer gewerblichen Betätigung beschränkt wird, könnte sie eine Verletzung ihres Grundrechts aus **Art. 12 I GG** geltend machen. Voraussetzung ist jedoch, dass das geltend gemachte Grundrecht seinem Wesen nach auf die juristischen Personen anwendbar ist.[5] Dies ist der Fall, wenn die von dem Grundrecht geschützte Tätigkeit nicht nur individuell, sondern auch im arbeitsteiligen Verbund einer juristischen Person verwirklicht werden kann. Für die Berufsfreiheit ist dies zweifellos zu bejahen. Bedenken könnten sich jedoch daraus ergeben, dass sie sich vor allem auf ihr Grundrecht aus Art. 12 I GG beruft, es sich hierbei aber um ein Deutschengrundrecht handelt. Geht man davon aus, dass Nicht-Deutsche als natürliche Personen sich nicht auf Art. 12 I GG berufen können, so wäre es in der Tat widersprüchlich, ihnen dann, wenn sie durch eine juristische Person handeln, die Berufung auf dieses Grundrecht zu gestatten. Denn der Grundrechtsschutz der juristischen Person besteht um der natürlichen Personen willen, die durch sie handeln.

**643** Dem ist jedoch entgegenzuhalten, dass die Gesellschafterin der Fight and Fun GmbH eine juristische Person mit Sitz in einem Mitgliedstaat der EU ist. Art. 18 I AEUV verbietet jedoch im Anwendungsbereich des Vertrags jede Diskriminierung aus Gründen der Staatsangehörigkeit. Da hier Dienstleistungen grenzüberschreitend erbracht werden, ist der Anwendungsbereich der Verträge eröffnet. Dem Diskriminierungsverbot würde es widersprechen, der in Deutschland ansässigen GmbH als juristischer Person wegen des Sitzes ihrer Anteilseigner oder diesen selbst die Berufung auf das Grundrecht der Berufsfreiheit zu verweigern. Art. 18 AEUV fordert also eine Gleichstellung im Bereich des Deutschengrundrechts aus Art. 12 I GG. Eine Verletzung der Beschwerdeführerin in diesem Grundrecht erscheint jedenfalls nicht ausgeschlossen. Dies gilt auch für das Eigentumsgrundrecht des Art. 14 I GG.

**644** b) Wenn die Fight and Fun GmbH weiterhin geltend macht, das Bundesverwaltungsgericht habe europäisches Recht verkannt, und sich hierbei insbesondere auf ihre geschäftlichen Beziehungen zum britischen Lizenzgeber beruft, so macht sie damit in der Sache Grundfreiheiten des Unionsrechts, wie der Dienstleistungsfreiheit, geltend. Diese sind nicht Prüfungsmaßstab im Verfahren der Verfassungsbeschwerde. Wenn aber gerügt wird, das Bundesverwaltungsgericht habe europäisches Recht nicht berücksichtigt, so kann dies darüber hinaus auch bedeuten, dass das Gericht generell Bindungen aus dem Unionsrecht verkannt habe. Denn es kann dann, wenn ein Widerspruch nationalen Rechts zum Unionsrecht in Frage steht, verpflichtet sein, eine Vorabentscheidung des EuGH über die Auslegung des Unionsrechts einzuholen. Wenn es dies unterlässt, entzieht es dem Prozessbeteiligten seinen **gesetzlichen Richter iSv Art. 101 I 2 GG**. Dahingehend ist die Einlassung der Beschwerdeführerin hier zu werten. Art. 101 I 2 GG ist als sog. Justizgrundrecht auf alle Verfahrensbeteiligten anzuwenden, auch auf inländische wie ausländische juristische Personen.

**645** 2. Die Fight and Fun GmbH müsste weiterhin durch die angegriffenen Hoheitsakte **selbst**, **gegenwärtig** und **unmittelbar** in ihren Grundrechten betroffen sein. Daran bestehen hier keine Zweifel.

5 Dies könnte auch bereits bei der Grundrechtsfähigkeit geprüft werden; das BVerfG prüft im Beschluss vom 19.7.2011 Beschwerdefähigkeit und -befugnis zusammen.

### IV. Rechtswegerschöpfung/Subsidiarität

Die Fight and Fun GmbH müsste weiterhin gemäß § 90 II 1 BVerfGG den Rechtsweg gegen die angegriffenen Hoheitsakte ausgeschöpft haben. Dies ist hier lt. Sachverhalt zu bejahen. **646**

### V. Form und Frist

Lt. Sachverhalt ist die Verfassungsbeschwerde form- und fristgerecht eingelegt worden. **647**

**Ergebnis:** Die Verfassungsbeschwerde der Fight and Fun GmbH ist also zulässig.

## B. Begründetheit der Verfassungsbeschwerde

Die Verfassungsbeschwerde der Fight and Fun GmbH ist begründet, wenn sie durch das Verbot der Kampfsportwettbewerbe und die es bestätigenden gerichtlichen Entscheidungen in ihren Grundrechten verletzt ist. **648**

### I. Berufsfreiheit, Art. 12 I GG

#### 1. Schutzbereich

a) Der **sachliche** Schutzbereich der Berufsfreiheit des Art. 12 I GG müsste eröffnet sein. Dies ist dann der Fall, wenn es sich bei der Tätigkeit der Fight and Fun GmbH um einen Beruf iSv Art. 12 I GG handelt. Dies ist zu bejahen. Die Fight and Fun GmbH betätigt sich wirtschaftlich-unternehmerisch, indem sie die hier in Frage stehenden Wettkämpfe mit professionellen Sportlern veranstaltet. Diese Tätigkeit ist auf die Erzielung von Gewinnen und auf Dauer iS einer gewissen Nachhaltigkeit angelegt. Die Merkmale des verfassungsrechtlichen Berufsbegriffs liegen also vor. Es handelt sich auch um keine schlechthin verbotene Tätigkeit, die aus dem Schutzbereich des Grundrechts herausfallen könnte. Allenfalls könnte daran gedacht werden, dass es sich bei der Ausübung der Kampfsportart um eine sozial unwertige oder sozialschädliche Tätigkeit handelt, will man auch derartige Tätigkeiten aus dem Schutzbereich des Grundrechts ausscheiden. Doch ist dieses Kriterium zu vage, um eine Begrenzung des Schutzbereichs rechtfertigen zu können, auch fehlt es insoweit an einer allgemeinen Überzeugung von einer derartigen Unwertigkeit. **649**

b) Da die Fight and Fun GmbH als inländische juristische Person unter Art. 19 III GG fällt und auch die Tatsache, dass ihre Anteile von der britischen Ltd. gehalten werden, wegen des unionsrechtlichen Diskriminierungsverbots ihrer Grundrechtsfähigkeit nicht entgegensteht (s.o. zur Beschwerdebefugnis), ist auch der **subjektive** Schutzbereich des Art. 12 I GG eröffnet. **650**

#### 2. Eingriff

In das Grundrecht müsste eingegriffen worden sein. Eingriff ist jede Maßnahme bzw gesetzliche Regelung, die sich unmittelbar auf die berufliche Betätigung bezieht, diese **651** ganz oder teilweise oder in der Art und Weise der Ausübung behindert. Wird eine bestimmte berufliche oder gewerbliche Tätigkeit verboten, sei es, dass der Beruf oder das Gewerbe insgesamt oder dass nur einzelne Tätigkeiten untersagt werden, so liegt ein unmittelbar berufsbezogener Eingriff und damit ein Eingriff in das Grundrecht aus Art. 12 I GG vor.

### 3. Verfassungsrechtliche Rechtfertigung

652 a) Nach Art. 12 I 2 GG kann in die Freiheit der Berufsausübung durch Gesetz oder auf Grund eines Gesetzes eingegriffen werden. Eingriffe in die Freiheit der Berufswahl werden in Art. 12 I 2 GG nicht ausdrücklich genannt. Da aber Berufswahl und Berufsausübung gleichermaßen Aspekte der Freiheit beruflicher Betätigung sind, ist von einem einheitlichen Grundrecht der Berufsfreiheit auszugehen, das demgemäß auch einem einheitlichen Gesetzesvorbehalt unterliegt. Doch sind an die Rechtfertigung von Eingriffen strengere Anforderungen zu stellen, wenn in die Freiheit der Berufswahl eingegriffen wird, als bei Eingriffen in die **Freiheit der Berufsausübung**. Für einen Eingriff auf dieser Stufe spricht hier, dass dem Unternehmen nicht seine Tätigkeit generell verboten wird, sondern nur eine konkrete Veranstaltung. Andererseits aber stuft die Behörde die Tätigkeit des Unternehmens generell als ordnungswidrig ein. Damit aber ist der Eingriff in die Berufsfreiheit in seiner Intensität einer Berufswahlregelung angenähert. Dem ist bei der verfassungsrechtlichen Rechtfertigung Rechnung zu tragen.

b) Der Eingriff bedarf, wie jeder Grundrechtseingriff, einer **gesetzlichen Grundlage**. Als solche kommt hier die Bestimmung des § 14 OBG in Betracht. Diese müsste ihrerseits verfassungsmäßig sein.

653 aa) An der **formellen Verfassungsmäßigkeit** des Gesetzes zu zweifeln, besteht hier kein Anlass. Das Land war insbesondere auch zuständig zum Erlass des Gesetzes. Denn das Recht der öffentlichen Sicherheit und Ordnung ist im Wesentlichen in der Zuständigkeit der Länder verblieben.

654 Fraglich ist jedoch, ob § 14 OBG als Vorschrift des Sicherheitsrechts wirtschaftliche Betätigungen wie hier die Veranstaltung professionellen Kampfsports erfassen kann. Dies könnte als **„Recht der Wirtschaft" iSv Art. 74 I Nr. 11 GG** in die konkurrierende Zuständigkeit des Bundes fallen; dann könnte § 14 OBG hier nicht herangezogen werden. Denn Vorschriften des Landesrechts können bei verfassungskonformer Anwendung nur solche Sachverhalte erfassen, für die der Landesgesetzgeber zuständig ist. Sicherheitsrechtliche Vorschriften fallen unter Art. 74 I Nr. 11 GG, wenn sie sich mit spezifischen Gefahren bestimmter Wirtschaftszweige beschäftigen.[6] Der Bund könnte also ein Gesetz erlassen, das sich mit den unterschiedlichen Erscheinungsformen der Freizeitindustrie befasst. Ein derartiges Gesetz liegt jedoch nicht vor. Wird demgegenüber eine Vorschrift des allgemeinen Sicherheitsrechts zur Geltung gebracht, um Gefahren aus einer wirtschaftlichen Betätigung zu begegnen, so handelt es sich hierbei unverändert um Sicherheitsrecht.

---

6 *Degenhart*, in: Sachs, Art. 74 Rn 52.

bb) § 14 OBG müsste eine **verhältnismäßige Einschränkung** der Berufsfreiheit bewirken. Die Norm selbst weist jedoch keine berufsregelnde Tendenz auf und wirkt als solche noch nicht als Eingriff in die Berufsfreiheit. Soweit sie in ihrer Anwendung Einschränkungen der Freiheit der Berufsausübung ermöglicht, müssen jedenfalls vernünftige Erwägungen des Gemeinwohls zugrundeliegen. Das Anliegen, Gefahren für die öffentliche Sicherheit und Ordnung zu begegnen, stellt eine solche vernünftige Erwägung des Gemeinwohls dar. Ob dann Einschränkungen der Berufsausübungsfreiheit verhältnismäßig sind, ist eine Frage der Anwendung des Gesetzes im Einzelfall. **655**

cc) § 14 OBG könnte allerdings zu **unbestimmt** sein, da die Begriffe der öffentlichen Sicherheit und Ordnung als Voraussetzung für Grundrechtseingriffe auslegungsbedürftig sind. Doch ist die Verwendung unbestimmter Rechtsbegriffe grundsätzlich nicht zu beanstanden, wenn sich ihre Bedeutung aus dem Gesamtzusammenhang der gesetzlichen Regelung ergibt, oder wenn dieser in der Rechtsprechung hinreichende Konkretisierung erfahren hat. Dies kann für den Begriff der *„öffentlichen Sicherheit oder Ordnung“* in den Eingriffsermächtigungen des Sicherheitsrechts als dessen Zentralbegriff schlechthin prinzipiell bejaht werden. Er ist in jahrzehntelanger Entwicklung in Rechtsprechung und Rechtswissenschaft hinreichend präzisiert, in seiner Bedeutung geklärt und im juristischen Sprachgebrauch verfestigt. **656**

Gleichwohl könnten bei Eingriffen in die Berufsfreiheit des Art. 12 I GG Bedenken deshalb bestehen, weil es sich hier um Grundrechtseingriffe handelt, für die die wesentlichen Voraussetzungen vom Gesetzgeber selbst geregelt werden müssen. In grundrechtsrelevanten Bereichen muss der parlamentarische Gesetzgeber die wesentlichen Fragen selbst entscheiden, darf sich also nicht mit einer bloßen Ermächtigung an die Exekutive begnügen und dieser im Übrigen die Entscheidung überlassen.[7] Gegen diesen Parlamentsvorbehalt könnte es verstoßen, die allgemeine Eingriffsermächtigung des OBG als Grundlage für Beschränkungen der Berufsausübungsfreiheit heranzuziehen. Denn dann könnten die wesentlichen Fragen der Berufsfreiheit von der Exekutive nach eigenem Ermessen geregelt werden, an Stelle des parlamentarischen Gesetzgebers. **657**

Wollte man freilich stets in diesem Sinn eine spezielle gesetzliche Regelung fordern, so könnte angesichts der unvorhersehbaren Vielgestaltigkeit der Erscheinungen des wirtschaftlichen Lebens die Exekutive ihrer Aufgabe, die Allgemeinheit vor Gefahren zu schützen, vor allem dann nicht nachkommen, wenn neuartige Formen gewerblicher Betätigung auch neuartige Gefährdungslagen begründen. In diesem Fall müssen jedenfalls die Generalklauseln des Sicherheitsrechts solange als gesetzliche Grundlage taugen, wie eine spezialgesetzliche Regelung noch nicht möglich oder erforderlich ist. Dies betrifft auch Gewerbe, die, wie im vorliegenden Fall, sich erst entwickeln, bei denen es sich um neuartige Zweige der Unterhaltungsindustrie handelt. Hier bedeutet es keinen Verstoß gegen einen grundgesetzlichen Parlamentsvorbehalt, wenn der Gesetzgeber es zunächst bei der Maßgeblichkeit der sicherheitsrechtlichen Generalklausel belässt. § 14 OBG ist daher hinreichende gesetzliche Grundlage für ein Verbot. **658**

7 Parlamentsvorbehalt, s *Degenhart* Rn 38 ff., 332.

659 c) Das Gesetz müsste jedoch auch in **verfassungskonformer** Weise angewandt worden sein. Das BVerfG überprüft jedoch nur, ob Behörde und Gericht gegen spezifisches Verfassungsrecht verstoßen haben, nicht, ob sie einfaches Recht richtig angewandt haben. Es prüft insbesondere, ob Grundrechte in ihrer Bedeutung verkannt wurden, ob also die Berufsfreiheit der Fight and Fun GmbH nicht oder nicht hinreichend gegenüber den Zielen berücksichtigt wurde, die die Behörde im Rahmen ihrer Eingriffsmaßnahme verfolgte, und ob die Entscheidung aus anderen Gründen verfassungswidrig ist.

660 aa) Die Behörde muss insbesondere ein **legitimes Eingriffsziel** verfolgt haben. Erforderlich sind hier wichtige Gründe des Gemeinwohls. Denn der Eingriff in die Berufsfreiheit ist, wie dargelegt, in seiner Wirkung und in seiner Schwere einem Eingriff in die Freiheit der Berufswahl zumindest angenähert. Wenn die Behörde sich hier auf ihre Schutzpflicht für Leben und Gesundheit der Bürger aus Art. 2 II 2 GG beruft, die auf Grund von Nachahmereffekten und allgemeiner Herabsetzung von Hemmschwellen bedroht seien, insbesondere auch bei Jugendlichen, könnte allerdings fraglich sein, ob hier bereits die für ein ordnungsbehördliches Einschreiten erforderliche Schwelle zur konkreten Gefahr überschritten war. Dies ist jedoch zunächst eine Frage der korrekten Auslegung des § 14 OBG durch Behörden und Gerichte und damit der Anwendung einfachen Rechts. Ob jedoch die von der Behörde angenommene Gefahr dann die Einschränkung des Grundrechts der Berufsfreiheit auf Seiten der Beschwerdeführerin rechtfertigen konnte, ist eine Frage verfassungskonformer Abwägung zwischen den Eingriffszielen der Behörde und dem Grundrecht der Beschwerdeführerin. Eine Abwägung wäre allerdings nicht mehr vorzunehmen, wenn, wie von der Behörde geltend gemacht wird, die Veranstaltung eine Verletzung der Menschenwürde des Art. 1 I GG bedeuten würde. Denn die Menschenwürde des Grundgesetzes ist keiner Abwägung zugänglich.

661 bb) Die Maßnahme war **geeignet**, den von der Behörde angenommenen Störungen der öffentlichen Sicherheit und Ordnung entgegenzuwirken. Ob sie auch **erforderlich** war, ist zumindest insoweit fraglich, als es um Nachahmereffekte bei Jugendlichen geht. Es wäre ausreichend, der Veranstalterin entsprechende Zugangsbeschränkungen für Jugendliche aufzugeben. Die Behörde stützt ihre Entscheidung jedoch nicht in erster Linie auf Jugendschutz, sondern generell auf Gefahren für die Grundrechte des Art. 2 II 2 GG und vor allem auf den Schutz der Menschenwürde nach Art. 1 I GG.

cc) Ihre Entscheidung müsste auch **verhältnismäßig**, insbesondere **angemessen** sein. Sie macht jedoch lediglich abstrakte Gefahren für die Rechtsgüter des Art. 2 II 2 GG geltend. Derartige abstrakte Gefahren können grundsätzlich einen so intensiven Grundrechtseingriff, wie er hier im vollständigen Verbot der Wettkampfveranstaltung liegt, nicht rechtfertigen. Etwas anderes würde gelten, wenn die Veranstaltung gegen die Menschenwürde des Art. 1 I GG verstoßen würde. Das Gebot, die Menschenwürde zu schützen, das im Rahmen des Schutzes der öffentlichen Ordnung behördlicherseits herangezogen wurde, gilt unabhängig davon, ob die Menschenwürde unmittelbar durch den Staat oder, wie die Behörde hier annimmt, durch Private, also auch eine gewerbliche Veranstaltung, beeinträchtigt wird.[8] Es ist auch nicht entscheidend, ob sich der Verstoß gegen die Menschenwürde in der Öffentlichkeit, oder innerhalb eines geschlossenen

8 BVerwG GewArch 2007, 247 (248).

Teilnehmerkreises abspielt. Die Menschenwürde als das tragende Prinzip des Grundgesetzes bezeichnet den sozialen Wert- und Achtungsanspruch des Einzelnen, der es verbietet, ihn zum bloßen Objekt zu machen.

Der Annahme eines Verstoßes gegen die Menschenwürde des Art. 1 I GG könnte hier jedoch bereits grundsätzlich der Umstand entgegenstehen, dass die Beteiligten sich nicht gegen ihren Willen in die Kampfsituation begeben – ein Gesichtspunkt, der alle Kampfsportarten betrifft. Zwar gilt das Gebot, die Menschenwürde zu schützen, als objektive Wertentscheidung der Verfassung unabhängig davon, ob der Einzelne seinerseits diesen Schutzanspruch einfordert oder darauf verzichtet. Andererseits aber entspricht es der Menschenwürde des Grundgesetzes, die Selbstbestimmung des Einzelnen anzuerkennen und ihn nicht staatlicherseits zu bevormunden. Wenn die Teilnehmer an den Wettbewerben auf Grund eines ihnen bekannten und von ihnen als verbindlich anerkannten Regelwerks auftreten, dann handeln sie nicht als „Objekt" etwa des Veranstalters, des Gegners oder des Publikums. Dies gilt insbesondere auch deshalb, weil sie letztlich auch über einen Abbruch der Kämpfe entscheiden können. **662**

## II. Recht am Unternehmen, Art. 14 I GG

Die Fight and Fun GmbH könnte durch das Veranstaltungsverbot in ihrem Grundrecht auf Eigentum aus Art. 14 I GG unter dem Gesichtspunkt des Rechts am Unternehmen verletzt sein. Der Gewerbebetrieb genießt keinen weitergehenden Eigentumsschutz als seine wirtschaftlichen Grundlagen.[9] Das Verbot der Wettkampfveranstaltung hindert die Gesellschaft an der Ausübung ihres Gewerbes. Sie ist also in ihrer Erwerbstätigkeit berührt. Art. 14 I GG schützt jedoch das Erworbene, nicht den Erwerb. Der Schutzbereich des Grundrechts ist schon deshalb nicht eröffnet. **663**

## III. Recht auf den gesetzlichen Richter, Art. 101 I 2 GG

### 1. Entzug des gesetzlichen Richters

Durch seine letztinstanzliche Entscheidung könnte das Bundesverwaltungsgericht die Fight and Fun GmbH in ihrem Recht auf den gesetzlichen Richter dadurch verletzt haben, dass es unterließ, dem Europäischen Gerichtshof nach Art. 267 AEUV die Frage vorzulegen, ob das Verbot eine unzulässige Beschränkung von Grundfreiheiten nach dem AEUV bewirkt. **664**

a) Dann müsste der **EuGH gesetzlicher Richter** iSv Art. 101 I 2 GG sein. Dies ist zu bejahen.[10] Denn er hat die Qualität eines Gerichts, er entscheidet in richterlicher Unabhängigkeit in Fällen verletzten oder bestrittenen Rechts, übt also materiell Rechtsprechungsfunktionen aus. Seine Zuständigkeiten sind gesetzlich bestimmt. Seine Entscheidungen haben Rechtskraft und sind innerstaatlich zu beachten. Durch das Recht der EU **665**

9 BVerfGE 58, 300 (353).
10 BVerfGE 73, 339 (366).

und das nationale Recht ist also der EuGH zur Entscheidung in konkreten Rechtssachen berufen und ist dann gesetzlicher Richter.

**666** b) Es müsste ein **„Entzug"** des gesetzlichen Richters vorliegen. Es müsste also im Verfahren vor dem BVerwG eine **Vorlagepflicht** bestanden haben, der das Gericht nicht nachgekommen ist. Dies setzt voraus, dass sich ihm eine Vorlagefrage stellt, über die nach Art. 267 I, II AEUV der EuGH zu entscheiden hat, und dass darüber hinaus die Voraussetzungen für eine Vorlagepflicht nach Art. 267 III AEUV gegeben sind. Hier könnte eine Vorlagefrage nach Art. 267 I lit. a) AEUV gegeben sein. Dies ist zu bejahen, denn das behördliche Verbot, um das es im Verfahren geht, betrifft einen grenzüberschreitenden Sachverhalt. Es hindert die Fight and Fun GmbH an der Umsetzung des mit einem Vertragspartner in einem anderen Mitgliedstaat der EG geschlossenen Lizenzvertrags, bedeutet also ein Hindernis für die **Dienstleistungsfreiheit** nach Art. 56 AEUV. Derartige Hindernisse aus nationalen Maßnahmen müssen nach der Rechtsprechung des EuGH durch zwingende Gründe des Allgemeinwohls gerechtfertigt sein. Die unterschiedliche Beurteilung der den Gegenstand des Verfahrens bildenden Kampfsportart in anderen Mitgliedstaaten der EU lässt fraglich erscheinen, ob eine entsprechende Rechtsüberzeugung in den Mitgliedstaaten besteht. Insoweit besteht Klärungsbedarf durch den EuGH. Die Beantwortung dieser Frage ist auch für die Entscheidung des nationalen Gerichts erforderlich, da bei Unvereinbarkeit mit Gemeinschaftsrecht die Bestimmungen des nationalen Rechts nicht anzuwenden sind. Die Frage ist also entscheidungserheblich. Dies fordert Art. 267 II AEUV für die Vorlageberechtigung. Ob eine Vorlagepflicht bestand, bestimmt sich nach Art. 267 III AEUV. Zur Vorlage verpflichtet sind danach letztinstanzliche Gerichte. Das Bundesverwaltungsgericht fällt darunter, da seine Entscheidung nicht mehr mit Rechtsmitteln des nationalen Rechts angefochten werden kann; der außerordentliche Rechtsbehelf der Verfassungsbeschwerde ist kein Rechtsmittel in diesem Sinn. Das BVerwG hatte deshalb dessen Vorabentscheidung zu der Frage einzuholen, ob Unionsrecht hier Beschränkungen der Dienstleistungsfreiheit entgegenstand.[11]

### 2. Verstoß gegen Verfassungsrecht

**667** Ein Verstoß gegen das Recht auf den **gesetzlichen Richter** liegt jedoch nur dann vor, wenn das Gericht spezifisches Verfassungsrecht verletzt hat, nicht schon bei bloß fehlerhafter Anwendung einfachen Verfahrensrechts, dem „error in procedendo". Wird allerdings die prinzipielle Zuständigkeitsabgrenzung zwischen EuGH und innerstaatlicher Rechtsprechung nicht gewahrt, so liegt hierin auch ein Verfassungsverstoß, ohne dass notwendig Willkür vorliegen müsste. Einen Verfassungsverstoß bedeutet insbesondere die Nichtvorlage an den EuGH entgegen Art. 267 AEUV, wenn sie überhaupt nicht in Erwägung gezogen wird, ein Gericht bewusst von der Rspr des EuGH abweicht oder – bei Fehlen einer EuGH-Rspr – sich auf Mindermeinungen in strittigen Fragen des Europarechts stützt.[12] Der Sachverhalt lässt hier darauf schließen, dass eine Vorlage zum

11 BVerwGE 115, 189.

12 Zusammenfassend zum EuGH als gesetzlichem Richter BVerfGE 82, 159 (195 f.) sowie BVerfG DÖV 2001, 379 = JZ 2001, 923; s hierzu *Heitsch*, EuGRZ 1997, 461.

EuGH überhaupt nicht in Erwägung gezogen wurde. Damit aber ist Art. 101 I 2 GG verletzt. Insoweit ist die Verfassungsbeschwerde begründet.

### C. Entscheidung des BVerfG

Das BVerfG wird nach § 95 I BVerfGG feststellen, dass durch die letztinstanzliche Entscheidung des Bundesverwaltungsgerichts die Beschwerdeführerin in ihrem Recht aus Art. 101 I 2 GG verletzt wurde, die Entscheidung aufheben und an das BVerwG nach § 95 II BVerfGG zurückverweisen. Eine Aufhebung der vorgehenden Gerichtsentscheidungen und der Verwaltungsentscheidung kommt demgegenüber nicht in Betracht, da sich der Verfassungsverstoß ausschließlich auf die Entscheidung des Bundesverwaltungsgerichts, das als letztinstanzliches Gericht allein eine Vorlagepflicht hatte, beschränkt. **668**

## 2. Teil: Vorlagefrage – Verstoß gegen die Dienstleistungsfreiheit, Art. 56 AEUV

Um die vorgelegte Frage beantworten zu können, ist zunächst zu ermitteln, inwieweit das Verbot geeignet ist, die **Ausübung der Grundfreiheiten des AEUV zu behindern**. Hier könnte die Dienstleistungsfreiheit nach Art. 56 AEUV beeinträchtigt sein. Der Lizenzgeber erbringt dem Lizenznehmer gegenüber eine wirtschaftliche Dienstleistung, wenn er ihm das Recht einräumt, seine Produkte zu vertreiben bzw sonst geschäftlich zu nutzen. Diese Dienstleistung wird im Rechtsverkehr zwischen Mitgliedstaaten der Gemeinschaft erbracht. Der Schutzbereich der Dienstleistungsfreiheit ist also eröffnet. Das Verbot auf der Grundlage des nationalen Rechts bedeutet damit eine Beschränkung der Dienstleistungsfreiheit.[13] Es handelt sich auch um keine bloße Vertriebs- oder Verkaufsmodalität iSd Keck-Formel. **669**

Diese könnte jedoch **gerechtfertigt** sein. **670**

Die Behörde handelte zum **Schutz der öffentlichen Ordnung**. Daher könnten die ausdrücklich genannten Rechtfertigungsgründe nach Art. 52 AEUV, die nach Art. 62 AEUV für die Dienstleistungsfreiheit sinngemäß gelten, zur Anwendung kommen. Der Schutz der öffentlichen Ordnung ist dort ausdrücklich genannt. Ist die Beschränkung bereits hiernach zu rechtfertigen, so kommt es nicht mehr darauf an, ob sie unterschiedslos für alle Dienstleister im Inland und in anderen Mitgliedstaaten gilt und deshalb auch aus anderen Gründen als den ausdrücklich im Vertrag genannten Rechtfertigungsgründen gerechtfertigt werden kann, insbesondere aus zwingenden Erfordernissen des Allgemeininteresses.[14]

---

13 Da es sich beim Verbot um einen eindeutigen hoheitlichen Eingriff handelt, braucht hier weder das Vorliegen einer Behinderung in entsprechender Anwendung der Dassonville-Formel, noch die Staatlichkeit der Maßnahme näher erörtert zu werden.

14 Sog. erweiterte Cassis-Formel, vgl *Streinz*, JuS 2005, 63 (65). – Näher im Repetitoriumsteil zu **Fall 18**.

671 Hier könnte sich die Bundesrepublik auf Gründe der öffentlichen Ordnung berufen, wenn darunter auch der Schutz der Menschenwürde fällt. Hierbei handelt es sich um ein unionsrechtlich legitimes Regelungsziel. Der Schutz der Menschenwürde ist auch als Grundrecht der EU anerkannt, wie sich bereits aus Art. 1 EU-Grundrechte-Charta ergibt. Er verpflichtet die Gemeinschaft und die Mitgliedstaaten und kann daher Beschränkungen der Dienstleistungsfreiheit rechtfertigen.

672 Gegen eine Rechtfertigung des Verbots spricht noch nicht zwingend, dass, wie auch die
-682 Klägerin im Ausgangsverfahren eingewandt hat, andere Mitgliedstaaten vergleichbare Verbote nicht für erforderlich halten, mithin auch keine Verletzung der Menschenwürde sehen. Denn in der Frage, welche Maßnahmen sie zum Schutz der Menschenwürde für erforderlich halten, muss den Mitgliedstaaten ein eigener Beurteilungsspielraum eingeräumt werden, welche Intensität im Schutz der Menschenwürde sie als erforderlich erachten. Doch durfte hier die Behörde auch nach den Maßstäben des Grundgesetzes keinen Verstoß gegen die Menschenwürde annehmen. Die Beschränkung der Dienstleistungsfreiheit war daher nicht gerechtfertigt.

**Ergebnis:** Das Verbot der Wettkampfveranstaltung in S verstößt also gegen die Dienstleistungsfreiheit des Art. 56 AEUV.

# Repetitorium

## A. Vorbehalt des Gesetzes und Parlamentsvorbehalt

683 Dass im vorstehenden Fall das Verbot der Veranstaltung durch die Behörde auf einer gesetzlichen Grundlage beruhen muss, ist unproblematisch: Es handelt sich um einen klassischen Eingriff und für **Eingriffsakte** gilt der Vorbehalt des Gesetzes. Dies bedeutet: Die Maßnahme muss auf einem formellen Gesetz beruhen; soweit sie unmittelbar auf einer Vorschrift des untergesetzlichen Rechts beruht (zB ein Abgabenbescheid auf der Grundlage einer kommunalen Abgabensatzung oder Gebührenverordnung), muss diese wiederum auf einem formellen Gesetz beruhen, das zu dem Eingriffsakt ermächtigt. Der Vorbehalt des Gesetzes gilt grundsätzlich auch für eingriffsgleiche Maßnahmen, insbesondere bei staatlichem Informationshandeln (s **Fall 11**). Er gilt grundsätzlich nicht für die **Leistungsverwaltung** – Ausnahme: eine Subventionierung der Presse (soweit sie überhaupt verfassungsrechtlich zulässig ist) wäre nur auf gesetzlicher Grundlage möglich; damit soll der Gefahr sachwidriger staatlicher Einflussnahme begegnet werden. Gleiches gilt für die Parteienfinanzierung.

684 Der Vorbehalt des Gesetzes gilt unabhängig von der Frage, ob Eingriffs- oder Leistungsverwaltung, für wesentliche, insbesondere **grundrechtswesentliche normative Entscheidungen**, Grundlage: Rechtsstaats- und Demokratiegebot; wesentliche Entscheidungen sind dabei vom Gesetzgeber selbst zu treffen. Der Vorbehalt des Gesetzes hat seine verfassungsrechtliche Grundlage einerseits im Rechtsstaatsgebot des Art. 20 III GG (s dazu *Degenhart* Rn 304 ff.) und den Grundrechten, andererseits auch im Demo-

kratiegebot. Das parlamentarische Verfahren und die parlamentarische Öffentlichkeit sollen rechtsstaatliche und demokratische Legitimation gewährleisten. Besonders deutlich wird dies für kontrovers diskutierte Entscheidungen in grundrechtsrelevanten Bereichen.[15] Wenn hierfür der demokratisch legitimierte Gesetzgeber, also das Parlament, die wesentlichen Fragen selbst entscheiden muss und sich nicht mit einer bloßen Ermächtigung an die Exekutive begnügen und dieser iÜ die Entscheidung überlassen darf, so wird damit aus dem allgemeinen Gesetzesvorbehalt ein **Parlamentsvorbehalt**.

Für den Erlass von RVOen hat der Parlamentsvorbehalt in Art. 80 I 2 GG seinen Ausdruck gefunden (**Fall 5**). Insoweit braucht nicht mehr auf einen allgemeinen Parlamentsvorbehalt zurückgegriffen werden. **685**

Die Unterscheidung zwischen Vorbehalt des Gesetzes und Parlamentsvorbehalt wird aus dem vorstehenden Fall deutlich. Für die Anordnung der Behörde ist zunächst eine Ermächtigung in einem formellen Gesetz erforderlich, da es sich hier um einen Eingriffsakt handelt. Eine solche Ermächtigungsgrundlage ist in der ordnungsbehördlichen Generalklausel zu sehen. Insoweit ist also dem Gesetzesvorbehalt genügt.

Wenn aber, wie im vorstehenden Fall, die Ausübung eines bestimmten Gewerbes verboten wird, so könnte fraglich sein, ob die ordnungsbehördliche Generalklausel dies noch trägt. Denn das Verbot bedeutet einen intensiven Eingriff in das Grundrecht aus Art. 12 I GG. Deshalb könnte es erforderlich sein, dass der parlamentarische Gesetzgeber selbst die Befugnis der Behörden, ein derartiges Verbot auszusprechen und die näheren Voraussetzungen hierfür regelt. Es könnte also ein gegenüber dem Vorbehalt des Gesetzes weitergehender Parlamentsvorbehalt eingreifen. Die Frage stellt sich stets, wenn auf der Grundlage der polizeilichen bzw ordnungsbehördlichen Generalklausel weitreichende Grundrechtseingriffe vorgenommen werden sollen (s auch **Fall 16**).

Andererseits könnte dann die Verwaltung ihrer Aufgabe zur Gefahrenabwehr nur unzureichend nachkommen: Der Gesetzgeber kann nicht jede denkbare Gefährdungslage im Voraus erfassen. Generalklauseln sind deshalb unverzichtbar, um auch sich neu ergebende Gefahrenlagen zu bewältigen. Daher müssen die Generalklauseln des Sicherheitsrechts solange als Ermächtigungsgrundlage taugen, wie eine spezialgesetzliche Ermächtigungsgrundlage mangels hinreichender gesicherter Erkenntnisse noch nicht geschaffen werden kann. **686**

Die Reichweite des grundgesetzlichen Parlamentsvorbehalts betrifft auch die Frage, ob die polizeiliche Generalklausel Eingriffe in die Berufsfreiheit zu rechtfertigen vermag, wenn damit ein bestimmtes Gewerbe generellen Beschränkungen wie im vorstehenden Fall unterworfen wird. Sie kann bedeutsam werden, wenn Einschränkungen der Berufsfreiheit in berufsständischen Satzungen enthalten sind (*Degenhart* Rn 358), wie generell bei der Regelung grundrechtsrelevanter Fragen durch untergesetzliches Recht.

15 Vgl zB BVerfGE 34, 165 (192 f.); 41, 251 (259 f.); 45, 400 (417 f.); 49, 89 (126 f.).

**687** Dies betraf die Zulassungskriterien für das NC-Fach Humanmedizin[16], da es wesentlich davon abhängt, ob der Bewerber sein Grundrecht auf freie Wahl der Ausbildungsstätte aus Art. 12 Abs. 1 GG wahrnehmen kann. Nicht hinreichend gewahrt wurde mE der Parlamentsvorbehalt für grundrechtsrelevante Fragen in der **Corona-Krise** (*Degenhart*, Fall 2b). Wenn in der Geschichte der Bundesrepublik beispiellose Eingriffe in Grundrechte – u.a. Freiheit der Person, Versammlungsfreiheit, Handlungsfreiheit, freie Religionsausübung – von der Verwaltung angeordnet wurden, so war dies für die ersten Phasen der Unsicherheit zunächst hinzunehmen, da unvermeidbar. Für länger anhaltende Beschränkungen bedürfte es einer expliziten Entscheidung des Gesetzgebers.[17] Nach Abklingen der ersten Welle wäre dann aber hinreichend Zeit gewesen, fortdauernde oder im Fall einer zweiten Welle möglicherweise erforderlich werdende Grundrechtseingriffe auf eine hinreichende gesetzliche Grundlage zu stellen. Dies wurde versäumt; s.o. Rn 314b, 409a.

**687a** Hinzuweisen ist im Zusammenhang mit dem Vorbehalt des Gesetzes auf eine neuere, umstrittene Verwaltungspraxis bei der Rückforderung unionsrechtlich unzulässiger Subventionen. Sie lässt hier auch dann, wenn die Subvention im Wege einer vertraglichen Vereinbarung gewährt wurde und die Behörde an sich den Vertrag kündigen und auf Rückzahlung klagen müsste, den Erlass eines Leistungsbescheids trotz fehlender Ermächtigungsgrundlage zu. In einer Eilentscheidung hat das OVG Brandenburg dies vorläufig gebilligt.[18] Im Hinblick auf das Gemeinschaftsinteresse an einer raschen und effizienten Rückforderung wird der Vorbehalt des Gesetzes für Eingriffsakte außer Kraft gesetzt.

**Zur Wiederholung:** *Degenhart* Rn 38–43.

**Aus der Ausbildungsliteratur:** *Morlok/Hientzsch*, Das Parlament als das Zentralorgan der Demokratie, JuS 2011, 1; *Pieroth*, Das Demokratieprinzip des Grundgesetzes, JuS 2010, 473.

**Aktuelle Rechtsprechung:** BVerfGE 108, 282 (Kopftuch I); BVerfGE 147, 253 (NC II).

**Weitere Fälle im thematischen Zusammenhang:** *Schmidt-Radefeld*, Einsatz und Rückruf von Streitkräften aus dem Ausland, Jura 2003, 201; *Kellner*, Prüfungen ohne Ende: Qualitätskontrollen bei der Anwaltschaft?, Jura 2002, 775; *Hertenich*, Majonäse und Nugat, Jura 2011, 628; *Seyffarth/Mohr*, Übungsklausur zum wehrverfassungsrechtlichen Parlamentsvorbehalt, Jura 2018, 1283.

## B. Art. 1 GG in der Fallbearbeitung

### I. Schutz der Menschenwürde – Abwehr von Eingriffen

**688** Anwendungsfälle der Menschenwürdegarantie des Art. 1 I GG liegen seltener in unmittelbaren Eingriffen gerade in dieses Grundrecht, als vielmehr in der Verstärkung anderweitiger Grundrechtsgarantien: Eingriffe in Grundrechte dürfen nicht deren Menschenwürdekern verletzen. Dieser bildet über Art. 79 III GG auch eine Sperre für Verfassungsänderungen. Als unmittelbarer Anwendungsfall des Art. 1 I GG kann das allgemeine Persönlichkeitsrecht gelten, das aus Art. 2 I GG in Verbindung mit Art. 1 I GG hergeleitet wird. Daraus folgt für die Fallbearbeitung: Soweit Einzelgrundrechte thema-

16 BVerfGE 147, 253 Rn 116; vgl auch zB BVerfGE 34, 165, 192 f; 41, 251, 269; 45, 400, 417; 49, 89, 126.
17 Vgl auch BayVGH B. v. 27.4.2020 – Rn 43; s *Degenhart*, NJW-aktuell 2020, H. 39 S. 7.
18 OVG Berlin-Brandenburg, NVwZ 2006, 104 mit Anm. *Hildebrandt/Kastillon*.

tisch einschlägig sind, sollten diese herangezogen werden. Auf der Rechtfertigungsebene kann dann als Element der Verhältnismäßigkeitsprüfung auch darauf abgestellt werden, dass ein Eingriff den unantastbaren Menschenwürdekern des Grundrechts berührt, vor allem bei höchstpersönlichen Rechtsgütern. Dies kann zB Begleitumstände einer körperlichen Untersuchung oder einer Freiheitsentziehung betreffen.[19] In derartigen Fällen geht es um den Schutz der Persönlichkeit des Menschen in seiner Individualität, Freiheit und seinem Geltungsanspruch als Person, es darf keine Herabwürdigung zum „Objekt" stattfinden. Damit ist die sog. *„Dürig'sche Objektformel"* angesprochen, die nach wie vor die Auslegung des Art. 1 GG maßgeblich bestimmt: *„Mit der Menschenwürde ist der soziale Wert- und Achtungsanspruch des Menschen geschützt, der es verbietet, den Menschen zum bloßen Objekt des Staates zu machen oder ihn einer Behandlung auszusetzen, die seine Subjektqualität prinzipiell in Frage stellt."*[20] Die – uU auch unbefristete – präventive Unterbringung von gefährlichen Straftätern sieht BVerfGE 109, 133 nicht als menschenwürdewidrig, wenn die Sicherungsverwahrung jedenfalls die Option auf ein selbstbestimmtes Leben offenhält und deshalb die „Eigenständigkeit" des Untergebrachten (als Person) noch wahrt.

**Unantastbarkeit** der Menschenwürde bedeutet, dass sie keiner Abwägung zugänglich **689**
ist. Deshalb hat das Persönlichkeitsrecht aus Art. 2 I iVm Art. 1 I GG stets Vorrang gegenüber der Meinungsfreiheit, wenn die Menschenwürde des Angegriffenen verletzt ist.[21] Deshalb gilt auch das Verbot der **Folter** – als Eingriff in das Recht auf körperliche Unversehrtheit (Art. 2 II 1 GG) – absolut. Diese Absolutheit der Menschenwürde wird neuerdings allerdings in Teilen des Schrifttums in Frage gestellt, so insbesondere in der Neukommentierung des Art. 1 GG bei *Maunz/Dürig*, was u.a. das Folterverbot betrifft. Das BVerfG äußert sich hierzu jedoch recht klar: *„Zwar wird es stets Formen von besonders gravierender Kriminalität und entsprechende Verdachtssituationen geben, die die Effektivität der Strafrechtspflege als Gemeinwohlinteresse manchem gewichtiger erscheinen lässt als die Wahrung der menschlichen Würde des Beschuldigten. Eine solche Wertung ist dem Staat jedoch durch Art. 1 I, Art. 79 III GG verwehrt"*.[22] Wenn die Verfassungsmäßigkeit der uU auch lebenslangen Unterbringung auch daraus hergeleitet wird, dass der Sicherungsverwahrte gegenüber dem Strafgefangenen Erleichterungen genießt und deshalb der Eingriff abgemildert wird, wird jedoch deutlich, dass in der Sache jedenfalls die Bestimmung von Schutzbereich und Eingriff in wertender Gewichtung vorgenommen wird.[23]

In Anwendung der Objektformel kann Art. 1 I GG neben etwa betroffenen Spezialgrundrechten auch als selbstständige Grundrechtsgewährleistung herangezogen werden. Als Abwehrrecht gegen unmittelbare staatliche Eingriffe wird Art. 1 GG gleichwohl nur selten heranzuziehen sein (vgl die Beispiele bei *Kingreen/Poscher* Rn 426 f.).

---

19 BVerfG (K) NJW 2002, 2699 und NJW 2011, 137; BGH DÖV 2005, 263 erörtert einen Ersatzanspruch bei menschenunwürdiger Unterbringung in der Haft.

20 BVerfGE 109, 133 (149 f.).

21 Beispiel aus der Rspr: BVerfGE 75, 369.

22 BVerfGE 109, 279 (314).

23 Vgl BVerfGE 109, 133 (150 ff.); näher *Elsner/Schobert*, DVBl 2007, 278.

690 Die Menschenwürdegarantie des Art. 1 I GG wirkt über Art. 79 III GG als Schranke gegenüber **Verfassungsänderungen**, die den Grundrechtsteil des Grundgesetzes betreffen. Die Einzelgrundrechte des Grundgesetzes selbst fallen nicht unter die Unabänderlichkeitssperre, wohl aber die Grundsätze des Art. 1 GG und damit die Einzelgrundrechte in ihrem Menschenwürdekern. Deshalb muss die akustische Wohnraumüberwachung einen unantastbaren Kernbereich privater Lebensgestaltung respektieren; – s Repetitorium zu **Fall 15**.

Aus Art. 1 I GG folgt schließlich – iVm dem Sozialstaatsprinzip – eine Verpflichtung des Staates, dem Hilfsbedürftigen die Mindestvoraussetzungen für eine „menschenwürdige" Existenz zu gewähren – nicht nur Schutz vor dem Verhungern oder Erfrieren, sondern auch Voraussetzungen für soziale Kontakte – dies betraf die Regelleistungen nach „Hartz IV".[24]

## II. Positive Schutzpflichten und Eingriffsrechtfertigung

691 Aus der Menschenwürdegarantie folgt ein Anspruch auf Gewährleistung einer menschenwürdigen Existenz durch ein wirtschaftliches und soziales Existenzminimum, das nicht nur das physische Überleben, sondern auch ein Mindestmaß an Teilhabe am sozialen Geschehen umfasst.[25] Wie das Existenzminimum konkret bestimmt wird, ist dann Sache des Gesetzgebers. Der Hilfsbedürftige kann also nicht unmittelbar aus Art. 1 I GG auf Leistungen klagen, sondern muss geltend machen, dass die geltenden Bestimmungen hinter dem grundrechtlichen Minimum zurückbleiben. Vor allem aber wird Art. 1 I GG als staatliche **Schutzpflicht** relevant, um **Eingriffe** in andere Grundrechte zu rechtfertigen, besonders bei solchen Grundrechten, die, weil an sich schrankenlos gewährleistet, nur auf Grund anderweitiger Verfassungsgüter beschränkt werden können (verfassungsimmanente Schranken, Rn 793 für Art. 4 GG). So können Beschränkungen der Freiheit der Kunst oder der Wissenschaft dann gerechtfertigt sein, wenn die fragliche Betätigung die Menschenwürde anderer verletzt. Der Staat ist dann sogar verpflichtet, einzuschreiten. Denn für die Menschenwürdegarantie des Art. 1 I GG braucht eine Schutzpflicht nicht erst im Wege der Auslegung begründet zu werden (Rn 817 ff.); sie folgt unmittelbar aus Art. 1 I 2 GG.

So auch im vorliegenden Fall. Auch die bekannten Peepshow-Fälle sind in diesen Zusammenhang einzureihen. Auch hier geht es darum, dass der Staat Eingriffe in die Menschenwürde durch Dritte zu verhindern hat. Ob er die Betroffenen auch gegen ihren eigenen Willen in ihrer Menschenwürde schützen muss, ist allerdings strittig, wurde insbesondere in den Peepshow-Fällen kontrovers beurteilt, wo der Verstoß gegen die Menschenwürde in der „entpersonifizierenden Schaustellung als Objekt" gesehen wurde – auch hier also der Rückgriff auf die Objektformel. Allerdings sollte hier zurückhaltend argumentiert werden: Nicht alles, was geschmacklos ist, verstößt deshalb schon gegen die Menschenwürde. Es handelt sich hier um einen fundamentalen Verfassungsgrundsatz, der nicht inflatorisch gebraucht werden sollte. Dies betrifft etwa gewisse Formate einiger privater Rundfunkveranstalter. Ein Rückgriff auf die Menschenwürde erfolgt auch bei den sog. „Körperwel-

24 BVerfGE 125, 175.

25 BVerfGE 125, 175; BVerfG (K) NVwZ 2005, 927 = BVerfGK 5, 237.

ten": Wenn die Ausstellung der plastifizierten Leichen dem Schutzbereich der Wissenschaftsfreiheit nach Art. 5 III GG zugeordnet wird, muss in Art. 1 GG eine verfassungsimmanente Schranke gesucht werden.

Die aktuell intensiv diskutierten Fragen der **Fortpflanzungsmedizin** und der Embryonenforschung, der Präimplantations- und Pränataldiagnostik, der Forschung an embryonalen Stammzellen, der Gendiagnostik berühren Art. 1 I GG ebenfalls unter dem Gesichtspunkt grundrechtlicher Schutzpflichten.[26]

Der Schutz der Menschenwürde kann auch Beschränkungen der Grundfreiheiten des **692** **Unionsrechts** rechtfertigen, wie der vorstehende Fall belegt. Dies gilt für Maßnahmen der Union wie der Mitgliedstaaten, die ja gleichermaßen zum Schutz der Unionsgrundrechte verpflichtet sind. Voraussetzung ist, dass die Beschränkung verhältnismäßig ist. In der Frage, wie die Menschenwürde zu schützen ist, steht den Mitgliedstaaten ein Einschätzungsspielraum zu.

Zu beachten ist jedoch: Allein die Existenz einer Schutzpflicht ermächtigt noch nicht **693** zum Eingriff, hierfür bedarf es einer **Eingriffsgrundlage** (wie im vorstehenden Fall der ordnungsbehördlichen bzw polizeilichen Generalklausel). Bei deren Anwendung kann dann allerdings auf Art. 1 I GG abgestellt werden. So kann insbesondere der Menschenwürdesatz den Begriff der *öffentlichen Ordnung* ausfüllen: menschenunwürdige Veranstaltungen können unter Berücksichtigung des Art. 1 I GG als eines objektiven Prinzips der Rechtsordnung eben auch Verstöße gegen die öffentliche Ordnung sein. Deshalb reicht auch die Einwilligung der unmittelbar Betroffenen (wie hier der Spieler oder der Darstellerinnen in den Peepshow-Fällen) nicht aus, um den Menschenwürdeverstoß zu verneinen: Selbst wenn die Einzelnen nicht menschenunwürdig behandelt werden, können doch objektiv mit Art. 1 GG nicht vereinbare Einstellungen vermittelt werden. Das behördliche Ermessen in der Frage des Einschreitens kann durch das Bestehen einer Schutzpflicht bis auf Null reduziert sein. Die Menschenwürde darf aber nicht bagatellisiert werden: Bloße Geschmacklosigkeiten wie gewisse Fernsehformate reichen nicht aus.

Im Konflikt mit Äußerungsfreiheiten, insbesondere auch innerhalb der Privatrechtsordnung, setzt die Menschenwürde eine **absolute Grenze** – sie ist nicht abwägungsfähig. Deshalb hat das Persönlichkeitsrecht aus Art. 2 I iVm Art. 1 I GG stets Vorrang gegenüber der Meinungsfreiheit, wenn die Menschenwürde des Angegriffenen verletzt ist.[27]

Dies wurde auch in den Benetton-Fällen relevant: Der BGH sah in der Darstellung menschlichen Elends (Aidskranke) zum Zweck der Imageförderung eine zynische Herabsetzung der Menschenwürde der Betroffenen und bewertete sie als sittenwidrig im Rahmen der Generalklausel des § 1 UWG a.F. – auch hier also spielten grundrechtliche Wertungen eine zentrale Rolle im Rahmen von Generalklauseln des Privatrechts. BVerfGE 102, 347 sah hierbei die Meinungsfreiheit unterbelichtet. BGHZ 149, 247 beharrte auf seiner Position und wurde durch BVerfGE 107, 275 erneut aufgehoben. Es verneint eine Verletzung der Menschenwürde, da die Darstellung dem Betrachter die Interpretation überlässt und die Betroffenen nicht etwa verhöhnt oder erniedrigt werden.

26 S zB *Starck*, JZ 2002, 1065.

27 Beispiel aus der Rspr: BVerfGE 75, 369.

694 Die Fallgestaltung zeigt allerdings auch, dass der Schutz der Menschenwürde so „absolut“ wiederum nicht ist. Der maßgebliche Wertungsvorgang wird letztlich nur von der Rechtfertigungs- auf die Schutzbereichsebene vorverlegt: Durch welche Art von Äußerungen wird die Menschenwürde berührt?

Einen entsprechenden Abwägungsvorgang nimmt auch BayVGH NJW 2003, 1618 im Fall *„Körperwelten“* vor (s dazu auch den Fall 12 im Klausurenkurs im Verwaltungsrecht von *Peine* sowie den Klausurfall von *Rossen-Stadtfeld*, JA 2004, 383).

Gegen die Ausstellung erging eine ordnungsbehördliche Verfügung, gestützt auf Vorschriften des Bestattungsrechts, die wiederum die Beachtung der „Würde“ des Verstorbenen fordern.

(1) Die Veranstaltung der Ausstellung fällt in den Schutzbereich der **Wissenschaftsfreiheit** des Art. 5 III GG. Dies gilt sowohl für die Entwicklung der Plastifikationsmethode als auch für die Vermittlung von anatomischen Kenntnissen an die Besucher, mag sie auch in populärwissenschaftlicher Form erfolgen.[28]

(2) In einem Verbot oder in der Anordnung von Auflagen liegt damit ein **Eingriff** in die Wissenschaftsfreiheit des Veranstalters.

(3) Das Grundrecht aus Art. 5 III GG ist dem Wortlaut nach schrankenlos gewährleistet; zur **Eingriffsrechtrechtfertigung** ist daher auf verfassungsimmanente Schranken zurückzugreifen, also auf gleichrangige Verfassungsgüter wie zB die Menschenwürde des Art. 1 I GG.

- Voraussetzung für den Eingriff ist zunächst eine gesetzliche Grundlage: hier also die Normen des Bestattungsgesetzes oder des allgemeinen Sicherheitsrechts;
- da aber nur verfassungsimmanente Schranken in Betracht kommen, ist zu fordern, dass das Gesetz dem Schutz entsprechender verfassungsrechtlich gleichwertiger Rechtsgüter dient – soweit der Schutz der Menschenwürde ausdrücklich genannt wird, ist dies unproblematisch; soweit das Gesetz allgemein dem Schutz der öffentlichen Sicherheit und Ordnung dient, ist es entsprechend verfassungskonform, also nur zum Schutz zB der Menschenwürde, anzuwenden.

Ob hier die Menschenwürde ein Einschreiten erforderte, wurde im Wege einer wertenden Abwägung festgestellt. Diese fiel unterschiedlich aus für Teile der Ausstellung, die wissenschaftlich-didaktischen Zwecken dienten, und für Teile, bei denen es allein um die formal-künstlerische Präsentation ging.

## III. Exkurs: Menschenwürde und Grundrechte des Art. 2 II GG in Extremsituationen

695 Die Menschenwürdegarantie des Art. 1 I GG steht im Mittelpunkt kontrovers diskutierter Versuche, Extremsituationen wie terroristische Bedrohung und Entführungen mit den Mitteln des Verfassungsrechts zu bewältigen. Dies betrifft das Verbot der **Folter** – die ja das Folteropfer zum Objekt staatlichen Handelns herabstuft und zudem auch gegen das Misshandlungsverbot des Art. 104 I 2 GG als Ausdruck der Menschenwürdegarantie verstößt. Eine ausnahmsweise Durchbrechung des Misshandlungs- bzw Folterverbots wird mitunter aus staatlichen Schutzpflichten zugunsten des Entführungsopfers

28 Vgl *Kobor*, JuS 2006, 695 (696).

oder auch zur Abwehr terroristischer Gefahren vertreten.[29] Dies ist mit der strikten Fassung des Art. 104 I 2 GG und des Art. 3 EMRK unvereinbar. Eine andere Frage ist, wie das Handeln eines Einzelnen in einer ausweglosen Konfliktsituation zu bewerten ist.[30]

Kontrovers diskutiert wurde das durch BVerfGE 115, 118 für nichtig erklärte Luftsicherheitsgesetz, das bei Terroraktionen nach dem Vorbild des 11. September den Abschuss auch einer vollbesetzten Passagiermaschine erlaubte, und damit die Tötung der Insassen. Dies bedeutet einen (finalen!) Eingriff in das Recht auf Leben der Insassen aus Art. 2 II 1 GG. Andererseits wird hier eine staatliche Schutzpflicht für das Leben der potenziellen Opfer am Boden wahrgenommen. Den Abschuss zu rechtfertigen, würde bedeuten, rein quantitativ Leben (100 Insassen des Flugzeugs) gegen Leben (1000 und mehr Opfer am Boden) abzuwägen. Es würde auch bedeuten, das Leben der Ersteren geringer zu gewichten, weil sie ohnehin schon todgeweiht, zur Waffe in der Hand der Attentäter umfunktioniert sind. In einer solchen Betrachtungsweise sah BVerfGE 115, 118 (153 ff.) eine Herabstufung des Einzelnen zum Objekt staatlichen Handelns und damit einen Verstoß gegen Art. 2 I iVm Art. 1 I GG.[31] **696**

**Zur Wiederholung:** *Kingreen/Poscher* Rn 406–433.

**Aus der Ausbildungsliteratur:** *Aubel*, Das menschenunwürdige Laserdrome, JURA 2004, 255; *Enders*, Würde- und Lebensschutz im Konfliktfeld von Biotechnologie und Fortpflanzungsmedizin, JURA 2003, 666; *Hoerster*, Sind Lebensrecht und Menschenwürde „abstufbar"?, JURA 2011, 241; *Bautze*, Menschenwürde als Ware, JURA 2011, 647; *Hufen*, Die Menschenwürde, Art. 1 I GG, JuS 2010, 1; *Linke*, Die Menschenwürde im Überblick, JuS 2016, 888; guter Überblick über aktuelle Problemfälle bei *Hufen*, Staatsrecht II § 10 Rn 47–73.

**Aktuelle Rechtsprechung:** EuGH NVwZ 2004, 1471 (Laserdrome); BVerfGE 109, 279 (Großer Lauschangriff und Menschenwürde); BVerfGE 115, 118 (Luftsicherheitsgesetz); BVerfGE 125, 175 (Regelleistungen nach SGB II – „Hartz IV").

**Fälle im thematischen Zusammenhang:** *Szczekella*, „Laserdrome" goes „Luxemburg", JA 2002, 992; *Aubel*, Das menschenunwürdige Laserdrome, Jura 2004, 255; *Bäcker*, Präimplantationsdiagnostik, JURA 2012, 399: *Groh/Kaplonek*, No licence to kill, Jura 2006, 304; *Rossen-Stadtfeld*, „Körperwelten", JA 2004, 383; *Burgi/Teuber*, Die Folter im Polizeirecht, NWVBl 2004, 401; *Sittard/Ulbrich*, Fortgeschrittenenklausur – Öffentliches Recht: Das Luftsicherheitsgesetz, JuS 2005, 432; *Enders/Jäckel*, „Selbstverschuldete Rettungsbefragung", JA 2012, 119.

29 So insbesondere bei *Brugger*, JZ 2000, 165; s auch bereits *ders*, VBlBW 1995, 446 (450 f.); vgl auch *Starck*, in: von Mangoldt/Klein/Starck, GG I, 5. Aufl. 2005, Art. 1 Rn 79; die Thematik wird fallmäßig behandelt bei *Burgi/Teuber*, NWVBl 2004, 401.

30 Näher *Degenhart*, in: Sachs, GG; Art. 104 Rn 43.

31 Für Verfassungsmäßigkeit *Sittard/Ulbrich*, JuS 2005, 432, dort auch zu den mit dem Einsatz der Bundeswehr im Innern zusammenhängenden Fragen; anders *Hartleb*, NJW 2005, 1397; zu Auslandseinsätzen der Bundeswehr s auch den Klausurfall von *Kulick/Mayer*, JuS 2016, 929.

Fall 11

# Die im Dunkeln ... – „Licht aus gegen Rechts"

*Umfangreicher und mittelschwerer Examensfall, in Ausschnitten auch für die Fortgeschrittenenübung*

**697** In der Kleinstadt Saubermannstadt[1] (20.000 Einwohner) im Bundesland L kursiert seit einigen Wochen das Gerücht, ein seit Längerem leer stehendes Kasernengelände am Ortsrand von S solle demnächst mit Asylbewerbern belegt werden; es sei angesichts der Raumverhältnisse mit annähernd 1.000 Personen zu rechnen. Es bildet sich eine Bürgerinitiative mit dem Ziel, dieses Vorhaben zu verhindern; sie vernetzt sich mit ähnlichen Initiativen in anderen Bundesländern. Nachdem der Sprecher der Bürgerinitiative, der pensionierte Studienrat Zorn (Z),[2] für den Abend des 13.10.2017 – ein Freitag – eine Protestkundgebung auf dem Rathausplatz von S angemeldet hat, die unter dem Motto stehen soll „Refugees not welcome – gegen Überfremdung und Islamisierung", zu der auch Gleichgesinnte von auswärts erwartet werden, entschließt sich die Bürgermeisterin von S, Dipl. Soz.Päd. Alexandra Sabrina Bachelet-Bröselmeyer (B), sich gegen Fremdenfeindlichkeit und Rassismus zu positionieren und S als einen Ort der Weltoffenheit und Toleranz darzustellen. Nachdem ihr der im Rathaus ein Praktikum ableistende Student der Rechtswissenschaften Anton Abromeit (A) von einem Verbot der Kundgebung wegen des erheblichen Prozessrisikos abgeraten hat, beschließt sie, offensiv gegen die Ideologie der Bürgerinitiative vorzugehen.

Sie veröffentlicht eine Woche vor der geplanten Veranstaltung auf der Internet-Seite der Stadt und im kommunalen Amtsblatt die nachstehende Erklärung:

> *„Refugees welcome! Für ein weltoffenes und tolerantes S! Lichter aus - S setzt ein Zeichen gegen Rassismus und Intoleranz. Deshalb werden im Rathaus der Stadt am Freitag, den 13. Oktober 18:00 Uhr die Lichter ausgehen und die Beleuchtung der historischen Gebäude im Stadtzentrum eingestellt. Die Bürgerinnen und Bürger von S sind aufgerufen, ihrerseits ein Zeichen gegen Intoleranz und Rassismus zu setzen und die Beleuchtung ihrer Gebäude (ausgenommen sicherheitsrelevante Lichter) ebenfalls auszuschalten. Das ist das richtige Signal, dass in S kein Platz für das Schüren dumpfer Ängste und Ressentiments ist. S ist eine weltoffene Stadt, in der jeder willkommen ist. Ich möchte die Bürgerinnen und Bürger von S ferner ermutigen, rassistischen Rattenfängern wie den Initiatoren der so genannten Bürgerinitiative kein Gehör zu schenken und sich der geplanten Veranstaltung, die unsere Stadt in einem schlechten Licht erscheinen lässt, entschlossen entgegenzustellen. Ich werde an Ihrer Seite sein.*
>
> *Ihre Bürgermeisterin Alexandra Sabrina Bachelet-Bröselmeyer, Diplom-Sozialpädagogin"*

Z ist über diesen Aufruf empört. B überschreite hier eklatant ihre Befugnisse, sie habe kein Recht, sich derart unsachlich in eine politische Diskussion einzuschalten, sondern müsse als Bürgermeisterin aller Bürger von S Neutralität wahren. Auch persönlich werde er durch die Erklärung der S herabgewürdigt.

---

1 S bereits Fall 13 aus Klausurenkurs I.

2 S Fall 12 der 7. Auflage.

Er stellt, nachdem er im Rathaus vergeblich vorstellig geworden ist, beim örtlich zuständigen Verwaltungsgericht einen „Eilantrag“, der Stadt bzw ihren Vertretern zu untersagen:

(1) die Beleuchtung an öffentlichen Gebäuden auszuschalten;
(2) dazu aufzurufen, die Beleuchtung auszuschalten;
(3) zur Teilnahme an einer Gegendemonstration aufzurufen und selbst daran teilzunehmen;
(4) ihn – Z – als „rassistischen Rattenfänger“ zu bezeichnen

und aufzugeben, die entsprechenden Meldungen von der Internet-Seite der Stadt zu entfernen. Er beruft sich auf seine Grundrechte aus Art. 2, Art. 5 und Art. 8 GG.

B macht geltend, sie distanziere sich als Repräsentantin der Stadt von einer Veranstaltung, bei der die grundlegende Werteordnung des Gemeinwesens in Frage gestellt werde. Sie sei dem Gemeinwohl verpflichtet und leiste somit in zulässiger Weise einen sachlichen Beitrag zum öffentlichen Meinungskampf in Angelegenheiten der örtlichen Gemeinschaft. Die Versammlung des Antragstellers könne abgehalten werden, er habe aber kein Recht auf eine von Gegenmeinungen unbehelligte Versammlung. Im Übrigen müsse auch sie frei sein, ihre Meinung zu äußern.

**Hat der Antrag des Z Aussicht auf Erfolg?**

## Vorüberlegungen

**698** Die vorstehende Aufgabe hat als „Aufhänger" eine verwaltungsrechtliche Klage bzw einen Eilantrag, ist aber im Schwerpunkt verfassungsrechtlicher Natur. Denn es geht um Standardprobleme im Schnittfeld von Staats- und Verwaltungsrecht: um die mittlerweile „klassische" Problematik behördlicher Äußerungen, um Fragen des Grundrechtseingriffs und des Gesetzesvorbehalts, um den grundrechtlichen Folgenbeseitigungsanspruch – der eben im Verwaltungsrechtsweg geltend zu machen ist. Diese Fragestellungen müssen im Grundsatz vertraut sein. Die Entscheidungen des BVerfG zum Informationshandeln der Bundesregierung (BVerfGE 105, 252 und 279) sollten in den Grundzügen bekannt sein; die „Licht aus"- Aktionen einzelner Gemeinden beschäftigen mittlerweile auch die Rechtsprechung (OVG Münster, U. v. 4.11.2016 und BVerwG, U. v. 13.9.2017 – 10 C 6/16 –). Zu erkennen, dass die Betroffenen ihr Begehren im Wege der allgemeinen Leistungsklage zu verfolgen haben, dürfte ebenso wenig Probleme bereiten, wie im 2. Teil die Statthaftigkeit eines Antrags nach § 123 VwGO.

**699** Der Aufbau eines Antrags nach § 123 VwGO sollte aus dem Verwaltungsprozessrecht vertraut sein.[3] Die zentrale materiell-rechtliche und hier vor allem grundrechtliche Problematik ist beim Anordnungsgrund zu prüfen: Hat Z einen Anspruch darauf, dass die fraglichen Äußerungen unterbleiben. Hier sollte im Aufbau an der Unterscheidung von Eingriff und Eingriffsrechtfertigung festgehalten werden – die insbesondere bei BVerfGE 105, 252 vorgenommene Integration der einzelnen Prüfungsschritte ist dem Gericht erlaubt, das nicht an Aufbauschemata gebunden ist (was die Kritik an der Rechtsprechung mitunter übersieht), überfordert aber den Bearbeiter einer Klausur. – S zum Aufbau in derartigen Fällen das Repetitorium nach **Fall 5**, Rn 405. Insbesondere im hier zu bearbeitenden Fall einer Unterlassungsklage ist der Aufbau ohnehin durch deren tatbestandliche Voraussetzungen vorgegeben.

**700** Materiell-grundrechtlich sollte die Einschlägigkeit von Versammlungs- und Meinungsfreiheit hier ebensowenig Probleme bereiten, wie die Rechtsfigur des mittelbar-faktischen Grundrechtseingriffs, der hier in den Äußerungen der B und dem angekündigten Ausschalten der Beleuchtung zu sehen ist. Die entscheidende verfassungsrechtliche Fragestellung ist die der Anforderungen an staatliches Informationshandeln und der Grenzen hierfür. Kommunikation über die Medien, ob Print-Medien, Rundfunk oder Telemedien, ist öffentliche, da der Allgemeinheit zugängliche und an die Allgemeinheit gerichtete Kommunikation. Mediale Kommunikation der Gemeinden als öffentliche, an die Allgemeinheit in erster Linie der Gemeindeangehörigen gerichtete Kommunikation ist dem Bereich der staatlichen Kommunikation zuzuordnen, sieht man mit dem BVerfG die Gemeinden, als Träger mittelbarer Staatsverwaltung, selbst als „ein Stück ‚Staat'".[4] Wie weit hier ein striktes Neutralitätsgebot reicht, ist umstritten. Das OVG Münster sieht ein derartiges Neutralitätsgebot nur für Äußerungen über politische Parteien als maßgeblich, im Gegensatz zu Teilen des Schrifttums (s *Barczak*, NVwZ 2015, 1014, 1019) und nunmehr auch zum BVerwG (U. v. 13.9.2017).

---

3 *Schenke* Rn 1025 ff.

4 BVerfGE 73, 118 (191).

Was den Inhalt der begehrten Anordnung betrifft, so sollte auch auf die Gegebenheiten einer Internet-Publikation eingegangen werden: hier kann dem grundrechtlichen Unterlassungsanspruch nur genügt werden, wenn die Äußerung von der Internetseite genommen wird.

## Gliederung 701

**A. Zulässigkeit des Antrags des Z**
- I. Verwaltungsrechtsweg, § 40 I 1 VwGO
- II. Statthaftigkeit des Antrags
- III. Zulässigkeitsvoraussetzungen des Hauptsacheverfahrens
  - 1. Klagebefugnis, 42 II VwGO analog
  - 2. Weitere Zulässigkeitsvoraussetzungen
- IV. Zuständigkeit
- V. Glaubhaftmachung
- VI. Rechtsschutzbedürfnis

**B. Begründetheit des Antrags des Z**
- I. Antrag zu (1): Ausschalten der Beleuchtung
  - 1. Anordnungsanspruch
    - a) Unterlassungsanspruch: grundrechtlicher Schutzanspruch
    - b) Drohende Grundrechtsbeeinträchtigung; Art. 8 I GG, Art. 5 I 1 GG
    - c) Rechtswidrigkeit
      - aa) Äußerungsrecht in Angelegenheiten der örtlichen Gemeinschaft
      - bb) Sachlichkeit und Angemessenheit?
  - 2. Anordnungsgrund
  - 3. Keine Vorwegnahme der Hauptsache
- II. Antrag zu (2): Aufforderung zum Ausschalten der Beleuchtung
- III. Antrag zu (3): Aufruf zur Teilnahme an Gegenkundgebung
- IV. Antrag zu (4): „rassistischer Rattenfänger“ – Persönlichkeitsrechte

**C. Ergebnis**

# Musterlösung

Der Antrag des Z hat Aussicht auf Erfolg, wenn er zulässig und begründet ist. Der Antrag könnte zulässig sein als Antrag im Eilverfahren nach § 80 oder aber nach § 123 VwGO.

## A. Zulässigkeit des Antrags des Z

### I. Verwaltungsrechtsweg, § 40 I 1 VwGO

**702** Voraussetzung für die Zulässigkeit des Antrags ist zunächst, dass der Verwaltungsrechtsweg eröffnet ist. Dies ist der Fall, wenn es sich beim Antrag des Z um eine öffentlich-rechtliche Streitigkeit nicht-verfassungsrechtlicher Art handelt, für die auch keine abdrängende Sonderzuweisung eingreift. Um eine öffentlich-rechtliche Streitigkeit handelt es sich jedenfalls dann, wenn die beklagte Gemeinde in Anwendung öffentlich-rechtlicher Normen tätig geworden ist, die sie als Träger hoheitlicher Gewalt in spezifischer Weise berechtigen und verpflichten.

Vorschriften, die sich explizit mit Äußerungen und Maßnahmen, wie sie hier angekündigt wurden, befassen, existieren nicht. Soweit es um die Zulässigkeit von Äußerungen der Vertreter der Gemeinde geht, gelten jedoch die Grundsätze für staatliches Informationshandeln. Denn die Gemeinden sind als Träger mittelbarer Staatsverwaltung selbst „ein Stück ‚Staat‘“.[5] Bei staatlichen Äußerungen über Dritte handelt es sich um Realakte. Sie sind dann als öffentlich-rechtlich einzustufen, wenn sie im Zusammenhang mit der Wahrnehmung staatlicher Aufgaben erfolgen und nicht die private Meinungsäußerung des Amtsträgers darstellen.[6] Gleiches gilt für nicht-verbale Äußerungen wie hier das angekündigte Abschalten der Stadtbeleuchtung und auch die Teilnahme an einer Kundgebung. B hat hier sich ausdrücklich in ihrem Amt als Bürgermeisterin und Vertreterin der Stadt geäußert und hatte auch ausdrücklich darauf verwiesen, dass sie sich als Bürgermeisterin um das Erscheinungsbild der Stadt sorge und diese als Ort der Toleranz erscheinen lassen wolle. Ihre Äußerung ist damit in Wahrnehmung ihrer Aufgaben als Bürgermeisterin erfolgt.

**703** Es müsste des Weiteren eine Streitigkeit nicht-verfassungsrechtlicher Art vorliegen. Erforderlich ist hierfür eine doppelte Verfassungsunmittelbarkeit[7]: in Bezug auf die streitentscheidenden Normen und in Bezug auf die Streitbeteiligten. Weder der Antragsteller noch S als Antragsgegnerin sind jedoch Verfassungsorgane. Aber auch unabhängig davon ist der geltend gemachte Unterlassungsanspruch seiner Rechtsnatur nach als Ausprägung des gewohnheitsrechtlichen allgemeinen grundrechtlichen Abwehranspruchs nicht originär verfassungsrechtlich.[8] Sieht man schließlich schlicht jene Streitigkeiten

5 BVerfGE 73, 118 (191).

6 *Schenke* Rn 121.

7 So die hM; dazu s kritisch mwN *Schenke* Rn 127 f.

8 *Für die Fallbearbeitung genügt es jedoch vollständig, dass Verf. sich auf Standpunkt der hM – doppelte Verfassungsunmittelbarkeit – beruft.*

als verfassungsrechtlich an, die den Verfassungsgerichten vorbehalten sind,[9] so scheidet auch unter diesem Aspekt die Annahme einer verfassungsrechtlichen Streitigkeit aus. Denn Unterlassungsansprüche des Bürgers sind zunächst von den Verwaltungsgerichten zu entscheiden; mag auch nach Rechtswegerschöpfung das Verfahren der Verfassungsbeschwerde eröffnet sein, so sind sie doch nicht den Verfassungsgerichten „vorbehalten“.

## II. Statthaftigkeit des Antrags

Nach § 123 V VwGO kommt die einstweilige Anordnung immer dann in Betracht, wenn **704**
nicht das Verfahren nach §§ 80 V, 80a III VwGO einschlägig ist. Letzteres ist dann der Fall, wenn in der Hauptsache die Anfechtungsklage richtige Klageart ist. Dann müsste es sich bei den Maßnahmen, gegen die sich der Antrag des Z richtet, um Verwaltungsakte handeln. Weder das angekündigte Abschalten der Beleuchtung durch die Stadt noch die Aufrufe an die Bürger, es der Stadt gleich zu tun, oder die sonstigen Äußerungen stellen jedoch Verwaltungsakte dar, schon weil es am Regelungscharakter als eines der Begriffsmerkmale nach § 35 VwVfG fehlt. Vielmehr sind diese Maßnahmen bzw Äußerungen durchweg als schlicht-hoheitliches Handeln zu qualifizieren. Hiergegen ist die – gewohnheitsrechtlich anerkannte – allgemeine Leistungsklage einschlägig. Hier könnte insbesondere ein Fall der **vorbeugenden Unterlassungsklage** als **Unterfall der allgemeinen Leistungsklage** in Betracht kommen.[10] Diese kann sich gegen schlicht-hoheitliches Handeln richten und ist auch die statthafte Klageart gegen sog. staatliche Informationseingriffe.[11] Eben darum geht es hier bei den Äußerungen der B, die in Wahrnehmung ihres Amtes erfolgen, die aber als solche keinen Regelungscharakter haben und damit keinen Verwaltungsakt iSv § 35 VwVfG darstellen, sondern schlicht-hoheitliches Verwaltungshandeln, ebenso wie das Abschalten der Beleuchtung oder die angekündigte Teilnahme an einer Gegendemonstration. Da für das Unterlassungsbegehren des Z die allgemeine Leistungsklage statthafte Klageart ist, ist keine Anfechtungslage gegeben. Statthafte Antragsart im Eilverfahren ist der Antrag auf Erlass einer einstweiligen Anordnung nach § 123 VwGO. Da G begehrt, dass vor Entscheidung in der Hauptsache der bestehende Zustand, was die Information der Öffentlichkeit betrifft, nicht verändert wird, ist hier die einstweilige Anordnung in der Form der Sicherungsanordnung nach § 123 I 1 VwGO zu beantragen.

## III. Zulässigkeitsvoraussetzungen des Hauptsacheverfahrens

Für das Verfahren nach § 123 VwGO müssen die Zulässigkeitsvoraussetzungen des **705**
statthaften Hauptsacheverfahrens erfüllt sein.

9 *Schenke* Rn 129 ff.
10 *Hufen*, Verwaltungsprozessrecht, § 16 Rn 1.
11 *Hufen*, aaO, § 16 Rn 5.

### 1. Klagebefugnis, 42 II VwGO analog

Wie die allgemeine Leistungsklage setzt auch der Antrag auf Erlass einer einstweiligen Anordnung im Rahmen dieses Verfahrens die Klagebefugnis voraus. Der Antragsteller muss also geltend machen können, möglicherweise in seinen Rechten verletzt zu sein. Im Fall des Z kommt eine Verletzung in seinem Grundrecht aus Art. 8 GG, aber auch in seinem allgemeinen Persönlichkeitsrecht aus Art. 2 I iVm Art. 1 I GG in Betracht. Z kann sich als Veranstalter der geplanten Kundgebung auf sein Grundrecht aus Art. 8 I GG berufen, wenn die Kundgebung selbst in den Schutzbereich des Grundrechts fällt, was lt. SV naheliegt. Auch wenn die Versammlung nicht verboten wird, geht es der Stadt bzw der B doch um eine gezielte Behinderung der Kundgebung, so dass die Annahme eines faktischen Eingriffs in das Grundrecht der Versammlungsfreiheit plausibel dargelegt ist. Ferner wird Z durch die Bezeichnung als „rassistischer Rattenfänger“ herabgewürdigt und sein Ansehen in der Öffentlichkeit erheblich beeinträchtigt. Eine Verletzung des Z in seinem allgemeinen Persönlichkeitsrecht erscheint unter diesem Gesichtspunkt jedenfalls als möglich. Klagebefugnis analog § 42 II VwGO ist zu bejahen.

### 2. Weitere Zulässigkeitsvoraussetzungen

706 Z ist beteiligtenfähig nach § 61 Nr. 1 1. Alt. VwGO, ebenso auf der Beklagtenseite die Stadt S nach § 61 Nr. 1 2. Alt. VwGO. Die Prozessfähigkeit ist nach § 62 VwGO zu bejahen. Richtiger Beklagter im Hauptsacheverfahren und damit auch richtiger Antragsgegner im Verfahren nach § 123 VwGO ist die Stadt, der das Handeln der B zuzurechnen ist. Es besteht keine Sonderregelung nach § 78 VwGO; § 78 I Nr. 1 VwGO gilt sinngemäß auch für die allgemeine Leistungsklage.

## IV. Zuständigkeit

707 Zuständig ist nach § 123 II VwGO das Gericht der Hauptsache; instanziell zuständig ist das Verwaltungsgericht, lt. SV wurde das örtlich zuständige Gericht angerufen.

## V. Glaubhaftmachung

708 Der Erlass einer einstweiligen Anordnung setzt voraus, dass der Antragsteller die Gründe für den Erlass glaubhaft machen kann. Da der Termin für die Kundgebung unmittelbar bevorsteht, kann Z glaubhaft machen, dass ihm eine Verletzung seiner Rechte droht, die eine einstweilige Anordnung erforderlich macht.

## VI. Rechtsschutzbedürfnis

709 Wie für die Klage selbst, muss auch für den Antrag auf Erlass einer einstweiligen Anordnung das allgemeine Rechtsschutzbedürfnis gegeben sein. Z hat, nachdem er bei der Stadt vergeblich protestiert hat, auch keine anderweitige Möglichkeit, sein Rechtsschutzziel zu erreichen. Schon deshalb hat er für seinen Antrag ein Rechtsschutzinteresse.

**Ergebnis:** Der Antrag des Z ist zulässig.

## B. Begründetheit des Antrags des Z

Der Antrag ist begründet, wenn im Rahmen der im Eilverfahren summarischen Prüfung eine überwiegende Wahrscheinlichkeit für das Bestehen eines Anordnungsanspruchs und eines Anordnungsgrundes besteht.[12] Dies ist hier für die einzelnen von Z angegriffenen Äußerungen bzw Maßnahmen gesondert zu prüfen. **710**

### I. Antrag zu (1): Ausschalten der Beleuchtung

#### 1. Anordnungsanspruch

a) Z hat einen Anordnungsanspruch, wenn er verlangen kann, dass S es unterlässt, während der von ihm geplanten Kundgebung die Beleuchtung des Rathauses und der Baudenkmäler der Innenstadt auszuschalten. Ein solcher **Unterlassungsanspruch** könnte sich aus seinen Grundrechten, insbesondere der Versammlungsfreiheit des Art. 8 I GG ergeben. Wie der in seiner dogmatischen Einordnung und Struktur vergleichbare Folgenbeseitigungsanspruch ist auch der allgemeine Unterlassungsanspruch unmittelbar aus den Grundrechten herzuleiten, als **allgemeiner grundrechtlicher Schutzanspruch**.[13] Der Unterlassungsanspruch insbesondere setzt eine präsente oder unmittelbar drohende Grundrechtsbeeinträchtigung voraus; diese muss auf hoheitliches Handeln zurückzuführen sein und, weil rechtswidrig, nicht zu dulden sein. **711**

b) Voraussetzung für den Unterlassungsanspruch ist zunächst eine drohende **Grundrechtsbeeinträchtigung**. Das angekündigte Abschalten der Beleuchtung könnte insbesondere in das Grundrecht der Versammlungsfreiheit des Z sowie der Versammlungsteilnehmer eingreifen. Der Schutzbereich des Grundrechts ist eröffnet. Die von Z angemeldete Kundgebung ist als kollektive Meinungsäußerung in Angelegenheiten von öffentlichem Interesse als Versammlung iSv Art. 8 I GG zu qualifizieren. Dafür, dass die Versammlung unfriedlich, also insbesondere gewalttätig verlaufen könnte, sind keine Anhaltspunkte gegeben. Auch wenn die Versammlung nicht verboten werden soll, könnte hier doch ein faktischer Eingriff drohen. Denn das Grundrecht der Versammlungsfreiheit kann durch faktische Maßnahmen wie Boykottaufrufe eines Amtsträgers beeinträchtigt werden, wenn sie in ihrer Intensität imperativen Maßnahmen gleichstehen und eine abschreckende Wirkung entfalten.[14] Dies ist bei der angekündigten „Verdunkelung“ der Stadt der Fall. Sie ist im Zusammenhang des Wortlauts der Ankündigung und auch der Aufforderung an die Bürger, ihrerseits die Lichter zu löschen, zu sehen. Hierin wurde die Kundgebung wenigstens implizit als „intolerant“ und „rassistisch“ bewertet. In der Ankündigung kommt auch zum Ausdruck, dass deren Zielsetzung und die auf ihr zu erwartenden Meinungsäußerungen so ablehnungswürdig seien, dass man die Versammlungsteilnehmer aus dem Prozess der politischen Auseinandersetzung und letztlich aus der Gemeinschaft der Bürger der Stadt ausschließen müsse. Vor diesem Hintergrund sind die Ankündigungen der B in der Tat geeignet, eine abschreckende Wirkung zu erzeugen und dadurch potenzielle Teilnehmer von einer Teilnahme abzuhalten. Hierin und **712**

12 *Schenke* Rn 1032.

13 *Ossenbühl/Cornils*, Staatshaftungsrecht, 6. Aufl. 2013, 7. Teil, II.3. und III.4.

14 OVG Münster DVBl 2017, 131.

in der mit der symbolischen Lichtabschaltung liegenden Diskriminierung der Versammlungsteilnehmer liegt ein Eingriff in die Versammlungsfreiheit des Z und auch in die Meinungsfreiheit aus Art. 5 I 1 GG. Denn die Maßnahme richtet sich gezielt gegen die auf der Versammlung zu erwartenden Meinungsäußerungen.

**713** c) Voraussetzung für einen Unterlassungsanspruch ist weiterhin, da hinreichende Verletzungswahrscheinlichkeit und hoheitliches Handeln zu bejahen sind, dass die Grundrechtsbeeinträchtigung nicht hingenommen werden muss, dass die also **rechtswidrig** ist.

aa) Eine Ermächtigung der Stadt zum Abschalten der Beleuchtung öffentlicher Gebäude kann hier nicht schon daraus hergeleitet werden, dass die Gebäude bzw die Beleuchtungseinrichtungen in ihrem Eigentum sind und dass sie hierüber die Verfügungsgewalt hat. Denn wenn hierin ein Akt symbolischer Meinungsäußerung gesehen wird, müssen die für Äußerungen von Amtsträgern geltenden Grundsätze zur Anwendung kommen.

**714** Hiernach müsste die S grundsätzlich befugt sein, sich in öffentlichen Angelegenheiten wie der Frage der Einstellung zur Flüchtlingsfrage zu äußern, soweit es um Angelegenheiten der örtlichen Gemeinschaft geht. Die Rechtmäßigkeit **amtlicher Äußerungen eines Hoheitsträgers** mit Grundrechtseingriffsqualität setzt zuerst voraus, dass der Hoheitsträger im Rahmen der ihm zugewiesen Aufgaben handelt.[15] Staatliche Öffentlichkeitsarbeit ist zulässig, soweit es darum geht, Informationen aus dem staatlichen Bereich zu verbreiten, oder um Darlegung und Erläuterung der Politik hinsichtlich getroffener Maßnahmen und künftiger Vorhaben angesichts bestehender oder sich abzeichnender Probleme, sowie um die sachgerechte, objektiv gehaltene Information über den Bürger unmittelbar betreffende Fragen. Für die Gemeinden folgt eine entsprechende Informationsaufgabe aus dem kommunalen Selbstverwaltungsrecht als kompetenzielle Grundlage auch für Aufklärung und Beratung der Bürger, wenn es um **Angelegenheiten der örtlichen Gemeinschaft** geht.[16] Die Gemeinden sind danach berechtigt, sich öffentlich zu den Angelegenheiten der örtlichen Gemeinschaft zu äußern.[17] Sie sind darüber hinaus berechtigt, sich auch dann, wenn die in Frage stehenden Angelegenheiten anderen Aufgabenträgern zugewiesen sind, sich zu deren spezifisch örtlichen Bezügen zu äußern.[18] Eine prinzipielle Befugnis der Stadt S, sich in der Frage der Unterbringung von Asylsuchenden zu äußern und ihren Standpunkt zu vertreten, ist also zu bejahen. Insoweit bewegt sie sich innerhalb ihres Aufgabenbereichs; dies gilt auch für die Bürgermeisterin, die sie hier nach außen vertritt.

**715** bb) Mit der Abschaltung der Beleuchtung würde allerdings die Intention verfolgt, die Versammlung gezielt zu behindern. Auf Grund der eingriffsgleichen Wirkung der Maßnahme könnte hierfür verlangt werden, dass auch die Voraussetzungen für ein Verbot vorlägen. Für ein Versammlungsverbot aber müsste eine Störung der öffentlichen Si-

---

15 OVG Münster DVBl 2017, 131 Rn 68.

16 *Degenhart*, K&R 2016, Beihefter zu H. 6/2016.

17 BayVerfGH BayVBl 1998, 203 (206).

18 *Wittzack*, BayVBl 1998, 37 (38); anders bei allgemein-politischen Themen ohne spezifischen Ortsbezug, wie seinerzeit bei den kommunalen Erklärungen einer „atomwaffenfreie Zone“, vgl *Huber*, NVwZ 1982, 662; OVG Lüneburg DVBl 1983, 814.

cherheit oder Ordnung zu erwarten sein. Das Versammlungsmotto ist in der Tendenz fremdenfeindlich; da es aber keinen Straftatbestand erfüllt, kann nicht von einer Gefährdung der öffentlichen Sicherheit ausgegangen werden. Im Übrigen sind Beschränkungen der Versammlungsfreiheit auf Grund von tatsächlich erfolgenden oder zu erwartenden Meinungsäußerungen nur zulässig, wenn diese einen Straftatbestand erfüllen. Setzt man also die angekündigte Verdunkelung der Stadt mit einem Verbot gleich, ist diese schon aus diesem Grund rechtswidrig.[19]

Dem könnte jedoch entgegengehalten werden, dass B als Vertreterin der Stadt berechtigt ist, sich zu Angelegenheiten der örtlichen Gemeinschaft zu äußern. Eben dies hat sie getan. Die erwartete Ankunft einer großen Anzahl von Asylsuchenden ist eine solche Angelegenheit, und das Motto sowie das Anliegen der Versammlung kann sich auf örtliche Belange auswirken. An der öffentlichen Meinungsbildung in der Gemeinde hierzu durfte B sich grundsätzlich beteiligen. Sie durfte jedoch nicht die Meinungsbildung einseitig beeinflussen und steuern. Und sie war gehalten, sich sachlich und argumentativ zu äußern.[20] Wie für alles staatliche Informationshandeln gilt das **Gebot der Sachlichkeit und Angemessenheit**. **716**

Hiergegen könnte sie verstoßen haben. Dafür spricht nicht nur die drastische Wortwahl, die an die Grenze der Schmähung reicht. Dafür spricht insbesondere auch, dass mit dem Ausschalten der Beleuchtung durch die Stadt die Ebene der geistigen Auseinandersetzung verlassen und die Stadt ein nur ihr zur Verfügung stehendes Instrument einsetzen würde, um Druck auf die Versammlungsteilnehmer auszuüben, nicht aber eine argumentative Auseinandersetzung sucht. Damit überschreitet B, auch wenn man bei allgemein politischen Fragen der örtlichen Gemeinschaft keine strikte Neutralität wie etwa im Verhältnis zu politischen Parteien verlangt, die Grenzen zulässiger kommunaler Informationstätigkeit. Das Abschalten der Beleuchtung ist also, gerade mit dem Bedeutungsgehalt, der ihm von der B selbst beigemessen wird, rechtwidrig. Z hat einen Unterlassungsanspruch aus Art. 8 I GG sowie aus Art. 5 I 1 GG. **717**

## 2. Anordnungsgrund

Eine Klage des Z erscheint bei summarischer Prüfung in der Hauptsache als mit überwiegender Wahrscheinlichkeit begründet. Daher ist für einen Anordnungsgrund eine Abwägung zwischen den Belangen des Antragstellers und den mit der behördlichen Maßnahme verfolgten Interessen vorzunehmen.[21] Angesichts des von der Antragsgegnerin gewählten, in seiner Schutzwürdigkeit fragwürdigen Mittels der politischen Auseinandersetzung ist hierbei den Belangen des Antragstellers höheres Gewicht beizumessen. **718**

19 ThürVerfGH, U. v. 8.7.2016 – VerfGH 38/15 –, juris Rn 45, wonach Eingriffe in Art. 8 I GG auch durch amtliche Äußerungen allein nach Maßgabe von § 15 I LVersG rechtfertigungsfähig sind; aM OVG Münster Rn 77; für strikte Neutralität demgegenüber *Barczak*, NVwZ 2015, 1014, 1019.

20 BVerwG U. v. 13.9.2017 – 6 C 10/16 –, zitiert nach der Pressemitteilung, www.bverwg.de.

21 *Schenke* Rn 1032 f.

### 3. Keine Vorwegnahme der Hauptsache

719 Der Erlass einer e.A. würde allerdings eine Vorwegnahme der Hauptsache bedeuten. Dies ist hier jedoch angesichts der überwiegenden Erfolgswahrscheinlichkeit einer Hauptsacheklage ausnahmsweise hinzunehmen,[22] da andernfalls das Recht des Z endgültig vereitelt würde.

**Ergebnis:** Der Antrag des Z zu (1) ist begründet.

## II. Antrag zu (2): Aufforderung zum Ausschalten der Beleuchtung

720 Auch im Aufruf an die Bürgerschaft von S, die Beleuchtung ihrer Häuser und Geschäfte auszuschalten, liegt eine Beeinträchtigung der Grundrechte des Z und der Versammlungsteilnehmer aus Art. 8 I und Art. 5 I GG. Da sich B öffentlich an die Bürgerschaft von S gewandt hat, müssen hier die Grundsätze staatlicher bzw kommunaler Öffentlichkeitsarbeit unmittelbar zur Anwendung kommen. Ebenso wenig, wie aber das Ausschalten der Beleuchtung unmittelbar durch S als schutzwürdiger Beitrag zur öffentlichen Auseinandersetzung gelten kann, ist dies der Fall bei einer Aufforderung an die Bürger, sich in dieser Weise zu äußern. Hinzu kommt die Wortwahl der B, wenn diese von dumpfen Ressentiments und Rassismus spricht. Auch wenn in öffentlicher Auseinandersetzung drastische Formulierungen legitim sind, gelten doch für den Staat und damit auch die Gemeinden, die sich ja nicht auf die Meinungsfreiheit des Art. 5 I GG berufen können, strengere Kriterien. Sie unterliegen auch hier wie in allen Maßnahmen dem Gebot der Verhältnismäßigkeit und müssen daher bei öffentlichen Äußerungen in höherem Maße auf Sachlichkeit auch in der Form bedacht sein. Dagegen hat B verstoßen. Sie hat hier die Ebene des rationalen Diskurses verlassen. Auch deshalb ist ihr Verhalten rechtswidrig. Hieraus folgt für Z ein Unterlassungsanspruch gegen S, der die Äußerungen der Bürgermeisterin zuzurechnen sind. Er richtet sich hier darauf, die fraglichen Äußerungen von der Internet-Seite der Stadt zu entfernen. Denn nur auf diese Weise kann der rechtswidrige Zustand behoben werden; die bloße Anordnung, die Äußerungen künftig zu unterlassen, würde dem nicht genügen. Denn mit jedem Aufruf der Internet-Seite würden diese Äußerungen erneut verbreitet.

Ein Anordnungsanspruch ist daher zu bejahen; ein Anordnungsgrund folgt aus den gleichen Erwägungen wie zum Antrag zu (1).

## III. Antrag zu (3): Teilnahme an einer Gegenkundgebung und Aufruf dazu

721 Gegenüber dem Aufruf zu einer Gegenkundgebung könnte ein Anspruch des Z auf Unterlassung deshalb fraglich sein, weil weder Versammlungs- noch Meinungsfreiheit ein Recht gewähren, nicht mit Gegenauffassungen konfrontiert zu werden; Schutzzweck dieser Grundrechte ist ja gerade die freie Auseinandersetzung, der Meinungskampf.

Wenn jedoch ein Amtsträger in dieser Eigenschaft zu einer Gegendemonstration aufruft, ist er wie jegliche staatliche Gewalt an die Grundrechte gebunden. B hatte also die

22 *Kopp/Schenke*, VwGO, § 123 Rn 26.

Grundrechte des Z und der übrigen Versammlungsteilnehmer aus Art. 8 I und Art. 5 I GG zu wahren. Die amtliche Aufforderung zur Teilnahme an einer Gegendemonstration soll ebenso wie eine Aufforderung, der Kundgebung fernzubleiben, dem Anliegen der Versammlung entgegenwirken und beeinträchtigt damit die Grundrechte des Veranstalters und der Teilnehmer.

Dies könnte bereits deshalb einen Unterlassungsanspruch begründen, weil hier die Stadt **722** als Träger öffentlicher Gewalt einseitig in einer Angelegenheit von öffentlichem Interesse Stellung bezieht. Dies würde bedeuten, dem Staat bzw hier der Stadt S ein generelles Neutralitätsgebot aufzuerlegen. Doch auch dann, wenn man jedenfalls in Angelegenheiten der örtlichen Gemeinschaft der Stadt ein Recht auf kritische Befassung mit gesellschaftlich vertretenen Positionen zugestehen will, verlangen die Grundrechte der Versammlungs- und Meinungsfreiheit, dass staatliche Amtsinhaber die gebotene Zurückhaltung und Sachlichkeit wahren und nicht über den amtlichen Aufruf zu Gegendemonstrationen parteiergreifend von der Teilnahme abschrecken. Ebenso, wie im Zusammenhang mit der Aufforderung, die Beleuchtung auszuschalten, verstößt auch in Bezug auf die Aufforderung zur Teilnahme an der Gegendemonstration die Wortwahl der B gegen das Sachlichkeitsgebot.

Entscheidend kommt hier hinzu, dass die Aufforderung, sich den Teilnehmern der **723** Kundgebung „entschlossen entgegenzustellen“, zumindest missverständlich ist. Denn sie könnte auch als Ermutigung zu einer Blockadeaktion verstanden werden, also als Aufruf, die Teilnehmer der Kundgebung an der Wahrnehmung ihrer Grundrechte zu hindern. Hier wird die Sphäre der inhaltlichen Auseinandersetzung verlassen. Ob B ihren Aufruf so verstanden wissen wollte, kann hierbei nicht entscheidend sein. Denn angesichts des Umstandes, dass als „rechts“ eingestufte Kundgebungen häufig auf Gegendemonstrationen stoßen, deren Teilnehmer sich nicht auf inhaltliche Auseinandersetzungen beschränken, sondern auch zu Blockademaßnahmen greifen, musste B davon ausgehen, dass ihre Äußerung so verstanden würde. Auch der Aufruf zur Teilnahme an einer Gegendemonstration war daher nach Form und Inhalt rechtswidrig.

Hieraus folgt der Anordnungsanspruch; ein Anordnungsgrund ist aus den bereits ausgeführten Gründen gleichfalls zu bejahen.

**Ergebnis:** Z hat auch diesbezüglich einen Anspruch gegen die Stadt darauf, dass dieser Aufruf unterbleibt und von der Internetseite der S genommen wird.

### IV. Antrag zu (4): „rassistischer Rattenfänger“

Z könnte einen Anspruch auf Unterlassung der Bezeichnung als „rassistischer Rattenfänger“ auf Grund seines allgemeinen Persönlichkeitsrechts aus Art. 2 I iVm Art. 1 I **724** GG haben. Es schützt seinen Träger insbesondere auch in seinem sozialen Geltungsanspruch und vor herabsetzenden Äußerungen, die geeignet sind, sich abträglich auf sein Ansehen in der Öffentlichkeit auszuwirken. Hieraus folgt ein Abwehrrecht gegen Verbreitung ehrenrühriger Äußerungen.[23] Dies trifft im Fall der Bezeichnung als „rassisti-

23 Näher *Degenhart*, JuS 1992, 361 (363 ff.).

scher Rattenfänger“ zweifellos zu. Gleichwohl könnte eine Persönlichkeitsverletzung hier deshalb ausscheiden, weil im öffentlichen Meinungskampf auch drastische Formulierungen bis zur Grenze der Schmähkritik zulässig sind, diese Grenze aber deshalb noch nicht erreicht sein dürfte, weil hier es B doch in erster Linie um die Sache geht, nicht um persönliche Diffamierung. Auch ist nicht von einer Verbreitung unwahrer Tatsachen auszugehen, da Begriffe wie „rassistisch“ oder „rechtsextrem“ in erster Linie als Werturteile aufzufassen sind.[24]

**725** Doch kommt es darauf nicht an. Denn es erfolgt hier keine Auseinandersetzung zwischen gleichgeordneten Grundrechtsträgern. Vielmehr äußert sich B als Vertreterin der Stadt und damit der hoheitlichen Gewalt des Staates über Z. Jedenfalls dem unmittelbar an die Grundrechte gebundenen Staat verbietet es das allgemeine Persönlichkeitsrecht nicht nur, ehrenrührige Tatsachen zu verbreiten, sondern darüber hinaus generell, sich ohne rechtfertigenden Grund herabsetzend über einen Bürger zu äußern, etwa eine von diesem vertretene Meinung abschätzig zu kommentieren. Eben dies aber hat B getan. Damit hat Z einen Anspruch auf Unterlassung, der sich auch auf die Löschung des Eintrags auf der Internet-Seite der S bezieht.

**Ergebnis:** Auch der Antrag des Z zu (4) ist also begründet.

## C. Ergebnis

Der Antrag des Z auf Erlass einer einstweiligen Anordnung gegen S ist in vollem Umfang zulässig und begründet und hat somit Aussicht auf Erfolg.

# Repetitorium

s nach **Fall 12**.

24 Näher *Degenhart*, BonnK, Art. 5 I und II (2017) Rn 127; *OLG Köln* NJW-RR 2016, 681: „Sprachrohr für Rassismus“; BVerfG (K) NJW 2012, 3712: „rechtsextrem“.

Fall 12

# I want a famous face II (Schönheitsoperationen)

*Umfangreicher Examensfall**

Fachkreise sind besorgt über einen zunehmenden Trend zu medizinisch nicht veranlassten chirurgischen Eingriffen – sog. „Schönheitsoperationen" – bei Jugendlichen. Die Bundesregierung setzt daraufhin eine „Expertenkommission medizinische Ethik" ein, die aus 9 weisungsunabhängigen Mitgliedern besteht: jeweils einem Facharzt für Chirurgie und Psychiatrie, sowie Experten aus den Bereiche Theologie, Soziologie und Recht. Diese kommt nach eingehender Beratung zu dem Ergebnis, dass derartige Eingriffe bei Jugendlichen unter 18 Jahren sowohl aus medizinischen als auch aus ethischen Gründen keinesfalls vertretbar seien. Sie seien nicht nur mit erheblichen Risiken für die körperliche Entwicklung verbunden, sondern würden auch die Entwicklung zu eigenständigen Persönlichkeiten beeinträchtigen. Aber auch noch bis zum Alter von etwa 18-20 Jahren seien die Eingriffe mit erheblichen, derzeit nicht sicher abschätzbaren Risiken behaftet. Uneinig ist sich die Expertenkommission über das Ausmaß der Entwicklung, da die vorliegenden Zahlen stark differieren. **726**

Gestützt auf Empfehlungen der Expertenkommission, legt die Bundesregierung den Entwurf für ein „Gesetz über die Durchführung von ästhetischen Operationen (ÄsthOpG)" vor.

Es enthält i.W. diese Regelungen:

§ 1 Ziel des Gesetzes

Dieses Gesetz dient dem vorbeugenden Schutz vor den Risiken unnötiger oder nicht nach den Regeln der ärztlichen Kunst durchgeführter ästhetischer Operationen. Es dient in besonderer Weise dem Schutz Jugendlicher und Heranwachsender.

§ 2 Begriffsbestimmungen

(1) Im Sinn dieses Gesetzes bedeuten die Begriffe

1. „Ästhetische Operation (Schönheitsoperation)": eine operativ-chirurgische Behandlung zur Veränderung des körperlichen Aussehens ohne medizinische Indikation.
2. „Medizinische Indikation": ein auf medizinisch-wissenschaftlichen Erkenntnissen beruhender Grund, eine ästhetische Operation durchzuführen, wenn sie notwendig ist, um Lebens- oder Gesundheitsgefahr oder erhebliche psychische Schäden abzuwenden.

(2) Ästhetische Operationen im Sinn des Abs. 1 Nr. 1 sind insbesondere …

(es folgt eine Aufzählung einzelner Maßnahmen wie: Brauenkorrektur, Bruststraffung, -vergrößerung, -verkleinerung, Gesäß-Modellierung, Lippenaufpolsterung, Gesichtskorrektur, Intimchirurgie etc. mit jeweils genauer Benennung der medizinischen Fachbegriffe).

§ 3 Fachkundenachweis (…)

* Es handelt sich um eine vom Verf. gestellte Original-Examensklausur (Sachsen, 2015); in verkürzter und „entschärfter" Form wurde sie bereits in den Klausurenband I aufgenommen.

§ 4 Bestimmung zum Schutz Jugendlicher und Heranwachsender

(1) Eine ästhetische Operation an Personen, die das 18. Lebensjahr noch nicht vollendet haben, ist unzulässig.

(2) Bei Personen, die das 18., aber noch nicht das 21. Lebensjahr vollendet haben (Heranwachsende), ist eine ästhetische Operation nur zulässig, wenn eine medizinisch-psychologische Fachberatung vorausgegangen ist. Zwischen der Beratung und der Operation müssen mindestens 8 Wochen liegen.

§ 5 Ordnungswidrigkeiten

(…)

In der Begründung wird i.W. auf den Bericht der Expertenkommission medizinische Ethik verwiesen. Der Gesetzentwurf wird in erster Lesung im Bundestag beraten und dann an die Ausschüsse überwiesen. Der federführende Gesundheitsausschuss kommt zu der Auffassung, auch die oft unseriöse Werbung für Schönheitsoperationen müsse beschränkt werden. Er schlägt vor, einen neuen § 5 dieses Inhalts einzufügen:

„§ 5 Werbeverbot

(1) Werbung für die Vornahme von Operationen iSv § 2 Abs. 1 Nr. 1, Abs. 2 hat sich auf sachliche Informationen zu beschränken und umfassend über Risiken zu informieren. Werbung mit gesellschaftlichem oder sexuellem Erfolg ist unzulässig. Bildliche Vorher-Nachher-Gegenüberstellungen sind unzulässig.

(2) Werbung, die sich ausschließlich oder vorwiegend an Jugendliche und Heranwachsende richtet oder diese in besonderer Weise anzusprechen geeignet ist, ist unzulässig.

(3) Werbung für Operationen iSv § 2 Abs. 1 Nr. 1, Abs. 2, die außerhalb des Geltungsbereichs dieses Gesetzes vorgenommen werden sollen, ist unzulässig."

Der Ordnungswidrigkeitentatbestand in § 5 des Entwurfs soll dann § 6 werden. In dieser Form wird das Gesetz vom Bundestag in 3. Lesung beschlossen, ausgefertigt und verkündet.

Die oppositionelle F-Fraktion im Bundestag hat erhebliche Zweifel an der Verfassungsmäßigkeit des Gesetzes. Es bedeute einen weiteren Schritt in Richtung auf staatliche Bevormundung. Die Entscheidung über das eigene Aussehen sei schließlich eine höchstpersönliche Angelegenheit. Bei Minderjährigen sollte die Entscheidung von den Erziehungsberechtigten getroffen werden, deren natürliches Recht die Personensorge sei; die Einbeziehung von Volljährigen sei gänzlich unverständlich. Es sei zudem höchst fragwürdig, dass der Gesetzgeber hier schlicht die Empfehlungen einer weder demokratisch noch fachlich legitimierten „Ethik-Kommission", der mehrheitlich Nicht-Fachleute wie Theologen, Soziologen, Sozialpädagogen angehört hätten, übernommen habe. Die gesetzlichen Restriktionen würden zudem die einschlägigen Fachärzte und Fachkliniken erheblich in ihrer Tätigkeit einschränken. Diese erzielten durchschnittlich 10% ihrer Einnahmen durch den betroffenen Personenkreis, einzelne Kliniken, die auf die Behandlung Jugendlicher spezialisiert seien, müssten möglicherweise schließen. Dies könnte deren Berufsfreiheit verletzen, möglicherweise auch enteignend wirken. Werbeverbote wie die des neuen § 5 des Gesetzes führten zu einer schleichenden Aushöhlung der Meinungs- und der Pressefreiheit. Dass die Bestimmung erst über den Ausschuss in das Gesetz gekommen sei, sei aus verfahrensmäßiger Sicht bedenklich.

Die F-Fraktion beauftragt ihre wissenschaftliche Mitarbeiterin Dr. iur. Sabrina Knoeringer-Lüdenscheid, die Verfassungsmäßigkeit des Gesetzes umfassend zu prüfen.

**Das Gutachten ist zu erstellen.**

**Zusatzfrage 1:** Nachdem das Gutachten die Bedenken und Zweifel der F-Fraktion nicht ausräumen konnte, stellen die 75 Mitglieder der Fraktion einen Antrag beim Bundesverfassungsgericht, es möge das Gesetz auf seine Verfassungsmäßigkeit überprüfen. Angesichts einer erdrückenden Mehrheit der die Regierung tragenden Koalitionsfraktionen, die über 455 der 600 Sitze im Bundestag verfügten, müsse sie, auch wenn sie nur über 75 Mandate verfüge, die Möglichkeit haben, sich an das Gericht zu wenden, denn sonst könnte die Mehrheit ja „machen, was sie wolle".

**Ist der Antrag zulässig?**

**Zusatzfrage 2:** Die Schönheitschirurgin Dr. med. habil. Elisabeth Frankenstein (F) hat sich in ihrer Privatklinik in einem bekannten österreichischen Kurort auf ästhetische Operationen an Jugendlichen aus wohlhabenden Familien aus den Nachbarländern, insbesondere aus Kreisen der sog. Münchener Schickeria spezialisiert, die sie vor allem durch Werbung in einschlägigen Society- und Lifestyle-Magazinen mit der entsprechenden Zielgruppe erreicht. Sie ist der Auffassung, dass sie in der Europäischen Union frei sein müsse, für ihre Dienste und Leistungen zu werben.

**Sind F's Einwände begründet?**

*(Etwa relevante Richtlinien und Verordnungen des Unionsrechts sind nicht einzubeziehen.)*

# Vorüberlegungen

**727** Die Aufgabe behandelt im Schwerpunkt Grundrechte und ergänzend Fragen des Gesetzgebungsverfahrens. Gesetzliche Regelungen dieser Art sind im Gespräch; der Gesetzentwurf orientiert sich weitgehend an einem bereits geltenden Bundesgesetz in Österreich. Die prozessuale Fragestellung knüpft an die Diskussion um Rechte der Opposition angesichts einer über qualifizierte Mehrheiten verfügenden „großen Koalition" an. Insoweit werden von den Bearb. keine Lösungen erwartet, sondern lediglich Verständnis für die Problematik.

Die Fallbearbeitung sollte hier ausnahmsweise nicht im gewohnten Schema Zulässigkeit – Begründetheit erfolgen. Vielmehr wird bereits durch den Sachverhalt nahegelegt, zunächst den Bedenken der Fraktion gegen die Verfassungsmäßigkeit des Gesetzes nachzugehen, dann deren Möglichkeiten zu prüfen, das BVerfG anzurufen. Dies ist durch die ausdrückliche Aufteilung in mehrere Teilaufgaben vorgezeichnet.

Hier kommt es lediglich darauf an, dass Bearbeiter das Problem als solches erkennen; die Problematik ist vergleichbar den Fällen der Veränderung des Gesetzentwurfs im Vermittlungsausschuss.

**727a** Dass die Vorschläge einer „Ethik-Kommission" Grundlage für den Gesetzentwurf waren und deren Zusammensetzung angegriffen wird, könnte unter dem Gesichtspunkt der jüngst vieldiskutierten „Auslagerung" der Gesetzgebungsarbeit auf externe Gremien behandelt werden – Vereinbarkeit mit dem Demokratieprinzip? –, ist hier aber mE in erster Linie eine Frage der materiellen Verfassungsmäßigkeit: welche Anforderungen sind bei Eingriffsgesetzen an die Gefahrenprognose des Gesetzgebers zu stellen ? – Auch hier ist von den Bearb. lediglich Problemsicht zu verlangen, wobei sowohl die Einordnung als Frage des Gesetzgebungsverfahrens als auch der materiellen Verfassungsmäßigkeit vertretbar ist.

**727b** Entsprechend dem Aufbau der Normprüfung ist bei Aufgabe 1 zunächst die Gesetzgebungskompetenz zu prüfen. Da der Begriff der öffentlichen Fürsorge nach Art. 74 I Nr. 7 GG den Bearb. nicht ohne Weiteres geläufig sein dürfte, wurde ein Hinweis in den Sachverhalt aufgenommen. Wie stets muss nach der Feststellung einer konkurrierenden Zuständigkeit geprüft werden, ob nach Art. 72 II GG die Erforderlichkeit einer bundesgesetzlichen Regelung festgestellt werden muss. Beim Gesetzgebungsverfahren ist zunächst das Standardproblem des ersten Durchgangs beim Bundestag angesprochen. Auch das Problem einer Veränderung der Vorlage im Ausschuss sollte jedenfalls aus den einschlägigen Entscheidungen zum Vermittlungsausschuss bekannt sein.

**727c** In materiell-verfassungsrechtlicher Hinsicht könnte aus Sicht der verschönerungswilligen Jugendlichen zunächst an das Auffanggrundrecht des Art. 2 I GG gedacht werden. Hier aber dürfte das allgemeine Persönlichkeitsrecht (APR) das speziellere Grundrecht sein. Denn die Entscheidung über den eigenen Körper berührt die personelle Identität als eine der Fallgruppen des APR. Hierbei sollte differenziert werden zwischen den Jugendlichen und Heranwachsenden – bei Letzteren insbesondere stellt sich die Frage, ob es ein legitimes Handlungsziel des Gesetzgebers sein kann, den erwachsenen Bürger „vor sich selbst" zu schützen. Dies kann zB Werbeverbote für als gefährlich angesehene

Produkte betreffen, aber auch sonst Regelungen, die auf eine Pflicht oder Obliegenheit zum „gesunden Leben“ hinauslaufen. Die Prüfung des Elternrechts nach Art. 6 II GG und der Berufsfreiheit des Art. 12 I GG dürfte keine besonderen Probleme bereiten; allenfalls die Berufsbezogenheit eines Eingriffs könnte fraglich sein.

**Zusatzfrage 1** bezieht sich auf die Diskussion um Rechte der Opposition, die im **727d**
Fall einer „Großen Koalition“ die für Minderheitenrechte im Grundgesetz und in der GeschOBT vorgesehenen Quoren nicht erreicht (s. *Degenhart* Rn 130, 641a, 671a). Hier sollte die aktuelle Entscheidung des BVerfG zu den Oppositionsrechten vom 3.5.2016 bekannt sein. Zu beachten ist, dass nicht die Fraktion als solche antragsberechtigt ist. Vielmehr muss die erforderliche Anzahl von Abgeordneten den Antrag auf Normenkontrolle stellen.

**Zusatzfrage 2** verlangt lediglich europarechtliche Grundkenntnisse in den Grundfreiheiten des AEUV – hier: der Dienstleistungsfreiheit und ihrer Beschränkungsmöglichkeiten.

# Gliederung **728**

**Gutachten zur Verfassungsmäßigkeit des Gesetzes**

**A. Formelle Verfassungsmäßigkeit**
- I. Gesetzgebungskompetenz
  - 1. Grundregel des Art. 70 GG
  - 2. Konkurrierende Zuständigkeit: Art. 74 I Nr. 7 GG
  - 3. Erforderlichkeit, Art. 72 II GG
- II. Gesetzgebungsverfahren
  - 1. Ethik-Kommission im Initiativstadium
  - 2. Änderung im Ausschuss

**B. Materielle Verfassungsmäßigkeit**
- I. Verbot und Beratungspflicht, § 4 ÄsthOpG
  - 1. Grundrechte der Jugendlichen: allg. Persönlichkeitsrecht, Art. 2 I iVm Art. 1 I GG
    - a) Allgemeines Persönlichkeitsrecht
    - b) Eingriff
    - c) Rechtfertigung
      - aa) Schranken des APR
      - bb) § 4 I ÄsthOpG - verfassungsmäßige Ordnung?
  - 2. Grundrechte der Heranwachsenden: Allg. Persönlichkeitsrecht, Art. 2 I iVm Art. 1 I GG
  - 3. Rechte der Eltern Minderjähriger, Art. 6 II GG
    - a) Schutzbereich
    - b) Eingriff
    - c) Rechtfertigung

4. Rechte der Berufsträger, Art. 12 I GG
   a) Schutzbereich
   b) Eingriff
   c) Rechtfertigung
      aa) Schutzbereich und Eingriff: Berufsausübungsregelung
      bb) Verhältnismäßigkeit
5. Eigentumsgarantie, Art. 14 I GG

II. Werbebeschränkungen, § 5 ÄsthOpG
1. Meinungsfreiheit, Art. 5 I 1 GG
   a) Schutzbereich: Werbung als Meinungsäußerung
   b) Eingriff
   c) Rechtfertigung
      aa) Schranken des Art. 5 II GG
      bb) Wechselwirkung
2. Berufsfreiheit, Art. 12 I GG

**C. Ergebnis**

**Zusatzfrage 1: Antrag der F-Fraktion beim BVerfG**

Abstrakte Normenkontrolle, Art. 93 I Nr. 2 GG, §§ 13 Nr. 6, 76 ff. BVerfGG – Antragsberechtigung?

**Zusatzfrage 2: Europarechtliche Einwände der F**

I. Grundfreiheiten: Dienstleistungsfreiheit
1. Schutzbereich
2. Beschränkung, Art. 56 AEUV
3. Rechtfertigung, Art. 52 iVm Art. 62 AEUV

II. Grundrechtecharta

III. Ergebnis

# Musterlösung

## Gutachten zur Verfassungsmäßigkeit des Gesetzes

### A. Formelle Verfassungsmäßigkeit

### I. Gesetzgebungskompetenz

1. Nach der **Grundregel des Art. 70 GG** sind die Länder für die Gesetzgebung zuständig, wenn nicht dem Bund eine ausschließliche oder konkurrierende Zuständigkeit zugewiesen ist. **729**

2. Eine ausschließliche Bundeszuständigkeit nach Art. 73 I GG ist nicht ersichtlich. Es könnte jedoch eine **konkurrierende Zuständigkeit** gegeben sein. Nicht einschlägig sind allerdings die für das Gesundheitswesen geltenden Kompetenztitel des Art. 74 I Nr. 19 bzw 19a GG. Es geht insbesondere auch nicht um die Zulassung zu medizinischen Berufen. Eine konkurrierende Zuständigkeit könnte sich allerdings aus **Art. 74 I Nr. 7 GG** ergeben. Ziel des Gesetzes ist der Schutz Jugendlicher und Heranwachsender. Hierbei müsste es sich um öffentliche Fürsorge handeln. Darunter versteht man Hilfe des Staates vor allem in materiellen Notlagen (Sozialhilfe). Aber auch anderweitige Hilfsbedürftigkeit kann Gegenstand der Fürsorge sein; dies kann auch bedeuten, der Entstehung von Hilfsbedürftigkeit entgegenzuwirken. Jugendfürsorge bedeutet Vorsorge gegenüber Gefährdungen für das körperliche und geistig-sittliche Wohl aller Jugendlichen, kann also auch bedeuten, für die Entwicklung der Jugendlichen schädlichen Einflüsse entgegenzuwirken. Jugendschutz ist daher öffentliche Fürsorge iSv Art. 74 I Nr. 7 GG. Dem entspricht die Zielsetzung des Gesetzes jedenfalls insoweit, als es um den Schutz Jugendlicher geht. Soweit es Heranwachsende einbezieht, könnte jedoch fraglich sein, ob es hierbei noch um „Jugendschutz" geht. Nach Einschätzung des Gesetzgebers besteht aber auch insoweit noch eine gegenüber Erwachsenen gesteigerte Schutzbedürftigkeit. Also geht es auch hierbei um Schutz gegenüber Gefährdungen der Persönlichkeitsentwicklung. Konkurrierende Zuständigkeit nach Art. 74 I Nr. 7 GG ist also auch insoweit zu bejahen.

3. Das Gesetz müsste auch **gemäß Art. 72 II GG erforderlich** sein. Art. 74 I Nr. 7 GG **729a**
ist dort unter denjenigen Kompetenzmaterien genannt, für die die Erforderlichkeit einer bundesgesetzlichen Regelung festgestellt werden muss. Von den Zielvorgaben des Art. 72 II GG könnte hier die der Rechtseinheit im gesamtstaatlichen Interesse einschlägig sein. Sie ist allerdings nicht schon dann gegeben, wenn in den Ländern unterschiedliches Recht gilt, denn im Anwendungsbereich des Art. 74 GG will das GG Rechtsvielfalt zulassen. Es müssen also zusätzliche Umstände hinzutreten, die eine Vereinheitlichung des Rechts erforderlich machen. Ein solcher zusätzlicher Umstand ist hier darin zu erblicken, dass bei unterschiedlicher Regelung in den Ländern die Jugendlichen und Heranwachsenden in Bundesländer gehen würden, in denen die Anforderungen niedriger sind. Erforderlichkeit einer bundesgesetzlichen Regelung ist also zu bejahen.

Der Bundesgesetzgeber ist zuständig. *(AA vertretbar.)*

## II. Gesetzgebungsverfahren

730 1. Die Einbeziehung der **Ethik-Kommission** in die Gesetzesvorbereitung könnte dazu führen, dass das Gesetzgebungsverfahren bereits im **Initiativstadium fehlerhaft** war. Dies wäre der Fall, wenn die Gemeinwohlorientierung der Gesetzgebung deshalb nicht mehr gegeben war oder die Abgeordneten keine eigenverantwortliche Entscheidung mehr treffen konnten. Dafür ergeben sich hier jedoch keine Anhaltspunkte; insbesondere war die Ethik-Kommission nicht einseitig zusammengesetzt. Ob sie durchweg die notwendige Sachkunde hatte, ist nicht entscheidend, da es darauf ankommt, ob letztlich das zustande gekommene Gesetz den verfassungsrechtlichen Anforderungen genügt.

730a 2. Am verfahrensfehlerfreien Zustandekommen des Gesetzes könnten deshalb Zweifel bestehen, weil hier der **federführende Ausschuss des Bundestags** zwischen der ersten und der zweiten Lesung des Gesetzes (§ 78 I 1 GeschOBT) dieses **erheblich verändert** hat. Hierin könnte die unzulässige Inanspruchnahme eines Initiativrechts durch den Ausschuss liegen. Doch ist es andererseits die Aufgabe der Bundestagsausschüsse, Gesetzentwürfe zu modifizieren und sachgerechte Änderungen vorzuschlagen; eine Totalrevision ist ihm aber versagt. Dem federführenden Gesundheitsausschuss geht es jedoch in erster Linie darum, den gesetzlichen Regelungen Wirksamkeit zu verleihen. Dem dient das Werbeverbot, das auf seinen Vorschlag eingefügt wurde. Das Ziel des Gesetzes und seine wesentlichen Inhalte werden nicht in Frage gestellt. Es hat also keine Totalrevision stattgefunden. Das Gesetzgebungsverfahren ist nicht fehlerhaft.

## B. Materielle Verfassungsmäßigkeit

Die Verbote bzw Beschränkungen könnten einerseits Grundrechte der verschönerungswilligen Jugendlichen und Heranwachsenden – bei Minderjährigen – auch ihrer Eltern, andererseits Grundrechte der in ihrer Tätigkeit eingeschränkten Berufsträger – Fachärzte und Kliniken – verletzen.

## I. Verbot und Beratungspflicht, § 4 ÄsthOpG

730b Insbesondere könnte das Verbot nach § 4 I des Gesetzes Grundrechte der Jugendlichen, die Beratungspflicht nach § 4 II ÄsthOpG Grundrechte der Heranwachsenden verletzen.

### 1. Grundrechte der Jugendlichen: Allgemeines Persönlichkeitsrecht, Art. 2 I iVm Art. 1 I GG

731 Minderjährigen werden die begehrten Operationen gänzlich verwehrt. Dies könnte sie in ihrem Allgemeinen Persönlichkeitsrecht verletzen.

a) Das **Allgemeine Persönlichkeitsrecht (APR)** aus Art. 2 I iVm Art. 1 I GG könnte hier unter dem Gesichtspunkt des Rechts auf Selbstbestimmung berührt sein, auch über die Bedingungen der eigenen Existenz. Zum Recht auf Selbstbestimmung gehört auch die Bestimmung über den eigenen Körper und das eigene Erscheinungsbild. Ob die Operationen sinnvoll sind, ist im Grundrechtstatbestand unerheblich. Art. 2 I GG enthält keine Pflicht zum „vernünftigen" oder „guten" Leben, geschützt sind auch Verhaltensweisen, die mit Selbstgefährdung verbunden sind.

b) Das gesetzliche Verbot § 4 I ÄsthOpG wirkt als **Eingriff** iSd klassischen Eingriffsbegriffs.

c) Der Eingriff könnte **gerechtfertigt** sein. **732**

aa) Das APR gilt nicht schrankenlos, vielmehr gilt die **Schrankentrias des Art. 2 I GG**. Hier kommt die Schranke der verfassungsmäßigen Ordnung in Betracht. Darunter versteht man die Gesamtheit der der Verfassung gemäßen Rechtsordnung.

bb) § 4 I ÄsthOpG müsste in diesem Sinn **Bestandteil der verfassungsmäßigen Ordnung** sein. Von der formellen Verfassungsmäßigkeit des Gesetzes ist auszugehen, s.o. Die Bestimmung müsste jedoch auch in **materieller Hinsicht verfassungsmäßig** sein. Insbesondere das vollständige Verbot müsste **verhältnismäßig** ein.

(1) Es müsste ein **legitimes Regelungsziel** angestrebt werden. Hier könnte fraglich **733**
sein, ob es Aufgabe des Staates ist, den Bürger „vor sich selbst zu schützen". Andererseits geht es hier auch um **Jugendschutz**; hier darf der Staat vorsorgend tätig werden, soweit Jugendliche nicht die erforderliche Einsichtsfähigkeit haben: Insbesondere der Schutz Jugendlicher vor Beeinträchtigung in der Persönlichkeitsentwicklung wie zB vor nicht überschaubaren gesundheitlichen Risiken ist als legitimes Ziel des Gesetzgebers zu werten. Es geht um den Schutz verfassungsrechtlich geschützter Rechtsgüter der Jugendlichen. Insoweit jedenfalls ist das Regelungsziel des Gesetzes legitim.

(2) Für die **Geeignetheit** ist es ausreichend, dass das Gesetz dazu beiträgt, das Rege- **734**
lungsziel zu erreichen. Sie kann also nicht etwa deshalb verneint werden, weil die Jugendlichen sich anderweitig im Ausland entsprechenden Operationen unterziehen könnten. Ob das Verbot **erforderlich** ist, könnte deshalb fraglich sein, weil zB auch eine Beratungspflicht, wie sie für Heranwachsende gilt, vorgesehen oder aber auf die Entscheidung der Erziehungsberechtigten abgestellt werden könnte. Der Gesetzgeber geht aber offensichtlich davon aus, dass damit der Schutzzweck des Gesetzes für Kinder und Jugendliche nicht in gleicher Weise erreicht würde. Hierfür ist dem Gesetzgeber eine Einschätzungsprärogative zuzubilligen. Nur wenn die Annahme gänzlich fehlsam wäre, könnte die Erforderlichkeit verneint werden. Dies ist aber nicht ersichtlich. Auch von der Erforderlichkeit des Gesetzes ist also auszugehen.

(3) Das Gesetz müsste auch **angemessen** sein. Die Eingriffsintensität muss in angemes- **735**
senem Verhältnis zum Regelungsziel stehen. Dies erfordert eine Abwägung zwischen dem Persönlichkeitsrecht einerseits und andererseits dem Schutz von Rechtsgütern wie Gesundheit sowie – bei Jugendlichen – ungestörter Persönlichkeitsentwicklung. Diese Zielsetzung hat hier erhöhtes Gewicht, denn aufgrund mangelnder Einsichtsfähigkeit und Reife sind Minderjährige in besonderem Maße vor Selbstgefährdung und -schädigung zu schützen. Da andererseits medizinisch indizierte Operationen nicht ausgeschlossen sind, sind die Grenzen der Zumutbarkeit noch gewahrt, wenn Kindern und Jugendlichen angesonnen wird, bis zu ihrem 18. Geburtstag zu warten.

**Ergebnis:** Das APR der Jugendlichen aus Art. 2 I iVm Art. 1 I GG ist also nicht verletzt.

### 2. Grundrechte der Heranwachsenden: Allgemeines Persönlichkeitsrecht, Art. 2 I iVm Art. 1 I GG

736 Die Beratungspflicht nach § 4 II ÄsthOpG beschränkt Heranwachsende in ihrem Persönlichkeitsrecht. Auch wenn kein Verbot ausgesprochen wird, werden sie doch zunächst an privatautonomer Entscheidung dadurch gehindert, dass sie eine Beratung in Anspruch nehmen müssen. Ein **Eingriff** in ihr Persönlichkeitsrecht ist also zu bejahen. Ob der Gesetzgeber eine verfassungsrechtlich legitime Zielsetzung verfolgt, könnte fraglich sein, da es bei der Beratungspflicht für 18-20-Jährige um den Schutz volljähriger Personen geht. Schutz vor Selbstgefährdung steht aber im Widerspruch zum Grundsatz der grundrechtlichen Privatautonomie. Andererseits geht es hier um nicht sicher abschätzbare Risiken. Dies lässt es gerechtfertigt erscheinen, vorsorgende Maßnahmen zur Risikobegrenzung zu treffen und insoweit von einem legitimen Eingriffsziel auszugehen. *(AA mit entspr. Begründung ebenso vertretbar.)*

Geht man von einem legitimen Eingriffszweck aus, so ist die **Verhältnismäßigkeit** der Regelung zu bejahen. Der Gesetzgeber durfte davon ausgehen, dass eine fachkundige Beratung dazu beiträgt, Risiken zu begrenzen. Mit der Verpflichtung zur Inanspruchnahme einer Beratung wird auch dem Erfordernis des geringstmöglichen Eingriffs Rechnung getragen. Anders als ein Verbot, überschreitet die Beratungspflicht für Heranwachsende auch nicht die Grenze der Zumutbarkeit.

**Ergebnis:** Auch das APR der Heranwachsenden aus Art. 2 I iVm Art. 1 I GG ist nicht verletzt.

### 3. Rechte der Eltern Minderjähriger, Art. 6 II GG

Das Verbot nach § 4 I ÄsthOpG könnte die Eltern der Minderjährigen in ihrem Grundrecht aus Art. 6 II GG verletzen.

737 a) Der **Schutzbereich** des Elternrechts nach Art. 6 II GG umfasst „Pflege und Erziehung" der Kinder. Dazu zählt insbesondere auch die Sorge um ihr körperliches Wohl und damit auch die Einwilligung in eine ärztliche Behandlung. Der Schutzbereich des Grundrechts ist also berührt.

b) Ein **Eingriff** kann hier darin gesehen werden, dass der staatliche Gesetzgeber anstelle der Eltern das Kindeswohl bestimmt. Damit sind die Eltern insoweit aus ihrer Verantwortung für das Wohl der minderjährigen Kinder verdrängt, ihr Elternrecht ist also eingriffsmäßig betroffen.

c) Das Elternrecht des Art. 6 II GG ist **nicht schrankenlos** gewährleistet. Es unterliegt insbesondere gemäß Art. 6 II 2 GG den verfassungsrechtlichen Schranken des staatlichen Wächteramts. Dieses ermächtigt zu Eingriffen im Interesse des Kindeswohls. Die Eingriffe müssten wie stets auf eine gesetzliche Grundlage zurückgehen. Hier erfolgt eine Regelung durch Gesetz im Rahmen des ÄsthOpG. Das Gesetz müsste seinerseits formell und materiell verfassungsmäßig sein. Formelle Verfassungsmäßigkeit wurde bereits festgestellt. Hinsichtlich der materiellen Verfassungsmäßigkeit ist mit dem Jugendschutz ein legitimes Regelungsziel zu bejahen, s.o. Insoweit ist auch von der Verhältnismäßigkeit der gesetzlichen Regelung auszugehen.

**Ergebnis:** Das Elternrecht aus Art. 6 II GG ist also nicht verletzt.

### 4. Rechte der Berufsträger, Art. 12 I GG

Die durch das Gesetz betroffenen Berufsträger – Ärzte und Klinikbetreiber – könnten in ihrem Grundrecht der Berufsfreiheit des Art. 12 I GG betroffen sein. **738**

a) Sowohl die von den Einschränkungen betroffenen Ärzte als auch Klinikbetreiber üben einen **„Beruf" iSv Art. 12 I GG** aus. Der Umstand, dass auf Grund des Gesetzes die in Frage stehenden Operationen bei Minderjährigen unzulässig sind, ändert nichts daran, dass hier ein geschützter Beruf iSv Art. 12 I GG vorliegt. Denn der Gesetzgeber kann einer beruflichen Tätigkeit den Schutz des Art. 12 I GG nicht dadurch entziehen, dass er sie für unzulässig erklärt. Etwas anderes würde gelten, wenn es sich um eine schlechthin verbotene Tätigkeit handelt würde. Dies ist vorliegend nicht der Fall.

b) Die betroffenen Grundrechtsträger werden durch die Regelungen in § 4 ÄsthOpG in ihrer Berufsausübung beeinträchtigt. **Berufsbezogenheit des Eingriffs** könnte insoweit fraglich sein, als das Gesetz sich in erster Linie an die betroffenen Jugendlichen und Heranwachsenden richtet. Der Gesetzgeber will jedoch auch die Tätigkeit der Berufsträger beschränken; dies spricht für unmittelbare Berufsbezogenheit und damit subjektiv berufsregelnde Tendenz. Zumindest objektiv berufsregelnde Tendenz ist aber zu bejahen.

c) Das Grundrecht der Freiheit des Berufs ist **einschränkbar** nach Maßgabe des Art. 12 I 2 GG. Es ist von einem einheitlichen Grundrecht der Berufsfreiheit auszugehen, das Aufnahme und Ausübung des Berufs umfasst, das andererseits auch einem **einheitlichen Schrankenvorbehalt** unterliegt. Die Anforderungen an die Rechtfertigung des Eingriffs hängen jedoch davon ab, auf welcher dieser Stufen der Eingriff erfolgt. **738a**

aa) Hier könnte es sich um Eingriffe auf der **Stufe der Berufsausübung** handeln. Denn den betroffenen Berufsträgern wird ihre Tätigkeit nicht generell unmöglich gemacht, sondern nur dahingehend beschränkt, dass sie keine Operationen an Minderjährigen vornehmen dürfen und bei Heranwachsenden eine Beratung und die anschließende Überlegungsfrist abwarten müssen. Allerdings könnten Fachärzte, die auf Operationen gerade bei Jugendliche spezialisiert sind, gezwungen sein, insoweit ihre Tätigkeit aufzugeben. Doch kann hier nicht von einem eigenständigen Berufsbild eines „Kinder- und Jugendschönheitschirurgen" ausgegangen werden, zu dem der Zugang verwehrt wird oder der aufgegeben werden muss. Dass einzelne Berufsträger möglicherweise ihre Tätigkeit nicht fortführen können, führt zu keiner anderen Beurteilung. Es ist also von einer **Berufsausübungsregelung** ausgehen.

bb) Diese müsste, da von formeller Verfassungsmäßigkeit des ÄsthOpG auszugehen ist, insbesondere **verhältnismäßig** sein. Erforderlich ist zunächst, da der Gesetzgeber sich auf der Stufe der Berufsausübungsregelungen bewegt, dass dem Gesetz „vernünftige Gemeinwohlerwägungen" zugrunde liegen. Dafür, dass vernünftige Gemeinwohlerwägungen zugrundeliegen, kann auf die Ausführungen zu den Grundrechten der Jugendlichen aus Art. 2 I iVm Art. 1 I GG verwiesen werden. Allerdings sind die Anforderungen **738b** an die Gesetzesziele bei Berufsausübungsregelungen niedriger als bei Eingriffen in das APR, so dass auch hinreichende Gemeinwohlgründe zu bejahen sind. Geeignetheit und Erforderlichkeit sind zu bejahen, s.o. Im Rahmen der Angemessenheit ist, soweit Minderjährige betroffen sind, der, Vorrang des Jugendschutzes zu bejahen. Soweit es um Heranwachsende geht, sind die Beratungspflichten für 18-20-Jährige von geringer Eingriffsintensität gegenüber den Berufsträgern. Die Regelung ist ihnen gegenüber verhältnismäßig.

**Ergebnis:** Art. 12 I GG ist nicht verletzt.

### 5. Eigentumsgarantie, Art. 14 I GG

**739** Soweit Art. 14 I GG auch das Recht am Unternehmen erfasst, gilt dies auch für einen Klinikbetrieb bzw für eine freiberufliche Praxis. Hier aber ist nur Art. 12 I GG einschlägig. Es geht um den Erwerb, nicht um das Erworbene. Erwerbschancen sind im Rahmen des Art. 14 I GG nicht geschützt.

## II. Werbebeschränkungen, § 5 ÄsthOpG

### 1. Meinungsfreiheit, Art. 5 I 1 GG

**740** Die Werbebeschränkungen könnten einen unzulässigen Eingriff in das Grundrecht der Meinungsfreiheit, Art. 5 I 1 1. Var. GG darstellen.

a) Dann müsste zunächst der **Schutzbereich** eröffnet sein. Es müsste sich bei der vom Verbot erfassten Werbung um eine **Meinungsäußerung** iSv Art. 5 I 1 GG handeln. Dies kann nicht schon mit der Begründung verneint werden, mit Werbung würden kommerzielle Interessen verfolgt. Fasst man unter den Begriff der Meinung jede wertende Stellungnahme und sieht man auch Tatsachenmitteilungen als grundrechtlich geschützte Meinungsäußerung, wenn sie meinungsbildend wirken, so müssen auch Werbeaussagen, die die Nachfrage nach einem Produkt oder einer Dienstleistung fördern sollen, als Meinungsäußerung geschützt sein, wenn sie ihrerseits meinungsrelevant wirken.[1] Dies ist der Fall, soweit sie einen wertenden, meinungsbildenden Inhalt haben oder Angaben enthalten, die der Meinungsbildung dienen. Eben dies ist tatbestandliches Kriterium der Meinungsäußerung, für die das Element der Stellungnahme, des Dafürhaltens[2] maßgeblich ist. Dies ist hier zu bejahen: Ein bestimmtes äußeres Erscheinungsbild wird als erstrebenswert dargestellt, Schönheitsideal und Lifestyle sind Inhalte der Werbung, die damit also bestimmte Wertungen und Einstellungen vermittelt. Ob diese „vernünftig" oder auch nur billigenswert sind, ist hierfür unerheblich – auch die „unvernünftige" Meinungsäußerung ist geschützt.

b) Ein **Eingriff** in den Schutzbereich erfolgt hier durch Werbeverbote und inhaltliche und formelle Vorgaben.

c) Der Eingriff könnte jedoch **gerechtfertigt** sein.

1 BVerfGE 102, 347.
2 BVerfGE 90, 241 (247), 93, 266 (289).

aa) Hier könnten im Rahmen der **Schrankentrias des Art. 5 II GG** sowohl Jugendschutz also auch die allgemeinen Gesetze zur Anwendung kommen. **740a**

Die gesetzlichen Bestimmungen zum Schutz der Jugend kommen jedoch als Grundlage nur für jugendspezifische Werbeverbote in Betracht. Im Übrigen kommt es darauf an, ob das Werbeverbot allgemeines Gesetz iSd Art. 5 II GG ist. Hier ist zunächst darauf abzustellen, ob das Gesetz kommunikationsbezogen ist.[3] Ist dies nicht der Fall, so handelt es sich ohne Weiteres um ein allgemeines Gesetz. § 5 des ÄsthOpG knüpft jedoch an eine Meinungsäußerung an. Es ist also „kommunikationsbezogen". Entscheidend ist dann, ob die Norm dem Schutz eines auch sonst in der Rechtsordnung geschützten Rechtsguts dient. Dies ist hier zu bejahen. Denn es will mit dem Sachlichkeitsgebot dazu beitragen, dass Entscheidungen über gesundheitlich nicht risikofreie Operationen auf der Grundlage sachlicher Information getroffen werden. Die Werbebeschränkungen dienen also dem Schutz der Grundrechte auf körperliche Unversehrtheit nach Art. 2 II 1 GG.[4] Sie dienen hierin dem Schutz eines schlechthin schutzwürdigen Rechtsguts und sind daher als allgemeine Gesetze iSv Art. 5 II GG zu qualifizieren.

bb) Es gilt jedoch eine **Wechselwirkung** zwischen Grundrecht und grundrechtsbeschränkendem Gesetz. Allgemeine Gesetze und Bestimmungen zum Schutz der Jugend müssen ihrerseits die wertsetzende Bedeutung des Grundrechts beachten. Die Grundrechtsbeschränkung muss **verhältnismäßig** sein. **740b**

Soweit jugendbezogene Werbung betroffen ist, ist ein legitimes Regelungsziel zu bejahen. Jugendschutz ist ein Rechtsgut von Verfassungsrang. Dieser folgt aus dem Persönlichkeitsrecht der Kinder und Jugendlichen,[5] ihrem Recht auf „Person-Werden". Mit der ausdrücklichen Benennung in Art. 5 II GG wird dies verdeutlicht.[6] Angesichts des Verfassungsranges des Jugendschutzes und der besonderen Schutzbedürftigkeit Jugendlicher und ihrer Anfälligkeit gegenüber Werbung ist das Verbot angemessen.

Soweit demgegenüber generelle Werbebeschränkungen angeordnet werden, könnte fraglich sein, ob dem ein verfassungsrechtlich legitimes Regelungsziel zugrundeliegt. Hier geht es darum, den Grundrechtsträger vor sich selbst zu schützen.[7] Während dies bei Kindern und Jugendlichen ein legitimes Regelungsziel sein mag, ist gegenüber Erwachsenen Zurückhaltung bei derartigen Verboten geboten. Auszugehen ist vom Leitbild des „mündigen Verbrauchers", der auch ein „Recht auf Selbstgefährdung" oder ein Recht auf „unvernünftiges Verhalten" hat. Ein generelles Werbeverbot wie nach § 5 III ÄsthOpG ist daher nicht gerechtfertigt und wäre zudem unverhältnismäßig. Demgegenüber ist ein Gebot sachlicher Information durch Werbung angesichts der mit unsachlicher Information einhergehenden Gesundheitsrisiken als legitimes Regelungsziel zu **740c**

3 BVerfGE 124, 300, 233 f.

4 Vgl zu diesen Schutzpflichten BVerfGE 121, 317 (344) zum Schutz des Nichtrauchers; allgemein *Hufen*, Staatsrecht II § 5 Rn. 5.

5 *Degenhart*, BonnK, Art. 5 I, II (2017) Rn 96).

6 BVerfGE 83, 130 (139); zur Begründung s *Jestaedt*, Meinungsfreiheit, HGR IV, 2011, § 102 Rdn. 60.

7 Vgl zur verfassungsrechtlichen Problematik eines paternalistischen Staatsverständnisses *Hufen*, Staatsrecht II, 4. Aufl. 2014, § 5 Rdn. 6 und § 13 Rdn. 27; s auch *Hufen*, Die Einschränkung des gewerblichen Geld-Gewinnspiels, 2012, S. 35; *Fiedler*, AfP 2006, 321 ff.

erachten. Das Sachlichkeitsgebot bewirkt keinen übermäßig schwerwiegenden Eingriff und ist daher auch angemessen.

### 2. Berufsfreiheit, Art. 12 I GG

**740d** Werbung wird als berufliche Außendarstellung von Art. 12 I GG erfasst. Ein Eingriff in den Schutzbereich erfolgt durch Werbebeschränkungen. Er müsste als Berufsausübungsregelung gerechtfertigt sein durch vernünftige Erwägungen des Gemeinwohls. Dies ist sowohl für das Sachlichkeitsgebot als auch für das Verbot jugendspezifischer Werbung zu bejahen, nicht aber für das generelle Werbeverbot.

### C. Ergebnis

Das generelle Werbeverbot des § 5 III ÄsthOpG verstößt gegen Art. 5 I 1 GG und Art. 12 GG. Das ÄsthOpG ist mithin materiell verfassungswidrig.

## Zusatzfrage 1: Antrag der F-Fraktion beim BVerfG

**741** Ein Antrag der F-Fraktion oder ihrer Mitglieder könnte zulässig sein als **abstrakte Normenkontrolle**, Art. 93 I Nr. 2 GG, §§ 13 Nr. 6, 76 ff. BVerfGG.

Der Kreis der **Antragsberechtigten** ist in Art. 93 I Nr 2 GG abschließend benannt. § 76 I BVerfGG nimmt hierauf Bezug. Hier kommt dessen 3. Alt. – **ein Viertel der Mitglieder des Bundestags** – in Betracht: Der Antrag ist von den Abgeordneten zu stellen, nicht etwa von der Fraktion. Das Quorum wird hier nicht erreicht, demnach wäre der Antrag von 75 Abgeordneten der F-Fraktion unzulässig. Dies bedeutet allerdings im Fall einer Großen Koalition, die sich auf über 75 % der Mandate stützen kann, dass die Opposition keine Möglichkeit hätte, ein Normenkontrollverfahren einzuleiten. Damit werden Minderheitenrechte geschwächt. Angesichts des klaren Wortlauts der Verfassungsnorm ist eine abweichende Auslegung im Sinn effektiver Opposition nicht möglich; es liegt auch keine planwidrige Regelungslücke vor.[8]

Der Antrag ist also bereits wegen **fehlender Antragsberechtigung** unzulässig. Die weiteren Antragsvoraussetzungen wären demgegenüber gegeben. Geeigneter **Antragsgegenstand** ist jede Rechtsnorm, Bundesrecht wie Landesrecht, dies ist im Falle des ÄsthOpG unproblematisch. Dass die Antragsteller hier möglicherweise nur „Zweifel" äußern, könnte gemäß § 76 I BVerfGG der Zulässigkeit des Antrags gleichfalls entgegen stehen. Denn hiernach ist erforderlich, dass einer der Antragsberechtigten die Norm für nichtig hält. Demgegenüber lässt Art. 93 I Nr. 2 GG „Meinungsverschiedenheiten oder Zweifel" ausreichen. Der einfache Gesetzgeber kann jedoch die Verfassungsnorm nicht einschränken.

**Ergebnis:** Der Antrag ist wegen fehlender Antragsberechtigung unzulässig.

8 BVerfGE 142, 25 Rn 115 ff.

## Zusatzfrage 2: Europarechtliche Einwände der F

### I. Grundfreiheiten: Dienstleistungsfreiheit

F könnte sich auf die Dienstleistungsfreiheit des AEUV berufen. Hierfür ist es nicht erforderlich, dass F selbst eine Binnengrenze überschreitet, vielmehr ist es ausreichend, dass sie Dienstleistungen für die Nachfrager, hier also die potenziellen Patienten aus einem anderen EU-Staat, erbringt. Daher könnte auch das Werbeverbot einen Eingriff in die Dienstleistungsfreiheit bedeuten. **742**

1. Der **Schutzbereich** der Dienstleistungsfreiheit ist eröffnet, wenn Dienstleistungen für Nachfrager aus einem anderen EU-Staat erbracht werden. Dies ist der Fall, da hier lt. SV vor allem wohlhabende Kreise im benachbarten Deutschland angesprochen werden und diese die Leistungen der F nachfragen. Sie erbringt also grenzüberschreitend Dienstleistungen gemäß **Art. 57 AEUV**; hierfür braucht der Erbringer selbst nicht notwendig die Grenze zu überschreiten.[9] Die Freiheit, Dienstleistungen zu erbringen, umfasst auch die Freiheit, dafür zu werben. Es liegt keine Ausübung öffentlicher Gewalt vor. Damit ist die Dienstleistungsfreiheit nach Art. 56, 57 AEUV hier einschlägig.

2. F wäre dann in ihrer Dienstleistungsfreiheit als einer Grundfreiheit des Rechts der EU verletzt, wenn der **Tatbestand des Art. 56 AEUV** erfüllt und die **Beeinträchtigung** der Dienstleistungsfreiheit nicht gerechtfertigt wäre. **742a**

a) Beim Werbeverbot handelt es sich um eine beschränkende Maßnahme. Der Verbotstatbestand des Art. 56 AEUV setzt Staatlichkeit der Maßnahme voraus, die hier zu bejahen ist: Das gesetzliche Verbot ist eine unmittelbar durch den Staat erfolgende Beeinträchtigung. Mit der Beschränkung der Werbung wird auch die Erbringung der Dienstleistungen beschränkt.

b) Der Tatbestand wäre ohne Weiteres zu bejahen, wenn die gesetzliche Regelung unmittelbar diskriminierend wirken würde. Dies ist jedoch nicht der Fall. Denn das Gesetz differenziert nicht nach Staatsangehörigkeit.

c) Der Tatbestand wäre demgegenüber zu verneinen, wenn es sich hier um eine bloße Vertriebsmodalität entsprechend der *Keck-Formel* handeln würde, also eine für alle Wirtschaftsteilnehmer gleichermaßen geltende Beschränkung. Dies ist jedoch zu verneinen. Denn die Werbebeschränkung gilt nicht für Dienstleistungserbringer im Inland. Es handelt sich um eine mittelbare Diskriminierung und damit um eine nachhaltige Beschränkung der Dienstleistungsfreiheit. Der Tatbestand des Art. 56 AEUV ist erfüllt.

3. Die Beschränkung könnte jedoch gemäß **Art. 52 iVm Art. 62 AEUV** durch Gründe der öffentlichen Ordnung, Sicherheit und Gesundheit oder aus zwingenden Gründen des Gemeinwohls gerechtfertigt sein. Rechtfertigende Gründe könnten hier im Gesundheitsschutz zu sehen sein. Die Beschränkung müsste **verhältnismäßig** sein. Dies bedeutet insbesondere auch die Beachtung der europäischen Grundrechte, hier des Grundrechts **742b**

9 *Streinz* Rn 959.

der Meinungsfreiheit, deren Wertung bei der Prüfung der Verhältnismäßigkeit einzubeziehen ist.[10] Die Charta der Grundrechte gewährleistet in Art. 11 I 1 die Freiheit der Meinungsäußerung, deren Inhalt gemäß Art. 53 III 1 GRCh entsprechend Art. 10 EMRK zu bestimmen ist. Ein vollständiges Werbeverbot wie nach § 5 III ÄsthOpG ist jedoch gegenüber Art. 10 EMRK ebenso wenig gerechtfertigt, wie gegenüber Art. 5 I 1 GG. Damit ist ein generelles, nicht auf den Schutz von Jugendlichen bzw Heranwachsenden beschränktes Werbeverbot auch gegenüber der Dienstleistungsfreiheit des AEUV nicht gerechtfertigt.

### II. Grundrechtecharta

**742c** Die Grundrechtecharta selbst kommt hier nicht unmittelbar zur Anwendung, da der deutsche Gesetzgeber nicht in Anwendung von Unionsrecht tätig geworden ist, Art. 51 I GRCh.

### III. Ergebnis

Die Einwände der F sind teilweise begründet.

# Repetitorium

## A. Das Allgemeine Persönlichkeitsrecht in der Fallbearbeitung

**743** Das Allgemeine Persönlichkeitsrecht (APR) aus Art. 2 I iVm Art. 1 I GG kann in der Fallbearbeitung bedeutsam werden sowohl als Abwehrrecht gegen staatliche Eingriffe als auch innerhalb von Rechtsbeziehungen des Privatrechts – hier dürfte sogar sein wichtigstes Anwendungsfeld liegen: als Schranke der Äußerungsfreiheiten des Art. 5 I GG; dazu näher im **Fall 14** – Caroline.

### I. Grundrechtstatbestand

**744** Schutz der Persönlichkeitssphäre gegen Einwirkungen von außen, insbesondere:

### 1. Das Recht auf Privatheit

Vom Grundrecht auf Schutz der Persönlichkeit ist insbesondere der Schutz der Privatsphäre umfasst.[11] Dieser Schutz hat verschiedene Dimensionen. In thematischer Hinsicht betrifft er insbesondere solche Angelegenheiten, die von dem Grundrechtsträger

10 *Streinz* Rn 793.
11 BVerfGE 101, 361 (382).

einer öffentlichen Erörterung oder Zurschaustellung entzogen zu werden pflegen. In räumlicher Hinsicht gehört zur Privatsphäre ein „Rückzugsbereich des Einzelnen, der ihm insbesondere im häuslichen, aber auch im außerhäuslichen Bereich die Möglichkeit des Zu-Sich-Selbst-Kommens und der Entspannung sichert …“[12]. Hierbei gibt es eine grundsätzliche Unterteilung nach **„Sphären“**: Herkömmlich wird hier unterschieden zwischen einer **Intimsphäre**, die vor Eingriffen generell geschützt ist, einer **Privatsphäre**, in die unter Beachtung des Verhältnismäßigkeitsprinzips eingegriffen werden darf, und einer **Sozialsphäre**, die noch weitergehenden Beschränkungen unterliegen soll. In der Sache geht es hier um nichts anderes als die Verhältnismäßigkeit von Eingriffen, weshalb die sphärenmäßige Abstufung wohl nur im Rahmen der Abwägung zur Geltung gebracht werden kann. Als Argumentationsmuster in der Abwägung ist also die Sphärengliederung des APR durchaus tragfähig.

## 2. Recht der Selbstdarstellung

Das Allgemeine Persönlichkeitsrecht umfasst des Weiteren ein Recht auf **Selbstdarstellung**,[13] das sich vor allem auf die Darstellung der Person in der Öffentlichkeit bezieht, über die der Einzelne selbst bestimmen soll;[14] darunter ist auch das Recht am eigenen Bild zu fassen. Hierunter fällt generell der soziale Geltungsanspruch. Das APR wird beeinträchtigt durch Äußerungen, die geeignet sind, sich abträglich auf das Ansehen des Einzelnen in der Öffentlichkeit auszuwirken. Dies verleiht jedoch kein Recht des Grundrechtsträgers darauf, nur so dargestellt zu werden, wie es ihm genehm ist.[15] Das APR ist unter diesem Aspekt berührt, wenn zB unrichtige Äußerungen unterschoben, gefälschte Bilder verbreitet werden.[16] Ein wesentlicher Aspekt des sozialen Geltungsanspruchs ist die Ehre der Person. **745**

Zum Recht am eigenen Wort s. die problematische E. des BGH vom 18.2.2003 (JZ 2003, 1109): Der Kläger in einem Zivilprozess über Darlehensrückzahlung hatte in Beweisnot einen Rechtsanwalt ein Telefonat mithören lassen, in dem der Beklagte den Erhalt des Darlehens bestätigte, den er im Prozess verneinte. Der BGH sah die Aussage des Rechtsanwalts als Zeugen über das Telefonat als nicht verwertbar, weil unter Verletzung des Rechts am eigenen Wort zustande gekommen: Dieses verleihe das Recht, darüber zu bestimmen, wer ein Gespräch mithören dürfe.

## 3. Der Schutz der personellen Identität

Eine etwas diffuse weitere Fallgruppe erfasst die Identität der Person und hierbei gewisse Grundbedingungen individueller Existenz, zB sexuelle Identität und Selbstbestimmung, die Kenntnis der eigenen Abstammung; es geht um das Recht der Selbstbestim- **746**

12 BVerfGE 120, 180 (199).
13 *Hufen*, Staatsrecht II, 5. Aufl. 2016, § 11 Rn 12; *Gersdorf*, in: Gersdorf/Paal, Art. 2 GG Rn 8 ff.; *Kingreen/Poscher* Rn 447 f.
14 BVerfGE 54, 148 (154); vgl zB OLG Frankfurt ZUM 2006, 407.
15 BVerfGE 82, 236 (269); 97, 125 (149); BVerfG (K), NJW 2010, 1587.
16 BVerfG (K) NJW 2005, 3271 – Ron Sommer Karikatur.

mung. Auch das Recht auf selbstbestimmten Tod wird vom BVerfG im U. v. 26.2.2020[17] aus dem Persönlichkeitsrecht abgeleitet: *„Die selbstbestimmte Verfügung über das eigene Leben ist vielmehr unmittelbarer Ausdruck der der Menschenwürde innewohnenden Idee autonomer Persönlichkeitsentfaltung; sie ist, wenngleich letzter, Ausdruck von Würde.“*

Zum Recht auf Kenntnis der Abstammung ist auf das U. des EGMR vom 13.2.2003 (NJW 2003, 2145) zu verweisen, der dieses Recht unter Art. 8 EMRK fasst und eine Regelung des französischen Rechts, das die anonyme Geburt erlaubt, unter dem Gesichtspunkt einer verletzten staatlichen Schutzpflicht prüft, jedoch im Ziel des Gesetzes – Verminderung der Zahl der Abtreibungen, Vermeidung des Aussetzens von Kindern uÄ – eine hinreichende Rechtfertigung sieht.

#### 4. Informationelle Selbstbestimmung, Schutz des Vertrauens in die Integrität informationstechnischer Systeme („Computer-Grundrecht“)

**747** Hier geht es einerseits um den Schutz der Privatheit, andererseits um das Recht auf Selbstdarstellung; es handelt sich um einen Unterfall des APR;[18] als Fortentwicklung des Rechts auf informationelle Selbstbestimmung und damit gleichfalls als Unterfall des APR einzustufen ist schließlich das vom BVerfG in seiner grundlegenden Entscheidung vom 27.2.2008[19] entwickelte Grundrecht auf Gewährleistung der Vertraulichkeit und Integrität informationstechnischer Systeme.

**748** Das BVerfG sieht in neueren Entscheidungen die Grundrechte aus Art. 13 und Art. 10 GG als besondere Fälle des Allgemeinen Persönlichkeitsrechts, so im Urteil zum Lauschangriff, BVerfGE 109, 279 und 113, 348 zum Schutz aus Art. 10 GG gegen Abhörmaßnahmen, dazu **Fall 15** mit Repetitorium; bei rufschädigenden Äußerungen gegenüber einem Unternehmen kann Art. 12 I GG die speziellere Norm sein.

### II. Grundrechtseingriffe, Grundrechtsschranken

#### 1. Staatliche Eingriffe

**749** a) Bei staatlichen Eingriffen in das APR kann es sich um Eingriffe iSd klassischen Eingriffsbegriffs handeln: beim Informationseingriff (zB iFd Online-Durchsuchung des PC), bei der hoheitlich angeordneten Datenerhebung, der Beschlagnahme von Datenträgern.[20] Typisch für Eingriffe in das APR ist aber auch der Eingriff durch informelles Verwaltungshandeln: Hinweise, Warnungen, rufschädigende Äußerungen (was dann die Frage nach der gesetzlichen Grundlage aufwirft). Eine interessante Variante behandelt SaarlVerfGH NVwZ-RR 2003, 393: Benennung eines Untersuchungsausschusses mit

17 BVerfG NJW 2020, 905 Rn 205 ff.
18 S auch *Hufen*, Staatsrecht II, der in § 12 informationelle Selbstbestimmung als eigenständige Grundrechtsgewährleistung einordnet.
19 BVerfGE 120, 274.
20 BVerfGE 113, 29.

dem Namen einer Person. – Zu einer polizeirechtlichen Variante – sog. Gefährderschreiben – s den Fall „Gestörte Fußballfreude" bei *Engelbrecht*, JA 2007, 197.

b) Grundrechtsschranken folgen aus Art. 2 I GG, doch ist zu beachten, dass angesichts der verstärkenden Ableitung des APR auch aus Art. 1 I GG an das Eingriffsziel entsprechend höhere Anforderungen zu stellen sind.

Besondere Aktualität erlangte das APR neuerdings unter dem Gesichtspunkt der in- **750**
formationellen Selbstbestimmung im Recht der Inneren Sicherheit, in Zusammenhang insbesondere mit neuen polizeilichen Präventions- und Fahndungsmethoden *(„Schleierfahndung", „genetischer Fingerabdruck", GPS-Fahndung, Gesichtserkennung)* und mit der *Video-Überwachung* öffentlicher Räume.

Verfassungsrechtlich relevant sind dabei Entwicklungen im **Polizeirecht** der Länder, die die klassische Unterscheidung zwischen „Störer" und „Nichtstörer" aufheben, insbesondere durch Ausweitung verdachtsunabhängiger Personenkontrollen und flächendeckender Überwachung öffentlicher Räume. In all diesen Fällen wird in das APR unter dem Gesichtspunkt der informationellen Selbstbestimmung eingegriffen. Der Schutzbereich ist berührt, wenn Informationen über das persönliche Verhalten des Einzelnen, seine Anwesenheit zu einem bestimmten Zeitpunkt an einem bestimmten Ort u.a. in Frage stehen. Der Eingriff liegt in der Erhebung solcher Informationen ohne Zustimmung. – Daneben ist beim Anhalten zur Kontrolle auch die allgemeine Handlungsfreiheit berührt (nicht aber das Grundrecht auf Freiheit der Person – dieses erst beim Festhalten oder Verbringen auf die Polizeiwache zur Identitätsfeststellung).

Besondere grundrechtliche Relevanz derartiger Eingriffe ist vor allem dann gegeben, **751**
wenn der Staat im Recht der Sicherheit jeden Staatsbürger gleichsam von vornherein als „verdächtig" behandeln darf – deshalb ist besonders auf die Verhältnismäßigkeit der Mittel zu achten. Dh: Videoüberwachung ist auf Gefahren- und Kriminalitätsschwerpunkte (s dazu: *Anderheiden*, JuS 2003, 438), verdachts- und ereignisunabhängige Personenkontrollen sind auf bestimmte Bereiche (etwa in Grenznähe oder auf Transitrouten) zu beschränken (dazu – eher großzügig – BayVerfGH DVBl 2003, 861).

## 2. Schutzwirkung gegen Private

a) Verletzungen des APR können erfolgen durch persönlichkeitsverletzende Äußerun- **752**
gen – typische Fallkonstellation ist dann die der Verfassungsbeschwerde gegen das letztinstanzliche Urteil, die wiederum in unterschiedlicher Konstellation denkbar ist: Haben die Fachgerichte zugunsten der Äußerungsfreiheit entschieden, wird der Unterlegene Verfassungsbeschwerde wegen Verletzung seines APR einlegen, das dann nach den Grundsätzen der Drittwirkung zur Äußerungsfreiheit in Abwägung zu bringen ist; haben die Fachgerichte zugunsten des APR entschieden, wird der Unterlegene Verfassungsbeschwerde wegen Verletzung der Meinungs- und Pressefreiheit einlegen (dazu **Fall 14**). Der Eingriff in das APR liegt hier darin, dass gerichtlicherseits kein Schutz gegen entsprechende Äußerungen gewährt wird oder aber die Gesetze unzureichend sind; es geht also um staatliche Schutzpflichten. Auf das APR stützt sich auch die Rechtsprechung

des BVerfG zu Korrekturen der Vertragsfreiheit (BVerfGE 72, 155 – *Kingreen/Poscher* Rn 443).

b) Auf der Rechtfertigungsebene ist zu vergegenwärtigen, dass es hier nicht um die Abwehr eines hoheitlichen Eingriffs nach Verhältnismäßigkeitsgrundsätzen geht, sondern um den Ausgleich kollidierender Grundrechtspositionen privater Rechtsträger, um Grundrechte als Prinzipien der Gesamtrechtsordnung.

Insbesondere Abwehrrechte gegen persönlichkeitsverletzende Äußerungen ergeben sich aus §§ 823 I, 1004 BGB.

**753** **Prüfungsschema für staatliche Eingriffe in das APR**

1. Schutzbereich berührt?
   a) Subjektiv: jedermann
   b) Objektiver Grundrechtstatbestand: APR berührt? Fallgruppe?
2. Eingriff?
3. Rechtfertigung: verfassungsmäßige Ordnung iSv Art. 2 I GG
   a) Gesetz als Bestandteil der verfassungsmäßigen Ordnung?
   aa) Gesetzl. Grundlage (zB iFd Tagebuchaufzeichnungen aus StPO)
   bb) Gesetz formell verfassungsmäßig?
   cc) Materielle Verfassungsmäßigkeit, insbesondere Verhältnismäßigkeit?
   Schutzgut des Gesetzes entsprechend Intensität des Eingriffs (Sphäre?)
   b) Bei Einzelakt: Anwendung des Gesetzes, insbesondere: Verhältnismäßigkeit

**Prüfungsschema für Drittbeziehungen**

**754** Die nachstehende Prüfungsreihenfolge wird relevant, wenn aus dem APR gegen eine fachgerichtliche Entscheidung vorgegangen wird; für die umgekehrte Fallkonstellation s **Fall 14**.

1. Schutzbereich berührt?
   a) Subjektiv: jedermann
   b) Objektiver Grundrechtstatbestand: APR berührt? Fallgruppe?
2. Eingriff und Schranken:
   a) Geltung des APR im Rahmen der verfassungsmäßigen Ordnung iSv Art. 2 I GG, insbesondere auch: Bestimmungen des BGB
   b) Verfassungsmäßige Anwendung des Gesetzes?
   aa) Prüfungsmaßstab: spezifisches Verfassungsrecht
   bb) Abwägung

## III. Aktuelle Problemfelder

**755-757** Gravierende Eingriffe in Persönlichkeitsrechte sind im Recht der **inneren Sicherheit** angelegt; problematisch sind hier Entwicklungen im Polizeirecht der Länder, die die klassische Unterscheidung zwischen „Störer“ und „Nichtstörer“ aufheben, insbesondere durch Ausweitung verdachtsunabhängiger Personenkontrollen und flächendeckende Überwachung öffentlicher Räume. In all diesen Fällen wird in das APR als informationelle Selbstbestimmung eingegriffen; s auch näher nach **Fall 12 im Klausurenband I**. Von erheblicher Eingriffsintensität ist die automatisierte Gesichtserkennung, wie sie derzeit am Berliner Bahnhof Südkreuz erprobt wird. In Privatrechtsbeziehungen sind es die Meinungs- und Pressefreiheit, die mit dem APR in Kollision geraten, dazu **Fall 14**. Ein erhebliches Gefährdungspotenzial für Persönlichkeitsrechte ist im Internet angelegt, durch Datensammlung etwa in den „soziale Netzwerken". Hier sind staatliche Schutzpflichten gefordert – die andererseits wirkungslos bleiben werden, wenn die Nutzer selbst bedenkenlos private Daten preisgeben. Auch unter dem Aspekt des Rechts auf informationelle Selbstbestimmung wäre daher die von manchen Ökonomen geforderte „Abschaffung des Bargelds" mit der Konsequenz ausschließlich nachverfolgbarer elektronischer Zahlungsvorgänge verfassungswidrig. Die Vielgestaltigkeit der möglichen Konfliktlagen zeigen Beispiele aus der neueren Rechtsprechung:

- Recht auf Einsicht von Krankenunterlagen: BVerfGK 7, 168
- Anonyme Geburt: EGMR NJW 2003, 2145 (Konflikt Recht auf Kenntnis der eigenen Abstammung – Lebensschutz durch Verhinderung von Abtreibungen)
- Heimlicher Vaterschaftstest: BVerfGE 117, 202
- Strafbarkeit von Inzest: BVerfGE 120, 224: Wahl des Sexualpartners als Frage des APR; Rechtfertigung des Verbots vor allem als Schutz vor sexueller Gewalt in engen sozialen Beziehungen; dazu auch EGMR NJW 2013, 215
- Transsexualität: BVerfGE 121, 175; 128, 109
- Mehrfachname: BVerfGE 123, 90
- Automatisierte Kennzeichenerfassung: BVerfGE 120, 378
- Rasterfahndung: BVerfGE 115, 320
- Telekommunikationsüberwachung: BVerfGE 125, 260; 129, 208
- Online-Durchsuchung: BVerfGE 120, 274
- Vorratsdatenspeicherung: EuGH, U. v. 8.4.2014 – C-293/12 und C-594/12
- Recht auf selbstbestimmtes Sterben: BVerfG NJW 2020, 905
- BKA-Gesetz: BVerfGE 141, 220 zu heimlicher Überwachung, Datenerhebung und Datenübermittlung an ausländische Stellen und
- Bestandsdatenauskunft nach TKG: BVerfG NJW 2020, 2699

**Aus der Ausbildungsliteratur:** *Degenhart*, Das allgemeine Persönlichkeitsrecht, Art. 2 I i.V.m. Art. 1 I GG, JuS 1992, 361; *Germann*, Das Allgemeine Persönlichkeitsrecht, Jura 2010, 734; *Tollin*, Videoüberwachung von Kriminalitätsschwerpunkten, JuS 2006, 494; *Schoch*, Das Recht auf informationelle Selbstbestimmung, Jura 2008, 352; *Sachs/Krings*, Das neue „Grundrecht auf Gewährleistung der Vertraulichkeit und Integrität informationstechnischer Systeme", JuS 2008, 481; *Kahl/Ohlendorf*, Grundfälle zu Art. 2 I i.V. mit 1 I GG, JuS 2008, 682; *Kühling/Sackmann*, Das Mehrebenensystem der Datenschutzgrundrechte im Lichte der Rechtsprechung von BVerfG und EuGH, Jura 2018, 364; *Pieper*, Grundstrukturen des verfassungsrechtlichen Datenschutzes, JA 2018, 598; *Singer/Beck*, Das „Recht auf Vergessenwerden" im Internet, Jura 2019, 125; *Aumann/Aumann*, Verfassungsrechtlichtliche Probleme des digitalen Nachlasses, Jura 2019, 575.

**Aktuelle Rechtsprechung:** S vorstehend, sowie ferner: BVerfGE 101, 361 (Caroline I); BVerfGE 120, 180 (Caroline II); BVerfGE 114, 339 (Stolpe); BVerfGK 8, 53 = NJW 2006, 2836 (Luftaufnahmen der Wohnung Prominenter); BVerfGE 141, 220 (BKA-Gesetz); BVerfG NJW 2020, 300 und 314 (Recht auf Vergessen I und II); BVerfG NJW 2020, 905 (Suizidhilfe); EuGH NJW 2014, 2257 (Google); EuGH NJW 2015, 3151 (safe harbour); EuGH NJW 2006, 2029 (Datenübermittlung von USA-Reisenden).

**Fälle im thematischen Zusammenhang:** *Unkroth*, Terroristische Studenten? – Zur Problematik der präventiven Rasterfahndung, Jura 2004, 703; *Reimer*, Die Unfalldatenschreiber-Pflicht, JuS 2004, 44; *Kadelbach/Müller/Assakkali*, Anfängerhausarbeit – Öffentliches Recht: Grundrechte – Organspende und Widerspruchslösung, JuS 2012, 1093; *Wittschurky/Wolff*, Grundrechte – Langhaarige Soldaten, JuS 2017, 132; *v. Achenbach/Faharat*, Verfassungsrecht und Polizeirecht: Dauerobservation, JuS 2017, 676; *Gourdet/Lang/Neumann*, Unterbringungsdatei, Zwangsmaßnahmen und Wahlrechtsausschluss, JuS 2019, 224; *Schatz/Bode*, Die „Böhmermann-Affaire", Jura 2019, 94.

## B. Staatliches Informationshandeln: Warnungen, Hinweise, Empfehlungen

**758** Staatliches Informationshandeln ist unverändert aktuell, s die Entscheidung des BVerfG zur Verletzung der Pressefreiheit durch Aufnahme einer Zeitung als rechtsradikal in einen Verfassungsschutzbericht (BVerfGE 113, 63) oder auch die Informationspolitik der Staatsanwaltschaft im Fall *Kachelmann*; s auch den vorstehenden **Fall 11**. Es geht hierbei um den Schutz des Einzelnen vor diskriminierenden oder sonst nachteiligen Äußerungen staatlicher Stellen; es geht darüber hinaus um die Rolle des Staates in der Informationsgesellschaft, seine Teilhabe an jenem Prozess öffentlicher Meinungsbildung, der für die freiheitliche Demokratie wesentlich ist. Ein Eingriff im klassischen Sinn, also im Sinn eines verbindlichen Gebots oder Verbots, liegt in diesen Fällen allerdings nicht vor: Informationen sind keine verbindlichen Anordnungen, ergehen nicht rechtsförmig. Der Staat handelt, wenn er warnt, berät, empfiehlt oder ganz allgemein informiert, nicht mit „Befehl und Zwang". Wenn aber die staatliche Warnung oder Information nach ihrer Wirkung und Zielsetzung Ersatz für einen unmittelbaren Eingriff ist, dann ist sie, so die Terminologie des BVerfG, „funktionales Eingriffsäquivalent".[21] Dieser „moderne" (in Erweiterung zum klassischen) Eingriffsbegriff umfasst also auch **mittelbar-faktische Beeinträchtigungen** und hier insbesondere warnende und kritische Äußerungen.[22]

**759** Er umfasst faktisch-mittelbare Grundrechtsbeeinträchtigungen, wenn die Wirkungen faktisch die gleichen sind, weil ein grundrechtlich geschütztes Verhalten ganz oder teilweise unmöglich gemacht wird. Schwere und Individualisierbarkeit der Wirkungen sind wichtiges Indiz. Durch staatliche Informationstätigkeit kann der Schutzbereich unterschiedlicher Grundrechte betroffen sein: Art. 12 I GG bei Produktwarnungen, Art. 4 I, II GG, wenn vor religiösen Bestrebungen gewarnt wird (s *Degenhart* Fall 27, Rn 307, 319 ff., 341) oder aber das APR aus Art. 2 I iVm Art. 1 I GG, die Pressefreiheit des Art. 5 I 2 GG bei Aufnahme einer Zeitung in den Verfassungsschutzbericht, da dann sowohl die Verbreitung als auch die Akquisition von Inseraten – auch sie fällt unter die Pressefreiheit – erschwert wird.

**760** Für die verfassungsrechtliche Rechtfertigung entwickelt das BVerfG diese Voraussetzungen:[23]

(1) Es muss eine **Aufgabe** der handelnden Stelle gegeben sein. Ist dies der Fall, so ist die handelnde Stelle auch zur Information über die Aufgabenwahrnehmung befugt. Eine

21 BVerfGE 105, 252 (273); 105, 279 (303).
22 So die bisher hL, vgl *Murswiek*, NVwZ 2003, 1.
23 BVerfGE 105, 252 (268).

weitergehende gesetzliche Normierung sieht das BVerfG als nicht erforderlich, da nicht sachgerecht.[24] Insbesondere für die Bundesregierung ist auf ihre Informationsaufgabe abzustellen, die aus der in den Art. 62 ff. GG vorausgesetzten Aufgabe der Staatsleitung abgeleitet wird.[25] Dies soll auch für die der Regierung nachgeordneten Verwaltungsbehörden gelten.[26] Soweit allerdings durch Benennung eines ganz bestimmten Produkts und seines Herstellers ein unmittelbarer Eingriff in den Wettbewerb erfolgt, ist eine explizite gesetzliche Grundlage zu fordern. Im vorstehenden **Fall 11** wurde aus der gemeindlichen Zuständigkeit für Angelegenheiten der örtlichen Gemeinschaft ein sachlich begrenztes Äußerungsrecht hergeleitet.

(2) Die handelnde Stelle muss im Rahmen ihrer **Zuständigkeit** tätig sein. Dies betrifft die Organkompetenz, bei der Bundesregierung also die Aufgabenverteilung zwischen Bundeskanzler, Regierung als Kollegialorgan und den einzelnen Fachministern. Dies betrifft auch die Verbandskompetenz, also das Verhältnis von Bund und Ländern. Handelt es sich um Sachverhalte von bundesweiter Bedeutung, dann ist der Bund zuständig.

(3) Die Äußerungen müssen inhaltlich richtig sein. Dies stellt sich (wie immer dann, wenn Gefahrenvorsorge zu treffen ist) mitunter erst im Nachhinein heraus – in diesem Fall kann nur verlangt werden, dass alle zumutbare Sorgfalt eingehalten wurde.

(4) Die Äußerungen müssen schließlich nach Form und Inhalt angemessen sein, Diffamierungen sind unzulässig.

Ob dann, wenn diese Voraussetzungen nicht erfüllt sind, es schon an einem Eingriff **761**
fehlt, oder aber ein Eingriff vorliegt, dieser aber gerechtfertigt ist, dazu äußert sich das BVerfG etwas widersprüchlich. Im *Glykol-Fall* verneint es für „marktbezogene Informationen" bereits eine „Grundrechtsbeeinträchtigung", also auch einen Grundrechtseingriff, bestätigt hierin die im Schrifttum heftig kritisierte Rspr des BVerwG[27]. Im *Fall Osho* sieht es die Grundrechtsbeeinträchtigung als gerechtfertigt[28], bejaht also einen Eingriff.

Von der Problematik staatlicher Informations- oder Warnhinweise zu unterscheiden ist **762**
die der **Verpflichtung zur Verbreitung von Warnhinweisen** zB bei Tabakwaren. Sie sind dem Staat zuzurechnen und insoweit wie staatliches Informationshandeln zu bewerten. Auf Seiten des Herstellers kann dessen Berufsfreiheit aus Art. 12 I GG berührt sein, nicht aber seine (negative) Meinungsfreiheit: Die Äußerung wird ihm nicht zugerechnet.[29] Anders, wenn er den Warnhinweis ohne Hinweis auf den Urheber abzudrucken hat: Dann stellt es sich nach außen hin so dar, als würde er selbst diese Bewertung abgeben. Dies ist ein Eingriff in die negative Meinungsfreiheit, also die Freiheit, keine Meinung abgeben zu müssen – auch die Meinungsfreiheit hat eine negative Komponen-

24 BVerfGE 105, 279 (303 f.); s auch BVerwG NJW 2006, 1303 (1304).
25 BVerfGE 105, 279 (306).
26 BVerfGE 105, 252 (268).
27 Vgl BVerwGE 82, 76; 87, 37; 90, 112; informativer Überblick über die Rspr bei *Lege*, DVBl 1999, 569; ferner *Detterbeck*, Jura 2002, 235, 240; *Bethge*, Jura 2003, 327.
28 BVerfGE 105, 279 (301); vgl dazu *Görisch*, Jura 2013, 883 (889 f.).
29 BVerfGE 95, 173 (182 f.).

te. Als mittelbarer Grundrechtseingriff kann auch die sog. polizeiliche **Gefährderansprache** wirken.[30]

**762a** Im **Verbraucherinformationsrecht** sind explizite Ermächtigungsnormen enthalten, so auch im Fall des Lebens- und Futtermittelgesetzes (§ 40 Abs. Ia LFGB). Das BVerfG gelangte jedoch wegen des Fehlens einer Befristung der Meldung im Internet zur Unverhältnismäßigkeit.[31] Eine gezielte, eingriffsgleiche Maßnahme sah das BVerwG in behördlichen Aufforderungen an Unternehmen, von ihren Geschäftspartnern zu verlangen, dass diese sich von einer bestimmten Sekte (Scientology) distanzierten.[32] Als Eingriff in die Pressefreiheit wurde die Aufnahme einer Wochenzeitung in den Verfassungsschutzbericht eines Landes gewertet.[33] – Zum Verbot kommunaler Presse Rn 586a.

Eine interessante Variante staatlichen Informationshandelns behandelt *Wittreck*, JuS 2006, 729: der Bundespräsident entschuldigt sich – im Zusammenhang mit dem „Karikaturenstreit" – während einer Nahostreise bei einer Pressekonferenz namens des deutschen Volkes für ein von einem deutschen Künstler angefertigtes, in der islamischen Welt als Schmähung empfundenes Bildnis des Propheten: in der Entschuldigung könnte ein Eingriff in das Grundrecht des Künstlers aus Art. 5 III GG liegen.

**Zur Wiederholung:** *Degenhart* Rn 320–324.

**Aktuelle Rechtsprechung:** BVerfG (K), B. v. 17.8.2010, ZUM 2010, 957, Rezension in JA 2011, 315: Kritik der Bundeszentrale für politische Bildung an einem wissenschaftlichen Aufsatz; EuGH NVwZ 2013, 1002: Warnung vor gesundheitsschädlichen/nicht zum Verzehr geeigneten Lebensmitteln; BGHZ 205, 195 (Crailsheimer Stadtzeitung II).

**Aus der Ausbildungsliteratur:** *Bethge*, Die verfassungsrechtliche Legitimation informalen Staatshandelns, Jura 2003, 327; *Martini/Kühl*, Staatliches Informationshandeln, Jura 2014, 1221; *Voßkuhle/Kaiser*, Grundwissen – Informationshandeln des Staates, JuS 2018, 343; *Hobusch*, Der moderne Eingriffsbegriff in der Fallbearbeitung, JA 2018, 278.

**Weitere Fälle im thematischen Zusammenhang:** *Wittreck*, Eingriff durch Entschuldigung: Der Bundespräsident und das Bild des Propheten, JuS 2006, 729; *Kremer*, Warnung vor gentechnisch veränderten Lebensmitteln, Jura 2008, 299; *Peters*, Der „Ekel"-Pranger, Jura 2014, 752; *Barczak*, Behördliche Warnungen vor E-Zigaretten, JuS 2014, 932; *Görisch*, Negative Produktinformationen der Stiftung Warentest, Jura 2013, 883.

---

30 Vgl *Kreuter-Kirchhof*, AöR 139 (2014), 257.

31 BVerfGE 148, 40 Rn 48 ff.

32 BVerwG NJW 2006, 1303.

33 BVerfGE 113, 63, 77; vgl auch den Fall bei *Engelbrecht*, JA 2007, 197 zum „polizeilichen Gefährdungsschreiben".

Fall 13

# Integration II (Kopftuch)

*Anspruchsvoller und umfangreicher Examensfall*

Die Gotthold Ephraim Lessing-Gesamtschule im Bundesland A wird von Schülerinnen und Schülern verschiedenster Herkunft besucht. Dort unterrichtet seit Längerem die Fachlehrerin Lorena L. die Fächer Deutsch, Geschichte und Sozialkunde (Gemeinschaftskunde) für die mittleren Jahrgangsstufen. L ist im Angestelltenverhältnis beschäftigt. Seit sie 2017 zum Islam konvertierte, nennt sie sich Leila L. und trägt im Unterricht das islamische Kopftuch. Sie verrichtet ferner in den Unterrichtspausen die vorgeschriebenen rituellen Gebete, meist in einem leeren Klassenzimmer. Die Reaktionen fallen unterschiedlich aus; in den von L betreuten Klassen der Jahrgangsstufen 5-7 tragen seither die Schülerinnen aus islamischen Familien häufig ihrerseits entsprechende Kopftücher und weigern sich auch, am koedukativen Sportunterricht teilzunehmen. 763

Nach den Weihnachtsferien 2019/2020 wenden sich die Eltern der 12-jährigen, die 6. Jahrgangsstufe besuchenden Shakira S. an die Leitung der Gesamtschule und ersuchen diese, der L das Tragen des Kopftuchs zu untersagen. Sie seien selbst wie ihre Tochter islamischen Glaubens, gehörten aber einer liberalen Richtung an, die die entsprechenden Bekleidungsvorschriften nicht als verbindlich sähe. In der Klasse ihrer Tochter seien insgesamt von den 12 Jungen 6 und von den 16 Mädchen 7 islamischen Glaubens. Letztere trügen bis auf ihre Tochter ein Kopftuch im Unterricht und würden ihre Tochter bedrängen, es ihnen gleich zu tun. Die Jungen würden ihre Tochter wegen ihrer westlichen Kleidung als „Schlampe" titulieren. Auch in anderen, von L unterrichteten Klassen sei der Schulfrieden gestört. Dies gehe maßgeblich auf den Einfluss der Lehrerin L zurück. Denn vor deren Übertritt zum Islam habe es keinerlei Konflikte gegeben; erst deren Beispiel habe die Schülerinnen und Schüler ermuntert, ihre religiöse Einstellung so offensiv und intolerant zur Schau zu tragen. Der Schulfrieden sei mittlerweile nachhaltig gestört und die Intoleranz nehme zu, ohne dass L oder die Direktorin etwas hiergegen unternähmen.

Die Rektorin der Schule Anna Amalia Abromeit (A) meint demgegenüber, die Eltern der S sähen dies viel zu dramatisch. Jungen in diesem Alter würden sich nun einmal mitunter etwas drastisch ausdrücken, dies gehöre zu ihrer Persönlichkeitsfindung. Die Freiheit des Glaubens sei ein hohes Gut; dazu gehöre auch die Befolgung der Bekleidungsvorschriften, etwaige Meinungsverschiedenheiten zwischen den Schülerinnen und Schülern verschiedener Glaubensrichtungen förderten die Sozialisation in einer pluralistischen Gesellschaft. Sie verweist auf den Bildungs- und Erziehungsauftrag nach § 1 des Landesschulgesetzes (LSchulG). Die Bestimmung lautet:

„(1) Die Schulen haben insbesondere die Aufgabe,... zu verantwortlichem Gebrauch der Freiheit, zu Toleranz, friedlicher Gesinnung und Achtung vor anderen Menschen, zur Anerkennung kultureller und religiöser Werte zu erziehen."

Demgegenüber verweisen die Eltern S auf die Bestimmung des § 57 LSchulG, die in Abs. 1 lautet:

„Lehrerinnen und Lehrer dürfen in der Schule keine politischen, religiösen, weltanschaulichen oder ähnliche äußere Bekundungen einschließlich des Tragens religiös konnotierter Bekleidung abgeben, die geeignet sind, die Neutralität des Landes gegenüber Schülerinnen und Schülern sowie Eltern oder den politischen, religiösen oder weltanschaulichen Schulfrieden zu gefährden oder zu stören. Insbesondere ist ein äußeres Verhalten unzulässig, welches den Eindruck hervorrufen kann, Werte des Grundgesetzes würden negiert."

Nachdem die Schulleitung nichts weiter unternimmt und auch die Schulbehörde als Dienstvorgesetzte der L untätig bleibt, erheben die Eltern S im Namen von Shakira S und im eigenen Namen Klage beim zuständigen Verwaltungsgericht gegen das Land als Schulträger. Sie stellen den Antrag, das Land möge dafür Sorge tragen, dass im Unterricht von L kein Kopftuch getragen werde. L, im Verfahren beigeladen, hält § 57 LSchulG für verfassungswidrig und sieht sich nicht nur in ihrer Religionsfreiheit verletzt, sondern auch als Frau diskriminiert: das islamische Kopftuch werde ausschließlich von Frauen getragen.

**Die Erfolgsaussichten der Klage sind rechtsgutachtlich zu prüfen.**

# Vorüberlegungen

Der Fall ist der zweiten „Kopftuch-Entscheidung“ BVerfG BVerfGE 138, 296 nachgebildet; dort war es um die Drittwirkung des Art. 4 GG im Arbeitsverhältnis gegangen – die Beschwerdeführerinnen waren, wie auch hier L, im Angestelltenverhältnis tätig. S bzw deren Eltern als Kläger machen hier ihre Grundrechte geltend. Dass die schulpflichtige S sich in einer verwaltungsrechtlichen Sonderbeziehung – dem Schulverhältnis – befindet, sollte hier angesprochen werden; es wurde stets als einer der Anwendungsfälle für die Lehre von der verwaltungsrechtlichen Sonderbeziehung (früher: besonderes Gewaltverhältnis) genannt. Dass auch im „besonderen Gewaltverhältnis“ die Grundrechte gelten, dass andererseits aber nicht jede Maßnahme als Eingriff in Rechte zu qualifizieren ist, sollte bekannt sein **764**

Das Klagebegehren lautet dahingehend, dass – wie im Fall der Anbringung des Kruzifixes – das Tragen des Kopftuchs als eines „religiös konnotierten“ Bekleidungsstücks unterbleiben soll. Hierfür ist eine Unterlassungsklage als ein Fall der allgemeinen Leistungsklage statthaft; sie ist – Rechtsträgerprinzip – gegen den Träger der Schulbehörde, also das Land zu richten. Im Aufbau ist zunächst zu beachten, dass hier die Eltern S im Namen der S und im eigenen Namen klagen; es liegt also ein Fall der subjektiven Klagehäufung vor. Zwischen S und deren Eltern ist einfache Streitgenossenschaft anzunehmen: die Entscheidung kann insoweit unterschiedlich ausfallen,[1] da unterschiedliche Grundrechte betroffen sind. Die Eltern sind ihrerseits notwendige Streitgenossen. Im Verhältnis der Eltern zueinander ist von notwendiger Streitgenossenschaft auszugehen. Im Aufbau empfiehlt es sich hier, die Zulässigkeit gesondert zu prüfen – die Sachurteilsvoraussetzungen müssen bei jedem der Kläger gegeben sein, um dann die Zulässigkeit der Klagehäufung nach § 44 VwGO zu behandeln. Die Begründetheit kann für die Klagen gemeinsam geprüft werden. **765**

Von den Sachurteilsvoraussetzungen ist es die Klagebefugnis, die hier sehr sorgfältig geprüft werden muss – § 42 II VwGO ist, was bekannt sein dürfte, auf die allgemeine Leistungsklage analog anzuwenden. Näher auszuführen ist die mögliche Beeinträchtigung der Kläger in ihren Grundrechten. Hier liegt ein erster grundrechtlicher Schwerpunkt der Arbeit. Eine mögliche Grundrechtsbeeinträchtigung ist jedenfalls für die negative Religionsfreiheit auf Seiten der S zu bejahen und auch für die Eltern in Bezug auf Art. 6 GG nicht auszuschließen.

In der Begründetheit ist der verwaltungsrechtliche Ansatz konsequent fortzuführen. Der bestehende Zustand muss rechtswidrig und der Kläger hierdurch in seinen Rechten verletzt sein. Das setzt zunächst einmal voraus, dass die Behörde überhaupt einschreiten durfte – durfte sie dies nicht, war ihre Ablehnung schon deshalb nicht rechtswidrig. Denn die Behörde kann nicht zum Erlass eines rechtswidrigen Verwaltungsaktes verpflichtet sein. Also ist zunächst nach dem herkömmlichen verwaltungsrechtlichen Ansatz – Ermächtigungsgrundlage, formelle und materielle Rechtmäßigkeit – die Befugnis der S zu prüfen. Angesichts der aktuellen, zweiten „Kopftuch-Entscheidung“ des **766**

1 Vgl *Kopp/Schenke*, Anh. § 42 Rn 69.

BVerfG (BVerfGE 138, 296) ist dabei als Vorfrage auf die Verfassungsmäßigkeit der Ermächtigungsgrundlage des § 57 LSchulG näher einzugehen. Denn dies ist von Bedeutung für die Beurteilung des Verhaltens der L. In Betracht kommt ein möglicher Verstoß gegen Art. 4 I, II GG. Dabei ist die Frage, ob das Gesetz gegen ein Grundrecht verstößt, wie stets abstrakt, also nicht in Bezug auf den Fall der Betroffenen zu prüfen.

## 767 Gliederung

**A. Zulässigkeit der Klage der S**
- I. Verwaltungsrechtsweg
- II. Statthaftigkeit – richtige Klageart
- III. Zuständiges Gericht
- IV. Beteiligten- und Prozessfähigkeit
- V. Klagebefugnis, § 42 II VwGO analog
- VI. Widerspruchsverfahren, Klagefrist?
- VII. Allgemeines Rechtsschutzbedürfnis
- VIII. Richtiger Beklagter
- IX. Zulässigkeit der Klage der Eltern
- X. Klagehäufung

**B. Begründetheit der Klage der S**
- I. Zur Rechtsgrundlage des Unterlassungsanspruchs
- II. Grundrechtsbeeinträchtigung der S: Art. 4 I, II GG – keine Duldungspflicht
  - 1. Schutzbereich
  - 2. Fortdauernde Beeinträchtigung
  - 3. Hoheitliches Handeln
  - 4. Rechtswidrigkeit
    - a) § 57 LSchulG
      - aa) Formelle Verfassungsmäßigkeit
      - bb) Materielle Verfassungsmäßigkeit
        - (1) Glaubensfreiheit nach Art. 4 I, II GG: Schutzbereich – Eingriff – Rechtfertigung
        - (2) Diskriminierungsverbot, Art. 3 III 1 GG
    - b) Verstoß gegen § 57 LSchulG
      - aa) Tatbestand des § 57 LSchulG
      - bb) Verstoß gegen Art. 4 I, II GG
      - cc) Geschlechtsbezogene Diskriminierung der L
- III. Anspruch der S

**C. Begründetheit der Klage der Eltern**

**D. Ergebnis**

# Musterlösung

Die Klage hat Erfolg, wenn sie zulässig und begründet ist. **768**

## A. Zulässigkeit der Klage der S

### I. Verwaltungsrechtsweg

Voraussetzung für die Zulässigkeit der Klage ist zunächst, dass der Verwaltungsrechtsweg eröffnet ist. **769** Dies richtet sich im vorliegenden Falle nach § 40 I 1 VwGO. Maßgeblich ist, ob die streitentscheidenden Normen solche des öffentlichen Rechts sind. Ob hier die zuständige Behörde die begehrten Maßnahmen treffen kann oder muss, richtet sich nach den Normen einerseits des LSchulG, das die Rechtsverhältnisse der öffentlichen Schulen regelt, und andererseits nach dem Beamtengesetz des Landes. Dies sind Normen des öffentlichen Rechts, die den zuständigen Stellen besondere Befugnisse verleihen und die die Nutzung öffentlicher Einrichtungen regeln. Es liegt also eine öffentlich-rechtliche Streitigkeit vor. Es liegt auch ein Subordinationsverhältnis vor, da die Behörde hier einseitig-verbindlich über die begehrten Maßnahmen entscheidet.

Es müsste sich weiterhin um eine Streitigkeit nichtverfassungsrechtlicher Art handeln. Dies ist der Fall, weil nicht unmittelbar über Normen des Verfassungsrechts gestritten wird und auch keine Verfassungsorgane am Verfahren beteiligt sind.[2] Eine abdrängende Sonderzuweisung an ein anderes Gericht ist ebenfalls nicht ersichtlich, sodass der Verwaltungsrechtsweg nach § 40 I 1 VwGO eröffnet ist.

### II. Statthaftigkeit – richtige Klageart

Für das Begehren der S könnte die allgemeine Leistungsklage als Unterlassungsklage **770** richtige Klageart sein. Denn S geht es darum, dass das Tragen eines Kopftuchs künftig unterbleibt. Sie begehrt das Unterlassen eines Verwaltungshandelns, der Konfrontation mit eben diesem Kopftuch. Sie wendet sich also gegen ein schlichtes Verwaltungshandeln, das nicht im Erlass eines Verwaltungsaktes besteht. Wenn ein Handeln, Dulden oder Unterlassen Gegenstand der Klage ist, das nicht im Erlass eines Verwaltungsaktes besteht, dann ist die allgemeine Leistungsklage, die gewohnheitsrechtlich anerkannt ist, statthaft. Sie richtet sich hier auf ein derartiges Unterlassen für die Zukunft. Davon umfasst ist notwendig das Begehren, die erforderlichen Maßnahmen zu treffen, damit die mit der Klage angegriffenen Verhaltensweisen künftig unterbleiben, zB dass das Land als Arbeitgeber der L auf der Grundlage der arbeitgeberischen Weisungsbefugnis ihr ein Auftreten ohne Kopftuch aufgibt. Auch insoweit ist die allgemeine Leistungsklage statthafte Klageart.

2 Da die nichtverfassungsrechtliche Natur der Streitigkeit auf der Grundlage der Theorie der doppelten Verfassungsunmittelbarkeit hier unproblematisch ist, braucht auf die unterschiedlichen Abgrenzungstheorien nicht eingegangen zu werden; vgl dazu *Schenke* Rn 124 ff., dessen Definition der verfassungsrechtlichen als einer den Verfassungsgerichten vorbehaltenen Streitigkeit viel für sich hat.

### III. Zuständiges Gericht

771 Die Klage ist lt SV vor dem zuständigen Verwaltungsgericht erhoben worden.

### IV. Beteiligten- und Prozessfähigkeit

772 S ist gemäß § 61 Nr. 1 VwGO beteiligtenfähig, ebenso das Land. Sie ist jedoch auf Grund ihres Alters nicht prozessfähig und wird von ihren Eltern vertreten.

### V. Klagebefugnis, § 42 II VwGO analog

773 Auch für die Zulässigkeit der allgemeinen Leistungsklage ist Voraussetzung, dass der Kläger plausibel geltend machen kann, in seinen Rechten verletzt zu sein. § 42 II VwGO gilt hier analog; auch bei der allgemeinen Leistungsklage sind Popularklagen auszuscheiden. S müsste analog § 42 II VwGO geltend machen können, durch die Konfrontation mit der kopftuchtragenden Lehrerin in ihren Rechten verletzt zu sein. Vorliegend beruft sich S in erster Line auf ihr Grundrecht aus **Art. 4 I, II GG** unter dem Gesichtspunkt der negativen Religionsfreiheit. Die Berufung auf Grundrechte ist nicht etwa deshalb ausgeschlossen, weil S sich innerhalb einer verwaltungsrechtlichen Sonderbeziehung – einem Sonderstatusverhältnis wie dem Schulverhältnis – befindet. Sie kann sich auch im Sonderstatusverhältnis auf ihre Grundrechte berufen. Denn die gegen ihren Willen erfolgende Konfrontation mit einer von ihr nicht geteilten religiösen Einstellung berührt sie in ihrer individuellen Rechtssphäre. Dass sie durch eine ungewollte Konfrontation mit aufgedrängten Glaubensäußerungen in ihrem Grundrecht aus Art. 4 I und II GG unter dem Gesichtspunkt der negativen Religionsfreiheit berührt sein könnte, erscheint jedenfalls nicht ausgeschlossen. Diese Grundrechtsbeeinträchtigung müsste auch von dem beklagten Land ausgehen. Dies ist zu bejahen, da das Verhalten der L dem Land zuzurechnen ist, vor allem aber, weil das Land als Träger der Schule als einer öffentlichen Einrichtung gegenüber deren Benutzern, also den Schülern, eine Schutzpflicht hat. Die Möglichkeit einer Grundrechtsverletzung der S ist also zu bejahen. Sie ist klagebefugt.

### VI. Widerspruchsverfahren, Klagefrist?

774 Die Durchführung eines Widerspruchsverfahrens ist nicht Sachurteilsvoraussetzung für die allgemeine Leistungsklage, eine Klagefrist ist hierfür in der VwGO nicht vorgesehen.

### VII. Allgemeines Rechtsschutzbedürfnis[3]

775 Ob für die Zulässigkeit der allgemeinen Leistungsklage unter dem Gesichtspunkt eines Rechtsschutzbedürfnisses zu fordern ist, dass der Kläger zunächst erfolglos versucht,

3 *Bei Unterlassungsklagen idR besonders zu prüfen, da insbesondere vorbeugende Klagen gegen hoheitliches Handeln schon wegen des Gewaltenteilungsgrundsatzes die Ausnahme darstellen.*

beim Beklagten die begehrte Handlung oder Unterlassung zu erreichen,[4] kann hier dahinstehen, da die Eltern der S in deren Namen sowohl bei der Leitung der Schule als auch bei der Schulbehörde entsprechende Anträge gestellt haben. Das allgemeine Rechtsschutzbedürfnis ist also für S zu bejahen.

### VIII. Richtiger Beklagter

Richtiger Beklagter ist hier das Land als Rechtsträger des handelnden Organs. Es besteht keine Sonderregelung nach § 78 VwGO; § 78 I Nr. 1 VwGO gilt sinngemäß auch für die allgemeine Leistungsklage. **776**

### IX. Zulässigkeit der Klage der Eltern von S

Auch für die Klage der Eltern der S ist die allgemeine Leistungsklage statthaft. Für die Sachurteilsvoraussetzungen ist auf die Ausführungen zur Klage der S zu verweisen; jedoch könnte der **Klagebefugnis der Eltern** entgegenstehen, dass diese nicht unmittelbar mit dem Verhalten der L konfrontiert sind. Sie könnten insbesondere ihr elterliches Erziehungsrecht aus **Art. 6 II GG** geltend machen, das grundsätzlich auch die Erziehung in religiösen Angelegenheiten umfasst. Ein Verstoß hiergegen ist jedenfalls dann nicht ausgeschlossen, wenn Vorstellungen der Erziehungsberechtigten und der Schulleitung einander widersprechen und die Schulleitung ihre Vorstellungen gegen die der Erziehungsberechtigten durchsetzt. Auch eine Verletzung ihrer Grundrechte aus **Art. 4 I, II GG** ist dann nicht ausgeschlossen, wenn die Eltern eine entsprechende Erziehung als ihre religiöse Pflicht ansehen. **777**

### X. Klagehäufung

Sowohl die Klage der S als auch die Klage ihrer Eltern ist zulässig. Es liegt ein Fall der subjektiven Klagehäufung vor. Zwischen S und deren Eltern ist einfache Streitgenossenschaft anzunehmen: die Entscheidung kann insoweit unterschiedlich ausfallen,[5] da unterschiedliche Grundrechte betroffen sind. Die Eltern sind ihrerseits notwendige Streitgenossen. **778**

## B. Begründetheit der Klage der S

Die Klage ist begründet, wenn die Klägerin einen Anspruch darauf hat, dass das von ihr angegriffene Handeln der Verwaltung – hier also des Landes bzw der von ihm angestellten Lehrerin – unterbleibt und damit auch einen Anspruch darauf, dass das Land als Arbeitgeber der L hierzu sachdienliche Maßnahmen ergreift. **779**

4 *Hufen*, Verwaltungsprozessrecht, § 16 Rn 17 f.
5 Vgl *Kopp/Schenke*, Anh. § 42 Rn 69.

## I. Zur Rechtsgrundlage des Unterlassungsanspruchs[6]

780 Wie der Folgenbeseitigungsanspruch ist auch der allgemeine Unterlassungsanspruch unmittelbar aus den Grundrechten herzuleiten, als **allgemeiner grundrechtlicher Schutzanspruch.**[7] Aber auch in Analogie zu §§ 1004, 906 BGB kann der Anspruch begründet werden. Er hat jedenfalls seine Grundlage im Verfassungsrecht. Im Fall der S folgt ein solcher Schutzanspruch daraus, dass sie der Konfrontation mit L nicht ausweichen kann. Der Pflicht zum Schulbesuch muss eine Schutzpflicht der Schule bzw des Schulträgers entsprechen. Der Unterlassungsanspruch setzt eine präsente oder unmittelbar drohende Grundrechtsbeeinträchtigung voraus. Diese muss auf hoheitliches Handeln zurückzuführen sein. Voraussetzung ist ferner, dass sie, weil rechtswidrig, nicht geduldet werden muss. Dabei sind an die Wahrscheinlichkeit der Grundrechtsbeeinträchtigung bei der vorbeugenden Unterlassungsklage strenge Anforderungen zu stellen. Ist eine Grundrechtsbeeinträchtigung bereits eingetreten und dauert das hierfür ursächliche Verhalten an, so richtet sich ein Unterlassungsanspruch jedenfalls gegen diese fortbestehende Beeinträchtigung.

## II. Grundrechtsbeeinträchtigung der S: Art. 4 I, II GG – keine Duldungspflicht

### 1. Schutzbereich

781 Wenn S sich gegen eine ungewollte Konfrontation mit aufgedrängten Glaubensäußerungen der Lehrerin wendet, so beruft sie sich damit auf ihr Grundrecht der negativen Religionsfreiheit, also das Grundrecht, keine Religion auszuüben und auch nicht Akten der Religionsausübung ausgesetzt zu sein. Auch diese negative Glaubensfreiheit wird durch Art. 4 I und II GG geschützt. Sie wird hier durch das Tragen des islamischen Kopftuchs als Ausdruck der Glaubensüberzeugung der L auf Seiten der S in nicht unerheblichem Maße berührt. Denn sie wird mit einer besonders strengen Glaubensrichtung konfrontiert und sieht sich zudem dem Druck ihrer Mitschülerinnen ausgesetzt. Dort, wo diese unerwünschte Konfrontation in einer staatlichen Einrichtung stattfindet, ist das Grundrecht der negativen Religionsfreiheit als das Recht, nicht einer aufoktroyierten Konfrontation mit religiösen Äußerungen Dritter ausgesetzt zu werden, betroffen. Es ist umso stärker betroffen, als der Staat zur weltanschaulich-religiösen Neutralität verpflichtet ist.

### 2. Fortdauernde Beeinträchtigung

782 Da L nicht bereit ist, ihr Kopftuch abzulegen, ist von einer fortbestehenden Grundrechtsbeeinträchtigung auszugehen, gegen die ein Unterlassungsanspruch geltend gemacht werden kann.

6 Zum Aufbau s Fn 1.

7 *Ossenbühl/Cornils*, Staatshaftungsrecht, 6. Aufl. 2013, 7. Teil, II.3. und III 4

### 3. Hoheitliches Handeln

Diese Beeinträchtigung der Glaubensfreiheit der Klägerin müsste dann ihre Ursache in hoheitlichem Handeln des beklagten Landes haben. Dies ist zu bejahen, denn wie schon zur Zulässigkeit der Klage festgestellt wurde, handelt das Land hier schlicht-hoheitlich. **783**

### 4. Rechtswidrigkeit

Ein Anspruch der S setzt voraus, dass sie die Beeinträchtigung in ihren Grundrechten nicht zu dulden braucht. Dies ist dann der Fall, wenn das Verhalten des beklagten Landes bzw das diesem zuzurechnende Verhalten der L rechtswidrig ist. **784**

a) Es ist jedenfalls dann **rechtswidrig**, wenn es gegen **§ 57 LSchulG** verstößt.

Die Bestimmung könnte allerdings dann nicht herangezogen werden, wenn sie, wie L dies geltend macht, **verfassungswidrig** wäre, insbesondere gegen die Glaubensfreiheit der Lehrkräfte verstoßen oder, wie L gleichfalls geltend macht, eine nach Art. 3 III GG unzulässige Diskriminierung bewirken würde. **785**

aa) An der **formellen Verfassungsmäßigkeit** der Bestimmung bestehen keine Zweifel. Das Schulrecht ist mangels Bundeskompetenz gemäß Art. 70 GG in der alleinigen Zuständigkeit der Länder. Formell ordnungsgemäßes Zustandekommen des Gesetzes ist vorauszusetzen.

bb) § 57 LSchulG müsste auch **materiell verfassungsmäßig** sein. **786**

(1) Das Verbot religiös konnotierter Bekleidung könnte gegen die **Glaubensfreiheit nach Art. 4 I, II GG** verstoßen.

Zunächst müsste der Schutzbereich des Grundrechts eröffnet, also das Tragen derartiger Bekleidung von der Glaubensfreiheit umfasst sein. Angehörige einer Religion werden hierdurch zwar nicht daran gehindert, einer bestimmten Religion anzugehören, wohl aber daran, dies durch die von dieser Religion vorgeschriebene Bekleidung nach außen zu zeigen. Das Grundrecht des Art. 4 I, II GG erstreckt sich nicht nur auf die innere Freiheit, zu glauben oder nicht zu glauben, sondern auch auf die äußere Freiheit, den Glauben zu bekunden und umfasst auch das Recht der Einzelnen, ihr gesamtes Verhalten an den Lehren ihres Glaubens auszurichten und dieser Überzeugung gemäß zu handeln, also glaubensgeleitet zu leben. Der **Schutzbereich** der Glaubensfreiheit des Art. 4 I, II GG ist also berührt.

Das Verbot, bestimmte Kleidungsstücke wie das islamische Kopftuch als Ausdruck religiöser Gesinnung zu tragen, bedeutet auch einen **Eingriff** in das Grundrecht. Der Eingriff müsste **verfassungsrechtlich gerechtfertigt** sein. **787**

Das Grundrecht aus Art. 4 I, II GG ist an sich schrankenlos gewährleistet, es ist ein vorbehaltloses Grundrecht. Ein Gesetzesvorbehalt könnte sich allerdings aus den Bestimmungen der WRV ergeben, die durch Art. 140 GG in das Grundgesetz inkorporiert wurden und die auch vollgültiges Verfassungsrecht sind. Wenn nach Art. 136 I WRV die für alle geltenden, staatsbürgerlichen Rechte und Pflichten durch die Ausübung der Religionsfreiheit unberührt bleiben, so könnte dies im Sinn eines Gesetzesvorbehalts aufgefasst werden. Dies würde allerdings der vorbehaltlosen Gewährleistung des Art. 4 I, II GG widersprechen. Aus ihr wird deutlich, dass dieses Grundrecht keinem einfachen Gesetzesvorbehalt unterliegen soll. Vielmehr können für das Grundrecht aus Art. 4 I, II GG nur **verfassungsimmanente Schranken** gelten. Eingriffe können nur durch kollidierende Grundrechte und anderweitige Verfassungsgüter gerechtfertigt werden. Es sind dies die so genannten „immanenten Schranken" des Grundrechts. Das Anliegen des Gesetzgebers müsste also Verfassungsrang haben. Anliegen ist es, den Schulfrieden und die staatliche Neutralität zu wahren und so den staatlichen Erziehungsauftrag abzusichern und Konflikten vorzubeugen. Diese Zielsetzung wird durch den staatlichen Bildungs- und Erziehungsauftrag des Art. 7 I GG gerechtfertigt. Es handelt sich hier um ein Rechtsgut mit Verfassungsrang. Das Verbot dient auch dem Schutz der negativen Glaubensfreiheit der Schüler, die ihrerseits grundrechtlich geschützt ist, und der Wahrung der weltanschaulichen Neutralität des Staates. Auch sie wird durch Art. 4 I, II GG gewährleistet.

**788** Das Gesetz müsste in seiner grundrechtsbeschränkenden Wirkung auch **verhältnismäßig** sein. Zwar ist es **geeignet**, etwaige Störungen des Schulbetriebs auf Grund religiöser Bekundungen zu vermeiden, und wenn es um Störungen durch das Tragen einer religiös motivierten und als solche erkennbaren Bekleidung geht, ist ein Verbot auch **erforderlich**. Fraglich ist jedoch, ob § 57 LSchulG als Verbotsnorm auch **verhältnismäßig im engeren Sinn** ist. Mit der individuellen Glaubensfreiheit einerseits, der negativen Glaubensfreiheit, der staatlichen Neutralität und dem Bildungs- und Erziehungsauftrag andererseits stehen sich jeweils hochrangige Verfassungsgüter gegenüber. Zweifelhaft könnte insbesondere sein, ob bereits die abstrakte Gefahr einer Störung des Schulfriedens ausreichen kann, um ein generelles Verbot zu rechtfertigen. Andererseits wäre das Regelungsziel verfehlt, würde man abwarten, bis konkret Konflikte entstehen. Der Gesetzgeber muss daher befugt sein, durch ein generelles, auf die abstrakte Eignung zur Beeinträchtigung des Schulbetriebs abstellende Beschränkung von Störungen von vornherein dem Entstehen von Konfliktsituationen entgegenzuwirken. Wenn demgegenüber die individuelle Grundrechtsverwirklichung grundsätzlich zurücktreten muss, ist dies nicht unverhältnismäßig. Sofern im Einzelfall keine Störung zu erwarten und ein Verbot nach den konkreten Umständen unverhältnismäßig sein sollte, kann dem in der Anwendung der Norm im Einzelfall Rechnung getragen werden.

**789** (2) Das Gesetz könnte gegen das **Diskriminierungsverbot des Art. 3 III 1 GG** verstoßen, weil es vor allem gegen das Tragen des Kopftuchs gerichtet ist und damit typischerweise Frauen betrifft. Dies allein bedeutet jedoch noch keine Diskriminierung, vielmehr ist hierfür erforderlich, dass die Bestimmung an ein unzulässiges Unterscheidungsmerkmal anknüpft.[8] § 57 LSchulG betrifft jedoch mit dem Tatbestandsmerkmal „religiöser Bekundungen" Männer und Frauen gleichermaßen. Eine geschlechtsbezogene Diskriminierung ist deshalb zu verneinen.

**Ergebnis:** § 57 LSchulG ist also verfassungsgemäß.

8 *Sachs*, Grundrechte, Kap.15 Rn 100 S. 317.

b) Das Tragen des Kopftuchs durch L müsste **gegen die Bestimmung des § 57 LSchulG** verstoßen. 790

aa) Voraussetzung ist zunächst, dass der **Tatbestand des § 57 LSchulG** erfüllt ist.

Es müsste sich also bei dem Kopftuch der L um ein religiös konnotiertes Bekleidungsstück handeln. Darunter ist zu verstehen, dass es als Ausdruck einer religiösen Haltung wahrgenommen wird. Wenn sich auf Grund des Verhaltens der L religiöse Spannungen aufgebaut haben, so spricht dies dafür, dass deren Kopftuch als Ausdruck einer bestimmten religiösen Haltung aufgefasst wurde. Dies müsste weiterhin geeignet sein, den Schulfrieden zu stören. Dies ist nicht schon dann der Fall, wenn es Anlass zur Diskussion unter den Schülern gibt. Sich mit Andersdenkenden auseinanderzusetzen, gehört zu den Bildungszielen des § 1 LSchulG. Hier aber hatte das Verhalten der L offensichtlich Vorbildfunktion für zahlreiche Schülerinnen, was in der Folge wiederum dazu führte, dass andere sich unter Druck gesetzt fühlten und es zu Auseinandersetzungen kam, durch die der Schulfrieden gestört wird. Ob L dies wollte, ist unerheblich. Es kommt auf die objektive Eignung zur Störung an.

bb) Hieraus ein Verbot nach § 57 LSchulG abzuleiten, könnte allerdings L in ihrem 791
**Grundrecht aus Art. 4 I, II GG verletzen**. Darauf kann sie sich auch im Schuldienst berufen. Denn auch im Beamtenverhältnis gelten die Grundrechte. Wollte man im Tragen des Kopftuchs in jedem Fall eine Störung des Schulbetriebs sehen, so könnte dies die Grundrechte der Lehrerin unverhältnismäßig einschränken. Demgegenüber ist jedoch zu berücksichtigen, dass der Schulfrieden und der staatliche Erziehungsauftrag auch dadurch beeinträchtigt werden, dass Schülerinnen und Schüler ihrerseits eine Beeinträchtigung in ihren Grundrechten hinnehmen müssen. Dies kann der Fall sein, wenn sie mit ostentativen Glaubensäußerungen konfrontiert werden, da in Art. 4 I, II GG auch die negative Glaubensfreiheit geschützt wird.

Allerdings gibt es in einer pluralistischen Gesellschaft keinen generellen Schutz vor der 792
Konfrontation mit fremden Glaubensbekundungen, kultischen Handlungen und religiösen Symbolen.[9] Schülerinnen und Schüler sind dem jedoch ohne Ausweichmöglichkeit und sehr viel intensiver ausgesetzt, als dies im gesellschaftlichen Alltag der Fall ist. Dies spricht dafür, in einer konkreten Konfliktsituation, wie sie hier gegeben ist, der negativen Glaubensfreiheit der S und weiterer Schülerinnen und Schüler stärkeres Gewicht beizumessen, als der Glaubensfreiheit der L. Dass S ihrerseits ebenfalls islamischen Glaubens ist, führt zu keiner anderen Beurteilung, da sie einer anderen Glaubensrichtung angehört. Hinzu kommt, dass L als Lehrkraft in einer staatlichen Schule Beschränkungen in ihrer persönlichen Entfaltungsfreiheit hinnehmen muss, die aus dem staatlichen Bildungsauftrag folgen; auch hierbei handelt es sich um ein Rechtsgut mit Verfassungsrang, Art. 7 I GG. Dieser aber ist gefährdet, wenn es wie hier nicht bei bloßer Diskussion bleibt, sondern auf Andersdenkende Druck ausgeübt wird. Den Grundrechten der S und anderer betroffener Schülerinnen aus Art. 4 I, II GG sowie dem staatlichen Bildungsauftrag ist also in der Abwägung höheres Gewicht beizumessen, als dem Grundrecht der L. Schließlich fällt auch das Grundrecht der Eltern aus Art. 6 I GG, das

9 BVerfGE 139, 296 Rn 104.

mit dem elterlichen Erziehungsrecht auch die religiöse und weltanschauliche Erziehung umfasst, zugunsten der Zulässigkeit eines Verbots ins Gewicht.

L wird also nicht in ihrem Grundrecht aus Art. 4 I, II GG verletzt, wenn in ihrem Verhalten eine gegen § 57 LSchulG verstoßende Störung des Schulbetriebs gesehen wird.

793 cc) L könnte weiterhin in ihrem **Grundrecht aus Art. 3 III GG** verletzt sein, wenn man im Verbot eines Kopftuchs eine **geschlechtsbezogene Diskriminierung** sehen wollte. Dafür könnte sprechen, dass ein Kopftuchverbot typischerweise Frauen betrifft. Wie aber bereits für die gesetzliche Bestimmung ausgeführt wurde, bewirkt diese keine Diskriminierung iSv Art. 3 III 1 GG. Ebenso wenig liegt hier im konkreten Anwendungsfall eine Diskriminierung vor.

### III. Anspruch der S

794 S wird also in rechtswidriger Weise dadurch in ihrem Grundrecht aus Art. 4 I, II GG beeinträchtigt, dass L im Unterricht das islamische Kopftuch trägt und das Land nichts unternommen hat, diesen rechtswidrigen Eingriff zu beheben, etwa durch eine Weisung an L im Rahmen des Direktionsrechts des Arbeitgebers. Denn das Auftreten der L berührt S intensiv in ihrem Grundrecht auf negative Glaubensfreiheit. Da sie zum Schulbesuch verpflichtet ist und daher dem nicht ausweichen kann, ist der Schulträger, also das Land, verpflichtet, sie in ihrer Persönlichkeit und in ihren Grundrechten zu schützen. Wenn das Land die fortdauernde Verletzung der negativen Glaubensfreiheit der S nicht abstellt und wenn es nichts oder zu wenig zum Schutz der Grundrechte der S unternimmt, so verstößt es gegen diese Schutzpflichten. In der Art und Weise, wie Schutzpflichten wahrzunehmen sind, besteht allerdings Ermessen. S hat aber einen Anspruch auf Unterlassung. Ihre Klage ist also begründet.

## C. Begründetheit der Klage der Eltern

795 **Art. 6 I GG** schützt das Recht der Eltern, ihren Kindern Überzeugungen in Glaubens- und Weltanschauungsfragen zu vermitteln. Der Schutzbereich wird hier berührt, wenn ihre minderjährige Tochter während des Schulbesuchs, wie im vorliegenden Fall, offensiv mit abweichenden religiösen Vorstellungen konfrontiert wird und dem nicht ausweichen kann. Die Eltern der S müssen daher in gleicher Weise Schutz ihres Grundrechts beanspruchen können. Durch die Untätigkeit des Landes wird dieser Anspruch auf Schutz negiert. Dies kann auch nicht dadurch gerechtfertigt werden, dass es zu den Bildungszielen des § 1 LSchulG gehört, den Diskurs mit Andersdenkenden einzuüben. Zwar kann der staatliche Bildungsauftrag auf Grund seines Verfassungsranges auch das an sich schrankenlos gewährleistete Elternrecht des Art. 6 I GG einschränken. Das Verhalten der vom Beispiel der L ermunterten Schüler kann jedoch nicht als Beitrag hierzu gewertet werden. Damit haben auch die Eltern einen Anspruch auf Unterlassung. Auch ihre Klage ist begründet.

### D. Ergebnis

Sowohl die Klage der S als auch die der Eltern ist zulässig und begründet. **795a**

# Repetitorium

## A. Ehe, Familie, Schule, Art. 6, 7 GG

### I. Schutz von Ehe und Familie, Art. 6 I GG

**1. Schutzbereich:** „Ehe" ist nach herkömmlichem Verständnis (s. aber Rn 798a) das auf Dauer angelegte und staatlich beurkundete Zusammenleben von Mann und Frau in umfassender Lebensgemeinschaft; entspr. allg. Begriffsverständnis und Leitbild der bürgerlich-rechtlichen Ehe; „Familie" ist die umfassende Gemeinschaft von Eltern und Kindern, auch Elternpaare mit nichtehelichen Kindern, auch „Teilfamilien". **796**

**2.** Art. 6 I GG schützt als **Abwehrrecht** gegen Eingriffe, zB in die Freiheit zur Eheschließung und Familiengründung und zum Zusammenleben in Ehe und Familie, in die eheliche Privatsphäre und den räumlich-gegenständlichen Bereich der Ehe. Der Gesetzgeber kann (und muss) ausgestaltende Regelungen treffen, die jedoch – wie zB gesetzliche Ehehindernisse – gegenüber dem Grundrecht gerechtfertigt sein müssen. Eingriffe sind nur im Rahmen verfassungsimmanenter Schranken möglich, für Eingriffe in das elterliche Erziehungsrecht s Art. 6 II, III. **797**

**3.** Art. 6 I GG schützt Ehe und Familie als **objektive Grundsatznorm**; hieraus folgt ein Schutz- und Förderungsgebot, insbesondere Familienlastenausgleich, sowie ein Diskriminierungsverbot – deshalb war die Zweitwohnungssteuer bei beruflich bedingtem zweiten Wohnsitz und ehelicher Wohnung in anderer Gemeinde eine verfassungswidrige Diskriminierung der Ehe.[10] Der besondere Schutz für die Ehe verbietet jedoch nicht eine Gleichstellung auch der nichtehelichen Lebensgemeinschaft bzw der gleichgeschlechtlichen Partnerschaft.[11] **798**

Ehe iSv Art. 6 I GG ist nach der Vorstellung des historischen Verfassungsgebers die verschiedengeschlechtliche Ehe; der Wortlaut ist insoweit eindeutig. Dies spricht für die Notwendigkeit einer Verfassungsänderung bei Anerkennung gleichgeschlechtlicher Verbindungen als „Ehe". Allerdings könnte man hier von einem Verfassungswandel ausgehen,, der aber schwerlich der Verfassungsnorm einen dem Wortlaut und der Intention des Verfassungsgebers entgegengesetzten Sinngehalt geben kann. Es könnte allerdings damit argumentiert werden, dass mit Anerkennung der gleichgeschlechtlichen der herkömmlichen Ehe „nichts genommen" werde; auch könnte argumentiert werden, dass jedenfalls der einfache Gesetzgeber nicht gehindert war, die Ehe für gleichgeschlechtli- **798a**

10 BVerfGE 114, 116.
11 BVerfGE 105, 313.

che Paare zu öffnen[12]. Die EMRK belässt hier Spielräume. Weder zwingt Art. 8 – Schutz des Privatlebens – zur Anerkennung, noch steht Art. 12 EMRK entgegen.

### II. Elternrecht, Art. 6 II, III GG und schulischer Bildungs- und Erziehungsauftrag

799 **1. Inhalt des Elternrechts – Pflege und Erziehung, Art. 6 II 1 GG:** Umfasst Erziehungsziele, Erziehungsmittel, keine Festlegung staatlicher Erziehungsziele; es handelt sich um ein pflichtgebundenes Recht: Orientierung am Kindeswohl; Träger des Elternrechts sind die natürlichen Eltern, auch der nichteheliche Vater; sowie die Pflegeeltern[13] – insofern sind Grundrechtskollisionen im Verhältnis zu den natürlichen Eltern möglich.

800 -809 **2. Schranken:** Das staatliche Wächteramt, Art. 6 II 2 GG, ermächtigt zu Eingriffen im Interesse des Kindeswohls.

**3. Beschränkungen** sind insbesondere legitimiert durch staatliche Schulhoheit, Art. 7 I GG; sie wirkt als verfassungsimmanente Schranke des Elternrechts nach Art. 6 II GG und ist hierzu in verhältnismäßigen Ausgleich zu bringen.

**4.** Das Grundrecht auf freie Gründung von Privatschulen begründet nach BVerfGE 90, 107 jedenfalls objektive Verfassungspflicht zur Förderung von Privatschulen.

**Aktuelle Rechtsprechung:** VG Berlin LKV 2010, 42 (Islamisches Gebet in der Schule); BVerfGE 133, 59 (Sukzessivadoption durch Lebenspartner; BVerfG NJW 2015, 44 (Schulpflicht).

**Aus der Ausbildungsliteratur:** *Franz/Günther*, Grundfälle zu Art. 6 GG, JuS 2007, 626, 716; *Kramer*, Grundfälle zu Art. 7 GG, JuS 2009, 10190;

**Weitere Fälle im thematischen Zusammenhang:** *Reimer*, Fortgeschrittenenhausarbeit – Öffentliches Recht: Homeschooling, JuS 2008, 424; *Sacksofsky/Nowak*, Masernimpfpflicht, JuS 2015, 1007; s ferner unten zu Art. 4 GG.

## B. Glaubens- und Gewissensfreiheit, Art. 4 I, II GG

810 Mit der Abnahme konfessioneller Gebundenheit und religiöser Homogenität der Gesellschaft scheinen die Verfassungskonflikte um Art. 4 GG zuzunehmen. Der Muezzin-Fall etwa existiert auch in der umgekehrten Fallkonstellation – Klage bzw Verfassungsbeschwerde gegen beschränkende Anordnungen; Konflikte zwischen elterlichem Erziehungsrecht in religiösen Angelegenheiten und Schulpflicht bzw schulischem Erziehungsauftrag treten vermehrt auf. Derartige Verfassungskonflikte sind nicht zuletzt auf die extensive Bestimmung des Schutzbereichs zurückzuführen, die das Grundrecht in der Rechtsprechung erfahren hat, vgl *Kingreen/Poscher* Rn 607 ff.

12 Für Verfassungswidrigkeit von *Coelln*, in: Sachs, Art. 6 Rn 32.
13 BVerfGE 68, 176; 79, 51.

## I. Schutzbereich

### 1. Schutz des Glaubens, Freiheit des religiösen Bekenntnisses, Art. 4 I GG 811

Grundrechtlich geschützt sind:
- Das **forum internum**: der Glauben (oder Unglauben), die religiöse und die areligiöse Weltanschauung;
- Das **forum externum**: die Äußerung des Glaubens/der Weltanschauung;
- Das **glaubensgeleitete Handeln** außerhalb der eigentlichen religiösen Betätigung: Darunter fällt insbesondere die Einhaltung von Bekleidungs- und Ernährungsvorschriften (BVerfGE 108, 282; 138, 296; BVerfG NJW 2020, 1049 – Kopftuch I, II, III), aber auch die religiös motivierte Ablehnung lebensrettender Bluttransfusionen (BVerfG NJW 2002, 206);
- Geschützt ist auch die **negative Glaubensfreiheit**; insbesondere gegenüber der ungewollten Konfrontation mit religiösen Inhalten, so iFd Kruzifix-Entscheidung BVerfGE 93, 1, oder auch im Fall der Konfrontation mit „religiös konnotierter" Bekleidung (Kopftuch – BVerfGE 138, 296 – Kopftuch II).

### 2. Ungestörte Religionsausübung, Art. 4 II GG 812

- Art. 4 II GG ist ein Unterfall des Art. 4 I GG, häufig wird einheitlich auf Art. 4 I, II GG abgestellt; Art. 4 II GG umfasst insbesondere auch die kollektive Religionsausübung und ist das Grundrecht der Glaubensgemeinschaften; geschützt sind der kultische Bereich und das Wirken „in der Welt";
- Grundrechtlichen Schutz genießt über Art. 4 II GG auch das Selbstbestimmungsrecht der Glaubensgemeinschaften nach Art. 140 GG iVm Art. 137 III WRV; dessen Schutzbereich wird vom BVerfG weit gefasst und umfasst insbesondere auch Autonomie der kirchlichen Einrichtungen im Bereich des Arbeitsrechts (BVerfGE 70, 138), weshalb die Kündigung des Arztes in einem kirchlichen Krankenhaus wegen seiner Äußerungen zum Abtreibungsparagrafen oder der Kindergärtnerin eines kirchlichen Kindergartens wegen außerehelicher Beziehungen von Art. 4 II iVm Art. 140 GG, Art. 137 III WRV grundrechtlichen Schutz genießt.

### 3. Gewissensfreiheit, Art. 4 I GG

Freiheit, dem „persönlichen Bewusstsein vom sittlich Guten und Bösen" gemäß zu handeln.

## II. Eingriffe

Ein typischer Eingriff in die positive Glaubensfreiheit liegt in jenen schulischen Fällen 813
vor, in denen aus religiösen Gründen Befreiung vom Schulunterricht oder sonstigen schulischen Veranstaltungen (Klassenfahrt) begehrt wird – so beim koedukativen Sportunterricht: Schülerinnen bzw deren Eltern beantragen Befreiung, weil das Tragen von Sportdress und Badebekleidung und sogar der Anblick der Mitschüler oder Mitschüle-

rinnen in knapper Badebekleidung, dem sie beim Schwimmunterricht ausgesetzt seien, ihren Glaubensvorstellungen widerspreche[14]. Andererseits kann besonders im **Schulverhältnis** die staatlicherseits bewirkte Konfrontation mit religiösen Inhalten einen Eingriff in die **negative** Religionsfreiheit bedeuten, so im Fall der viel diskutierten *Kruzifix-Entscheidung* (BVerfGE 93, 1), das Kruzifix als Symbol des christlichen Glaubens wurde staatlicherseits angebracht, der Schüler hiermit konfrontiert. Der EGMR (Große Kammer) sah im Urteil vom 18.3.2011 hierin keinen Verstoß gegen Art. 9 EMRK iVm Art. 2 S. 2 Zusatzprotokoll und stellte hierbei vor allem auf das Kreuz als „passives Symbol" und auf die dabei nicht gegebene indoktrinierende Wirkung ab[15]. Der Konflikt muss nicht zwingend durch die staatliche Autorität, sondern kann auch durch Mitschüler hervorgerufen werden.

**813a** Erhebt die Schülerin, die zur Teilnahme am Sportunterricht gezwungen wird, Verfassungsbeschwerde, so wird regelmäßig die Frage der **Grundrechtsmündigkeit** anzusprechen sein (dazu *Kingreen/Poscher* Rn 184 ff.). Sie ist richtigerweise allein auf die Prozessfähigkeit zu beziehen – die grundrechtsmündige Beschwerdeführerin ist prozessfähig; hinsichtlich der Glaubensfreiheit ist an § 5 des Gesetzes über die religiöse Kindererziehung anzuknüpfen, wonach mit Vollendung des 14. Lebensjahres das Recht zur Selbstbestimmung in religiösen Angelegenheiten verliehen wird.

### III. Eingriffsrechtfertigung

#### 1. Kein Gesetzesvorbehalt – Verfassungsimmanente Schranken

**814** Das Grundrecht aus Art. 4 I, II GG ist an sich schrankenlos gewährleistet; Beschränkungen sind daher nur zum Schutz gleichrangiger Verfassungsgüter zulässig: sog. **verfassungsimmanente Schranken**.

*Zur Klarstellung: Eingriffe in das Grundrecht aus Art. 4 I und II GG bedürfen, wie jeder Grundrechtseingriff, einer Grundlage in einem formellen Gesetz. Da aber Eingriffe nur zulässig sind zum Schutz gleichrangiger Verfassungsgüter, muss dieses Schrankengesetz dem Schutz eines solchen Verfassungsgutes dienen bzw darf nur mit dieser Zielsetzung angewandt werden. Es gilt also im Ergebnis ein qualifizierter Gesetzesvorbehalt.*

Verfassungsimmanente Schranke ist in den schulischen Fällen der staatliche Bildungsauftrag aus Art. 7 I GG und die hieraus resultierende Schulpflicht; dieser Bildungsauftrag umfasst auch die Vorbereitung auf ein Leben in einer säkularen und pluralistischen Gesellschaft, in der der einzelne ständig mit Anschauungen und Äußerungen konfrontiert ist, die er selbst nicht teilt. Deshalb muss zB die Konfrontation mit dem Anblick Gleichaltriger in Badebekleidung hingenommen werden.

**814a** Im Fall der kopftuchtragenden Lehrerin[16] liegen die Dinge deshalb anders, weil sie den Schülern gegenüber mit staatlicher Autorität auftritt. Die Wirkweise **verfassungsim-**

---

14 BVerwGE 94, 82; 147, 362.

15 EGMR NVwZ 2011, 737; dazu de *Wall*, Jura 2012, 960; *Frenz*, Jura 2013, 999; anders noch EGMR, U. v. 3.11.2009 – 30814/06 –; s auch *Streinz*, BayVBl 2014, 421.

16 Dazu eingehend *Hufen*, Staatsrecht II, § 22 Rn 11.

**manenter Schranken** von Grundrechten wie Art. 4 I, II GG wird hier exemplarisch deutlich: Die Einhaltung von Bekleidungsvorschriften fällt unter Art. 4 I, II GG, das Kopftuchverbot greift also in das Grundrecht ein. Es bedarf deshalb einer gesetzlichen Grundlage (die in den jeweiligen landesrechtlichen Vorschriften zu suchen ist), sofern man nicht die beamtenrechtliche Treuepflicht ausreichen lässt, wie dies die Mindermeinung zu BVerfGE 108, 282 Rn 75 ff. mit an sich überzeugenden Argumenten darlegt. Dem Eingriff muss jedoch ein Regelungsziel mit Verfassungsrang zugrundeliegen – ein beliebiges öffentliches Interesse genügt nicht. Es muss also dargelegt werden, dass das Tragen des Kopftuchs durch die Lehrerin im Widerspruch zu Werten des Grundgesetzes steht, weil die Lehrerin zB den verfassungsrechtlichen Erziehungsauftrag der Gleichberechtigung der Geschlechter nicht zu verkörpern vermag oder weil die negative Glaubensfreiheit der Schüler entgegensteht. Da in der Rechtspflege der Staat dem Bürger unmittelbar-hoheitlich gegenübertritt, sind für die Justiz strengere Anforderungen an staatliche Neutralität gerechtfertigt.[17]

Da im Verzicht auf den Sportunterricht meist keine gravierende Störung des schulischen Bildungsauftrags gesehen wird, bejahte die Rechtsprechung überwiegend einen Anspruch auf Befreiung,[18] hält aber neuerdings die Teilnahme in einem besonderen, auch strengen Bekleidungsvorschriften gemäßen Badeanzug für zumutbar. Zumutbar ist auch die Konfrontation mit den Anblick nicht entsprechend verhüllter Mitschüler (Rn 813). Auch der alte Streit um den Sexualkundeunterricht (s *Degenhart* Rn 331) könnte unter fundamentalistischen Vorzeichen neu aufleben. Die Schulpflicht als solche ist gegenüber Art. 4 I, II GG verfassungsrechtlich legitimiert; es besteht kein Anspruch auf Befreiung von der Schulpflicht zugunsten von häuslichem Unterricht (mag dieser auch neudeutsch als „home-schooling" bezeichnet werden).[19]

Die Religionsfreiheit des Art. 4 I, II GG findet ihre Schranken schließlich in der Men- **814b**
schenwürdegarantie des Art. 1 I GG. Deshalb kann die Genitalverstümmelung von Mädchen und Frauen nicht durch religiöse Motive gerechtfertigt werden. Die entwürdigende und grausame Behandlung bedeutet eine Missachtung der Person und beraubt das Opfer der Fähigkeit zu einem auch sexuell selbstbestimmten Leben. Auch ein Verbot der Vollverschleierung könnte mit der Menschenwürde gerechtfertigt werden, sieht man in der Erkennbarkeit des Gesichts ein entscheidendes Merkmal persönlicher Identität, der Erkennbarkeit als Person.[20]

## 2. Art. 137 III WRV: Kirchliche Selbstbestimmung im Rahmen der allg. Gesetze

In der Rechtsprechung erfolgt auch insoweit eine restriktive Schrankenziehung, **814c**
*Kingreen/Poscher* Rn 635. Die Rechtsprechung sieht Art. 4 I, II GG im Rahmen der sog. verfassungsimmanenten Schranken des Grundrechts einschränkbar, während die Kommentarliteratur überwiegend den Vorbehalt der allgemeinen Gesetze nach Art. 140 GG iVm Art. 136 I WRV als einfachen Gesetzesvorbehalt deutet.

17 BVerfG NJW 2020, 1049.
18 BVerwGE 94, 82.
19 Einhellige Rspr, vgl BVerfGK 8, 151.
20 *Hufen*, Staatsrecht II, § 11 Rn 71.

## IV. Zur Grundrechtsprüfung

**814d** Im Fall des Eingriffs in die positive Glaubensfreiheit, zB durch Zwang zur Teilnahme an einer Schulveranstaltung, ergibt sich diese Prüfungsreihenfolge:

(1) Schutzbereich: auch Bekleidungsvorschriften
(2) Eingriff: Zwang zur Unterrichtsteilnahme
(3) Rechtfertigung:
- verfassungsimmanente Schranken (Art. 7 GG)
- Schrankengesetz (wegen Vorbehalt des Gesetzes erforderlich): SchulG
- Abwägung in der Anwendung des Gesetzes

**815** Verfassungsrechtliche Grundlage für den Eingriff in die negative Glaubensfreiheit im *Kruzifix-Fall* war ebenfalls der staatliche Bildungsauftrag des Art. 7 I GG, der den Schulgesetzen zugrunde liegt; diese und die hierin angeordnete Schulpflicht bezeichnen damit verfassungsimmanente Schranken des Art. 4 I GG.

In der Anwendung des Gesetzes war dann abzuwägen zwischen der **negativen Glaubensfreiheit** des achristlichen Schülers einerseits, dem **staatlichen Bildungsauftrag** auf der anderen Seite, der durchaus, ohne gegen das Neutralitätsgebot zu verstoßen, die christlichen Grundlagen unserer Kultur vermitteln darf, sowie der **positiven Glaubensfreiheit** vermutlich der Mehrheit der Schüler (was aber von regionalen Gegebenheiten abhängen mag).

Entscheidend ist auch hier, wie intensiv die Konfrontation ist, ob sie indoktrinierend wirkt – darauf stellt vor allem der EGMR ab – und ob ihr ausgewichen werden kann. Die negative Glaubensfreiheit richtet sich in erster Linie gegen den Staat; ihr entspricht die staatliche Neutralitätspflicht, BVerfGE 93, 1 (16). Zudem ist auch die negative Religionsfreiheit als objektives Prinzip der Gesamtrechtsordnung anzusehen und deshalb in Fallgestaltungen wie die vorstehende einzubeziehen, insbesondere dort, wo in erheblichem Umfang öffentliche Interessen berührt sind. Dies ist der Fall bei Konflikten um die Nutzung des öffentlichen Raums.

**816** In diesen Fällen geht es materiell-rechtlich um einen **öffentlich-rechtlichen Unterlassungsanspruch** gegen das die negative Glaubensfreiheit beeinträchtigende staatliche Verhalten, dessen Voraussetzungen etwa wie folgt zu prüfen sind:

- Grundrechtsbeeinträchtigung (Schutzbereich und Eingriff bzw eingriffsgleiche tatsächliche Beeinträchtigung)
- Verfassungswidrigkeit der Grundrechtsbeeinträchtigung
- Grundrechtsschranke (bei Art. 4 GG: verfassungsimmanente Schranke)
- verfassungsmäßige Anwendung der Schrankennorm

Der Anspruch ist im Wege der Leistungsklage geltend zu machen. Keine Besonderheiten ergeben sich dann im Verfahren der Verfassungsbeschwerde wenn der Rechtsweg erfolglos beschritten wurde.

## V. Aktuelle Fragestellungen

Bei der kopftuchtragenden Lehrerin hat BVerwGE 116, 359 die staatliche Neutralitätspflicht und die negative Glaubensfreiheit der Schüler als vorrangig gewertet (im Anschluss an die *Kruzifix-Entscheidung* BVerfGE 93, 1); BVerfGE 108, 282 überlässt die Vorrangentscheidung dem Gesetzgeber. Im dort entschiedenen Fall war der Beschwerdeführerin der Zugang zum öffentlichen Dienst verweigert worden, auf den sie nach Art. 33 II GG nach Eignungskriterien Anspruch hatte. Ob im Rahmen der Eignung das Tragen des Kopftuchs berücksichtigt werden durfte, war dann eine Frage des Art. 4 I, II GG. Hatte BVerfGE 108, 282 es dem Gesetzgeber noch überlassen, im Rahmen seines Ermessens textile Glaubensbekundungen wie das Tragen von Kopftüchern generell zu untersagen, so lässt es in der zweiten Kopftuchentscheidung 2017 die abstrakte Gefahr innerschulischer Konflikte nicht als Grundlage für ein generelles gesetzliches Verbot genügen und fordert eine konkrete einzelfallbezogene Entscheidung durch die Schule.[21] Für Schülerinnen sieht BayVGH ein Burkaverbot durch das Lehrkonzept offener Kommunikation als gerechtfertigt.[22] In den endlosen Auseinandersetzungen um koedukativen Sport- und Schwimmunterricht betont nunmehr das BVerwG den staatlichen Bildungs- und Erziehungsauftrag.[23] Dieser würde leerlaufen, würde man jedweder individuellen Glaubenshaltung Vorrang einräumen. Die Konfrontation mit abweichenden Verhaltensweisen muss hingenommen werden, sensible Schülerinnen müssen also den Anblick ihrer Mitschüler in Badebekleidung ertragen. Bei der kopftuchtragenden Verkäuferin im Warenhaus (BAG NJW 2003, 1685 mit Anm. *Boemke*, JuS 2003, 721) geht es um die Drittwirkung des Art. 4 GG. Ein generelles Verbot der Burka – also einer Ganzkörperverhüllung mit lediglich kleinen Sehschlitzen – ist mit der EMRK vereinbar, so der EGMR im U. v. 1.7.2014 (NJW 2014, 2925). Zu ihrer Rechtfertigung könnte auch Art. 1 GG herangezogen werden, geht man davon aus, dass die mit Burka verhüllten Frauen nur als „Objekt" wahrgenommen werden. **816a**

Nach der Verlagerung der Gesetzgebung über den Ladenschluss in die ausschließliche Zuständigkeit der Länder stehen unterschiedliche Ladenschlussgesetze im Hinblick auf den Sonntagsschutz zur Diskussion. Das BVerfG entnimmt hier aus Art. 4 I, II GG iVm Art. 139 WRV, Art. 140 GG eine staatliche Schutzpflicht.[24] Im Ladenschlussgesetz des Landes Berlin sah BVerfGE 125, 39 diese Schutzpflicht nicht hinreichend verwirklicht. Die Entscheidung ist auch deshalb von Interesse, weil das BVerfG hier die Kirchen als antragsbefugt für Verfassungsbeschwerden gegen eine gesetzliche Freigabe der Ladenöffnungszeiten sieht. **816b**

Zum Selbstbestimmungsrecht der Kirchen im Bereich des Arbeitsrechts – s Rn 568 – äußerte sich der EuGH mit Urteil vom 11.9.2018 – C 68/17 –.[25] Das BAG hatte die Kündigung eines katholischen Chefarztes eines von einer katholischen Einrichtung getragenen Krankenhauses wegen Wiederverheiratung nach Scheidung für unzulässig erklärt, **816c**

21 BVerfGE 138, 296 Rn 104 ff. mit überzeugender abw. Meinung *Schluckebier* und *Herrmann*.
22 BayVGH NVwZ 2014, 1109.
23 BVerwGE 147, 362.
24 BVerfGE 125, 39 (77 f.).
25 NJW 2018, 3086.

das BVerfG auf Verfassungsbeschwerde des Krankenhausträgers das Urteil des BAG als Verletzung des kirchlichen Selbstbestimmungsrechts aufgehoben und an das BAG zurückverwiesen.[26] Es geht in diesen Fällen um die Loyalitätspflichten des Arbeitnehmers. Das BAG hatte nach Ansicht des BVerfG nicht hinreichend berücksichtigt, dass der kirchliche Arbeitgeber vom Arbeitnehmer verlangen durfte, dessen Eheverständnis (Unauflöslichkeit nach kath. Lehre) zu achten und daher das Selbstbestimmungsrecht der Kirche verletzt; es folgt aus Art. 4 I, II GG und ist im arbeitsgerichtlichen Verfahren entsprechend der Drittwirkung von Grundrechten zu beachten. Das BAG legte nach Rückverweisung mit Beschluss vom 28.7.2016 dem EuGH die Frage nach der Vereinbarkeit mit der Antidiskriminierungs-Richtlinie der EU vor. Der EuGH sah einen Verstoß gegen Art. 4 II UAbs. 2 der Richtlinie 2000/78/EG – Ungleichbehandlung wegen Religion und Weltanschauung –. Mit Urteil vom 20.2.2019 erklärte das BAG 10 Jahre nach der Ausgangsentscheidung des AG Düsseldorf die Kündigung endgültig für unwirksam – oder jedenfalls für vorläufig endgültig unwirksam, da erneute Verfassungsbeschwerde eingelegt wurde. Auch hier kann es möglicherweise zu einem Konflikt zwischen BVerfG und EuGH kommen, wenn das BVerfG die verfassungsrechtlichen Grundlagen des Staatskirchenrechts der Verfassungsidentität zurechnet.

**Aus der Ausbildungsliteratur:** *Tillmanns*, Die Religionsfreiheit (Art. 4 I, II GG), JURA 2004, 619; *Sachs*, Verbot einer Religionsgemeinschaft („Kalifatsstaat“) – BVerwG, NVwZ 2003, 986, JuS 2004, 12; *Neureither*, Grundfälle zu Art. 4 I, II GG, JuS 2006, 1067, JuS 2007, 20; *Büscher/Glasmacher*, Schule und Religion, JuS 2015, 513; *Volkmann*, Dimensionen des Kopftuchstreits, JURA 2015, 1083; *Barczak*, Die Glaubens- und Gewissensfreiheit des Grundgesetzes, Jura 2015, 463.

**Aktuelle Rechtsprechung:** BVerfGE 108, 282 (Kopftuch I) BVerfGE 105, 279 (Osho); BVerfGE 104, 337 (Schächten); LAG Hamm, NJW 2002, 1970 (Gebetspausen während der Arbeitszeit); BVerwGE 141, 223 (Gebet in der Schule); EGMR NVwZ 2010, 1353 (Kruzifix); BVerfGE 137, 273 (Chefarzt-Entscheidung); BVerfGE 138, 296 (Kopftuch II); BVerfG NJW 2020, 1049 (Kopftuch III); EGMR NJW 2014, 2925 (Burkaverbot Frankreich); BVerwGE 47, 362 (Schwimmunterricht); BayVerfGH NJW 2019, 2151 (Kopftuchverbot für Richter und Staatsanwälte); BAG NZA 2019, 901 nach EuGH NJW 2018, 3086 (Chefarzt).

**Weitere Fälle im thematischen Zusammenhang:** *Laskowski/Dietrich*, Eine Richterin mit Kopftuch, JURA 2002, 271; *Lyra*, Kleider machen Leute – und Probleme, JA 2002, 678; *Jeand'Heur/Cremer*, Warnungen vor Sekten, JuS 2000, 991; *Kahl*, Koran und Schulsport, JuS 1995, 904; *Rademacher/Janz*, Schulpflicht auch im Glauben?, JURA 2008, 223; *Kühn/Wank*, Helm oder Glaube?, JURA 2014, 94; *Goerlich/Zimmermann*, Kampf der Religionen, JuS 2013, 1117; *Enders*, Hüllenbad statt Hallenbad?, JuS 2013, 54; *Stumpf*, Ora et cena: Das (ge)wichtige Recht der Religionsfreiheit, JuS 2014, 1110.

## C. Grundrechtliche Schutzpflichten – grundrechtlicher Anspruch auf Einschreiten

817 Im vorstehenden Fall wurden aus Art. 4 I, II GG staatliche **Schutzpflichten** abgeleitet Sie wurden insbesondere daraus begründet, dass die Schülerin einer Beeinträchtigung ihrer Grundrechte nicht ausweichen kann. Hier besteht eine Verpflichtung zu positiven

26 BVerfGE 137, 273 vom 22.10.2015 nach BAGE 139, 144 vom 8.9.2011.

Maßnahmen zum Schutz der Grundrechte. Derartige Schutzpflichten bestehen auch – und dies ist der Hauptanwendungsfall – wenn nicht der Staat in Grundrechte des Bürgers eingreift, sondern die Grundrechtsbeeinträchtigung vielmehr von privater Seite ausgeht. Der Betroffene verlangt nunmehr vom Staat, ihn davor zu schützen und deshalb gegen den „Störer" einzuschreiten. Wir haben also ein grundrechtliches Dreiecksverhältnis vorliegen, ganz ähnlich wie in den Drittwirkungsfällen,[27]– wie ja auch das BVerfG bei der Prüfung, ob zivilrechtliche Verträge wegen Verstoßes gegen grundrechtliche Wertungen sittenwidrig sind, auf grundrechtliche Schutzpflichten zurückgreift. Dies kann unterschiedliche Grundrechte betreffen, auch zB die des Art. 6 II und IV GG,[28] oder auch die Eigentumsgarantie des Art. 14 I GG.[29] Der Staat soll nicht nur selbst Eingriffe unterlassen, er soll auch Dritte daran hindern, Grundrechte zu verletzen. Derartige Schutzpflichten können es insbesondere rechtfertigen oder auch erfordern, die verfassungsrechtliche Privatautonomie in Rechtsbeziehungen des Zivilrechts einzuschränken, um etwa strukturelle Ungleichgewichte in Vertragsbeziehungen auszugleichen. Dieser Schutzpflicht – bezogen vor allem auf Art. 14 I GG – war der Gesetzgeber im Verhältnis der Lebensversicherer zu den Versicherungsnehmern nicht nachgekommen, so BVerfGE 114, 1. Wenn gewisse Ökonomen ein Verbot des Bargelds fordern, weil nur auf diese Weise die Banken in der Lage seien, sog. „Strafzinsen" zu verlangen, so würde dies einen Verstoß auch gegen staatliche Schutzpflichten bedeuten: der Gesetzgeber darf „Bankraub" auch dann nicht legalisieren, wenn er von jenseits des Bankschalters erfolgt.

Zu diesem Zweck sind positive Handlungen erforderlich, sodass verfassungsrechtliche **818** Einwände dann bestehen, wenn der Staat nichts oder zu wenig tut (weshalb man auch von einem „Untermaßverbot" spricht). Diese Forderung richtet sich primär an den Gesetzgeber, der zB ein Schutzkonzept für das ungeborene Leben (Art. 2 II GG) entwickeln oder hinreichende Sicherheitsstandards für gefährliche Technologien (Atomkraft) vorschreiben muss. Wie im vorstehenden Fall deutlich wird, können Schutzpflichten aber auch gegenüber der Verwaltung Bedeutung erlangen: Wenn sich Handlungsbefugnisse im öffentlichen Interesse zu Handlungspflichten verdichten und mit ihnen subjektive Rechte korrespondieren. Geht es um Schutzpflichten, deren Erfüllung von der Verwaltung begehrt wird, so sind zunächst die Rechtsbehelfe nach der VwGO (Verpflichtungsklage, wenn es um den Erlass eines Verwaltungsaktes geht, sonst allgemeine **Leistungsklage**) eröffnet.

Es kann aber auch die Situation der **Anfechtungsklage** gegeben sein: Dann, wenn die **819** Behörde die Genehmigung für eine möglicherweise gefährliche Anlage (Atomkraftwerk, Mobilfunkanlage) erteilt und der Nachbar geltend macht, durch diese Genehmigung habe der Staat grundrechtliche Schutzpflichten verletzt (weil er es dem Betreiber erlaubt hat, den Nachbarn in seinen Grundrechten zu gefährden oder zu schädigen).[30]

---

27 S etwa BVerfGE 81, 242 (255 f.) zur Drittwirkung des Art. 12 I GG.

28 Vgl BVerfGE 103, 89 (100 ff.) für Fälle gestörter Vertragsparität bei Eheverträgen; dazu *Berkemann*, JR 2002, 142 (144 f.).

29 Vgl BVerfGE 114, 1 zur Schutzpflicht des Gesetzgebers gegenüber den Versicherungsnehmern bei Kapitallebensversicherungen.

30 Instruktiv BVerfG NJW 2002, 1638: Anfechtungsklage gegen Baugenehmigung für Mobilfunkanlage.

Nach Ausschöpfung des Rechtswegs kommt **Verfassungsbeschwerde** in Betracht. Zur Zulässigkeit: Hier ist insbesondere beim Beschwerdegegenstand und bei der Beschwerdebefugnis darauf einzugehen, dass Beschwerde gegen ein Unterlassen erhoben wird. Dies wirkt sich auch auf die Begründetheitsprüfung aus: Eingriff und Eingriffsrechtfertigung sind hier in der Prüfung zusammenzuziehen. Denn ein Unterlassen kann nur dann mit einem Eingriff gleichgesetzt werden, wenn eine positive Pflicht zum Handeln, also eine konkrete Schutzpflicht bestand.

Die **Begründetheitsprüfung** wäre also etwa wie folgt aufzubauen:

820 I. Art. 2 II 1 GG:
   1. Schutzbereich: Schutz insbesondere auch gegen Gesundheitsgefährdung durch Lärmimmissionen
   2. Eingriff und Rechtfertigung: Handlungspflicht
      a) Grundrechtsbeeinträchtigung und prinzipielle Schutzpflicht
      b) Entgegenstehende Rechte des Maßnahmeadressaten (Störer) und Einschränkbarkeit dieser Rechte
      c) Abwägung – Untermaß?

II. Art. 14 I GG

III. Art. 4 I und II GG

Denkbar wäre auch diese Vorgehensweise: Prüfung zunächst der betroffenen Grundrechte des Beschwerdeführers in ihrem Schutzbereich, dann Prüfung entgegenstehender Rechte und Gesamtabwägung.

Vergleichbare Schutzpflichten bestehen auch im Unionsrecht, bezogen auf die Grundfreiheiten des Vertrags; dazu s **Fall 18**.

**Aus der Ausbildungsliteratur:** *Beaucamp*, Schutzpflicht aus Art. 2 II 1 GG, JA 2002, 641.

**Aktuelle Rechtsprechung:** BVerfGE 114, 1 (Lebensversicherungen); EGMR NJW 2005, 727 (Schwangerschaftsabbruch); BVerfGE 142, 313 (Zwangsbehandlung bei Betreuung).

Fall 14

# Toujours Caroline oder: die Ferien des Monsieur P.

*Umfangreicher und anspruchsvoller Examensfall*

Bundesminister Peer Panzer (P), Inhaber eines der Schlüsselressorts in der Bundesregierung, ist am 1.2.2010 nach sechsjähriger Amtszeit unter großem Medienecho zurückgetreten. Die Umstände seines Rücktritts finden auch deshalb besondere Aufmerksamkeit, weil ihm intensive und mit ungewöhnlicher Schärfe geführte Auseinandersetzungen mit der eigenen Partei vorausgegangen waren. Schon während seiner Amtszeit als Bundesminister war der P von der Presse auf Grund der Bedeutung des von ihm geführten Ressorts, seines mitunter unkonventionellen Führungsstils und dezidiert geäußerten politischen Ansichten besondere Aufmerksamkeit entgegengebracht worden. Er hatte ihrerseits gern und häufig Interviews nicht nur in politischen Angelegenheiten gegeben, sondern auch wiederholt an sog. home-stories mitgewirkt, die ihn zusammen mit seiner jeweiligen Lebensgefährtin und weiteren Familienmitgliedern in häuslicher Umgebung, im Urlaub oder bei ähnlichen Gelegenheiten zeigten. **821**

Anlässlich seines Rücktritts erklärte P, er empfinde das Verhalten seiner Parteifreunde als politischen Meuchelmord, wolle nichts mehr mit der Politik zu tun haben und fahre jetzt in den Urlaub. Zwei Wochen später erscheint in der weit verbreiteten illustrierten Wochenzeitschrift „Berliner Bunte Republik" eine unter der Überschrift „Wie Ex-Minister P seinen Sturz verarbeitet" eine mehrseitige Reportage über seinen Urlaub an der französischen Riviera; sie ist mit mehreren Fotos illustriert, die ihn bei einem Aufenthalt in einem Straßencafé, beim Einkauf von Lebensmitteln auf einem Wochenmarkt und beim Bummel über eine vielfrequentierte Strandpromenade zeigen, teilweise auch in Begleitung einer unbekannten jungen Frau und mit Bildunterschriften wie „Wer ist die unbekannte Schöne?". Die Reportage ist auf der Titelseite mit großem Foto angekündigt.

P will diese Veröffentlichungen nicht hinnehmen. Er klagt vor dem Landgericht Berlin gegen den Herausgeber der „Berliner Bunten Republik", die Berliner Verlags GmbH. Er verlangt

(1) Unterlassung der Verbreitung der Abbildungen und der Berichterstattung über seinen Urlaub;
(2) Ersatz des immateriellen Schadens wegen Verletzung seines Persönlichkeitsrechts in Höhe von € 20 000.
(3) Auskunft über alle ihn betreffenden Materialien im Verlagsarchiv der „Berliner Bunten Republik".

Das Landgericht Berlin gibt dem Klageantrag in vollem Umfang statt. Zur Begründung führt das Gericht aus:

Der Unterlassungsantrag sei begründet aus § 1004 BGB analog iVm §§ 22, 23 KUG,[1] soweit es um die Veröffentlichung der Bildnisse gehe, iÜ aus § 823 I BGB, der das allgemeine Persönlichkeitsrecht als „sonstiges Recht" schütze. Der Schutz der Privatsphäre des P, der sich aus dem öffentlichen Leben zurückgezogen habe, müsse Vorrang haben gegenüber dem Unterhaltungsbedürfnis des Publikums. Dies fordere auch die Rechtsprechung des EGMR. Die Aufnahmen seien ohne Kenntnis des P entstanden. Dies bedeute einen schweren Eingriff in sein Persönlichkeitsrecht, der einen Ausgleich erfordere. Da dem P ein Anspruch auf Vernichtung des im Eigentum der Berliner Verlags GmbH stehenden Bildmaterials zustehen könne, habe er nach § 242 BGB den geltend gemachten Auskunftsanspruch.

Nachdem das Kammergericht das erstinstanzliche Urteil in der Berufungsinstanz bestätigt hat, hebt der Bundesgerichtshof auf Revision des Verlags mit Urteil vom 26.4.2008 die vorinstanzlichen Entscheidungen, soweit sie dem Klageantrag zu (1) und (2) stattgeben, auf und weist die Klage insoweit ab. Hinsichtlich des Antrags zu (3) wird die Revision zurückgewiesen. Im Urteil wird iW ausgeführt:

Der Rücktritt des P sei ein Ereignis von zeitgeschichtlicher Bedeutung. Ein fortbestehendes Informationsinteresse der Allgemeinheit müsse anerkannt werden. Es habe Vorrang gegenüber dem an sich verständlichen Wunsch des P, in Ruhe gelassen zu werden. Deshalb sei die Veröffentlichung der Fotoaufnahmen nach den Bestimmungen des KUG auch ohne Einwilligung des P zulässig. Zulässig sei auch die Berichterstattung über seinen Urlaub. Geldentschädigung könne allenfalls bei schweren Beeinträchtigungen des Persönlichkeitsrechts gewährt werden, wenn überhaupt. Denn es sei fraglich, ob die Gerichte befugt seien, sich über den klaren Wortlaut des § 253 BGB hinwegzusetzen. Der zu entscheidende Fall gebe aber keinen Anlass, die diesbezügliche Rechtsprechung zu überprüfen. Dem Auskunftswunsch des P stehe zwar das Redaktionsgeheimnis des Verlags entgegen. Doch habe P nach seinem Rückzug ins Privatleben ein berechtigtes Interesse daran, zu erfahren, was der Verlag über ihn wisse, um sich gegen etwaige künftige unzulässige Berichterstattung wehren zu können.

Das Urteil des Bundesgerichtshofs wird den Bevollmächtigten der Parteien am Freitag, den 1. August 2014 zugestellt.

P beauftragt noch am gleichen Tag seinen Rechtsanwalt Dr. Cash, zu prüfen, ob er das Urteil mit Aussicht auf Erfolg vor dem Bundesverfassungsgericht anfechten könne. Er habe ein Recht auf Achtung seiner Privatsphäre; nicht nur das Grundgesetz, auch die Menschenrechtskonvention garantiere dies. Der Gerichtshof für Menschenrechte habe seines Wissens der lediglich die Unterhaltungsinteressen des Publikums bedienenden Sensationspresse enge Schranken gezogen – daran hätten sich auch die Karlsruher Gerichte zu halten. Ein beim BGH noch fristgerecht eingereichter Schriftsatz, in dem die Rechtsprechung des EGMR detailliert dargelegt worden sei, sei vom Gericht ersichtlich nicht einmal zur Kenntnis genommen worden. Er sehe sich in seinen Persönlichkeitsrechten und in seinen verfassungsmäßigen Rechten als Prozesspartei verletzt.

**(1) Das Gutachten des Dr. Cash ist zu entwerfen.**

1 Der Gesetzestext ist als Anlage beigefügt.

Die Berliner Verlags GmbH beauftragt ihren Rechtsanwalt Dr. Geruhsam, Verfassungsbeschwerde einzulegen. Dieser lässt sich mit der Fertigstellung der Beschwerdeschrift bis zum Abend des 1. September Zeit und will sie dann gegen 20.00 Uhr per Telefax an das Gericht übermitteln. Da jedoch Anwälte aus allen Teilen des Bundesgebiets an diesem Tag umfangreiche Schriftsätze an das Gericht übermitteln, ist das Faxgerät des Bundesverfassungsgerichts bis nach Mitternacht dauernd belegt. Als es Dr. Geruhsam gelingt, von seinem Faxgerät (ein herkömmliches Gerät, kein Computerfax) eine Verbindung aufzubauen, ist es bereits 0.15 Uhr am 2. September.

**(2) Die Erfolgsaussichten der Verfassungsbeschwerde der V sind zu prüfen.**

## Anlage

Die Bestimmungen des Kunsturhebergesetzes (KUG), soweit hier von Belang, lauten:

**§ 22**

Bildnisse dürfen nur mit Einwilligung des Abgebildeten verbreitet oder zur Schau gestellt werden.

**§ 23**

(1) Ohne die nach § 22 erforderliche Einwilligung dürfen verbreitet oder zur Schau gestellt werden

1. Bildnisse aus dem Bereiche der Zeitgeschichte,

...

(2) Die Befugnis erstreckt sich jedoch nicht auf eine Verbreitung oder Schaustellung, durch die ein berechtigtes Interesse des Abgebildeten oder, falls dieser verstorben ist, seiner Angehörigen verletzt wird.

## Vorüberlegungen

**822** Zu bearbeiten sind hier zwei Verfassungsbeschwerden. Im ersten Fall ist noch keine Verfassungsbeschwerde eingelegt, die Fallgestaltung führt aber eindeutig zur Verfassungsbeschwerde hin. Denn P tritt hier ersichtlich als Privatperson auf; es geht ihm um seine Grundrechte. Im zweiten Fall geht es um die Erfolgsaussichten einer bereits eingelegten Verfassungsbeschwerde. Da Beschwerdeführer und Beschwerdegegenstand nicht identisch sind, empfiehlt sich eine getrennte Behandlung beider Verfassungsbeschwerden. Die materiell-rechtlichen Probleme des Falles sollten dem Bearbeiter aus der einschlägigen Rspr vertraut sein. Die Verfassungsbeschwerde des Verlags beruht auf der umfangreichen Judikatur der Zivilgerichte, des BVerfG und neuerdings auch des EGMR[2] zum Schutz der Persönlichkeitsrechte Prominenter gegenüber der Presseberichterstattung. Dabei ist auch auf die Bedeutung der Garantien der EMRK für die Rechtsanwendung einzugehen; die Entscheidung des EGMR in Sachen Caroline sollte bekannt sein – sie wurde hinreichend in den Ausbildungszeitschriften analysiert.

Ebenso sollte bekannt sein, dass unter dem Einfluss der Rspr des EGMR der BGH sich von der Fixierung auf die Rechtsfigur der „Person der Zeitgeschichte" zugunsten eines „abgestuften Schutzkonzepts" gelöst hat.

**823** Es handelt sich bei beiden Verfassungsbeschwerden um einen klassischen „Drittwirkungsfall": In einem Rechtsstreit zwischen Privaten ergeht ein Urteil, durch das eine der Parteien sich in ihren Grundrechten verletzt sieht – in einem Fall ist dies der P, der seine Privatsphäre (APR – Art. 2 I iVm Art. 1 I GG) schützen will, im anderen Fall der Verlag. Das jeweilige Urteil ist dann Gegenstand der Verfassungsbeschwerde; es sind also die Besonderheiten einer sog. „Urteilsverfassungsbeschwerde" (Rn 49, 70 ff.) zu berücksichtigen. Dies bedeutet in der Zulässigkeit, klar herauszuarbeiten, worin hier die Grundrechtsverletzung liegen kann, nämlich darin, dass das Gericht bei seiner Urteilsfindung Grundrechte verkannt hat. Dies wirkt sich dann auch auf die Begründetheitsprüfung aus: hier geht es darum, ob das Gericht einen grundrechtskonformen Ausgleich der Rechte der Parteien vorgenommen hat. Der Schwerpunkt der Begründetheitsprüfung liegt dann also bei der verfassungskonformen Anwendung der einschlägigen Normen des Zivilrechts, wobei diese ihrerseits verfassungskonform sein müssen, was aber bei den hier in Frage stehenden Normen des BGB nicht das zentrale Problem der Arbeit sein dürfte.

Wichtig ist es, sich stets zu vergegenwärtigen, dass hier kein verwaltungsaktmäßiger Eingriff in das Grundrecht der Meinungs- oder Pressefreiheit vorliegt. Es wäre also verfehlt, das Gerichtsurteil wie einen Verwaltungsakt auf Geeignetheit, Erforderlichkeit und Verhältnismäßigkeit im engeren Sinn zu prüfen (ein in derartigen Fällen häufiges Missverständnis).

Im Aufbau wird die Drittwirkungsproblematik zweckmäßigerweise bereits in der Zulässigkeit behandelt. Hierbei handelt es sich um ein Problem der Beschwerdebefugnis. Denn die Möglichkeit einer Grundrechtsverletzung setzt voraus, dass auf der anderen

2 EGMR NJW 2004, 2647.

Seite Grundrechtsbindung besteht. Es ist aber auch nicht falsch, darauf bereits einzugehen, wenn das zivilgerichtliche Urteil als geeigneter Beschwerdegegenstand bewertet wird. Jedenfalls ist zu sehen, dass der geltend gemachte Grundrechtseingriff darin liegt, dass nach Auffassung des Bf. der BGH in seinem Urteil die Grundrechte des P nicht hinreichend gewürdigt hat – gravierend fehlerhaft wäre es, in der Berichterstattung selbst den Eingriff zu sehen.

Eine besondere prozessuale Schwierigkeit ist bereits die Rüge des **rechtlichen Gehörs**. **824** Bekanntlich muss insoweit zunächst das Verfahren nach § 321a ZPO durchgeführt werden; die Frist hierfür beträgt 2 Wochen. Wegen materieller Grundrechte kann andererseits sofort Verfassungsbeschwerde eingelegt werden. Will aber der Bf. auch das Recht auf Gehör rügen und führt das Verfahren nach § 321a ZPO durch, und will er dann Verfassungsbeschwerde einlegen, so kann er dies innerhalb von 4 Wochen nach Bekanntgabe des Beschlusses über die Zurückweisung der Gehörsrüge tun. Die Frage ist dann nur, ob er im Rahmen dieser Verfassungsbeschwerde auch materielle Grundrechtsrügen geltend machen kann. Ergeht also zB ein letztinstanzliches Urteil an einem 1.8., wird dann am 14.8. die Gehörsrüge erhoben, wird diese mit Beschluss vom 15.9. zurückgewiesen, und legt nun der Bf erstmals Verfassungsbeschwerde ein, so ist für die Rüge materieller Grundrechte die Frist des § 93 I BVerfGG an sich verstrichen. Vorsichtige Anwälte erheben deshalb die Gehörsrüge nach § 321a ZPO und zwei Verfassungsbeschwerden: wegen materieller Grundrechte innerhalb der Monatsfrist, gerechnet vom letztinstanzlichen Urteil (im genannten Beispiel also vom 1.8.); wegen des Gehörsverstoßes dann innerhalb eines Monats nach Zurückweisung der Gehörsrüge. Das BVerfG lässt aber eine Verfassungsbeschwerde nach Durchführung des Gehörsrügeverfahrens genügen;[3] diese kann dann auch auf materielle Grundrechte ausgedehnt werden. Die Einzelheiten dürften dem Bearbeiter kaum bekannt sein – dass es aber in allen Gerichtszweigen das Verfahren der Gehörsrüge gibt, dies sollte bekannt sein und angesprochen werden.

3 BVerfG NJW 2005, 3059 (3060).

# 825 Gliederung

**1. Teil: Verfassungsbeschwerde des P**

**A. Zulässigkeit der Verfassungsbeschwerde**

I. Beschwerdeführer
II. Beschwerdegegenstand: Urteil des Gerichts als Akt öffentlicher Gewalt
III. Beschwerdebefugnis
  1. Mögliche Grundrechtsverletzung
    a) APR
    b) EMRK?
    c) Art. 103 I GG
  2. Selbst, gegenwärtig und unmittelbar betroffen
IV. Rechtswegerschöpfung/Subsidiarität
V. Form und Frist

**B. Begründetheit der Verfassungsbeschwerde**

I. Prüfungsmaßstab
II. Allgemeines Persönlichkeitsrecht, Art. 2 I iVm 1 I GG
  1. Schutzbereich des Grundrechts
    a) Subjektiv
    b) Sachlich: Privatsphäre / Recht am Bild
  2. Grundrechtseingriff
     hier: Urteil
  3. Eingriffsrechtfertigung
    a) Grundrechtsschranken
    b) Verfassungsmäßigkeit des Schrankengesetzes
    c) Verfassungskonforme Anwendung des Schrankengesetzes
      aa) Veröffentlichung: Abwägung APR / Pressefreiheit
      bb) Schadensersatz: schwerwiegender Eingriff?
III. Recht auf Gehör, Art. 103 I GG
  1. Schutzbereich und Eingriff
  2. Verletzung spezifischen Verfassungsrechts
  3. Kausalität

**C. Ergebnis**

## 2. Teil: Verfassungsbeschwerde des Verlags

### A. Zulässigkeit der Verfassungsbeschwerde

I. Beschwerdeführer
V inländische juristische Person – Art. 19 III GG; Vertretung durch Geschäftsführer

II. Beschwerdegegenstand

III. Beschwerdebefugnis
1. Verletzung der Pressefreiheit, Art. 5 I 2 GG
2. Selbst, gegenwärtig und unmittelbar betroffen

IV. Rechtswegerschöpfung/Subsidiarität

V. Form und Frist
1. Form, § 23 I BVerfGG
2. Beschwerdefrist des § 93 I BVerfGG – Wiedereinsetzung?

### B. Begründetheit der Verfassungsbeschwerde

I. Pressefreiheit, Art. 5 I 2 GG
1. Schutzbereich
a) Subjektiver Schutzbereich (+)
b) Objektiver Schutzbereich: Vertraulichkeit der Pressearbeit/Archiv
2. Eingriff
3. Eingriffsrechtfertigung
a) Grundrechtsschranken
b) Schrankengesetz
c) Anwendung des Schrankengesetzes

II. Weitere Grundrechte?

### C. Entscheidung des BVerfG

# Musterlösung

## 1. Teil: Verfassungsbeschwerde des P

826 Da P hier als privater Grundrechtsträger gegen eine behauptete Grundrechtsverletzung durch die öffentliche Gewalt vorgehen will, ist die Verfassungsbeschwerde zum Bundesverfassungsgericht statthafter Rechtsbehelf, Art. 93 I Nr. 4a GG iVm §§ 13 Nr. 8a, 23 und 90 ff. BVerfGG. P tritt hier als Privatperson auf. Es geht ihm um den Schutz seiner Privatsphäre, also seines Persönlichkeitsrechts und nicht etwa um seine, ohnehin beendete Stellung als Mitglied der Bundesregierung.

### A. Zulässigkeit der Verfassungsbeschwerde

#### I. Beschwerdeführer

827 P ist als natürliche Person grundrechtsfähig, also beschwerdefähig. An seiner Prozessfähigkeit zu zweifeln, besteht kein Anlass.

#### II. Beschwerdegegenstand

828 Die Verfassungsbeschwerde muss sich gem. Art. 93 I Nr. 4a GG, § 90 I BVerfGG gegen einen geeigneten Beschwerdegegenstand richten. Verfassungsbeschwerden sind statthaft gegen Akte öffentlicher Gewalt. Hierunter fallen Akte der Legislative, der Exekutive und der Judikative. Das Urteil des Bundesgerichtshofs, durch das die Klage des P abgewiesen wurde, ist als Akt öffentlicher Gewalt geeigneter Beschwerdegegenstand.

#### III. Beschwerdebefugnis

829 1. P muss zunächst plausibel geltend machen, durch das zivilrechtliche Urteil in einem seiner Grundrechte verletzt zu sein, Art. 93 I Nr. 4a GG, dh er muss die Möglichkeit einer Grundrechtsverletzung darlegen.

a) Hier könnte insbesondere das **allgemeine Persönlichkeitsrecht (APR)** des P aus Art. 2 I iVm Art. 1 I GG verletzt sein. Hiervon umfasst ist der Schutz der Privatsphäre. Deren Verletzung wurde hier von P plausibel geltend gemacht.

Die Möglichkeit einer Grundrechtsverletzung könnte allerdings deshalb fraglich sein, weil es sich hier um eine Streitigkeit unter Privaten handelt. Grundsätzlich und in erster Linie sind die Grundrechte Abwehrrechte des Bürgers gegenüber dem Staat. Die Grundrechte enthalten darüber hinaus aber auch objektive Wertentscheidungen für die gesamte Rechtsordnung und wirken als solche mittelbar auch auf die Zivilrechtsordnung ein. Sie sind insbesondere dort zu beachten, wo das Zivilrecht wertungsoffene Begriffe, ausfüllungsbedürftige Generalklauseln enthält.[4] Dass im Rahmen dieser mittelbaren Dritt-

4 BVerfGE 7, 198 (204 ff., 208) – Lüth; st. Rspr zB BVerfGE 85, 1 (13) – kritische Bayer-Aktionäre; BVerfGE 34, 269 (280) – Soraya.

wirkung die Gerichte hier in Anwendung des § 823 I BGB und hier insbesondere bei der Bestimmung der Reichweite des allgemeinen Persönlichkeitsrechts als eines Rahmenrechts in Abgrenzung zur Pressefreiheit des Verlags die Grundrechte des P, insbesondere dessen APR nicht hinreichend berücksichtigt haben, erscheint jedenfalls nicht von vornherein als ausgeschlossen.

b) Wenn P sich des Weiteren auf **Art. 8 EMRK** beruft, so steht dem entgegen, dass die Grundrechte der EMRK an sich nur den Rang eines einfachen Bundesgesetzes haben und in Art. 93 I Nr. 4a GG nicht als rügefähig genannt werden. Sie sind jedoch von den Gerichten entsprechend ihrer Bindung an Recht und Gesetz (Art. 20 III GG) heranzuziehen; dies im Rahmen „methodisch vertretbarer Gesetzesauslegung". Haben die staatlichen Organe dies unterlassen, oder haben sie die Bedeutung der Gewährleistungen der EMRK grundlegend verkannt, so kann dies einen Grundrechtsverstoß in Bezug auf das thematisch einschlägige Grundrecht des Grundgesetzes bedeuten. Mittelbar kann also auch Art. 8 EMRK gerügt werden. **830**

c) Im Hinweis auf den nicht berücksichtigten Schriftsatz kann die Rüge eines Gehörsverstoßes zu sehen sein; da **Art. 103 I GG** das Gericht verpflichtet, das Vorbringen der Beteiligten zur Kenntnis zu nehmen, ist ein Grundrechtsverstoß jedenfalls nicht ausgeschlossen. **831**

2. P ist darüber hinaus **selbst**, **gegenwärtig** und **unmittelbar** betroffen. **832**

Die Beschwerdebefugnis des P ist also zu bejahen.

## IV. Rechtswegerschöpfung/Subsidiarität

Mit der Revisionsentscheidung des BGH ist der Rechtsweg iS von § 90 II BVerfGG an sich erschöpft. Dies gilt aber nicht für den Gehörsverstoß. Hier ist die Anhörungsrüge nach § 321a ZPO zu erheben. Erst dann wird die Verfassungsbeschwerde insoweit zulässig. Wegen der Verletzung seines Grundrechts aus Art. 2 I iVm Art. 1 I GG könnte P demgegenüber sogleich Verfassungsbeschwerde erheben. Will er aber sowohl das Recht auf Gehör als auch materielle Grundrechte, also sein Grundrecht aus Art. 2 I iVm Art. 1 I GG geltend machen, so braucht er nicht etwa zwei Verfassungsbeschwerden erheben,[5] sondern kann nach Durchführung des Verfahrens nach § 321a ZPO umfassend Verfassungsbeschwerde einlegen. **833**

## V. Form und Frist

Die Verfassungsbeschwerde muss in der Form des § 23 I BVerfGG eingelegt werden; die einmonatige Beschwerdefrist des § 93 I BVerfGG ist zu beachten. Sie beginnt allerdings dann, wenn die Gehörsrüge erhoben wird, erst von der Entscheidung des BGH nach § 321a ZPO an zu laufen. **834**

5 BVerfG NJW 2005, 3059 (3060).

## B. Begründetheit der Verfassungsbeschwerde

### I. Prüfungsmaßstab

835 Die Verfassungsbeschwerde ist begründet, wenn das letztinstanzliche Gerichtsurteil in den Schutzbereich eines Grundrechts eingreift, dieser Eingriff nicht gerechtfertigt und der Beschwerdeführer dadurch in einem seiner Grundrechte oder grundrechtsgleichen Rechte verletzt ist. Bei der Auslegung und Anwendung des einfachen Rechts müssen die Gerichte den in den Grundrechten zum Ausdruck gebrachten Wertmaßstäben Rechnung tragen. Gerade in der Nichtbeachtung aber muss die Verletzung liegen, objektive Rechtsfehlerhaftigkeit bedeutet nicht immer auch eine Verletzung *spezifischen Verfassungsrechts*. Für die Begründetheit der Verfassungsbeschwerde kommt es also entscheidend darauf an, ob die Gerichte in den angegriffenen Entscheidungen bei Anwendung der Bestimmungen des KUG dieses hinreichend beachtet haben. Die Verfassungsbeschwerde ist dann begründet, wenn das Gericht Grundrechte des Bf. generell verkannt hat, wenn es falsche Bewertungsmaßstäbe zugrundegelegt hat, von unzutreffenden Voraussetzungen ausgegangen ist, wie auch dann, wenn es die Bedeutung der Grundrechte des Bf. im Verhältnis zu den Belangen der Gegenseite falsch gewichtet hat. Die Garantien der EMRK, auf die sich P beruft, sind selbst nicht unmittelbar Prüfungsmaßstab für das BVerfG. Die betroffenen Grundrechtsträger haben jedoch einen Anspruch darauf, dass die Gerichte, die ja an Gesetz und Recht gebunden sind, auch diese Garantien mit berücksichtigen. Haben sie dies in grundsätzlicher Weise verkannt, so kann auch hierin ein Grundrechtsverstoß liegen.[6]

### II. Allgemeines Persönlichkeitsrecht, Art. 2 I iVm 1 I GG

836 Die Presseberichterstattung ist in erster Linie unter dem Gesichtspunkt des Persönlichkeitsrechts des P zu prüfen.

#### 1. Schutzbereich des Grundrechts

a) Das allgemeine Persönlichkeitsrecht aus Art. 2 I iVm 1 I GG (APR) steht „jedermann" zu. P ist hier als Privatperson betroffen; der personale Schutzbereich ist eröffnet.

837 b) Des Weiteren müsste der sachliche Schutzbereich des APR eröffnet sein. Dem P geht es um den Schutz seiner Persönlichkeitssphäre gegen Einwirkungen von außen, also dagegen, dass gegen den Willen des Betroffenen Informationen über ihn in die Öffentlichkeit gelangen. Hierunter fällt insbesondere der Schutz der **Privatsphäre** gegen Indiskretion und das **Recht am eigenen Bild**. Art. 2 I iVm Art. 1 I GG schützt also das Recht auf Privatheit. Das Recht am eigenen Bild gewährleistet dem Einzelnen Einfluss- und Entscheidungsmöglichkeiten, soweit es um die Anfertigung und Verwendung von Fotografien oder Aufzeichnungen seiner Person durch andere geht. Ob diese den Einzelnen in privaten oder öffentlichen Zusammenhängen zeigen, spielt dabei grundsätzlich keine Rolle. Mit der Veröffentlichung der Bilder aus dem Urlaub des P ist sein allgemei-

6 Zur Bedeutung der EMRK s BVerfGE 111, 307.

nes Persönlichkeitsrecht in seiner Ausprägung des Rechts am eigenen Bild berührt. Der Schutz der Privatsphäre bezieht sich demgegenüber nicht speziell auf Abbildungen, sondern ist thematisch und räumlich bestimmt. Er umfasst Angelegenheiten, die wegen ihres Informationsinhalts typischerweise als „privat“ eingestuft werden. Mit der Berichterstattung über den Urlaub des P und den Mutmaßungen über seine Begleitung ist sein allgemeines Persönlichkeitsrecht auch in seiner Ausprägung der Privatsphäre berührt.[7]

Den Schutz der Privatsphäre fordert auch Art. 8 EMRK, auch bei Personen, die, wie be- **838** kannte Politiker, aufgrund ihres Ranges oder Amtes besondere öffentliche Beachtung finden. Auch sie haben ein Anrecht auf eine Privatsphäre, die den Blicken der Öffentlichkeit entzogen bleibt. Politiker sind für ihre Amtsführung öffentlich rechenschaftspflichtig, nicht aber für ihr Privatleben, sofern dieses die Amtsführung nicht berührt. Dies gilt erst recht für ehemalige Politiker.

### 2. Grundrechtseingriff

Ein Eingriff in das allgemeine Persönlichkeitsrecht des P ist darin zu sehen, dass dem P **839** gerichtlicherseits kein Schutz gegen die Berichterstattung des beklagten Verlags gewährt wurde; sowohl nach dem Grundgesetz wie nach der EMRK ist der Staat gehalten, die Persönlichkeitsrechte der Bürger durch die Gerichte zu schützen. Er ist insbesondere gehalten, auch innerhalb von Rechtsbeziehungen zwischen Privaten den Schutz der Grundrechte zu gewährleisten. Indem das Urteil des BGH die Wort- und Bildberichterstattung in der „Berliner Bunten Republik“ für zulässig erklärte, hat es dem P insoweit keinen Schutz gewährt, seine Grundrechte für nachrangig erklärt. Hierin liegt ein Eingriff in sein Recht auf Privatheit und sein Recht am eigenen Bild und damit in sein grundrechtlich geschütztes APR.

### 3. Eingriffsrechtfertigung

#### a) Grundrechtsschranken

Das allgemeine Persönlichkeitsrecht ist jedoch nicht schrankenlos gewährleistet. Es fin- **840** det seine Schranken in der Schrankentrias des Art. 2 I GG, insbesondere also in der verfassungsmäßigen Ordnung. Die in dem Kunsturhebergesetz enthaltenen Regelungen über das Recht am eigenen Bild beschränken als Bestandteil der verfassungsmäßigen Ordnung gemäß Art. 2 I GG den Persönlichkeitsschutz. Dies gilt auch für die Gewährleistung der Pressefreiheit in Art. 5 I 2 GG und die Äußerungsfreiheit nach Art. 10 EMRK.

#### b) Verfassungsmäßigkeit des Schrankengesetzes

Soweit das Urteil des BGH sich auf die Bestimmungen des KUG stützt, setzt die verfas- **841** sungsrechtliche Rechtfertigung des Grundrechtseingriffs zunächst die Verfassungsmäßigkeit dieser Bestimmungen voraus.

7 Vgl BVerfGE 101, 361 (382).

842 In formeller Hinsicht besteht kein Anlass, die Verfassungsmäßigkeit des KUG in Frage zu stellen. In materieller Hinsicht ist zu prüfen, ob die Bestimmungen der §§ 22, 23 KUG dem Schutz des Persönlichkeitsrechts hinreichend Rechnung tragen. Nach § 22 KUG dürfen Bildnisse nur mit Einwilligung des Abgebildeten verbreitet oder öffentlich zur Schau gestellt werden. Von diesem Grundsatz nimmt § 23 I KUG unter anderem Bildnisse aus dem Bereich der Zeitgeschichte aus (Nr. 1). Dies gilt gemäß § 23 II KUG jedoch nicht für eine Verbreitung, durch die ein berechtigtes Interesse des Abgebildeten verletzt wird. Mit diesem abgestuften Schutzkonzept trägt die Regelung sowohl dem Schutzbedürfnis der abgebildeten Person als auch den Informationswünschen der Öffentlichkeit und den Interessen der Medien, die diese Wünsche befriedigen, ausreichend Rechnung.[8]

Soweit das Urteil des BGH sich auf Bestimmungen des BGB stützt, ist gleichermaßen von einem verfassungskonformen Schrankengesetz auszugehen.

#### c) Verfassungskonforme Anwendung des Schrankengesetzes

843 Das Urteil des BGH könnte jedoch in der Anwendung der Schrankengesetze das allgemeine Persönlichkeitsrecht des P verletzt haben.

aa) Sowohl bei der Beurteilung der Bildberichterstattung als auch hinsichtlich des Textteils der Reportage hatten die Fachgerichte eine **Abwägung kollidierender Rechtsgüter** vorzunehmen. Dies gilt für die Bestimmungen des KUG: Hier kann sowohl bei der Frage, ob ein Ereignis der Zeitgeschichte nach § 23 I Nr. 1 vorliegt, als auch bei der Bestimmung der Rechtswidrigkeit im Rahmen des § 823 I BGB ein Ausgleich zwischen den grundrechtlich geschützten Belangen des P als auch denen der Presse vorgenommen werden.

844 Auf der Seite von P steht sein **allgemeines Persönlichkeitsrecht**. Es schützt die Privatsphäre, auf die sich auch „Prominente" berufen können. Deren Schutz ist auch nicht auf die häusliche Sphäre beschränkt. P hat hier deutlich gemacht, als Privatperson auftreten zu wollen; er hat seinen Wunsch, „in Ruhe gelassen zu werden", hinreichend klar geäußert. Dies betrifft auch seine Beziehungen zu dritten Personen wie der abgebildeten Begleitperson. Dass P seinerseits in „home-stories" seine Privatsphäre der Öffentlichkeit teilweise preisgegeben hat, nimmt ihm nicht das Recht, auch weiterhin hierüber zu bestimmen; allerdings wird die Intensität der Beeinträchtigung dadurch gemindert.

845 Auf der anderen Seite steht als essenzielle Voraussetzung einer freiheitlichen Demokratie das Grundrecht der **Pressefreiheit** aus Art. 5 I 2 GG und aus Art. 10 EMRK. Für sie spricht insbesondere das Informationsinteresse der Öffentlichkeit an der Person des P. Dessen Rücktritt war angesichts seiner politischen Funktion ein Ereignis von zeitgeschichtlicher Bedeutung. Ein relevantes Informationsinteresse der Öffentlichkeit besteht deshalb auch in der Frage, wie P auf seinen Rücktritt reagiert, jedenfalls solange ein greifbarer zeitlicher Zusammenhang besteht. Auch die Rechtsprechung des EGMR zu Art. 8 EMRK steht hier nicht entgegen; sie erkennt ein besonderes Informationsinteresse

8 BVerfGE 101, 361 (387).

der Allgemeinheit für Inhaber öffentlicher Ämter an; dieses Interesse wird hier auch auf die Zeit unmittelbar nach dem Ausscheiden aus dem Amt erstreckt. Dass es der Presse hier auch um Unterhaltung geht, steht nicht entgegen. Die Unterhaltsamkeit des Inhalts oder seiner Aufmachung ist eine häufig wichtige Bedingung zur Gewinnung öffentlicher Aufmerksamkeit. Im Übrigen erfüllt auch Unterhaltung wichtige Funktionen im Rahmen des Art. 5 I 2 GG, dessen Schutz deshalb auch für die sog. Klatschpresse nicht verneint werden darf. Auch sie trägt zur Meinungsbildung bei. Auch „nur" unterhaltende Beiträge liefern Gesprächsstoff, können Werthaltungen und Einstellungen vermitteln und sind ein Teil der öffentlichen Kommunikation, die durch die Pressefreiheit geschützt werden soll. Ohnehin sind die Grenzen zwischen „unterhaltender" und „informierender" Presse zusehends fließend geworden. Der BGH hat also zu Recht hier auf den Schutz der Pressefreiheit abgestellt. Er hat andererseits das Persönlichkeitsrecht des P, sein Recht auf Privatheit gewürdigt und nicht etwa deshalb schon verneint, weil P als Politiker Person der Zeitgeschichte wäre. Er hat vielmehr die konkreten zeitgeschichtlichen Zusammenhänge der Berichterstattung einbezogen und deshalb ein relevantes Informationsinteresse bejaht. Seine Entscheidung kann daher nach den eingangs dargelegten grundrechtlichen Maßstäben nicht als fehlerhaft angesehen werden. Sie ist im Ergebnis unter verfassungsrechtlichen Gesichtspunkten nicht zu beanstanden. P ist nicht in seinem Grundrecht aus Art. 2 I iVm Art. 1 I GG verletzt.

*Mit entsprechender Begründung sind hier durchaus unterschiedliche Auffassungen vertretbar.*

bb) In der Verweigerung von **Schadensersatz wegen schwerwiegenden Eingriffs** in das Persönlichkeitsrecht liegt schon deshalb kein Grundrechtsverstoß, weil in der Beurteilung der Veröffentlichung zu Recht der Vorrang der Pressefreiheit bejaht wurde. Aber selbst dann, wenn im Urteil des BGH zum Antrag zu (1) ein Grundrechtsverstoß gesehen werden sollte, würde dies nicht notwendig bedeuten, dass P auch hinsichtlich des Antrags zu (2) in seinen Grundrechten verletzt wäre. **846**

Dabei kann hier dahinstehen, ob die Gerichte überhaupt befugt sind, bei Eingriffen in das APR Schadensersatz wegen eines immateriellen Schadens zuzusprechen, oder ob hierin wegen § 253 BGB eine unzulässige Rechtsfortbildung contra legem zu sehen ist. Für einen solchen Schadensersatzanspruch spricht, dass nur auf diese Weise der Notwendigkeit eines wirksamen Schutzes auch des Art. 8 EMRK, wie sie der EGMR betont, Rechnung getragen werden kann. Doch ist dieser Anspruch nur bei schwerwiegenden Eingriffen in das Persönlichkeitsrecht gerechtfertigt. Der BGH hat jedoch die Notwendigkeit eines wirksamen Grundrechtsschutzes nicht generell verkannt, sondern die hinreichende Schwere der Beeinträchtigung verneint. Dies ist wiederum unter verfassungsrechtlichen Gesichtspunkten nicht zu beanstanden.

## III. Recht auf Gehör, Art. 103 I GG

### 1. Schutzbereich und Eingriff

P könnte in seinem grundrechtsgleichen Recht auf Gehör aus Art. 103 I GG dadurch verletzt sein, dass ein von ihm eingereichter Schriftsatz vom Gericht nicht berücksichtigt wurde. Dies müsste das Recht auf Gehör beeinträchtigen. Rechtliches Gehör iSv **847**

Art. 103 I GG bedeutet, dass ein Verfahrensbeteiligter wie hier der P die Möglichkeit hat, sich vor Gericht zu äußern und dass das Gericht seine Äußerung auch zur Kenntnis nimmt und in Erwägung zieht. Wenn also das Gericht einen in zulässiger Weise eingereichten Schriftsatz nicht zur Kenntnis nimmt, ist der Schutzbereich des Rechts auf Gehör berührt. Allerdings muss das Gericht sich nicht zu jeder Einlassung der Beteiligten äußern; grundsätzlich ist davon auszugehen, dass es das Vorbringen der Beteiligten zur Kenntnis nimmt. Im vorliegenden Fall spricht jedoch der Sachverhalt dafür, dass das Gericht das Vorbringen des P nicht mehr berücksichtigt hat.

*Im Ergebnis ist hier jede Auffassung vertretbar.*

#### 2. Verletzung spezifischen Verfassungsrechts

**848** Nicht jeder Verfahrensfehler bewirkt jedoch einen Grundrechtsverstoß; es muss auch hier die Verletzung spezifisch verfassungsrechtlicher Erfordernisse hinzukommen, also eine verfassungswidrige Handhabung des Verfahrens durch das Gericht. Wenn das Gericht einen in zulässiger Weise eingereichten Schriftsatz zu zentralen rechtlichen Aspekten eines Falles nicht zur Kenntnis nimmt, so hat es in grundsätzlicher Weise die Anforderungen des Rechts auf Gehör verkannt. Hierin liegt auch ein Verstoß gegen spezifisches Verfassungsrecht.

#### 3. Kausalität

**849** Der Gehörsverstoß müsste auch kausal für das Urteil gewesen sein. Es darf nicht ausgeschlossen sein, dass das Urteil auf dem Gehörsverstoß beruht. Da die Entscheidung im Ausgangsverfahren einen komplexen Abwägungsvorgang erforderlich machte und mit dem Hinweis auf die Rspr des EGMR zusätzliche Abwägungskriterien aufgezeigt wurden, ist es nicht ausgeschlossen, dass das Gericht in seiner Abwägung dann eine andere Gewichtung vorgenommen hätte. Damit verstößt das Urteil des BGH gegen das Recht auf Gehör aus Art. 103 I GG.

### C. Ergebnis

**850** Dr. C. wird dem P mitteilen, dass die Verfassungsbeschwerde nach Durchführung des Verfahrens gem. § 321a ZPO zulässig ist, sofern nicht der BGH dem Gehörsverstoß abhilft. Er wird ihm weiterhin mitteilen, dass die Verfassungsbeschwerde auch in der Sache Aussicht auf Erfolg hat, soweit es um den Gehörsverstoß geht, im Übrigen aber mit erheblichen Risiken behaftet ist.

## 2. Teil: Verfassungsbeschwerde des Verlags

### A. Zulässigkeit der Verfassungsbeschwerde

**851** Da der Verlag hier gegen eine behauptete Grundrechtsverletzung durch die öffentliche Gewalt vorgehen will, ist die Verfassungsbeschwerde zum Bundesverfassungsgericht statthafter Rechtsbehelf, Art. 93 I Nr. 4a GG iVm §§ 13 Nr. 8a, 23 und 90 ff. BVerfGG.

### I. Beschwerdeführer

Als inländische juristische Person des Privatrechts ist die Verlags GmbH gem. Art. 19 III GG insoweit grundrechtsfähig, als die Grundrechte dem Wesen nach auf sie anwendbar sind. Hier ist vorrangig die Pressefreiheit des Art. 5 I 2 GG in Betracht zu ziehen. Juristische Personen kommen als Herausgeber von Presseerzeugnissen in Betracht; die Pressefreiheit wird regelmäßig im arbeitsteiligen Verbund einer juristischen Person oder Personengesellschaft verwirklicht. Die Verlags GmbH ist also grundrechtsfähig und damit beschwerdefähig. Sie wird durch ihren Geschäftsführer vertreten.

### II. Beschwerdegegenstand

Das Urteil des Bundesgerichtshofs, durch das die Revision der V zurückgewiesen wurde, **852**
ist als Akt öffentlicher Gewalt geeigneter Beschwerdegegenstand; dies gilt auch für die vorgehenden Entscheidungen. Es liegt jedoch nur eine Verfassungsbeschwerde vor.

### III. Beschwerdebefugnis

1. In Betracht kommt eine Verletzung der **Pressefreiheit** der V, Art. 5 I 2 GG. Der **853**
Schutz der Pressefreiheit umfasst die gesamte Tätigkeit der Presse, insbesondere auch die Informationsbeschaffung und das Redaktionsgeheimnis, mithin auch die Vertraulichkeit von Pressearchiven. Dies mussten die Zivilgerichte auf Grund der mittelbaren Grundrechtsgeltung auch in Privatrechtsbeziehungen beachten. Daher ist es jedenfalls nicht ausgeschlossen, dass der BGH und die Vorinstanzen die Pressefreiheit der V nicht hinreichend beachtet haben, als sie den Verlag dazu verurteilten, sein Archiv dem P zu öffnen.

2. V ist darüber hinaus **selbst**, **gegenwärtig** und **unmittelbar** betroffen.

Die Beschwerdebefugnis der V ist also zu bejahen.

### IV. Rechtswegerschöpfung/Subsidiarität

Mit der Revisionsentscheidung des BGH ist der Rechtsweg iS von § 90 II BVerfGG **854**
erschöpft.

### V. Form und Frist

1. Die Form des **§ 23 I BVerfGG** ist eingehalten; die Übermittlung per Telefax wahrt **855**
dann die Schriftform, wenn der eigenhändig unterschriebene Schriftsatz auf das Faxgerät gelegt wird. Da G kein Computerfax benutzte, ist davon auszugehen.

2. Die Verfassungsbeschwerde könnte jedoch verfristet sein, weil sie erst nach Ablauf der einmonatigen Beschwerdefrist des § 93 I BVerfGG beim Gericht eingegangen ist. Doch könnte gemäß § 93 II 1 BVerfGG der V **Wiedereinsetzung in den vorigen Stand** zu gewähren sein. Bei Verzögerungen etwa durch einen Poststreik wird dies ihr als nicht beherrschbarer Umstand aber nicht zugerechnet. Auch für Telefax gilt, dass Hindernisse

in der Sphäre des Gerichts nicht zu Lasten der Verfahrensbeteiligten gehen dürfen, so bei Funktionsstörungen auf Empfängerseite. Dem ist es gleichzuachten, wenn ein Übermittlungsversuch deshalb scheitert, weil die Empfangskapazität des Geräts nicht ausreicht. Die Übermittlung kurz vor Fristablauf ist dem Anwalt der V nicht als Verschulden zuzurechnen, da Fristen bis zum letzten Tag ausgeschöpft werden dürfen.[9] Dem Bf. ist also Wiedereinsetzung zu gewähren, die Verfassungsbeschwerde ist zulässig.

*AA vertretbar; wer zur Unzulässigkeit der Verfassungsbeschwerde gelangt, hat die Begründetheit hilfsgutachtlich zu prüfen.*

## B. Begründetheit der Verfassungsbeschwerde

856 Die Verfassungsbeschwerde ist begründet, wenn das letztinstanzliche Gerichtsurteil in den Schutzbereich eines Grundrechts eingreift, dieser Eingriff nicht gerechtfertigt und die Beschwerdeführerin dadurch in einem ihrer Grundrechte oder grundrechtsgleichen Rechte verletzt ist. Hinsichtlich des Prüfungsmaßstabs gilt, was zu P ausgeführt wurde: die Prüfung des BVerfG beschränkt sich auf spezifische Verfassungsverstöße.

### I. Pressefreiheit, Art. 5 I 2 GG

#### 1. Schutzbereich

857 a) Als Presseverlag fällt V in den **subjektiven Schutzbereich** der Pressefreiheit.

b) Es müsste auch der **objektive Schutzbereich** eröffnet sein. Die beschwerdegegenständliche Entscheidung betrifft nicht unmittelbar eine aktuelle Presseveröffentlichung, sondern zwingt die V, ihr Archiv dem P zu öffnen bzw vertrauliche Informationen an ihn herauszugeben. Es müsste also auch die Vertraulichkeit des Pressearchivs unter den Schutz der Pressefreiheit fallen. Das Grundrecht der Pressefreiheit schützt die gesamte Tätigkeit der Presse, von der Informationsbeschaffung über die redaktionelle Arbeit bis zur Verbreitung. Geschützt ist daher auch die redaktionelle Sphäre, wie zB die Vertrauensbeziehungen zwischen Journalist und Informant; auch die in einem Archiv gesammelten Informationen sind Grundlage für die Arbeit der Presse und müssen daher in den Schutzbereich des Grundrechts fallen. Nur hierdurch wird die Presse in die Lage versetzt, ihre Informationsaufgaben im Rahmen der freiheitlich-demokratischen Ordnung wahrzunehmen. Nicht ist hier die Meinungsfreiheit des Art. 5 I 1 GG heranzuziehen: Informationsbeschaffung und Redaktionsgeheimnis zählen zu den notwendigen Rahmenbedingungen einer freien Presse; einschlägig ist also die Pressefreiheit des Art. 5 I 2 GG. Dazu zählen auch der Bestand und die Vertraulichkeit eines Pressearchivs.

Der Schutzbereich der Pressefreiheit ist also eröffnet.

9 Das BVerfG hat allerdings in einem vergleichbaren Fall Wiedereinsetzung verweigert, da es die Verzögerung im Verantwortungsbereich des Bf. sah; zur Belegung des Fax-Gerätes durch andere eingehende Sendungen s BVerfG (K) NJW 2007, 2838; *Roth*, NJW 2008, 785.

### 2. Eingriff

Wenn die V gegen ihren Willen veranlasst wird, ihre Redaktionssphäre, ihr Archiv dem Zugriff des Klägers zu öffnen, so wird sie damit in ihrem Recht zur Vorhaltung eines Pressearchivs und damit in der Wahrnehmung ihrer grundrechtlich geschützten Funktionen beeinträchtigt. **858**

### 3. Eingriffsrechtfertigung

#### a) Grundrechtsschranken

Die Pressefreiheit des Art. 5 I 2 GG gilt nicht schrankenlos. Sie findet ihre Schranken insbesondere in den allgemeinen Gesetzen, Art. 5 II GG. **859**

#### b) Schrankengesetz

Allgemeines Gesetz bedeutet: kein Sonderrecht gegen die Presse; für die hier herangezogenen Normen des bürgerlichen Rechts ist Allgemeinheit in diesem Sinn zu bejahen. **860**

#### c) Anwendung des Schrankengesetzes

Die hier maßgeblichen Schrankengesetze mussten jedoch auch in verfassungskonformer Weise zur Anwendung gebracht worden sein. Die Gerichte hatten bei der Anwendung der Schrankengesetze, insbesondere, wenn sie aus § 242 BGB einen vorbereitenden Auskunftsanspruch ableiteten, der Bedeutung der Pressefreiheit Rechnung zu tragen, auch soweit sie aus dem Persönlichkeitsrecht des P Auskunftsansprüche dem Grunde nach herleiteten. Hier mussten sie insbesondere berücksichtigen, dass die Vorhaltung eines Pressearchivs von erheblicher Bedeutung für die Tätigkeit der Presse ist, und dass der Schutz des Redaktionsgeheimnisses sich auch auf ein derartiges Archiv erstrecken muss. Der Eingriff in die Pressefreiheit ist also als schwerwiegend zu bewerten. Andererseits liegt im Vorhalten des Archivs allein noch kein gravierender Eingriff in die Persönlichkeitsrechte des P, sofern es sich nicht um absolut geschützte Bildnisse uÄ aus dem Kernbereich der Persönlichkeitssphäre handelt. Dafür ist hier nichts dargetan. **861**

Dies haben die Gerichte verkannt; die V ist daher in ihrem Grundrecht auf Pressefreiheit verletzt.

## II. Weitere Grundrechte?

Eine Verletzung des Grundrechts der V aus Art. 12 I GG könnte im Hinblick darauf geprüft werden, dass sie mit der Herausgabe von Presseprodukten auch einen „Beruf" im Sinn dieses Grundrechts ausübt; Art. 5 I 2 GG ist jedoch, jedenfalls für den pressespezifischen Aspekt der redaktionellen Arbeit, lex specialis. **862**

Gleiches gilt im Verhältnis zu Art. 14 I GG hinsichtlich des Archivs als Bestandteil des Rechts am Unternehmen.

### C. Entscheidung des BVerfG

863 Das BVerfG wird (sofern es nicht die Verfassungsbeschwerde als unzulässig verwirft), die Entscheidung des BGH aufheben und die Sache zurückverweisen, § 95 II BVerfGG.

## Repetitorium

Zum Allgemeinen Persönlichkeitsrecht s nach **Fall 12**, Rn 743 ff.

### A. Kommunikationsfreiheiten des Art. 5 I, II GG

### I. Systematik des Art. 5 I, II GG

864 Gemeinsamer Schutzzweck der Kommunikationsfreiheiten des Art. 5 I GG ist freie private und öffentliche Meinungsbildung als unmittelbarster Ausdruck der menschlichen Persönlichkeit und Voraussetzung für freiheitliche Demokratie – „schlechthin konstituierend"; dieser Schutzzweck ist bei jeglicher Abwägung zu vergegenwärtigen. Er betrifft alle Teilfreiheiten des Art. 5 I GG: Meinungsfreiheit, Informationsfreiheit, Pressefreiheit, Rundfunkfreiheit, Freiheit des Films. Das Zensurverbot ist kein eigenständiges Grundrecht, sondern „Schranken-Schranke".

### II. Grundrechtsprüfung

### 1. Schutzbereiche

865 **a) Meinungsfreiheit, Art. 5 I 1 GG** – Begriff der Meinungsäußerung: wertende Stellungnahme; Schutz nicht nur der „wertvollen" Meinung; auch: Tatsachenmitteilung, wenn geeignet, zur Meinungsbildung beizutragen (was in aller Regel zu bejahen ist); nicht geschützt sind bewusst unwahre oder evident unrichtige Tatsachenäußerungen; geschützt sind Äußern und Verbreiten in Wort, Schrift und Bild als Mittel der Meinungsäußerung.

**b) Informationsfreiheit, Art. 5 I 1 GG** – Begriff der allgemein zugänglichen Informationsquelle: Bestimmung für die Allgemeinheit durch den Träger der Informationsquelle, und entsprechende Eignung; Kostenfreiheit nicht erforderlich; Unterrichtung: jede Form der Kenntnisnahme, auch durch Hilfsmittel wie zB Antennen.

**c) Pressefreiheit, Art. 5 I 2 GG** – Pressebegriff: jedes zur Verbreitung geeignete und bestimmte Druckerzeugnis; personeller Schutzbereich: Presseangehörige und Hilfsberufe; sachlicher Schutzbereich: gesamte Tätigkeit der Presse von der Informationsbeschaffung bis zur Verbreitung; geschützt ist jede Art von Presse, auch die „Unterhaltungspresse" – auch sie kann meinungsbildend wirken und ist daher vom Schutzzweck der Pressefreiheit umfasst.

d) **Rundfunkfreiheit, Art. 5 I 2 GG** – Rundfunkbegriff: Darbietung für die Allgemeinheit, die mittels elektronischer Schwingungen verbreitet wird (Problem: Internet als Individual- oder Massenkommunikation); Besonderheit in der Grundrechtsinterpretation: Rundfunkfreiheit als „dienende Freiheit"; Rundfunk als „Machtfaktor", daher Erfordernis einer „positiven Ordnung" und besonderer Vorkehrungen zum Schutz der Meinungsvielfalt; Grundrechtsträger: öffentlich-rechtliche Rundfunkanstalten und private Veranstalter; sachlicher Schutzbereich: wie Presse.

e) **Filmfreiheit, Art. 5 I 2 GG** – Film: zur öffentlichen Vorführung bestimmt; Schutz von Werkbereich und Wirkbereich.

f) **Zensurverbot, Art. 5 I 3 GG:** keine eigenständige Grundrechtsgewährleistung, sondern Schranken-Schranke für Anwendung des Art. 5 II GG; erfasst nur Vorzensur.

g) Zum Verhältnis von **Meinungsfreiheit und Medienfreiheiten**: Schwierigkeiten bereitet hier nach wie vor die **Abgrenzung** der Meinungsfreiheit einerseits, zu den Medienfreiheiten (**Presse-** und **Rundfunkfreiheit**) andererseits. Als Grundregel gilt: geht es um den Inhalt einer Äußerung, so ist die Meinungsfreiheit einschlägig, für institutionelle Aspekte der Medienfreiheiten – zB Pressebeschlagnahme, Konzentrationskontrolle, Aufsicht oder wie hier Pressearchive – die jeweilige Medienfreiheit.

Allerdings: Nach Art. 5 I 1 GG hat jeder das Recht, seine Meinung frei zu äußern. Wenn also die Presse Äußerungen Dritter verbreitet, ist dies ein Fall der Pressefreiheit; Entsprechendes gilt für die Rundfunkfreiheit. Zum sachlichen und personellen Schutzbereich der Pressefreiheit s.u. Zu der seit jeher strittigen Frage, ob auch Werbung eine Meinungsäußerung iSv Art. 5 I 1 GG darstellen kann, s jetzt grundsätzlich bejahend BVerfGE 102, 347: soweit Werbung meinungsbildenden Inhalt hat; s auch BGHZ 169, 340 (Lafontaine).

### 2. Grundrechtseingriffe

Meinungsfreiheit: jedes Verbot eines Meinungsbeitrags; jede nachteilige Sanktion für **866**
Meinungsäußerung; Presse- und Rundfunkfreiheit: Beeinträchtigung der freien Betätigung von Presse und Rundfunk, zB der Informationsgewinnung, der redaktionellen Arbeit.

### 3. Eingriffsrechtfertigung

Wie stets bei der verfassungsrechtlichen Rechtfertigung von Grundrechtseingriffen, **867**
müssen sowohl das Schrankengesetz als auch dessen Anwendung bestimmten Anforderungen genügen. Der Schwerpunkt liegt – jedenfalls bei Eingriffen in die Meinungs- und in die Pressefreiheit – regelmäßig bei der Gesetzesanwendung.[10]

**a) Grundrechtsschranken des Art. 5 II GG:** Da ein **qualifizierter Gesetzesvorbehalt** besteht, müssen die entsprechenden Qualifikationsmerkmale geprüft werden.

10 Instruktiv der Fall bei *Schulz*, Jura 2000, 528.

aa) **Allgemeine Gesetze** als Grundrechtsschranken

Wichtigster Fall der Grundrechtsschranken sind die **allgemeinen Gesetze**. Zum Begriff: Es darf sich um kein Sonderrecht handeln, das Gesetz darf sich nicht gegen eine bestimme Meinung als solche richten, sondern muss dem Schutz „schlechthin" zu wahrender Rechtsgüter dienen (formale Abgrenzung); ob das Gesetz eine unverhältnismäßige Beschränkung der Kommunikationsfreiheiten bewirkt, ist wohl keine Frage der Allgemeinheit des Gesetzes, sondern seiner materiellen Verfassungsmäßigkeit.[11] Das BVerfG hat im Wunsiedel-Beschluss (BVerfGE 124, 300) diese Grundsätze aufgestellt:

*„Ausgangspunkt für die Prüfung, ob ein Gesetz ein allgemeines ist, ist zunächst die Frage, ob eine Norm an Meinungsinhalte anknüpft. Erfasst sie das fragliche Verhalten völlig unabhängig von dem Inhalt einer Meinungsäußerung, bestehen hinsichtlich der Allgemeinheit keine Zweifel. Knüpft sie demgegenüber an den Inhalt einer Meinungsäußerung an, kommt es darauf an, ob die Norm dem Schutz eines auch sonst in der Rechtsordnung geschützten Rechtsguts dient. Ist dies der Fall, ist in der Regel zu vermuten, dass das Gesetz nicht gegen eine bestimmte Meinung gerichtet ist, sondern meinungsneutral-allgemein auf die Abwehr von Rechtsgutverletzungen zielt."*[12]

In der Fallbearbeitung wird es regelmäßig genügen, zunächst die „Allgemeinheit" des Gesetzes unter dem Aspekt festzustellen, dass das Gesetz nicht gegen bestimmte Meinungen „als solche" gerichtet ist bzw kein Sonderrecht gegen die Presse (bei Art. 5 I 2 GG) darstellt. Hieran wird sich dann iSd Wechselwirkungslehre die Prüfung nach materiellen Kriterien anschließen: das Gesetz darf keine unverhältnismäßige Beschränkung der Kommunikationsfreiheiten bewirken (vgl BVerfGE 90, 266 für § 185 StGB) und muss auch sonst verfassungsmäßig sein.

bb) **Ehrenschutzbestimmungen:** Unterfall der allgemeinen Gesetze, es gelten die gleichen Grundsätze;

cc) **Jugendschutz** – Schutz der Jugend vor Fehlentwicklung; Bestimmungen zum Schutz der Jugend iS von Art. 5 II GG müssen jedenfalls dazu bestimmt sein, dem Schutz der Jugend zu dienen. In erster Linie ist daher abzustellen auf grundlegende Wertentscheidungen der Verfassung selbst, wie Menschenwürde, Persönlichkeitsrecht, Friedensgebot und Völkerverständigung.

**868** **b) Anwendung des Gesetzes** unter Berücksichtigung der Ausstrahlungswirkung des Grundrechts: Wechselwirkungstheorie; hierbei insbesondere relevant:

- Auslegung des Gesetzes, etwa dann, wenn durch die Ausdehnung des Beleidigungstatbestandes auf Kollektivbeleidigungen freie Meinungsbildung insoweit erheblich erschwert wird; wenn an die Anwendung des Rechtfertigungsgrundes des § 193 StGB überzogene Anforderungen gestellt werden; dies ist von Bedeutung insbesondere bei Kritik an staatlichen Einrichtungen;
- die Auslegung, das Verständnis der jeweiligen Äußerung, so wenn eine (dem Gegenbeweis zugängliche) Tatsachenbehauptung angenommen wurde, wo es sich in der Sache um ein Werturteil handelte, wenn der Äußerung ein Sinngehalt untergeschoben

---

11 Vgl BVerfGE 90, 255 für § 185 StGB.

12 BVerfGE 124, 300 (322).

wurde, der zur Strafbarkeit führte, wenn auch andere Deutungen möglich waren – sog. „Variantenlehre“ des BVerfG. Dies gilt allerdings nicht für Unterlassungsansprüche: Wer durch eine Äußerung in seinem Persönlichkeitsrecht verletzt ist, kann künftige Unterlassung verlangen, auch wenn andere Deutungen möglich sein mögen – die für den Äußernden günstigere Variante gilt für die Rechtmäßigkeit im Zeitpunkt der Äußerung (BVerfGE 114, 339 [Stolpe]; BVerfGK 8, 89 = NJW 2006, 3769 [Babycaust]); auch die Abgrenzung Tatsachenbehauptung – Werturteil ist unter Beachtung des Grundrechts vorzunehmen.

Im Übrigen kommt es auf die **Abwägung** zwischen Meinungsfreiheit (bzw Pressefrei- **869**
heit) und dem konkret betroffenen Schutzgut des allgemeinen Gesetzes an – zB dem APR des Betroffenen aus Art. 2 I iVm Art. 1 I GG, Art. 8 EMRK. Doch können auch andere Grundrechte einschlägig sein. – So hat das BVerfG den gegen einen Finanzdienstleister erhobenen Vorwurf der Kapitalvernichtung unter dem Aspekt des Art. 12 I GG bewertet.[13] Für bestimmte Fallkonstellationen/Sachverhalte hat die Rechtsprechung die Abwägung allerdings schon typisierend vorweggenommen:

Stets zurücktreten muss die Meinungsfreiheit (und auch die Kunstfreiheit des Art. 5 III GG) dort, wo die **Menschenwürde** verletzt ist (BVerfGE 107, 275); Bei Werturteilen gilt: Vorrang des Ehrenschutzes ist dann gegeben, wenn es sich um eine reine Schmähung handelt; andererseits gilt die „Vermutung für die freie Rede“, wenn der Beitrag in einer Angelegenheit von öffentlichem Interesse erfolgt.[14] Der Begriff der Schmähung oder **Schmähkritik** ist eng auszulegen; der Vergleich der Verhandlungsführung einer Amtsrichterin mit nationalsozialistischen Sondergerichten und Hexenprozessen durfte nicht als Schmähkritik eingeordnet worden, da es sich nicht um eine reine Herabsetzung der Betroffenen handelte, sondern ein sachlicher Bezug zu dem vom Beschwerdeführer geführten Zivilprozess bestand, BVerfG, B. v. 23.7.2019, 1 BvR 2433/17. Bei Tatsachenbehauptungen gilt: Sind sie wahr, besteht ein prinzipieller Vorrang des APR nur, soweit die Intimsphäre betroffen ist; dies betrifft auch Bildveröffentlichungen. Auch hierzu existiert eine umfangreiche kasuistische Rspr mit zT sehr feinsinnigen Unterscheidungen. So zählt die teilentblößte Brustwarze, die auf einer Tanzveranstaltung von einem riskant geschnittenen Ballkleid freigegeben wird,[15] nicht zur Intimsphäre, wohl aber der transparente Slip einer „prominenten“ Person, deren hoch geschlitztes Kleid beim Besuch einer Galavorstellung verrutscht.[16]

Im Übrigen ist eine Abwägung APR – Meinungsfreiheit bzw Pressefreiheit vorzunehmen. Für diese Abwägung hat die Rspr bestimmte Argumentationsmuster entwickelt, auf die zurückgegriffen werden kann. So kommt es für die Gewichtung einer Äußerung u.a. darauf an, ob ein Meinungsbeitrag zu einer die Öffentlichkeit besonders interessierenden Frage geleistet wird (bei Lüth war dies der Fall), bzw – im Fall der Pressefreiheit –, ob die Presse in Wahrnehmung ihrer „Wächterfunktion“ gehandelt hat. Erstes und wesentliches Abwägungskriterium ist das öffentliche Interesse, der Beitrag zur **öffentlichen Meinungsbildung**; für den Informationswert einer Bildberichterstattung ist maßgeblich auch auf Begleittexte abzustellen.[17] Demgemäß stellte der Besuch eines „Prominentenlokals“ durch den regierenden Bürgermeister von Berlin Wowereit am Vorabend der Vertrauens-

13 BVerfGK 3, 337 = NJW-RR 2004, 1710.

14 Vgl grundsätzlich BVerfGE 7, 198 (212); zu dieser Vermutungsregel s *Grimm*, NJW 1995, 1697 (1703).

15 OLG Hamburg ZUM 2006, 639 nach LG Hamburg ZUM-RD 2006, 251.

16 LG München I AfP 2016, 368.

17 EGMR NJW 2012, 1053 – Caroline II, Rn 109 BVerfGE 120, 180 und BGHZ 171, 275; BGH NJW 2007, 181; EGMR NJW 2014, 1645 Rn 51 – Caroline III: BGH NJW 2008, 3138 Rn 23.

frage im Abgeordnetenhaus ein Ereignis von zeitgeschichtlicher Bedeutung dar,[18] ebenso der Skiurlaub von Caroline und Ernst August von Hannover bei begleitender Wortberichterstattung über die gleichzeitige Erkrankung des regierenden Fürsten von Monaco.[19] Bei „Prominenten" kann eine Leitbildfunktion in der Öffentlichkeit das Berichterstattungsinteresse iSv Art. 5 I GG begründen;[20] dem Bericht über das *„Auftreten einer Gruppe reicher junger Frauen* (Charlotte Casiraghi, Tochter von Caroline, und Gespielinnen), *die aufgrund ihrer Abstammung ein sorgenfreies, genussorientiertes Leben führen"*, wurde eine gleichermaßen relevante Kontrastfunktion beigemessen.[21] Zulässig war auch die bebilderte Berichterstattung über den Altbundespräsidenten Wulff beim Einkauf in Begleitung seiner Ehefrau nach Scheidungsantrag und Wiederversöhnung, wobei u.a. der Umstand des Ehrensolds als Kriterium für das öffentliche Interesse an seiner Person herangezogen wurde, BGH NJW 2018, 1220.

Was insbesondere die Achtung der Intim- und Privatsphäre betrifft, so gilt: wer sich selbst in die Öffentlichkeit begibt, muss weitergehende Einschränkungen hinnehmen.

**c)** Das **Zensurverbot** wirkt als Schranken-Schranke.

870 **d) Besonderheiten für die Pressefreiheit, Art. 5 I 2 GG: Schutzbereich und Eingriff**

Das Grundrecht der Pressefreiheit schützt die gesamte Tätigkeit der Presse, von der Informationsbeschaffung über die redaktionelle Arbeit bis zur Verbreitung. Geschützt ist daher auch die redaktionelle Sphäre, das Redaktionsgeheimnis (s folgender **Fall 15**). Entsprechend weit ist auch der personelle Schutzbereich zu ziehen: Grundsätzlich kann sich jeder, der an der Entstehung des Produkts „Presse" beteiligt ist, auf das Grundrecht der Pressefreiheit berufen.

Deshalb bedeutet zB ein Gesetz, das die unbemerkte Herstellung von Bildaufnahmen unter Eindringen in die Privatsphäre pönalisiert (§ 201a StGB), eine Beschränkung der Pressefreiheit. Die Pressefreiheit ist auch einschlägig, wenn der Presseverlag verurteilt wird, eine Gegendarstellung aufzunehmen: Betroffen ist hier die Gestaltungsfreiheit des Verlegers (die der Programmfreiheit des Rundfunks entspricht). Schließlich kann die Meinungsfreiheit im Rahmen der Pressefreiheit zum Tragen kommen: Soweit Meinungsäußerungen Dritter in einem Presseorgan veröffentlicht werden, schließt die Pressefreiheit den Schutz dieser Äußerungen mit ein. Ist also die Äußerung in der Person dieses Dritten als Meinungsäußerung geschützt, so greift für die Presse in gleicher Weise der Schutz der Pressefreiheit. „Einem Presseorgan darf die Veröffentlichung einer fremden Meinungsäußerung nicht verboten werden, wenn dem Meinungsträger selbst ihre Äußerung und Verbreitung zu gestatten ist"[22]. In ähnlicher Weise ist die in einer Versammlung vorgebrachte Meinungsäußerung im Rahmen des Art. 8 GG geschützt. Zur Abgrenzung von Presse- und **Informationsfreiheit** s BVerfGE 103, 44: Soweit sich die Presse aus allgemein zugänglichen Quellen unterrichtet, kommt die Informationsfreiheit des Art. 5 I 1 GG zur Anwendung.[23] Der Zugang zu öffentlichen Veranstaltungen, zB auch zu Gerichtsverhandlungen, zum Zweck der Presseberichterstattung wird durch die Pressefreiheit geschützt; sind zu wenige Plätze verfügbar, besteht ein Anspruch auf chancengleiche

18 BGH NJW 2017, 894.
19 BGH NJW 2007, 1981 – jetzt BVerfGE 120, 180 und EGMR NJW 2012, 1053
20 BVerfGE 120, 180 (203); BVerfG (K) NJW 2012, 756 Rn 24.
21 BVerfG (K) NJW 2011, 740 Rn 64; BGH NJW 2012, 762.
22 BVerfGE 102, 347 (359).
23 BVerfG (K), NJW-RR 2008, 1069 (1071 f.) = AfP 2008, 497.

Teilhabe. Dies sah im NSU-Verfahren das BVerfG nicht gewahrt.[24] Angesichts des hohen Medieninteresses und „des hierbei naheliegenden besonderen Interesses auch ausländischer Medien, insbesondere aus den Herkunftsländern der Opfer der angeklagten Straftaten" könne die Vergabe nach dem Prioritätsprinzip die Chancengleichheit verletzen.

### e) Besonderheiten bei der Rundfunkfreiheit, Art. 5 I 2 GG

#### – Grundrechtsinterpretation und Rundfunkorganisation

Das BVerfG legt die Rundfunkfreiheit des Art. 5 I 2 GG prinzipiell abweichend von anderen Grundrechten, auch denen aus Art. 5 GG, aus. Denn „unter den Medien kommt dem Rundfunk wegen seiner Breitenwirkung, Aktualität und Suggestivkraft besondere Bedeutung zu"[25]. Deshalb ist die Rundfunkfreiheit, so das BVerfG, „dienende Freiheit": „Sie dient der freien individuellen und öffentlichen Meinungsbildung (vgl BVerfGE 57, 295 [319], st. Rspr). Der Rundfunk bedarf vielmehr einer gesetzlichen Ordnung, die sicherstellt, dass er den verfassungsrechtlich vorausgesetzten Dienst leistet."[26] Er bedarf einer „positiven Ordnung". **871**

Daraus folgt: Der Gesetzgeber muss sicherstellen, dass Rundfunk staatsfrei, aber auch frei von einseitiger gesellschaftlicher Beherrschung bleibt. Es darf keine Meinungsmonopole geben, das Programm muss meinungsmäßige und gegenständliche Vielfalt gewährleisten. Dabei hat der Gesetzgeber Gestaltungsfreiheit. Deshalb war das bis 1984 bestehende öffentlich-rechtliche Monopol verfassungskonform. Aber auch die jetzige „duale" Rundfunkordnung, in der private und öffentlich-rechtliche Veranstalter tätig sind, ist verfassungsgemäß. Die privaten Rundfunkveranstalter, so das BVerfG, unterliegen jedoch kommerziellen Zwängen und können die notwendige Programmvielfalt nicht in vollem Umfang gewährleisten. Deshalb muss es den öffentlich-rechtlichen Rundfunk geben und hat dieser ein Recht auf Bestand, Entwicklung und Finanzierung. Dies rechtfertigt die Erhebung von Rundfunkgebühren; das Bundesverfassungsgericht hat dies in seinem Urteil vom 11.9.2007 (BVerfGE 119, 181) erneut bestätigt. Inwieweit die „neuen Medien" (Online-Dienste) unter den Rundfunkbegriff fallen, ist str.[27]

#### – Eingriffe in die Rundfunkfreiheit

Die Besonderheiten in der Grundrechtsinterpretation, die das BVerfG für die Rundfunkfreiheit zugrundelegt, betreffen die Organisation des Rundfunks, die Ausgestaltung der Rundfunkordnung. Dem einzelnen Rundfunkveranstalter – sei es ein privater Sender, sei es eine öffentlich-rechtliche Anstalt – gibt die Rundfunkfreiheit des Art. 5 I 2 GG ebenso ein Abwehrrecht gegen Eingriffe, wie dies im Schutzbereich der Pressefreiheit der Fall ist. **872**

24 BVerfG (K), NJW 2013, 1293; vgl *Eisele*, JZ 2014, 932, 934 und Anm. *Frenz*, DVBl 2013, 721,
25 BVerfGE 90, 60 (87).
26 BVerfGE 87, 181 (197 f.) unter Bezugnahme auf BVerfGE 57, 295 (320); 83, 238 (296).
27 Vgl *Degenhart*, CR 2011, 231

In der Sache ist die Rundfunkfreiheit vor allem Programmfreiheit. Geschützt ist die gesamte Programmtätigkeit des Rundfunks von der Informationsbeschaffung bis zur Verbreitung des Programms in all seinen Bestandteilen; hierfür gilt nichts anderes als für die Presse. Dies gilt für das Redaktionsgeheimnis, den Informantenschutz. Einen Eingriff in die Programmfreiheit der Rundfunkveranstalter würde zB eine Vorschrift bedeuten, die dazu verpflichtet, der inländischen oder europäischen Filmproduktion einen bestimmten Anteil im Fernsehprogramm oder deutschsprachigen Titeln einen bestimmten Anteil am Musikprogramm des Hörfunks einzuräumen.

### 4. Prüfungsschema Meinungsfreiheit – äußerungsrechtliche Streitigkeit zwischen Privaten, Verurteilung wegen Äußerungsdelikt

873

1. Schutzbereich berührt? Meinungsäußerung iSv Art. 5 I 1 GG; ggf. Abgrenzung zur Pressefreiheit bzw zur Rundfunkfreiheit
2. Eingriff in die Freiheit der Meinungsäußerung – Verbot oder nachteilige Sanktion, zB Schadensersatz; strafrechtliche Sanktion
3. Verfassungsrechtliche Rechtfertigung
   a) Schranke des Grundrechts
      aa) Bestimmungen des BGB sind allg. Gesetze iSv Art. 5 II GG, da nicht gegen bestimmte Meinungen „als solche" gerichtet; ebenso zB § 1 UWG (sittenwidrige Werbung – Benetton); § 185 StGB als Bestimmung zum Schutz der Ehre und allg. Gesetz
      bb) Verfassungskonformität des allgemeinen Gesetzes im Übrigen nur zu prüfen, wenn konkrete Anhaltspunkte für Verfassungswidrigkeit gegeben
   b) Verfassungskonforme Anwendung des Schrankengesetzes
      aa) Prüfungsmaßstab
      bei Urteilsverfassungsbeschwerde sind Ausführungen hierzu angebracht: nur spezifisches Verfassungsrecht, aber intensivere Prüfung, wenn nachhaltiger Eingriff
      bb) Unzulässige Deutung der fraglichen Äußerung durch das Fachgericht?
      cc) Maßgeblichkeit der Meinungsfreiheit generell verkannt?
      dd) Fehlgewichtung im Rahmen der Abwägung?
         (1) Vorweggenommene Abwägung:
         Verletzung der Menschenwürde, reine Schmähung? – Art. 5 GG tritt zurück; Meinungsäußerung in einer die Öffentlichkeit wesentlich berührenden Frage? – „Vermutung für die freie Rede"
         (2) Im Übrigen: konkrete Abwägung

874 Bei **sonstigen hoheitlichen Eingriffen** ergeben sich im Aufbau keine Besonderheiten: Ist ein Eingriff durch Hoheitsakt festgestellt, so ist auf der Rechtfertigungsebene wie vorstehend unter 3. a) nach dem allgemeinen Gesetz (oder einer Jugendschutzbestimmung) als Grundrechtsschranke zu fragen; in der Anwendung des Gesetzes ist auf die übliche Verhältnismäßigkeitsprüfung zurückzugreifen; zu beachten ist, dass mit dem Zensurverbot des Art. 5 I 3 GG eine Schranken-Schranke besteht: Eingriffe, die eine Zensur darstellen, sind nie gerechtfertigt.

## 5. Aktuelle Entwicklungen

**Meinungsfreiheit:** Kein allgemeines Gesetz ist nach BVerfGE 124, 300 **§ 130 IV StGB** – Billigung der NS-Verbrechen. Das BVerfG hat zwar Allgemeinheit des Gesetzes verneint, es aber aus verfassungsimmanenten Schranken gerechtfertigt – unter ausdrücklicher Betonung der Besonderheiten des Falles. In zwei Kammerentscheidungen vom 22.6.2019 – 1 BvR 2083/15 und 1 BvR 673/18 – gegen Verurteilung wegen Verharmlosung des nationalsozialistischen Völkermords hat das BVerfG in einem Fall die Verurteilung aufgehoben, im anderen Fall sie bestätigt. 875

**Pressefreiheit:** Ungeklärt ist die Frage, ob die Pressefreiheit „technologieneutral" aufzufassen ist und zB die „elektronische" Presse unter das Grundrecht der Pressefreiheit fällt, oder ob es sich möglicherweise um Rundfunk handelt. Soweit es sich jedoch um „presseähnliche", textgeprägte Angebote handelt, dürfte die Pressefreiheit einschlägig sein und nicht die Rundfunkfreiheit (und damit auch die Funktionsgarantie für öffentlich-rechtlichen Rundfunk nicht eingreifen). Zur verfassungsrechtlichen Problematik einer „Staatspresse" entschied der BGH, dass kommunale Amtsblätter keine allgemeine pressemäßige Berichterstattung bringen dürfen, da dies das Gebot der Staatsfreiheit der Presse verletzen würde (BGHZ 205, 195).

**Rundfunkfreiheit:** In BVerfGE 136, 9 stellte das BVerfG die Verfassungswidrigkeit der Zusammensetzung der ZDF-Gremien auf Grund eines zu hohen Anteils staatlicher bzw staatsnaher Vertreter fest – nachdem das Gericht in Jahrzehnten seiner Judikatur, obschon obiter dicta sonst nicht scheuend, sich auch nicht ansatzweise mit dieser Thematik befasst hatte. Derzeit anhängig sind Verfassungsbeschwerden gegen den Rundfunkbeitrag, den jeder Inhaber einer Wohnung oder Betriebsstätte zu entrichten hat. Da ein Beitrag an sich einen besonderen Vorteil voraussetzt (*Degenhart* Rn 563) ist zweifelhaft, ob es sich hier nicht in Wirklichkeit um eine Steuer handelt. Das BVerwG bejaht für Betriebe vielfältige betriebliche Vorteile aus dem öffentlich-rechtlichen Rundfunkangebot, da der Betriebsinhaber die bei ihm vermuteten Rundfunkempfangsgeräte „zur Erledigung betriebsbezogener Aufgaben"[28] nutzen könne. Dies vermutet es schon deshalb, weil in nahezu allen Unternehmen („Betriebsstätten") PC-Anschlüsse vorhanden seien, über die auch Rundfunk empfangen werden könne. Diese Vermutungen sind fern der betrieblichen Realität. 875a

Das **Internet** ist als solches kein Medium, sondern ein Übertragungsweg, eine kommunikationstechnische Infrastruktur. Informationsangebote im Internet können daher unter die Pressefreiheit fallen (wenn es sich um presseartige Angebote handelt), unter die Rundfunkfreiheit oder unter die allgemeine Meinungsfreiheit; mitunter wird auch eine besondere Internet-Freiheit analog zur Pressefreiheit angenommen (näher *Degenhart*, CR 2011, 231).

**Zur Wiederholung:** *Kingreen/Poscher* Rn 645–714.

**Aus der Ausbildungsliteratur:** *Nolte/Tams*, Grundfälle zu Art. 5 I 1 GG, JuS 2004, 111; *Bölke/Gostomzyk*, Die Auswirkungen der Caroline-Entscheidung des EGMR auf die Bildberichterstattung

28 U. v. 7.12.2016 unter Rn 68.

nach deutschem Recht, Jura 2005, 336. *Waible/Borowski*, Parabolantennen, StudZR 2017, 227; *Eichenhofer*, Presse- und informationsfreiheitsrechtliche Auskunftsansprüche, JuS 2018, 896; *Payandeh*, Meinungsfreiheit und Beleidigung, JuS 2016, 909; *Buchheim*, Zensor wider Willen, JuS 2018, 548; *Kingreen/Daum*, Durchblick in dicker Luft, Jura 2019, 319; *Schwarz*, Meinungsfreiheit und Persönlichkeitsschutz, JA 2017, 241; *Redder*, Die rechtswidrige Informationsbeschaffung aus verfassungsrechtlicher Sicht, JA 2019, 519.

insbesondere zur **Kunstfreiheit**: *Schäfer/Merten*, Der Skandalroman, JA 2004, 548.

**Aktuelle Rechtsprechung:** BVerfGE 101, 361 und 120, 180 (Caroline I und II); BVerfGE 102, 347 und 107, 275 (Benetton I und II); EGMR NJW 2004, 2647 (Caroline); BVerfGE 117, 244 (Cicero); BVerfGE 119, 309 (Fernsehaufnahmen im Sitzungssaal); zur Rundfunkordnung BVerfGE 119, 181 und BVerfGE 121, 30; BVerfGE 124, 300 (Wunsiedel); BVerfGE 136, 9 (ZDF-Staatsvertrag); BVerfG NJW 2014, 764 (Bezeichnung als „durchgeknallte Frau" in Presseveröffentlichung); BVerfG NJW 2013, 3021 (Bezeichnung Rechtsanwaltskanzlei als „Winkeladvokatur"); BVerfG NJW 2015, 3430 (Durchsuchung von Redaktionsräumen und Wohnungen von Journalisten); EuGH, Entscheidung vom 23.12.2015, Az C-547/14 (zu Herstellung, Aufmachung und Verkauf von Tabakerzeugnissen); BVerfG NJW 2013, 1293 (NSU-Verfahren); BGH NJW 2018, 1820 (Altpräsident Wulff); BVerfGE 149, 222 (Rundfunkbeitrag).

**Weitere Fälle im thematischen Zusammenhang:** *Castendyk/Woesler*, Werbeverbote für überregionale Hörfunksender und Verfassungsrecht, JURA 2007, 791; *Staufer*, Die unfaire Professorenbewertung, JURA 2009, 549; *Brugger/Schaefer*, „Freiheit ist immer die Freiheit des Andersdenkenden", JuS 2009, 640; *Frenzel*, Anfängerklausur – Öffentliches Recht: Grundrechte – „Marmor, Stein und Eisen bricht…", JuS 2013, 37; *Ernst*, Das allzu kritische Schulbuch, JURA 2012, 145; *Bäcker*, Die O-Söhne, JuS 2013, 522; *Waible/Borowski*, Parabolantennen, StudZR 2017, 227: *Eichenhofer*, Presse- und informationsfreiheitsrechtliche Auskunftsansprüche, JuS 2018, 896; *Szcekalla*, Hausarbeit: „Die informationshungrige Fremdsprachenlektorin", NdsVBl 2004, 138; *Payandeh*, Meinungsfreiheit und Beleidigung, JuS 2016, 909; *Kronenberger*, Ronald McDonald und die Ernährungswende, Jura 2017, 333; *Buchheim*, Zensor wider Willen, JuS 2018, 548; *Kingreen/Daum*, Durchblick in dicker Luft, Jura 2019, 319; *Schäfer/Merten*, Der Skandalroman, JA 2004, 548; *Will*, Referendarexamensklausur – Öffentliches Recht: Die städtische Kunstfreiheit, JuS 2004, 701.

## B. Zur Geltung der EMRK

**876** Die Entscheidungen des EGMR in Sachen Caroline und des BVerfG in Sachen Görgülü werfen die Frage nach dem Verhältnis der Grundrechte der EMRK zu denen des Grundgesetzes und nach ihrer Bedeutung für die Rechtsanwendung auf.

### I. Beachtlichkeit der EMRK

Die EMRK als völkerrechtlicher Vertrag gilt innerhalb der Rechtsordnung der Bundesrepublik an sich nur mit dem Rang eines einfachen Gesetzes. Ihre tatsächliche Bedeutung geht allerdings darüber hinaus. Die Gewährleistungen der EMRK werden unmittelbar zur Auslegung der Grundrechte des Grundgesetzes herangezogen. Die Entscheidungen des EGMR über die Auslegung der Grundrechte der EMRK sind von den Gerichten in Anwendung des innerstaatlichen Rechts zu berücksichtigen. Den konstruktiven Ansatz hierfür entwickelt BVerfGE 111, 307 (Sorgerechtsfall *Görgülü*).

## II. Der methodische Ansatz: Schonende Einpassung in methodisch vertretbarer Gesetzesauslegung

1. Die Grundrechte der EMRK haben den Rang eines einfachen Bundesgesetzes und sind von den Gerichten entsprechend ihrer Bindung an Recht und Gesetz (Art. 20 III GG) heranzuziehen; dies im Rahmen „methodisch vertretbarer Gesetzesauslegung". Dabei haben die staatlichen Organe auch die Auswirkungen auf die nationale Rechtsordnung in ihre Rechtsanwendung einzubeziehen. Dies gilt insbesondere dann, wenn es sich bei dem einschlägigen nationalen Recht um ein ausbalanciertes Teilsystem des innerstaatlichen Rechts handelt, das verschiedene Grundrechtspositionen miteinander zum Ausgleich bringen will. Diese letztere Formulierung ist in besonderer Weise zugeschnitten nicht nur auf die familienrechtlichen Bestimmungen über Sorge- und Umgangsrechte, wo es um den Ausgleich unterschiedlicher Grundrechtspositionen der Beteiligten aus Art. 6 GG geht, sondern auch für das Äußerungsrecht des BGB und den dort vorzunehmenden Ausgleich zwischen Meinungsfreiheit und Persönlichkeitsrecht. **877**

2. In der Grundrechtsprüfung bezeichnen die Garantien der EMRK keinen eigenständigen Prüfungspunkt. Sie sind in die Prüfung der thematisch einschlägigen Grundrechte des GG einzubeziehen. Bei deren Auslegung sind die Garantien der EMRK mit heranzuziehen, mit dem Inhalt, den sie in der Rspr des EGMR erhalten haben. Diese muss nicht 1:1, aber in ihren maßgeblichen Wertungen herangezogen werden. So hat im Fall der nachträglichen Sicherungsverwahrung das BVerfG daran festgehalten, dass es sich hierbei nicht um „Strafe" iSd Art. 103 II, III GG handelte, aber für die verfassungsrechtliche Rechtfertigung die Wertungen des EGMR übernommen.[29] Bei der Abwägung zwischen Persönlichkeitsrecht und Meinungs- und Medienfreiheit sind bei Art. 5 II GG auch die EMRK bzw die Position des EGMR hierzu einzubeziehen.[30] Die EMRK ist ferner maßgebliches Auslegungskriterium für die Grundrechte der Charta, auch soweit sie nach BVerfGE 152, 216 vom BVerfG heranzuziehen sind. **878**

## III. Rügefähigkeit in der Verfassungsbeschwerde

Haben die staatlichen Organe dies unterlassen, oder haben sie die Bedeutung der Gewährleistungen der EMRK grundlegend verkannt, so kann dies einen Grundrechtsverstoß bedeuten. Dieser ist im Wege der Verfassungsbeschwerde auf das thematisch einschlägige Grundrecht des Grundgesetzes iVm Art. 20 III GG zu stützen. **879**

**Aus der Ausbildungsliteratur:** *Braasch*, Einführung in die Europäische Menschenrechtskonvention, JuS 2013, 602; *Ludwigs/Sikora*, Grundrechtsschutz im Spannungsfeld von Grundgesetz, EMRK und Grundrechtecharta, JuS 2017, 385; *Voßkuhle/Kaufhold*, Offene Staatlichkeit, JuS 2013, 309; *Holterhus/Mittwoch/El Ghazi*, Die Einwirkung internationalen und ausländischen Rechts in die deutsche Rechtsordnung, JuS 2018, 313.

29 BVerfGE 128, 326 (393 ff.); s hierzu *Degenhart*, in: Sachs, Art. 104 Rn 16a.
30 So auch *Bölke/Gostomzyk*, Jura 2005, 336 (338).

## C. Allgemeines zur grundrechtlichen Drittwirkung

879a Die Geltung der Grundrechte zwischen Privaten bestimmt sich nach dem Grundsatz der mittelbaren Drittwirkung der Grundrechte.

Klassischer Anwendungsfall für die Drittwirkung der Grundrechte ist seit dem *Lüth-Urteil* (BVerfGE 7, 198) die Meinungsfreiheit des Art. 5 I 1 GG in ihrer Bedeutung für die Privatrechtsordnung, hier vor allem der Konflikt zwischen Meinungsfreiheit und Persönlichkeitsrechten (dazu **Fall 14**). Die Freiheiten des Art. 4 I, II GG entfalten relevante Drittwirkung im Arbeitsverhältnis.[31] Ein Problem der Drittwirkung von Grundrechten sind an sich auch die Fälle gestörter Vertragsparität (s BVerfGE 103, 89 für Eheverträge) – hier neigt die Rspr zur Lösung aus der dogmatischen Figur der grundrechtlichen Schutzpflichten. Um die Drittwirkung der Informationsfreiheit des Art. 5 I 1 GG geht es demgegenüber, wenn in einem Mietvertrag ein Antennenverbot enthalten ist.[32] Drittwirkung entfaltet das Verbot der Benachteiligung Behinderter in Art. 3 III 2 GG im Vertragsrecht.[33] Unter beiden Gesichtspunkten – Schutzpflichten wie Drittwirkung – geht es also um das Dreiecksverhältnis Grundrechtsträger – Staat – Dritter als grundrechtlicher „Störer".

879b Das Problem der Drittwirkung der **Grundfreiheiten und Grundrechte** des Unionsrechts ist derzeit „im Fluss", wobei stets berücksichtigt werden sollte, dass die ausgefeilte hiesige Grundrechtsdogmatik nicht 1:1 auf das Unionsrecht übertragen werden kann; dies gilt auch für die Konstruktion der mittelbaren Drittwirkung im *Lüth-Urteil* des BVerfG (BVerfGE 7, 198) und die Unterscheidung zwischen mittelbarer und unmittelbarer Drittwirkung. Unmittelbare Drittwirkung bejaht der EuGH im Fall *Angonese*[34] für das **Diskriminierungsverbot** im Bereich der Arbeitnehmerfreizügigkeit nach Art. 45 AEUV. Andererseits wird dies für die Warenverkehrsfreiheit im Fall *Schmidberger*[35] verneint. Doch sind die Mitgliedstaaten hier verpflichtet, Behinderungen von privater Seite entgegenzutreten, bestehen also staatliche Schutzpflichten – diese aber können als ein Aspekt mittelbarer Grundrechtsgeltung aufgefasst werden. Auch für die Grundrechte der **EMRK** gilt diese staatliche Schutzpflicht – weshalb der EGMR im Fall Caroline v. Monaco/Hannover einen Verstoß gegen Art. 8 EMRK prüfen konnte, ohne hierbei eine Drittwirkung näher zu problematisieren. Im *Whistleblowing-Urteil* des EGMR vom 21.7.2011[36] wird ausdrücklich festgestellt, dass Art. 10 EMRK auch anwendbar ist, wenn das Verhältnis zwischen Arbeitgeber und Arbeitnehmer, wie im vorliegenden Fall, privatrechtlich geregelt ist, und dass der Staat auch im Verhältnis von einzelnen Personen untereinander eine positive Verpflichtung zum Schutz des Rechts auf freie Meinungsäußerung hat (EGMR NJW 2011, 3501, 3502, Rn 44).

31 Vgl LAG Hamm NJW 2002, 1970: Gebetspausen des muslimischen Arbeitnehmers während der Arbeitszeit – Art. 4 I, II GG - im Konflikt mit Grundrechten des Arbeitgebers aus Art. 2 I, 12 I und 14 I GG.
32 Vgl den Examensfall in SächsVBl 1997, 171.
33 Vgl BVerfG (K) NJW 2000, 2658 (Mietvertrag); *Beaucamp*, DVBl 2002, 997 (1000).
34 EuGH EuZW 2000, 468 mit Anm. *Michaelis*, NJW 2001, 1841, bearb. von *Leible*, JA 2000, 830.
35 Dazu **Fall 18**.
36 EGMR NJW 2011, 3501

Der Thematik der grundrechtlichen Drittwirkung sind auch Fragen einer **Antidiskriminierungsgesetzgebung**, wie sie durch Richtlinien der EG veranlasst wird, zuzuordnen. **879c**
Denn auch hier sollen bestimmte grundrechtliche Wertungen Eingang in die Rechtsbeziehungen zwischen Privaten finden. Aus der Sicht des nationalen Rechts bedeutet ein Antidiskriminierungsgesetz einen Eingriff in die Vertragsfreiheit, die ihrerseits grundrechtlich aus Art. 12 I bzw Art. 14 I GG oder, wenn diese spezielleren Grundrechte nicht eingreifen, aus Art. 2 I GG als Auffanggrundrecht abzuleiten ist. Diese Grundrechte sind als Prüfungsmaßstab heranzuziehen, soweit die Richtlinie dem Gesetzgeber noch Umsetzungsspielraum belässt. Hinsichtlich der Richtlinie selbst ist auf Art. 19 AEUV abzustellen – hiernach hat die Gemeinschaft die Zuständigkeit, Diskriminierungen auch durch Private im Rahmen ihrer vertraglichen Zuständigkeiten zu bekämpfen; eine entsprechende Richtlinie muss ihrerseits mit Unionsgrundrechten vereinbar sein.[37] Das Verbot der Diskriminierung aus Gründen der Staatsangehörigkeit nach Art. 18 AEUV bindet demgegenüber Private unmittelbar.

**Aus der Ausbildungsliteratur:** s Rn 879.

## D. Justizgrundrechte

Als „Justizgrundrechte" werden die grundrechtsgleichen Garantien der Art. 101 GG bis Art. 104 GG bezeichnet. **880**
Sie betreffen die Stellung der an einem gerichtlichen Verfahren Beteiligten und ganz allgemein des Bürgers, der der Justiz unterworfen ist. Der Zugang zum Gericht ist demgegenüber Gegenstand der Rechtsschutzgarantie des Art. 19 IV GG, soweit es um Rechtsschutz gegen die öffentliche Gewalt geht, und wird iÜ durch den rechtsstaatlichen Justizgewährsanspruch garantiert.[38] Sowohl Art. 19 IV GG als auch der Justizgewährsanspruch fordern effektiven Rechtsschutz. Für die Gestaltung des gerichtlichen Verfahrens sind das Recht auf Gehör nach Art. 103 I GG und ein allgemein-rechtsstaatliches Gebot eines „fairen" Verfahrens bestimmend. Das Recht auf den gesetzlichen Richter in Art. 101 I 2 GG ist vor allem für die Gerichtsorganisation bedeutsam: Der für den konkreten Fall zur Entscheidung berufene Richter muss nach abstrakt-generellen Kriterien durch Gesetz (und Geschäftsverteilungspläne) im Voraus bestimmt sein.

### I. Insbesondere: Recht auf Gehör, Art. 103 I GG

**1.** Das Recht auf Gehör ist die **verfassungsrechtliche Grundnorm** für das gerichtliche **881**
Verfahren. Sie ist Maßstab sowohl für die Ausgestaltung des Prozessrechts als auch für dessen Anwendung. Die „Gehörsrüge" hat im Verfahren der Urteilsverfassungsbeschwerde erhebliche praktische Bedeutung.

---

37 S zur Bindung Privater an Diskriminierungsverbote durch Gemeinschaftsrecht *Wernsmann*, JZ 2005, 224.
38 Näher *Degenhart* Rn 300 ff.

**Typische Fallkonstellation** ist die **Verfassungsbeschwerde gegen eine gerichtliche Entscheidung**, durch die der Beschwerdeführer sein Recht auf Gehör verletzt sieht. Hier ist folgende Prüfungsreihenfolge angezeigt.[39]

> (1) Zunächst ist zu fragen, ob das Recht auf Gehör verkürzt wurde; hier ist zu vergegenwärtigen, dass das Recht auf Gehör sich in verschiedenen Stufen realisiert:[40]
> – Mitteilungspflichten des Gerichts (keine Überraschungsentscheidungen!);
> – Äußerungsrechte des Verfahrensbeteiligten;
> – Berücksichtigungspflichten des Gerichts;

Auf der **1. Stufe** kann das Gehörsrecht durch eine Überraschungsentscheidung verkürzt werden, auf der **2. Stufe** durch Anwendung einer Präklusionsnorm, durch übersteigerte Anforderungen an die Einhaltung von Fristen uÄ (s dazu *Degenhart*, Fall 40, Rn 436, 445). Die Gerichte sind trotz § 184 GVG verpflichtet, sprachbedingte Verständigungsschwierigkeiten zu beheben,[41] wie dies auch in § 185 GVG zum Ausdruck kommt. Auf der **3. Stufe** kann die Nichtberücksichtigung eines Beweisantrags oder eines in zulässiger Weise eingereichten Schriftsatzes das Gehör verkürzen.

> (2) Verletzung spezifischen Verfassungsrechts: Nicht jeder Verfahrensfehler bewirkt einen Grundrechtsverstoß:
> a) durch Verfassungswidrigkeit der Verfahrensnorm selbst
> b) durch verfassungswidrige Handhabung der Verfahrensnorm.
>
> Ein Verfassungsverstoß nach a) kann zB dann gegeben sein, wenn eine Präklusionsnorm übersteigerte Anforderungen an die Einhaltung von Äußerungsfristen stellt – hier ist abzuwägen: Rechtsschutz des Verfahrensbeteiligten – Verfahrensbeschleunigung als legitime Zielsetzung des Prozessrechts. Ein Verfassungsverstoß nach b) würde vorliegen, wenn das Gericht die Norm einseitig zulasten der Partei auslegt. Ein Verstoß gegen § 185 GVG bedeutet im Regelfall einen Verstoß auch gegen Art. 103 I GG.

882 **2. Anhörungsrüge:** Ehe eine VB wegen Verletzung des Rechts auf Gehör erhoben wird, ist die Anhörungsrüge nach § 321a ZPO zu erheben. Erst dann wird die Verfassungsbeschwerde insoweit zulässig. Wegen der Verletzung seines Grundrechts aus Art. 2 I GG iVm Art. 1 I GG könnte P demgegenüber sogleich Verfassungsbeschwerde erheben.

Wie sich die Gehörsrüge unter dem Gesichtspunkt der Subsidiarität der Verfassungsbeschwerde auswirkt, ist in der Rspr noch nicht abschließend geklärt. Die Unterlassung der Einlegung des statthaften Rechtsbehelfs der Abhörungsrüge führt nach einer Kammerentscheidung des BVerfG dazu, dass die Verfassungsbeschwerde insgesamt unzulässig ist, „jedenfalls in den Fällen, in denen sich die behauptete Gehörsverletzung auf den gesamten Streitgegenstand des fachgerichtlichen Verfahrens erstreckt", BVerfG (K) NJW

39 Das Schema Schutzbereich – Eingriff – Rechtfertigung passt hier nicht recht, wenn, wie *Kingreen/Poscher* Rn 1245 f. darlegen, jedes Zurückbleiben hinter den verfassungsrechtlichen Anforderungen einen Eingriff darstellt und jeder Eingriff eine Grundrechtsverletzung ist.

40 Vgl *Degenhart*, in: Sachs, Art. 103 Rn 8 ff.; *Degenhart* Rn 458 f.

41 Vgl *Degenhart*, in: Sachs, Art. 103 Rn 25.

2005, 3059 (3060). Erst nach erfolgloser Durchführung des Verfahrens nach § 321a ZPO ist die Verfassungsbeschwerde zulässig – dies auch insoweit, als zusammen mit dem Gehörsverstoß auch die Verletzung materieller Grundrechte geltend gemacht wird. Der Beschwerdeführer ist also nicht gehalten, zwei Verfassungsbeschwerden zu erheben. Andererseits kann eine im Verfahren nach § 321a ZPO unterbliebene Gehörsrüge im Verfassungsbeschwerdeverfahren nicht nachgeholt werden. Soll die Verfassungsbeschwerde auf die Verletzung materiellen Rechts beschränkt bleiben, ist sie innerhalb der Beschwerdefrist nach Ergehen der letztinstanzlichen Entscheidung einzulegen, ohne dass auch dann das Verfahren nach dem Gehörsrügengesetz durchgeführt werden müsste. Wenn P aber Art. 103 I GG geltend machen will, muss das Verfahren nach § 321a ZPO durchgeführt werden.[42]

## II. Das Recht auf den gesetzlichen Richter, Art. 101 I 2 GG

Das Recht auf den gesetzlichen Richter in Art. 101 I 2 GG ist vor allem für die Gerichts- **883** organisation bedeutsam: Der für den konkreten Fall zur Entscheidung berufene Richter muss nach abstrakt-generellen Kriterien, so weitgehend wie möglich durch Gesetz und ergänzend durch abstrakt-generell gefasste, im Voraus aufzustellende Geschäftsverteilungspläne bestimmt sein. Dies betrifft das sachlich und örtlich zuständige Gericht, innerhalb dieses Gerichts den zuständigen Spruchkörper (Kammer, Senat) und innerhalb eines Spruchkörpers den zur Mitwirkung berufenen Richter. Damit sollen sachfremde, manipulatorische Eingriffe in die Justiz ausgeschlossen werden. Das Recht auf den gesetzlichen Richter wird demgemäß verletzt, wenn die Bestimmungen über die Zuständigkeit diesen Anforderungen nicht genügen. Es wird auch dann verletzt, wenn diese Bestimmungen fehlerhaft angewandt werden. Auch hier genügt jedoch der bloße Verfahrensfehler – der sog. error in procedendo – nicht. Die Rechtsprechung fordert willkürlich fehlerhafte Zuständigkeitsbestimmungen.

Praktisch besonders bedeutsam ist der Entzug des gesetzlichen Richters durch Verlet- **884** zung einer **Vorlagepflicht**, insbesondere zum **EuGH** nach Art. 267 III AEUV **(Fall 10)**. Ein Gericht, das dem nicht nachkommt, verletzt daher das Recht auf den gesetzlichen Richter. Dies ist vom BVerfG im Verfahren der Verfassungsbeschwerde festzustellen. Nicht jede fehlerhafte Entscheidung verletzt jedoch bereits das Recht auf den gesetzlichen Richter. Ein Verfassungsverstoß kann erst dann festgestellt werden, wenn die Vorlagepflicht in unvertretbarer Weise gehandhabt wird.[43] Dies ist insbesondere dann der Fall,
- wenn eine Vorlage überhaupt nicht in Erwägung gezogen wurde oder
- wenn von einer Entscheidung des EuGH bewusst abgewichen wird oder
- wenn bei Fehlen einer Rechtsprechung eindeutig vorzugswürdige Auffassungen übergangen werden.

Letztere Fallgruppe wurde auf Grund der Rechtsprechung des EuGH dahingehend modifiziert, dass ein Gericht immer dann vorlegen muss, wenn sich in dem bei ihm anhän-

42 Näher *Degenhart*, in Sachs, Art. 103 Rn 41 f.
43 Näher *Degenhart*, in: Sachs, Art. 101 Rn 19.

gigen Verfahren eine entscheidungserhebliche Frage des Gemeinschaftsrechts bzw Unionsrechts stellt, es sei denn, hierzu existiert bereits Rechtsprechung des EuGH („acte éclairé")[44] oder die Frage ist offenkundig („acte clair")[45]; diese Voraussetzungen müssen jedoch vom Gericht geprüft und dargelegt werden.[46]

### III. Recht auf faires Verfahren

885 Insbesondere für den **Strafprozess** entwickelt die Rspr aus Art. 2 I GG iVm dem Rechtsstaatsgebot ein Recht auf „faires Verfahren", das auch ein Recht auf wirksame Verteidigung einschließt. Aus Art. 2 II 2 GG folgen weitere rechtsstaatliche Bindungen – so etwa das Erfordernis tatangemessener strafrechtlicher Reaktion. Für den Zivilprozess wird aus Art. 2 I GG iVm dem Rechtsstaatsgebot ein Recht auf wirksamen Rechtsschutz abgeleitet. Auch hier betont die Rechtsprechung des BVerfG das Gebot eines rechtsstaatlich-fairen Verfahrens.[47] Für den Verwaltungsprozess ist insbesondere Art. 19 IV GG als Garantie wirksamen Rechtsschutzes zu beachten. Ein Anspruch auf „gerechtes, zügiges und öffentliches Verfahren" und „Recht auf Verteidigung" wird zB in Art. 78 III SächsVerf ausdrücklich anerkannt. Es entspricht dem Recht auf „faires Verfahren".

Schließlich sind für das gerichtliche Verfahren die Garantien der **EMRK** zu beachten. Art. 6 EMRK wird insbesondere zur Auslegung der Verfahrensgarantien des Grundgesetzes mit herangezogen. Dies gilt auch für die Unschuldsvermutung nach Art. 6 EMRK.[48]

Zum Gebot eines „fairen Verfahrens" im Verfassungsprozess s BVerfGE 107, 339 zum NPD-Verbotsverfahren: die Unterwanderung der Parteispitze durch V-Leute des Verfassungsschutzes begründete ein rechtsstaatliches Verfahrenshindernis, näher *Degenhart* Rn 462, 53. Im Urteil vom 17.1.2017 betont das BVerfG erneut die Unzulässigkeit der Tätigkeit von V-Leuten und verdeckten Ermittlern während eines laufenden Verbotsverfahrens und bezieht sich hierfür auf den Grundsatz der Staatsfreiheit der Parteien und das Gebot eines fairen Verfahrens.[49]

Zum Schuldprinzip als zwingendes rechtsstaatliches Element des Strafverfahrens s Rn 630a.

**Zur Wiederholung:** *Degenhart* Rn 446-463.

**Aus der Ausbildungsliteratur:** *Britz*, Das Grundrecht auf den gesetzlichen Richter in der Rechtsprechung des Bundesverfassungsgerichts, JA 2001, 573; *Schwarz*, Verfassungsgewährleistungen im Strafverfahren, Jura 2007, 334; *Hartmann/Apfel*, Das Grundrecht auf ein faires Strafverfahren, Jura 2008, 495; *Schroeder*, Die Justizgrundrechte des Grundgesetzes, JA 2010, 167; *Otto*, Grundfälle zu den Justizgrundrechten, JuS 2012, 21; *Mächtle*, Die Gerichtsbarkeit der Europäischen Union, JuS 2014, 508; *Rademacher*, Rechtsschutzgarantien des Unionsrechts, JuS 2018, 343; *Payandeh*, Europäischer

---

44 BVerfG (K) NJW 2011, 288 Rn 56; NZG 2013, 464 (465); BVerfG NVwZ 2014, 646 Rn 184.

45 BVerfG NJW 2014, 646 Rn 178, 181; BVerfGK 17, 553 = NJW 2011, 288 Rn 57; NZA 2013, 164 (166 f.); NZG 2013, 464 (465).

46 Grundlegend BVerfGE 82, 159 (195 f.); s jetzt auch BVerfGK 17, 108 = NJW 2010, 1268.

47 Vgl zB BVerfGE 93, 99 (107).

48 BVerfGE 82, 106 (120).

49 BVerfG NJW 2017, 611 Rn 405 f.

Haftbefehl und das Grundrecht auf faires Verfahren, JuS 2018, 919; *Schäfer*, Grundlagen des europäischen Haftbefehls, JuS 2019, 856.

**Aktuelle Rechtsprechung:** BVerfGE 101, 397; 103, 44 (Bild- und Tonaufnahmen im Gericht); BVerfGE 104, 42 (Parteiverbot); BVerfGE 107, 395 (rechtliches Gehör); BVerfGE 140, 317 (Auslieferung nach Abwesenheitsverfahren).

## E. Exkurs: Art. 5 III GG – insbesondere: Kunstfreiheit und Persönlichkeitsrechte

Vergleichbare Konflikte mit Persönlichkeitsrechten können sich auch im Verhältnis zur Kunstfreiheit des Art. 5 III GG ergeben, zB bei biographischen Romanen. Die Freiheit der Kunst unterliegt nur den sog. verfassungsimmanenten Schranken; das APR ist auf Grund seines Verfassungsrangs geeignete Schranke im Rahmen der einschlägigen Bestimmungen des BGB (oder auch der Ehrenschutzdelikte des StGB). Es sind also die gleichen Prüfungsschritte vorzunehmen wie für die Meinungsfreiheit. In der Abwägung sind spezifische Gesichtspunkte des Art. 5 III GG einzustellen – so etwa der einer Verselbstständigung des Kunstwerks gegenüber der dargestellten Wirklichkeit. Absoluter Vorrang kommt der Kunstfreiheit aber nicht zu und sie endet ebenfalls dort, wo der Menschenwürdekern des Persönlichkeitsrechts verletzt ist (s BVerfGE 67, 213). **886**

Art. 5 III GG schützt des Weiteren die Freiheit der **Wissenschaft**. Damit sind für Art. 5 III GG diese Punkte zu prüfen:

### I. Schutzbereich

#### 1. Kunstfreiheit

**a) „Kunst“:** Problematik der Definition des Kunstbegriffs: formal nach Werktypus, **886a**
weiterführend insbesondere dann, wenn eine der anerkannten Kategorien künstlerischen Betätigung einschlägig (Roman – *Mephisto*); material iS freier schöpferischer Gestaltung, in der Eindrücke, Erfahrungen, Erlebnisse durch das Medium einer bestimmten Formensprache zum Ausdruck gebracht werden; aber auch neuartige, ungewöhnliche Ausdrucksformen – kein „staatliches Kunstrichtertum“ – andererseits bei staatlicher Kunstförderung qualitative Bewertung unabdingbar.

**b) Tragweite des Grundrechtsschutzes:** Werkbereich und Wirkbereich, also auch öffentliche Darbietung der Kunst, allerdings nicht unter Eingriff in Rechte Dritter (Sprayer) und grundsätzlich auch nicht unter Inanspruchnahme generell in der Rechtsordnung nicht vorgesehener Befugnisse (Problem bei „Straßenkunst“).

**c) Schutzwirkung des Grundrechts:** Abwehrrecht gegen staatliche Eingriffe, objektives Prinzip der Rechtsordnung relevant bei Ermessensentscheidungen, Drittwirkung (zB im Fall Mephisto/Esra).

#### 2. Wissenschaftsfreiheit

**a) „Wissenschaft“** = nach Inhalt und Form ernsthafter und planmäßiger Versuch der **886b**
Ermittlung der Wahrheit, maßgeblich die wissenschaftliche Methodik; umfasst insbe-

sondere Forschung und wissenschaftliche, also auf wissenschaftlichen Erkenntnissen und Methoden beruhende Lehre.

**b) Träger des Grundrechts:** der einzelne Wissenschaftler innerhalb und außerhalb der Universität, aber auch die Universität als Körperschaft bzw deren Fakultäten.

**c) Schutzbereichsbegrenzung:** Treupflicht zur Verfassung für die Lehre.

## II. Eingriff/Rechtfertigung

Problem der vorbehaltlosen Gewährleistung der Kunstfreiheit: Einschränkbarkeit nur im Rahmen sog. verfassungsimmanenter Schranken, die sich aus anderen, gleichwertigen Verfassungsgütern ergeben, zB APR, oder – im Ausgangsfall (BVerwG NJW 1995, 2648) – Art. 20a GG.

**Aus der Ausbildungsliteratur:** *Kobor*, Grundfälle zu Art. 5 III GG, JuS 2006, 593, 695.

**Aktuelle Rechtsprechung:** BVerfGE 119, 1 (Esra).

**Fälle im thematischen Zusammenhang:** *Betzinger*, Grenzen der Kunstfreiheit, JA 2009, 125; *Schäfer/Merten*, Der Skandalroman, JA 2004, 548; *Will*, Referendarexamensklausur - Öffentliches Recht: Die städtische Kunstfreiheit, JuS 2004, 701; *Rüchardt*, Strafbare Satire?, JA 2017, 514.

Zur Pressefreiheit nachstehend **Fall 15**.

Fall 15

# Die Bloggerin, der Staatsanwalt und die Früchte des verbotenen Baums

*Mittelschwerer Examensfall*

Rechtsreferendarin Ramona Rampf (R) betreibt den Internet-Blog juswatch.de. Sie hat hier wiederholt durch Berichte über Vorgänge in Justiz und Verwaltung das Interesse der Strafverfolgungsbehörden geweckt, sich aber stets unter Berufung auf die „Freiheit des Internet“ geweigert, ihre Informanten zu nennen. Als erneut ein Bericht über Ermittlungspannen und verschleppte Verfahren in einem Bankenskandal eingestellt wird, glaubt die Staatsanwaltschaft beim Landgericht L endlich gegen R vorgehen zu können. Sie bringe Informationen, die nur Insidern aus der Justiz bekannt sein könnten. Wer diese Informationen nach außen gegeben habe, der habe sich des Geheimnisverrats nach § 353b StGB schuldig gemacht. Es müsse sich hierbei um einen relativ „weit oben“ angesiedelten Informanten handeln, der, über einen längeren Zeitraum mit R in Kontakt gestanden haben müsse. R habe sich deshalb der Beihilfe zu dieser Straftat schuldig gemacht. Darauf leitet die Staatsanwaltschaft L gegen R ein Ermittlungsverfahren wegen Verdachts der Beihilfe zum Verrat von Dienstgeheimnissen gemäß §§ 353b, 27 StGB ein und beantragt beim Amtsgericht L gemäß §§ 102, 105 und 162 I 2 StPO die Anordnung der Durchsuchung der Wohnung der R, da zu vermuten sei, dass dies zur Auffindung von im Einzelnen bezeichneten Beweismitteln führen werde, deren Beschlagnahme gemäß § 94 StPO beschlossen werden möge. **887**

Mit Beschluss vom 7.8.2014 ordnete das Amtsgericht L die Durchsuchung der Wohnung der R einschließlich ihres Arbeitszimmers und aller Nebenräume sowie die Beschlagnahme eventuell gefundener Beweismittel an. Bei der Durchsuchung werden u.a. die Festplatte des Computers der R, diverse Schriftstücke und ihre Telefonrechnungen mit Einzelverbindungsnachweisen beschlagnahmt. Als die Beamten bereits im Abrücken begriffen sind, fällt dem Fahnder Scharf das merkwürdige Verhalten seines Diensthundes Hasso auf, den er aus Anhänglichkeit aus seiner früheren Tätigkeit im Rauschgiftdezernat behalten hat. Nachdem er Hasso von der Leine gelassen hat, spürt dieser an einer unverfänglichen Stelle der Wohnung Kokain in nicht unerheblicher Menge auf, das daraufhin sichergestellt wird.

R legt gegen den Durchsuchungsbeschluss Beschwerde ein. Sie beruft sich auf das Beschlagnahmeverbot des § 97 V StPO. Dies müsse für sie wegen des Zeugnisverweigerungsrechts in § 53 I 1 Nr. 5 StPO gelten. Das Betreiben des Diskussionsforums stehe in unmittelbarem Zusammenhang mit ihrer Berufstätigkeit als Referendarin; deshalb könne sie sich auch nicht nach § 353b StGB strafbar gemacht haben. Auf jeden Fall aber sei sie durch die Durchsuchung in ihrer Pressefreiheit verletzt. Ihre Beschwerde wurde mit Beschluss des Landgerichts vom 23.11.2014 verworfen. Die Anordnung der Durchsuchung sei rechtmäßig gewesen. Ein Anfangsverdacht der Beihilfe zur Verletzung eines Dienstgeheimnisses habe vorgelegen. Daher sei auf sie als Beschuldigte § 97 StPO nicht anwendbar, so dass die Beschlagnahme und damit auch die Durchsuchung bei ihr zulässig gewesen sei. Das Betreiben eines Internetforums falle auch nicht unter die Pressefreiheit.

Die Auswertung der sichergestellten Unterlagen ergab keine belastbaren Hinweise auf Informanten der R, das Ermittlungsverfahren wegen Verdachts der Beihilfe zum Verrat von Dienstgeheimnissen wurde eingestellt.

Die Nachforschungen wegen des bei R aufgefundenen Kokains ergeben demgegenüber, dass R regelmäßig selbst Kokain genommen und gelegentlich an Kollegen und Freunde kleinere Mengen weiterveräußert hat. R wird daraufhin vom Amtsgericht L wegen Verstoßes gegen das BtmG zu einer Geldstrafe von 90 Tagessätzen verurteilt; Rechtsmittel bleiben erfolglos. Insbesondere folgten die Gerichte nicht der Einlassung der R, die Grundrechtswidrigkeit der Durchsuchung müsse ein Beweisverwertungsverbot nach sich ziehen. Selbst wenn von einem Grundrechtsverstoß auszugehen sei, müsse hier doch angesichts des Gewichts der angeklagten Tat das Interesse an der Wahrheitsfindung Vorrang haben.

Form- und fristgerecht legt R daraufhin beim BVerfG Verfassungsbeschwerde gegen den Beschluss des Landgerichts ein. Sie rügt die Verletzung ihrer Grundrechte aus Art. 2 I, 3, 5, 10 und 13 GG. Durch die den zum Schutz der Presse erlassenen Bestimmungen der StPO und des StGB dürften aus verfassungsrechtlichen Gründen nicht nur die berufsmäßigen Journalisten geschützt werden.

R legt ferner form- und fristgerecht Verfassungsbeschwerde zum BVerfG gegen ihre Verurteilung ein. Sie rügt die Verletzung ihrer Grundrechte aus Art. 2, 13 GG und auf ein „faires Verfahren“ aus Art. 6 EMRK durch das Urteil des Amtsgerichts. Angesichts der evident verfassungswidrigen Durchsuchung hätten die hierbei aufgetretenen „Zufallsfunde“ nicht gegen sie verwendet werden dürfen.

**Haben die Verfassungsbeschwerden der R Aussicht auf Erfolg?**

# Vorüberlegungen

Es handelt sich bei der vorstehenden – verhältnismäßig anspruchsvollen – Aufgabe um einen klassischen Grundrechtsfall, hoheitliche Eingriffe durch Einzelakt – die Durchsuchungsanordnung und die strafrechtliche Verurteilung. Die prozessuale Konstellation ist also die der Verfassungsbeschwerde gegen einen Einzelakt – bei dem es sich allerdings nicht um einen Verwaltungsakt, sondern jeweils um eine Gerichtsentscheidung handelt. Da zwei gerichtliche Entscheidungen mit jeweils eigenem Verfahrensgegenstand vorliegen, ist auch von zwei Verfassungsbeschwerden auszugehen. **888**

Im prozessualen Teil der Arbeit sind die Bearbeiter auf strafprozessuale Grundkenntnisse angewiesen, um die Zulässigkeitsvoraussetzung der Rechtswegerschöpfung prüfen zu können. Auch wird im Rahmen des gegenwärtigen Betroffenseins im Fall der ersten Verfassungsbeschwerde auf den Gesichtspunkt der Erledigung bzw prozessualen Überholung einzugehen sein.

Die materiellen Problemschwerpunkte der Aufgabe liegen bei der ersten Verfassungsbeschwerde ersichtlich in den Grundrechten und zwar bei der Pressefreiheit des Art. 5 I 2 GG einerseits und den Unverletzlichkeitsrechten der Art. 10 und 13 GG andererseits. **889**

Dabei stehen die Bearb. vor der Frage, wie das Internet – genauer: wie publizistische Tätigkeit im Internet grundrechtlich einzustufen ist, ob insbesondere das Betreiben eines Forums oder Blogs unter die Pressefreiheit oder auch die Rundfunkfreiheit des Grundgesetzes fällt. Dass diese Art von Journalismus jedenfalls auch den Schutz des Art. 5 I GG genießen muss, erscheint zwingend. Des weiteren muss den Bearbeitern bekannt sein, dass für Presse und Rundfunk deren gesamte Tätigkeit geschützt ist, auch die Informationsbeschaffung und der Informantenschutz. Deshalb gilt das Zeugnisverweigerungsrecht nach § 97 I Nr. 5 StPO für die Angehörigen für Presse und Rundfunk. Im vorliegenden Fall würde dann naheliegen, dies auch auf Internet-Foren auszudehnen, wobei dann immer noch zu prüfen ist, ob dies entgegen dem Wortlaut der Norm auch für nicht berufsmäßige Tätigkeit gilt. Die gleiche Frage stellt sich für § 353b StGB.

Die Entscheidung des Bundesverfassungsgerichts im *Fall „Cicero"*[1] dürfte bekannt sein – ihre Detailkenntnis aber ist nicht Voraussetzung für die erfolgreiche Bearbeitung der Klausur. Als Reaktion auf diese Entscheidung wurde bei § 353b StGB der neue Absatz 3a über die Straflosigkeit der Teilnahme eingefügt.

Mit der Beschlagnahme der Einzelverbindungsnachweise wird Art. 10 GG angesprochen – die Abgrenzung der Schutzbereiche von Art. 10, Art. 13 GG und APR haben die Rechtsprechung wiederholt beschäftigt; auch insoweit handelt es sich mittlerweile um ein Standardproblem.

Bei Art. 5 GG dürften die Bearbeiter im Hinblick auf die Entscheidung des BVerfG zu *„Cicero"* zu einem Grundrechtsverstoß gelangen. Im Hinblick auf Art. 13 GG ist dies nicht zwingend der Fall, da der Informantenschutz hier keine Rolle spielt. Die

1 BVerfGE 117, 244.

grundrechtliche Abwägung muss also die Bedeutung der jeweiligen Grundrechte differenziert berücksichtigen; es geht eben nicht um bloße Billigkeitserwägungen.

**Zum Aufbau:** Da bereits Verfassungsbeschwerden eingelegt sind, ist zunächst deren Zulässigkeit, dann deren Begründetheit zu prüfen.

## 890 Gliederung

**1. Teil: Verfassungsbeschwerde gegen die Durchsuchungs- und Beschlagnahmeanordnung**

**A. Zulässigkeit der Verfassungsbeschwerde**

- I. Beschwerdeführer
- II. Beschwerdegegenstand: Beschluss Amtsgericht, Beschwerdeentscheidung, Vollzug
- III. Beschwerdebefugnis
  1. Grundrechtsverletzung: Art. 5 I 1 oder 2 GG, Art. 13 GG möglich (+), Art. 10 GG zw, aber nicht von Vornherein ausgeschlossen
  2. Betroffensein: gegenwärtig – Vollzug? (+)
- IV. Rechtswegerschöpfung/Subsidiarität: § 310 II StPO
- V. Form und Frist

**B. Begründetheit der Verfassungsbeschwerde**

- I. Meinungs-, Presse- oder Rundfunkfreiheit, Art. 5 I 1 oder 2 GG ?
  1. Schutzbereich: „Rundfunk" iSv Art. 5 I 2? GG (–), „Presse" zw, aber Pressefreiheit anwendbar?
  2. Eingriff: Durchsuchung, Beschlagnahme (+)
  3. Verfassungsrechtliche Rechtfertigung
     - a) Schranken der Pressefreiheit
     - b) §§ 98, 104 ff. StPO, §§ 353b, 27 StGB „allgemeine" Gesetze iSv Art. 5 II GG, Beschränkung auf berufsmäßig Tätige?
     - c) Anwendung der Schrankengesetze
       - aa) § 353b IIIa StGB verkannt?
       - bb) Anwendung der StPO – Pressefreiheit verkannt? (+)
- II. Unverletzlichkeit der Wohnung, Art. 13 GG
  1. Schutzbereich
  2. Eingriff: Durchsuchung
  3. Verfassungsrechtliche Rechtfertigung
     - a) Auf gesetzlicher Grundlage: StPO
     - b) Art. 13 II GG – Richtervorbehalt
     - c) Verhältnismäßigkeit – wie zu Art. 5 I 2 GG
- III. Post- und Fernmeldegeheimnis, Art. 10 GG
  Schutzbereich: auch Umstände der TK – hier TK-Vorgang beendet
- IV. APR/Informationelle Selbstbestimmung, Art. 2 I iVm Art. 1 I GG

**C. Entscheidung des BVerfG**

## 2. Teil: Verfassungsbeschwerde gegen die strafrechtliche Verurteilung

### A. Zulässigkeit der Verfassungsbeschwerde

I. Beschwerdeführer
II. Beschwerdegegenstand: Urteil
III. Beschwerdebefugnis
IV. Weitere Zulässigkeitsvoraussetzungen

### B. Begründetheit der Verfassungsbeschwerde

I. Recht auf faires Verfahren, Art. 2 I iVm Art. 20 III GG und Art. 6 EMRK
  1. Schutzbereich
  2. Eingriff und Rechtfertigung
II. Unverletzlichkeit der Wohnung, Art. 13 GG

### C. Ergebnis

# Musterlösung

## 1. Teil: Verfassungsbeschwerde gegen die Durchsuchungs- und Beschlagnahmeanordnung

**891** Da R sich hier durch einen Hoheitsakt – die Durchsuchungs- und Beschlagnahmeaktion – in ihren Grundrechten verletzt sieht, ist die Verfassungsbeschwerde nach Art. 93 I Nr. 4a GG geeigneter Rechtsbehelf.

### A. Zulässigkeit der Verfassungsbeschwerde

### I. Beschwerdeführer

**892** R ist als natürliche Person grundrechtsfähig und deshalb beteiligtenfähig. Sie ist auch prozessfähig.[2]

### II. Beschwerdegegenstand

**893** Die Verfassungsbeschwerde muss sich gegen einen geeigneten Beschwerdegegenstand richten, also gegen einen Akt öffentlicher Gewalt. Akte öffentlicher Gewalt sind hier der Beschluss des Amtsgerichts und die Beschwerdeentscheidung des Landgerichts als Rechtsprechungsakte, wie auch die tatsächliche Durchführung der Durchsuchung in Vollzug des gerichtlichen Beschlusses. Die Verfassungsbeschwerde richtet sich also gegen einen Akt sowohl der Judikative als auch der Exekutive.

### III. Beschwerdebefugnis

**894** R als Beschwerdeführerin muss beschwerdebefugt sein.

1. Sie muss plausibel geltend machen können, durch die angegriffenen Hoheitsakte in ihren **Grundrechten verletzt** zu sein.

Da sie in ihrer Tätigkeit für einen Internet-Blog betroffen ist, kommt jedenfalls eine Verletzung ihrer Grundrechte aus **Art. 5 I GG** in Betracht. Dabei kann hier dahingestellt bleiben, ob diese Tätigkeit unter die Rundfunk- oder die Pressefreiheit fällt, da selbst dann, wenn dies zu verneinen sein sollte, das Grundrecht der Meinungsfreiheit gelten muss. Dass eine Maßnahme wie die Durchsuchung des Computers, mit dem R arbeitet, und weiterer Unterlagen, sie in dieser Tätigkeit verletzen kann, ist schon wegen der einschüchternden und diskriminierenden Wirkung der Durchsuchung und Beschlagnahme nicht ausgeschlossen. Ebenso kann nicht von Vornherein ausgeschlossen werden, dass die Beschränkung des Zeugnisverweigerungsrechts und der Straflosigkeit der Teilnahme bei § 353b StGB gleichheitswidrig sein könnte.

---

2 *Wie stets brauchen derartige völlig unproblematische Feststellungen nicht im expliziten Gutachtenstil zu erfolgen.*

Da die Wohnung der R durchsucht wurde, ist auch eine Verletzung ihres Grundrechts aus **Art. 13 GG** jedenfalls nicht ausgeschlossen. Angesichts des Zugriffs auf persönliche Daten der R gilt dies auch für ihr Grundrecht auf informationelle Selbstbestimmung aus Art. 2 I iVm Art. 1 I GG. Schließlich kann auch eine Verletzung des Fernmeldegeheimnisses aus **Art. 10 GG** nicht von Vornherein ausgeschlossen werden, wenn hierunter auch die Umstände der Telekommunikation fallen.

2. R müsste weiterhin durch die angegriffenen Hoheitsakte **selbst**, **gegenwärtig** und **unmittelbar** betroffen sein. Da die Beschlagnahmeanordnung durch das AG bzw die Anordnung der Durchsuchung eine unmittelbare Grundrechtsbeeinträchtigung bewirkt, ist sie unmittelbar und als Adressat der Maßnahmen auch selbst betroffen. Ob sie auch gegenwärtig betroffen ist, könnte fraglich sein, da die Maßnahmen bereits vollzogen sind und auch das Ermittlungsverfahren eingestellt ist. Durchsuchungen zählen jedoch zu jenen Grundrechtseingriffen, die sich typischerweise erledigen können, ehe es zu gerichtlicher Überprüfung kommt. Würde man nun in diesen Fällen die Zulässigkeit einer Verfassungsbeschwerde verneinen, so wäre gegen derartige Grundrechtseingriffe kein effektiver Rechtsschutz durch das Verfassungsgericht gewährleistet. Deshalb muss der Betroffene Gelegenheit erhalten, jedenfalls bei schwerwiegenden – wenn auch tatsächlich nicht mehr fortwirkenden – Grundrechtseingriffen deren Berechtigung gerichtlich klären zu lassen und insbesondere auch zur verfassungsgerichtlichen Überprüfung zu stellen.[3] Dies gilt auch für die Wohnungsdurchsuchung bei R. Hier ist also ein fortwirkendes Rechtsschutzbedürfnis anzuerkennen. Die Verfassungsbeschwerde darf nicht deshalb als unzulässig behandelt werden, weil der Grundrechtseingriff sich erledigt hat und es deshalb an einem gegenwärtigen Betroffensein der Beschwerdeführerin fehlen könnte. **895**

## IV. Rechtswegerschöpfung/Subsidiarität

R müsste weiterhin gemäß § 90 II 1 BVerfGG den Rechtsweg gegen die angegriffenen Hoheitsakte ausgeschöpft haben.[4] Dies ist hier zu bejahen, da R gegen den Beschluss des Ermittlungsrichters Beschwerde erhoben hat und wegen § 310 II StPO keine weitere Beschwerde statthaft ist. Eine etwa mögliche Verfassungsbeschwerde zum Landesverfassungsgericht ist kein anderweitiger Rechtsweg iSv § 90 II BVerfGG, da die Verfassungsgerichtsbarkeiten von Bund und Ländern selbstständig nebeneinander stehen. **896**

## V. Form und Frist

Laut Sachverhalt ist die Verfassungsbeschwerde form- und fristgerecht eingelegt worden. **897**

**Ergebnis:** Die Verfassungsbeschwerde der R ist also zulässig.

3 BVerfGE 115, 166 (181).

4 *Die Prüfung der Rechtswegerschöpfung nach § 90 II 1 BVerfGG darf keinesfalls unterbleiben, weil die Voraussetzungen des S. 2 – sofortige Entscheidung wegen schweren und unabwendbaren Nachteils – bejaht werden!*

## B. Begründetheit der Verfassungsbeschwerde

**898** Die Verfassungsbeschwerde ist begründet, wenn die Beschwerdeführerin durch den angegriffenen Hoheitsakt in ihren Grundrechten verletzt ist.[5]

### I. Meinungsfreiheit, Art. 5 I 1 GG, Pressefreiheit- oder Rundfunkfreiheit, Art. 5 I 2 GG

R könnte in einem Grundrecht aus Art. 5 I GG verletzt sein. Hier kommt einerseits die Rundfunkfreiheit, andererseits die Pressefreiheit des Art. 5 I 2 GG in Betracht.

#### 1. Schutzbereich

Presse iSv Art. 5 I 2 GG ist jedes zur Verbreitung geeignete und bestimmte Druckerzeugnis. Rundfunk im verfassungsrechtlichen Sinn liegt demgegenüber dann vor, wenn Darbietungen, Informationen oder sonstige Inhalte auf elektronischem Wege, sei es über Kabel, sei es mittels der Rundfunkwellen, an die Allgemeinheit verbreitet werden. Ein Internet-Diskussionsforum oder Blog unterscheidet sich aber in wesentlichen Punkten vom Rundfunk. Denn hier wird nicht ein „Programm" an die Allgemeinheit verbreitet – die Rundfunkfreiheit ist Programmfreiheit. Es wird nicht gleichzeitig eine unbestimmte Öffentlichkeit angesprochen. Vielmehr findet individuelle Kommunikation zwischen den Teilnehmern statt, vermittelt durch den Betreiber des Blogs. Dieser kann also nicht mit Rundfunk iSd Art. 5 I 2 GG gleichgesetzt werden. Aber auch die Einordnung als Presse ist fraglich. Denn unter Presse fallen alle zur Verbreitung geeigneten und bestimmten Druckerzeugnisse. An einem solchen fehlt es hier. Für die Geltung der Pressefreiheit spricht jedoch, dass derartige Blogs häufig presseähnlich aufgemacht sind. Sie enthalten im Schwerpunkt Text, und im Hinblick auf den Schutzzweck des Art. 5 I 2 GG kann es keinen Unterschied machen, ob die Texte gedruckt auf Papier oder auf dem Bildschirm zu lesen sind. Daher ist der Schutzbereich der Pressefreiheit eröffnet. Nicht ist auf die Meinungsfreiheit abzustellen, da es nicht um den Inhalt bestimmter Äußerungen geht.

*(AA gut vertretbar – Bearbeiter können auch von Rundfunkfreiheit oder aber der Geltung der allgemeinen Meinungsfreiheit ausgehen.)*

Dann müssen aber ähnlich wie bei der Tätigkeit für einen Presseverlag alle die mit dem Betreiben des Blogs zusammenhängenden und für diesen notwendigen Tätigkeiten in den Schutzbereich des Grundrechts fallen. Das Sammeln von Informationen, die verbreitet werden sollen, zählt jedenfalls dazu. Als Betreiberin des Blogs fällt R auch in den subjektiven Schutzbereich der Pressefreiheit.

---

5 Von den im Einzelnen geltend gemachten Grundrechten ist hier an erster Stelle Pressefreiheit zu prüfen, da vorrangig betroffen. Hier muss Verf. insbesondere sorgfältig differenzieren zwischen Gesetz und Einzelakt und beide jeweils in ihrer Grundrechtskonformität erörtern. Zur Thematik s insbes BVerfGE 77, 65 und BVerfGE 117, 244.

## 2. Eingriff

899 In das Grundrecht der R müsste eingegriffen worden sein. Dies ist schon deshalb zu bejahen, weil die Durchsuchungsaktion und die Beschlagnahme der Unterlagen sie in ihrer Tätigkeit maßgeblich behindert haben. Ein Eingriff liegt aber auch darin, dass die Maßnahmen einschüchternde Wirkung für die Zukunft haben. Schließlich könnte ein Eingriff auch darin zu sehen sein, dass die hoheitliche Gewalt des Staates Zugriff auf das redaktionelle Material genommen hat, um Kenntnis von Informanten der R zu erlangen, wie auch darin, dass sie ihre Veröffentlichungen zum Anlass genommen hat, gegen sie strafrechtlich vorzugehen. Dies müsste bei einem Internet-Blog wie dem der R dann ebenso gelten wie bei der herkömmlichen Presse. Bei dieser fällt die gesamte Tätigkeit der Presse von der Informationsbeschaffung bis zur Verbreitung unter Art. 5 I 2 GG, insbesondere auch der Schutz des Informationsmaterials der Presse und ihrer Informantenbeziehungen gegenüber staatlichem Zugriff.[6] Der Grund hierfür ist darin zu sehen, dass nur hierdurch die Presse in die Lage versetzt wird, ihre Informationsaufgaben im Rahmen der freiheitlich-demokratischen Ordnung wahrzunehmen. Für Informationsbedürfnisse, wie sie die Presse befriedigt, stehen aber auch zusehends Informationsdienste im Internet zur Verfügung; auch sie sind dann von erheblicher Bedeutung für die öffentliche Meinungsbildung. Wenn ihnen eine solche Bedeutung in ähnlicher Weise wie der Presse zukommt, dann ist es geboten, ihnen auch in ähnlicher Weise den Schutz der Grundrechte zukommen zu lassen.

Durchsuchung und Beschlagnahme sind also auch deshalb als Eingriff in das Grundrecht der R aus Art. 5 I 2 GG zu werten. Die besondere Eingriffsqualität der Maßnahmen liegt auch darin begründet, dass gegen R ein Ermittlungsverfahren eingeleitet wurde; Eingriff ist jede nachteilige staatliche Sanktion für Presseveröffentlichungen.

## 3. Verfassungsrechtliche Rechtfertigung

900 a) Der Eingriff könnte jedoch nach Art. 5 II GG verfassungsrechtlich gerechtfertigt sein. Dies ist dann der Fall, wenn die hoheitliche Maßnahme auf eine verfassungsrechtliche Ermächtigungsgrundlage, also ein Gesetz zurückzuführen ist und wenn diese Ermächtigungsgrundlage auch in verfassungskonformer Weise angewandt worden ist. Denn die Grundrechte aus Art. 5 I GG gelten nicht schrankenlos. Sie finden vielmehr ihre **Schranken** insbesondere **in den allgemeinen Gesetzen nach Abs. 2**. Derartige allgemeine Gesetze könnten hier die einschlägigen strafprozessualen Normen über die Beschlagnahme bzw Durchsuchung sein, auf die der Ermittlungsrichter sich stützte, also §§ 98, 102 ff. StPO[7] sowie die Bestimmungen des StGB, wegen deren Verletzung das Ermittlungsverfahren geführt wurde. Allgemeine Gesetze in diesem Sinn[8] sind Gesetze, die sich nicht gegen bestimmte Presseinhalte richten und kein Sonderrecht gegen die Presse enthalten.[9]

---

6 BVerfGE 20, 162; 77, 65.

7 *Lt Sachverhalt ist hier von einer strafprozessualen, nicht von einer präventiv-polizeilichen Beschlagnahme auszugehen, die nach den Polizeigesetzen der Länder zu beurteilen wäre.*

8 *Degenhart*, BonnK, Art. 5 I und II (2006) Rn 180; *Kingreen/Poscher* Rn 688 ff.

9 So die „Sonderrechtslehre", vgl hierzu *Kingreen/Poscher* Rn 694.

**901** b) Die Bestimmungen des StGB über den Geheimnisschutz dienen aber generell dem Schutz vor der unbefugten Offenbarung von Dienstgeheimnissen und vor der Verletzung besonderer Geheimhaltungspflichten. Die Bestimmungen der Strafprozessordnung schließlich regeln die allgemeine staatsbürgerliche Zeugnispflicht im Strafverfahren; die strafprozessualen Befugnisse gelten gegenüber jedermann. Weder die Bestimmungen des StGB noch die strafprozessualen Normen, die hier zur Anwendung gekommen sind, enthalten also Sonderrecht gegen die Presse.

Sie müssten auch im Übrigen verfassungskonform sein.

An ihrer formellen Verfassungsmäßigkeit bestehen hier keine Zweifel.

**902** Fraglich ist, ob die Bestimmungen der StPO deshalb einen verfassungswidrigen Eingriff in die Pressefreiheit bewirken, weil sie **auf berufsmäßig für die Presse tätige Presseangehörige beschränkt** sind und im Übrigen keinen generellen Beschlagnahmeschutz für Presseangehörige und kein generelles Durchsuchungsverbot enthalten.[10] Der Gesetzgeber geht jedoch davon aus, dass berufsmäßige Presseangehörige besonders schutzbedürftig sind und andererseits in besonderer Weise an der Tätigkeit der Presse teilhaben. Auch ist es grundsätzlich sachgerecht, den Kreis derjenigen zu begrenzen, die von den allgemeinen strafprozessualen Pflichten zur Aussage freigestellt sind; würde man jeden, der in irgendeiner Weise sich zB im Internet betätigt freistellen, wäre dieser Personenkreis zu unbestimmt. Im Interesse der Wahrheitsfindung im Strafprozess muss er jedoch begrenzt bleiben. Die Beschränkung auf berufsmäßig für die Medien Tätige nimmt insoweit einen sachgerechten Ausgleich zwischen diesem Erfordernis und dem Schutz der Pressefreiheit vor. Besonderheiten des Einzelfalls können unabhängig von der Entscheidung über die Durchsuchung einbezogen werden; hier ist also Raum eröffnet, um der Freiheit der Presse im Einzelfall Rechnung zu tragen.

Das Grundrecht der Pressefreiheit verlangt aber nicht, dass Presseangehörige, die selbst der Beteiligung an einer Straftat verdächtig sind, generell von strafprozessualen Zwangsmaßnahmen verschont werden. Es verstößt mithin nicht gegen Art. 5 I 2 GG, dass sie dann gemäß § 97 V StPO vom besonderen Schutz nach § 53 I 1 Nr. 5 StPO ausgenommen sind. Dies schließt nicht aus, dass bei der Anwendung der einschlägigen Bestimmungen der besonderen Bedeutung der Pressefreiheit Rechnung zu tragen ist.

Schließlich ist aus den genannten Gründen auch die Beschränkung auf beruflich für die Presse Tätige in § 353b IIIa StGB verfassungsrechtlich nicht zu beanstanden.

**903** c) Die allgemeinen Gesetze müssen jedoch auch **im Einzelfall** unter Beachtung der Grundrechte der R **angewandt** worden sein.

10 *ZT werden im Rahmen der Allgemeinheit des Gesetzes das formale Kriterium des Sonderrechts und das materielle Kriterium der Verhältnismäßigkeit zusammengezogen und auch Letzteres als Voraussetzung für die Allgemeinheit des Gesetzes eingeordnet. Dies ist durchaus zulässig – in der Sache werden Sonderrechtslehre und Verhältnismäßigkeitslehre kombiniert, das Schrankengesetz darf kein Sonderrecht enthalten und muss verhältnismäßig sein – ob Verhältnismäßigkeit als zusätzliche Voraussetzung für die Allgemeinheit des Gesetzes gesehen wird oder aber als weitere, selbstständige Voraussetzung für die Verfassungsmäßigkeit des allgemeinen Gesetzes, ist im Ergebnis unerheblich. Der Bearbeiter muss jedoch sehen, dass es zunächst um die Verfassungsmäßigkeit des Gesetzes als Grundrechtsschranke geht und hierbei noch nicht auf den konkreten Einzelfall abzustellen ist.*

aa) Die Bedeutung der Grundrechte für die Gesetzesanwendung könnte deshalb verkannt worden sein, weil die R als nicht beruflich tätige Presseangehörige betrachtet wurde und deshalb die **Bestimmung des § 353b IIIa StGB nicht in Erwägung gezogen** wurde. Es ist jedoch nicht ersichtlich, dass das Gericht hier die Bedeutung des Art. 5 GG verkannt hätte. Dass die R den Internet-Blog auch aus beruflichem Interesse betreibt, bedeutet noch nicht, dass sie insoweit beruflich, sei es auch nur nebenberuflich tätig ist. Hierfür ergeben sich keine Anhaltspunkte.

bb) Die Bestimmungen der §§ 353b, 27 StGB und der §§ 98 ff., 102 StPO müssten jedoch ihrerseits unter Berücksichtigung der **besonderen Bedeutung der Pressefreiheit** der R zur Anwendung gebracht worden sein. Da Zeugniszwang, Beschlagnahme und Durchsuchung – wie generell die Anordnung strafprozessualer Zwangsmittel – unter dem Vorbehalt der Verhältnismäßigkeit stehen, ist hierbei der Bedeutung der Pressefreiheit auch in den Fällen Rechnung zu tragen, die von § 53 I 1 Nr. 5 StPO nicht erfasst sind. Dies bedeutet das Erfordernis einer Abwägung zwischen Strafverfolgungsinteressen einerseits und Bedeutung der Pressefreiheit im konkreten Einzelfall andererseits.[11] Denn einerseits unterliegt die Pressefreiheit der Schranke der allgemeinen Gesetze, andererseits muss hierbei wiederum der Bedeutung der Pressefreiheit Rechnung getragen werden. **904**

(1) Die Durchsuchungsanordnung musste zunächst ein **legitimes Ziel** verfolgen. Dies ist grundsätzlich zu bejahen. Der Staatsanwaltschaft und den Gerichten ging es um die Wahrheitsfindung im Strafprozess, um eine „funktionstüchtige Strafrechtspflege" als rechtsstaatliches Erfordernis.[12] Hierzu beizutragen, war die Durchsuchung auch geeignet und erforderlich – dass sich letztlich keine verwertbaren belastenden Informationen fanden, führt zu keiner anderen Beurteilung, da hierfür auf die Betrachtung ex ante abzustellen ist. **904a**

(2) Die Maßnahme könnte jedoch als **unverhältnismäßiger, unangemessener Eingriff** in das Grundrecht der Pressefreiheit der R zu bewerten sein. Zugunsten der R ist hier vor allem zu berücksichtigen, dass deren Internet-Blog in Angelegenheiten von öffentlichem Interesse informieren und zur Meinungsbildung beitragen kann. Diese Tätigkeit auch der Betreiber eines Internet-Blogs, wenn diese in ähnlicher Weise wie die Presse informierend und meinungsbildend wirken, wird deutlich erschwert, wenn staatliche Behörden, insbesondere die Staatsanwaltschaft auf redaktionelle Unterlagen, auf Informationsmaterial und Informantenbeziehungen und gespeicherte Daten hierüber zugreifen. Denn sie sind ebenso wie Journalisten in Presseverlagen darauf angewiesen, dass derartige Unterlagen vertraulich bleiben. Neben der erheblichen Störung der publizistischen Tätigkeit fällt hier vor allem auch die einschüchternde Wirkung einer Durchsuchungsaktion, wie sie hier erfolgte, ins Gewicht.[13] **905**

11 *Hier ist eine plausible Abwägung im Einzelfall vorzunehmen; erforderlich ist eine substantiierte Argumentation, die etwa das Gewicht staatlicher Strafverfolgungsinteressen verfassungsrechtlich bewertet und der Bedeutung der Pressefreiheit im Einzelfall gegenüberstellt.*

12 So BVerfGE 77, 65 – das BVerfG greift in derartigen Zusammenhängen meist auf das Argumentationstopos der „funktionstüchtigen Strafrechtspflege" zurück.

13 BVerfGE 117, 244 – *Cicero.*

906 Im vorliegenden Fall hat nun die Staatsanwaltschaft den Informantenschutz dadurch gleichsam umgangen, dass sie gegen R ein Ermittlungsverfahren eingeleitet hat. Hierfür ist nicht entscheidend, ob im Verhalten der R, wenn sie Informationen von einem „Geheimnisträger" nach § 353b StGB erhalten hat, eine strafbare Beihilfe iSv § 27 StGB lag, wofür das planmäßige Zusammenwirken sprechen könnte.[14] Denn wenn die Staatsanwaltschaft in derartigen Fällen stets Durchsuchungen und Beschlagnahmen in der Redaktion oder bei einem Journalisten anordnen dürfte, so bestünde die Gefahr, dass sie ein Ermittlungsverfahren mit dem ausschließlichen oder überwiegenden Ziel einleitet, auf diese Weise den Informanten festzustellen.

907 (3) In **Abwägung** dieser Gesichtspunkte muss zum einen die **Intensität des Eingriffs** in die Pressefreiheit, zum anderen das **Gewicht der Strafverfolgungsinteressen** und hierbei insbesondere auch die Schwere der aufzuklärenden Straftat und die Bedeutung der vorliegenden Verdachtstatsachen berücksichtigt werden. Dabei musste die Staatsanwaltschaft auch in ihre Überlegungen einbeziehen, dass R auf vielfältige andere Weise in den Besitz der fraglichen Informationen gelangt sein konnte, sie könnte sie etwa auf Umwege über Dritte erfahren haben. Ihr gegenüber bestand also kein zwingender Verdacht. Im Hinblick auf diese eher schwachen Verdachtsmomente und auch im Hinblick darauf, dass § 353b StGB eine Straftat allenfalls im mittleren Bereich der Kriminalität bedeutet, war hier die Durchsuchung unverhältnismäßig und hat der Bedeutung des Grundrechts der Pressefreiheit nicht hinreichend Rechnung getragen.

Der Durchsuchungsbeschluss des Amtsgerichts und die diesen bestätigende Entscheidung des Landgerichts verletzen also R ebenso wie die Durchführung der Durchsuchung und die Beschlagnahme ihrer Unterlagen in ihrem Grundrecht aus Art. 5 I 2 GG.

## II. Unverletzlichkeit der Wohnung, Art. 13 GG

908 R könnte weiterhin in ihrem Grundrecht auf Unverletzlichkeit der Wohnung, Art. 13 GG, verletzt sein.

### 1. Schutzbereich

Der Schutzbereich des Grundrechts ist hier berührt, da in die Wohnung der R eingedrungen wurde. Diese genießt den Schutz des Art. 13 GG auch hinsichtlich des häuslichen Arbeitszimmers der R. Da dieses sich innerhalb der Privatwohnung befindet und damit in deren Abschirmungsfunktion einbezogen ist, kommt es auf die Frage, ob Betriebs- und Geschäftsräume in den Schutzbereich des Grundrechts einzubeziehen sind,[15] nicht mehr an.[16] Art. 13 GG ist hier neben Art. 5 GG anwendbar, da es in einem Fall um Schutz der Privatsphäre geht, im anderen um pressemäßige Betätigung.

14 Insofern ist die Fallgestaltung anders als bei BVerfGE 117, 244 (265), wo die Figur der sukzessiven Beihilfe in Frage stand.

15 BVerfGE 76, 83 (88); dieser Zusammenhang mit der personalen Schutzfunktion der Grundrechte ist kennzeichnend für die Grundrechtsinterpretation durch das BVerfG; s jetzt BVerfGE 109, 279 (309 ff.) – großer Lauschangriff.

16 *AA vertretbar.*

## 2. Eingriff

Ein Eingriff in das Grundrecht des R aus Art. 13 GG liegt hier darin, dass staatliche Organe gegen ihren Willen in ihre Wohnung eingedrungen sind. Dabei könnte es sich um eine **Durchsuchung** iSv Art. 13 II GG handeln[17] – lt Sachverhalt wurde die Wohnung „durchsucht". Um eine Durchsuchung iSd Art. 13 II GG handelte es sich hierbei dann, wenn ziel- und zweckgerichtet etwas gesucht wurde.[18] Dies war bei R der Fall. Seine Wohnung wurde nach Bildmaterial durchsucht, mit dem Ziel einer Beschlagnahme. Damit aber liegt ein Fall des Art. 13 II GG vor. **909**

## 3. Verfassungsrechtliche Rechtfertigung

Hierfür bestehen qualifizierte Eingriffsvoraussetzungen.

a) Die Durchsuchung muss **auf gesetzlicher Grundlage** beruhen; eine solche Grundlage ist hier in den bereits genannten Bestimmungen der StPO vorhanden. Von der Verfassungsmäßigkeit dieser Vorschriften ist auch im Hinblick auf Art. 13 GG auszugehen. Das Interesse an funktionstüchtiger Strafrechtspflege rechtfertigt grundsätzlich auch Wohnungsdurchsuchungen; dem Grundsatz der Verhältnismäßigkeit ist bei der Anwendung des Gesetzes Rechnung zu tragen. **910**

b) Es besteht nach Art. 13 II GG ein **Richtervorbehalt**. Dieser ist hier lt Sachverhalt gewahrt.

c) Die Durchsuchung als intensiver Grundrechtseingriff muss **verhältnismäßig** sein. Sie muss einen legitimen Zweck verfolgen. Dies ist der Fall. Das Strafverfolgungsinteresse der Behörden war hier im Grundsatz legitim. Die Durchsuchung war auch geeignet, dh hier erfolgversprechend im Hinblick auf geeignete Beweismittel. Sie muss weiterhin zur Ermittlung und Verfolgung erforderlich gewesen sein. Dies könnte hier fraglich sein, da die Polizei eigene Feststellungen unterlassen hat; anderseits waren diese im Zeitpunkt ihres Handelns nicht gleichermaßen erfolgversprechend. Schließlich muss der Eingriff angemessen, also verhältnismäßig im engeren Sinn gewesen sein. Dies bedeutet hier, dass die Durchsuchung in einem angemessenen Verhältnis zur Schwere der Straftat und der Intensität des Tatverdachts stehen muss. **911**

Dies könnte im Rahmen des Art. 13 GG anders zu beurteilen sein, als in Bezug auf Art. 5 I 2 GG, da insoweit der Gesichtspunkt des Informantenschutzes nicht in die Abwägung einzubeziehen ist – dieser Aspekt hat allein für Art. 5 I 2 GG Bedeutung. Andererseits aber ist eine Durchsuchung ein so schwerwiegender Eingriff, dass sie nicht auf vage Vermutungen gestützt werden darf. Deshalb und wegen des eher gering anzusetzenden Gewichts der aufzuklärenden Straftat ist auch von einem unverhältnismäßigen Eingriff in das Grundrecht auf Unverletzlichkeit der Wohnung aus Art. 13 GG auszugehen. **912**

R ist also in ihrem Grundrecht aus Art. 13 GG verletzt.

*AA hier vertretbar.*

17 Die verfassungsrechtlichen Voraussetzungen für die Rechtfertigung des Eingriffs richten sich danach, ob hier eine Durchsuchung iSv Art. 13 II GG, eine technische Überwachung iSv Abs. 3–6 oder eine sonstige Maßnahme nach Abs. 7 erfolgte – daher ist an dieser Stelle die Qualifikation des Eingriffs vorzunehmen.

18 *Kingreen/Poscher* Rn 1011.

### III. Post- und Fernmeldegeheimnis, Art. 10 GG

913 1. Da im Rahmen der Durchsuchung auf die Fernmelderechnungen und Einzelverbindungsnachweise bei R zugegriffen wurde und die Behörde hiervon Kenntnis genommen hat, könnte hier das Fernmeldegeheimnis des Art. 10 I GG einschlägig sein. Der Schutz des Fernmeldegeheimnisses erstreckt sich nicht nur auf den Inhalt der Telekommunikation, also den Inhalt von Telefongesprächen oder auch E-Mails und weiteren Formen elektronischer Kommunikation. Art. 10 I GG schützt auch die Vertraulichkeit der näheren Umstände der Telekommunikation, also wer, wann, von wo aus und wie oft mit wem telefonierte oder in anderer Form elektronisch kommunizierte oder dies versuchte. Denn aus diesen Umständen lassen sich Rückschlüsse auf das Kommunikations- und ggf. Bewegungsverhalten des Betroffenen ziehen. Das Fernmeldegeheimnis kann als eine besondere Ausprägung des Persönlichkeitsrechts gesehen werden; gerade unter diesem Aspekt sind die **näheren Umstände der Telekommunikation** daher ebenso schutzwürdig wie deren Inhalte. Somit sind auch die auf den Einzelverbindungsnachweisen enthaltenen Daten (Zeit, Dauer, Zielwahlnummer) der von R geführten Telefonate grundsätzlich von Art. 10 I GG umfasst.

914 2. Der Schutz des Art. 10 I GG könnte jedoch deshalb entfallen, weil die fraglichen **Telekommunikationsvorgänge** zum Zeitpunkt des staatlichen Zugriffs **bereits beendet** sind. Die besondere Schutzbedürftigkeit des Inhalts und der Umstände der Telekommunikation folgt insbesondere daraus, dass der Nutzer während des Vorgangs der Telekommunikation dem Zugriff des Telekommunikationsdienstleisters und Dritter in besonderer Weise ausgesetzt ist und keinen Einfluss auf die Entstehung, Speicherung oder Löschung von Telekommunikationsdaten hat. Diese besondere Verletzlichkeit der Privatsphäre, die durch die technischen Vorgänge bedingt ist, ist dann nicht mehr gegeben, wenn sich die Telekommunikationsinhalte bzw -daten im Machtbereich des Nutzers befinden, dieser also die Möglichkeit hat, Inhalte und Daten zu vernichten. Sobald sich die Einzelverbindungsnachweise verkörpert in der Wohnung der R befanden, greift daher nicht mehr der spezifische Schutz des Telekommunikationsgeheimnisses ein. Vielmehr ist, soweit nun der Schutz der persönlichen Sphäre dadurch vermittelt wird, dass die fraglichen Informationen sich in der Wohnung des Telekommunikationsteilnehmers befinden, auf den Schutz der Unverletzlichkeit der Wohnung zurückzugreifen, während der staatliche Zugriff auf die dort befindlichen Informationen durch das Grundrecht auf informationelle Selbstbestimmung begründet wird.

915 Da also der Schutz des Fernmeldegeheimnisses insoweit in dem Moment endet, in dem die Nachricht bei dem Empfänger angekommen und der Übertragungsvorgang beendet ist, ist hier der Schutzbereich des Art. 10 I GG ist nicht (mehr) eröffnet.

### IV. APR/Informationelle Selbstbestimmung, Art. 2 I iVm Art. 1 I GG

916 R könnte jedoch durch die Durchsuchung des Computers auch in ihrem Grundrecht auf Schutz des Vertrauens in die Integrität informationstechnischer Systeme, ihrem „Computer-Grundrecht" verletzt worden sein. Es handelt sich hierbei um eine besondere Ausprägung des allgemeinen Persönlichkeitsrechts aus Art. 2 I iVm 1 I GG. Es betrifft die

heimliche Infiltration informationstechnischer Systeme. Doch betrifft die Kenntnisnahme von den auf der Festplatte gespeicherten Daten das allgemeine Persönlichkeitsrecht unter dem Aspekt der informationellen Selbstbestimmung. Es tritt hier nicht hinter der spezielleren Freiheitsgewährleistung des Art. 13 GG als subsidiär zurück. Denn während Art. 13 I GG die Persönlichkeitssphäre gerade unter dem Aspekt der abgeschirmten räumlichen Sphäre der Wohnung gegenüber Einwirkungen von außen schützen will, geht es beim allgemeinen Persönlichkeitsrecht unter dem Aspekt der informationellen Selbstbestimmung um den **Schutz vor Preisgabe und Verwendung** persönlicher Daten. Der Eingriff erschöpft sich nicht in der Überwindung der räumlichen Grenzen der Privatsphäre.

Vorliegend könnte jedoch die **Pressefreiheit der R** als spezielleres Grundrecht **Vorrang** **917**
haben. Soweit es um Informationen über die Tätigkeit der R als Betreiberin des Blogs ging, ist dies der Fall. Soweit die Durchsuchung darüber hinaus auf Informationen aus der Privatsphäre der R ausgedehnt wurde, könnte demgegenüber deren Recht auf informationelle Selbstbestimmung, also die Befugnis des Einzelnen, selbst über die Preisgabe und Verwendung personenbezogener Daten zu bestimmen, betroffen sein. Hierfür bestehen jedoch keine Anhaltspunkte; die Durchsuchungs- und Beschlagnahmeanordnung des Amtsgerichts und die Entscheidung des Landgerichts waren auf die Tätigkeit der R im Internet gerichtet. Insoweit tritt **Art. 2 I iVm 1 I GG** als **subsidiär** zurück.

### C. Entscheidung des BVerfG

Die Verfassungsbeschwerde der R ist begründet. Das BVerfG wird gemäß § 95 II **918**
BVerfGG die angegriffene Entscheidung aufheben und die Sache zurückverweisen.

## 2. Teil: Verfassungsbeschwerde gegen die strafrechtliche Verurteilung

### A. Zulässigkeit der Verfassungsbeschwerde

#### I. Beschwerdeführer

R ist beteiligtenfähig und prozessfähig, s.o. **919**

#### II. Beschwerdegegenstand

Das **Urteil** des Amtsgerichts, durch das R zu einer Geldstrafe verurteilt wurde, ist ein **920**
Akt öffentlicher Gewalt und damit geeigneter Beschwerdegegenstand. Gleiches gilt für die im Sachverhalt nicht näher aufgeführten Entscheidungen der Rechtsmittelgerichte.

### III. Beschwerdebefugnis

921 R könnte eine Verletzung der Grundsätze eines fairen Verfahrens geltend machen. Ein Recht auf ein faires Verfahren, wie es auch Art. 6 I EMRK enthält, ist Bestandteil des Rechtsstaatsgebots des Grundgesetzes. Auch wenn R sich im Rahmen einer Verfassungsbeschwerde nicht unmittelbar auf Garantien der EMRK berufen kann, kann sie doch ein Recht auf ein faires Verfahren als Bestandteil auch des Rechtsstaatsgebots des Grundgesetzes über das allgemeine Freiheitsrecht des Art. 2 I GG rügen. Auch kann nicht ausgeschlossen werden, dass die Verwertung der bei einer grundrechtswidrigen Wohnungsdurchsuchung aufgefundenen Beweise erneut das Grundrecht aus Art. 13 I GG verletzt. – R ist auch selbst, gegenwärtig und unmittelbar betroffen.

### IV. Weitere Zulässigkeitsvoraussetzungen

922 Lt SV wurde der Rechtsweg ausgeschöpft und die Verfassungsbeschwerde form- und fristgerecht eingelegt.

**Ergebnis:** Sie ist also zulässig.

## B. Begründetheit der Verfassungsbeschwerde

923 Die Verfassungsbeschwerde ist begründet, wenn R durch die Verurteilung in ihren Grundrechten verletzt ist. Dabei prüft das Bundesverfassungsgericht nur die Verletzung spezifischen Verfassungsrechts. Die Verfassungsbeschwerde ist also nicht schon dann begründet, wenn die Fachgerichte etwa die Beweisregeln der StPO fehlerhaft angewandt haben – in dieser fehlerhaften Anwendung müsste ein Verstoß gegen Grundrechte liegen.

### I. Recht auf faires Verfahren, Art. 2 I iVm Art. 20 III GG und Art. 6 EMRK

#### 1. Schutzbereich

924 Da hier die fehlerhafte Verwertung von Beweisen im Strafverfahren geltend gemacht wird, ist hier in erster Linie zu prüfen, ob Verfahrensgrundrechte des Grundgesetzes verletzt wurden. Dies könnte hier das Prozessgrundrecht auf ein faires, rechtsstaatliches Verfahren sein. Ein solches Prozessgrundrecht wird für das Grundgesetz aus Art. 2 I iVm Art. 20 III GG[19] abgeleitet. Es wird ausdrücklich durch Art. 6 I EMRK gewährleistet. Dies ist im Rahmen der Auslegung rechtsstaatlicher Verfahrensgrundsätze auch nach dem Grundgesetz zu berücksichtigen. Das Recht auf faires Verfahren bedingt insbesondere auch, dass im Strafprozess keine Wahrheitsfindung um jeden Preis erfolgt, sondern dass das Verfahren unter Beachtung rechtsstaatlicher Grundsätze durchgeführt wird. Dies betrifft auch und gerade die Beweisgewinnung im Strafprozess.

19 Vgl *Degenhart*, in: Sachs, GG, Art. 103 Rn 6.

### 2. Eingriff und Rechtfertigung

Die für die Verurteilung der R entscheidenden Beweise wurden im Zuge einer rechtswidrigen Durchsuchungsaktion gewonnen. Dies spricht dafür, dass sie nicht verwertet werden dürfen, auch wenn die Strafprozessordnung kein Beweisverwertungsverbot für diesen Fall enthalten sollte. Dem steht jedoch das staatliche Interesse an einer funktionstüchtigen Strafrechtspflege entgegen. Auch sie ist ein Erfordernis des Rechtsstaats.[20] Es geht um die Wahrung der Rechtsordnung, die es erfordert, dass Straftaten aufgeklärt und im Rahmen der gesetzlichen Bestimmungen geahndet werden. Beweisverwertungsverbote stehen dem entgegen – andererseits bedingt gerade das Rechtsstaatsgebot, dass die Wahrheitsfindung unter Beachtung der rechtlichen Bindungen hierfür erfolgt. **925**

In Abwägung dieser Gesichtspunkte wird ein Beweisverwertungsverbot dann jedenfalls in Betracht zu ziehen sein, wenn ein schwerwiegender Verstoß gegen die Anforderungen an ein rechtsstaatliches Beweisgewinnungsverfahren vorliegt. Einen solchen Verstoß hat das Amtsgericht verneint. Es hat andererseits das Interesse an einer funktionstüchtigen Strafrechtspflege als vorrangig gewertet. Es hat damit aber die maßgeblichen verfassungsrechtlichen Gesichtspunkte nicht generell verkannt und hat sie auch nicht offensichtlich fehlgewichtet. Damit aber haben die Fachgerichte bei der Anwendung des einfachgesetzlichen Verfahrensrechts die ihnen obliegenden verfassungsrechtlichen Bindungen gewahrt. Sie haben die Interessen des R mit denen des Staates an wirksamer Strafrechtspflege in einer Weise zum Ausgleich gebracht, die vom Bundesverfassungsgericht nicht beanstandet werden kann, mag auch eine andere Entscheidung gleichermaßen vertretbar sein. **926**

## II. Unverletzlichkeit der Wohnung, Art. 13 GG

Ein Verstoß gegen das Grundrecht der R aus Art. 13 GG könnte darin liegen, dass das Gericht den Schutzbereich des Grundrechts bei seiner Entscheidung über ein Beweisverwertungsgebot grundsätzlich verkannt hat. In der Verwertung der bei einer rechtswidrigen Wohnungsdurchsuchung gewonnenen Beweise kann jedoch kein selbstständiger, zusätzlicher Eingriff in das Grundrecht aus Art. 13 GG gesehen werden. Der Schutzbereich des Grundrechts ist daher nicht eröffnet. Auch hat sich das Amtsgericht mit der Frage der Grundrechtswidrigkeit der Durchsuchung jedenfalls in einer Weise befasst, die, wie vorstehend ausgeführt wurde, verfassungsgerichtlich nicht zu beanstanden ist. Ein Verstoß gegen Art. 13 GG ist also zu verneinen. **927**

# C. Ergebnis

Die Verfassungsbeschwerde der R gegen ihre strafgerichtliche Verurteilung ist zulässig, aber unbegründet *(aA vertretbar).* **928**

---

20 So BVerfGE 77, 65 – das BVerfG greift in derartigen Zusammenhängen meist auf das Argumentationstopos der „funktionstüchtigen Strafrechtspflege" zurück, s zB BVerfG, B. v. 2.7.2008 – 2 BvR 1073/06 – juris.

# Repetitorium

Zur Pressefreiheit und zum Recht auf faires Verfahren s nach **Fall 14**, Rn 864 ff., 885.

## A. Brief-, Post- und Fernmeldegeheimnis, Art. 10 GG

929 Schutzzweck des Grundrechts: Schutz der Persönlichkeitssphäre, vgl Art. 13 GG.

### I. Schutzbereich

**1. Sachlich:** Briefgeheimnis: schriftl. Mitteilungen; Postgeheimnis: alle Postsendungen – Grundrechtsbindung Post AG? Fernmeldegeheimnis: jede fernmeldetechnische Kommunikation, Daten hierüber (wenn Speicherung: Art. 13 GG); Art. 10 begegnet Gefahren für die Vertraulichkeit von Mitteilungen aus dem **Kommunikationsvorgang**. Art. 10 GG gilt auch im Ausland: die TK-Überwachung des BND ist auch dann an Art. 10 GG zu messen, wenn sie TK im Ausland betrifft; dies ohne Beschränkung auf deutsche Staatsbürger – so das BVerfG in seinem Urteil vom 19.5.2020 – 1 BvR 2835/17 – (NJW 2020, 2235) zum BND-Gesetz: Die Verbürgung des Art. 1 III GG gilt uneingeschränkt (Rn 89).

> Der Schutzbereich des Telekommunikationsgeheimnisses erfasst auch die Kommunikationsdienste des **Internet** (zB E-Mails). Soweit die Inhalte und Umstände der laufenden Telekommunikation im Rechnernetz erhoben oder darauf bezogene Daten ausgewertet werden, Art. 10 I GG, unabhängig davon, ob die Maßnahme technisch auf der Übertragungsstrecke oder am Endgerät der Telekommunikation ansetzt, insbesondere bei „Quellen-Telekommunikationsüberwachung", Überwachung bei laufendem Telekommunikationsvorgang; nicht die nach Abschluss eines Kommunikationsvorgangs im Herrschaftsbereich eines Kommunikationsteilnehmers gespeicherten Inhalte und Umstände der Telekommunikation.

**2. Persönlich** – auch Ausländer im Ausland, auch jP.

### II. Eingriff

930 Ein Eingriff liegt vor, wenn staatliche Stellen sich ohne Zustimmung des Beteiligten Kenntnis vom Inhalt oder von den Umständen des Kommunikationsvorgangs verschaffen.

### III. Eingriffsrechtfertigung

**1. Gesetzliche Grundlage:** Formelles Gesetz
– Formelle Verfassungsmäßigkeit – insbes. Zitiergebot Art. 19 I 2 GG
– Materielle Verfassungsmäßigkeit – insbes. Bestimmtheitsanforderungen, Verhältnismäßigkeit; erforderlich sind „hinreichende Vorkehrungen dafür, dass Eingriffe in den absolut geschützten Kernbereich privater Lebensgestaltung unterbleiben";[21] qualifizierter Gesetzesvorbehalt des Art. 10 II 2 GG, wenn keine Bekanntgabe erfolgen soll.

**2. Anwendung des Schrankengesetzes**

21 BVerfGE 113, 348 (390).

## B. Unverletzlichkeit der Wohnung, Art. 13 GG

### I. Grundsätzliche Bedeutung

Bedeutung und Tragweite des Grundrechts aus Art. 13 GG wurden durch BVerfGE 109, 279 („Großer Lauschangriff") grundsätzlich geklärt. Art. 13 I GG erscheint hiernach als besondere Ausprägung des Persönlichkeitsrechts und *„verbürgt dem Einzelnen einen elementaren Lebensraum und gewährleistet das Recht, in ihm in Ruhe gelassen zu werden. Art. 13 I GG schützt die räumliche Privatsphäre ..."* – dies auch vor einer Überwachung der Wohnung durch technische Hilfsmittel von außerhalb. Entsprechend dieser grundrechtssystematischen Zuordnung bedeutet die Überwachung gegenüber zufällig in einer Wohnung Anwesenden einen Eingriff in deren allgemeines Persönlichkeitsrecht aus Art. 2 I iVm 1 I GG. Der persönlichkeitsrechtlichen Ableitung entspricht auch die Anerkennung eines unmittelbar durch die Menschenwürde des Art. 1 I GG unantastbaren Kernbereichs.[22] Dieser aber ist wiederum nicht absolut: Nur jene Verhaltensweisen, die ihrerseits dem Kernbereich privater Lebensgestaltung zuzurechnen sind, sind auch gegenüber Maßnahmen nach Art. 13 II, III GG absolut eingriffsgeschützt und demgemäß „abwägungsresistent". **931**

### II. Grundrechtsprüfung

#### 1. Schutzbereich des Grundrechts

Wohnung: räumliche Privatsphäre, auch: Betriebs- und Geschäftsräume, soweit nicht öffentlich zugänglich. Ob dies auch für öffentlich zugängliche Räume gilt, wie im vorstehenden Fall, ist str. Für reine Betriebs- oder Geschäftsräume ist der Schutz des Art. 13 GG jedenfalls geringer ausgeprägt.[23] **932**

#### 2. Eingriff

Im Schutzbereich des Art. 13 GG sind unterschiedliche Eingriffe möglich: Durchsuchungen, Art. 13 II, akustische Überwachung („Lauschangriff"), Art. 13 III – VI, sonstige Beschränkungen, Art. 13 VII GG.

#### 3. Eingriffsrechtfertigung

##### a) Differenzierte Voraussetzungen

**(1) Durchsuchungen, Abs. 2:** Erfordernis einer (verfassungsmäßigen) gesetzlichen Grundlage, Wahrung des Richtervorbehalts, sofern nicht Gefahr im Verzug und Verhältnismäßigkeit der Maßnahme; in der neuesten Rspr wird der Richtervorbehalt ernster genommen, als dies in der Vergangenheit in der Praxis der Fall war – dass „Gefahr im Verzug" vorliegt, muss mit konkreten Tatsachen begründet werden (BVerfGE 103, 142). **933**

22 BVerfGE 109, 279 (309 ff.).
23 *Jarass*, in: Jarass/Pieroth, Art. 13 Rn 38.

**(2) Technische Überwachung:** Die Voraussetzungen hierfür sind in Abs. 3–6 näher geregelt, wobei zwischen präventiver Überwachung und Überwachung zur Strafverfolgung zu unterscheiden ist. Letztere ist nach Art. 13 III GG als akustische Überwachung („Lauschangriff") zulässig, nicht als „Spähangriff". Es gelten Richtervorbehalte.

**(3) Sonstige Beschränkungen (zB Betretungsrechte), Abs. 7:** Art. 13 VII/1. Variante: verfassungsunmittelbare Ermächtigungsgrundlage für Eingriffe bei „gemeiner Gefahr"; im Übrigen Eingriffe auf Grund Gesetzes aus den in Art. 13 VII/2. Variante genannten Gründen.

Zu den Standardproblemen im Grundrechtstatbestand zählt der Schutz der Geschäftsräume. Damit im Zusammenhang steht die Behandlung der sog. behördlichen **„Nachschau"** – darunter versteht man das Betreten (meist) von Geschäfts- und Betriebsräumen zur Kontrolle der Einhaltung gesetzlicher Vorschriften (zB das Betreten der Küchen- und Vorratsräume nach § 22 II GastG, um „nachzuschauen", ob die einschlägigen lebensmittelrechtlichen Vorschriften eingehalten sind). Die Voraussetzungen des Art. 13 VII GG sind in diesen Fällen meist nicht gegeben. BVerfGE 32, 54 nahm an, der Grundgesetzgeber – historische Interpretation! – habe diese traditionellen Nachschaurechte nicht beseitigen wollen; sie werden deshalb nicht als Eingriff in den Schutzbereich gewertet.[24] Die zunehmend in die Polizeigesetze der Länder Eingang findende Befugnis zur **Wohnungswegweisung bei häuslicher Gewalt** dürfte als Eingriff in den Schutzbereich des Art. 13 GG zu bewerten sein, vgl dazu *Storr*, ThürVBl 2005, 97, 99; *Wuttke*, JuS 2005, 779 behandelt sie unter dem Aspekt des Art. 1 I GG.

**(4) Unbenannte Eingriffe – „Nachschau":** Darunter versteht man das Betreten (meist) von Geschäfts- und Betriebsräumen zur Kontrolle der Einhaltung gesetzlicher Vorschriften (zB das Betreten der Küchen- und Vorratsräume nach § 22 II GastG, um „nachzuschauen", ob die einschlägigen lebensmittelrechtlichen Vorschriften eingehalten sind). Hier gilt der abgeschwächte Grundrechtsschutz für reine Betriebs-, Geschäfts- und Arbeitsräume. Das Betreten dieser Räume ist bereits dann zulässig, „wenn eine besondere gesetzliche Vorschrift zum Betreten ermächtigt, das Betreten einem erlaubten Zweck dient und für dessen Erreichung erforderlich ist, das Gesetz Zweck, Gegenstand und Umfang des Betretens erkennen läßt und das Betreten auf Zeiten beschränkt wird, in denen die Räume normalerweise für die betriebliche Nutzung zur Verfügung stehen".[25] Unter Art. 13 VII GG fällt auch das polizeiliche Betretungsrecht für **Flüchtlingsunterkünfte**, so zB nach Art. 23 III Nr. 3 BayPAG: „Wohnungen dürfen jedoch zur Abwehr dringender Gefahren jederzeit betreten werden, wenn … 3. sie als Unterkunft oder dem sonstigen, auch vorübergehenden Aufenthalt von Asylbewerbern und unerlaubt Aufhältigen dient".[26] Hier gelten die Anforderungen des Art. 13 GG unverkürzt. Dabei ist zu berücksichtigen, dass die Voraussetzungen für jede einzelne Wohnung innerhalb der Unterkunft gegeben sein müssen.

24 Ausführlich dazu: *Ennuschat*, AöR 127 [2002], 251.

25 BVerfGE 97, 228 (266).

26 Der Singular „dient" dürfte auf ein redaktionelles Versehen zurückzuführen sein.

### b) „Unantastbarer Kernbereich“

In allen Fällen muss gewahrt bleiben: „unantastbarer Kernbereich privater Lebensgestaltung“; Art. 13 I GG „verbürgt dem Einzelnen einen elementaren Lebensraum und gewährleistet das Recht, in ihm in Ruhe gelassen zu werden. Art. 13 I GG schützt die räumliche Privatsphäre …“ – Anerkennung eines unmittelbar durch die Menschenwürde des Art. 1 I GG unantastbaren Kernbereichs:[27] **934**

> Dazu gehören auch „Gefühlsäußerungen, Äußerungen des Unbewussten Erlebens sowie Ausdrucksformen der Sexualität“. Konkret bedeutet dies: die Wohnung darf „belauscht“ werden, wenn Anhaltspunkte gegeben sind, dass dort erhebliche Straftaten verabredet werden – wendet sich das Gespräch aber höchstpersönlichen Dingen zu, werden die Belauschten intim, ist die Überwachung abzubrechen. Entsprechend restriktiv ist die Ermächtigung des Art. 13 III GG zu deuten; das Ausführungsgesetz hatte diesen Rahmen nicht gewahrt. Ein Sondervotum zu BVerfGE 109, 279 sah allerdings die Grenzen des Art. 79 III GG überschritten.

Durchsuchungen zählen schließlich zu jenen Grundrechtseingriffen, die sich typischerweise erledigen können, ehe es zu gerichtlicher Überprüfung kommt; deshalb ist gegenwärtiges Betroffensein bzw **Rechtsschutzbedürfnis** für die Verfassungsbeschwerde zu bejahen.

## III. Prüfungsschema

**935**

1. Schutzbereich des Grundrechts
   a) Subjektiv: jedermann
   b) Beeinträchtigung der Integrität der räumlichen Privatsphäre durch Hoheitsakt
2. Eingriff – Durchsuchung, sonstige Beschränkung, Lauschangriff?
3. Rechtfertigung

3.1 Wenn Durchsuchung:
   a) Ermächtigungsgrundlage (zB im PolG, Gewerberecht oder StPO)
      aa) Formell verfassungsmäßig? Zitiergebot, Art. 19 I 2 GG?
      bb) Materiell verfassungsmäßig, insbesondere Verhältnismäßigkeit
   b) Anwendung der Ermächtigungsgrundlage
      aa) Richtervorbehalt gewahrt bzw entbehrlich wg. Gefahr im Verzug?
      bb) Beachtung der vorgeschriebenen Formalien?
      cc) Verhältnismäßigkeit?

3.2 Wenn technische Überwachung
   a) Zum Zweck der Strafverfolgung
      aa) Gesetzliche Grundlage (StPO)
      bb) Materielle Voraussetzungen des Art. 13 III GG (besonders schwere Straftat) – kein „Spähangriff“
      cc) Richtervorbehalt
      dd) Verfassungskonforme Anwendung des Gesetzes

27 BVerfGE 109, 279 (309 ff.).

b) Präventiv
aa) Gesetzliche Grundlage (zB PolG)
bb) Materielle Voraussetzungen des Art. 13 IV GG „Lausch-“ und „Spähangriff“
cc) Richtervorbehalt oder Gefahr im Verzug
dd) Verfassungskonforme Anwendung des Gesetzes
c) Zum Schutz eines Einsatzes: Art. 13 V GG
3.3 Wenn sonstige Beschränkung
a) Zur Abwehr gemeiner Gefahr oder Lebensgefahr
aa) Voraussetzungen des Art. 13 VII GG
bb) Verhältnismäßigkeit?
b) Sonstige Fälle
aa) Gesetzliche Grundlage?
bb) Verfassungsmäßigkeit des Gesetzes?
cc) Anwendung des Gesetzes

## C. Abgrenzung Unverletzlichkeit der Wohnung – APR – Fernmeldegeheimnis[28]

**936** Art. 10 I erfasst Inhalte und Umstände der TK – soweit diese bei lfd TK-Vorgang erhoben: Art. 10 I einschlägig, nicht aber für nach Abschluss des TK-Vorgangs gespeicherte Inhalte, nicht bei Zugriff nach Abschluss des TK-Vorgangs.

Art. 13 I: Privatsphäre, die durch Abgrenzung der Wohnung definiert wird; Infiltration eines IT-Systems innerhalb der Wohnung; Wohnraumüberwachung, nicht aber standortunabhängiger Zugriff, Zugriff auf Verbindung zu einem Rechnernetzwerk.

**Zur Wiederholung:** *Kingreen/Poscher* Rn 883–911; 1002–1028.

**Aus der Ausbildungsliteratur:** *Funke/Lüdemann*, Grundfälle zu Art. 10 GG, JuS 2008, 780; *Wißmann*, Grundfälle zu Art. 13 GG, JuS 2007, 324 und 426; *Lepsius*, Der große Lauschangriff vor dem Bundesverfassungsgericht, Jura 2005, 433; *Schoch*, Der verfassungsrechtliche Schutz des Fernmeldegeheimnisses, Jura 2011, 194; *Gusy*, Lauschangriff und GG, JuS 2004, 457; *Schoch*, Die Unverletzlichkeit der Wohnung, Jura 2010, 22; *Haverkamp*, Die akustische Wohnraumüberwachung – ein unzulässiger Eingriff in den unantastbaren Kernbereich privater Lebensgestaltung?, Jura 2010, 492; *Muckel*, Grundrechtliche Anforderungen an den richterlichen Bereitschaftsdienst für die Anordnung von Wohnungsdurchsuchungen, JA 2019, 471.

**Aktuelle Rechtsprechung:** BVerfGE 109, 279 (akustische Wohnraumüberwachung – Lauschangriff); BVerfG NJW 2005, 965 – Verfassungswidriger Durchsuchungsbeschluss für Redaktionsräume; zu Art. 10 GG: BVerfGE 107, 299 (Verbindungsdaten); BVerfGE 113, 348 (Nds SOG); BVerfGE 113, 29 (Beschlagnahme von Datenträgern in Anwaltskanzlei); BVerfGE 115, 166 (Durchsuchung); BVerfGE 120, 274 (Online-Durchsuchung); BVerfGE 125, 260 (Vorratsdatenspeicherung); EuGH, U. v. 8.4.2014 – C 293/12 und C-594/12 – (Vorratsdatenspeicherung); BVerfG NJW 2020. 2235 (BND).

**Weitere Fälle im thematischen Zusammenhang:** *Lang*, „Und bist du nicht willig“, NWVBl 2005, 154; *Lecheler/Germelmann*, Der Staatsanwalt im Zeitungsverlag, Jura 2001, 781; *Miller/Schweighart*, Hausfriedensbruch oder Verletzung des Art. 13 GG – Ein Gerichtsvollzieher macht Ernst, JuS 2008, 607.

28 BVerfGE 120, 274.

Fall 16

# Heiligendamm

*Umfangreicher und anspruchsvoller Examensfall, evtl. 1. Teil isoliert in der Fortgeschrittenenübung*

In der Stadt S im Bundesland A wird unter erheblichen Sicherheitsvorkehrungen eine internationale Konferenz zu Fragen der Wirtschaftspolitik vorbereitet. Sie soll vom Donnerstag, 5.10. bis Samstag, 7.10.2017 in einem von der Bundesregierung zu diesem Zweck angemieteten und umgebauten, in etwa 5 km Entfernung von S und weit ab von anderen Siedlungen gelegenen Gästehaus stattfinden. Der Teilnehmerkreis wird aus Sicherheitsgründen geheim gehalten. Erst wenige Tage vor Beginn der Konferenz sickert durch, dass u.a. der russische und der türkische Staatspräsident erwartet werden, ferner der Vizepräsident der USA und ein hochrangiger Vertreter des saudischen Königshauses. Diese Nachricht wird am Abend des 1.10. (einem Sonntag) erstmalig in der Nachrichtensendung eines örtlichen Radiosenders verbreitet. **937**

Die radikal wirtschafts- und globalisierungskritische Menschenrechtsorganisation „Antikap" (ein eingetragener Verein) will die Gelegenheit nutzen, um die Machthaber mit Protesten gegen die Menschenrechtslage in ihren jeweiligen Staaten zu konfrontieren. Innerhalb von nur zwei Tagen gelingt es ihr, die notwendigen Vorbereitungen zu treffen. Da am Dienstag, den 3.10. die zuständige Behörde wegen des Nationalfeiertags nicht erreichbar ist, meldet Antikap erst am Morgen des 4.10. die für den Nachmittag des 5.10. geplante Kundgebung per E-Mail bei der Behörde an und ruft gleichzeitig öffentlich zu der Versammlung auf. Sie soll unter dem Motto stehen „Stoppt (Name eines der anwesenden Staatsoberhäupter) und … (dto.) und ihre Komplizen – Gegen die Internationale des Menschenrechtsterrors" und zunächst auf einem zentralen Platz in S beginnen und sich dann in Form eines Demonstrationszugs bis unmittelbar zum Tagungsort bewegen. Dort soll unmittelbar vor der gesicherten Einfahrt zu dem weiträumigen Parkgelände, innerhalb dessen sich das Gästehaus in etwa 500 m Abstand von der Zufahrt befindet, eine Schlusskundgebung stattfinden. Am Vorabend will Antikap die Anwesenheit zahlreicher Mitglieder und Sympathisanten zu einer nicht-öffentlichen Mitgliederversammlung in einer Turnhalle von S nutzen, auf der die Kundgebung des nächsten Tages vorbereitet und eine umfangreiche Dokumentation über Menschenrechtsverletzungen in den Teilnehmerstaaten der Konferenz vorgestellt werden soll.

Bereits am Mittag des gleichen Tages wird der Antikap durch Boten ein Bescheid der zuständigen Behörde zugestellt, in dem ihr als Veranstalterin verboten wird, sich dem Tagungsort näher als 5 km Luftlinie zu nähern und die sofortige Vollziehung des Verbots angeordnet wird. Zur Begründung wird ausgeführt: Die Antikap habe die Versammlungen nicht rechtzeitig angemeldet. Die Kundgebung widerspreche dem vom Grundgesetz vorgegebenen Ziel der Völkerverständigung und sei deshalb verfassungsfeindlich. Das Motto der Veranstaltung sei außerdem geeignet, die öffentliche Sicherheit und Ordnung zu stören. Es bedeute eine Beleidigung der Vertreter ausländischer Staaten und erfülle damit den Straftatbestand des § 85 StGB sowie des § 103 StGB, der zwar mit Jahresende 2017 außer Kraft treten werde, bis dahin aber noch geltendes Recht sei. Jedenfalls aber müsse es von den anwesenden Staatsgästen als unfreundlicher Akt empfunden werden, schade dem Ansehen der Stadt und des Landes und gefährde deshalb die öffentliche Ordnung, zumal diese bei ihren Beratungen durch Sprechchöre uÄ erheblich gestört werden könnten. Außerdem sei bei Veranstaltungen der Antikap regelmäßig mit gewalttätigen Vertretern sog. autonomer Gruppen zu rechnen, die sich unter die Versammlung mischen würden. Dann müsste mit Ausschreitungen gerechnet werden. Darüber hinaus sei dann auch die Sicherheit der hochrangigen Staatsgäste gefährdet. Im Übrigen bleibe es den Teilnehmern unbenommen, in gebührender Entfernung von deren Aufenthaltsort ihrer Demonstrationslust zu frönen.

Zur Überraschung der Antikap enthält der Bescheid auch ein Verbot der Veranstaltung am Vorabend der Kundgebung. Zur Begründung wird ausgeführt, es sei anzunehmen, dass Antikap auf dieser Veranstaltung Straftaten nach §§ 85 und 103 StGB vorbereiten wolle. Deshalb sei die öffentliche Sicherheit gefährdet. Die Vorstellung der Dokumentation gerade zu diesem Zeitpunkt wiederum würde das Konferenzklima und damit die außenpolitischen Belange der Bundesrepublik in schwerwiegender Weise gefährden, zumal Antikap derartige Äußerungen stets aggressiv und tendenziös zu formulieren pflege.

Ein Eilantrag beim zuständigen Verwaltungsgericht bleibt erfolglos. Antikap verzichtet daraufhin auf die geplanten Veranstaltungen, möchte jedoch Rechtssicherheit für künftige Veranstaltungen erlangen und deshalb eine gerichtliche Überprüfung des Bescheids erreichen und erhebt – ohne ein Widerspruchsverfahren durchzuführen – am 16.10. Klage beim zuständigen VG.

## Mit Aussicht auf Erfolg?

Die einschlägigen Bestimmungen des Versammlungsgesetzes des Landes A lauten:

**Abschnitt I: Allgemeine Bestimmungen**

**§ 1 LVersG**

Jedermann hat das Recht, öffentliche Versammlungen und Aufzüge zu veranstalten und an solchen Veranstaltungen teilzunehmen.

[...]

**Abschnitt II: Öffentliche Versammlungen in geschlossenen Räumen**

**§ 5 LVersG**

Eine öffentliche Versammlung in geschlossenen Räumen kann nur im Einzelfall und nur dann verboten werden, wenn

1. der Veranstalter oder Leiter der Versammlung Teilnehmern Zutritt gewährt, die Waffen oder sonstige Gegenstände im Sinne von § 2 Abs. 3 mit sich führen,
2. Tatsachen festgestellt sind, aus denen sich ergibt, dass der Veranstalter oder sein Anhang einen gewalttätigen oder aufrührerischen Verlauf der Versammlung anstreben,
3. Tatsachen festgestellt sind, aus denen sich ergibt, dass der Veranstalter oder sein Anhang Ansichten vertreten oder Äußerungen dulden werden, die ein Verbrechen oder ein von Amts wegen zu verfolgendes Vergehen zum Gegenstand haben.

[...]

**Abschnitt III: Öffentliche Versammlungen unter freiem Himmel**

**§ 14 LVersG**

(1) Wer die Absicht hat, eine öffentliche Versammlung unter freiem Himmel oder einen Aufzug zu veranstalten, hat dies spätestens 72 Stunden vor der Bekanntgabe der zuständigen Behörde unter Angabe des Gegenstandes der Versammlung oder des Aufzuges und unter Benennung eines verantwortlichen Leiters anzumelden.

(2) Entsteht der Anlass für eine geplante Versammlung kurzfristig (Eilversammlung), ist die Versammlung spätestens mit der Bekanntgabe fernmündlich, schriftlich, elektronisch oder zur Niederschrift bei der zuständigen Behörde oder bei der Polizei anzuzeigen.

**§ 15 LVersG**

(1) Die zuständige Behörde kann die Versammlung oder den Aufzug verbieten oder von bestimmten Auflagen abhängig machen, wenn nach den zur Zeit des Erlasses der Verfügung erkennbaren Umständen die öffentliche Sicherheit oder Ordnung bei Durchführung der Versammlung oder des Aufzuges unmittelbar gefährdet ist.

(2) Sie kann eine Versammlung oder einen Aufzug auflösen, wenn sie nicht oder nicht rechtzeitig angemeldet sind, wenn von den Angaben der Anmeldung abgewichen oder den Auflagen zuwider gehandelt wird oder die öffentliche Sicherheit oder Ordnung unmittelbar gefährdet ist.

(3) Ist die Versammlung aufgelöst, haben die Beteiligten sich unverzüglich zu entfernen.

[...]

**Hinweis:** *Art. 74 I Nr. 3 GG lautete bis 2006: „Das Vereins- und Versammlungsrecht“.*

# Vorüberlegungen

938 Bei der Klausur, die an Vorgänge anlässlich des G 8-Gipfels 2007 erinnert, geht es im Schwerpunkt um das Grundrecht der Versammlungsfreiheit aus Art. 8 GG. Die verwaltungsrechtliche bzw verwaltungsprozessuale Einkleidung der Thematik ist kennzeichnend für versammlungsrechtliche Fälle, bei denen es meist um Versammlungsverbote oder polizeiliche Maßnahmen gegen Versammlungen geht. Deren Rechtmäßigkeit ist zu prüfen, wobei die prozessuale Einkleidung häufig die der Fortsetzungsfeststellungsklage ist: wenn der Termin für die geplante Versammlung verstrichen ist, tritt prozessuale Überholung ein; in diesen Fällen gleichwohl zu einer verwaltungsgerichtlichen Kontrolle zu gelangen, ist dann eine Frage auch der Rechtsschutzgarantie des Art. 19 IV GG. Aber auch das Eilverfahren nach § 80 V VwGO ist typisch für Fälle aus dem Versammlungsrecht (wie überhaupt in der Examenspraxis das Eilverfahren mitunter das Hauptsacheverfahren zu verdrängen scheint – der Examenskandidat ist also gut beraten, sich mit den Voraussetzungen des Eilverfahrens vertraut zu machen – dazu etwa *Schenke* Rn 927). Im vorliegenden Fall war eine Fortsetzungsfeststellungsklage zugrundezulegen.

939 Die materielle Prüfung hat im Aufbau der verwaltungsrechtlichen Einkleidung des Falles zu folgen: sie beginnt für jede der beiden Maßnahmen (Verbote) mit der Frage nach einer (verfassungsmäßigen) Ermächtigungsgrundlage. Wie schon der Hinweis am Ende des SV andeutet, ist dabei auf die Kompetenzfrage einzugehen, wie auch auf die bekannte Problematik der Verfassungsmäßigkeit der Anmeldepflicht. Die Prüfung hat dann die formelle und materielle Rechtmäßigkeit der Maßnahme zu behandeln. Dabei war zunächst zu sehen, dass die Versammlungsfreiheit auch die Wahl des Versammlungsortes umfasst. Die Problematik der Eilversammlungen ist mittlerweile in den Ländern fast durchweg gesetzlich geregelt, so dass es nur auf die Anwendung hier des § 14 II LVersG ankommt. Das Problem einer Störung durch (rechts-)extremistische Kundgebungen im Zusammenhang von Meinungs- und Versammlungsfreiheit sollte vertraut sein, insbesondere auch, dass Maßnahmen gegen Versammlungen meinungsneutral sein müssen (*Kingreen/Poscher* Rn 827). Maßnahmen dürfen also nur dann wegen einer im Rahmen einer Versammlung erfolgenden Meinungsäußerung – beispielsweise wegen des Mottos einer Versammlung – ergriffen werden, wenn diese Maßnahmen auch vor Art. 5 II GG gerechtfertigt werden können. Insbesondere dürfen Meinungsäußerungen nach BVerfGE 111, 147 nicht aus Gründen der öffentlichen Ordnung beschränkt werden. Dass es bei Meinungs- und Versammlungsfreiheit auch in besonderem Maße um das Recht auf Machtkritik geht, ist seit BVerfGE 93, 266 vertraut – zu erkennen war hier die Besonderheit, dass dies auch gegenüber ausländischen Machthabern gilt. Die Frage, ob einzelne gewaltbereite Versammlungsteilnehmer oder auch Gegendemonstranten ein Versammlungsverbot rechtfertigen können, sollte den Bearbeitern vertraut sein.

940 Beim Verbot der Vereinsversammlung geht es um Rechtsschutz gegen ein aus sicherheitsrechtlichen Gründen ausgesprochenes Verbot. Materiell steht hier die Frage nach der Ermächtigungsgrundlage im Vordergrund, wobei sich für die Anwendung des Versammlungsgesetzes das Problem ergibt, dass es sich hier zum einen um eine Versammlung in einem geschlossenen Raum und zum anderen möglicherweise um eine nichtöffentliche Veranstaltung handelt.

**Zum Aufbau:** Der Kläger wendet sich hier gegen zwei Verwaltungsakte – das Verbot des Demonstrationszugs mit anschließender Kundgebung und der Mitgliederversammlung. Zulässigkeit und Begründetheit der Klage können getrennt für beide Verwaltungsakte geprüft werden. Es ist aber ebenso gut möglich, vorab die Zulässigkeit zu prüfen und dann die Begründetheit getrennt für beide Maßnahmen. Dieser Aufbau wird hier gewählt; dies vermeidet Wiederholungen in der Zulässigkeitsprüfung und erleichtert die Konzentration auf die zentralen materiellen Probleme des Falles. Im Begründetheitsteil liegen die Schwerpunkte des Falles und die wesentlichen Probleme, während im Zulässigkeitsteil im Wesentlichen einige dem Bearbeiter bekannte Standardprobleme (Erledigung, Vorverfahren bei Fortsetzungsfeststellungsklage, Feststellungsinteresse) abzuarbeiten sind. Dies sollte – bei fünfstündiger Arbeitszeit – nicht mehr als eine Stunde der Arbeitszeit in Anspruch nehmen.

## Gliederung **941**

**A. Zulässigkeit der Klage**

I. Verwaltungsrechtsweg
II. Statthaftigkeit – richtige Klageart: Fortsetzungsfeststellungsklage analog § 113 I 4 VwGO: Verwaltungsakte (+) – Erledigung (+)
III. Zuständiges Gericht
IV. Beteiligten- und Prozessfähigkeit
V. Klagebefugnis
VI. Rechtsschutzbedürfnis/Feststellungsinteresse: Wiederholungsgefahr – Art. 19 IV GG
VII. Vorverfahren: entbehrlich, Erledigung vor Klageerhebung
VIII. Klagefrist

**B. Begründetheit der Klage**

I. Demonstrationszug – Näherungsverbot
  1. Ermächtigungsgrundlage
    a) § 15 I LVersG: Verbote und Auflagen
    b) § 15 I LVersG verfassungsmäßig?
      aa) Formelle Verfassungsmäßigkeit – Gesetzgebungskompetenz: Art. 74 I Nr. 3 GG
      bb) Materielle Verfassungsmäßigkeit: öffentliche Sicherheit und Ordnung in verfassungskonformer Auslegung, Anmeldepflicht (+): Art. 8 II GG
  2. Formelle Rechtmäßigkeit (+)

3. Materielle Rechtmäßigkeit
   a) Anmeldefrist
   b) Gefahr für die öffentliche Sicherheit
      aa) Veranstaltungsmotto (–): Art. 5 I 1 GG
      bb) Völkerverständigung (–): Art. 5 I 1 GG
      cc) Gewaltbereite Teilnehmer (–)
      dd) Sicherheit der Staatsgäste (– oder +)
   c) Gefahr für die öffentliche Ordnung
      aa) Inhalt der Äußerung (–)
      bb) Begleitumstände (–)

II. Verbot der Mitgliederversammlung
1. Ermächtigungsgrundlage: § 5 LVersG analog (–); polizeiliche Generalklausel (+)
2. Formelle Rechtmäßigkeit
3. Materielle Rechtmäßigkeit
   a) Öffentliche Sicherheit (–)
   b) Öffentliche Ordnung (–)

# Musterlösung

## A. Zulässigkeit der Klage

### I. Verwaltungsrechtsweg

Voraussetzung für die Zulässigkeit der Klage ist zunächst, dass der Verwaltungsrechtsweg eröffnet ist. Dies richtet sich im vorliegenden Falle nach § 40 I 1 VwGO. Da hier die zuständige Behörde in Anwendung des Versammlungsgesetzes (LVersG) bzw des allgemeinen Polizei- und Ordnungsrechts tätig wurde, also auf Grund von Sondernormen des öffentlichen Rechts, die ihr als Behörde besondere Befugnisse verleihen, liegt eine öffentlich-rechtliche Streitigkeit vor; die Behörde ist auch im Subordinationsverhältnis tätig geworden. Es müsste sich weiterhin um eine Streitigkeit nichtverfassungsrechtlicher Art handeln. Dies ist der Fall, weil nicht unmittelbar über Normen des Verfassungsrechts gestritten wird und auch keine Verfassungsorgane am Verfahren beteiligt sind. Eine abdrängende Sonderzuweisung an ein anderes Gericht ist ebenfalls nicht ersichtlich, sodass der Verwaltungsrechtsweg nach § 40 I 1 VwGO eröffnet ist. **942**

### II. Statthaftigkeit – richtige Klageart

Die Klage könnte sowohl hinsichtlich des Verbots der Kundgebung als auch hinsichtlich des Verbots der Mitgliederversammlung als Fortsetzungsfeststellungsklage analog § 113 I 4 VwGO (vgl *Schenke* Rn 323 ff.) statthaft sein. **943**

Dies setzt voraus, dass es sich bei diesen Verboten um Verwaltungsakte handelte und diese sich durch Zeitablauf oder auf andere Weise erledigt haben. Ersteres ist zu bejahen, da im Verbot sowohl der Kundgebung als auch der Mitgliederversammlung jedenfalls eine behördliche Maßnahme auf dem Gebiet des öffentlichen Rechts zur Regelung jeweils ganz konkreter Sachverhalte und mit unmittelbarer Rechtswirkung nach außen lag.[1] In beiden Fällen hat sich jedoch die behördliche Maßnahme erledigt, und zwar zum einen durch Zeitablauf, § 43 II VwVfG,[2] weil der Termin für die Veranstaltungen verstrichen ist, zum anderen aber auch dadurch, dass Antikap auf die Durchführung der Veranstaltungen verzichtet hat und damit dem Verbot nachgekommen ist. Zwar liegt in der freiwilligen Befolgung eines Verwaltungsaktes nicht notwendig Erledigung, wohl aber hier, da angesichts der Kürze der Zeit weitere Rechtsmittel nicht erfolgversprechend waren. Daher kommt nur eine Klage auf Feststellung der Rechtswidrigkeit des Bescheids in Betracht. § 113 I 4 VwGO ist hier nicht unmittelbar anzuwenden, da Erledigung bereits vor Klageerhebung eingetreten ist. Die Bestimmung ist in einem derartigen Fall jedoch analog anwendbar. Auch bei Erledigung vor Klageerhebung kann der Kläger ein berechtigtes Interesse an der Feststellung der Rechtswidrigkeit haben; es bestünde andernfalls eine Rechtsschutzlücke. Die Voraussetzungen für eine analoge Anwendung der Vorschrift sind also gegeben.[3]

---

1 *Dies ist hier ganz unproblematisch und sollte nicht zu breit ausgeführt werden.*

2 Für Sachsen: § 43 VwVfG iVm § 1 SächsVwVfZG; für Bayern: Art. 43 VwVfG.

3 Da die analoge Anwendung des § 113 I 4 VwGO in diesem Fall ganz hM ist, vgl *Schenke* Rn 323, kann darauf verzichtet werden, die Voraussetzungen der Analogie zu prüfen.

### III. Zuständiges Gericht

944 Die Klage ist lt Sachverhalt vor dem zuständigen Verwaltungsgericht erhoben worden.

### IV. Beteiligten- und Prozessfähigkeit

945 Die Beteiligtenfähigkeit des Vereins „Antikap" folgt aus § 61 Nr. 1 VwGO; für die Prozessfähigkeit gilt § 62 III VwGO. Zu richten ist die Klage nach § 78 I Nr. 1 VwGO gegen den Rechtsträger der handelnden Behörde, der über § 61 I Nr. 1 VwGO beteiligtenfähig ist; für die Prozessfähigkeit gilt ebenfalls § 62 III VwGO.

### V. Klagebefugnis

946 Da die Fortsetzungsfeststellungsklage einen Unterfall der Anfechtungsklage darstellt, ist nach § 42 II VwGO analog Klagebefugnis zu fordern. Die Klägerin muss also geltend machen können, durch die den Gegenstand der Klage bildenden Verwaltungsakte in ihren Rechten verletzt worden zu sein. Dies ist hier schon deshalb zu bejahen, weil es sich bei den Verboten um belastende Verwaltungsakte handelt, durch die dem Verein ein Unterlassen – nämlich der entsprechenden Veranstaltungen – aufgegeben wurde, er also Adressat belastender Verwaltungsakte war.

### VI. Rechtsschutzbedürfnis/Feststellungsinteresse

947 Für die Fortsetzungsfeststellungsklage ist ein besonderes Interesse des Klägers an der Feststellung der Rechtswidrigkeit des erledigten VA zu fordern. Dieses qualifizierte Feststellungsinteresse folgt hier insbesondere daraus, dass der Antikap bei Fortsetzung ihrer Betätigung erneut entsprechende Verbote drohen, also Wiederholungsgefahr besteht. Wenn ihr zudem durch den Bescheid und insbesondere durch dessen Begründung bescheinigt wird, sich strafbar zu verhalten, so begründet dies auch ein relevantes Rehabilitationsinteresse wegen diskriminierender Wirkung der Maßnahmen. Entscheidend kommt hinzu, dass Maßnahmen der hier vorliegenden Art, also Verbote termingebundener Veranstaltungen, sich regelmäßig erledigen, ehe eine gerichtliche Entscheidung ergeht. Dies hätte zur Folge, dass dann die Behörde regelmäßig klaglos gestellt und das betroffene materielle Grundrecht, also vor allem Art. 8 GG leer laufen würde.[4] Deshalb ist hier auch wegen der Rechtsschutzgarantie des Art. 19 IV GG unter dem Gesichtspunkt der prozessualen Überholung ein qualifiziertes Rechtsschutzinteresse bzw Feststellungsinteresse zu bejahen.[5]

### VII. Vorverfahren

948 Da hier Erledigung vor Klageerhebung eingetreten ist, stellt sich die Frage, ob es auch in diesem Fall der Durchführung eines Vorverfahrens analog § 68 VwGO bedarf. Dafür

4 Vgl BVerfGE 96, 27; *Schenke* Rn 583 f.
5 S dazu BVerfGE 110, 77 (89).

spricht vor allem, dass es Funktion des Widerspruchsverfahrens ist, die Verwaltung zu einer Selbstkontrolle ihres Verhaltens zu veranlassen und diese Selbstkontrolle auch nach Erledigung eines Verwaltungsaktes noch sinnvoll erscheint. Dagegen spricht jedoch, dass die primäre Zielsetzung des Widerspruchsverfahrens, dem Kläger die Möglichkeit der Abhilfe durch die Behörde zu eröffnen, jedenfalls nicht mehr erreichbar ist. Deshalb würde es einen überflüssigen Formalismus bedeuten, vom Kläger gleichwohl die Durchführung des Widerspruchsverfahrens zu verlangen.[6] Die Klägerin braucht also kein Vorverfahren durchzuführen.

### VIII. Klagefrist

Grundsätzlich ist auch bei Erledigung vor Klageerhebung die Monatsfrist des § 74 I 2 **949**
VwGO zu wahren.[7] Dem wurde hier genügt. Die Klage wurde lt SV am 16.10. und damit innerhalb dieser Frist eingereicht. Die Klagefrist ist also gewahrt.

**Ergebnis:** Die Klage ist als Fortsetzungsfeststellungsklage analog § 113 I 4 VwGO zulässig.

## B. Begründetheit der Klage

Die Klage ist begründet, wenn die Bescheide rechtswidrig waren und die Klägerin hier- **950**
durch in ihren Rechten verletzt wurde.

### I. Demonstrationszug – Näherungsverbot

Das Verbot, sich dem Konferenzort zu nähern und dort die Kundgebung abzuhalten, war rechtmäßig, wenn es auf einer tauglichen Ermächtigungsgrundlage beruhte sowie die formellen und materiellen Voraussetzungen für den Erlass des Verbotes erfüllt waren.

#### 1. Ermächtigungsgrundlage

Als belastender Verwaltungsakt bedurfte das Verbot der Kundgebung nach dem Grund- **951**
satz des Vorbehalts des Gesetzes zunächst einer Ermächtigungsgrundlage. Die Notwendigkeit einer Ermächtigungsgrundlage entfällt nicht etwa deshalb, weil die Behörde die Versammlungsteilnehmer auf entferntere Orte verwiesen hat. Denn auch das Recht, den Versammlungsort entsprechend dem mit der Versammlung verfolgten Anliegen zu wählen, fällt unter Art. 8 GG.

a) Dies könnte **§ 15 I LVersG** sein. Hiernach kann die Behörde eine Versammlung oder **952**
einen Aufzug aus Gründen der öffentlichen Sicherheit und Ordnung **verbieten** oder von

6 Auch die Gegenauffassung ist hier gut vertretbar, vgl nur *Schenke* Rn 666; schließt man sich ihr an, so ist die Klage derzeit unzulässig. In der Bearbeitung wäre dann dahingehend zu formulieren, dass zunächst das Ergehen eines Widerspruchsbescheids abzuwarten ist.

7 *Schenke* Rn 703.

einer **Auflage** abhängig machen. Dies hat sie im vorliegenden Fall getan. Die Bestimmung kommt dann zur Anwendung, wenn eine öffentliche Versammlung im Sinne des Versammlungsgesetzes vorliegt. Eine Versammlung im Sinne des LVersG setzt – ebenso wie Art. 8 GG – voraus, dass eine Mehrzahl von Personen zu einem bestimmten gemeinsamen Zweck zusammenkommt.[8] Die Teilnehmer der Kundgebung wollten sich hier zu einer gemeinsamen Meinungskundgabe im Sinn einer politischen Demonstration treffen. Damit ist der für die Annahme einer Versammlung erforderliche gemeinsame Zweck selbst dann zu bejahen, wenn hierfür die gemeinsame Erörterung öffentlicher bzw politischer Angelegenheiten gefordert wird.[9] Dies ist umstritten, kann hier aber noch auf sich beruhen, da eine politische Demonstration, wie sie hier geplant war, nach jeder der vertretenen Auffassungen die Merkmale einer Versammlung erfüllt. Die Versammlung sollte auch öffentlich sein, weil sie für jedermann zugänglich sein sollte. Soweit die Behörde sich darauf beruft, dass die Versammlung nicht rechtzeitig angemeldet worden sei, ist Grundlage für die Anmeldepflicht § 14 I LVersG; auch insoweit kann als Ermächtigungsgrundlage für das Verbot nur § 15 I LVersG iVm § 14 I LVersG herangezogen werden.

b) § 15 I LVersG kam damit im vorliegenden Fall als Ermächtigungsgrundlage in Betracht. Wenn § 15 I LVersG der Behörde die Befugnis verleiht, eine Versammlung zu verbieten, so liegt hierin ein Eingriff in das Grundrecht der Versammlungsfreiheit aus Art. 8 I GG. Nach Art. 8 II GG kann dieses Grundrecht jedoch für Versammlungen unter freiem Himmel eingeschränkt werden. § 15 I LVersG enthält eine derartige Einschränkung, ebenso die Anmeldepflicht nach § 14 I LVersG.

Die Bestimmung müsste insoweit jedoch **verfassungsmäßig** sein.

953 aa) Das Land müsste für den Erlass des LVersG zuständig sein. Dies ist nach der Grundregel des Art. 70 GG dann der Fall, wenn nicht das GG dem Bund die **Gesetzgebungsbefugnis** verleiht. Eine konkurrierende Zuständigkeit bestand bis 2006 gemäß Art. 74 I Nr. 3 GG a.F. Wenn im Wege der Verfassungsänderung das Versammlungsrecht gestrichen wurde, so bedeutet dies, dass nunmehr die Länder zuständig sein sollten. Bundesrecht, das nach Art. 74 GG in der bis dahin geltenden Fassung erlassen worden war, galt nach Art. 125a I 1 GG fort, konnte aber nach Art. 125a I 2 GG durch Landesrecht ersetzt werden. Eben dies ist im Land A erfolgt. Das LVersG wurde also vom zuständigen Gesetzgeber erlassen.

954 bb) Die Bestimmung müsste auch **materiell verfassungsmäßig** sein. Für die materielle Verfassungsmäßigkeit einer gesetzlichen Beschränkung der Versammlungsfreiheit nennt Art. 8 II GG keine näheren Voraussetzungen; das Grundrecht steht unter einfachem Gesetzesvorbehalt. Für ein grundrechtsbeschränkendes Gesetz muss jedoch gefordert wer-

---

8 BVerfG DVBl 2001, 1351.

9 Da hier eine gemeinsame Meinungskundgabe in „öffentlichen" (insbesondere politischen) Angelegenheiten beabsichtigt ist, braucht die Streitfrage, wie der gemeinsame Zweck bei der Versammlung beschaffen sein muss, nicht entschieden zu werden. Das BVerfG neigt derzeit der engsten Auffassung zu. Der Bearbeiter muss jedoch deutlich machen, dass er sich des Problems bewusst ist; deshalb die hier vorgeschlagene Formulierung, mit der die Problematik relativ knapp abgehandelt wird. Mit dem Hinweis auf die engste Auffassung, die also die strengsten Anforderungen stellt, werden gleichzeitig die weiteren Auffassungen mit abgedeckt, ohne dass diese iE dargestellt werden.

den, dass der Gesetzgeber einen legitimen Zweck verfolgt und dass die Grundrechtsbeschränkung verhältnismäßig ist. Soweit Beschränkungen der Versammlungsfreiheit aus **Gründen der öffentlichen Sicherheit** vorgesehen sind, ist dies zu bejahen. Denn der Staat ist gehalten, die öffentliche Sicherheit, also insbesondere die Unversehrtheit von Rechtsgütern der Bürger zu gewährleisten. Für den Beschränkungsgrund der öffentlichen Ordnung könnte fraglich sein, ob hier ein legitimer Zweck zugrunde liegt. Denn mit diesem Begriff verbindet man die von der Allgemeinheit anerkannten Vorstellungen über die Regeln für ein geordnetes menschliches Zusammenleben. Das demokratische Grundrecht der Versammlungsfreiheit soll aber auch ein Forum für solche Äußerungen ermöglichen, die diesen herrschenden Auffassungen widersprechen, also ein Forum auch für Minderheiten und Außenseiter. Deshalb muss der Beschränkungsgrund der öffentlichen Ordnung einschränkend ausgelegt werden. Er kann nicht als Grund dafür herangezogen werden, Versammlungen zu verbieten oder zu beschränken, weil dort Meinungen vertreten werden, die sich gegen die öffentliche Ordnung richten. Allenfalls die Begleitumstände einer Versammlung können also unter diesem Aspekt eine Beschränkung der Versammlungsfreiheit rechtfertigen.[10] § 15 I LVersG muss insoweit verfassungskonform ausgelegt werden, um eine verhältnismäßige Grundrechtsbeschränkung darzustellen und ist dann auch hinreichend bestimmt. Ob dann die konkret erfolgenden Grundrechtseinschränkungen verhältnismäßig sind, kann jedoch nur für den Einzelfall festgestellt werden. § 15 I LVersG stellt das Versammlungsverbot in das Ermessen der Behörde und ermöglicht es damit, die im Einzelfall verhältnismäßige und damit auch verfassungskonforme Maßnahme zu ergreifen.[11]

Auch die Anmeldepflicht des § 14 I LVersG dient legitimen öffentlichen Zwecken. Zum **955**
einen soll sie eine vorausschauende Konfliktvermeidung möglich machen. Dies liegt auch im Interesse der Versammlungsteilnehmer selbst, da damit ein möglichst störungsfreier Ablauf der Versammlung gewährleistet werden kann. Eine Anmeldepflicht ist also verfassungsrechtlich grundsätzlich gerechtfertigt und belastet die Veranstalter einer Versammlung oder Kundgebung auch nicht unverhältnismäßig. Für den Fall, dass zu einem aktuellen Anlass eine sehr kurzfristige Meinungskundgabe erfolgen soll, hat der Landesgesetzgeber in § 14 II LVersG auf die Einhaltung der Frist von 72 Stunden vor ihrer Bekanntgabe verzichtet und fordert lediglich, dass die Versammlung „unverzüglich" angemeldet wird. Dieses Erfordernis muss dann im Einzelfall verfassungskonform ausgelegt und angewendet werden.

## 2. Formelle Rechtmäßigkeit

Das Verbot der Kundgebung war formell rechtmäßig, wenn die handelnde Behörde für **956**
die Maßnahmen zuständig war und Form- und Verfahrensvorschriften eingehalten wurden. Von der Zuständigkeit ist lt SV auszugehen, ebenso von der Einhaltung sonstiger Formerfordernisse. Eine Anhörung war hier nach § 28 II Nr. 1 VwVfG wegen der Knappheit der noch zur Verfügung stehenden Zeit entbehrlich.

10 BVerfGE 111, 147 (155 ff.).

11 Vgl dazu Einführung Rn 67 f.: wenn die gesetzliche Regelung Ermessen einräumt, liegt der Schwerpunkt der Grundrechtsprüfung auf der Anwendung des Gesetzes.

### 3. Materielle Rechtmäßigkeit

957 Materiell rechtmäßig war die Verbotsverfügung, wenn die Eingriffsvoraussetzungen des § 15 I LVersG vorlagen und die Behörde das ihr nach dieser Vorschrift zustehende Ermessen fehlerfrei ausgeübt hat.

#### a) Anmeldefrist

Die Behörde hat das Verbot der Versammlung darauf gestützt, dass sie nicht rechtzeitig angemeldet, die Anmeldefrist nach § 14 I LVersG also nicht eingehalten wurde. Ob dies überhaupt zu einem Versammlungsverbot ermächtigen kann, ist fraglich, da die nicht rechtzeitige oder fehlende Anmeldung in § 15 I LVersG nicht als Verbotsgrund genannt ist und nach § 15 II LVersG nur zur Auflösung der Versammlung ermächtigt. Wenn aber die Versammlung sofort nach ihrem Beginn aufgelöst werden könnte, muss die Befugnis, sie aus diesem Grund von vornherein zu verbieten, von § 15 I LVersG als umfasst gelten.

958 Nach dem Wortlaut des § 14 I LVersG wäre die Anmeldefrist in der Tat nicht eingehalten. Der Anlass der Kundgebung ist jedoch so kurzfristig bekannt geworden, dass sie bei Einhaltung der Frist von 72 Stunden ihren Zweck verfehlt hätte. Es lag also eine Eilversammlung iSv § 14 II LVersG vor. Damit reichte es aus, die Versammlung unverzüglich anzumelden. Allerdings erfolgte die Anmeldung erst am Morgen des 4.10.2017, obschon sie am Tag zuvor bereits möglich gewesen wäre. Es kann jedoch nicht als schuldhaftes Zögern gewertet werden, wenn die Veranstalter abwarteten, bis die Behörde wegen des Feiertags am 3.10. am Morgen des 4.10. wieder erreichbar war. Damit ist von Unverzüglichkeit der Anmeldung auszugehen. Sie als verspätet zu behandeln, würde hier das Grundrecht der Versammlungsfreiheit leerlaufen lassen. Die Voraussetzungen für ein Versammlungsverbot wegen nicht rechtzeitiger Anmeldung waren also nicht gegeben. Hierauf durfte das Verbot nicht gestützt werden.

#### 959 b) Gefahr für die öffentliche Sicherheit

Nach § 15 I LVersG kann eine Versammlung verboten werden, wenn ihre Durchführung nach den im Verbotszeitpunkt erkennbaren Umständen die öffentliche Sicherheit unmittelbar gefährdet. Im vorliegenden Fall könnte bereits eine Beeinträchtigung der öffentlichen Sicherheit durch die geplante Kundgebung vorgelegen haben. Unter diesen Begriff fallen nach der klassischen Definition ebenso wie im allgemeinen Polizeirecht der Bestand und die Funktionsfähigkeit des Staates und seiner Einrichtungen, Individualrechtsgüter Dritter und die Gesamtheit der objektiven Rechtsordnung.[12] Eine solche Beeinträchtigung könnte hier unter mehreren Gesichtspunkten gegeben sein.

960 aa) Die Veranstaltung würde die objektive Rechtsordnung dann verletzen, wenn das **Veranstaltungsmotto** „Stoppt … und … und ihre Komplizen – Gegen die Internationale des Menschenrechtsterrors" den Tatbestand der Beleidigung von Organen und Vertretern ausländischer Staaten (§ 103 StGB) erfüllen würde. Danach macht sich u.a. strafbar, wer ein ausländisches Staatsoberhaupt oder Mitglied einer ausländischen Regierung,

12 Vgl nur *Erbguth/Mann/Schubert* Rn 435 ff.

das sich in amtlicher Eigenschaft im Inland aufhält, beleidigt. Allerdings ist die Aufhebung der Norm bereits beschlossen. Dadurch hat der Gesetzgeber zum Ausdruck gebracht, dass ein besonderer Ehrenschutz ausländischer Regierungsmitglieder oder Staatsoberhäupter neben dem allgemeinen Schutz der persönlichen Ehre nicht mehr als legitimer Grund für die Einschränkung der Meinungsfreiheit gelten soll. Doch könnte eine Beleidigung gemäß § 185 StGB darin zu sehen sein, dass die namentlich genannten Staatsmänner in Zusammenhang mit dem Begriff des „Menschenrechtsterrors" gebracht werden. Im Gesamtkontext könnte dies dahingehend zu verstehen sein, dass ihnen gleichsam terroristische Angriffe auf die Menschenrechte unterstellt, sie auf eine Stufe mit Terroristen gestellt werden. Dies könnte in der Tat als Beleidigung aufgefasst werden.

Eine solche Auslegung könnte jedoch der Bedeutung des Grundrechts der Meinungs- **961**
freiheit nicht gerecht werden, auf das sich auch der Verein Antikap gem. Art. 19 III GG berufen kann und das immer dann zu beachten ist, wenn Eingriffe gegenüber Versammlungen auf dort stattfindende oder erwartete Meinungsäußerungen abstellen.[13] Die Bedeutung der Meinungsfreiheit wird nun insbesondere dann verkannt, wenn eine Äußerung einseitig interpretiert und ihr eine Bedeutung beigelegt wird, mit der sie unzulässig werden kann, während auch andere Deutungen möglich sind.[14]

Hier hat die Behörde das Veranstaltungsmotto einseitig im Sinne einer Beleidigung in- **962**
terpretiert. Sie hätte jedoch auch prüfen müssen, ob auch andere Deutungen möglich sind oder die Äußerungen durch die Wahrnehmung berechtigter Interessen gerechtfertigt sein können. Dabei ist insbesondere auch zu berücksichtigen, dass es hier um Kritik an Machthabern ausländischer Staaten geht. Das Anliegen der Machtkritik ist aber ein zentraler Schutzzweck der Meinungsfreiheit und damit auch ihrer kollektiven Ausübung im Rahmen der Versammlungsfreiheit. Dass sich die Machtkritik hier gegen ausländische Machthaber richtet, kann hieran nichts ändern.[15] Denn in einer globalisierten Welt kann auch die öffentliche Meinungsbildung nicht auf das Inland beschränkt bleiben. Hätte die Behörde dies bedacht, so hätte sie von der Möglichkeit ausgehen müssen, dass es den Versammlungsteilnehmern vor allem um den Schutz der Menschenrechte ging. Die Verwendung des Begriffs „Terror" könnte in dem Sinn zu deuten sein, dass die weltweiten Bedrohungen der Menschenrechte ebenso gefährlich sind, wie die durch den internationalen Terrorismus. Die Behörde hätte auch berücksichtigen müssen, dass gerade in der öffentlichen politischen Auseinandersetzung drastische Formulierungen zulässig sind, um auf ein Anliegen aufmerksam zu machen. Sie hätte schließlich sehen müssen, dass dann, wenn es um Anliegen von dringendem öffentlichen Interesse wie dem der Gefährdung der Menschenrechte geht, eine Vermutung zugunsten der freien Rede besteht. Sie schützt auch die Teilnehmer einer Versammlung. Aus dem Motto der Versammlung durfte also keine Gefahr für die öffentliche Sicherheit abgeleitet werden. Bereits in der Interpretation des Versammlungsmottos hat die Behörde also die Bedeutung des Grundrechts verkannt. Sie hat auch durch die undifferenzierte Anwendung des § 103 StGB die Bedeutung des Grundrechts in grundsätzlicher Weise verkannt.

13 Vgl *Kingreen/Poscher* Rn 827.
14 BVerfGE 93, 266 (295 f.).
15 BVerfG NJW 2007, 2167.

963 bb) Dies gilt auch insoweit, als die Behörde sich auf eine Gefahr für die **Völkerverständigung** stützt. Zwar ergibt sich aus einer Gesamtschau der Bestimmungen des Grundgesetzes in Art. 23 bis 26 GG eine „völkerrechtsfreundliche“ Tendenz des Grundgesetzes, eine Entscheidung dafür, als friedliches Glied der Völkergemeinschaft anzugehören. Dies schließt jedoch Kritik an anderen Staaten und deren Machthabern nicht aus. Die Behörde hat auch insoweit die Bedeutung der Kommunikationsfreiheiten des Grundgesetzes gerade in Angelegenheiten von öffentlichem Interesse verkannt.

964 cc) Darüber hinaus hat die Behörde das Verbot damit begründet, dass sich **gewaltbereite** Außenseiter unter die Versammlung mischen. Wenn nach den Erfahrungen in der Vergangenheit bei Kundgebungen der Antikap regelmäßig Ausschreitungen stattfanden, so durfte die Behörde auch vom Vorliegen einer Gefahr auf Grund der hinreichenden Wahrscheinlichkeit eines Schadens ausgehen.[16] Würde man jedoch allein aus diesem Grund Versammlungen nach § 15 I LVersG verbieten können, so würde auch dies die Gefahr begründen, dass das Grundrecht leer liefe. Denn dann könnten Außenstehende oder Gegendemonstranten letztlich nach Belieben Kundgebungen verhindern. Deshalb muss hier den Veranstaltern Priorität eingeräumt werden. Wenn diese eine Kundgebung durchführen wollen, so machen sie von ihrem Grundrecht aus Art. 8 I GG Gebrauch. Die Außenseiter hindern sie daran. Daher ist gegen Letztere einzuschreiten, denn sie bewegen sich außerhalb ihrer Grundrechte, wenn sie sich gewalttätig verhalten. Die Behörde hat also die Kundgebung vor ihnen zu schützen. Eine Ausnahme kann allenfalls im Fall des polizeilichen Notstands gelten, wenn also die Behörde im Rahmen zumutbarer Anstrengungen gewalttätige Ausschreitungen nicht verhindern kann. Dafür ist hier jedoch nichts dargetan.

965 dd) Etwas anderes könnte dann gelten, wenn die **Sicherheit der Staatsgäste** gefährdet wäre. Die Bundesrepublik ist verpflichtet, für deren Schutz zu sorgen. Ihr obliegt eine Schutzpflicht, schon wegen Art. 2 II 1 GG. Hiernach ist die Bundesrepublik verpflichtet, geeignete und verhältnismäßige Maßnahmen zum Schutz der Gäste zu treffen.[17] Es müsste dann dargetan sein, dass das Verbot, sich dem Ort der Konferenz zu nähern, erforderlich und verhältnismäßig ist. Zunächst müsste also tatsächliche eine Gefahr bestehen; dabei sind an die Gefahrenprognose umso höhere Anforderungen zu stellen, je schwerer der Grundrechtseingriff wiegt. Die Annahmen der Behörde erschöpfen sich jedoch in mehr oder weniger pauschalen Vermutungen. Insbesondere ist nicht dargelegt, dass und warum es gerade bei einer Kundgebung vor der Zufahrt zum Konferenzort und in immerhin 500 m Entfernung vom Konferenzgebäude zu Gefährdungen kommen könnte, denen nicht mit polizeilichen Mitteln begegnet werden kann. Auch wenn auf der einen Seite die staatliche Schutzpflicht für die Sicherheit der Konferenzteilnehmer und damit für hochrangige Rechtsgüter steht, bedeutet das Verbot, die Kundgebung am Konferenzort abzuhalten, doch andererseits einen schwerwiegenden Eingriff in die Versammlungsfreiheit, da der Versammlung mit der örtlichen Beschränkung ihre beabsichtigte Wirkung genommen wird. Auch im Hinblick darauf fehlt es an einer hinreichend abgesicherten Gefahrenprognose der Behörde *(aA gut vertretbar)*.

---

16 Im Hinblick auf die von BVerfGE 69, 315 (353 f.) geforderte strenge Gefahrenprognose wäre es auch vertretbar, eine Gefahr im sicherheitsrechtlichen Sinn zu verneinen.

17 BVerfG (K) NJW 2007, 2167 Tz. 28 f.

### c) Gefahr für die öffentliche Ordnung 966

Die geplante Kundgebung könnte jedoch das in § 15 I LVersG gleichermaßen genannte Schutzgut der öffentlichen Ordnung beeinträchtigen. Darunter ist entsprechend der tradierten Bedeutung des Begriffs im Polizei- und Ordnungsrecht die Gesamtheit der ungeschriebenen Regeln zu verstehen, deren Befolgung nach den jeweils herrschenden und mit dem Wertgehalt des Grundgesetzes zu vereinbarenden sozialethischen Anschauungen als unerlässliche Voraussetzung eines geordneten menschlichen Zusammenlebens angesehen wird.[18] Auch der zivilisierte Umgang mit ausländischen Staatsgästen könnte hierunter gefasst werden.

aa) Wie schon für § 15 I LVersG ausgeführt wurde, kann eine Versammlung nicht mit 967
der Begründung verboten oder beschränkenden Auflagen unterworfen werden, dass die **Meinungsäußerungen**, deren Kundgabe den Gegenstand der Versammlung bilden soll, gegen die öffentliche Ordnung verstoßen könnten.[19] Dies gilt auch für die Äußerung politisch radikaler Auffassungen, soweit hierbei nicht gegen Strafgesetze verstoßen wird und deshalb schon die öffentliche Sicherheit betroffen ist.[20] Dies ist hier, wie dargelegt, nicht der Fall. Dass die Konferenzteilnehmer Proteste als „unfreundlichen Akt" empfinden könnten, bedeutet keine Beeinträchtigung der öffentlichen Ordnung, die ein Verbot oder eine wie ein Verbot wirkende räumliche Beschränkung rechtfertigen könnte.[21] Denn auch hier gilt, dass bei meinungsbezogenen Eingriffen kein Rückgriff auf die öffentliche Ordnung zulässig ist. Deshalb kann das Verbot auch nicht auf eine Gefährdung des Ansehens der Bundesrepublik gestützt werden. Auch diese Befürchtung ist nicht geeignet, den verfassungsrechtlich geschützten Prozess der freien Meinungsbildung zu beschränken.

bb) Die konkreten **Begleitumstände** einer Demonstration können allerdings die öffent- 968
liche Ordnung stören. Besondere Begleitumstände, etwa für ein besonders aggressives oder einschüchterndes Auftreten, sind hier aber nicht erkennbar. Bloße Empfindlichkeiten ausländischer Politiker, die aus ihren Heimatstaaten vergleichbare Willensäußerungen nicht hinzunehmen gewohnt sind, reichen jedenfalls nicht aus, um eine Störung der öffentlichen Ordnung zu bejahen. Das Verbot war daher rechtswidrig.

**Ergebnis:** Das Verbot war rechtswidrig. Der Verein Antikap wurde hierdurch als Träger des Grundrechts der Versammlungs- und der Meinungsfreiheit auch in diesen Grundrechten verletzt. Die Klage ist insoweit begründet.

---

18 BVerfGE 69, 315 (352).

19 BVerfGE 111, 147 (155 ff.).

20 Ob neonazistische Versammlungen unter diesem Aspekt verboten werden können, war zunächst str: vgl einerseits *Battis/Grigoleit*, NJW 2001, 2051 (bej.), andererseits zB *Rühl*, NVwZ 2003, 531; in der Rspr hat sich hierzu die auch in der Form der Auseinandersetzung ungewöhnliche Kontroverse zwischen dem OVG Münster (NJW 2001, 2111 und 2114) und dem BVerfG (NJW 2001, 2069, 2072 und 2075) entzündet; mit BVerfGE 111, 147 ist jedoch eine Klärung erfolgt.

21 So aber OVG Greifswald im B. v. 31.5.2007, dagegen zu Recht und dezidiert BVerfG (K) NJW 2007, 2167, Tz. 21, 28.

## II. Verbot der Mitgliederversammlung

### 1. Ermächtigungsgrundlage

969 Auch das Verbot der Mitgliederversammlung – der Veranstaltung in der Turnhalle – muss als Eingriffsmaßnahme auf eine taugliche Ermächtigungsgrundlage gestützt werden.

Dies könnte **§ 5 LVersG** sein, weil es sich bei der Versammlung im Gegensatz zur angekündigten Kundgebung um eine Versammlung in einem geschlossenen Raum handelte. Es müsste sich aber auch um eine öffentliche Versammlung handeln. Denn § 5 LVersG bezieht sich nur auf öffentliche Versammlungen in geschlossenen Räumen. Öffentlich ist eine Versammlung, wenn sie für jedermann zugänglich ist. Dies könnte hier aber deshalb fraglich sein, weil der vorgesehene Teilnehmerkreis von vornherein auf Mitglieder und Sympathisanten begrenzt ist. Wenn aber eine Versammlung für einen derartigen geschlossenen Personenkreis stattfindet und nicht jedermann eine Zugangsberechtigung erwerben kann, handelt es sich nicht um eine öffentliche Versammlung. § 5 LVersG ist also nicht anwendbar. Die Bestimmung ist auch nicht analog anwendbar. Denn aus den Überschriften der Abschnitte II und III des LVersG geht hervor, dass der Gesetzgeber die dort vorgesehenen Maßnahmen ausdrücklich auf „öffentliche Versammlungen" beschränken wollte. Es liegt also keine „planwidrige Regelungslücke" als Voraussetzung für eine Rechtsanalogie vor.

970 Das Verbot der nicht-öffentlichen Versammlung könnte jedoch auf die **polizeiliche Generalklausel** des **§ 3 LPolG**[22] gestützt werden. Einem Rückgriff auf die polizeiliche Generalklausel könnte allerdings der prinzipielle Vorrang des Versammlungsgesetzes gegenüber dem allgemeinen Polizei- und Ordnungsrecht entgegenstehen. Wenn aber der Gesetzgeber für die nicht-öffentlichen Versammlungen im LVersG unter sicherheitsrechtlichen Aspekten gerade keine Regelung getroffen, die nicht-öffentlichen Versammlungen allenfalls punktuell erfasst hat, so kann insoweit das LVersG auch das allgemeine Polizeirecht der Länder nicht verdrängen. Deshalb kommt ein Rückgriff auf die polizeiliche Generalklausel hier grundsätzlich in Betracht.

971 Fraglich ist jedoch, ob die polizeiliche Generalklausel im vorliegenden Fall, in dem es um eine Versammlung in einem geschlossenen Raum geht, eine verfassungsrechtlich zulässige Beschränkung der Versammlungsfreiheit bilden kann. Der Gesetzesvorbehalt des Art. 8 II GG bezieht sich nur auf Versammlungen unter freiem Himmel. Demgegenüber ist das Recht zur Versammlung in geschlossenen Räumen vorbehaltlos gewährleistet. Es kann daher nur den Schranken, die sich aus der Verfassung selbst ergeben, unterliegen, kann also nur zum Schutz gleichwertiger Rechtsgüter aus der Verfassung selbst eingeschränkt werden. Auch diese sog. verfassungsimmanenten Schranken an sich nicht einschränkbarer Grundrechte heben jedoch den grundrechtlichen Gesetzesvorbehalt nicht auf. Um Eingriffe in das Grundrecht zu rechtfertigen, bedarf es also auch dann einer Ermächtigungsgrundlage in einem formellen Gesetz. Damit aber kommt hier die polizeiliche Generalklausel als Ermächtigungsgrundlage in Betracht. Sie darf aber nur

22 Hier ist die jeweilige landesrechtliche Bestimmung, also zB § 3 SächsPolG, aufzuführen; **Achtung: einige der neueren Gesetze verzichten auf den Begriff der öffentlichen Ordnung**.

zur Realisierung der verfassungsimmanenten Schranken des Grundrechts herangezogen werden, also zum Schutz verfassungsrechtlich gleichwertiger Rechtsgüter.[23]

Der Anwendung des allgemeinen Polizeirechts könnte jedoch das **Zitiergebot des Art. 19 I 2 GG** entgegenstehen, da im Polizeigesetz Art. 8 GG nicht unter den Grundrechten genannt wird, die auf Grund des Gesetzes eingeschränkt werden können.[24] Das Zitiergebot gilt nach dem Wortlaut des Art. 19 I 2 GG nur für Grundrechte, die unter einem Gesetzesvorbehalt in dem Sinn stehen, dass sie „durch Gesetz oder auf Grund eines Gesetzes" eingeschränkt werden können. Bei nicht-öffentlichen Versammlungen ist dies nicht der Fall. Sie unterliegen nur verfassungsimmanenten Schranken. Hierfür gilt das Zitiergebot nicht.[25] **972**

### 2. Formelle Rechtmäßigkeit

Der Bescheid müsste auch hinsichtlich des Verbots der Versammlung formell rechtmäßig ergangen sein. Hierfür kann auf die Ausführungen zum Verbot der Kundgebung unter I. verwiesen werden. **973**

### 3. Materielle Rechtmäßigkeit

a) Die polizeiliche Generalklausel des § 3 I LPolG könnte hier wegen einer **Gefahr für die öffentliche Sicherheit** zur Anwendung kommen. Eine Gefahr für die öffentliche Sicherheit könnte sich jedoch daraus ergeben, dass die Versammlungsteilnehmer Straftaten nach § 103 StGB vorbereiten oder begehen. Für Beschränkungen von Versammlungen in geschlossenen Räumen reicht allerdings eine beliebige Gefahr entsprechend der polizeilichen Generalklausel nicht aus. Denn diese Versammlungen unterliegen nur verfassungsimmanenten Schranken. Die Behörden dürfen also nur zum Schutz von Rechtsgütern einschreiten, die eine Beschränkung von vorbehaltlos gewährleisteten Grundrechten rechtfertigen, also Grundrechte Dritter oder andere mit Verfassungsrang ausgestattete Rechtsgüter.[26] Auch wenn man die Rechtsgüter des § 103 StGB hierunter fassen wollte, gilt doch auch insoweit, wie beim Demonstrationsverbot, die Vermutung für die freie Rede. Wegen eines etwaigen Verstoßes gegen § 103 StGB durfte die Versammlung also nicht verboten werden. **974**

b) Soweit die Behörde eine Gefährdung des ungestörten Ablaufs der Konferenz befürchtet, könnte eine **Gefährdung der öffentlichen Ordnung** vorliegen. Dies rechtfertigt aber keine meinungsbezogenen Eingriffe. Wegen des vermuteten Inhalts der vorzustellenden Dokumentation durfte das Verbot also ebenfalls nicht ausgesprochen werden. **975**

**Ergebnis:** Auch das Verbot der Mitgliederversammlung war rechtswidrig und verletzte den klagenden Verein in seinen Rechten. Die Klage ist auch insoweit begründet.

---

23 S auch *von Coelln*, VBlBW 2002, 448, 452.
24 Anders als in § 20 LVersG, wird Art. 8 GG in den Polizeigesetzen der Länder, soweit ersichtlich, nicht genannt.
25 BVerfGE 83, 130 (154).
26 BVerwG NVwZ 1999, 991 (992).

# Repetitorium

## A. Art. 8 GG in der Fallbearbeitung

### I. Schutzzweck und Systematik

976 Die Versammlungsfreiheit schützt vor allem die Freiheit der kollektiven Meinungsäußerung, insoweit in Ergänzung zu Art. 5 I GG und ist als demokratische Grundfreiheit „Stellung zu nehmen" unentbehrliches und grundlegendes, stabilisierendes Funktionselement der Demokratie insbesondere im repräsentativen System.

### II. Grundrechtsprüfung

#### 1. Schutzbereich

977 **Subjektiv:** „alle Deutschen"

**Objektiv – Versammlungsbegriff:** in Abgrenzung zur bloßen Ansammlung erforderlich ist die innere Verbundenheit der Versammlungsteilnehmer; BVerfG: kollektive Meinungskundgaben in öffentlichen Angelegenheiten – enger Versammlungsbegriff; geschützt ist auch die freie Wahl von Ort und Zeit. Freie Ortswahl betrifft öffentlich zugängliche Räume; dies sind neben öffentlichen Straßen und Plätzen auch sonstige der öffentlichen Kommunikation dienende Bereiche wie zB Verkehrsflächen – so BVerfGE 128, 226 (251 f.) in seiner FRAPORT-Entscheidung.

Mit dem Versammlungsbegriff des Art. 8 GG befasste sich das BVerfG im Zusammenhang mit der Love Parade in Berlin und einer Konkurrenzveranstaltung, der Fuckparade, deren Einordnung als Versammlung abgelehnt wurde: im Vordergrund stand nicht die kollektive Meinungsäußerung, sondern nach dem Gesamtgepräge der Veranstaltungen deren „Spaß-, Tanz- und Unterhaltungszweck".[27]

Wenn also hiernach Veranstaltungen wie die Love Parade, Rockkonzerte uÄ keine Versammlungen sind, so benötigen die Veranstalter eine Sondernutzungserlaubnis nach Straßen- und Wegerecht, bei deren Erteilung die Behörde Ermessen hat – die Versammlung hat demgegenüber ein „Recht auf die Straße".

Friedlichkeitsvorbehalt: geschützt ist nur die „friedliche" Versammlung (Schutzbereichsbegrenzung); unfriedlich sind Handlungen von einiger Gefährlichkeit durch aggressive Ausschreitungen gegen Personen oder Sachen. **Unfriedlichkeit** darf nicht angenommen werden, wenn nur einzelne Teilnehmer sich „unfriedlich" verhalten, wohl aber dann, wenn diese Gewalttätigkeiten aus der Versammlung heraus und durch diese gedeckt begehen. Gewaltfreie symbolische Sitzdemonstrationen sind nicht unfriedlich.[28]

27 BVerfG NJW 2001, 2459 = DVBl 2001, 1351; dazu *Tillmanns*, JA 2002, 277.
28 BVerfGE 92, 1 (17 ff.).

## 2. Eingriff

Verbot, Auflage, Auflösung, aber auch faktische Eingriffe iSd modernen Eingriffsbegriffs: Beobachtung, insbesondere Anfertigung von Übersichtsaufnahmen und deren Speicherung; intensiver Eingriff insbesondere bei Bußgeldbewehrung. **978**

## 3. Eingriffsrechtfertigung

### a) Versammlungen unter freiem Himmel

Begriff: entscheidend die räumliche Begrenzung des Versammlungsraums; für den allgemein zugänglichen Bereich eines Flughafens s BVerfGE 128, 226 (FRAPORT). **979**

#### (1) Versammlungsgesetze als Grundrechtsschranke

Schrankenvorbehalt nach Art. 8 II GG, ausgefüllt durch LVersG bzw neue, dieses ersetzende, Versammlungsgesetze der Länder, s Art. 125a I GG.

Beschränkungen: Anmeldepflicht unter Angabe des Leiters der Versammlung, § 14 VersG des Bundes und Versammlungsgesetze der Länder; behördliche Eingriffsbefugnisse: Auflagen oder Verbot zum Schutz der öffentlichen Sicherheit und Ordnung; Auflösung im Ermessen der Behörde, wenn die Anmeldung versäumt wurde oder fehlerhaft war oder gegen Auflagen verstoßen wird oder die Voraussetzungen für Verbot vorliegen, zB weil die Versammlung gewalttätig wird. Die verbotene Versammlung muss aufgelöst werden. Versammlungsverbote aus Gründen der öffentlichen Sicherheit erfordern eine hinreichende Gefahrenprognose. Wenn Gegner der Maßnahmen im Zuge der Corona-Pandemie bei Demonstrationen demonstrativ Maskenpflicht und Abstandsregeln missachten, darf die Behörde davon ausgehen, dass es bei einer erneuten Demonstration zu Verstößen kommen kann und die Versammlung verbieten.

Rechtsfolge der Auflösung: Pflicht zum Entfernen; Versammlung wird zur bloßen Ansammlung mit der Folge der Anwendbarkeit des allgemeinen Polizeirechts.

Die Beschränkungen sind grundsätzlich verfassungsrechtlich gerechtfertigt, gelten auch für Großdemonstrationen.

#### (2) Grundrechtskonforme Anwendung der Versammlungsgesetze

Beachtung der Schutzwirkung des Art. 8 I GG; daher kein Verbot, wenn Auflagen ausreichend sind. Auflagen können ausgesprochen werden in Abwägung mit entgegenstehenden Rechten Dritter, die Versammlung hat aber ein „Recht auf die Straße". Bei Gegendemonstrationen gilt der Grundsatz der Priorität: Inanspruchnahme des Störers, also der Gegendemonstration, Verbot nur bei polizeilichem Notstand. **980**

Die Anwendung des Schrankengesetzes darf nicht zur Aushöhlung des Grundrechts führen, daher musste unter der Geltung des VersG des Bundes auf die strikte Einhaltung der Anmeldepflicht bei Spontan- und Eildemonstration verzichtet und sie grundrechtskonform auch bei Großdemonstrationen angewandt werden. Soweit Versammlungsgesetze der Länder dies explizit wie im vorstehenden Fall regeln, ist hierauf zurückzugreifen. Eine Auflösung darf noch nicht bei unfriedlichem Verhalten Einzelner erfolgen.

980a Insbesondere bei **meinungsbezogenen Eingriffen** ist zu beachten: der Eingriff muss auch nach Art. 5 II GG gerechtfertigt sein, in erster Linie dann, wenn gegen Strafgesetze verstoßen wird und deshalb die öffentliche Sicherheit bedroht ist. Die Ereignisse um den G 8-Gipfel in Heiligendamm haben eine Reihe versammlungsrechtlicher Fragen aufgeworfen, so etwa die, ob „Empfindlichkeiten ausländischer Politiker" (BVerfG) Beschränkungen rechtfertigen. Meinungsbezogene Eingriffe müssen gegenüber Art. 5 GG Bestand haben; Ermächtigungsgrundlage Dh: Wenn ein Eingriff gegenüber Art. 5 GG nicht gerechtfertigt werden kann, ist auch keine Maßnahme gegen die Versammlung aus Gründen der öffentlichen Sicherheit zulässig; die Gefährdung der öffentlichen Ordnung scheidet insoweit ohnehin aus. Deshalb rechtfertigt die Erwartung, bei einer Versammlung werde nationalsozialistisches Gedankengut verbreitet, es nicht, die Versammlung zu verbieten, es sei denn, die fraglichen Äußerungen sind auf verfassungskonforme Weise gesetzlich verboten. Eine Gefahr für die öffentliche Ordnung darf nur aus den Umständen der Versammlung abgeleitet werden, nicht aus dem Inhalt von Äußerungen: Polizeifestigkeit der Meinungsfreiheit. Dies wird insbesondere bedeutsam bei Versammlungen mit extremistischer Tendenz, s Rn 986.

### b) Versammlungen in geschlossenen Räumen

981 Kein Schrankenvorbehalt; Beschränkungen sind nur möglich im Rahmen der Schutzbereichsbegrenzung des Art. 8 I GG und in Anwendung verfassungsimmanenter Schranken. Für Versammlungen in **geschlossenen Räumen** bedeutet die verfassungskonforme Anwendung der entsprechenden Bestimmung des Versammlungsgesetzes (hier: § 5 LVersG) bzw – bei nicht öffentlichen Versammlungen – der polizeilichen Generalklausel): nur verfassungsimmanente Schranken berechtigen zum Eingreifen; die Ermächtigungsgrundlage darf also nur zum Schutz entsprechend hochwertiger Rechtsgüter herangezogen werden. Auch hier bedeuten also verfassungsimmanente Schranken in der Sache nichts anderes als einen qualifizierten Gesetzesvorbehalt.

## III. Art. 8 GG in verwaltungsrechtlichen Fragestellungen

982 Grundfragen des Art. 8 GG begegnen dem Bearbeiter häufig in verwaltungsrechtlicher Einkleidung. Zu prüfen sind behördliche Maßnahmen gegen Versammlungen: Versammlungsverbote, die Auflösung von Versammlungen,[29] häufig in prozessualer Einkleidung, dabei wegen regelmäßiger prozessualer Überholung häufig im Rahmen einer Fortsetzungsfeststellungsklage oder im einstweiligen Rechtsschutzverfahren. Schließlich hat für Art. 8 GG auch der verfassungsgerichtliche Rechtsschutz im Eilverfahren besondere Bedeutung erlangt. Unterliegt der Veranstalter der Versammlung im verwaltungsgerichtlichen Eilverfahren, und hat er den Rechtsweg *in diesem Verfahren* erschöpft, so kommt ein Antrag nach § 32 BVerfGG in Betracht (BVerfGE 111, 147; s Rn 987).

29 Anders die Fallfrage im Fallbeispiel von *Enders*, JuS 2000, 883, wo – im Rahmen einer Hausarbeit aus der Anfängerübung – nach der „Verfassungsmäßigkeit" versammlungsrechtlicher Maßnahmen gefragt war.

Die Prüfung der Rechtmäßigkeit behördlicher Maßnahmen beginnt stets mit der Frage nach der Ermächtigungsgrundlage, die im LVersG zu suchen ist. Soweit das LVersG des Bundes oder ein gleichlautendes Landesgesetz zur Anwendung kommt, gilt die folgende **983**

## Prüfungsreihenfolge

1. Ermächtigungsgrundlage
   a) § 15 LVersG für öffentliche Versammlungen unter freiem Himmel, § 5 LVersG für öffentliche Versammlungen in geschlossenen Räumen; Voraussetzung ist das Vorliegen einer Versammlung; für nicht-öffentliche Versammlungen ist auf die polizeiliche Generalklausel zurückzugreifen.
   b) Verfassungsmäßigkeit der Ermächtigungsgrundlage?
      aa) § 15 I, III LVersG: wegen Art. 8 II GG grundsätzlich zu bejahen, aber verfassungskonforme Einschränkung des Begriffs der „öffentlichen Ordnung"; für Spontan- und Eilversammlungen Erfordernis verfassungskonformer Handhabung der Anmeldepflicht;
      bb) § 15 II LVersG: s BVerfG DVBl 2005, 969
      cc) Für Versammlungen in geschlossenen Räumen: nur verfassungsimmanente Schranken im Rahmen des § 5 LVersG maßgeblich; ebenso für nicht-öffentliche Versammlungen im Rahmen der polizeilichen Generalklausel.
2. Formelle Rechtmäßigkeit (Anhörung?)
3. Anwendung des Schrankengesetzes
   a) Voraussetzungen für Versammlungsverbot bzw Versammlungsauflösung
      aa) Gefahr für die öffentliche Sicherheit und Ordnung
      Besonderheiten bei meinungsbezogenen Eingriffen: diese sind nur zul., wenn sie auch gegenüber Art. 5 II GG gerechtfertigt werden können, so zB bei Verstoß gegen Strafgesetze; eine Störung der öffentlichen Ordnung kann nur aus den Umständen der Versammlung abgeleitet werden, insbesondere:[30] aggressives, einschüchterndes Verhalten der Teilnehmer oder Gepräge der Versammlung, Durchführung an historisch besonders prägnantem Datum als Störung des sittlichen Empfindens;
      bb) Art. 15 II LVersG: gesetzliche Bestimmung eines Ortes iSv Nr. 1?
      cc) bei Auflösung: Unfriedlichkeit, Abweichung von Auflagen, keine Anmeldung, verspätete Anmeldung
      dd) Versammlungen in geschlossenen Räumen sowie nicht-öffentlichen Versammlungen: sind Rechtsgüter von Verfassungsrang betroffen?
   b) Verhältnismäßigkeit des Verbots bzw der Auflösung? Insbesondere bei Unfriedlichkeit: nur Verhalten Einzelner oder von der Versammlung getragen?; Auflagen statt Verbot ausreichend?; bei Verstoß gegen Anmeldepflicht: Spontan- oder Eilversammlung? – Letzterer Gesichtspunkt kann auch bereits unter a) gebracht werden
   c) Insbesondere bei meinungsbezogenen Eingriffen, also Verbot oder Auflösung wegen Äußerungen der Versammlungsteilnehmer: Kein Rückgriff auf die öffentliche Ordnung; der Eingriff muss gegenüber Art. 5 GG gerechtfertigt sein. Dient ein Versammlungsverbot dazu, eine bestimmte Meinungskundgabe zu unterdrücken, so bildet Art. 5 GG nach der Rechtsprechung des BVerfG den Maßstab, an dem die Maßnahme zu messen ist.[31] Eine Äußerung, die nach Art. 5 II GG nicht unterbunden werden darf, kann danach auch nicht Anlass für versammlungsbeschränkende Maßnahmen im Sinne des Art. 8 II GG sein.

30 S die Fallgruppen bei *Schoch*, Jura 2006, 27 (28).
31 BVerfGE 90, 241 (246); 111, 147 (155 ff.).

984 **Polizeiliche Maßnahmen gegen einzelne Versammlungsteilnehmer** sind – solange die Versammlung nicht aufgelöst ist – nur unter Berücksichtigung der Sperrwirkung des Versammlungsgesetzes möglich. So dürfen insbesondere einzelne Teilnehmer an Meinungskundgaben im Rahmen der Versammlung nur unter Beachtung der „Polizeifestigkeit" der Meinungsfreiheit gehindert werden, etwa durch Wegnahme eines Transparents: Enthalten einzelne Transparente strafbare Parolen, so kann hiergegen zwar grundsätzlich im Rahmen der polizeilichen Standardmaßnahmen eingeschritten werden. Da bei der Beurteilung der Strafbarkeit aber auch die Meinungsfreiheit zu berücksichtigen ist und die hier vorzunehmende Interpretation der Äußerung und Abwägung nach Art. 5 II GG prinzipiell nicht Sache der Polizei ist, kommt ein Einschreiten nur bei evidenter Strafbarkeit in Betracht. Ebenso kann die Polizei einschreiten gegen einzelne Teilnehmer, die sich unfriedlich verhalten, wenn dies noch nicht die Auflösung der Versammlung insgesamt trägt. Für die Auflösung einer (öffentlichen) Versammlung ist jedoch allein das LVersG maßgeblich, wie auch sonst für Maßnahmen gegen die Versammlung als solche. Erst nach Auflösung oder versammlungsrechtlich begründetem Ausschluss eines Versammlungsteilnehmers ist ein Platzverweis zulässig.[32] Das LVersG verdrängt auch das Straßenrecht: die Versammlung hat ein „Recht auf die Straße", sie benötigt für die Benutzung der Straße keine straßenrechtliche Sondernutzungserlaubnis[33] und keine Erlaubnis nach Straßenverkehrsrecht.[34] Als zulässig werden jedoch überwiegend die sog. „Minus-Maßnahmen" erachtet: Standardmaßnahmen des Polizeirechts, als das mildere Mittel, wenn an sich Auflösung zulässig wäre.[35]

### IV. Versammlungsfreiheit und Rechtsschutzgarantie

985 **Rechtsschutz** im Versammlungsrecht erhält seine spezifische Problematik daraus, dass Eingriffe (Versammlungsverbote, Auflagen) sich regelmäßig erledigen, ehe eine abschließende gerichtliche Entscheidung vorliegt. Deshalb erlangt hier das **verwaltungsgerichtliche Eilverfahren** besondere Bedeutung. Da bei Versammlungsverboten in der Hauptsache Anfechtungsklage eröffnet ist, ist das Verfahren nach § 80 V VwGO einschlägig – bei dem dann regelmäßig in der Frage des Vollzugsinteresses eine vergleichsweise intensive „Anprüfung" der Hauptsache erfolgt (näher *Schenke* Rn 1002 f.). Wird die Anordnung der sofortigen Vollziehung im verwaltungsgerichtlichen Eilverfahren bestätigt, kann dagegen das BVerfG angerufen werden,[36] dies auch im Wege der einstweiligen Anordnung nach § 32 BVerfGG. Für deren Begründetheit ist zu beachten, dass das BVerfG, anders als sonst im Eilverfahren nach § 32 BVerfGG, auch auf die erkennbaren Erfolgsaussichten der Verfassungsbeschwerde selbst abstellt.[37]

Die Rechtsschutzgarantie des Art. 19 IV GG kann in versammlungsrechtlichen Fällen auch **nachträglichen Rechtsschutz** erfordern, wenn andernfalls die Behörde bei

32 BVerfG (K) NVwZ 2005, 80.
33 Vgl aber OVG Bautzen NVwZ-RR 2002, 435 für die Aufstellung eines Zelts.
34 Vgl BVerwG NJW 1989, 2411 zur StVO.
35 *Rozek*, JuS 2002, 470 (473).
36 BVerfG (K) NJW 2001, 2072.
37 BVerfGE 111, 147 (153).

schwerwiegenden Grundrechtseingriffen klaglos gestellt bliebe. Dies begründet in den Fällen des § 113 I 4 VwGO das Feststellungsinteresse unter drei möglichen Aspekten:[38] Wiederholungsgefahr, Rehabilitierungsinteresse und unabhängig davon auch dann, „wenn die angegriffene Maßnahme die Versammlungsfreiheit schwer beeinträchtigt". – Im Stadium der **Verfassungsbeschwerde** ist dann gegenwärtiges Betroffensein bzw Rechtsschutzinteresse auch bei bereits erledigten Maßnahmen zu bejahen (Rn 42). Dies gilt in Fällen tiefgreifender Grundrechtseingriffe, in denen die direkte Belastung sich nach dem typischen Verfahrensablauf auf eine Zeitspanne beschränkt, in welcher der Betroffene die gerichtliche Entscheidung in der von der Prozessordnung gegebenen Instanz kaum erlangen kann. *„Effektiver Grundrechtsschutz gebietet es in diesen Fällen, dass der Betroffene Gelegenheit erhält, die Berechtigung des schwerwiegenden – wenn auch tatsächlich nicht mehr fortwirkenden – Grundrechtseingriffs gerichtlich klären zu lassen".*[39] Dieser Rechtsgedanke kann auch auf sonstige Grundrechtseingriffe übertragen werden, die sich regelmäßig bereits mit ihrem Vollzug erledigen (Durchsuchungen, Überwachungsmaßnahmen).

## V. Aktuelle Probleme

Bei rechtsradikalen bzw **neonazistischen** Kundgebungen gilt: Meinungsäußerungen, **986**
die wegen Art. 5 GG zulässig sind, rechtfertigen kein Einschreiten, wohl aber Äußerungen, die den Tatbestand des § 130 StGB (Volksverhetzung) erfüllen.[40] Doch muss die Gefahrprognose dann hinreichend abgesichert sein.[41] Schließlich können die besonderen Umstände ein Verbot rechtfertigen – dies kann die zeitliche Nähe zu einem besonderen Gedenktag sein,[42] oder die räumliche Nähe zu Gedenkstätten. Hierfür hat jetzt § 15 II VersG (Bund) eine eigene Eingriffsermächtigung geschaffen. Ein sächsisches VersG hatte nach dem Vorbild des § 15 II VersG, der Kundgebungen an **Gedenkstätten** für die NS-Opfer weitreichenden Beschränkungen unterwirft und in Nr. 2 ausdrücklich die Holocaust-Gedenkstätte in Berlin benennt, ua für weite Bereiche der Dresdner Innenstadt ähnliche Beschränkungen vorgesehen. Da das Gesetz aus formellen Gründen für nichtig erklärt wurde, steht die Klärung der damit verbundenen Verfassungsfragen noch aus. Geht die Versammlung von einer politischen Partei aus, so ist das **Parteienprivileg** des Art. 21 II GG zu beachten: wegen Verfassungsfeindlichkeit einer nicht verbotenen Partei ist ein Versammlungsverbot unzulässig. Als Eingriff sind auch Aufrufe oder sonstige Aktionen von Trägern öffentlicher Gewalt gegen missliebige Versammlungen zu werten, s. dazu **Fall 11**: „Licht aus gegen Rechts". Keinesfalls dürfen Mandatsträger – Bürgermeister oder Abgeordnete – an Gegenveranstaltungen teilnehmen oder dazu aufrufen, die eine nicht verbotene Demonstration vereiteln wollen, etwa durch physische Blockaden („in den Weg stellen").

**Gesetzgebung**: Das Versammlungsrecht ist seit der Föderalismusreform in der aus- **987**
schließlichen Zuständigkeit der **Länder**; soweit diese keine eigenen Versammlungsge-

38 BVerfGE 110, 77 (89).
39 BVerfGE 96, 27 (40).
40 Vgl zB BVerfG (K) NVwZ 2004, 1111.
41 Vgl zB BVerfG (K) NJW 2005, 3202.
42 BVerfG BayVBl 2006, 348.

setze erlassen haben, gilt nach Art. 125a I GG das VersG des Bundes fort. Das Bayerische VersG vom 22.7.2008 (GVBl S. 421) wurde durch BVerfGE 122, 342 in erheblichen Teilen durch einstweilige Anordnung außer Kraft gesetzt – was auf schwerwiegende verfassungsrechtliche Bedenken hinweist. Es beanstandet insbesondere weitreichende und formalisierte Anmeldungs- und Mitwirkungspflichten des Veranstalters, die auf Grund ihrer Bußgeldbewehrung den Grundrechtsgebrauch unverhältnismäßigen Erschwerungen und Risiken aussetzen. Als verfassungswidrig wertet das BVerfG die umfangreichen und tatbestandlich nahezu voraussetzungslosen **Observationsbefugnisse** der Polizei unter Einsatz aller verfügbaren Mittel der Technik.[43] Generell bedeutet die Observation von Versammlungen einen Grundrechtseingriff. Dies gilt auch für sog. „Übersichtsaufnahmen", da hierbei die Einzelpersonen in der Regel individualisierbar mit erfasst werden. Der Eingriff liegt darin, dass das Bewusstsein der Teilnehmer, dass ihre Teilnahme an einer Versammlung und ihre Interaktion mit den Versammlungsteilnehmern in dieser Weise festgehalten wird, einschüchternd wirken kann und dies zugleich auf die Grundlagen der demokratischen Auseinandersetzung zurückwirkt. Dies gilt erst recht dann, wenn ein Gesetz verdeckte Aufnahmen zulässt.

**988** Anlässlich der Großkundgebung von Anhängern des türkischen Staatspräsidenten Erdogan am 31.7.2016 in Köln wurden Forderungen nach einem Verbot laut, das jedoch auf der Grundlage geltenden Rechts kaum durchsetzbar sein dürfte, auch wenn es der Intention des Art. 8 GG zuwiderläuft, dessen demokratische Freiheit mit dem Ziel einzusetzen, einen Machthaber zu unterstützen, der den demokratischen Rechtsstaat weitgehend beseitigen will. Denn das Anliegen einer Versammlung und das Motto einer Demonstration entziehen sich einer rechtlichen Bewertung (sofern nicht die Grenze der Strafbarkeit erreicht ist). Gleichwohl verbleiben Bedenken: Die Versammlungsfreiheit ist ein Deutschen-Grundrecht. Es steht deutschen Staatsangehörigen zu, auch dann, wenn sie möglicherweise eine zweite Staatsangehörigkeit besitzen, nicht aber Nicht-Deutschen. So könnte durchaus der Charakter der Versammlung als einer Versammlung von Deutschen näher betrachtet werden, zumal dann, wenn die maßgeblichen Anstöße zu der Versammlung aus dem Ausland, etwa von der türkischen Regierungspartei kommen sollten. Es ist auch nicht ganz zweifelsfrei, ob zB eine Versammlung, auf der eine fanatisierte Menge die Todesstrafe für politische Gegner fordert, zwingend als „friedlich" zu werten ist. Auch ein Unbehagen angesichts der offensichtlich von den meisten Teilnehmern mitgeführten türkischen Fahnen in gleichartiger Größe und Aufmachung erscheint nicht unberechtigt. So enthält § 3 VersG ein Uniformverbot – genauer: das Verbot des Tragens gleichartiger Kleidungsstücke als Ausdruck gemeinsamer politischer Gesinnung. Grund für dieses Verbot sind die damit verbundenen suggestiv-militanten Effekte „in Richtung auf einschüchternde uniforme Militanz".[44] Eben diese Wirkung geht auch von 10.000 uniformen Fahnen aus. – Gerechtfertigt war eine Auflage dahingehend, den türkischen Staatspräsidenten Erdogan nicht mittels Video-Leinwand einer Wahlkundgebung zuzuschalten. Dieser konnte sich in seiner Funktion als Staatsoberhaupt nicht auf die Grundrechte der Meinungs- oder Versammlungsfreiheit beru-

43 BVerfGE 122, 342 (368).

44 OLG Hamburg, B. v. 10.5.2016 Rn 7; BVerfG (K) NJW 1982, 1803.

fen.[45] Ob für eine Teilnahme an den „Fridays for Future" – Demonstrationen ein Anspruch auf Befreiung vom Unterricht besteht, dürfte zu verneinen sein, die Schulleitung kann jedoch im Rahmen ihres Ermessens die Meinungs- und Versammlungsfreiheit berücksichtigen.[46]

**Zur Wiederholung:** *Kingreen/Poscher* Rn. 805–835.

**Aus der Ausbildungsliteratur:** *Lembke*, Grundfälle zu Art. 8 GG, JuS 2005, 984 und 1081; *Schoch*, Die Neuregelung des Versammlungsrechts durch § 15 II LVersG, Jura 2006, 27; *Tillmanns*, Art. 8 GG: Versammlungseigenschaft der Love Parade und Fuckparade, JA 2002, 277; *Enders*, Der Schutz der Versammlungsfreiheit, Jura 2003, 34 und 103; *Soiné*, Rechtsextremistische Musik unter Grundrechtsschutz?, JuS 2004, 382; *Kment*, Bspr. von BVerfG NVwZ 2005, 80, JA 2005, 492; *Bews/Greve*, Versammlungsfreiheit am Flughafen, Jura 2012, 723; *Höfling/Krohne,* Versammlungsrecht in Bewegung, JA 2012, 734; *Neumann*, Piusaufzug mit Hindernissen, Jura 2013, 139; *Riedel*, Die Polizei in der Versammlung, Jura 2010, 144 (Fallbearbeitung); *Gröpl/Leinenbach*, Examensschwerpunkte des Versammlungsrechts, JA 2018, 8; *Kersten*, Anonymität in der liberalen Demokratie, JuS 2017, 193.

**Aktuelle Rechtsprechung:** BVerfG NVwZ 2003, 601 (Volkstrauertag); BVerfGE 110, 77 (Fortsetzungsfeststellungsinteresse); BVerfGE 111, 147 (Eilrechtsschutz – Einschränkungen von Versammlungen wegen Inhalts von Äußerungen); BVerfG DVBl 2005, 969 und NVwZ 2005, 1055 (8. Mai/ Holocaust-Denkmal); BVerfG NVwZ 2006, 815 (Holocaust); BVerfG NJW 2007, 2167 (Sternmarsch Heiligendamm); BVerfGE 122, 342 – eA gegen BayVersG; BVerfGE 128, 226 (Fraport); BVerfG BayVBl 2013, 83 (Versammlungsverbot, eA); BVerfG NVwZ 2012, 749 (zeitliche Verlegung einer Demonstration); BVerfG NVwZ-RR 2010, 625 (verfassungswidrige versammlungsrechtliche Auflage); BVerwGE 160, 149 (Tornado-Überflug); EGMR NVwZ 2012, 1089 (Präventivhaft vor G8-Gipfel in Rostock); BVerfG (K) B. v. 17.4.2020 – 1 BvQ 37/20 – (Corona).

**Weitere Fälle im thematischen Zusammenhang:** *Rozek/Lehr*, Vermummte Weihnachtsmänner, JA 2004, 900; *Steinhorst*, Die aggressiven Versammlungsteilnehmer, JuS 2005, 813; *Droege*, Militärische Beobachtung freier Versammlungen – Tornados im Tiefflug, JuS 2008, 135; *Frenzel/von Detten*, Vor- und Nachwirkungen eines G8-Gipfels, JA 2009, 875; *Riedel*, Die Polizei in der Versammlung, Jura 2010, 144; *Märten*, Riskantes Versammlungsrecht, JA 2011, 762; *Stein/Janson/Pötzsch*, Sitzblockade im Hauptbahnhof, JuS 2014, 708; *Schmitz*, Versammlungsfreiheit und Gegendemonstration, JuS 2017, 753 ; *Hübner*, Stille Nacht, Jura 2018, 138; *Pünder/Mattig/Gerlach*, „Tag der deutschen Patrioten", JA 2016, 681.

45 So BVerfG (K) mit B. v. 8.3.2017 – 2 BvR 483/17 – ; OVG Münster NVwZ 2017, 648 mit Anm. *Muckel*, JA 2017, 396.

46 *Friedrich*, NVwZ 2019, 598.

Fall 17

# Open Access

*Umfangreicher Examensfall*

989 Die Europäische Union möchte, nicht zuletzt auf Betreiben der Bundesrepublik Deutschland, den Zugang zu Informationen von wissenschaftlicher, kultureller oder sonst bildender Natur fördern; vor allem der Zugang auf elektronischem Wege soll erleichtert werden. Eine mit dieser Zielsetzung erlassene Richtlinie des Europäischen Parlaments und des Rats – die „Open Access-Richtlinie" – sieht insbesondere vor, dass öffentliche Bibliotheken, Universitäten und sonstige Bildungseinrichtungen in größerem Umfang als bisher in die Lage versetzt werden sollen, Zeitschriften und Bücher ihren Nutzern auf elektronischem Wege frei zugänglich zu machen. Eine „angemessene Beteiligung" der Autoren „soll" vorgesehen werden. Die Richtlinie wird am 31.8.2021 verkündet und sieht eine sehr kurze Umsetzungsfrist bis zum 31.12.2021 vor.

Am 1.10.2021 beschließt die Bundesregierung den Entwurf für ein „Gesetz zur Förderung der Informationsfreiheit in der Wissensgesellschaft (Informationsförderungsgesetz – InfoFörG"). Er enthält, soweit hier von Interesse, iW diese Regelungen:

**§ 1 Zielsetzung des Gesetzes**

Dieses Gesetz soll den chancengleichen Zugang der Allgemeinheit zu bildungsrelevanten Informationen unter den Gegebenheiten der modernen Kommunikationstechnologie erleichtern.

**§ 2 Begriffsbestimmungen**

Im Sinn dieses Gesetzes sind:

1. öffentliche Bildungseinrichtungen: Einrichtungen in öffentlich-rechtlicher Trägerschaft, die der Ausbildung und Weiterbildung dienen, insbesondere staatliche Hochschulen und Fachhochschulen, Berufs- und Fachakademien, Volkshochschulen.

[…]

**§ 3 Elektronische Verbreitung**

Öffentliche Bildungseinrichtungen sind berechtigt, jedes von ihnen erworbene Druckwerk, insbesondere Bücher und Periodica, im Rahmen ihrer Aufgaben für die Mitglieder und Nutzer der Einrichtung auf elektronischem Wege bereit zu halten. Sie sind insbesondere berechtigt, die Werke hierzu zu scannen und in das World Wide Web einzustellen.

**§ 4 Sicherheit**

Die Einrichtungen nach § 3 haben durch geeignete Maßnahmen wie Passwortsicherung uÄ sicherzustellen, dass nur Mitglieder und Nutzer der Einrichtung auf die Werke zugreifen können.

**§ 5 Entgelte**

Für den Zugriff auf Werke nach § 3 darf kein Entgelt gefordert werden. An Autoren und Verlage der Werke ist auch dann keine Vergütung zu zahlen, wenn andere Rechtsvorschriften eine solche vorsehen.

[…]

Der Gesetzentwurf findet die Zustimmung der Bundesregierung, die ihn als Regierungsentwurf beim Bundestag einbringt. Die Gesetzesvorlage wird zunächst dem Bundesrat zugeleitet. Die Bundesregierung bezeichnet die Vorlage wegen der kurzen Umsetzungsfrist der Richtlinie als besonders eilbedürftig. Der Bundesrat sieht keine Eilbedürftigkeit, möchte seinerseits eine Stellungnahme abgeben und beantragt, die Frist hierfür auf 9 Wochen zu verlängern. In zwei Ländern seien neue Koalitionsregierungen gebildet worden, die noch Zeit bräuchten, um ihre politische Linie festzulegen. Die Bundesregierung leitet jedoch die Vorlage bereits drei Wochen nach Vorlage an den Bundesrat dem Bundestag zu; dieser berät und beschließt das Gesetz. Der Bundesrat, der das Gesetz als zu weit gefasst ansieht, ruft zunächst fristgerecht den Vermittlungsausschuss. Bei dessen Beratungen kommt zur Sprache, dass bisher niemand an die privaten Universitäten gedacht hat. Der Ausschuss schlägt nun vor, § 3 InfoFörG um folgenden Satz 3 zu ergänzen:

„Die zuständigen Behörden der Länder können bestimmen, dass auch Hochschulen und Fachhochschulen in privater Trägerschaft dazu berechtigt sind."

Der Bundestag stimmt der geänderten Fassung in seiner Sitzung vom 1.12.2021 zu. Nachdem der Bundesrat sich nicht weiter äußert, wird das Gesetz am 23.12.2021 vom Bundespräsidenten ausgefertigt, im Bundesgesetzblatt vom 30. Dezember verkündet und tritt am 1.1.2022 in Kraft.

Am 15.2.2022 geht beim BVerfG ein „Antrag auf Überprüfung und Nichtigerklärung des Gesetzes" ein. Der Antragsteller, Professor Dr. Dr. h.c. mult. Avenarius (A), Verfasser von Standardwerken der Psychologie, führt darin aus, er werde durch das Gesetz faktisch enteignet. Er als Autor müsse über die Nutzung seines geistigen Eigentums selbst entscheiden dürfen. Geistiges Eigentum sei mindestens ebenso schutzwürdig, wie Sacheigentum, und auch nach dem Bürgerlichen Gesetzbuch, auf das ihn ein Kollege der juristischen Fakultät seiner Universität hingewiesen habe, könne der Eigentümer nach Belieben mit seinem Eigentum verfahren und andere hiervon ausschließen. Wenn Bibliotheken und ähnliche Einrichtungen seine Werke kostenlos nutzen dürften, sei dieses Recht verletzt. Auch könnten beliebige Dritte darauf zugreifen. Jeder wisse, dass Passwortsicherungen leicht zu umgehen seien – der Gesetzgeber stelle die Rechteinhaber damit praktisch schutzlos. Auch die Umstände, unter denen das Gesetz zustande gekommen sei, seien höchst merkwürdig, wie ihm besagter Kollege versichert habe.

Die Bundesregierung führt in ihrer Gegenäußerung aus, das Gesetz sei unionsrechtlich induziert und könne schon deshalb nicht aus verfassungsrechtlichen Gründen in Frage gestellt werden. Autoren und Verlage würden keinesfalls enteignet, schließlich müssten die Bibliotheken und sonstigen Einrichtungen die Bücher regulär erwerben, ehe sie sie einscannen und ins Internet stellen könnten, teure Mehrfachanschaffungen etwa von stark nachgefragten Standardwerken könnten auf diese Weise jedoch vermieden werden. Open access zu Bildung sei in unserer Informationsgesellschaft von überragender Bedeutung; schließlich müsse man das Wort von der Bildungsrepublik ernst nehmen. Im übrigen liege es auch im Interesse der Autoren und Wissenschaftler, dass ihre Werke weite Verbreitung fänden. Diese verdankten es nicht zuletzt der Allgemeinheit, dass sie schreiben und forschen könnten, es sei nur billig, wenn sie der Allgemeinheit etwas zurückgäben. Im Übrigen möge der Beschwerdeführer doch abwarten, wie sich die Dinge entwickeln würden. Seine Werke seien noch gar nicht abrufbar. A meint demgegenüber, er müsse jederzeit damit rechnen, dass seine Werke online gestellt würden – was aber einmal in der digitalen Welt öffentlich geworden sei, könne nicht mehr zurückgeholt werden.

Ergänzend führt für A die Sachverständige Professorin Dr. iur. Dr. h.c. mult. Delacroix-Derringer (D) aus, dass nach geltendem Recht der Autor (Urheber) eines Werks das Recht hat, dieses selbst zu verwerten und dass öffentliche Einrichtungen wie zB Bibliotheken für das Verleihen der Bücher dem Autor eine (pauschalierte) Entschädigung zu leisten haben und nicht berechtigt sind, ohne Einwilligung des Autors die Werke zu kopieren (Kopien zum privaten Gebrauch in geringem Umfang sind wiederum gegen Entschädigung ausgenommen) oder elektronisch zu verbreiten.

**Die Erfolgsaussichten des Antrags des A sind zu prüfen.**

**Bearbeitervermerk:** Die Ausführungen der Sachverständigen D zum geltenden Recht treffen zu und sind, soweit für die Bearbeitung erforderlich, zugrundezulegen. Davon abgesehen, ist auf Bestimmungen des Urheberrechts, des Verlagsrechts oder des Presserechts nicht einzugehen.

**Zusatzfrage:**

Das BVerfG erklärt das Gesetz zwei Jahre nach seinem Inkrafttreten wegen verschiedener Verfassungsverstöße für nichtig. Könnten dann Autoren, die nachweislich erhebliche Einbußen an ihren Autorenhonoraren auf Grund drastisch gesunkener Verkaufszahlen als Folge der freien Verfügbarkeit ihrer Werke erlitten haben, Ersatzansprüche geltend machen?

# Vorüberlegungen

Die einfachgesetzliche Einkleidung des Falles dürfte für die Bearb. unerwartet kommen. **990**
Fragen des Urheberrechts spielen in der Ausbildung allenfalls in dem einen oder anderen Schwerpunktbereich eine Rolle. Das Recht des geistigen Eigentums ist nicht Pflichtstoff – eben deshalb sollten die Bearbeiter sich klar machen, dass es hier nur um Grundsatzfragen der Eigentumsgarantie des Art. 14 GG gehen kann. Dass geistiges Eigentum, wozu auch die Reche des Urhebers zählen, ebenso wie andere Immaterialgüterrechte unter Art. 14 GG fallen, dürfte bekannt sein, und lässt sich aus der gängigen Umschreibung mit „alle vermögenswerten privaten Rechte" entnehmen. Hier liegt die zentrale Problematik des Falles.

Die europarechtlichen Bezüge beschränken sich auf Grundlagenwissen – das Verhältnis **991**
von Unionsrecht und Grundgesetz, wenn es um die verfassungsrechtliche Überprüfung eines Gesetzes zur Umsetzung einer Richtlinie geht, und um die Grundlagen der unionsrechtlichen Haftung. Dass unionsrechtlich determiniertes nationales Recht nur eingeschränkt am Maßstab des Grundgesetzes gemessen werden kann, sollte im Prinzip bekannt sein; dies gilt freilich nur, soweit keine Umsetzungsspielräume bestehen. – Dazu, an welcher Stelle dies geprüft wird, hat sich noch keine gefestigte Auffassung gebildet – so wäre eine Prüfung unter III.1. denkbar, aber auch einleitend im Begründetheitsteil als Klarstellung des Prüfungsmaßstabs.

Der Schwerpunkt der Arbeit liegt auf der ersten Frage, also der Verfassungsbeschwerde. Wie stets bei der Verfassungsbeschwerde unmittelbar gegen Gesetze, ist unmittelbares Betroffensein des Bf. sorgfältig zu prüfen. Wer Beschwerdebefugnis verneint, was hier gut vertretbar ist, muss dann die Begründetheit hilfsgutachtlich prüfen.

Da das Gesetzgebungsverfahren im Sachverhalt näher wiedergegeben wird, ist hierauf auch in der Bearbeitung einzugehen. Dies betrifft die Frage einer verkürzten oder verlängerten Äußerungsfrist des Bundesrats; sie kann aus dem Wortlaut des Art. 76 I GG hinreichend beantwortet werden – wobei es wiederum von Vorteil ist, wenn man sich mit der nicht ganz einfach zu erfassenden Bestimmung bereits einmal auseinandergesetzt hat.

Die materiell-verfassungsrechtlichen Probleme des Falles liegen ersichtlich bei Art. 14 GG – hier sollte also der Schwerpunkt der Bearbeitung liegen. Mit dem Verweis auf den unzureichenden Schutz durch Passwortsicherung wird die Thematik der grundrechtlichen Schutzpflichten angesprochen.

Der Aufbau ist durch die prozessuale Konstellation vorgegeben: es ist Verfassungsbe- **992**
schwerde eingelegt, deren Erfolgsaussichten, also deren Zulässigkeit und Begründetheit, zu prüfen sind.

993 # Gliederung

**Frage 1: Erfolgsaussichten der Verfassungsbeschwerde des A**

**A. Zulässigkeit der Verfassungsbeschwerde**

I. Beschwerde- und Prozessfähigkeit
II. Beschwerdegegenstand: Gesetz als Akt öffentlicher Gewalt – „gemeinschaftsrechtlich determiniert"?
III. Beschwerdebefugnis
1. Geltendmachung einer Grundrechtsverletzung
2. Eigene, gegenwärtige und unmittelbare Beschwer
a) A selbst betroffen
b) Gegenwärtiges Betroffensein: Gesetz entfaltet bereits Rechtswirkung
c) Unmittelbares Betroffensein: Vollzug des Gesetzes ohne weitere Bekanntgabe an die Betroffenen
IV. Rechtswegerschöpfung/Subsidiarität
V. Form und Frist

**B. Begründetheit der Verfassungsbeschwerde**

I. Art. 14 GG
1. Schutzbereich: „geistiges Eigentum"
2. Grundrechtsbeeinträchtigung/Eingriff; Inhalts- und Schrankenbestimmung: Rechte des Eigentümers in genereller Form eingeschränkt
3. Eingriffsrechtfertigung – verfassungsrechtliche Anforderungen an Inhalts- und Schrankenbestimmung
a) Gesetzgebungskompetenz
aa) Art. 70 GG
bb) Art. 73 I Nr. 9 GG (+), Art. 73 I Nr. 7 GG (-) – Bildungswesen? unmittelbarer Gegenstand ist die Norm: Urheberrecht
cc) Art. 71 GG: Gesetz ist kompetenzgerecht erlassen.
b) Gesetzgebungsverfahren
aa) Äußerungsfrist für Bundesrat, Art. 76 II 2 GG – eilbedürftig, S. 4? – wichtiger Grund nach S. 3?
bb) Beschlussverfahren – Vermittlungsausschuss – Zustimmungspflicht?
c) Materielle Verfassungsmäßigkeit
aa) Legitimer Zweck – angemessener Ausgleich?
bb) Schutz des Eigentums unzureichend?
II. Weitere Grundrechte?
1. Art. 5 III GG
2. Art. 12 GG

**C. Entscheidung des BVerfG**

**Zusatzfrage**

**A. Anspruch aus Staatshaftung**
**B. Ansprüche aus Eigentum: Enteignung (–), enteignungsgleicher Eingriff?**
**C. Unionsrechtlicher Haftungsanspruch**

# Musterlösung

## Frage 1: Erfolgsaussichten der Verfassungsbeschwerde des A

Da A sich hier durch ein staatliches Handeln in einem seiner Grundrechte verletzt sieht, könnte er Verfassungsbeschwerde nach Art. 93 I Nr. 1a GG einlegen. Diese hat Erfolg, wenn sie zulässig und begründet ist. **994**

### A. Zulässigkeit der Verfassungsbeschwerde

#### I. Beschwerde- und Prozessfähigkeit

A als natürliche Person ist grundrechtsfähig und damit beschwerdefähig. An seiner Prozessfähigkeit zu zweifeln, besteht kein Anlass. **995**

#### II. Beschwerdegegenstand

Die Verfassungsbeschwerde müsste sich auf einen zulässigen Beschwerdegegenstand beziehen. In Betracht kommen Akte der öffentlichen Gewalt in allen ihren Teilgewalten, also Gesetzgebung, Verwaltung, Rechtsprechung. Hier sieht sich der Beschwerdeführer unmittelbar durch ein Gesetz in seinen Grundrechten beeinträchtigt. Dieses ist tauglicher Beschwerdegegenstand. **996**

Allerdings könnte das Gesetz deshalb nicht tauglicher Beschwerdegegenstand sein, weil es unionsrechtlich veranlasst ist. Denn innerstaatliche Rechtsakte, die in Anwendung des Unionsrechts ergehen und hierin „unionsrechtlich determiniert" sind, können grundsätzlich nicht am Maßstab des Grundgesetzes gemessen werden. Deshalb könnte es an einem geeigneten Beschwerdegegenstand fehlen. Dies gilt jedoch nur, soweit kein Umsetzungsspielraum besteht – andernfalls ist der Gesetzgeber gehalten, Umsetzungsspielräume grundrechtsschonend wahrzunehmen. Dies ist hier der Fall – die Richtlinie ist nach dem Sachverhalt so formuliert, dass der innerstaatliche Gesetzgeber Ermessensspielraum in der Frage hat, wie er die Zielsetzung der Richtlinie verwirklichen will, welche Einrichtungen berechtigt sein sollen, ob und wie die Berechtigten zu entschädigen sind. **997**

#### III. Beschwerdebefugnis

##### 1. Geltendmachung einer Grundrechtsverletzung

A müsste plausibel geltend machen, in einem seiner Grundrechte verletzt zu sein. Er macht geltend, er werde „enteignet" – dies ist dahingehend auszulegen, dass er sich in seinem Eigentumsrecht verletzt sieht. Da auch geistiges Eigentum in den Schutzbereich des Art. 14 GG fällt, ist eine Grundrechtsverletzung insoweit jedenfalls nicht ausgeschlossen. **998**

### 2. Eigene, gegenwärtige und unmittelbare Beschwer

999 Der Beschwerdeführer muss durch den angegriffenen Hoheitsakt selbst, gegenwärtig und unmittelbar betroffen sein.

a) Als Autor von Werken, die unter das Gesetz fallen, ist A jedenfalls **selbst betroffen**. UU kann auch ein Dritter von einem Urteil oder einer Verwaltungsentscheidung betroffen sein.

b) **Gegenwärtiges Betroffensein:** Der angegriffene Hoheitsakt muss bereits Rechtswirkungen entfalten – dies könnte fraglich sein, wenn Werke des A noch nicht verfügbar sind – andererseits entfaltet das Gesetz bereits jetzt Rechtswirkungen.

c) **Unmittelbares Betroffensein** bedeutet: Es ist kein weiterer Hoheitsakt mehr erforderlich, die Grundrechtsbeeinträchtigung wirkt unmittelbar. Wird eine Verfassungsbeschwerde unmittelbar gegen ein Gesetz eingelegt, so darf kein weiterer Vollzugsakt mehr erforderlich sein. Hier könnte darauf abzustellen sein, dass erst durch die Entscheidung der jeweiligen öffentlichen Einrichtungen bzw deren tatsächliche Aufnahme der Werke in ihrem Internet-Auftritt das Gesetz dem A gegenüber wirksam wird. Soweit auch private Einrichtungen nach dem Gesetz berechtigt sein können, ist zudem zunächst eine Entscheidung der Behörde erforderlich, ehe diese von der Berechtigung nach § 3 des Gesetzes Gebrauch machen können.

1000 Gleichwohl sprechen Gesichtspunkte effektiven Rechtsschutzes dafür, hier unmittelbares Betroffensein zu bejahen. Denn die Verfassungsbeschwerde kann sich ausnahmsweise unmittelbar gegen ein vollziehungsbedürftiges Gesetz richten,[1] wenn im Gesetz vorgesehen ist, dass der Betroffene keine Kenntnis von der Maßnahme erlangen soll. Für die eigene und gegenwärtige Betroffenheit reicht es dann aus, dass der Bf. darlegt, dass er mit einiger Wahrscheinlichkeit durch die auf den angegriffenen Rechtsnormen beruhenden Maßnahmen in seinen Grundrechten berührt wird – dies jedenfalls bei nachhaltigen Eingriffen, die nur schwer rückgängig zu machen sind. Dieser Gedanke kann auf den vorliegenden Fall übertragen werden – der Vollzug des Gesetzes erfolgt ohne weitere Bekanntgabe an die Betroffenen. Wenn A ausführt, er müsse jederzeit damit rechnen, dass seine Werke online gestellt würden, was aber einmal in der digitalen Welt öffentlich geworden sei, könne nicht mehr zurückgeholt werden, so spricht dies für unmittelbares Betroffensein. Beschwerdebefugnis des A ist also zu bejahen.[2]

## IV. Rechtswegerschöpfung/Subsidiarität

1001 Unmittelbar gegen Normen ist kein Rechtsweg eröffnet. Dass hier das BVerfG vom Bf. verlangen könnte, zunächst den Vollzug des Gesetzes abzuwarten und durch die Fachgerichte eine Vorabklärung und „Aufbereitung" des Verfahrensstoffs zu erreichen, dafür sind keine Anhaltspunkte ersichtlich.

1 BVerfGE 100, 313 (354); 109, 279 (306) sowie zuletzt BVerfGE 113, 348 (362).

2 *AA hier gut vertretbar.*

## V. Form und Frist

1. Es gilt das **Formerfordernis** des § 23 BVerfGG. 1002

2. Die Verfassungsbeschwerde unmittelbar gegen Gesetze ist innerhalb der **Jahresfrist** nach § 93 III BVerfGG ab Inkrafttreten des Gesetzes einzulegen.

Die Verfassungsbeschwerde ist zulässig.

## B. Begründetheit der Verfassungsbeschwerde

## I. Art. 14 GG

A könnte in seinem Eigentumsgrundrecht aus Art. 14 GG verletzt sein.

### 1. Schutzbereich

Dafür müsste zunächst der Schutzbereich des Art. 14 I GG eröffnet sein. 1003

Eigentum iSv Art. 14 I GG ist jedes vermögenswerte private Recht. Eigentum ist insbesondere auch das „geistige Eigentum", also das Recht des Schöpfers eines geistigen Werkes, dieses zu nutzen, zu verwerten und nach seinem Belieben darüber zu entscheiden. Wenn insbesondere lt Vortrag der Sachverständigen D nach geltender Gesetzeslage es dem Autor zukommt, über die elektronische Verbreitung zu entscheiden und ggf. das Werk auf diesem Weg zu verwerten, so ist eben dieses Nutzungsrecht ein Bestandteil des Eigentums des A. Der Schutzbereich des Grundrechts ist eröffnet.

### 2. Grundrechtsbeeinträchtigung/Eingriff

Das Gesetz müsste weiterhin in das Eigentum des A eingreifen. Es müsste also dessen 1004
Eigentum einer Inhalts- und Schrankenbestimmung nach Art. 14 I 2 GG unterwerfen oder aber ihn nach Art. 14 III GG enteignen. Ein Eingriff könnte zum einen darin gesehen werden, dass den Autoren die Pflicht auferlegt wird, die elektronische Verwertung ihrer Werke künftig zu dulden. Auch wenn es unmittelbar erst die tatsächliche elektronische Verbreitung ist, durch die die Eigentumsbeschränkung ausgelöst wird, ist diese doch in der gesetzlichen Regelung angelegt. Diese bewirkt die maßgebliche Inhalts- und Schrankenbestimmung.

Darüber hinaus bewirkt die gesetzliche Regelung weitergehende Gefährdungen der 1005
Rechte der Urheber. Denn wenn deren Texte online gestellt sind, besteht auch die Gefahr, dass Dritte, die nicht zum Kreis der Nutzer der begünstigten Einrichtungen zählen, sich, wenn auch rechtswidrig, Zugang zu den Inhalten verschaffen. Der Gesetzgeber hat jedoch eine Schutzpflicht für das Grundrecht des Art. 14 I GG. Sie verpflichtet ihn, die Rechtsbeziehungen zwischen Privaten so auszugestalten, dass das Eigentum in hinreichendem Maße gegen Verletzung durch Dritte geschützt ist.[3]

3 BVerfGE 114, 1 (37 ff.); *Jarass/Pieroth*, Art. 14 Rn 31 f.

1006 Durch das Gesetz wird also der rechtliche Gehalt ihres Eigentums, so wie es gesetzlich ausgeformt und verfassungsrechtlich geschützt ist, beeinflusst. Hierin könnte eine Inhalts- und Schrankenbestimmung nach Art. 14 I 2 GG liegen, oder aber, wie von A geltend gemacht wird, eine Enteignung nach Art. 14 III GG. Inhalts- und Schrankenbestimmungen sind generelle Bestimmungen der Rechte und Pflichten des Eigentümers durch den Gesetzgeber, sowie deren Vollzug durch die Exekutive. Enteignung ist der konkret-individuelle Entzug einer Eigentumsposition. Auf die Intensität der Eigentumsbeeinträchtigung kommt es nicht an. Durch das InfoFörG, insbesondere dessen § 3, werden bestehende Rechte der „geistigen Eigentümer" eingeschränkt. Sie werden in genereller Form eingeschränkt, nicht werden konkrete Eigentumsrechte entzogen und auf Dritte übertragen. Derartige Beschränkungen bewirken eine generelle Bestimmung und auch Beschränkung der Rechte des Eigentümers, bedeuten aber keinen Zugriff auf ein konkretes Eigentumsobjekt. Es liegt also eine Inhalts- und Schrankenbestimmung vor, wie sie dem Gesetzgeber nach Art. 14 I 2 GG obliegt, aber keine Enteignung nach Art. 14 III GG.

### 3. Eingriffsrechtfertigung

1007 Die Bestimmung von Inhalt und Schranken des Eigentums durch den Gesetzgeber ist dann verfassungsmäßig, wenn sie einen angemessenen Ausgleich der Interessen des Eigentümers mit denen der Allgemeinheit bewirkt und auch iÜ auf einem verfassungsmäßigen Gesetz beruht. Mithin ist zu prüfen, ob die Bestimmungen des Gesetzes formell und materiell verfassungskonform sind.

#### a) Gesetzgebungskompetenz

1008 Das Gesetz müsste zunächst vom zuständigen Gesetzgeber erlassen worden sein. Dies bestimmt sich nach Art. 70 ff. GG.

aa) Nach dem **Grundsatz des Art. 70 GG** sind die Länder für die Gesetzgebung zuständig, sofern nicht für den Bund nach dem Grundgesetz eine Zuständigkeit begründet ist.

1009 bb) Es könnte eine **ausschließliche Bundeszuständigkeit** nach Art. 71, 73 GG gegeben sein. Insbesondere kommt der Kompetenztitel des Art. 73 I Nr. 9 GG für Urheberrecht in Betracht. Darunter sind alle Regelungen zu verstehen, die sich mit den Rechten des Urhebers eines Werks befassen, seine Schöpfung zu verwerten und zu nutzen. Es könnte ferner das Recht der Telekommunikation nach Art. 73 I Nr. 7 GG einschlägig sein. Unter Telekommunikation ist auch die Verbreitung von Informationen über das Internet zu verstehen, da sie auf elektronischem Weg erfolgt. Art. 73 I Nr. 7 GG bezieht sich jedoch nur auf die technische Seite des Telekommunikationsvorgangs und ist daher nicht einschlägig. Es könnte allerdings auch die ausschließliche Länderzuständigkeit für das Bildungswesen eingreifen. Das Gesetz will den Bildungseinrichtungen die Möglichkeit der digitalen Nutzung von Druckwerken einräumen.

1010 cc) Für die kompetenzmäßige Zuordnung zu einer der Materien Urheberrecht oder Bildungs- und Hochschulrecht ist dann auf den unmittelbaren Regelungsgegenstand abzustellen. Dies ist die digitale Nutzung von Druckwerken, wie sie bisher dem Urheber zustand. Nach ihrem unmittelbaren Gegenstand ist die Norm also dem Urheberrecht zuzuordnen. Adressaten sind auch speziell die Urheber dieser Werke, denen eine Duldungspflicht auferlegt wird, und ihre Nutzer. Schließlich greift das Gesetz in die Rechte der Urheber ein. Es ist also nach seinem Gegenstand, nach seinen Adressaten und nach seinem Inhalt dem Urheberrecht nach Art. 71 GG zuzuordnen.

Da der Bund hiernach ausschließlich zuständig ist, kann er nach Art. 71 GG ohne Weiteres tätig werden. Das Gesetz ist kompetenzgerecht erlassen worden.

### b) Gesetzgebungsverfahren

aa) Das Gesetzgebungsverfahren könnte bereits im Initiativstadium fehlerhaft erfolgt **1011**
sein, weil die **Äußerungsfrist für den Bundesrat** nicht eingehalten wurde. Diese beträgt nach Art. 76 II 2 GG grundsätzlich 6 Wochen. Die Bundesregierung hat jedoch nur 3 Wochen abgewartet. Dies könnte nach Satz 4 gerechtfertigt sein. Allein der Umstand, dass die Bundesregierung die Vorlage als besonders eilbedürftig bezeichnet hat, ist hierfür jedoch nicht ausreichend. Vielmehr ist zu fordern, dass sie dies auch tun durfte. Dabei muss ihr allerdings, wie stets in der Beurteilung der politischen Lage, ein Einschätzungsspielraum zugestanden werden. Wenn die Bundesregierung die Gesetzesvorlage wegen der sehr kurzen Umsetzungsfrist als besonders eilbedürftig bezeichnet hat, so ist dies aus verfassungsrechtlicher Sicht nicht zu beanstanden. Denn es ist nicht erkennbar, dass diese Einschätzung fehlerhaft gewesen sein könnte. Der Bundesrat hat seinerseits eine Verlängerung aus wichtigem Grund beantragt, also das „Verlangen nach Satz 3" gestellt, wie Art. 76 II 4 formuliert. Dann beträgt die Frist 6 Wochen, Art. 76 II 4 GG/2. Variante. Auch hier ist zu fordern, dass das Verlangen berechtigt war. Dies ist hier zu verneinen: der wichtige Grund muss sich, wie sich aus der Formulierung des Art. 76 II 3 GG ergibt, aus der Sache ergeben, „insbesondere" aus einem besonderen Umfang der Vorlage – dann müssen auch sonstige Gründe ähnlich gelagert sein. Dass sich einzelne Ländern nicht auf eine klare Linie im Bundesrat einigen können, hat nichts mit der Sache zu tun und ist deshalb kein in diesem Sinn „wichtiger" Grund. Die Bundesregierung durfte also bereits nach 3 Wochen die Gesetzesvorlage dem Bundestag zuleiten, ohne die Stellungnahme des Bundesrats abzuwarten.

bb) Das **Beschlussverfahren** könnte jedoch deshalb unter einem Fehler leiden, weil der **1012**
**Vermittlungsausschuss** seine Befugnisse,[4] die Änderung von Gesetzentwürfen betreffend, überschritten hat. Zwar ist der Vermittlungsausschuss berechtigt, Änderungen, Streichungen und Ergänzungen im Gesetz vorzuschlagen – dies ergibt sich aus Art. 77 II 5 GG. Sein Beschlussvorschlag muss jedoch die Rechte der Abgeordneten wahren und inhaltlich im Rahmen des bisherigen Gesetzgebungsverfahrens und der hierbei eingebrachten Anträge und Stellungnahmen bleiben. Der Vermittlungsausschuss darf nichts vorschlagen, was nicht schon bisher erörtert wurde, sei es im Gesetzesvorschlag, sei es in Änderungsanträgen und Beschlussempfehlungen der Ausschüsse oder in Stellungnahmen nach Art. 76 GG. Lt SV kamen die privaten Universitäten erstmals im Vermittlungsausschuss zur Sprache. Damit wurden die Grenzen seines Vorschlagsrechts überschritten. Das Gesetz ist insoweit verfahrensfehlerhaft zustande gekommen.

4 Dazu BVerfGE 101, 297 (306).

Das Gesetz wäre auch verfahrensfehlerhaft zustande gekommen, wenn die **Zustimmung des Bundesrats** erforderlich war – der unterlassene Einspruch kann nicht in eine positive Zustimmung umgedeutet werden. Allein der Umstand, dass ein Bundesgesetz das Verwaltungsverfahren oder die Behördeneinrichtung regelt, begründet jedoch nach Art. 84 I 2 GG noch keine Zustimmungspflicht.

### c) Materielle Verfassungsmäßigkeit

1013 aa) Das Gesetz müsste auch materiell verfassungsmäßig sein. Da es sich hier um eine Inhalts- und Schrankenbestimmung des Eigentums handelt, ist hierfür erforderlich, dass das Gesetz ein **legitimes Ziel** verfolgt und einen **angemessenen Ausgleich** von Eigentümerinteressen und Gemeinwohlbelangen vornimmt, also zwischen Privatnützigkeit des personalen Bezugs des Eigentums einerseits, seiner Sozialbindung andererseits. Dabei ist die Eigenart des jeweiligen Gutes und seine Bedeutung für den Eigentümer wie die Allgemeinheit angemessen zu berücksichtigen.

Dabei muss das Gesetz einen legitimen Zweck verfolgen. Den Zugang zu Informationen zu erleichtern, ist nicht zuletzt im Hinblick auf das Grundrecht der Informationsfreiheit, auch wenn dieses keine positiven Ansprüche begründet, eine legitime Zielsetzung. Dies wird auch im Unionsrecht durch die Open Access-Richtlinie anerkannt.

1014 bb) Fraglich ist, ob hier noch ein angemessener Ausgleich gewährleistet ist. Das geistige Eigentum des Urhebers ist dabei vor allem deshalb **besonders schutzwürdig**, weil es auf eigener, individueller Leistung beruht und weil es deshalb auch unmittelbarer Ausdruck der Persönlichkeit ist. Der personelle Bezug des Eigentums ist hier in besonderer Weise gegeben. Andererseits ist auch eine besondere Sozialpflichtigkeit und Gemeinschaftsgebundenheit gegeben, da das geistige Eigentum sich gerade erst im Kontakt mit der Öffentlichkeit entfaltet.[5] Dass allerdings, wie hier zur Rechtfertigung des Gesetzes angeführt wird, die Voraussetzungen für das Entstehen eines Werks auch von der Allgemeinheit geschaffen wurden, ist keine Besonderheit des geistigen Eigentums und begründet keine besondere Sozialpflichtigkeit. Die Eigentumsrechte, um die es hier geht, sind daher im Hinblick auf den Schutzzweck der Eigentumsgarantie besonders schutzwürdig. Das Gesetz bewirkt auch einen intensiven Eingriff. Denn Open Access im Internet bedeutet, dass ein Werk, wenn es erst einmal online gestellt ist, praktisch frei verfügbar und auf Dauer seinem Berechtigten entzogen ist. Damit ist es in seiner Privatnützigkeit erheblich geschmälert. Dagegen kann auch nicht eingewandt werden, es liegt im Interesse auch des Autors selbst, wenn er über das Internet bekannt wird. Ob er dies will, muss seiner Entscheidung überlassen bleiben. Privatnützigkeit des Eigentums bedeutet ja gerade, dass der Berechtigte selbst darüber entscheiden soll, was in seinem Interesse liegt. Ob Vergütungsansprüche der Autoren einen verfassungskonformen Ausgleich herbeiführen könnten – es wäre dies ein Fall der „ausgleichspflichtigen Inhalts- und Schrankenbestimmung" –, kann hier dahingestellt bleiben, da ein solcher Ausgleich nicht vorgesehen ist.

---

5 Vgl etwa BGH GRUR 1997, 459 (463) unter Bezugnahme auf BVerfGE 31, 229 (241); 79, 1 (25); s ferner BVerfGE 81, 12 (16 f.); BVerfG, B. v. 25.7.2005 – 1 BvR 2182/04 – juris.

Die Auswirkungen des Gesetzes werden dadurch verstärkt, dass nicht nur die Nutzer der begünstigten Einrichtungen, sondern auch beliebige Dritte, wenn sie sich Zugang zu den online gestellten Inhalten verschaffen, auf das Eigentum zugreifen können. Damit könnte der Gesetzgeber seine Schutzpflicht verletzt haben. Schutzpflichten verpflichten den Staat dazu, die Grundrechte auch gegen Eingriff Dritter zu schützen. Wie der Gesetzgeber dieser Schutzpflicht nachkommen will, darin hat er weitgehendes Ermessen. Eine Grundrechtsverletzung ist dann anzunehmen, wenn der gebotene Schutz in evidentem Maße verfehlt wird. Hier ist allerdings zu berücksichtigen, dass es der Gesetzgeber selbst ist, der durch die Gestattung der Nutzung durch die im Gesetz genannten Einrichtungen die Gefährdungslage herbeigeführt hat. Er muss dann verpflichtet sein, effiziente Schutzvorkehrungen zu treffen. Da aber vorgesehene Sicherungen (Passwort) erfahrungsgemäß leicht zu umgehen sind, ist der Schutz des Eigentums unzureichend. Auch deshalb ist das Gesetz verfassungswidrig. **1015**

## II. Weitere Grundrechte?

### 1. Art. 5 III GG

Das Gesetz könnte auch als Eingriff in die Kunst- und Wissenschaftsfreiheit des Art. 5 III GG gesehen werden, soweit es literarische oder wissenschaftliche Werke betrifft. Dann müsste der Schutzbereich dieser Grundrechte eröffnet sein. Dies könnte unter dem Gesichtspunkt bejaht werden, dass bei Kunstwerken oder auch bei wissenschaftlichen Werken auch die Verbreitung in der Öffentlichkeit, der sog. „Wirkbereich", geschützt ist. Hier geht es jedoch um die wirtschaftliche Verwertung. Hierfür ist auf jene Grundrechte abzustellen, die das wirtschaftliche Handeln schützen, also auf Art. 12 und Art. 14 GG. **1016**

### 2. Art. 12 GG

Soweit die durch das Gesetz betroffenen Urheber ihre Werke im Rahmen ihrer beruflichen Tätigkeit schaffen, könnte auch das Grundrecht der Berufsfreiheit aus Art. 12 I GG einschlägig sein. Das Gesetz betrifft aber die durch die berufliche Tätigkeit geschaffenen Werke und die Rechte daran. Es geht also um das Erworbene, nicht den Erwerb. Damit ist die Eigentumsgarantie des Art. 14 I GG und nicht die Berufsfreiheit des Art. 12 I GG einschlägig. **1017**

**Ergebnis:** Die Verfassungsbeschwerde ist begründet. Das Gesetz verletzt den A in seinem Grundrecht aus Art. 14 I GG. Das Gesetz ist formell und materiell verfassungswidrig. Der formelle Verfassungsverstoß, also die Überschreitung der Befugnisse des Vermittlungsausschusses, betrifft zwar nur die Einfügung des neuen Satz 3 in § 3. Er wirkt sich aber auf das ganze Gesetz aus. Denn Bundesrat und Bundestag haben die Verantwortung für das Gesetz als Ganzes übernommen, das Verfahren leidet insgesamt an einem Fehler. Das Gesetz ist auch materiell verfassungswidrig. **1018**

### C. Entscheidung des BVerfG

1019 Der Beschwerdeführer ist durch § 3 des Gesetzes in seinem Grundrecht aus Art. 14 I GG verletzt. Das BVerfG wird das Gesetz insgesamt für nichtig erklären. Der Verfahrensfehler erfasst das Gesetz als Ganzes; auch würde die Nichtigerklärung nur des § 3 keine sinnvolle Regelung mehr bestehen lassen.[6]

## Zusatzfrage

### A. Anspruch aus Staatshaftung

1020 Ein Anspruch des A könnte zunächst als Staatshaftungsanspruch aus § 839 BGB iVm Art. 34 GG hergeleitet werden. Dem steht jedoch entgegen, dass hier Schadensersatz für den Erlass eines verfassungswidrigen Gesetzes und damit für „legislatives Unrecht" geltend gemacht wird. Auch wenn der parlamentarische Gesetzgeber die „Amtspflicht" hat, verfassungsmäßige Gesetze zu erlassen, so besteht diese doch der Allgemeinheit gegenüber, und nicht einzelnen Dritten. Es fehlt also an der Drittbezogenheit dieser Amtspflicht.[7] Damit entfällt ein Staatshaftungsanspruch.

### B. Ansprüche aus Eigentum

1021 Da kein Fall der Enteignung vorliegt, kommt ein Anspruch auf Enteignungsentschädigung nach Art. 14 III GG schon deshalb nicht in Betracht. A könnte einen Entschädigungsanspruch nach den Grundsätzen des enteignungsgleichen Eingriffs geltend machen; dieser Anspruch ist gewohnheitsrechtlich für Fälle von Eigentumsbeeinträchtigungen anerkannt, die dem Eigentümer ein über das Maß der im Rahmen der Sozialpflichtigkeit hinzunehmenden Eigentumsbeschränkungen hinausgehendes „Sonderopfer" abverlangen und die der Eigentümer auch nicht als rechtswidrige Inhalts- und Schrankenbestimmung abwehren konnte.

1022 Voraussetzung für den Anspruch ist zunächst, dass „Eigentum" iSv Art. 14 GG beeinträchtigt wurde. Dies ist hier der Fall. Die geltend gemachte Eigentumsbeeinträchtigung müsste weiterhin unmittelbar auf eine hoheitliche Maßnahme zurückzuführen sein. Hierfür kommt nur das verfassungswidrige Gesetz in Betracht. Dann müsste jedoch der Anspruch aus enteignungsgleichem Eingriff auch für „legislatives Unrecht" gelten. Dem steht jedoch entgegen, dass dieser Anspruch richterrechtlich entwickelt wurde. Mit einem Entschädigungsanspruch für verfassungswidrige Gesetzgebung würde jedoch ein neuartiger Anspruch geschaffen. Dies ist jedoch dem Gesetzgeber vorbehalten und würde die Kompetenz der Rechtsprechung zur Rechtsfortbildung überschreiten.

6 *Hillgruber/Goos* Rn 692.

7 *Peine/Siegel*, Allgemeines Verwaltungsrecht, Rn 954.

## C. Unionsrechtlicher Haftungsanspruch

Da die fehlerhafte Gesetzgebung in Umsetzung einer Richtlinie der EU erfolgte, könnte **1023-** auch ein unionsrechtlicher Haftungsanspruch in Betracht kommen. Ein derartiger Haf- **1032** tungsanspruch kann aus dem Grundsatz des effet utile und dem Gebot der Unionstreue sowie dem Rechtsgedanken des Art. 340 II AEUV hergeleitet werden. Er kann auch bei legislativem Unrecht eingreifen. Voraussetzung ist, dass bei Umsetzung der Richtlinie gegen Unionsrecht verstoßen wurde.[8] Er kommt nicht zur Anwendung, wenn nur ein Verstoß gegen nationales Recht gegeben ist. Ein Verstoß gegen Unionsrecht könnte darin liegen, dass von der „Soll-Vorschrift" hinsichtlich des „angemessenen Ausgleichs" kein Gebrauch gemacht wurde. Der Anspruch setzt des Weiteren voraus, dass die Vorschrift des Unionsrechts, gegen die verstoßen wurde, subjektive Rechte verleiht, und dass es sich um einen qualifizierten Rechtsverstoß handelt. Jedenfalls an letzterer Voraussetzung fehlt es hier. Angesichts der Fassung der maßgeblichen Bestimmung des Gemeinschaftsrechts als „Soll-Vorschrift" fehlt es an der Klarheit und Eindeutigkeit des Verstoßes gegen Gemeinschaftsrecht, der die Annahme eines qualifizierten Rechtsverstoßes begründen könnte. Auch ein unionsrechtlicher Haftungsanspruch scheidet mithin aus.

# Repetitorium

### Art. 14 GG in der Fallbearbeitung

## I. Struktur und Schutzzweck des Art. 14 GG

Geht es in einem öffentlich-rechtlichen Fall um Eigentum, erzeugt dies beim Bearbeiter **1033** mitunter Unbehagen: zu komplex erscheint die Struktur des Art. 14 GG, zu widersprüchlich seine Rechtsprechung, die einerseits – als Bundesverfassungsgericht – den enteignungsgleichen Eingriff verabschiedet haben soll, andererseits – als Bundesgerichtshof – unverbrüchlich daran festhält, während das Bundesverfassungsgericht wiederum strikt zwischen Enteignung und Inhalts- und Schrankenbestimmung unterscheidet, dann aber mit der entschädigungspflichtigen Inhalts- und Schrankenbestimmung eine neue Rechtsfigur einführt.

Der Bearbeiter sollte sich daher zunächst der Grundstruktur des Art. 14 GG vergewissern; er sollte sich ferner stets vergegenwärtigen, dass entsprechend den Schutzwirkungen des Art. 14 GG grundsätzlich verschiedene Rechtsschutzziele zu unterscheiden sind:
- **Abwehr** von Eingriffen in das Eigentum,
- **Ausgleich** von Eingriffen, insbesondere durch Entschädigung.

8 S dazu etwa *Baldus/Grzeszick/Wienhues*, Staatshaftungsrecht, Rn 286 ff.

In der **Argumentation** ist stets der maßgebliche **Schutzzweck** des Eigentumsgrundrechts zu berücksichtigen, wie er vom BVerfG zugrundegelegt wird: das Eigentum soll seinem Träger einen Freiraum im wirtschaftlichen Bereich sichern und ihm hierdurch die Grundlage für eigenverantwortliche Daseinsgestaltung gewährleisten. Das Eigentum soll also die materielle Basis für die freie Persönlichkeitsentfaltung sichern und steht daher in engem Zusammenhang mit den Freiheitsrechten. Dieser personale Bezug des Eigentums spielt eine wichtige Rolle in der Abwägung: je stärker er ausgeprägt ist, desto höhere Schutzwürdigkeit genießt das Eigentum.[9] Dieser Ansatz ist nicht ganz unproblematisch – der Schutz des Eigentums beschränkt sich jedenfalls nicht auf „unsrer Oma ihr klein Häuschen".

1034 Die Grundstruktur der Eigentumsgarantie ergibt sich aus den unterschiedlichen Gewährleistungen der Grundrechtsnorm: Art. 14 I 1 GG legt den Grundrechtsschutz des Eigentums fest, Art. 14 I 2 GG ermächtigt den Gesetzgeber, Inhalt und Schranken des Eigentums zu bestimmen, den Inhalt des Grundrechts also auszugestalten. Diese Eigentumsausgestaltung muss ihrerseits in gerechter Abwägung der Interessen des Eigentümers und der Allgemeinheit erfolgen, wofür Art. 14 II GG mit der Sozialpflichtigkeit des Eigentums einen maßgeblichen Anhaltspunkt bezeichnet. Eine Grenze setzt die sog. „Institutsgarantie" des Eigentums: wenn der Gesetzgeber das Eigentum nach Inhalt und Schranken ausformt, muss es sich doch immer um „Eigentum" als Privateigentum handeln, das in der Sache auch die Bezeichnung „Eigentum" verdient, und keine bloße formale Hülse.[10] Art. 14 III GG regelt schließlich die Zulässigkeit von Enteignungen. Eine Maßnahme, die den Schutzbereich des Eigentums berührt, kann also entweder eine Inhalts- und Schrankenbestimmung iSv Art. 14 I 2 GG oder eine Enteignung iSv Art. 14 III GG sein. Hiernach richten sich die jeweiligen verfassungsrechtlichen Anforderungen. Grundsätzlich gewährt das Grundrecht ein Abwehrrecht gegen rechtswidrige Maßnahmen; iFd Art. 14 III GG besteht für rechtmäßige Enteignungen ein Entschädigungsanspruch. In bestimmten Fällen besteht bei rechtswidrigen Maßnahmen, die nicht abgewehrt werden können, ein Entschädigungsanspruch; der Eigentümer hat aber kein Wahlrecht zwischen Abwehr des Eingriffs und Entschädigung.

## II. Grundrechtsprüfung

1035 Hier ist nach dem Rechtsschutzziel zu unterscheiden: Geht es wie im Regelfall um die Abwehr von Eingriffen in das Eigentum oder aber um finanziellen Ausgleich für Eigentumsverluste? Vorrang hat der negatorische Schutz: es gilt nicht der Grundsatz „dulde und liquidiere".

9 Vgl BVerfGE 101, 54 (75).
10 Vgl dazu grundlegend BVerfGE 24, 367 (389); 100, 226 (240 f.).

### 1. Eingriffsabwehr

#### a) Schutzbereich des Grundrechts

Eigentum iSv Art. 14 I GG ist jedes vermögenswerte private Recht, dingliche wie obligatorische Rechte, nach BVerfGE 89, 1 auch das Besitzrecht des Mieters. Eigentum sind auch subjektive öffentliche Rechte, wenn sie „erdient" sind (zB Rentenanwartschaft – näher *Kingreen/Poscher* Rn 1038); entscheidend ist also auch hier die personale Schutzfunktion des Eigentums. Str: Eigentumsschutz des Rechts am **Gewerbebetrieb** (aaO Rn 1040 f.). **1036**

Das BVerfG ist insoweit eher skeptisch: der Gewerbebetrieb genießt keinen weitergehenden Eigentumsschutz als seine wirtschaftlichen Grundlagen[11] – weshalb Absatzchancen uÄ nicht geschützt sind und Beschränkungen der unternehmerischen Entfaltungsmöglichkeiten, durch gesetzliche Vorgaben an die Produktbeschaffenheit, durch Verkehrsbeschränkungen, aber auch durch Auskunftspflichten, durch behördliche Warnhinweise uÄ idR eine Frage des Art. 12 GG sind.[12] Ob und in welchem Umfang öffentlich-rechtliche Genehmigungen Eigentumsschutz genießen können, spielte eine Rolle beim „Atomausstieg"[13] sowie im Verfahren um Offshore-Windanlagen.[14] Danach sind Genehmigungen, die ein Verbot mit Erlaubnisvorbehalt aufheben, kein Eigentum. Investitionen sind als solche ebenfalls kein Eigentum, sondern nur dann, wenn sie in bereits vorhandenes Eigentum erfolgten. Dass Genehmigungen einen Marktwert besitzen, mcht sie noch nicht zu Eigentum iSv Art. 14 GG.

Aus dem Eigentumsrecht folgt zunächst der Schutz der eigentumsrechtlichen Zuordnung, des Eigentums in seiner sachlichen Substanz gegen Entzug; weiterhin auch die Nutzung des Eigentums, die Verfügung über das Eigentum, die Ausschließungsbefugnis des Eigentümers gegenüber Dritten. Unter bestimmten Voraussetzungen sind auch „Umweltbeziehungen" wie zB die Zugänglichkeit eines Grundstücks geschützt, nicht aber bloße Chancen, Erwerbsaussichten, Lagevorteile, der „Wert" als solcher.

#### b) Eingriffe

Hierbei ist zu unterscheiden: Inhalts- und Schrankenbestimmung nach Art. 14 I 2 GG oder Enteignung, Art. 14 III GG. **1037**

aa) **Inhalts- und Schrankenbestimmungen** sind generelle Bestimmungen der Rechte und Pflichten des Eigentümers durch den Gesetzgeber, s **Fall 5**, sowie deren Vollzug durch die Exekutive. Auf die Intensität der Eigentumsbeeinträchtigung kommt es nicht an: so hat das BVerfG auch denkmalschutzrechtliche Eigentumsbeschränkungen, die vom Eigentum nur mehr eine „leere Hülle" übrig ließen, gleichwohl als Inhalts- und Schrankenbestimmung gewertet. Also kein „Umschlag" der Inhalts- und Schrankenbestimmung in eine Enteignung nach Schwere des Eingriffs. **Enteignung** ist der konkret-individuelle Entzug einer Eigentumsposition; sie ist gekennzeichnet durch den

11 BVerfGE 58, 300 (353).
12 S dazu *Grote/Kraus*, Fall 2, S. 24.
13 S dazu den Fall von *Gundel/Schubert*, Jura 2001, 847; s ferner BVerfGE 105, 252 für marktbezogene Informationen.
14 BVerfG, B. v. 30.6.2020 – 1 BvR 1679/17 u.a. – (WM 2020, 1691) –, Rn 74 ff., juris.

staatlichen Zugriff und die Übertragung auf einen Dritten – dies wird idR eine öffentlich-rechtliche Körperschaft, kann aber auch ein Privater sein.

Typische Fälle von Inhalts- und Schrankenbestimmungen sind zB im Naturschutzrecht enthalten: die Festlegung eines Schutzgebietes erfolgt damit in Vollzug einer Inhalts- und Schrankenbestimmung (dazu: BVerwGE 112, 373, bearbeitet von *Hermanns*, JA 2002, 26); typische Inhalts- und Schrankenbestimmungen sind die Bestimmungen über die bauliche Nutzung von Grundstücken im Bauplanungsrecht, die dann wiederum im Bebauungsplan umgesetzt werden. Eine Inhalts- und Schrankenbestimmung liegt in den Veränderungsverboten des Denkmalschutzgesetzes als einer generalisierenden Festlegung von Rechten und Pflichten des Eigentümers. S auch den Fall bei *Seiler*, JuS 2002, 679: Notschlachtung der BSE-verdächtigen Tiere als Inhalts- und Schrankenbestimmung; ebenso den BSE-Fall bei *Fischer*, JuS 2005, 52: Ein Gesetz sieht sofortiges Verbot der Verfütterung/Verarbeitung von Tiermehl vor; ein Hersteller muss seine unverkäuflichen Altbestände mit hohem Aufwand entsorgen: Inhalts- und Schrankenbestimmung.

**1038** bb) **Enteignung** ist der konkret-individuelle Entzug einer Eigentumsposition. Die **Enteignung** kann unmittelbar durch den Gesetzgeber oder durch die Exekutive auf Grund eines Gesetzes erfolgen. Durch BVerfGE 143, 246 (Atomausstieg) ist auch klargestellt, dass eine Enteignung voraussetzt, dass sie zur Güterbeschaffung erfolgt,[15] also zB zur Beschaffung eines Grundstücks, um eine Straße zu bauen; der Entzug einer Rechtsposition, dem keine Güterbeschaffung gegenübersteht, ist also Inhalts- und Schrankenbestimmung, deren Eingriffsschwere jedoch finanziellen Ausgleich erfordern kann.[16]

### c) Rechtfertigung

**1039** **aa) Inhalts- und Schrankenbestimmung**:

- Befugnis zur Inhalts- und Schrankenbestimmung durch Gesetz: Art. 14 I 2 GG
- Formelle Verfassungsmäßigkeit des Gesetzes (Zitiergebot gilt nicht)
- Materielle Verfassungsmäßigkeit der Inhalts- und Schrankenbestimmung:
  - Legitimes Regelungsziel
  - Geeignetheit, Erforderlichkeit
  - **Angemessenheit:** Im Mittelpunkt der materiellen Prüfung steht hier der angemessene Ausgleich von Eigentümerinteressen und Gemeinwohlbelangen. Angemessen bedeutet verhältnismäßig; für die Abwägung kann auf typische Argumentationsmuster zurückgegriffen werden.

So kommt es auf Seiten des Eigentümers auf den personalen Bezug an, während andererseits auf die Sozialpflichtigkeit des Eigentums abzustellen ist; bei Grundstücken ist das Kriterium der Situationsbedingtheit relevant: die Intensität des Eigentumsschutzes bestimmt sich nach der konkreten Situation, in die das Grundstück eingebunden ist. Ein angemessener Ausgleich kann auch dadurch herbeigeführt werden, dass dem Eigentümer ein finanzieller Ausgleich (ausgleichspflichtige Inhalts- und Schrankenbestimmung) gewährt wird. Aber auch sonstige Härtefallregelungen sind denkbar, wie zB Übergangsregelungen. Kein angemessener Aus-

15 BVerfGE 143, 246 Rn 242.
16 BVerfGE 143, 246 Rn 260 ff.

gleich wird erzielt, wenn vom Eigentum nur eine „leere Hülse" übrig bleibt, der Eigentumsgegenstand nur noch dem öffentlichen Interesse und nicht dem Eigentümer dient, wie zB ein denkmalgeschütztes Gebäude, das im öffentlichen Interesse erhalten werden muss, das der Eigentümer aber keinerlei sinnvollen Nutzung zuführen kann.[17]

– **„Institutsgarantie"** des Eigentums als Schranken-Schranke: der Gesetzgeber darf nicht eine Form von Eigentum schaffen, die diesen Namen nicht mehr verdient.

- Verfassungsmäßigkeit der Anwendung des Gesetzes im Einzelfall.

**Rechtsfolge:** Liegt keine zulässige Inhalts- und Schrankenbestimmung mehr vor, so ist das Gesetz bzw die auf ihm beruhende Entscheidung als verfassungswidrig aufzuheben.

**bb) Enteignung:** 1040

- Enteignungsgesetz (Kompetenz, Verfahren)
- Vorrang der Administrativenteignung?
- Materielle Gemeinwohlrechtfertigung: Enteignung zum Wohl der Allgemeinheit
- Beachtung der Junktim-Klausel

**Rechtsfolge:** Fehlt es an diesen Voraussetzungen, so ist das Gesetz nichtig und deshalb aufzuheben; im Fall der Enteignung unmittelbar durch Gesetz ist diese unwirksam; im Fall der Enteignung auf Grund eines Gesetzes ist der Enteignungsakt rechtswidrig und aufzuheben. Andernfalls ist das Enteignungsgesetz verfassungsmäßig, der Eigentümer kann dann Entschädigung fordern.

## 2. Entschädigungs- und Ausgleichsansprüche

Bestimmte Maßnahmen, die nicht auf ein Gesetz iSv Art. 14 I 2 GG zurückgeführt wer- 1041
den können, die aber auch keine Enteignung iSv Art. 14 III GG darstellen, können gleichwohl ähnlich intensiv wirken, zB Realakte (U-Bahn-Bau); in diesen Fällen spricht man gewohnheitsrechtlich von **enteignungsgleichem** (rechtswidrigem) oder **enteignendem** (rechtmäßigem) **Eingriff**. Diese beiden letztgenannten Rechtsinstitute waren nach der Nassauskiesungsentscheidung des BVerfG etwas vorschnell totgesagt worden. Das BVerfG hat tatsächlich nur entschieden, dass die verfassungswidrige, weil den Eigentümer unangemessen belastende Inhalts- und Schrankenbestimmung nicht zum enteignungsgleichen Eingriff wird, für den der Eigentümer nach dem Grundsatz „dulde und liquidiere" Entschädigung verlangen kann – er muss sich vielmehr gegen die eigentumsbeschränkende Maßnahme selbst wenden. Ein enteignungsgleicher Eingriff kann auch darin liegen, dass der Berechtigte durch eine rechtswidrige behördliche Entscheidung an der Nutzung des Eigentums gehindert wird. Er muss dann zwar Primärrechtsschutz gegen den rechtswidrigen Verwaltungsakt suchen, kann aber für den Zeitraum der Wirksamkeit des VA – zB bei Sofortvollzug – Entschädigung wegen enteignungsgleichen Eingriffs verlangen. So hat das LG München I einer Fernsehproduktionsgesellschaft ei-

17 BVerfGE 100, 226.

nen Entschädigungsanspruch aus enteignungsgleichem Eingriff zugesprochen, nachdem ihr die rundfunkrechtliche Anbietergenehmigung durch rechtswidrigen Widerruf entzogen worden war.[18] Bei einer Wohnungsdurchsuchung entstandene Schäden am Eigentum Dritter (also nicht des Wohnungsinhabers) können aus enteignungsgleichem bzw – bei rechtmäßiger Durchsuchung – enteignendem Eingriff geltend gemacht werden. Die Grundsätze über den enteignungsgleichen bzw enteignenden Eingriff haben nicht unmittelbar Verfassungsrang; es handelt sich um ein richterrechtlich begründetes Rechtsinstitut, das wohl als Gewohnheitsrecht gelten dürfte. Die richterrechtliche Ableitung hat die Rechtsprechung auch daran gehindert, den Anspruch auf Fälle „legislativen Unrechts“ auszuweiten.

### III. Aktuelle Fragestellungen

**1041a** Nicht abschließend geklärt ist weiterhin der verfassungsrechtliche Eigentumsschutz des Rechts am **Gewerbebetrieb** (s *Kingreen/Poscher* Rn 1040). Das BVerfG ist insoweit eher skeptisch: der Gewerbebetrieb genießt keinen weitergehenden Eigentumsschutz als seine wirtschaftlichen Grundlagen[19] – weshalb Absatzchancen uÄ nicht geschützt sind und Beschränkungen der unternehmerischen Entfaltungsmöglichkeiten, durch gesetzliche Vorgaben an die Produktbeschaffenheit, durch Verkehrsbeschränkungen, aber auch durch Auskunftspflichten, durch behördliche Warnhinweise uÄ idR eine Frage des Art. 12 GG sind.[20] Ob und in welchem Umfang **öffentlich-rechtliche Genehmigungen** Eigentumsschutz genießen, spielte eine Rolle im Zusammenhang mit der Diskussion um den **„Atomausstieg“**.[21] BVerfGE 143, 246 verneint dies (s dort Rn 231), ebenso im Beschluss zu Offshore-Windparks.[22] Eigentumsschutz genießen nur die auf Grund der Genehmigung geschaffenen Vermögenspositionen. Demgegenüber sind **sozialversicherungsrechtliche Ansprüche** im Kern jedenfalls Eigentum, wenn sie „erdient“ sind, wie zB Rentenanwartschaften.[23] Eine bestimmte Höhe ist verfassungsrechtlich nicht garantiert. Für Steuern und Abgaben wurde zunächst vertreten, dass sie nicht konkrete Eigentumsrechte tangieren – anders nunmehr BVerfGE 93, 121 für die Vermögenssteuer, die die Nutzung des erworbenen Vermögens einschränkt, und BVerfGE 115, 97 für die Einkommensteuer. Der in BVerfGE 93, 121 (138) angesprochene „Halbteilungsgrundsatz“ wurde von BVerfGE 115, 97 (108 ff.) allerdings nicht bestätigt. Danach soll wegen der Formulierung „zugleich“ in Art. 14 II 2 GG der Staat nicht mehr als die Hälfte des vom Bürger erworbenen Eigentumsrechts diesem durch Steuern und Abgaben entziehen (rechnet man Steuern auf das Einkommen, indirekte Steuern und sonstige Abgaben zusammen, wird die Grenze ohnehin häufig überschritten).[24]

---

18 LG München I, U. v. 24.2.2014 – 15 O 27992/12 – juris; das Verfahren, an dem der Verf. auf Klägerseite beteiligt ist, ist derzeit vor dem OLG München anhängig.

19 BVerfGE 58, 300 (353).

20 S dazu *Grote/Kraus*, Fall 2, 24.

21 S dazu den Fall von *Gundel/Schubert*, Jura 2001, 847; s ferner BVerfGE 105, 252 (269) für marktbezogene Informationen.

22 BVerfG, B. v. 30.6.2020 – 1 BvR 1679/17 –, WM 2020, 1691.

23 Dies gilt auch für in der DDR erworbene Ansprüche und Anwartschaften – zum Abbau ungerechtfertigter Leistungen für Funktionsträger, BVerfGE 126, 233 (256 ff.).

24 Zum *Hufen*, Staatsrecht II § 38 Rn 56.

Zur kontrovers erörterten Problematik der **„Mietpreisbremse“** nach § 556d BGB ist auf die aktuelle Entscheidung des BVerfG vom 19.7.2019 – 1 BvL 1/18 u.a. – (NJW 2019, 3054) zu verweisen. Der Kammerbeschluss prüft geradezu schulmäßig die Voraussetzungen einer Inhalts- und Schrankenbestimmung nach Art. 14 I 2 GG, sieht insbesondere im Anliegen des Gesetzgebers, der Verdrängung wirtschaftlich weniger leistungsfähiger Bevölkerungskreise aus stark nachgefragten Stadtbezirken entgegenzuwirken, ein legitimes öffentliches Interesse. Da immerhin eine Miethöhe von 10% über der örtlichen Vergleichsmiete möglich bleibt, ist die Mietpreisbremse auch verhältnismäßig. Die Kammer äußert sich auch zur Ermächtigung an die Länder, die betroffenen Bereiche eines angespannten Mietmarktes im Wege einer RVO zu bestimmen. Von Interesse im Hinblick auf Vertrauensschutz ist die Erwägung, in einem sozialpolitisch hochumstrittenen Feld wie dem des Mietrechts müsse ohnehin mit häufigen Rechtsänderungen gerechnet werden. Ähnlich hatte das BVerfG bereits beim EEG argumentiert.[25] Der auch kompetenzmäßig problematische Berliner „Mietendeckel“ (Rn 365) ist noch anhängig. Eine e.A. wurde durch B. v. 13.2.2020 – 1 BvQ 12/20 – (WM 2020, 150) abgelehnt.[26]

## IV. Prüfungsschemata

Die im Rahmen des Art. 14 GG zu beachtende Prüfungsreihenfolge hängt von Fallkonstellation und Rechtsschutzziel – Eingriffsabwehr oder Entschädigung – ab.

### A. Eingriffsabwehr

### 1. Verfassungsbeschwerde gegen Gesetz

1. Schutzbereich – insbesondere: Eigentumsgegenstand (Grundeigentum, Eigentum an Rechten) und Umfang des Eigentumsschutzes 1042
2. Eingriff: Inhalts- und Schrankenbestimmung oder Enteignung

3.1 Verfassungsrechtliche Rechtfertigung bei **Inhalts- und Schrankenbestimmung**:
   - a) Gesetz (ggf. wie stets zu prüfen: Kompetenz, Verfahren);
   - b) Materielle Verfassungsmäßigkeit, insbes. angemessener Ausgleich zwischen privaten und öffentlichen Interessen.

   **Rechtsfolge:** Liegt keine zulässige Inhalts- und Schrankenbestimmung mehr vor, so ist das Gesetz als verfassungswidrig aufzuheben.

3.2 Verfassungsrechtliche Rechtfertigung bei **Enteignungsgesetz**
   - a) Enteignungsgesetz (Kompetenz, Verfahren)
   - b) Vorrang der Administrativenteignung?
   - c) materielle Gemeinwohlrechtfertigung: Enteignung zum Wohl der Allgemeinheit
   - d) Beachtung der Junktim-Klausel

   **Rechtsfolge:** Fehlt es an den Voraussetzungen nach a) – d), so ist das Gesetz nichtig und deshalb aufzuheben; andernfalls ist das Enteignungsgesetz verfassungsmäßig, der Eigentümer kann dann Entschädigung fordern.

25 BVerfG (K) B. v. 12.2.2019 – 1 BvR 2914/17 – Rn 29, vgl *Degenhart* Rn 397.
26 S auch *Degenhart*, NJW-aktuell 2020 H. 7, S. 7.

## 2. Verfassungsbeschwerde gegen behördliche Maßnahme

1043

Begründetheit – Verstoß gegen Art. 14

1. Schutzbereich
2. Eingriff: Enteignung (also Administrativenteignung: Vollzug eines Enteignungsgesetzes durch Verwaltungsakt) oder Inhalts- und Schrankenbestimmung (dh Vollzug eines entspr. Gesetzes)

3.1 Verfassungsrechtliche Rechtfertigung bei Inhalts- und Schrankenbestimmung:
   a) Gesetz als zulässige Inhalts- und Schrankenbestimmung
   b) Vollzugsakt: Außerachtlassung des Art. 14 GG (Voraussetzung: Verwaltung hatte Spielräume bei der Anwendung des Gesetzes in Ausfüllung unbestimmter Rechtsbegriffe bzw Ermessen – andernfalls liegt der Fehler beim Gesetz).

   **Rechtsfolge:** Einzelakt und ggf. zugrundeliegendes Gesetz sind aufzuheben.

3.2 Verfassungsrechtliche Rechtfertigung bei Enteignung
   a) Enteignungsgesetz: Kompetenz, Verfahren – materielle Gemeinwohlrechtfertigung, Junktim-Klausel
   b) Spezifischer Verfassungsverstoß bei Anwendung des Gesetzes?

   **Rechtsfolge:** Wenn Verstoß gegen Art. 14 GG, ist der Enteignungsakt und ggf. das Enteignungsgesetz aufzuheben.

## B. Ausgleichs- und Entschädigungsansprüche

## 1. Enteignungsentschädigung

1044

1. Enteignung iSv Art. 14 III GG – Legal- oder Administrativenteignung
2. Rechtmäßigkeit der Enteignung
   a) Bei Legalenteignung: Enteignungsgesetz: s.o. (1) 1., 3.2
   b) Bei Administrativenteignung:
      aa) Enteignungsgesetz
      bb) Anwendung im Einzelfall
3. **Rechtsfolge:**
   Wenn Enteignung nach 2. rechtmäßig: Entschädigungsanspruch aus Gesetz, bei späterem Wegfall des Enteignungszwecks ggf. Rückübereignung.

   Wenn Voraussetzungen nach 2. nicht erfüllt: Enteignung rechtswidrig, dagegen Abwehrrecht (aber nicht Entschädigung).

## 2. Enteignungsgleicher bzw enteignender Eingriff

1045

1. **Enteignungsgleicher** Eingriff setzt voraus:
   a) Eigentum berührt
   b) durch **rechtswidrige** hoheitliche Maßnahme, insbesondere faktisches Handeln oder aber qualifiziertes Unterlassen – keine Haftung für legislatives Unrecht
   c) Unmittelbarkeit
   d) Überschreiten der „Opfergrenze"
   e) Rechtsgedanke des § 254 BGB analog; also keine Möglichkeit des primären Rechtsschutzes
2. **Enteignender** Eingriff setzt voraus: **rechtmäßiges** hoheitliches Handeln, dessen Folgen jedoch die Zumutbarkeitsschwelle überschreiten.
3. **Rechtsfolge:** Entschädigung

### 3. Ausgleichspflichtige Inhalts- und Schrankenbestimmung

Zur Klarstellung: Hier geht es ausschließlich um die Fälle, in denen ein Gesetz eine Inhalts- und Schrankenbestimmung bewirkt und, um den Eingriff gegen den Eigentümer schonend zu gestalten, ihm einen Ausgleich gewährt. Dieser Ausgleich ist keine Entschädigung iSv Art. 14 III GG. Die sog. „salvatorischen Klauseln" etwa in Naturschutz- und Denkmalschutzgesetzen werden als Ausgleichsregelungen aufgefasst. Das BVerfG fordert jedoch, dass das Gesetz die Voraussetzungen für den Ausgleichsanspruch hinreichend bestimmt und dass hierüber mit der Entscheidung über die Eigentumsbeschränkung selbst entschieden wird.[27] **1046-1050**

1. Eigentumseingriff durch Gesetz oder auf Grund Gesetzes
2. Rechtmäßigkeit der Inhalts- und Schrankenbestimmung
   a) Verfassungsmäßigkeit des Gesetzes
   b) Anwendung des Gesetzes
3. Tatbestandliche Voraussetzungen für Ausgleichsanspruch müssen gegeben sein.

**Zur Wiederholung:** *Kingreen/Poscher* Rn 1029 ff.

Aus der Ausbildungsliteratur: *Berg*, Entwicklung und Grundstrukturen der Eigentumsgarantie, JuS 2005, 961; *Jochum/Durner*, Grundfälle zu Art. 14 GG, JuS 2005, 220, 320, 412; *Lege*, Das Eigentumsgrundrecht aus Art. 14 GG, JURA 2011, 507 und 826; *Kemmler*, Ersatzansprüche wegen Beeinträchtigungen des Eigentums, JA 2005, 156; *Kingreen*, Die Eigentumsgarantie, JURA 2016, 390; Frenz, Entschädigungsansprüche gegen den Staat, JA 2018, 360.

**Aktuelle Rechtsprechung:** BVerfGK 4, 210 (Eigentumsschutz der Internet-Domain); BVerfG NVwZ 2005, 203, bespr. von *Selmer* in JuS 2005, 477 (Art. 14 GG und Schwarzbauten); BVerfGK 10, 66 = NVwZ 2007, 808 (Jagdgenossenschaft); BVerfGE 126, 233 (Rentenansprüche von DDR-Funktionsträgern); EGMR NVwZ 2012, 15291 (Jagdgenossenschaft); BVerfGE 143, 246 (Atomausstieg).

**Weitere Fälle im thematischen Zusammenhang:** *Bethge/Detterbeck*, Rembrandt als Pflichtexemplar, JuS 1994, 229; *Schlette*, Das umstrittene Wasserschutzgebiet, Jura 1996, 428; *Remmert*, Die Stellplatzpflicht, Jura 1997, 96; *Hösch*, Campingplatz im Landschaftsschutzgebiet, JA 1998, 571; *Seiler*, Die Sorgen der Landwirte, JuS 2002, 679; *Jahndorf/Suttmann*, Examensklausur Öffentliches Recht: Sturm auf die Werbefahne, NWVBl 2004, 240; *Fischer*, Referendarexamensklausur – Öffentliches Recht: Entschädigung in den Zeiten von BSE, JuS 2005, 52; *Spilker/Sternberg*, Subventionsabbau ohne Grenzen?, Jura 2012, 67; *Kieck*, Verbotene Automaten, JA 2018, 351; *Schröder*, Staatshaftung im Straßenverkehr, JA 2018, 678.

27 BVerfGE 100, 226.

Fall 18

# Schmidberger

*Mittelschwerer Examensfall mit europarechtlichem Schwerpunkt*

**1051** In Umsetzung einer Richtlinie der EU hat die Bundesrepublik Deutschland ein Gesetz erlassen, in dem die Massentierhaltung im Rahmen der landwirtschaftlichen Produktion deutlich eingeschränkt wird. Sie ist dabei aus Gründen des Tierschutzes wie des Verbraucherschutzes erheblich über die in der Richtlinie enthaltenen Mindestanforderungen hinausgegangen, regelt also die Massentierhaltung deutlich restriktiver. Demgegenüber haben unmittelbar angrenzende Staaten wie Dänemark, die Niederlande oder Tschechien nur die Mindestanforderungen der Richtlinie umgesetzt. Dies hat in der Folge zu umfangreichen Betriebsverlagerungen geführt. In den genannten Mitgliedstaaten der EU haben sich in unmittelbarer Grenznähe zur Bundesrepublik industriell strukturierte landwirtschaftliche Großbetriebe angesiedelt, so auch im nur 3 km hinter der deutschen Grenze gelegenen niederländischen Vandekerkhoff. Von dort starten täglich zahlreiche Lebendviehtransporte nach Deutschland sowie nach Italien. Der Weg zur nächstgelegenen Autobahnauffahrt führt sie über eine enge und kurvenreiche Bundesstraße, wobei mehrere Ortsdurchfahrten zu passieren sind.

Dieser Betrieb ist verschiedenen Gruppen ein Dorn im Auge. Das sind zum einen die Landwirte, die unter der billigeren, weil geringeren Auflagen ausgesetzten Konkurrenz leiden. Tierschützer kritisieren die wenig artgerechte Haltung in den „Tierfabriken" wie auch erhebliche Missstände bei den Tiertransporten. Anwohner der Grenzgebiete leiden zum einen unter Geruchsimmissionen, zum anderen unter der starken Zunahme des LKW-Verkehrs.

An einem Montag im Oktober 2010 versammeln sich Landwirte mit ihren Traktoren, verschiedene Gruppen von Natur- und Umweltschützern, Mitglieder von Tierschutzverbänden, wie auch verschiedene Gruppen von Anliegerinitiativen im Ortsbereich der westfälischen Gemeinde Mühlenkotten auf der von den Transporten benutzten Bundesstraße zu einer Demonstration. Sie hatten diese Demonstration am vorgehenden Freitag unter Hinweis auf ihre vorangegangenen, vergeblichen Proteste angekündigt und auch die Behörden von ihrer Absicht in Kenntnis gesetzt. Zahlreiche Transporte, die die Ankündigung nicht ernst genommen hatten, stecken vom Morgen bis zum Abend fest und müssen dann zurückkehren, andere werden zu erheblichen Umwegen gezwungen. Die Protestaktion verläuft im Übrigen zunächst ruhig. Im Laufe des Tages kommt es allerdings zu beidseitigen Provokationen, wobei auch an einem LKW zwei Reifen zerstochen werden; bei einem anderen Transporter werden die Türen geöffnet, so dass die verschreckten Tiere ins Freie galoppieren und erst nach Stunden wieder eingefangen werden. Den Veranstaltern gelingt es jedoch, die Situation zu beruhigen. Die anwesenden Polizeikräfte des Landes Nordrhein-Westfalen sehen sich daher nicht zum Einschreiten veranlasst. Sie waren von der Landesregierung angewiesen worden, die Veranstaltung zu tolerieren und nur einzuschreiten, wenn es zu Ausschreitungen kommen sollte.

Dem in Bologna ansässigen Importeur Vittorio Vitellone (V), dessen LKW insgesamt zehn Stunden aufgehalten worden war, ist hierdurch, wie er darlegt, ein Schaden von € 30 000,– entstanden. Wegen Überschreitung der Transport- und Lenkzeiten habe der Transport erst einen Tag später starten können; dadurch habe er einen vereinbarten Liefertermin nicht einhalten können; zudem habe der Transport wegen des erzwungenen Stillstandes einen Tag länger als geplant gedauert, so dass ihm das Fahrzeug einen zusätzlichen Tag ausgefallen sei; er habe ein Ersatzfahrzeug anmieten müssen.

**Frage 1:** Hat V einen begründeten Anspruch auf Ausgleich seines Schadens?

**Zusatzfrage:** V möchte unabhängig von den Erfolgsaussichten die Frage jedenfalls gerichtlich klären und auf Schadensersatz klagen. Er fragt an, gegen wen sich die Klage zu richten hat.

# Vorüberlegungen

1052 Der vorstehende Fall dürfte (sollte jedenfalls) beim Lesen sogleich zwei grundlegende Entscheidungen des EuGH in Erinnerung rufen: die vielzitierte Entscheidung Schmidberger zur Blockade der Brenner-Autobahn[1] sowie die Bauernprotestentscheidung im Vertragsverletzungsverfahren Kommission/Frankreich vom 9.12.1997.[2] Der EuGH hat in diesen beiden Fällen in **vergleichbaren Fallkonstellationen** – Proteste gegen Einfuhr bzw Durchfuhr von Waren – **mit entgegengesetztem Ergebnis** entschieden, was vor allem auf die jeweiligen Begleitumstände, aber auch die Motive und das gesamte Verhalten der Protestierenden zurückzuführen war. Im Fall Frankreich hatten gewalttätige Proteste stattgefunden, die sich über einen längeren Zeitraum erstreckten; Transporter waren aufgehalten, ihre Ladung zerstört worden, teilweise waren auch Produkte gewaltsam aus Geschäften entfernt worden – all dies mit Duldung der Behörden. Demgegenüber hatte sich die Blockade der Brenner-Autobahn auf einen einmaligen Termin beschränkt, der Protest war hinreichend früh angekündigt worden, so dass sich die Betroffenen rechtzeitig darauf einstellen konnten; es kam zu keinerlei Ausschreitungen. Auch ging es den Demonstranten um wichtige Allgemeinbelange, insbesondere den Schutz der besonders empfindlichen Alpenregion gegen einen überbordenden Transitverkehr. Demgegenüber richtete sich der Protest in Frankreich unmittelbar gegen den freien Warenverkehr, er war in stärkerem Maße von „egoistischen“ Motiven geleitet. All dies führte zu einer unterschiedlichen Bewertung.

1053 Zumindest der *Fall Schmidberger* sollte dem Examenskandidaten vertraut sein; er wurde hinreichend diskutiert. Aber auch von den Protestaktionen französischer Bauern dürfte man während des Studiums gehört haben. In beiden Fällen ging es um die Verpflichtung der Behörden eines Mitgliedstaates, gegen Behinderungen des freien Warenverkehrs durch private Dritte einzuschreiten. Eine dahingehende Verpflichtung ist im Grundsatz gegeben. Aus den Grundfreiheiten des AEUV werden damit also positive Schutzpflichten abgeleitet – ein Interpretationsansatz, der von den Grundrechten des Grundgesetzes her vertraut ist. Und ebenso vertraut dürfte der systematische Ansatz für eine Rechtfertigung der Beeinträchtigung des freien Warenverkehrs sein. Die „Störer“, die die unmittelbare Behinderung des freien Warenverkehrs verursachen – die dann dem Staat auf Grund seiner Schutzpflichten zugerechnet wird – berufen sich ihrerseits darauf, dass sie in Ausübung ihrer Grundrechte tätig werden. Mit dem methodischen Rüstzeug aus dem Staatsrecht lassen sich also durchaus europarechtliche Fälle bewältigen. Der Bearbeiter musste allerdings über die Existenz und die Ableitung europäischer Grundrechte Bescheid wissen. Wenn einerseits eine Beeinträchtigung von Grundfreiheiten wie der Warenverkehrsfreiheit, also von Rechten des Primärrechts der Union erfolgt, muss auch die Rechtfertigung dem Unionsrecht entnommen werden, also entweder wiederum dem Primärrecht (dies wäre der Fall bei den Rechtfertigungsgründen nach Art. 36 AEUV) oder allgemeinen Grundsätzen des Unionsrechts auf gleicher Normstufe – wozu eben auch die europäischen Grundrechte zählen.

1 EuGH Rs C-112/00, Slg. 2003, I-5659 = NJW 2003, 3185.

2 EuGH Rs C-265/95, Slg. 1997 I-6959 = EuGRZ 1997, 620 = NJW 1998, 1931.

Für diese tritt in der Rechtsprechung des EuGH immer stärker die EMRK als Erkenntnisquelle in den Vordergrund. Dass die europäischen Grundrechte die Beschränkung von Grundfreiheiten rechtfertigen können, dies hat der EuGH ja auch im Fall des Laserdrome anerkannt (vgl auch **Fall 10**); diese Bedeutung der europäischen Grundrechte sollte ebenfalls bekannt sein. **1054**

Die grundrechtliche Thematik ist im Rahmen eines Haftungsfalles zu prüfen – ob die Behörde rechtmäßig gehandelt hat, als sie nicht gegen die Aktion eingeschritten ist, ist von entscheidender Bedeutung für die Begründetheit eines Anspruchs auf Staatshaftung. Da hier nationale Behörden möglicherweise gegen Recht der Union verstoßen haben, kommt vorrangig ein unionsrechtlicher Haftungsanspruch in Betracht. Dass ein solcher Anspruch für außervertragliches Handeln mitgliedstaatlicher Organe im Unionsrecht nicht ausdrücklich normiert ist, Art. 340 II AEUV nur die Haftung der Union selbst für ihre Organe regelt, sollte ebenso bekannt sein, wie die Tatsache, dass der EuGH einen solchen Anspruch im Wege der Rechtsfortbildung entwickelt hat. Str ist, ob der unionsrechtliche Haftungsanspruch als eigenständiges richterrechtlich geschaffenes Institut und der Amtshaftungsanspruch selbstständig nebeneinander stehen (sog. *dualistische Konzeption*[3]) oder aber die Grundsätze des Ersteren in Anwendung des Letzteren zur Geltung zu bringen sind[4] (was erhebliche Modifikationen bedingt). – Die dualistische Konzeption scheint sich durchzusetzen.[5] Sie dürfte allein der Rspr des EuGH entsprechen, der die Grundlage des unionsrechtlichen Haftungsanspruchs unmittelbar im Unionsrecht sieht. **1055**

3 *Ossenbühl/Cornils*, Staatshaftungsrecht, S. 628.
4 Dafür *Schoch*, in: Festschrift Maurer, S. 759 (772).
5 BGHZ 134, 30.

## 1056 Gliederung

**Frage 1: Schadensersatzanspruch des V**

**A. Unionsrechtlicher Haftungsanspruch**
- I. Rechtsgrundlagen
- II. Verletzung einer unionsrechtlichen Rechtsnorm, die subjektive Rechte verleiht
  - 1. Warenverkehrsfreiheit, Art. 34 AEUV
  - 2. Beeinträchtigung der Warenverkehrsfreiheit
    - a) Maßnahmen gleicher Wirkung (+)
    - b) Staatlichkeit der Beeinträchtigung (+)
  - 3. Rechtfertigung der Beeinträchtigung
    - a) Art. 36 AEUV (–)
    - b) Ungeschriebene Beschränkungen?
      - aa) Europäische Grundrechte
      - bb) Einschlägigkeit der Art. 10, 11 EMRK (+)
      - cc) Abwägung
- III. Hilfserwägung: Qualifizierter Rechtsverstoß (–)

**B. Ansprüche aus nationalem Recht**
- I. Amtshaftungsanspruch, § 839 BGB iVm Art. 34 GG
- II. Anspruch aus enteignungsgleichem Eingriff

**Zusatzfrage: Maßgeblichkeit des mitgliedstaatlichen Rechts**

# Musterlösung

## Frage 1: Schadensersatzanspruch des V

### A. Unionsrechtlicher Haftungsanspruch

### I. Rechtsgrundlagen

Der Anspruch des V auf Ersatz des ihm entstandenen Schadens könnte als unionsrechtlicher Haftungsanspruch begründet sein. Dieser Anspruch kommt auch dann in Betracht, wenn ein Mitgliedstaat gegen Unionsrecht verstößt und hierdurch ein Schaden verursacht wird. Dieser Schadensersatzanspruch ist im AEUV bzw in sonstigen Vorschriften des Unionsrechts nicht ausdrücklich normiert, sondern wurde von der Rechtsprechung entwickelt.[6] Die Notwendigkeit einer Haftung der Mitgliedstaaten für Verstöße gegen Unionsrecht folgt zum einen schon daraus, dass das Unionsrecht nicht zur vollen Wirksamkeit gelangen würde, wollte man an Verstöße keine Sanktionen knüpfen. Der Grundsatz des *effet utile*, der die Anwendung des Unionsrechts beherrscht, ist also als Grundlage eines unionsrechtlichen Haftungsanspruchs heranzuziehen. Auch aus dem Grundsatz der Unionstreue nach Art. 10 AEUV kann eine Verpflichtung der Mitgliedstaaten entnommen werden, die Beachtung des Unionsrechts auch durch Schadensersatzansprüche zu gewährleisten. Dies erfordert auch der Grundsatz des effektiven Rechtsschutzes der Bürger. Wenn schließlich die Union nach Art. 340 II AEUV für Schäden aus der Ausübung ihrer Amtstätigkeit nach den allgemeinen Rechtsgrundsätzen haftet, die den Rechtsordnungen der Mitgliedstaaten gemeinsam sind, so kann dieser Rechtsgedanke entsprechend auch auf die Haftung der Mitgliedstaaten übertragen werden. Damit kann der Grundsatz, dass die Mitgliedstaaten für Verstöße gegen Unionsrecht Schadensersatz zu leisten haben, als ein allgemeiner Grundsatz des Unionsrechts gelten. 1057

### II. Verletzung einer unionsrechtlichen Rechtsnorm, die subjektive Rechte verleiht

V könnte dann einen Anspruch auf Schadensersatz haben, wenn eine Norm des Unionsrechts verletzt wurde, die ihm subjektive Rechte verleiht. Denn dass eine solche Rechtsnorm verletzt wurde, ist erste und entscheidende tatbestandliche Voraussetzung für die unionsrechtliche Staatshaftung.[7] 1058

### 1. Warenverkehrsfreiheit, Art. 34 AEUV

Eine solche den Schutz des V bezweckende Rechtsnorm könnte die Warenverkehrsfreiheit des Art. 34 AEUV als Grundfreiheit des Unionsrechts sein. Zu den Rechtsnormen des Unionsrechts, die auch den Schutz des einzelnen Unionsbürgers bezwecken, zählen jedenfalls auch die Grundfreiheiten des AEUV. Denn es ist gerade auch der einzelne Unionsbürger, der am gemeinsamen Markt soll teilnehmen können, in Wahrnehmung 1059

6 S dazu etwa *Baldus/Grzeszick/Wienhues*, Staatshaftungsrecht, Rn 292 ff.

7 *Peine/Siegel*, Allgemeines Verwaltungsrecht, Rn 985.

seiner Rechte auf Freizügigkeit und Niederlassungsfreiheit und eben auch im Rahmen des freien Warenverkehrs. Die Warenverkehrsfreiheit des Art. 34 AEUV ist hier im Tatbestand anwendbar. Denn V importiert hier Waren iSv Art. 28 AEUV aus einem Mitgliedstaat der Gemeinschaft, den Niederlanden, in einen anderen Mitgliedstaat, Italien. Dies fällt ebenso unter den Schutz der Warenverkehrsfreiheit wie die hierzu erforderliche Durchfuhr durch die Bundesrepublik Deutschland.[8]

## 2. Beeinträchtigung der Warenverkehrsfreiheit

**1060** Es müsste eine Beeinträchtigung des freien Warenverkehrs gegeben sein. Der freie Warenverkehr ist einer der tragenden Grundsätze der Union. Nach Art. 26 II AEUV ist innerhalb des Binnenmarktes der freie Verkehr u.a. von Waren und Dienstleistungen gewährleistet. Dem Schutz des freien Warenverkehrs dient insbesondere die Bestimmung des Art. 34 AEUV, wonach mengenmäßige Einfuhrbeschränkungen sowie Maßnahmen gleicher Wirkung zwischen den Mitgliedstaaten verboten sind. Eine Beeinträchtigung der Freiheit des Warenverkehrs zwischen der Bundesrepublik Deutschland und den angrenzenden Mitgliedstaaten setzt also zunächst voraus, dass es sich bei der Protest- und Blockadeaktion um eine Maßnahme gleicher Wirkung iSv Art. 34 AEUV handelte. Der Anwendung der Bestimmung könnte allerdings entgegenstehen, dass diese Behinderungen von Privaten und nicht unmittelbar vom Staat ausgingen. Das Verbot von Maßnahmen gleicher Wirkung müsste also auch gegenüber Behinderungen gelten, die von Privaten verursacht werden.

**1061** a) Zunächst müssten also die hier durchgeführten Protest- und Blockadeaktionen als **Maßnahmen gleicher Wirkung** zu beurteilen sein. Dieses Kriterium der gleichen Wirkung ist im Blick auf den Schutzzweck der Bestimmungen über den freien Warenverkehr weit auszulegen. Die Verbote nach Art. 34 AEUV bedeuten, dass alle unmittelbaren oder mittelbaren Beeinträchtigungen der Handelsströme innerhalb der Union unzulässig und zu beseitigen sind. Darunter fallen also nicht nur unmittelbar verbindliche Verbote oder sonstige hoheitliche Anordnungen, sondern gleichermaßen auch rein faktische und in diesem Sinn nur mittelbare Behinderungen. Wird die Beförderung von Waren im innergemeinschaftlichen Handel nachhaltig gestört, wie dies bei länger andauernden oder wiederholten Blockadeaktionen der Fall ist, dann bedeutet dies eine Behinderung des freien Warenverkehrs. Etwas anderes mag bei nur ganz kurzfristigen, symbolischen Behinderungen gelten; darauf beschränkten sich die Blockadeaktionen hier aber nicht.

**1062** b) Die Behinderungen gingen hier unmittelbar von privaten Demonstranten aus. Die staatlichen Behörden in der Bundesrepublik hätten jedoch die Möglichkeit gehabt, durch ein Verbot bzw rechtzeitiges polizeiliches Einschreiten die Behinderungen des freien Warenverkehrs wirksam zu unterbinden. Dies haben sie jedoch unterlassen. Dann wären ihnen die erfolgten Behinderungen jedenfalls zuzurechnen, wenn sie eine Rechtspflicht zum Handeln hatten. Ähnlich, wie aus den Grundrechten des Grundgesetzes positive Schutzpflichten des Staates abgeleitet werden, könnten sich derartige Schutzpflichten auch unionsrechtlich in Bezug auf die Grundfreiheiten des AEUV ergeben. Denn der

---

8 S EuGH, U. v. 12.6.2003 – Rs C-112/00, Slg. 2003, I-5659 (Schmidberger) = EuGRZ 2003, 492, Tz. 62.

innergemeinschaftliche Handel, um den es bei den Bestimmungen über den freien Warenverkehr und insbesondere bei den Verboten nach Art. 34 AEUV geht, kann durch Störaktionen Privater nicht weniger intensiv beeinträchtigt werden, als bei staatlicherseits errichteten Hürden. Gerade weil der freie Warenverkehr so grundlegende Bedeutung für die Union hat, müssen die Mitgliedstaaten schon wegen des Gebots der Unionstreue verpflichtet sein, diese Grundfreiheit in ihrem Hoheitsbereich effektiv zu gewährleisten. Dies kann auch eine Verpflichtung umschließen, gegen Störungen des freien Warenverkehrs durch Dritte in ihrem Hoheitsgebiet einzuschreiten.[9] Diese Verpflichtung bestand auch im Fall der Protest- und Blockadeaktionen gegen V. Denn es handelte sich hier um Aktionen auf dem Hoheitsgebiet der Bundesrepublik Deutschland, durch die der freie Warenverkehr innerhalb der EU beeinträchtigt wurde. Dies gilt sowohl für Einfuhr von Waren aus den unmittelbar angrenzenden wie weiteren Mitgliedstaaten als auch für die Durchfuhr. Auch sie ist Voraussetzung des freien innergemeinschaftlichen Handels. Da die **Behörden der Bundesrepublik Deutschland**[10] die Möglichkeit hatten, durch ein Einschreiten die Behinderung des freien Warenverkehrs zu unterbinden, ist ihnen diese **Behinderung zuzurechnen**.

Im **Ergebnis** ist also von einer Beeinträchtigung des freien Warenverkehrs durch eine der Bundesrepublik zuzurechnende Maßnahme gleicher Wirkung iSv Art. 34 AEUV auszugehen.

### 3. Rechtfertigung der Beeinträchtigung

Die Beeinträchtigung der Freiheit des Warenverkehrs könnte jedoch unionsrechtlich ge- **1063**
rechtfertigt sein.

a) Eine Rechtfertigung könnte sich zunächst aus **Art. 36 AEUV** ergeben. Es erscheint jedoch fraglich, ob die dort genannten Gründe die Protestaktionen rechtfertigen können. Denn es geht hier nicht um Gefahren für die dort genannten Schutzgüter, die unmittelbar vom Warenverkehr selbst ausgehen, sondern um Beeinträchtigungen, die aus den Begleiterscheinungen der Warentransporte resultieren, um die Begleitumstände der Produktion, maßgeblich aber auch um die Abwehr von Konkurrenz, den Schutz der heimischen Produktion. Diese Zielsetzung aber steht in klarem Widerspruch zum Grundsatz der Warenverkehrsfreiheit. Doch kommt es auf die Motive der Demonstranten und Blockadeteilnehmer im Ergebnis nicht entscheidend an. Denn die Beeinträchtigung des freien Warenverkehrs ist dem Staat zuzurechnen, der die Aktionen geduldet hat. Aus dieser Duldung wird der Verstoß gegen Unionsrecht hergeleitet.[11] Die staatlichen Behörden müssen hierbei Zielsetzungen verfolgt haben, die vor der Grundfreiheit des Art. 34 AEUV Bestand haben.

b) Die Behörden wollten hier vor allem den Demonstranten die Möglichkeit offenhal- **1064**
ten, ihren Protest zum Ausdruck zu bringen; sie haben also deren Meinungs- und Ver-

9 Grundlegend EuGH, Rs C-265/95, Slg. 1997, I-6959 = EuGRZ 1997, 620 (Bauernprotest Frankreich).

10 Aus unionsrechtlicher Sicht sind auch die Polizeibehörden des Landes Behörden der Bundesrepublik als Mitgliedstaat – zur Frage des Haftungsadressaten s Zusatzfrage Rn 1077 ff.

11 Vgl EuGH, U. v. 12.6.2003 Rs C-112/00, Slg. 2003, I-5659 = EuGRZ 2003, 492 Tz. 66.

sammlungsfreiheit gegenüber den Belangen des ungehinderten Warenverkehrs im konkreten Fall den Vorrang eingeräumt. Damit haben sie maßgeblich auf Grundrechte der Teilnehmer der Kundgebung abgestellt und diesen in der Kollision mit der Warenverkehrsfreiheit höheres Gewicht beigemessen. Diese Vorgehensweise kann dann zulässig sein, wenn Grundrechte ihrerseits geeignet sind, Grundfreiheiten des AEUV einzuschränken. Grundrechte könnten insoweit als **ungeschriebene Schranken der Grundfreiheiten** heranzuziehen sein.

**1065** aa) Dies ist jedenfalls für die in der Grundrechtscharta der EU enthaltenen **europäischen Grundrechte** zu bejahen. Denn diese Grundrechte sind sowohl von der Union selbst als auch von ihren Mitgliedstaaten bei der Durchführung von Unionsrecht zu beachten, Art. 51 I 1 GRCh. Es müsste also im Fall des Einschreitens gegen die Verkehrsblockade um die Durchführung von Unionsrecht gehen. Ein solcher Fall der Anwendung europäischen Rechts müsste hier vorliegen. Dies könnte deshalb in Frage stehen, weil die Behörden untätig geblieben sind, der Warenverkehrsfreiheit nach Art. 34 AEUV also nicht zur Durchsetzung verholfen, europäisches Recht also nicht zur Geltung gebracht haben. Doch liegt gerade im Untätigbleiben der Behörden der mögliche Verstoß gegen Unionsrecht. Deshalb ist auch für eine Rechtfertigung dieses Unterlassens auf Unionsrecht abzustellen. Hierfür sind auch die allgemeinen Rechtsgrundsätze des Unionsrechts und insbesondere Grundrechte heranzuziehen. Dabei besteht kein Anwendungsvorrang etwa der Grundfreiheiten, da die Gewährleistungen der Charta ebenso wie die der AEUV auf gleicher Ebene des Primärrechts der EU stehen. Im hier gegebenen Fall der Proteste gegen die Warenimporte und -transite sind es die Grundrechte der Meinungsfreiheit, Art. 11 GRCh und der Versammlungsfreiheit, Art. 12 GRCh, die als Rechtfertigung für eine Beeinträchtigung des freien Warenverkehrs in Betracht kommen könnten. Diese Grundrechte sind auch ausdrücklich durch die EMRK in Art. 10 und Art. 11 als Grundlagen einer demokratischen Gesellschaft anerkannt. Dies ist auch bei der Anwendung der Grundrechte der Charta maßgeblich. Gemäß Art. 52 III GRCh sind die Grundrechte der Charta, soweit sie gleichlautend mit denen der EMRK sind, wie die letzteren auszulegen.

**1066** bb) Ob die Protestaktionen im Fall der Viehtransporte unter den Schutz der Grundrechte der Meinungs- oder Versammlungsfreiheit fallen, könnte deshalb fraglich sein, weil es bei den Aktionen zu einzelnen gewalttätigen Aktionen gekommen ist. Derartige Handlungsweisen werden grundsätzlich nicht vom Grundrechtstatbestand der Meinungsfreiheit umfasst; diese schützt die Freiheit des geistigen Ausdrucks – für **Art. 10 EMRK** und damit wegen Art. 52 III GRCh auch für **Art. 11 GRCh** kann insoweit nichts anderes gelten als für Art. 5 GG. Das Grundrecht der Versammlungsfreiheit schützt auch im Rahmen des EMRK nur die friedliche Versammlung. Deshalb könnten hier die Begleitumstände der Protestaktionen schon den tatbestandlichen Schutz der Meinungsfreiheit nach Art. 11 GRCh und der Versammlungsfreiheit nach Art. 12 GRCh entfallen lassen.

**1067** Dagegen spricht jedoch, dass es sich hierbei nur um vereinzelte Zwischenfälle am Rande der insgesamt friedlich und gewaltfrei verlaufenen Aktion handelte. Die vereinzelten Störer wurden auch nicht aus der Versammlung heraus gedeckt, die Veranstalter bemühten sich vielmehr erfolgreich um eine Deeskalation. Der Protestversammlung kann also nicht von vornherein der Schutz der europäischen Grundrechte der Meinungs- und Versammlungsfreiheit abgesprochen werden. Daher kann auch den Veranstaltern nicht abgesprochen werden, dass es ihnen um die Wahrnehmung ihrer Meinungs- und Versammlungsfreiheit ging. Auch wurden die vereinzelten gewaltsamen Aktionen nicht etwa von den Behörden geduldet oder gar begünstigt; sie waren bereit, etwaigen Ausschreitungen zu begegnen. Auch den Behörden kann also die legitime Zielsetzung nicht abgesprochen werden, die Ausübung der Meinungs- und Versammlungsfreiheit durch die Teilnehmer der Protestaktion zu gewährleisten.

cc) Damit ergab sich hier ein Konflikt zwischen der Grundfreiheit der Warenverkehrs- **1068**
freiheit einerseits, den Grundrechten der Meinungs- und Versammlungsfreiheit andererseits. Das Verhalten der staatlichen Behörden ist als Eingriff in die Warenverkehrsfreiheit dann gerechtfertigt, wenn sie hier im konkreten Fall den Grundrechten der Teilnehmer der Aktion Vorrang zuerkennen durften; hierin ist ihnen aus unionsrechtlicher Sicht ein erheblicher Einschätzungsspielraum zuzuerkennen. Weder die Warenverkehrsfreiheit noch die Grundrechte der Art. 11 und 12 GRCh sind schrankenlos gewährleistet. Die Warenverkehrsfreiheit insbesondere ist nicht nur aus den in Art. 36 AEUV genannten Gründen einschränkbar, sondern auch durch weitere allgemeine Grundsätze des Unionsrechts, insbesondere zum Schutz der europäischen Grundrechte. Andererseits können nach Art. 52 I GRCh ebenso wie nach **Art. 10 I, 11 II EMRK** die Grundrechte der Meinungs- und Versammlungsfreiheit Beschränkungen unterworfen werden, die im Allgemeininteresse geboten und gesetzlich festgelegt sind; diese müssen ihrerseits in einem angemessenen Verhältnis zu den verfolgten Zielen stehen. Die Grundrechte der Teilnehmer der Protestaktion und die Freiheit des Warenverkehrs sind hier also gegeneinander abzuwägen.

Für die Gewichtung der Meinungs- und der Versammlungsfreiheit in der **Abwägung** **1069**
kommt es vor allem darauf an, ob es hier um Fragen von allgemeinem öffentlichen Interesse ging. Dann besteht regelmäßig Vorrang für die Äußerungsfreiheit. Dies ist hier allerdings nicht uneingeschränkt der Fall. Denn die Teilnehmer der Aktion wurden von unterschiedlichen Motiven geleitet. Einigen von ihnen geht es in der Tat darum, auf Missstände hinzuweisen, die für die Öffentlichkeit von erheblichem Interesse sind, wie etwa Fragen des Tierschutzes, der ja im Grundgesetz ausdrücklich mit Verfassungsrang in Art. 20a GG erwähnt wird. Auch die durch die Intensivtierhaltung und durch die vermehrten Transporte verursachten Umweltbeeinträchtigungen stellen Fragen von allgemeinem öffentlichen Interesse dar. Soweit andererseits deutsche Landwirte gegen die Einfuhren demonstrieren, verfolgen sie auch eigennützige Ziele. Diese sind in der Abwägung regelmäßig von geringerem Gewicht. Auch insoweit sind freilich öffentliche Interessen angesprochen, da es hierbei ja auch um die grundsätzliche Frage des Wettbewerbs zu gleichen Bedingungen im Gemeinsamen Markt geht.

Wurden damit also bei der Protestaktion öffentliche Belange von erheblichem Gewicht **1070**
angesprochen, so ist auf der anderen Seite auch die grundlegende Bedeutung der Warenverkehrsfreiheit als eine der Grundfreiheiten des Unionsrechts zu gewichten; es handelt sich hier um eine der Grundlagen der Union. Im konkreten Fall waren die Behinderungen jedoch von nicht allzu hoher Intensität. Sie erstreckten sich über einen begrenzten Zeitraum von weniger als 24 Stunden. Die Aktion war rechtzeitig angekündigt. Die

Veranstalter waren mit Erfolg bemüht, es zu keinen Ausschreitungen kommen zu lassen. Der Ablauf der Aktion unterschied sich damit deutlich von jenen Fällen gewaltsamer Bauernproteste in Frankreich gegen die Einfuhr von Agrarprodukten, die die Behörden hätten unterbinden müssen. Er erinnert stärker an jene Sperrung der Brenner-Autobahn aus Protest gegen die Zunahme des Alpentransits, die der EuGH unter dem Schutz der europäischen Grundrechte gesehen hat.

Im **Ergebnis** ist daher in der Abwägung der Warenverkehrsfreiheit mit den europäischen Grundrechten der Meinungs- und der Versammlungsfreiheit, wie sie in den Gewährleistungen der Art. 11, 12 GRCh zum Ausdruck kommen, letzteren Vorrang einzuräumen. Damit aber haben die bundesdeutschen Behörden nicht unionsrechtswidrig gehandelt, als sie die angekündigte Protestaktion nicht untersagten bzw sie duldeten und auch nicht gegen sie einschritten.

### III. Hilfserwägung: Qualifizierter Rechtsverstoß

**1071** Aber auch dann, wenn man hier einen Vorrang der Warenverkehrsfreiheit nach Art. 34 AEUV annehmen, mithin eine Verpflichtung der bundesdeutschen Behörden bejahen wollte, die Aktion zu unterbinden, fehlte es doch an Klarheit und Eindeutigkeit des Verstoßes gegen Unionsrecht, der die Annahme eines qualifizierten Rechtsverstoßes begründen könnte, wie er zur Begründung des unionsrechtlichen Haftungsanspruchs erforderlich ist.[12] Die Behörden hatten in der Frage, ob und wie sie gegen eine Versammlung einschreiten, ob sie diese etwa aus Gründen der öffentlichen Sicherheit und Ordnung verbieten wollten, einen erheblichen Ermessensspielraum. Sie hatten zudem in der Frage einer möglichen Gefährdung der öffentlichen Sicherheit und Ordnung Gefahrenprognosen anzustellen, die notwendig einen behördlichen Prognosespielraum begründen. Berücksichtigt man zudem, dass der EuGH ähnliche Aktionen von Fall zu Fall je nach den konkreten Begleitumständen unterschiedlich bewertet hat, so kann jedenfalls von einem qualifizierten Rechtsverstoß nicht gesprochen werden.

Ein unionsrechtlicher Staatshaftungsanspruch ist also **im Ergebnis unbegründet**.

## B. Ansprüche aus nationalem Recht

### I. Amtshaftungsanspruch, § 839 BGB iVm Art. 34 GG

**1072** Ein Amtshaftungsanspruch aus § 839 BGB iVm Art. 34 GG kommt neben einem unionsrechtlichen Haftungsanspruch in Betracht.

Der Anspruch setzt zunächst voraus, dass hier „Jemand" in Ausübung eines öffentlichen Amtes gehandelt hat. Dies ist hier zu bejahen. Die Polizeibehörden des Landes Nordrhein-Westfalen sind Träger hoheitlicher Gewalt. Soweit ihre Angehörigen im Zusammenhang mit der Demonstration tätig geworden oder aber davon Abstand genommen haben, Maßnahmen zu ergreifen, handelten sie in Ausübung eines öffentlichen Amtes.

12 *Peine/Siegel*, Allgemeines Verwaltungsrecht, Rn 985.

Sie müssten durch ihr Handeln oder Unterlassen weiterhin gegen eine ihnen Dritten gegenüber obliegende Amtspflicht verstoßen haben. Primäre Amtspflicht jeder Behörde ist es, die Rechtsordnung zu wahren. Dazu zählen auch die für die Behörden unmittelbar verbindlichen Vorschriften des Unionsrechts, insbesondere die Grundfreiheiten des AEUV. Doch erwies sich hier das Verhalten der Behörden als unionsrechtlich gerechtfertigt. Damit entfällt auch eine Amtspflichtverletzung. **1073**

### II. Anspruch aus enteignungsgleichem Eingriff

V könnte einen Entschädigungsanspruch nach den Grundsätzen des enteignungsgleichen Eingriffs geltend machen; dieser Anspruch ist gewohnheitsrechtlich für Fälle von Eigentumsbeeinträchtigungen anerkannt, die dem Eigentümer ein über das Maß der im Rahmen der Sozialpflichtigkeit hinzunehmenden Eigentumsbeschränkungen hinausgehendes „Sonderopfer“ abverlangen und die der Eigentümer auch nicht als rechtswidrige Inhalts- und Schrankenbestimmung abwehren konnte. **1074**

Voraussetzung für den Anspruch ist zunächst, dass „Eigentum“ iSv Art. 14 GG beeinträchtigt wurde. Hier könnte sich V auf sein Recht am Gewerbebetrieb berufen. Ob hier ein Eingriff in das Recht am Gewerbebetrieb vorliegt, ist jedoch fraglich. Denn V wurde hier lediglich vorübergehend daran gehindert, seiner gewerblichen Betätigung nachzugehen. Die Erwerbstätigkeit als solche wird jedoch nicht durch Art. 14 GG geschützt; auch das Recht am Gewerbebetrieb vermittelt insoweit keinen weitergehenden Schutz. **1075**

Die geltend gemachte Eigentumsbeeinträchtigung – sollte sie denn zu unterstellen sein – müsste weiterhin unmittelbar auf eine hoheitliche Maßnahme zurückzuführen sein. V macht geltend, dass die Behörden es unterlassen hätten, gegen die Behinderung des Transports einzuschreiten. Hierin könnte ein qualifiziertes Unterlassen liegen, das einem positiven Handeln gleichzustellen ist, wenn eine Rechtspflicht zum Handeln bestand. Eine Rechtspflicht zum Handeln bestand hier jedoch, wie im Zusammenhang mit einem unionsrechtlichen Haftungsanspruch ausgeführt wurde, nicht. Auch ist die Beeinträchtigung des V, aus der er einen Entschädigungsanspruch herleiten will, nicht unmittelbar auf ein Handeln bzw Unterlassen der Behörde zurückzuführen, sondern auf ein Handeln privater Dritter. Auch daran scheitert ein Anspruch. Im Übrigen fehlt es auch an der Rechtswidrigkeit des Eingriffs. **1076**

Auch ein Anspruch aus enteignungsgleichem Eingriff ist mithin abzulehnen.

## Zusatzfrage

Während ein auf § 839 BGB iVm Art. 34 GG gestützter Amtshaftungsanspruch in jedem Fall gegen die Anstellungskörperschaft, also gegen das Land Nordrhein-Westfalen geltend zu machen wäre, könnte für den unionsrechtlichen Haftungsanspruch fraglich sein, ob er sich gegen das Land oder aber gegen die Bundesrepublik Deutschland richtet. **1077**

Mitglied der Union ist die Bundesrepublik. Sie ist Beteiligte der Verträge. Dies bedeutet, dass zunächst sie verpflichtet ist, die Beachtung des Unionsrechts und damit auch der Grundfreiheiten des AEUV zu gewährleisten. Sie muss dann auch für die Verletzung der **1078** vertraglichen Pflichten einstehen. Dies könnte dafür sprechen, den Schadensersatzanspruch in jedem Fall gegen die Bundesrepublik Deutschland zu richten. Andererseits liegt die nähere Ausgestaltung des unionrechtlichen Haftungsanspruchs bei den Mitgliedstaaten. Der einem Unionsbürger entstandene Schaden ist innerhalb des nationalen Haftungsrechts zu beheben.[13] Der Mitgliedstaat seinerseits muss sicherstellen, dass dem Einzelnen der Schaden ersetzt wird, der ihm durch Verletzung von Unionsrecht entstanden ist, gleichgültig, welche staatliche Stelle den Verstoß begangen hat. Ist dies sichergestellt, so kann der Mitgliedstaat den Geschädigten an die innerstaatlich zuständige Behörde oder Körperschaft verweisen, kann also die Haftung innerstaatlich aufteilen. Im Fall einer bundesstaatlichen Struktur des Mitgliedstaates bedeutet dies, dass die Haftung entsprechend dieser Struktur ausgestaltet werden kann, die Bundesrepublik Deutschland also dann, wenn der Rechtsverstoß durch ein Handeln von Beamten eines Landes begangen wurde, eine Haftung dieses Landes vorsehen kann.

**1079** Davon ist in entsprechender Anwendung von Art. 34 GG auszugehen, wenn beim unionsrechtlich begründeten Haftungsanspruch der Schaden innerhalb des nationalen Rechts behoben wird. Anspruchsgegner ist also das Land Nordrhein-Westfalen. Daneben kann eine subsidiäre Haftung der Bundesrepublik in Betracht zu ziehen sein, wenn der zunächst innerstaatlich begründete Haftungsanspruch nicht realisierbar ist. Davon ist aber bei einem Bundesland nicht auszugehen.

**Ergebnis:** V müsste also das Land Nordrhein-Westfalen verklagen.

# Repetitorium

## A. Grundfreiheiten des AEUV, insbesondere: Warenverkehrsfreiheit

**1080** Zur Dienstleistungsfreiheit s **Fall 10**, Rn 633 ff. Zur Warenverkehrsfreiheit nach Art. 34 AEUV sollten insbesondere vertraut sein: die Dassonville-Formel für Maßnahmen gleicher Wirkung iSv Art. 36 AEUV; die Cassis-Formel zur Rechtfertigung von Beschränkungen des freien Warenverkehrs aus zwingenden Gemeinwohlgründen sowie die Keck-Formel zur Behandlung von Verkaufsmodalitäten. Für Maßnahmen gleicher Wirkung legt der EuGH auf der Grundlage der Dassonville-Formel – jede Maßnahme, die geeignet ist, den innergemeinschaftlichen Handel unmittelbar oder mittelbar, tatsächlich oder potentiell zu behindern[14] – den sog. Drei-Stufen-Test zugrunde: (1): Stets eine Maßnahme nach Art. 36 AEUV ist bei Diskriminierung (unterschiedliches Recht für in- und ausländische Produkte) gegeben. (2): Ebenfalls liegt eine Maßnahme nach Art. 36 AEUV bei Verstoß gegen das Herkunftslandprinzip vor – man sprich hier von *dual burden*: eine Ware, die im Herkunftsland nach den dort geltenden Vorschriften hergestellt wurde, muss zusätzlich rechtliche Anforderungen im Bestimmungsland erfüllen.

13 EuGH Rs C-302/97, Slg. 1999 I-3099 = NVwZ 2000, 303.
14 EuGH Rs 8/74, Slg. 1974, 837 = NJW 1975, 515 (Dassonville).

**Beispiele:** Beschaffenheitsanforderungen, die formal für inländische wie ausländische Waren gelten, aber tatsächlich die Einfuhr ausländischer Waren erschweren – im Fall Cassis de Dijon galt dies für die Vorschrift eines Mindestalkoholgehalts für Liköre von 25 %, die die Einfuhr des Cassis-Likörs mit 20 % Alkoholgehalt unmöglich machte.

(3): Es darf auch kein Marktzutrittshindernis vorliegen – dies ist nicht der Fall bei bloßen Verkaufsmodalitäten iSd Keck-Formel.

Diese dürfen jedoch nicht diskriminierend wirken. Es muss sich dann um Regelungen handeln, die sich lediglich auf den Vertrieb beziehen, wie zB Ladenschlusszeiten, sofern sie für alle Wirtschaftsteilnehmer gelten, die ihre Tätigkeit im Inland ausüben „und sofern sie den Absatz der inländischen Erzeugnisse und der Erzeugnisse aus anderen Mitgliedstaaten rechtlich wie tatsächlich in der gleichen Weise berühren."[15] Gegenüber Verkaufsmodalitäten wirkt also die Warenverkehrsfreiheit als Diskriminierungs- und nicht wie sonst als Behinderungsverbot. Neben Ladenschlussregelungen könnten Werbebeschränkungen hierunter fallen – allerdings nicht, wenn dadurch Hersteller aus anderen Mitgliedstaaten generell am Marktzutritt gehindert werden.

Bekannt sein sollten auch die dem vorstehenden Fall zugrundeliegenden Entscheidung Kommission ./. Frankreich und Schmidberger. Typische Fallgestaltung ist die Frage nach der Vereinbarkeit einer bestimmten Maßnahme mit der **Grundfreiheit des Art. 34 AEUV**. Hierbei sind, sofern nicht das Recht der EU eine speziellere Regelung enthält, regelmäßig diese Punkte zu prüfen:[16]

1. **Tatbestand des Art. 34 AEUV:** Warenverkehr; umfasst Einfuhr/Ausfuhr sowie Durchfuhr von „Waren" iSv Art. 28 II AEUV; Voraussetzung ist also grenzüberschreitender Bezug. 1081
2. **Vorliegen einer Beschränkung:** Mengenmäßige Beschränkung oder Maßnahme gleicher Wirkung.
   a) Voraussetzung ist zunächst **Staatlichkeit** der Maßnahme – Maßnahmen Privater müssen dem Staat zuzurechnen sein;
   b) **Mengenmäßige Beschränkung** bedeutet (gänzliches oder teilweises) Verbot der Einfuhr/Ausfuhr/Durchfuhr; ob eine **Maßnahme gleicher Wirkung** – Hauptanwendungsfall des Art. 28 AEUV – vorliegt, bestimmt sich nach der *Dassonville-Formel* bzw dem Drei-Stufen-Test, vorstehend Rn 1080.[17]
3. **Rechtfertigung der Beschränkung:**
   a) Auf der Rechtfertigungsebene ist in der Frage der möglichen Gründe für eine Beschränkung grundsätzlich zwischen diskriminierenden und nicht diskriminierenden Beschränkungen zu unterscheiden.
      aa) Bei formal unterschiedlich anwendbaren Beschränkungen ist eine Rechtfertigung nur aus den Gründen des Art. 36 AEUV zulässig.
      bb) Bei formal unterschiedslos anwendbaren Beschränkungen sind Beschränkungen möglich:
         (1) aus den Gründen des Art. 36 AEUV;
         (2) aus zwingenden Erfordernissen des Gemeinwohls: *Cassis-Formel*;[18] dies können zB Gründe des Verbraucherschutzes oder auch des Umweltschutzes sein;

15 EuGH Rs C-267/91, Slg. 1993, 6097 = NJW 1994, 121 (Keck).
16 S auch *Streinz* Rn 922 ff.
17 Näher *Streinz* Rn 922 ff., 968.
18 EuGH Rs 120/78, Slg. 1979, 649 = NJW 1979, 1766.

(3) als vertragsimmanente Schranken der Grundfreiheiten wirken schließlich die europäischen Grundrechte – dabei erscheint noch offen, ob es sich hier um einen Unterfall der zwingenden Gemeinwohlerfordernisse iSd *Cassis-Formel* oder einen weiteren, ungeschriebenen Rechtfertigungsgrund handelt.

b) Jede Beschränkung der Warenverkehrsfreiheit muss verhältnismäßig sein, also geeignet, den angestrebten Zweck zu erreichen sowie erforderlich, Art. 36 S. 2 AEUV; die Verhältnismäßigkeit i.e.S. wird unter dem Gesichtspunkt der Zumutbarkeit geprüft, doch liegt hier in aller Regel nicht der Schwerpunkt der Prüfung.

**1082** Nach den gleichen Grundsätzen erfolgt die Prüfung der **Dienstleistungsfreiheit** und der **Niederlassungsfreiheit**. Dabei ist zu berücksichtigen, dass dann, wenn der Sachverhalt bereits im Sekundärrecht geregelt ist, dieses zur Anwendung kommt, aber unter Berücksichtigung der Grundfreiheiten auszulegen ist. Kommen Dienstleistungs- oder Niederlassungsfreiheit unmittelbar zur Anwendung, ist wie folgt zu prüfen:

1. **Dienstleistungsfreiheit:** Es muss sich um eine grenzüberschreitend erbrachte Dienstleistung iSv Art. 57 AEUV handeln; dabei muss keiner der Beteiligten selbst die Grenze überschreiten;
   **Niederlassungsfreiheit:** Art. 49 I AEUV – Niederlassung –, Art. 49 AEUV – Zweigniederlassungen, Filialen –;
   Bereichsausnahme für hoheitliche Funktionen, Art. 51 AEUV – dann kein Fall des Art. 49 AEUV.
2. **Bereichsausnahmen:** öffentliche Verwaltung, Art. 45 IV AEUV, Ausübung hoheitlicher Gewalt, Art. 51 I AEUV.
3. **Vorliegen einer Beschränkung:**
   a) Staatlichkeit der Maßnahme;
   b) beeinträchtigende Wirkung;
   c) Drei-Stufen-Test:
      (1) unterschiedl. Behandlung auf Grund der Staatsangehörigkeit?;
      (2) Herkunftslandprinzip – „dual burden“?;
      (3) Marktzutrittshindernis oder analog Keck für Verkaufsmodalität: bloße Betätigungsmodalität?
4. Rechtfertigung der Beschränkung:
   a) bei formal diskriminierenden Maßnahmen nur ausdrückliche Schranken des Art. 62 iVm Art. 51 AEUV; bei formal nicht diskriminierenden Beschränkungen gem. Art. 52 AEUV auch zwingende Gemeinwohlerfordernisse analog *Cassis-Formel*; ferner zum Schutz europäischer Grundrechte – **Fall 10;**
   b) Verhältnismäßigkeit

**1083** Die Prüfung der **Arbeitnehmerfreizügigkeit** des Art. 45 AEUV ist ähnlich strukturiert. Im Tatbestand ist – logischerweise – Arbeitnehmereigenschaft vorausgesetzt, mit einer Bereichsausnahme nach Art. 45 IV AEUV für die öffentliche Verwaltung. Staatlichkeit der Maßnahme ist hier nicht zwingend vorausgesetzt – das in der VO 1612/68[19] enthaltene Diskriminierungsverbot hat unmittelbare Drittwirkung. Die Arbeitnehmerfreizügigkeit wird grundsätzlich als Diskriminierungsverbot aufgefasst, als Beschränkungsverbot dann, wenn die Aufnahme der Tätigkeit in einem Mitgliedstaat generell verhindert wird. Arbeitnehmereigenschaft wurde bejaht für einen Rechtsreferendar in der Wahlstation

19 Vom 15.10.1968, ABl. L 257 v. 19.10.1968, S. 2.

bei einer französischen Anwaltskanzlei, weshalb er bei den Reisekosten nicht schlechter gestellt werden durfte als bei einer Wahlstation im Inland.[20]

**Zur Wiederholung:** *Streinz*, § 11.

**Aus der Ausbildungsliteratur:** *Thiele*, Die Grundfreiheiten in der öffentlich-rechtlichen Arbeit, JA 2005, 621; *Schwind*, Grundsatzurteile zur Vereinbarkeit des deutschen Getränkepfandsystems mit der Warenverkehrsfreiheit, JA 2005, 585; *Schäfer*, Europarecht: „Fall Bosmann", JA 2005, 497; *Grosskreuz*, Art. 49 EG: zur Beschränkung der Dienstleistungsfreiheit durch das Verbot von Fernsehwerbung für alkoholhaltige Getränke, JA 2005, 342; *Kainer*, Grundfreiheiten und staatliche Schutzpflichten – EuGH, NJW 1998, 1931, JuS 2000, 431; *Ehlers*, Die Grundfreiheiten des europäischen Gemeinschaftsrechts, Jura 2001, 266 und 482; *Leible*, Drittwirkung der Grundfreiheiten, JA 2000, 830; *Hatje*, Die Niederlassungsfreiheit im europäischen Binnenmarkt, Jura 2003, 160; *Walzel/Becker*, Zu Risiken und Nebenwirkungen der Niederlassungsfreiheit, Jura 2008, 151; *Hellwig/Moos*, Problemfelder der unionsrechtlichen Staatshaftung für judikatives Recht, JA 2011, 196.

**Weitere Fälle im thematischen Zusammenhang:** *Siemen*, Referendarexamensklausur – Öffentliches Recht: Blockade eines Schlachthofs, JuS 2005, 251; *Lohse*, Milchbauern in Aufruhr, Jura 2009, 458; *Lippert*, Der EuGH und die goldenen Aktien, HURA 2009, 342.

## B. Europäische Grundrechte

Mit Inkrafttreten des Vertrags von Lissabon sind die Grundrechte der **Grundrechts-** **1084**
**charta** Bestandteil des Primärrechts der EU geworden. Sie binden sowohl die Organe der EU als auch die Mitgliedstaaten, wenn diese Unionsrecht anwenden, während sie für Sachverhalte ohne unionsrechtlichen Bezug nicht gelten, Art. 51 GRCh. Dies betraf zB die Frage der Gleichbehandlung von Männern und Frauen bei der Wehrpflicht – die Organisation der militärischen Verteidigung unter Einbeziehung der Wehrpflicht fällt nicht unter die Geltung des Gemeinschaftsrechts.[21] Der EuGH hat das Kriterium der „Anwendung von Unionsrecht" in der *Rs Åkerberg Fransson*[22] sehr weit ausgelegt, wobei Anwendung der Grundrechte der Charta bedeutet: Anwendung in der Auslegung durch den EuGH. BVerfGE 133, 277 hat demgegenüber den Anwendungsbereich der Grundrechte der Charta und damit auch die Interpretationshoheit des EuGH strikt auf unionsrechtlich geregelte Sachverhalte beschränkt, lässt es also nicht ausreichen, dass nur der abstrakte Anwendungsbereich des Unionsrechts berührt wird[23]; nur insoweit gilt der Vorrang europäischen Rechts. Vor Inkrafttreten der Grundrechtscharta wurden die europäischen Grundrechte in der Rechtsprechung des EuGH aus den allgemeinen Grundsätzen des Unionsrechts selbst, gemeinsame Verfassungstraditionen der Mitgliedstaaten, vor allem aber den Grundrechten der EMRK als Erkenntnisquellen abgeleitet.[24] Nach Art. 6 I EUV erkennt nunmehr die Union der Grundrechtsgewährleistungen der EMRK neben denen der Charta als gleichwertig an; für Grundrechte, die in beiden Vertragswerken gleichlautend enthalten sind, ist gemäß Art. 52 III GRCh auf die Auslegung der Gewährleistungen der EMRK zurückzugreifen. Letztere gelten freilich nicht nur bei der

20 EuGH NJW 2005, 1481; s auch Fall 48 bei *Streinz* Rn 887, 896.
21 EuGH U. v. 11.3.2003, Rs C-186/01, Slg. 2003, I-2479 = NJW 2003, 1379; dazu s *Trautwein*, JA 2004, 25.
22 EuGH U. v. 26.2.2013, Rs C-617/10, NJW 2013, 1415; vgl *Kingreen*, EuR 2013, 446.
23 BVerfGE 133, 277 Rn 91.
24 EuGH U. v. 12.6.2003, Rs C-112/00, Slg. 2003, I-5659 = EuGRZ 2003, 492 Tz. 71.

Anwendung von Unionsrecht, vielmehr gelten sie als innerstaatliches Recht, s **Fall 14**. Für die **Fallbearbeitung** ist zu beachten, dass die Charta gemäß Art. 51 GRCh dann Anwendung findet, wenn europäisches Recht zur Anwendung kommt, wenn also die Vereinbarkeit einer Richtlinie oder Verordnung oder eines sonstigen Rechtsaktes der EU mit der Charta in Frage steht, sei es, dass Organe der EU handeln, sei es, dass staatliche Stellen der Bundesrepublik unmittelbar europäisches Recht anwenden. Eine substantielle Erweiterung des Anwendungsbereichs erfolgt jedoch durch die Entscheidung des BVerfG „Recht auf Vergessen II"[25] (Rn 631a). Demgegenüber gelten die Gewährleistungen der EMRK als innerstaatliches Recht (Rn 876 ff.).

**Aus der Ausbildungsliteratur:** *Ehlers*, Die Grundrechte des europäischen Gemeinschaftsrechts, Jura 2002, 469; *Kiril*, EU-Grundrechtsschutz im Vertrag von Lissabon, JA 2011, 277; *Leupold*, Die Dienstleistungsfreiheit des Europäischen Unionsrechts, Jura 2011, 762; *Kühling/Klar*, Transparenz vs. Datenschutz – erste Gehversuche des EuGH bei der Anwendung der Grundrechtscharta, Jura 2011, 771; *Papadileris*, Das Erfordernis des grenzüberschreitenden Bezugs im Recht der Marktfreiheiten, JuS 2011, 123; *Ludwigs/Sikora*, Grundrechtsschutz im Spannungsfeld von Grundgesetz, EMRK und Grundrechtecharta, JuS 2017, 385; *Voßkuhle/Kaufhold*, Offene Staatlichkeit, JuS 2013, 309; *Holterhus/Mittwoch/El Ghazi*, Die Einwirkung internationalen und ausländischen Rechts in die deutsche Rechtsordnung, JuS 2018, 313; *Thiemann*, Verfassungsbeschwerde und konkrete Normenkontrolle im Lichte des Unionsrechts, Jura 2012, 902; *Braasch*, Einführung in die Europäische Menschenrechtskonvention, JuS 2013, 602.

**Aktuelle Rechtsprechung:** EuGH EuGRZ 2003, 492 (Schmidberger); EuGH NVwZ 2004, 1471 (Laserdrome); EuGH NJW 2013, 1414 (Åkerberg Fransson); BVerfGE 133, 277 (Anti-Terror-Datei); BVerfG NJW 2020, 300 und 314 (Recht auf Vergessen I und II).

**Fälle im thematischen Zusammenhang:** *Knauff*, Referendarexamensklausur – Öffentliches Recht: Die EU-Glühbirnenverordnung, JuS 2009, 440; *Bast*, Fortgeschrittenenklausur – Öffentliches Recht: Europarecht – Bestimmtheit strafrechtlicher Sanktionen im Binnenmarkt, JuS 2011, 1095; *Sauer/Grundhewer*, Schwerpunktbereichsklausur: Europäische Grundrechte, JuS 2016, 813; *Koch/Ilgner*, Referendarexamensklausur: Mangold, Lissabon, Honeywell – Von der Rechtsfortbildung des EuGH zur Ultra-vires-Kontrolle durch das BVerfG, JuS 2011, 540.

25 NJW 2020, 314.

Fall 19

# Der Gymnasiast in der Extremisten-Datei

*Umfangreicher und anspruchsvoller Examensfall**

Als Konsequenz aus den jahrelang unerkannt gebliebenen Morden von Rechtsterroristen und dem damit verbundenen Behördenversagen bei der rechtsextremistischen Vereinigung Nationalsozialistischer Untergrund (NSU) strebt die Bundesregierung eine gemeinsame zentrale Datei an, die den beteiligten Behörden als Informationsgrundlage für die Aufklärung und Bekämpfung des gewaltbezogenen Rechtsextremismus dienen soll. Die Zusammenarbeit der beteiligten Polizeibehörden und Verfassungsschutzämter von Bund und Ländern, insbesondere der Informationsaustausch, soll optimiert werden. Die gemeinsame Einspeisung und Abfrage von Informationen des rechtsextremistischen Spektrums soll zur Herstellung von Zusammenhängen hinsichtlich Personen, Gruppierungen und Objekten dienen. **1085**

Die Bundesregierung bringt daher eine Gesetzesvorlage zum „Gesetz zur Einrichtung einer zentralen Verbunddatei deutscher Sicherheitsbehörden von Bund und Ländern zur Bekämpfung des gewaltbezogenen Rechtsextremismus“ (Rechtsextremismus-Datei-Gesetz – RED-G) beim Bundestag ein. Zentraler Gegenstand des Gesetzes sind die Vorschriften zur Speicherung und Verwendung der Daten.

**§ 1 Rechtsextremismus-Datei**

Das Bundeskriminalamt, die Landeskriminalämter sowie die Verfassungsschutzbehörden des Bundes und der Länder führen beim Bundeskriminalamt zur Erfüllung ihrer jeweiligen gesetzlichen Aufgaben, zur Aufklärung oder Bekämpfung des gewaltbezogenen Rechtsextremismus, insbesondere zur Verhinderung und Verfolgung von Straftaten mit derartigem Hintergrund, eine gemeinsame standardisierte zentrale Datei (Rechtsextremismus-Datei). [...]

**§ 2 Inhalt der Datei und Speicherungspflicht**

(1) Die beteiligten Behörden sind verpflichtet, bereits erhobene und künftig zu erhebende Daten in der Datei nach § 1 zu speichern, wenn sie sich beziehen auf

1. Personen,

a) bei denen Tatsachen die Annahme rechtfertigen, dass sie einer terroristischen Vereinigung nach § 129a des Strafgesetzbuches mit rechtsextremistischem Hintergrund angehören oder diese unterstützen, oder die als Täter oder Teilnehmer einer rechtsextremistischen Gewalttat Beschuldigte oder rechtskräftig Verurteilte sind;

2. Personen, bei denen Tatsachen die Annahme rechtfertigen, dass sie rechtsextremistische Bestrebungen verfolgen und in Verbindung damit zur Gewalt aufrufen, die Anwendung von Gewalt als Mittel zur Durchsetzung politischer Belange unterstützen, vorbereiten, befürworten oder durch ihre Tätigkeiten vorsätzlich hervorrufen oder bei denen Kriegswaffen oder Explosivstoffe aufgefunden wurden;

3. Personen, die den Sicherheitsbehörden aufgrund von Tatsachen als Angehörige der rechtsextremistischen Szene bekannt sind, wenn sie mit den in Nr. 1 oder in Nr. 2 genannten Personen nicht nur flüchtig

* Nach einem Entwurf von *Stefanie Schult.*

oder in zufälligem Kontakt stehen und durch sie weiterführende Hinweise für die Aufklärung oder Bekämpfung des gewaltbezogenen Rechtsextremismus zu erwarten sind (Kontaktpersonen), [...]

Dies gilt auch für Daten, die im Wege von Wohnungsdurchsuchungen und im Rahmen der Telekommunikationsüberwachung erhoben worden sind.

(2) In der Datei werden folgende Datenarten zu diesen Personen gespeichert:

1. der Familienname, die Vornamen, frühere Namen, andere Namen, Geschlecht, Geburtsdatum, Geburtsort und -staat, aktuelle und frühere Staatsangehörigkeiten, gegenwärtige und frühere Anschriften, eigene oder von ihnen genutzte Telekommunikationsanschlüsse und Telekommunikationsendgeräte, Verbindungsdaten, Adressen für elektronische Post, besondere körperliche Merkmale, Lichtbilder, isometrische Daten zur Gesichtserkennung;

2. In den Fällen nach Absatz 1 Nr. 1 und 2 folgende weitere Datenarten (erweiterte Grunddaten): Bankverbindungen, Verbindungsdaten, Schließfächer, auf die Person zugelassene oder genutzte Fahrzeuge, Familienstand [...]

(3) Soweit erforderlich, können Daten nach Abs. 2 bei Einwohnermeldeämtern, Zulassungsstellen, Telekommunikationsunternehmen, Kreditinstituten und Kreditkartenunternehmen abgefragt werden.

[...]

**§ 4 Beschränkte und verdeckte Speicherung**

[...]

**§ 5 Datenzugriff**

(1) Die beteiligten Behörden dürfen die in der Datei nach § 1 gespeicherten Daten im automatisierten Verfahren nutzen, soweit dies zur Erfüllung der jeweiligen Aufgaben zur Aufklärung oder Bekämpfung des gewaltbezogenen Rechtsextremismus erforderlich ist. [...]

**§ 6 – 15** [...]

Das Gesetz sieht darüber hinaus vor, dass auf Antrag die Möglichkeit besteht, von allen teilnehmenden Behörden Auskunft über die Speicherung der Daten zu erhalten und gegen die Speicherung gerichtlich vorzugehen.

Nach der ersten Lesung im Bundestag wird die Gesetzesvorlage an die zuständigen Ausschüsse überwiesen. Die Landesminister der Bundesländer X und Y nehmen in den Ausschüssen des Deutschen Bundestages ihr Rederecht wahr und sprechen sich wiederholt für eine Konkretisierung der Aufnahmekriterien der Datenbank aus. Darüber hinaus wird als Alternative eine Indexdatei, also ein reiner Fundstellennachweis für die zum Auffinden weiterer Erkenntnisse erforderlichen Dateien vorgeschlagen. Ein entsprechendes umfangreiches Arbeitspapier wird vorgestellt, eine nähere Befassung hiermit im Plenum erfolgt jedoch nicht. Die Frage, ob es sich bei dem Arbeitspapier um eine Stellungnahme des Bundesrates handele, wird von den Landesministern ausdrücklich verneint. Änderungen oder Ergänzungen durch die Ausschüsse werden schließlich nicht empfohlen. Die zweite und dritte Beratung erfolgt ebenso wie die Schlussabstimmung ordnungsgemäß. Der Gesetzesbeschluss wird durch den Bundestagspräsidenten dem Bundesrat zugeleitet. Der Vermittlungsausschuss wird nicht angerufen, der Bundesrat legt keinen Einspruch gegen das vom Bundestag beschlossene Gesetz ein. Der Gesetzentwurf wird zunächst der Bundesregierung und schließlich dem Bundespräsidenten zugeleitet. Das Gesetz wird ausgefertigt und im Bundesgesetzblatt verkündet. Es tritt am 1.6.2012, einem Freitag, in Kraft.

Roman Rüpel (R) ist ein 17 Jahre alter Gymnasiast. Die Clique, mit der er sich nach der Schule immer trifft, hat teilweise Beziehungen zur rechtsextremistischen Szene. R will damit aber nichts zu tun haben. Er möchte die Vorschriften des RED-G auf ihre Verfassungsmäßigkeit überprüfen lassen. Schon das Gesetzgebungsverfahren sei nicht ordnungsgemäß verlaufen. Insbesondere bleibe fragwürdig, warum das Vorbringen der Landesminister nicht berücksichtigt wurde. Die Redebeiträge sowie das Arbeitspapier hätten im weiteren Verfahren, jedenfalls aber im anzurufenden Vermittlungsausschuss berücksichtigt werden müssen. Auch sei eine Verletzung seiner Grundrechte evident. Aufgrund der Verpflichtung der Sicherheitsbehörden zur Speicherung und Verwendung sämtlicher personenbezogener Daten sei zu befürchten, dass R von der Aufnahme seiner Daten keine Kenntnis erlange und der Verfügung darüber beraubt werde. Die Unverhältnismäßigkeit des RED-G insgesamt stehe außer Frage. Einzelne Kriterien und Begrifflichkeiten seien darüber hinaus unverhältnismäßig und unbestimmt. So könne R auch bei legalem Verhalten aufgrund der Kontakte seines Freundeskreises zur rechtsextremistischen Szene ausgespäht werden. Unbescholtene Bürger würden hiervon erfasst, sofern auch nur Vermutungen für einen Kontakt zu rechtsextremistisch orientierten Personen bestünden. Wie die Behörden nachweisen wollen, ob die Betroffenen den Rechtsextremismus befürworten, sei ihm auch nicht klar. Schließlich sei zu beanstanden, dass alle beteiligten Behörden Zugriff auf höchstpersönliche Daten erhalten, obwohl sie selbst im Einzelfall diese Informationen nicht erheben dürften. So sind etwa Wohnungsdurchsuchungen und Telekommunikationsüberwachungen an gewisse Voraussetzungen gebunden. Diese müssten jedoch von Behörden, die auf schon vorhandene Daten zugreifen, nicht mehr eingehalten werden.

Da auf der Homepage des Bundesverfassungsgerichts eine E-Mail-Adresse hinterlegt ist, schreibt R am Morgen des Freitag, dem 31.5.2013, zunächst eine E-Mail, in der er sein Begehren mit ausreichender Begründung darlegt. Insbesondere benennt er hierbei die seiner Auffassung nach durch das RED-G verletzten Grundrechte. Da er trotz Anforderung einer Empfangsbestätigung keine Antwort erhält, sendet er seinen eigenhändig unterschriebenen Antrag per Telefax am Nachmittag des gleichen Tages an das Bundesverfassungsgericht. Den entsprechenden Sendebericht druckt R unmittelbar im Anschluss aus.

In ihrer Gegenäußerung führt die Bundesregierung aus, das Vorgehen des R sei bereits unzulässig. Diesem fehle die erforderliche Beschwer – weder werde ein Sachverhalt, der eine Speicherung in der Datei nahelege, vorgetragen, noch habe R bei den teilnehmenden Behörden um Auskunft über eine Speicherung gebeten, um eine mögliche Betroffenheit nachzuweisen.

**In einem Rechtsgutachten ist zu prüfen, ob das Vorgehen des R Aussicht auf Erfolg hat.**

**Hinweise:** Alle im Sachverhalt aufgeworfenen Rechtsfragen sind, ggf. hilfsgutachtlich, zu erörtern. Diesbezüglich sind ausschließlich die im Sachverhalt abgedruckten Vorschriften zugrunde zu legen. Die durch […] gekennzeichneten Regelungen sind für die Bearbeitung nicht relevant. Auf das Trennungsgebot zwischen Polizei und Nachrichtendiensten ist ebenso wenig einzugehen wie auf europarechtliche Fragen.

# Vorüberlegungen

1086 Die anspruchsvolle Aufgabenstellung wird den Bearbeitern, sofern sie die aktuelle Rechtsprechung verfolgen, was stets anzuraten ist, nicht unbekannt vorkommen – der Fall ist dem Urteil des Bundesverfassungsgerichts zur Verfassungsmäßigkeit der Antiterrordatei (BVerfGE 133, 277) nachgebildet. Demgemäß entspricht die Rechtsextremismus-Datei weitgehend der Antiterrordatei und weist gleichgelagerte Probleme auf. Der Wortlaut des RED-G wurde vereinfacht, sein Inhalt modifiziert. Die Aufgabe ist als Verfassungsbeschwerde unmittelbar gegen ein Gesetz formuliert und spricht damit die Thematik des Rechtsschutzes in denjenigen Fällen an, in dem der Bf. mit einem Eingriff rechnen muss, von diesem aber nicht oder erst nachträglich erfährt, wie dies typischerweise bei Sicherheitsgesetzen der Fall ist. In derartigen Fällen stellt sich in der Zulässigkeitsprüfung die Frage nach dem gegenwärtigen und unmittelbaren Betroffensein durch das Gesetz. Die Zulässigkeit wirft hier weitere Fragen auf, bei denen es sich allerdings durchweg um Standardprobleme handelt: Prozessfähigkeit und „Grundrechtsmündigkeit" des Minderjährigen bei möglichen Eingriffen, von denen der Betroffene keine Kenntnis erlangt, Wahrung der Schriftform bei Erhebung einer Verfassungsbeschwerde mittels E-Mail und Telefax.

Bei der Begründetheit sind – ggf. hilfsgutachtlich – Gesetzgebungskompetenz und Gesetzgebungsverfahren näher zu prüfen; Letzteres ist hier atypisch ausgestaltet. Das Rederecht von Vertretern der Landesregierungen im Bundestag ist nicht ohne Weiteres bekannt, hier musste die einschlägige Bestimmung des Grundgesetzes gefunden, aber auch erkannt werden, dass es sich hierbei um keine formalisierte Beteiligung am Gesetzgebungsverfahren handelt, die besondere Berücksichtigungspflichten begründen würde.

1087 In materieller Hinsicht geht es um die grundrechtliche Einordnung der Überwachung der Telekommunikation und damit letztlich um die aktuelle Grundsatzproblematik des Verhältnisses von Freiheit und Sicherheit. Dass bereits die Beobachtung als solche und die Speicherung einen Eingriff im Sinn des „modernen" Eingriffsbegriffs darstellen kann, ist durch die neuere Rechtsprechung des Bundesverfassungsgerichts hinreichend geklärt. Ebenso stehen hinreichend konkretisierte Abwägungskriterien zur Verfügung: So entspricht es gefestigter Rechtsprechung, dass die Intensität eines Eingriffs durch Streubreite, Verdachtslosigkeit und Heimlichkeit bestimmt wird. Wichtig ist, für die Bestimmtheit und Verhältnismäßigkeit der Regelung zwischen den Einzelbestimmungen zu differenzieren.

# 1088 Gliederung

**A. Zulässigkeit der Verfassungsbeschwerde**

I. Beschwerdefähigkeit
II. Prozessfähigkeit (Verfahrensfähigkeit)
III. Beschwerdegegenstand

IV. Beschwerdebefugnis
 1. Möglichkeit der Grundrechtsverletzung: informationelle Selbstbestimmung, Art. 2 I iVm Art. 1 I GG, Art. 10, 13 GG
 2. R selbst, gegenwärtig und unmittelbar betroffen?
  a) Eigene Beschwer (+)
  b) Gegenwärtige Beschwer? ausreichende Wahrscheinlichkeit (+)
  c) Unmittelbare Beschwer (+) – Gesetz ermächtigt zu verdeckten Maßnahmen
V. Rechtswegerschöpfung/Subsidiarität
VI. Form und Frist
 1. Schriftform? – E-Mail (–); Telefax (+)
 2. Frist – § 93 III BVerfGG, § 222 ZPO, § 187 ff. BGB
VII. Ergebnis: VB zulässig.

**B. Begründetheit der Verfassungsbeschwerde**
I. Verstoß gegen das Grundrecht auf informationelle Selbstbestimmung
 1. Schutzbereich
 2. Eingriff: faktischer Eingriff – „moderner" Eingriffsbegriff
 3. Verfassungsrechtliche Rechtfertigung
  a) Schranken: Verfassungsmäßige Ordnung
  b) Formelle Verfassungsmäßigkeit
   aa) Kompetenz: Art. 73 I Nr. 10 GG, Nr. 1 für BND
   bb) Gesetzgebungsverfahren: Rederecht gemäß Art. 43 II 2 GG, keine Beteiligung am Gesetzgebungsverfahren
  c) Materielle Verfassungsmäßigkeit
   aa) Errichtung der Datei – Verhältnismäßigkeit
    (1) Legitimer Zweck (+)
    (2) Eignung (+)
    (3) Erforderlichkeit (+)
    (4) Angemessenheit: Persönlichkeitsrecht vs. Schutz der freiheitlich-demokratischen Grundordnung
   bb) Ausgestaltung der Datei
    (1) § 2 S. 1 Nr. 2 RED-G „Befürworten" – innere Haltung betroffen, unverhältnismäßiger Eingriff
    (2) Kontaktpersonen, § 2 S. 1 Nr. 3 RED-G: Bestimmtheitsgebot
II. Art. 10 I GG (Fernmeldegeheimnis)
 1. Schutzbereich: Inhalte und Umstände der Telekommunikation, Verwendung der Informationen
 2. Eingriff: Weitergabe, Speicherung
 3. Rechtfertigung: Anforderungen des Art. 10 I GG gewahrt? (–)
III. Art. 13 GG (wie zu Art. 10 GG)

**C. Gesamtergebnis: Entscheidung des BVerfG**

# Musterlösung

1089 Um sein Rechtsschutzziel einer Überprüfung des RED-G auf seine Verfassungsmäßigkeit zu erreichen, kommt für den R nur die Verfassungsbeschwerde nach Art. 93 I Nr. 4a GG; §§ 13 Nr. 8a, 23, 90 ff. BVerfGG in Betracht. Diese hat Aussicht auf Erfolg, wenn sie zulässig und begründet ist.

## A. Zulässigkeit der Verfassungsbeschwerde

### I. Beschwerdefähigkeit

1090 R müsste beschwerdefähig sein. Beschwerdefähig ist gemäß Art. 93 I Nr. 4a GG, § 90 I BVerfGG jedermann, der grundrechtsberechtigt ist. Die Beschwerdefähigkeit ist gleichbedeutend mit der Grundrechtsfähigkeit. R als natürliche Person ist ohne Weiteres grundrechtsfähig und damit beschwerdefähig.

### II. Prozessfähigkeit (Verfahrensfähigkeit)

1091 R müsste auch prozessfähig sein. Dies bedeutet, dass er in der Lage ist, Prozesshandlungen selbst oder durch selbst bestimmte Bevollmächtigte wirksam vorzunehmen.[1] Prozessfähigkeit setzt grundsätzlich Geschäftsfähigkeit voraus.[2] Ausnahmsweise kann auch der Minderjährige im Verfahren der Verfassungsbeschwerde prozessfähig sein, wenn er in Bezug auf die geltend gemachten Grundrechte die **„Grundrechtsmündigkeit"** besitzt, wenn ihm also die Reife zuerkannt wird, im Schutzbereich eines Grundrechts dieses eigenständig wahrzunehmen. Dafür könnte hier sprechen, dass R in einem Alter kurz vor Erreichen der Volljährigkeit ist und als Besucher einer weiterführenden Schule durchaus die Einsichts- und Entscheidungsfähigkeit besitzen dürfte, für die hier in Betracht kommenden Grundrechte (Art. 2 I iVm Art. 1 I GG – Recht auf informationelle Selbstbestimmung; Art. 10 I GG – Fernmeldegeheimnis; 13 I GG – Unverletzlichkeit der Wohnung) eigenverantwortlich zu handeln. Dagegen könnte sprechen, dass damit nicht notwendig die für die prozessuale Wahrnehmung des Grundrechts erforderliche Einsichtsfähigkeit verbunden ist,[3] es zudem zu Rechtsunsicherheit führen könnte, wollte man jeweils auf die im Einzelfall gegebene Einsichtsfähigkeit abstellen. Hier wird man aber gleichwohl generell darauf abstellen können, dass Jugendliche nahe der Volljährigkeit in Fragen, die so unmittelbar ihre persönliche Sphäre betreffen, zur Geltendmachung ihrer Grundrechte in der Lage sein müssen. Von Verfahrensmäßigkeit des R ist also auszugehen *(aA gleichermaßen vertretbar).*

1 *Kingreen/Poscher* Rn 1292.
2 Vgl *Hillgruber/Goos* Rn 127 ff., 136 f.
3 So *Hillgruber/Goos* Rn 131.

## III. Beschwerdegegenstand

Es müsste ein geeigneter Beschwerdegegenstand vorliegen. Gemäß Art. 93 I Nr. 4a GG, **1092**
§ 90 I BVerfGG können dies alle Akte der öffentlichen Gewalt, also Akte der Legislative, Judikative oder Exekutive sein. Vorliegend handelt es sich bei den Normen des RED-G um ein Gesetz und folglich um einen Akt der Legislative. Ein geeigneter Beschwerdegegenstand liegt somit vor.

## IV. Beschwerdebefugnis

R müsste beschwerdebefugt sein. **1093**

1. Er müsste plausibel geltend machen, durch den angegriffenen Hoheitsakt in einem seiner Grundrechte verletzt zu sein. Die Grundrechtsverletzung darf nicht von vornherein ausgeschlossen sein.[4] Vorliegend legt R die Möglichkeit einer Verletzung seines Grundrechts auf **informationelle Selbstbestimmung aus Art. 2 I iVm Art. 1 I GG** dar, indem er geltend macht, dass die von ihm angegriffenen Vorschriften mit einiger Wahrscheinlichkeit zu einer Speicherung und Verwendung ihn betreffender personenbezogener Daten führen könnten. Damit aber erscheint eine Verletzung des Rechts auf informationelle Selbstbestimmung jedenfalls nicht ausgeschlossen. Da es sich bei den betreffenden Daten auch um solche handeln kann, die durch Eingriffe in **Art. 10 I GG (Fernmeldegeheimnis)** oder **Art. 13 I GG (Unverletzlichkeit der Wohnung)** erhoben wurden, kann R auch eine Verletzung dieser Rechte geltend machen.

2. R müsste des Weiteren selbst, gegenwärtig und unmittelbar betroffen sein.

a) Eine **eigene Beschwer** liegt vor, wenn der Beschwerdeführer in eigenen Grundrech- **1094**
ten betroffen ist. Dies ist der Fall, wenn er Adressat des Akts der öffentlichen Gewalt ist, bei Normen also dann, wenn die Norm auf den Beschwerdeführer anwendbar ist.

b) Eine **gegenwärtige Beschwer** liegt vor, wenn der Beschwerdeführer schon oder **1095**
noch betroffen ist. Die könnte hier deshalb fehlen, weil der der Beschwerdeführer erst in der Zukunft von der gerügten Gesetzesbestimmung betroffen sein könnte.[5] Ob und wann aber R von dem angegriffenen Gesetz betroffen sein wird, wann also Daten zu seiner Person in die Extremistendatei aufgenommen werden, ist unsicher, und R erlangt hiervon auch erst im Nachhinein Kenntnis, wenn er bei der Behörde Auskunft begehrt. Würde man in diesem Fall die Verfassungsbeschwerde mangels gegenwärtigen Betroffenseins für unzulässig erklären, wäre hier gegenüber potenziell schwerwiegenden Grundrechtsbeeinträchtigungen keine wirksame Beschwerdemöglichkeit gegeben und damit kein wirksamer Grundrechtsschutz gewährleistet. Deshalb muss es für die Möglichkeit der eigenen und gegenwärtigen Betroffenheit ausreichen, dass der Beschwerdeführer darlegt, dass er mit einiger Wahrscheinlichkeit durch die auf den angegriffenen Rechtsnormen beruhenden Maßnahmen in seinen Grundrechten berührt wird.

---

4 *Kingreen/Poscher* Rn 1298.
5 BVerfGE 60, 360 (371).

Dabei ist insbesondere auch zu berücksichtigen, ob es sich um Eingriffe von großer Streubreite handelt, also um Maßnahmen, bei denen eine Vielzahl von Personen erfasst wird, die selbst nicht zwingend einen Anlass zu dieser Maßnahme gegeben haben. Dies ist hier nicht zuletzt deshalb der Fall, weil auch „Kontaktpersonen" einbezogen werden, deren Kreis nicht deutlich abzugrenzen ist. Angesichts der großen Streubreite der gesetzlich angeordneten Maßnahmen ist die Wahrscheinlichkeit, dass auch R, der ja auf Kontakte zu dem Rechtsextremismus nahestehenden Personen hinweist, nicht von der Hand zu weisen. Die eigene und gegenwärtige Beschwer des R ist somit zu bejahen.

**1096** c) Der Beschwerdeführer ist **unmittelbar betroffen**, wenn zwischen den angegriffenen Akt und die Grundrechtsverletzung kein weiterer Vollzugsakt tritt, die Norm sich also selbst vollzieht. Bei Rechtsnormen fehlt die Unmittelbarkeit, wenn sie auf den Vollzug durch Behörden und Gerichte angelegt sind und der Vollzug selbst vor den Gerichten angegriffen werden kann.[6] Von einer unmittelbaren Betroffenheit ist jedoch dann auszugehen, wenn der Beschwerdeführer den Rechtsweg nicht beschreiten kann, weil er keine Kenntnis von der betreffenden Vollziehungsmaßnahme erhält.[7]

Vorliegend erhält der R weder von der Speicherung noch von der Verwendung seiner Daten nach den angegriffenen Vorschriften verlässlich Kenntnis. Die Möglichkeit, auf Antrag Auskunft über die Speicherung der Daten zu erhalten und gegen die Speicherung im Anschluss gerichtlich vorzugehen, ändert hieran nichts. Dies ermöglicht R nur dagegen vorzugehen, „dass zu einem bestimmten Zeitpunkt Daten über ihn tatsächlich gespeichert sind, nicht aber – wie es seinem Rechtsschutzanliegen entspricht – dagegen, dass eine solche Speicherung, ohne dass er hierauf Einfluss hat oder hiervon Kenntnis erlangt, jederzeit möglich ist. Die Möglichkeit, eine Verfassungsbeschwerde unmittelbar gegen ein Gesetz zu erheben, das zu heimlichen Maßnahmen berechtigt, entfällt deshalb unter dem Gesichtspunkt der Unmittelbarkeit jedenfalls in der Regel nur, wenn die spätere Kenntniserlangung des Betroffenen durch eine aktive Informationspflicht des Staates rechtlich gesichert ist.[8] Eine solche aktive Informationspflicht sieht das RED-G nicht vor. Eine unmittelbare Beschwer des R ist vorliegend folglich zu bejahen.

### V. Rechtswegerschöpfung/Subsidiarität

**1097** R müsste gemäß § 90 II 1 BVerfGG den Rechtsweg erschöpft haben. Gegen Gesetze ist jedoch kein Rechtsweg eröffnet. Fraglich ist jedoch, ob gleichwohl der Grundsatz der Subsidiarität der Verfassungsbeschwerde deren Zulässigkeit entgegenstehen könnte. Er besagt, dass alle nach Lage der Sache zur Verfügung stehenden prozessualen Möglichkeiten ergriffen werden müssen, um die Korrektur der geltend gemachten Grundrechtsverletzung durch die Fachgerichte zu erwirken oder eine Grundrechtsverletzung zu verhindern.[9] Vorliegend kann R von der Speicherung oder Verwendung seiner Daten keine Kenntnis erlangen, sodass auch eine Inzidentkontrolle durch die Fachgerichte nicht

6 BVerfGE 67, 157 (170); 100, 313 (354); 109, 279 (306 f.).
7 BVerfGE 133, 277, Rn 83.
8 BVerfGE 133, 277, Rn 84.
9 BVerfGE 81, 22 (27).

möglich ist. Da auch keine anderen Möglichkeiten in Betracht kommen, um die Grundrechtsverletzung zu verhindern, ist Subsidiarität gegeben. Da die Eingriffsbefugnisse der Behörden auch aus dem Gesetz hinreichend deutlich werden, bedarf es hier auch keiner „Aufbereitung“ des Sachverhalts durch die Fachgerichte.

## VI. Form und Frist

R müsste die Verfassungsbeschwerde form- und fristgerecht eingereicht haben.

1. Gemäß §§ 23 I, 92 BVerfGG muss die Verfassungsbeschwerde **schriftlich eingereicht** und begründet werden. Die klassische Schriftform bedarf einer hand- oder maschinenschriftlich verfassten und eigenhändig unterschriebenen Urkunde (§ 126 BGB).[10]

a) Vorliegend hat R sein Begehren am Morgen des 31.5.2013 **in Form einer E-Mail** **1098**
an das Bundesverfassungsgericht gesandt. Fraglich ist, ob dies der Schriftform genügt. Obwohl ein verfahrenseinleitender Antrag per E-Mail Parallelen zum Telegramm und Telefax aufweist, fehlt es gleichwohl an einem körperlichen Schriftstück, das bei Gericht eingeht. Gegen die Zulässigkeit verfahrenseinleitender Anträge per E-Mail spricht im Umkehrschluss auch, dass eine § 130a ZPO entsprechende Regelung im BVerfGG fehlt.[11] Daher wurde mit der Einlegung per E-Mail die Schriftform nicht gewahrt. Doch kommt es darauf nicht entscheidend an, wenn die Einlegung der Verfassungsbeschwerde am Nachmittag des gleichen Tages per Telefax die Schriftform wahrte.

b) Beim **Telefax** spricht für die Wahrung der Schriftform, dass mit seinem Ausdruck im **1099**
Empfangsgerät ein verkörpertes Schriftstück vorliegt, dessen Erklärungsinhalt wie bei einem herkömmlichen Schriftsatz eindeutig feststeht.[12] Dies gilt jedenfalls beim eigenhändig unterschriebenen herkömmlichen Fax; ob dies auch beim Computerfax der Fall ist, kann hier dahingestellt bleiben, da R seinen Antrag in eigenhändig unterschriebener Form und damit in Gestalt eines herkömmlichen Fax an das Gericht gesandt hat.

2. Gemäß § 93 III BVerfGG ist die Verfassungsbeschwerde zulässig **binnen eines Jah-** **1100**
**res** ab Inkrafttreten der Norm. Die Jahresfrist wird gemäß § 222 ZPO, § 187 ff. BGB berechnet. Dies bedeutet, dass die Frist vorliegend mit Inkrafttreten des Gesetzes am 1.6.2012 (Freitag) um 0.00 Uhr gemäß § 187 II 1 BGB begann und mit Ablauf des 31.5.2013 (Freitag) gemäß § 188 II 2. Alt. BGB endete. Unter Bezugnahme auf die Einlegung der Verfassungsbeschwerde per Telefax am Nachmittag des 31.5.2013 hat R die Frist folglich gewahrt.

## VII. Ergebnis

Die Verfassungsbeschwerde des R ist zulässig.

---

10 *von Coelln* in: Maunz/Schmidt-Bleibtreu/Klein/Bethge, BVerfGG, § 23 Rn 20.
11 *Lenz/Hansel*, BVerfGG § 23 Rn 10.
12 BVerfG NJW 1996, 2857, NJW 2001, 3473, NJW 2006, 829.

## B. Begründetheit der Verfassungsbeschwerde

Die Verfassungsbeschwerde ist begründet, wenn R durch die angegriffenen Vorschriften des RED-G in seinen Grundrechten verletzt ist.

### I. Verstoß gegen das Grundrecht auf informationelle Selbstbestimmung

#### 1. Schutzbereich

1101 R könnte in seinem Recht auf informationelle Selbstbestimmung als einer Ausprägung seines Allgemeinen Persönlichkeitsrechts berührt sein. Der Schutzbereich müsste eröffnet sein. Der personelle Schutzbereich ist bei ihm als natürlicher Person ohne Weiteres eröffnet. Der sachliche Schutzbereich des informationellen Selbstbestimmungsrechts erfasst die Befugnis des Einzelnen, grundsätzlich selbst zu entscheiden, wann und innerhalb welcher Grenzen persönliche Lebenssachverhalte preisgegeben und verwendet werden.[13] Es handelt sich um ein Selbstbestimmungsrecht über personenbezogene Informationen, das sowohl bei staatlicher Datenerhebung und -verarbeitung als auch bei der Kenntnisnahme von diesen Lebenssachverhalten einschlägig ist.[14] Die Vorschriften des RED-G regeln vorliegend die Speicherung und Verwendung personenbezogener Daten. Der Schutzbereich ist daher in sachlicher Hinsicht eröffnet. Auch R ist als natürliche Person vom personellen Schutzbereich erfasst.

#### 2. Eingriff

1102 Es müsste ein Eingriff in den Schutzbereich vorliegen. Im Erheben von Daten und dem Sammeln von Informationen liegt noch kein Eingriff im Sinn des klassischen Eingriffsbegriffs, da hierbei keine unmittelbar rechtsverbindlichen Maßnahmen getroffen werden, vielmehr ein tatsächliches Handeln des Staates vorliegt. Es kann jedoch dann ein Eingriff vorliegen, wenn hierdurch dem Grundrechtsträger die Wahrnehmung seiner Grundrechte erschwert oder ganz oder teilweise unmöglich gemacht wird. Mit der Erhebung von Informationen, der Kenntnisnahme hiervon, ihrer Speicherung, Verwendung oder Weitergabe ist es dem Betroffenen nicht mehr möglich, selbst darüber zu entscheiden, was mit seinen Daten geschehen soll. Deshalb liegt ein Eingriff in das Recht auf informationelle Selbstbestimmung vor.

Wenn die Erlangung der Daten selbst auch nicht dem RED-G zuzurechnen ist, da es nur Informationen erfasst, die schon erhoben wurden und bei den Sicherheitsbehörden bereits vorhanden sind, so liegt ein Eingriff doch in der Verknüpfung der Daten aus verschiedenen Quellen und der Speicherung dieser in der Rechtsextremismus-Datei selbst. Dies gilt insbesondere dann, wenn die Daten nicht selbst zur Bekämpfung des Rechtsextremismus erhoben wurden und nun in diesen Zusammenhang gestellt werden.[15] Auch dem Datenabgleich mit Suchbegriffen als Akt der Auswahl für die weitere Auswertung, der Verwendung der Daten und deren Weitergabe kommt Eingriffscharakter zu. Der

13 BVerfGE 65, 1 (42); 113, 29 (47); 118, 168 (183 ff.).
14 BVerfGE 120, 351 (360 f.).
15 Vgl *Wolff/Scheffczyk*, JA 2008, 81 (85).

einzelne Betroffene, wie zB R, kann keinerlei Einfluss nehmen, wann persönliche Informationen über ihn preisgegeben oder verwendet werden. Selbst wenn sich Speicherung und Verwendung der Informationen nicht gezielt gegen den Betroffenen richten, er aber gleichwohl auf Grund der großen „Streubreite" des Gesetzes von diesem erfasst wird, wird sein Grundrecht mittelbar beeinträchtigt.[16] Ein Eingriff ist daher zu bejahen.

### 3. Verfassungsrechtliche Rechtfertigung

a) Der Eingriff könnte verfassungsrechtlich gerechtfertigt sein. Das Recht auf informa- 1103
tionelle Selbstbestimmung unterliegt gemäß Art. 2 I GG der sog. **Schrankentrias**, d.h. der **verfassungsmäßigen Ordnung**, den **Rechten Anderer** und dem **Sittengesetz**. Vorliegend kommt als Schranke die verfassungsmäßige Ordnung in Betracht. Hierunter versteht man die Gesamtheit der Normen, die formell und materiell mit der Verfassung in Einklang stehen. Als Schrankengesetz kommt vorliegend nur das RED-G in Betracht. Dieses müsste Bestandteil der verfassungsmäßigen Ordnung, also in formeller und materieller Hinsicht verfassungsgemäß sein.

b) Das RED-G müsste **formell verfassungsgemäß** sein. 1104

aa) Der Bund müsste für den Erlass des RED-G **zuständig** sein. Nach der Grundregel des Art. 70 GG sind die Länder zuständig, sofern nicht dem Bund nach den nachfolgenden Bestimmungen die Gesetzgebungszuständigkeit verliehen ist. Hier könnte die ausschließliche Zuständigkeit nach Art. 73 I Nr. 10 GG eingreifen. Das Gesetz regelt die Zusammenarbeit von Bund und Ländern zum Schutz der freiheitlich-demokratischen Grundordnung, die durch extremistische Bestrebungen bedroht sein kann. Dafür besteht eine Zuständigkeit des Bundes nach Art. 73 I Nr. 10 lit. b) GG; auch lit. a) ist insoweit einschlägig, als die Datei auch der Verfolgung von Straftaten dienen soll. Soweit der Bundesnachrichtendienst einbezogen wird, ist **Art. 73 I Nr. 1 GG** einschlägig; seine Tätigkeit, die ja auf Auslandsaufklärung gerichtet ist, fällt unter den Kompetenztitel der auswärtigen Angelegenheiten.

bb) Dafür, dass das **Gesetzgebungsverfahren** nicht ordnungsgemäß verlaufen ist, 1105
könnte hier nur sprechen, dass Redebeiträge sowie das Arbeitspapier der Landesminister nicht berücksichtigt wurden. Die Landesminister haben sich laut Sachverhalt in den Ausschüssen des Deutschen Bundestages geäußert. Sie durften dies aufgrund ihres Rederechts gemäß Art. 43 II 2 GG, wonach sie im Plenum und in den Ausschüssen des Bundestages jederzeit das Wort ergreifen können. Weitergehende Rechte haben sie jedoch nicht; insbesondere ist der Bundestag nicht gehalten, über die von ihnen vorgebrachten Vorschläge förmlich zu entscheiden. Die Befugnisse des Bundesrates, auf den Gegenstand des parlamentarischen Gesetzgebungsverfahrens unmittelbar Einfluss zu nehmen, sind mit dem Initiativrecht in Art. 76 I GG und der Gelegenheit zur Stellungnahme nach Art. 76 II 2 GG abschließend geregelt. Auch musste sich der Bundestag nicht mit dem „Arbeitspapier" befassen. Es handelte sich hier nicht um eine Stellungnahme des Bundesrates im Gesetzgebungsverfahren, was auch von den Landesministern ausdrücklich bestätigt wurde. Auf diesem Wege können keine neuen Inhalte in das Ge-

16 *Hufen*, Staatsrecht II Grundrechte § 12 Rn 10.

setzgebungsverfahren eingebracht werden, vielmehr wird das Initiativrecht und werden die Befugnisse der beteiligten Verfassungsorgane, Änderungsvorschläge einzubringen, in Art. 76 und 77 GG abschließend geregelt. Die Redebeiträge der Landesminister mussten also nicht in das weitere Gesetzgebungsverfahren einbezogen werden. Sonstige Verfahrensverstöße sind nicht ersichtlich.

**1106** c) Das RED-G müsste auch **materiell verfassungsgemäß** sein. Vorliegend kommt ein Verstoß gegen das **Verhältnismäßigkeitsprinzip** und den **Bestimmtheitsgrundsatz** in Betracht. Hierfür ist zwischen der grundsätzlichen Errichtung der Extremistendatei und den einzelnen, für die Behörden vorgesehenen Befugnissen zu unterscheiden.

**1107** aa) Die Errichtung der Datei müsste **verhältnismäßig** sein.

(1) Hierfür ist zunächst ein **legitimer Zweck** zu fordern. Die Rechtsextremismus-Datei soll den Sicherheitsbehörden Kenntnis darüber verschaffen, ob bei anderen Sicherheitsbehörden relevante Informationen zu bestimmten Personen aus dem Umfeld des Rechtsextremismus vorliegen. Der Informationsaustausch soll auf die Bekämpfung des Rechtsextremismus beschränkt werden. Dabei orientiert sich das RED-G an dem Straftatbestand des § 129a StGB und den dort geregelten schwerwiegenden Straftaten. Ein legitimes Ziel ist somit gegeben.[17]

(2) Das Gesetz müsste **geeignet** sein, diesen Zweck zu erreichen. Dies bedeutet, dass das Mittel dem Zweck dient, dh ihm förderlich ist. Mit der Speicherungspflicht wird ein Datenbestand geschaffen, der den beteiligten Behörden zur Vorbereitung weiterer Informationsabfragen zur Verfügung gestellt wird und ihnen Informationen zur Abwehr spezifischer Verfahren vermitteln soll.[18] Das RED-G ist zur Erreichung des Zwecks somit geeignet.

(3) Das Gesetz müsste weiterhin dem Grundsatz der **Erforderlichkeit**, also des **geringstmöglichen Eingriffs** genügen. Es darf also kein gleich wirksames Mittel zur Verfügung stehen, das mit weniger belastenden Eingriffen verbunden ist. Dem Gesetzgeber geht es darum, den Behörden hinreichende Informationsgrundlagen für ihr Handeln bereitzustellen. Ein Instrumentarium, das diese Ziele vergleichbar effektiv und weniger belastend sicherstellt, ist nicht ersichtlich.[19]

**1108** (4) Die mit dem Gesetz verbundenen Eingriffe müssten auch **verhältnismäßig im engeren Sinn**, also angemessen sein. Sie dürfen in ihrer Schwere nicht außer Verhältnis zu den Zielen des Gesetzes stehen.

Bringt man Eingriffswirkung und Schutzgüter des Gesetzes in eine Abwägung, so ergibt sich kein eindeutiges Übergewicht der einen oder anderen Seite. Denn mit dem Persönlichkeitsrecht und dem Schutz der freiheitlich-demokratischen Grundordnung stehen sich gleichermaßen Güter von Verfassungsrang gegenüber. Die konkret durch das Gesetz vorgesehenen Eingriffe wiegen jedoch schwer. Die Aufnahme in die Rechtsextremismus-Datei kann für die Betroffenen eine erhebliche Belastung darstellen. Wer in der

17 Vgl zur Antiterrordatei BVerfGE 133, 277, Rn 106.
18 Vgl zur Antiterrordatei BVerfGE 133, 277, Rn 107.
19 Vgl zur Antiterrordatei BVerfGE 133, 277, Rn 107.

Datei erfasst ist, muss damit rechnen, aufgrund einer Abfrage dem Umkreis des Rechtsextremismus zugeordnet und mittels weiterer, dadurch erleichterter Übermittlungsersuchen, hieran anknüpfenden belastenden Maßnahmen unterworfen zu werden. Die Daten werden, abgelöst von den jeweiligen Hintergründen, in der Datei registriert und beruhen zT nur auf bloßen Prognosen der Behörden.[20] Auch handelt es sich um Eingriffe von großer Streubreite, die zudem ohne Kenntnis des Betroffenen erfolgen. Andererseits werden die Eingriffswirkungen dadurch abgemildert, dass den verschiedenen Sicherheitsbehörden unterschiedliche Befugnisse obliegen, so dass persönliche Daten hinsichtlich ihrer Verwendung einer Zweckbindung unterliegen und nicht ohne Weiteres an andere Behörden übermittelt werden können. Dem steht das öffentliche Interesse gegenüber, für die Aufklärung und Bekämpfung des Rechtsextremismus einen gezielten Informationsaustausch zwischen den verschiedenen Sicherheitsbehörden zu ermöglichen. Zahlreiche Behörden sind hieran beteiligt. Die Verhinderung und Verfolgung besonders schwerer Straftaten wird erleichtert. Das Gewicht einer effektiven Bekämpfung des Rechtsextremismus für die demokratische und freiheitliche Ordnung muss berücksichtigt werden. In Abwägung dieser Gesichtspunkte bestehen gegen die Grundstruktur der Rechtsextremismus-Datei keine verfassungsrechtlichen Bedenken, die Verhältnismäßigkeit im engeren Sinne ist vorliegend zu bejahen. Damit ist die grundsätzliche Einrichtung der Datei als noch verhältnismäßig zu werten.

bb) Fraglich ist aber, ob die Ausgestaltung der Datei, dh die einzelnen Vorschriften, **1109**
dem Verhältnismäßigkeits- und dem Bestimmtheitsgrundsatz genügen.

(1) **§ 2 I Nr. 2 RED-G: „Befürworten"**
Vorliegend könnte die Vorschrift des § 2 I Nr. 2 RED-G unverhältnismäßig im engeren Sinne sein, sofern das bloße Befürworten von rechtsextremistisch begründeter Gewalt im Sinne dieser Vorschrift für die Erfassung der Personen in der Rechtsextremismus-Datei ausreichen soll. Bei dem Begriff des Befürwortens stellt der Gesetzgeber, anders als bei anderen Merkmalen im Rahmen des § 2 I Nr. 2 RED-G, allein auf eine innere Haltung ab, die sich in keinerlei gewaltfördernden Aktivitäten niedergeschlagen haben muss (rein subjektiver Maßstab). Die Anknüpfung an ein solches Kriterium, das auf die Gesinnung des Einzelnen abstellt, ist besonders geeignet, einschüchternde Wirkung, auch für die Wahrnehmung der Freiheitsrechte wie insbesondere der Meinungs- und Glaubensfreiheit, zu entfalten.[21] Die Erfassung von Personen in der Rechtsextremismus-Datei nach Maßgabe eines solchen Kriteriums, ist mit dem Übermaßverbot unvereinbar und auch zu unbestimmt.

(2) Die Einbeziehung von bloßen **Kontaktpersonen gemäß § 2 I Nr. 3 RED-G** könnte **1110**
gegen den Bestimmtheitsgrundsatz verstoßen. Bestimmtheit bedeutet, dass die Normadressaten die Rechtslage erkennen und ihr Verhalten danach ausrichten können, und dass insbesondere die Befugnisse der staatlichen Behörden für sie hinreichend vorhersehbar sind.[22] Die Kontaktpersonen werden vorliegend insoweit als eigene Gruppe erfasst, deren Daten den beteiligten Behörden in gleicher Weise zugänglich gemacht wer-

20 Vgl zur Antiterrordatei BVerfGE 133, 277, Rn 128.
21 Vgl zur Antiterrordatei BVerfGE 133, 277, Rn 161.
22 *Degenhart* Rn 355 mit Verweis auf BVerfGE 52, 1 (41).

den wie die der anderen in der Datei erfassten Personen. Hierbei ist nicht vorhersehbar, welche Personen tatsächlich in die Datei aufzunehmen sind. Auch wenn der Gesetzgeber Personen mit nur flüchtigem oder zufälligem Kontakt ausnimmt und die Zugehörigkeit den Sicherheitsbehörden aufgrund von Tatsachen bekannt sein muss (keine bloße Vermutung ausreichend), erfasst die Norm im Übrigen die Personen des gesamten gesellschaftlichen Lebensumfelds. Ersichtlich aber sollen nicht alle danach in Betracht kommenden Personen tatsächlich in die Datei aufgenommen werden. Die kaum übersehbare Reichweite des potenziell durch die Regelung erfassten Personenkreises verstößt gegen den Bestimmtheitsgrundsatz.[23] Sie ist auch unverhältnismäßig, weil das Gesetz in seiner Streubreite damit kaum mehr eingrenzbar ist.

Das RED-G ist materiell teilweise verfassungswidrig und verletzt hierdurch den R in seinem Recht auf informationelle Selbstbestimmung.

### II. Art. 10 I GG (Fernmeldegeheimnis)

Soweit die angegriffenen Vorschriften die Einbeziehung von Daten in die Rechtsextremismus-Datei vorsehen, die durch Eingriffe in das Fernmeldegeheimnis erhoben werden, könnte auch ein Verstoß gegen dieses Grundrecht vorliegen. R könnte also in seinem Grundrecht aus Art. 10 I GG verletzt sein. Dies ist der Fall bei § 2 III des Gesetzes.

**1111** 1. Das Fernmeldegeheimnis als eine besondere Ausprägung des allgemeinen Persönlichkeitsrechts schützt sowohl die Inhalte der Telekommunikation vor einer Kenntnisnahme, als auch ihre Umstände. Ob, wann und wie oft zwischen welchen Personen oder Telekommunikationseinrichtungen Telekommunikationsverkehr stattgefunden hat oder versucht worden ist, vermittelt relevante Informationen über die Persönlichkeit des Betroffenen und fällt daher in den **Schutzbereich des Art. 10 I GG**. Das Grundrecht könnte hier jedoch im Tatbestand deshalb ausgeschlossen sein, weil der Zugriff auf die Inhalte und Umstände der Telekommunikation durch Speicherung in der Extremistendatei hier erst dann erfolgen soll, wenn die Daten bereits erhoben worden sind. Dies betrifft allerdings auch künftig zu erhebende Daten der Telekommunikation. Art. 10 I GG schützt jedoch nicht nur vor der unzulässigen Kenntnisnahme von der Telekommunikation. Vielmehr wird das Fernmeldegeheimnis auch durch deren Verwendung berührt, sofern sich die Daten nicht (auch) im Machtbereich des Betroffenen befinden. Wenn also das Gesetz die Verwendung der durch Telekommunikationsüberwachung gewonnenen Informationen durch die Behörden regelt, berührt dies den Schutzbereich des Art. 10 I GG.

**1111a** 2. Mit der **Weitergabe** dieser Informationen, ihrer **Speicherung** und Verknüpfung in der Extremistendatei wird der mit der Überwachung erfolgte Eingriff verstärkt und perpetuiert. Hierin liegt ein selbstständig zu beurteilender Eingriff in das Grundrecht aus Art. 10 I GG.

23 Vgl zur Antiterrordatei BVerfGE 133, 277, Rn 162 ff.

3. Für Datenerhebungen, die in das Fernmeldegeheimnis des Art. 10 I GG eingreifen, gelten angesichts des besonderen Schutzgehalts strenge Anforderungen. Sie müssen auch auf die Weitergabe und Verwendung der hierdurch gewonnenen Daten erstreckt werten. Ihre voraussetzungslose Einbeziehung in die Rechtsextremistendatei ist als Umgehung dieser Anforderungen zu werten und kann daher gegenüber dem Grundrecht des Art. 10 I GG verfassungsrechtlich nicht gerechtfertigt werden.[24] Insoweit liegt also auch ein Verstoß gegen Art. 10 I GG vor.

### III. Art. 13 GG

Soweit die in die Extremistendatei einzustellenden Informationen bei Durchsuchungen **1111b**
oder durch Maßnahmen der Wohnraumüberwachung nach Art. 13 II-IV GG gewonnen wurden, könnte auch ein Verstoß gegen das Grundrecht der Unverletzlichkeit der Wohnung, Art. 13 I GG, vorliegen. Auch dieses Grundrecht ist eine besondere Ausprägung des allgemeinen Persönlichkeitsrechts. In dieses Grundrecht wird daher ähnlich wie bei Art. 10 I GG auch dann eingegriffen, wenn die ihrerseits durch Eingriffe in das Grundrecht gewonnenen Informationen weitergegeben werden. Auch bei Art. 13 I GG werden an die Rechtfertigung von Eingriffen besondere Anforderungen gestellt. Diese sind hier nicht gewahrt. Deshalb ist R hier durch § 2 III iVm § 2 I und II REG-G auch in seinem Grundrecht aus Art. 13 III GG verletzt.

## C. Gesamtergebnis: Entscheidung des BVerfG

§ 2 I Nr. 2, soweit auch das Befürworten erfasst wird, und § 2 I Nr. 3 RED-G sind wegen Verstoßes gegen Art. 2 I iVm Art. 1 I GG sowie gegen Art. 10 und Art. 13 GG verfassungswidrig; ebenso die Bestimmung des Art. 2 III RED-G. Das BVerfG wird gemäß § 95 III 1 BVerfGG diese Bestimmungen für nichtig erklären. Eine Nichtigerklärung des Gesetzes als Ganzes ist nicht veranlasst, da die verbleibenden Inhalte eine für sich sinnvolle Regelung darstellen.

# Repetitorium

### Grundrechte und innere Sicherheit

Der stete Konflikt im freiheitlichen Rechtsstaat (nicht nur) des Grundgesetzes zwischen **1112**
„Freiheit" und „Sicherheit" wird – was schwerlich überraschen dürfte – mittlerweile auch vor dem Bundesverfassungsgericht ausgetragen. Wohnraumüberwachung, Überwachung des Fernmeldeverkehrs, Rasterfahndung, Videoüberwachung – alle diese Instrumente des Sicherheitsstaates befanden sich auf dem Prüfstand des Verfassungs-

24 Vgl zur Antiterrordatei BVerfGE 133, 277, Rn 224 ff.

rechts. Häufig hat das Bundesverfassungsgericht dabei dezidiert zugunsten der Freiheit entschieden – weshalb bei künftigen „Sicherheitspaketen", etwa bei der Online-Durchsuchung, durchaus zurückhaltendes Vorgehen angezeigt wäre. Zumindest einige der wichtigsten Fragestellungen sollten vertraut sein.

1113 **1. Kompetenzfragen:** In aller Regel wird es zunächst um die Verfassungsmäßigkeit eines Gesetzes gehen, das entsprechende Maßnahmen anordnet. Klassisches Kompetenzproblem ist hier die Abgrenzung zwischen Strafverfolgung (Art. 74 I Nr. 1 GG – Kompetenzsperre für die Länder nach Art. 72 I GG) und Sicherheitsrecht (Zuständigkeit der Länder – Ausnahme: internationaler Terrorismus – Art. 73 I Nr. 9a GG). Denn die Verfolgung von Straftätern dient zwangsläufig auch präventiv dem Schutz der Sicherheit, und umgekehrt können „präventive Maßnahmen zum Schutz der Schutz der Bürgerinnen und Bürger die Ergreifung von Straftätern und anschließende repressive Maßnahmen befördern" – so das BVerfG zur automatisierten Kennzeichenerfassung: „Insoweit gehen die Regelungsbefugnisse von Bund und Ländern Hand in Hand und sind in ihren Wirkungen miteinander eng verwoben."[25] Geht es darum, vorsorglich Beweise zu sichern für künftige Straftaten, so geht es um Strafverfolgung.[26]

1114 **2. Einschlägige Grundrechte:** Soweit es darum geht, ob der Staat Informationen sammeln, abhören, observieren, speichern darf, kann einerseits das APR – Recht auf informationelle Selbstbestimmung – einschlägig sein, andererseits die besonderen Persönlichkeitsrechte wie Unverletzlichkeit der Wohnung oder das Fernmeldegeheimnis. So ist bei Videoaufnahmen ohne Kenntnis oder Einwilligung des Betroffenen das APR einschlägig, bei Erhebung personenbezogener Daten durch Überwachung und Aufzeichnung der Telekommunikation Art. 10 GG. Art. 13 GG kommt zur Anwendung, wenn die räumliche Sphäre der Wohnung überwunden wird.

1115 **3. Eingriffe:** Auf der Eingriffsebene wird der erweiterte – faktische oder „moderne" – Eingriffsbegriff bedeutsam, da bereits die Beobachtung und das Speichern von Informationen das Verhalten des Einzelnen beeinflussen kann und in seine persönliche Sphäre eindringt. Auch der sichtbare Hinweis auf Video-Überwachung beseitigt die Eingriffsqualität nicht – informationelle Selbstbestimmung gilt auch für den, der sich in die Öffentlichkeit begibt.[27] Allerdings ist die Intensität des Eingriffs dann geringer. Schließlich kann auch die gegenüber einem Dritten (zB dem Mobilfunkbetreiber,[28] der Meldestelle[29] oder dem Mautbetreiber) erteilte Anordnung, Daten herauszugeben, einen Eingriff in das Persönlichkeitsrecht desjenigen bedeuten, auf den sich das Auskunftsverlangen bezieht. So hat etwa BVerfGE 115, 320 zur Eingriffsqualität der Rasterfahndung ausgeführt: *„Die Übermittlungsanordnung stellt einen Eingriff dar, da sie die Grundlage für die Erfassung und Speicherung der Daten sowie für ihren Abgleich mit weiteren Daten schafft. Die Eingriffsqualität der Anordnung zeigt sich an ihrer Auswirkung auf das Recht auf personelle Selbstbestimmung der Betroffenen. Die Anordnung macht die*

25 BVerfG NJW 2019, 827 Rn 72.
26 BVerfGE 115, 348 (370 f.).
27 S hierzu BVerfG (K) NVwZ 2007, 688.
28 BVerfGE 107, 299.
29 BVerfGE 115, 320.

*Daten für die Behörden verfügbar und bildet die Basis für einen nachfolgenden Abgleich mit Suchbegriffen.*“[30]

**4. Rechtfertigung:** Gefahrenabwehr stellt ein legitimes Eingriffsziel dar, ebenso wie eine funktionstüchtige Strafrechtspflege. Für „Sicherheit“ zu sorgen ist eine zentrale Aufgabe des Staates. Auf ein „Grundrecht auf Sicherheit“ zurückzugreifen (oder gar ein „Supergrundrecht“) ist nicht erforderlich. Für die **Verhältnismäßigkeitsprüfung** gilt: Grundrechtseingriffe, die durch **Verdachtslosigkeit** und große Streubreite gekennzeichnet sind, bei denen also zahlreiche Personen einbezogen werden, die den Eingriff durch ihr Verhalten nicht veranlasst haben, weisen eine hohe Eingriffsintensität auf, zB Rasterfahndung,[31] die Überwachung des Telefonverkehrs,[32] die Videoüberwachung öffentlicher Räume. Besonders intensiv wirkt auch der **heimlich** erfolgende Eingriff.[33] Schwerwiegende Eingriffe setzen hinreichend konkrete Gefahren voraus.[34] **1116**

Schwerwiegende Eingriffe erfordern einen entsprechenden Anlass. So ist der mit der Rasterfahndung verbundene, intensive, weil verdachtslose, heimliche und mit großer Streubreite erfolgende Eingriff zum Schutz hochrangiger Verfassungsgüter wie die Abwehr einer Gefahr für den Bestand oder die Sicherheit des Bundes oder eines Landes oder für Leib, Leben oder Freiheit einer Person noch nicht als solcher unverhältnismäßig, setzt aber eine hinreichend konkrete Gefahr für die bedrohten Rechtsgüter voraus.[35] Dies ist ein allgemeiner Abwägungsgrundsatz: geht es um die Aufklärung oder Verhinderung schwerer Straftaten (oder sonstiger Verletzung von hochrangigen Rechtsgütern), dann darf schon bei geringerer **Wahrscheinlichkeit** eingeschritten werden. Bei einem geringen Gewicht des gefährdeten Rechtsguts steigen die Anforderungen an die Prognosesicherheit sowohl hinsichtlich des Grads der Gefährdung als auch hinsichtlich ihrer Intensität. Werden zB Maßnahmen in das Vorfeld der Gefahr vorverlagert und werden unbeteiligte Dritte einbezogen, etwa weil sie möglicherweise jemanden kennen, der Straftaten begehen könnte, dann ist die Streubreite des verdachtslosen Eingriffs und damit seine Intensität hoch und es muss sich um hinreichend schwere und klar definierte Straftaten handeln. **1117**

Das Gesetz muss dafür Sorge tragen, dass der „unantastbare Kernbereich“ der Persönlichkeit geschützt bleibt; dies gilt für Art. 13 GG wie für Art. 10 GG als besondere Ausprägungen des Persönlichkeitsschutzes und für das Recht auf informationelle Selbstbestimmung. An die Bestimmtheit sind entsprechend der Eingriffsintensität hohe Anforderungen zu stellen – Generalklauseln können keine intensiven Grundrechtseingriffe tragen. **1118**

Demgemäß fordert der (insgesamt überwachungsfreundlichere) BayVerfGH, dass die Regelungen des BayPAG über die Durchsuchung mitgeführter Sachen bei der sog. Schleierfahndung verfas-

30 BVerfGE 115, 320 (343).
31 BVerfGE 115, 320 (354).
32 BVerfGE 100, 313 (392); 113, 348 (383).
33 BVerfGE 107, 299 (321); 115, 320 (353).
34 BVerfGE 115, 320 (357).
35 BVerfGE 115, 320 (357).

sungskonform dahingehend auszulegen sind, dass die Polizei von ihrer Eingriffsbefugnis nur bei erhöhter abstrakter Gefahr Gebrauch machen darf.[36]

1119 **5. Verfassungsbeschwerde:** Wenn der unmittelbare Eingriff durch Vollzug des Gesetzes erfolgt, der Betroffene hiervon jedoch in der Regel keine Kenntnis erhält, ist die Verfassungsbeschwerde unmittelbar gegen das Gesetz bereits dann zulässig, wenn der Beschwerdeführer darlegt, dass er mit einiger Wahrscheinlichkeit in seinen Grundrechten berührt wird.[37] Beschwerdebefugnis ist dann zu bejahen.

**Aus der Ausbildungsliteratur:** *Ehlers*, Die Grundrechte des europäischen Gemeinschaftsrechts, Jura 2002, 469; *Koreng*, Rechtsfragen der Videoüberwachung in öffentlichen Gebäuden, LKV 2009, 198; *Funke/Lüdemann*, Grundfälle zu Art. 10 GG, JuS 2008, 780; *Wolff/Scheffczyk*, Verfassungsrechtliche Fragen der gemeinsamen Antiterrordatei von Polizei und Nachrichtendiensten, JA 2008, 81; *Wißmann*, Grundfälle zu Art. 13 GG, JuS 2007, 324 und 426; *Dürr*, Der Schutz der allgemeinen Persönlichkeitsrechte nach dem Urteil zum Bundeskriminalamtsgesetz – wieviel Sicherheit ist zum Wohle der Freiheit notwendig?, JA 2019, 432.

**Aktuelle Rechtsprechung:** BVerfGK 10, 330 = DÖV 2007, 606 (Videoüberwachung öffentlicher Plätze); BVerfGE 115, 320 (Rasterfahndung); BVerfGE 113, 348 (Nds. SOG); BVerfGE 112, 304 (GPS-Fahndung); BVerfGE 113, 29 (Beschlagnahme von Datenträgern in Anwaltskanzlei); BVerfGE 115, 166 (Durchsuchung); BVerfGE 120, 274 (Online-Durchsuchung) BVerfGE 121, 1 (Vorratsdatenspeicherung – e.A.); BVerfGE 125, 260 (Vorratsdatenspeicherung; BVerfGE 133, 277 (Antiterrordatei); BVerfGE 150, 244 (automatisierte Kennzeichenkontrolle); EuGH NJW 2014, 2169 (Vorratsdatenspeicherung); BVerfGE 141, 220 (BKA-G); BVerfG NJW 2020, 2699 (Bestandsdatenauskunft II) sowie die Beispielsfälle Rn 755.

**Fälle im thematischen Zusammenhang:** *Hinz*, Online-Durchsuchungen, Jura 2009, 141; *Stumpf/Goos*, Terrorabwehr durch die NATO im Inland, JuS 2009, 40.

36 BayVerfGH BayVBl 2006, 339.
37 BVerfGE 109, 279 (370); 113, 348 (363).

# Sachverzeichnis

Verwiesen ist jeweils auf die Randnummern.